KB195519

앙겔라 메르켈

자유

앙겔라 메르켈
베아테 바우만

자유
1954-2021년을 회상하다

박종대 옮김

한길사

Freiheit: Erinnerungen 1954-2021
by Angela Merkel with Beate Baumann

1 1952년 8월 6일에 결혼한
내 부모 헤를린트와 호르스트 카스너.

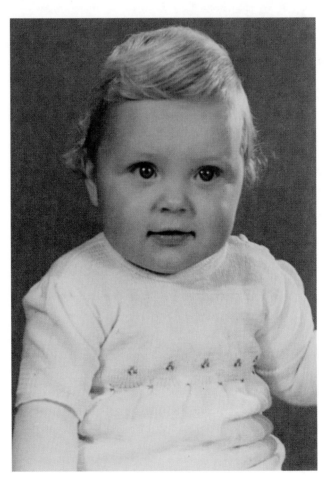

2 아기 때의 모습.

3 1956년 발트해 퀼룽스보른으로 휴가를 떠났을 때의 우리 가족.

4 1959년 군힐트 이모의 결혼식에 참석하기 위해
함부르크에 갔을 때 어머니의 손을 잡은 모습.

5 1966년 템플린의 발트호프에서
마음껏 뛰놀던 시절의 남동생 마르쿠스와 여동생 이레네.

6 1969년 봄 노이브란덴부르크에서 열린 러시아어 올림피아드 시상식.

7 1970년대 중반
대학생 때 주말이면 작센
스위스로 자주 여행을
떠났는데, 암벽 타기에서는
내려가는 것보다
올라가는 것이 항상
더 쉬웠다.

8 1986년 1월 8일 중앙물리화학연구소(ZIPC)에서 박사학위를 받고
기뻐하는 모습. 내 책상 위에 축하 선물들이 놓여 있다.

9 1980년대 중반 ZIPC 연구실에 앉아 있는 요아힘.

10 1990년 7월 17일 쇤하우저 알레의 집에서 맞은 36번째 생일. 서가와 램프는 직접 만든 것들이다.

11 1990년 3월 18일, 인민회의 선거 기간 중에
'민주주의 각성' 사무실에서
잠시 휴식을 취하고 있다.

12 1990년 11월의 어느 날 아침, 내 지역구에 속하는 뤼겐섬의 로베에서
어부들의 오두막을 방문했다.
밤새 고기를 잡고 막 돌아온 뒤였다.

13 2000년 4월 10일, 기독교민주당 대표에 선출된 뒤의 행복한 모습.

14 2005년 9월 4일, 에바 크리스티안젠(왼쪽), 베아테 바우만(오른쪽)과 함께 당시 총리이던 게르하르트 슈뢰더와의 TV 양자 토론회에 가는 길.

15 총리청의 내 사무실. 뒤쪽 왼편에 내 책상이 있고, 그 뒤에 오스카르 코코슈카가 그린 초대 총리 콘라트 아데나워 초상이 걸려 있다.

Angela Merkel, 1957

Für ein Deutschland, in dem jeder alles werden kann.

16 2017년 연방의회 선거 슬로건. 함부르크에서 태어나 동독에서 자란 이 어린 소녀처럼 "누구나 무엇이든 될 수 있는 독일을 위해!"

17 2014년 7월 13일 리우데자네이루 월드컵 우승 후 요아힘 가우크 연방대통령과
나는 로커룸을 찾아 요아힘 뢰프 감독을 비롯해 독일 대표팀과 기쁨을 나누었다.

18 2007년 6월 7일 하일리겐담 G8 정상회의에서 슈트란트코르프에 앉아 있는 손님들. 왼쪽부터 아베 신조 일본 총리, 스티븐 하퍼 캐나다 총리, 니콜라 사르코지 프랑스 대통령, 블라디미르 푸틴 러시아 대통령, 나, 조지 W. 부시 미국 대통령, 토니 블레어 영국 총리, 로마노 프로디 이탈리아 총리, 호세 마누엘 바호주 유럽연합 집행위원장.

19 2015년 6월 8일 엘마우 G7 정상회의에서 나는 적절한 영어 단어를 몰라 온갖 몸짓을 써가며 버락 오바마 미국 대통령에게, 2007년 하일리겐담에서 '가족사진'용으로 특별 제작된 엄청나게 큰 슈트란트코르프를 설명하고 있다.

20 2006년 1월 16일, 나는 총리 당선 후 취임 인사차
모스크바 크렘린궁으로 블라디미르 푸틴 러시아 대통령을 방문했다.

21 2015년 9월 10일 나는 베를린 슈판다우의 난민 수용 시설을 방문한 후
시리아 출신 난민 아나스 모다마니의 요청에 따라 셀카를 찍을 때만 해도
이 사진이 어떤 파장을 불러일으킬지 전혀 예상하지 못했다.

22 2016년 12월 19일에 발생한
베를린 브라이트샤이트 광장 이슬람 테러 이후
2017년 1월 27일에 열린 추모 현장.

23 2009년 12월 17일 코펜하겐 기후회의 중에 열린 친구들 사이의 집중 논의. 내 왼쪽은 호세 마누엘 바호주 유럽연합 집행위원장, 오른쪽은 프레드릭 라인펠트 스웨덴 총리, 통역사, 니콜라 사르코지 프랑스 대통령, 버락 오바마 미국 대통령, 고든 브라운 영국 총리 순이다.

24 2017년 6월 17일 프란치스코 교황과 나는 비공개 면담 후
선물을 교환했는데, 나는 부에노스아이레스 여행에서
미리 준비해온 아르헨티나 특산품을 선물했다.

25 2021년 7월 15일 나의 미국 방문은 코로나 팬데믹 중의 여행 제한으로
고별 방문이 되었다. 이곳은 독일 대표단과 미국 대표단이 함께한
백악관 대통령 집무실이다.

26 2021년 8월 22일, 내가 우크라이나 독립기념일(8월 24일) 직전에
키이우를 고별 방문했을 때 나를 맞아주는
볼로디미르 젤렌스키 우크라이나 대통령.

차례

일러두기

- 이 책은 Angela Merkel과 Beate Baumann이 쓴 *Freiheit: Erinnerungen 1954-2021* (2024, Kiepenheuer & Witsch)을 번역한 것이다.
- 이 책의 각주는 독자의 이해를 돕기 위해 옮긴이가 넣었다.
- 이 책에서 재현된 대화 내용은 속기나 녹음이 아닌 기억을 토대로 재구성된 것이다.
- 연방의회 연설의 출처는 본회의 회의록이다. 그외에 총리 재임 중의 다른 연설과 기자회견 발언은 독일연방정부 언론정보청의 속기록에서 발췌했다. 기독교민주당 전당대회 연설문의 토대는 전당대회 회의록이다.

프롤로그

이 책은 두 번 다시 없을 이야기를 담고 있다. 내가 35년 동안 살았던 국가는 1990년 이후 더 이상 세상에 존재하지 않기 때문이다. 내가 총리에서 퇴임한 지 몇 주가 지난 2022년 초, 나를 인터뷰하던 사람이 이 책을 허구의 소설로 출판사에 제안했다면 거절당했을 거라고 말했다. 이런 문제에 대해 잘 아는 사람이었다. 그는 내가 이 책을 쓰기로 마음먹었다고 하자 기뻐했다. 이 책에 담기게 될 이야기, 즉 현실적이면서도 동시에 지극히 비현실적인 이야기 때문에라도 말이다. 나는 이런 이야기를 들려주고, 지나온 삶을 톺아보고, 그때그때 이야기의 핵심을 찾고, 주요 모티브를 거론하는 것 자체가 미래를 위해 중요할 수도 있다는 생각이 들었다.

이런 책을 쓰게 될 줄은 오랫동안 상상도 못 했다. 그러다 2015년에야 처음으로 생각이 조금 바뀌었다. 당시 나는 9월 4일에서 5일로 넘어가던 새벽에 헝가리에서 온 난민들을 독일-오스트리아 국경에서 내치지 않기로 결정했다. 이 결정, 특히 그 이후의 파장은 내 총리직에서 일종의 전환점이었다. 그 이전과 그 이후가 있었다. 당시 나는 언젠가 총리를 그만두면 이 사건들의 경과와 내 결정의 동기, 그와 연결된 유럽과 세계화에 대한 나의 소신을 설명하겠다고 마음먹었다. 그건 책으로만 가능해 보였다. 나의 결정 및 이후 과정에 대한 설명과 해석을 남들에게만 맡길 수는 없었다.

당시 나는 아직 재직 중이었다. 이후 2017년에 독일 연방의회 선거가 있었고, 나의 네 번째 임기가 시작되었다. 지난 2년은 코로나바이러스 팬데믹의 억제가 시대적 화두였다. 공개적으로 여러 차례 이야기했듯이 팬데믹은 개인과 국가를 넘어 유럽과 전 세계를 짓누른 민주주의의 짐이었다. 한편으로는 나에게 난민 정책에 관한 글만 쓸 게 아니라 다른 분야로도 시야를 넓혀야겠다는 생각을 들게 해준 계기이기도 했다. 나는 기왕 할 거라면 제대로 해야겠다고 다짐했다. 그렇다면 베아테 바우만이 필요했다. 1992년부터 항상 충고를 아끼지 않은 내 삶의 산증인이었다.

나는 2021년 12월 8일 퇴임했다. 그 며칠 전 연방군이 마련해준 명예로운 군악제 퇴임식 때도 말했듯이 나는 행복한 마음으로 직을 내려놓았다. 임기 마지막에는 이날이 오기만을 학수고대했다. 충분한 시간이었다. 이제 몇 달간 쉬면서 숨을 고르고, 숨 가쁘게 돌아가던 정치를 뒤로하고, 2022년 초여름부터 천천히 새 삶을 모색할 작정이었다. 여전히 공적인 삶이지만 더는 현역으로 뛰지 않으면서 대중과 접촉할 올바른 방법을 찾는 삶 말이다. 거기엔 이 책을 쓰는 것도 포함되어 있었다.

그런데 2022년 2월 24일, 러시아가 우크라이나를 공격했다. 그와 함께 이제 아무 일도 없었다는 듯이 이 책을 쓰는 것은 불가능해졌다. 1990년대 초 유고슬라비아 전쟁이 유럽을 뒤흔든 적이 있었지만, 러시아의 우크라이나 침공은 그보다 한층 위험했다. 제2차 세계대전 이후 각국의 영토 보전과 주권 수호를 근간으로 하는 유럽의 평화로운 질서를 뒤흔드는 명백한 국제법 위반이었다. 깊은 각성이 찾아왔다. 나는 이 문제에 대해서도 쓸 생각이다. 그러나 이 책은 러시아와 우크라이나에 관한 책이 아니다. 그건 다른 책이 될 것이다.

이 책에서 나는 내 인생을 둘로 나누어 이야기할 생각이다. 1990년까지 독재 치하에서 살았던 삶과 1990년 이후 민주 체제에서 살았던 삶으로 나누어서 말이다. 독자들이 이 책을 처음 집게 될 시점에서 보면 두 삶의 길이는 거의 비슷하다. 각각 35년이다. 물론 두 개의 삶은 있을 수 없다. 사실은 하나의 삶이다. 다만 내 첫 번째 삶이 없으면 두 번째 삶은 이해할 수 없다.

동독에서 35년을 살았던 여성이 어떻게 독일연방공화국에서 가장 강력한 직책을 맡아 16년 동안이나 그 자리를 지킬 수 있었을까? 임기 중 부득이한 일로 사임하거나 선거에서 패하지도 않았는데 왜 스스로 총리직에서 물러났을까? 동독에서 목사의 딸로 자라고, 독재 정권하에서 생활하고, 대학에 다니고, 일하는 것은 어땠을까? 자신이 살던 나라의 붕괴를 경험하는 것은 어떤 느낌이었을까? 그와 함께 갑자기 자유를 얻었을 때는? 나는 이런 이야기를 하고 싶었다.

관련 서술은 당연히 지극히 주관적이다. 그러면서도 나는 진실한 자기반성을 놓지 않으려고 애썼다. 오늘날의 잘못된 평가에 대해서는 잘못된 이유를 설명하고, 옳은 평가에 대해서는 나름대로 이유를 이야기하겠다. 이건 빈틈없는 완벽한 보고서가 아니다. 사람들이 기대하고 예상하는 모든 것이 책에 나오지는 않는다. 이 점에 대해서는 미리 양해를 구한다. 나의 목표는 방대한 양의 데이터를 하나로 묶어주는 주안점을 설명하고, 정치가 어떻게 작동하는지, 정치에 어떤 원칙과 메커니즘이 있는지, 그리고 무엇이 나를 이끌었는지를 알기 쉽게 설명하는 것이다.

정치는 마술이 아니라 사람들이 만드는 것이다. 각자의 특성과 경험, 공명심, 약점, 강점, 소망, 꿈, 신념, 가치관, 이해관계를 가진 사람들이 만든다는 뜻이다. 그런 사람들이 민주주의하에서 무언가를 관철하려고 자기 뜻에 동조하는 다수를 얻기 위해 치열하게 싸우는 것이 곧 정치다.

"우리는 해낸다."

내 정치 인생에서 이 말만큼 욕을 많이 먹은 말은 없었다. 이 말에 대한 평가는 극단으로 나뉘었다. 그러나 내게 이 말은 단순했다. 어떤 일에 대한 태도의 표현이었다. 그건 신에 대한 믿음이나 희망이 될 수도 있었고, 아니면 단순히 어떤 문제를 해결하고, 충격에 대처하고, 실패를 극복하고, 새로운 것을 만들어내려는 결의라고도 할 수 있었다.

"우리는 해냅니다. 우리를 가로막는 것이 무엇이든 극복하고 해결할 수 있습니다."

내가 2015년 8월 31일 여름 기자회견에서 했던 말이다. 나는 그렇게 정치를 했고 그렇게 살고 있다.

이 책도 하나의 경험이기도 한 그런 태도에서 탄생했다. 내 경험에 따르면, 정치만이 아니라 모든 사람이 각자의 역할을 다하기에 뭐든 가능하다.

앙겔라 메르켈
베아테 바우만과 함께
2024년 8월 베를린에서

제1부

"나는 총리가 되기 위해
태어나지 않았다"

1954년 7월 17일 - 1989년 11월 9일

1. 행복한 어린 시절

크비초

1989년 11월 10일 금요일, 나는 여느 날처럼 오전 6시 30분경 베를린 프렌츨라우어 베르크의 쇤하우저 알레 거리 104번지를 나서서 쇤하우저 알레역에서 전철을 타고 베를린 아들러스호프로 향했다. 출근길이었다. 전철은 사람들로 빼곡했고, 밖은 아직 어두웠다. 평소와 다른 것은 어디에도 없었다. 그러나 실제로는 모든 것이 달라져 있었다. 전날 저녁, 독일사회주의통일당(SED)의 정보 및 미디어 정책 담당 비서 귄터 샤보브스키는 동독 텔레비전에서 이렇게 선포했다.

"개인적인 해외여행은 여행 사유나 가족 관계 증명 같은 전제 조건 없이도 누구나 신청할 수 있습니다."

이 정책이 언제부터 시행되느냐는 질문에 그는 "이 시간부터 바로"라고 답했다. 이로써 1989년 11월 9일 목요일 베를린 장벽의 종식이 선포되었고, 곧이어 누구도 막을 수 없는 일이 벌어졌다.

저녁 무렵 나도 보른홀머가(街)의 국경 검문소를 지나 서베를린으로 향하는 인파에 끼어 있었다. 서베를린 시민들이 곳곳에서 우리를 향해, 자기들 집으로 올라와 함께 맥주를 마시며 이 놀라운 사건을 위해 건배하자고 소리쳤다. 어떤 이들은 기쁨에 겨워 스스로 거리로 내려오기도 했다. 생판 모르는 사람들끼리 포옹했고, 나도 그 한가운데에 있었다. 나는 얼굴도 모르는 몇 사람을 따라 다리 건너편 왼쪽 첫 번째 골목길로 접어들었다. 한 서베를린 주민이 자신의 집으로 우리를 초대했고, 나도 별생각 없이 따라갔다. 그는 우리에게 맥주를 권했다. 우리는 전화를 사용해도 되는지 허락을 구했다. 나는 함부르크에 사는 이모에게 전화를 걸었지만 연결이 되지 않았다.

30분쯤 뒤 우리는 작별 인사를 나누고 그 집에서 나왔다. 사람들은 대부분 서베를린의 번화가인 쿠르퓌르스텐담으로 향했다. 반면에 나는 11시쯤 발길을 돌려 집으로 향했다. 내일 출근하려면 일찍 서둘러야 한다는 생각이 떠올랐기 때문이다. 며칠 뒤 폴란드 토룬에서 강연이 예정되어 있었는데 아직 준비할 것이 많았다. 그날 밤 나는 불과 몇 시간 전에 경험한 일들로 가슴이 벅차올라 밤잠을 설쳤다.

이튿날 아침, 아들러스호프행 전철에는 펠릭스 제르진스키 경비 연대 소속의 국경수비대원들도 타고 있었다. 국경 야간근무를 마치고 막사로 돌아가는 길이었다. 막사는 내가 근무하는 연구소 인근에 있었다. 군인들이 어찌나 큰 소리로 떠들던지, 듣고 싶지 않아도 들을 수밖에 없었다.

한 병사가 이죽거렸다.

"어젯밤은 정말 대단했어! 이제 우리 장교들은 어떻게 될까?"

"완전히 끝났지 뭐. 지금쯤 이게 대체 무슨 일인가 하고 있을 거야."

다른 한 명이 말했다.

"하긴 존재 이유가 사라졌으니까. 지금껏 쌓은 경력이 한순간에 다 날아갔잖아!"

세 번째 병사가 소리쳤다.

우리는 아들러스호프에서 내렸다. 병사들은 막사로, 나는 동독 과학 아카데미 물리화학 중앙연구소로 향했다. 책상에 앉았지만 일이 손에 잡히지 않았다. 모든 일이 중단되었다. 전날 밤 강연 준비를 이유로 서베를린에서 일찍 돌아왔지만, 당연히 그 일도 손대지 못했다. 나만 그런 것이 아니었다. 모두가 그랬다. 우리는 이야기하고 또 이야기했다.

오전에 여동생이 연구소로 전화를 했다. 건설 노동자 종합병원에서 작업치료사로 일하는 동생이었다. 우리는 오후 늦게 만나 서베를린에 사는 그녀의 오랜 남자 친구를 방문하기로 약속했다. 몇 년 전 동생이 지인을 통해 알게 된 친구였다. 이제는 언제든 그 친구를 만나러 갈 수 있다는 사실이 도무지 믿기지 않았다.

나는 아침에 전철에서 들은 국경수비대원들의 말이 하루 종일 머릿속에서 떠나지 않았다. 동시에 한 가지 생각이 떠올랐다.

'그래, 이제 이 병사들과 장교들은 더 이상 나를 어쩌지 못해. 내 가족도 더 이상 옭아매지 못해. 베를린 장벽은 28년 동안 내 가족을 갈라놓고 내 부모에게 많은 고통을 가했을 뿐 아니라 내 남편 요아힘 자우어의 가족에게도 큰 고통을 안겼어. 그건 동독과 서독의 많은 사람들도 마찬가지야. 이제 군인들은 우리의 자유로운 이동을 막지 못해. 그런 시대는 이제 지나갔어.'

이런 생각과 함께 군인들이 전철 안에서 했던 '존재 이유'라는 말 한마디가 가슴속에서 계속 울려 퍼졌다. 지난밤 이후 내 삶을 비롯해 내 가족과 친구, 동료들의 삶은 어떻게 될까? 우리의 경험과 교육, 능력, 성과, 개인적 결정은 앞으로 어떻게 될까? 나는 당시 서른다섯 살이었다. 이제 겨우 서른다섯? 아니 벌써 서른다섯? 이룬 것은 무엇이고, 아직 이루지 못한 것은 무엇일까?

나는 1954년 7월 17일 함부르크에서 헤를린트와 호르스트 카스너의 맏이로 태어났다. 할아버지 루트비히 카즈미에르차크는 폴란드 포즈난 출신으로 1920년대 초에 베를린으로 이주했는데, 아버지는 그곳에서 1926년에 태어났다. 조부는 경찰 공무원이었고, 조모는 베를린 출신의 재봉사이자 가정주부였다. 1930년 할아버지 가족은 폴란드 성을 독일 성인 카스너로 바꾸게 되어 그때부터 아버지는 호르스트 카스너가 되었다. 할아버지 루트비히 카스너는 1959년에 돌아가셨고, 나는 할아버지에 대한 기억이 전혀 없다.

어머니 헤를린트는 1928년 그단스크에서 교사 부부인 빌리와 게르트루트 엔치의 두 딸 중 첫째로 태어났다. 동프로이센 엘빙 출신의 외할머니는 첫딸이 태어난 후 학교를 그만두었다.

외할아버지 빌리는 그단스크에서 과학교사이자 중등학교 교장으로 일했다. 경제적 형편은 오늘날 중상층에 해당할 만큼 부유한 편이었다. 1936년 외할아버지 가족은 그단스크에서 함부르크로 이사할 채비를 했다. 함부르크의 한 중등학교에서 할아버지에게 교장직을 제안한 것이다. 이사 갈 준비가 끝나고, 새집을 빌리고, 이삿짐 업체와 계약까지 마쳤다. 그러던 중에 할아버지가 화농성 맹장염과 담낭염으로 갑자기 돌아가셨다. 당시는 아직 페니실린이 없던 시절이었다.

이제 외할머니와 두 딸만 남았다. 그럼에도 세 사람은 이미 빌려놓은 함부르크의 널찍한 새집으로 이사했다. 이제는 돈 걱정에 시달려야 했다. 전에는 몰랐던 일이었다. 외할머니는 미망인 연금을 받았지만, 그것만으로는 생활이 어려웠다. 지금까지의 삶은 완전히 무너졌다. 외할머니는 오랫동안 검은 옷만 입으셨고, 늘 딸들 걱정으로 노심초사했다. 딸들이 약속한 시간보다 늦으면 외할머니는 불안감을 이기지 못하고 발코니로 나가 딸들이 오는지 내내 지켜보시곤 했다.

1943년 여름, 함부르크는 영국과 미국의 공습으로 큰 피해를 입었다. 외할머니 가족이 살던 집도 폭격을 피해가지 못했다. 외할머니는 두 딸을 데리고 함부르크를 떠났다. 처음에는 외할머니의 자매가 가족과 함께 살고 있던 알트마르크의 노이키르헨 마을로 갔다가 1943년 가을에는 외할머니의 고향 동프로이센의 엘빙으로 옮겼지만, 몇 달 뒤 1944년 여름에 다시 노이키르헨으로 돌아왔다. 내 어머니는 1944년 여기서 베를린의 베스트엔트 학교에 다녔다. 지금은 체코의 피세크로 이전한 학교다. 전쟁이 끝났을 때 어머니는 천신만고 끝에 노이키르헨의 외할머니 집으로 돌아올 수 있었다. 1945년 3월 말부터 1945년 10월까지 가족은 어머니의 생사조차 알지 못했다. 당시 열일곱 살이던 어머니는 도중에 소련군에게 강간을 당하지 않을까 너무 무서웠다고 자주 털어놓으셨다.

전쟁은 아버지의 삶에 더 큰 영향을 미쳤다. 아버지는 내 할아버지 루트비히와 함께 저녁이면 전황을 파악하기 위해 이불을 뒤집어쓰고 몰래 BBC 라디오를 들었다. 할아버지는 전쟁 중에 이미 독일의 패전을 확신하고 있었다. 아니, 반드시 패배해야 한다고 생각했다. 아버지는 1943년 5월 학도병으로 징집되어 대공 포대에 배치되었고, 1944년 8월 열여덟 번째 생일이 지난 뒤에는 정식 군인이 되었다. 1945년 봄에는 폭격을 받아 건물 잔해에 깔리기도 했고, 전쟁이 끝난 뒤에는 덴마크에서 잠시 영국군에게 포로로 잡히기도 했다. 1945년 8월 고향으로 돌아왔을 때 독일은 이미 각 승전국의 점령 지구로 나뉘어 있었다. 아버지는 하이델베르크로 가서 한 친구 집에 머물며 아비투어, 즉 대학입학자격시험을 보았다. 나중에 들은 바로는, 전쟁의 참상을 보면서 신학을 공부하기로 결심했다고 한다.

이는 집안 내력이나 부모님의 성향에 따른 결정이 아니었다. 물론 할아버지가 가톨릭 세례를 받았고 할머니도 개신교 신자였지만, 두 분 다 실천적 기독교인은 아니었다. 아버지 자신은 가톨릭 세례를 받았지만, 1940년에 개신교 교회에서 견신례를 받았다. 종전과 함께 국가사회주의의 공포가 끝나자 아버지는 새 시작을 위해 평화윤리가 필요하다고 굳게 믿었다. 이는 기독교 신앙에서 비롯된 확신이었다. 이렇게 해서 아버지는 당시 서독의 서방 연합군 점령지에서 신학을 공부하기로 결심했고, 공부가 끝난 뒤에는 소련 점령 지구로 다시 돌아가겠다고 처음부터 마음먹었다. 자신과 같은 사람이 반드시 필요한 곳이 거기라고 믿은 것이다. 그건 어쩌면 소명 같은 것이 아닌가 싶다.

아버지는 1949년 베텔에서 공부를 이어갔고, 1954년에는 함부르크에서 목회자 수련과정을 마쳤다. 1950년에는 개신교 대학생회가 주최한 한 행사에서 어머니를 만났다. 두 분 다 그 단체의 대학생 간사로 일하고 있었다. 어머니는 함부르크대학에서 영어와 라틴어를 공부했고, 졸업 후에는 중등학교 교사로 일할 생각이었다. 학생회 안에서 어머니는 애칭으로 '메르세데스'라고 불렸다고 한다. 당시에 아주 크고 빠른 자가용을 갖는 게 꿈이라고 늘 입버릇처럼 말하고 다녔기 때문이다.

부모님은 1952년 8월 6일에 결혼하셨다. 결혼과 함께 어머니는 아버지가 베를린 브란덴부르크 교회로 돌아가겠다는 계획을 실행에 옮기면 망설임 없이 따르기로 마음먹고 있었다. 그건 곧 3년 전에 건국한 독일민주주의공화국, 즉 동독으로 간다는 뜻이었다. 어머니로서는 결코 쉬운 결정이 아니었다. 하지만 사랑으로 내린 결정이었다. 우리 가족 모두에게 중대한 결과가 따르기는 했지만 말이다.

그 일이 일어난 건 1954년이었다. 대다수는 아니지만 많은 사람에게 이해는 서독 축구 대표팀이 월드컵에서 우승한 '베른의 기적'으로 기억되겠지만, 우리 가족에게는 서독에서 동독으로 이주한 해였다. 구체적으로는 함부르크에서 크비초라는 작은 마을로 이주한 해였다. 베를린에서 북서쪽으로 150킬로미터쯤 떨어진 곳이었다. 아버지는 여기서 마을 목사로 첫 목회를 시작했다. 아버지가 동독으로 먼저 떠났고, 어머니는 얼마 뒤 내가 담겨 있는 아기 바구니를 들고 뒤따랐다. 그때 나는 겨우 생후 6주였다. 1953년 6월 17일 동독에서 파업과 정치 시위를 동반한 대중 봉기가 소련 탱크에 의해 무참하게 진압된 지 1년밖에 지나지 않은 시점이었다. 게다가 몇 년 뒤에는 베를린 장벽이 설치되면서 우리 가족을 비롯해 수백만 명의 독일인이 깊은 충격에 사로잡혔다. 그 와중에도 부모님은 새로운 환경에 차츰 적응해 나갔다.

우리 집에는 가사 도우미가 있었다. 아버지의 전임자와 함께 동프로이센에서 크비초로 온 슈피스 부인이었다. 그녀는 전임 목사의 은퇴 뒤에도 우리 집에서 계속 일했다. 시골 생활에 필요한 모든 것을 부모님에게 가르쳐준 사람도 이분이었다. 아버지는 염소젖 짜는 법을 배웠고, 어머니는 쐐기풀 요리법을 비롯해 도회지 사람이 알지 못하는 많은 것을 배웠다.

나중에 들은 바로는 어머니는 결혼할 때 하얀 카펫을 가져왔는데, 처음에는 크비초에서도 함부르크 시절의 생활 습관을 고수했다고 한다. 손님이 와도 신발을 벗지 못하게 한 것이다. 그건 아버지와 상담하려고 집에 찾아온 마을 농부들에게도 마찬가지였다. 당시는 집단농장화가 강제로 시행되던 시기였기에 마을 사람들은 고민 상담을 하러 아버지를 자주 찾았고, 결국 많은 이가 나중에 서독으로 떠났다. 아무튼 농부들이 하얀 카펫을 더럽히지 않으려고 신발을 벗으려고 하면 어머니는 "그러지 말아요"라고 말렸다. 그 바람에 하얀 카펫 곳곳에는 밭일로 지저분해진 신발 자국이 남았다. 그러다 언젠가부터 어머니도 함부르크의 습관을 포기하고 손님들에게 신발을 벗게 했다. 어머니는 크비초에서 꽤 인기가 좋았다.

나는 이곳에 대한 기억이 전혀 없다. 모든 건 나중에 가족들에게서 들은 이야기다. 반면에 템플린은 완전히 다르다. 베를린에서 북쪽으로 80킬로미터쯤 떨어진 브란덴부르크주의 우커마르크에 있는 작은 도시인데, 부모님은 1957년에 이곳으로 이주하셨다. 그해에 태어난 남동생 마르쿠스와 나를 데리고 말이다. 아버지는 베를린 브란덴부르크 교회로부터 템플린의 발트호프에 설립된, 교회 사역을 위한 목회자 학교 책임자에 임명되었다. 나중에 개신교 신학원으로 바뀐 곳이다. 이로써 아버지는 전통적인 의미의 목회 일을 접었다. 이 변화는 어머니에게도 새로운 기회를 열어주었다.

발트호프

여동생 이레네는 1964년에 태어났다. 여섯 살 무렵부터 동생과 나는 함께 즐겨 가는 곳이 있었다. 부모님 집 다락방의 지붕창 앞에 널찍하게 돌출된 양철판이었다. 나보다 민첩했던 이레네는 창문만 넘으면 양철판 위에 편안히 앉을 수 있다는 걸 진작 알아냈다. 여기 앉아 있으면 소나무가 내려다보였다. 바람에 살랑거리는 나무우듬지가 보였고, 나무들 사이로는 초원 쪽으로 이어지는 내리막길도 보였다.

템플린 호수와 뢰델린 호수 사이에는 초원을 가로지르고 흐르는 운하가 있었다. 여름이면 우리는 지붕에 앉아 뭘 하고 놀지 계획을 세웠다. 초원의 샘으로 갈까? 자전거를 타고 뢰델린 호수로 가서 수영을 할까? 템플린 주변의 숲에서 블루베리를 딸까? 놀거리는 무궁무진했다. 우리는 열 살의 나이 차가 나는데도 죽이 잘 맞았다.

지붕창이 있는 다락방은 내 방이었다. 실제 우리 가족은 한 층 아래에 살았다. 우리 집은 도시 외곽의 발트호프 부지에 있었다. 스테파노 재단에서 정신장애 아동과 성인을 위해 운영하는 시설이었다. 운영 원칙은 베텔에 있는 보델슈빙 재단의 원칙을 따랐다. 그러니까 여기 수용된 사람들을 단순히 먹이고 보살피는 데 그치지 않고 적극적이고 의미 있는 노동을 통해 심신을 치료하는 데 방점을 둔 것이다. 이 시설은 되도록 자급자족으로 운영되고 경제적으로도 스스로 버틸 수 있어야 했다. 따라서 발트호프에는 식당과 농장 외에 조경 센터, 세탁소, 대장간, 목공소, 제화공방, 재봉소 들이 있었다. 어렸을 때 우리는 어디든 가서 다양한 직업의 장인들 그리고 정신장애가 있는 주민들과 이야기를 나눌 수 있었다.

아버지가 운영하던 목회자 학교에서는 한 건물이 본관 역할을 했다. 여기에는 수강생들의 숙소가 있었고, 그중에는 방이 총 일곱 개 딸린 우리 가족의 관사도 있었다. 그 일곱 개 중 다섯 개는 2층에, 내 방과 아버지 작업실은 다락층에 있었다. 행사나 강좌가 열리는 교육 시설은 따로 있었다.

발트호프는 어머니에게도 새로운 일거리를 주었다. 가령 교회 행정 직원들에게 독일어와 수학을 가르치거나, 개신교 신학 교육기관인 베를린 신학 어학원에 들어갈 학생들에게 미리 그리스어와 라틴어를 가르치는 일이었다. 그런데 해가 거듭될수록 이 학교의 업무는 점점 더 목회자 양성에 집중되면서 어머니의 활동 영역은 다시 줄어들 수밖에 없었다. 이후 어머니는 한동안 아버지의 비서로 일했다. 목사 아내라는 신분으로는 공공 교육기관에서 학생들을 가르칠 수가 없었다. 동독은 언제 어디서나 교육과 관련된 일이라면 교회의 영향을 배제하는 것이 원칙이었다. 스스로 무신론 국가라고 여기는 체제였다.

일상 가정생활에서 어머니와 아버지 사이에는 기본적으로 전통적인 역할 분담이 있었지만, 어머니는 어쨌든 학교에서 학생들을 가르치는 일에 대한 로망이 있었다. 당시 나는 어머니가 수업과 가사를 병행하면 부담만 두 배로 늘어날 뿐이라고 단순히 생각했다. 그랬기에 어린 내 눈에는 그게 별로 좋아 보이지 않았다.

동독에서는 어머니가 공식적으로 노동 종사자, 즉 생업 활동을 하는 사람이 아닌 가정주부였기에 나와 내 동생들은 유치원에 다니거나 나중에 학교 급식에 참여할 수 없었다. 나는 그게 영 못마땅했다. 그러다 초등학교 마지막 학년에 올라가서야 간신히 학교 급식을 먹을 수 있었다. 내가 급식을 원했던 건 음식의 질이 좋아서가 아니라 오랫동안 금지된 것이 풀렸다는 묘한 기쁨 때문이었다. 어쨌든 어머니는 수년 동안 매일 온 가족의 삼시세끼를 책임져야 했을 뿐 아니라 식사 준비를 위해 장을 보는 것도 혼자 해야 했다.

발트호프에서 시내 상점까지 거리는 약 3킬로미터였다. 우리가 아직 너무 어려서 도와줄 수가 없었을 때는 어머니 혼자 자전거로 식료품을 다 날라야 했다. 육체적으로 매우 힘든 일이었다. 나중에 어머니가 운전면허를 땄을 때 함부르크의 외할머니가 트라반트*를 선물해주셨다. 동서 간의 물품 이동을 담당하던 GENEX(선물 및 소형 물품 수송 회사)를 통해서였다. 이 업체를 통하면 서독 주민은 동독 주민에게 웬만큼 큰 선물도 보낼 수 있었는데, 결제 수단은 서독마르크화였다. 학창 시절의 별명이던 '메르세데스'보다는 훨씬 작은 차였지만, 자기 차를 갖게 된 것은 어머니에게 자기 해방의 순간이나 다름없었다. 이제 어머니는 어디든 차를 몰고 다녔다. 베를린 신학 어학원에서 영어 수업을 하러 갈 때도 이 차를 이용했다. 이 강좌 때문에 직접 음식 준비하는 걸 싫어하는 아버지와 종종 마찰을 빚기도 했지만, 어머니는 자신의 길을 포기할 마음이 전혀 없었다.

동독의 목회자들은 수입이 거의 없었다. 다만 우리처럼 관사 월세를 조금 내기만 하면 되었다. 그밖에 서독에서 물질적 지원을 받았다. 이른바 형제 보조금이었다. 우리 가족에게 이 돈은 한 달에 약 70마르크였다. 함부르크의 외할머니가, 1978년 외할머니가 돌아가신 뒤에는 이모가 이 보조금을 관리하면서 정기적으로 우리에게 소포를 보내주었다. 함부르크의 친척에겐 행정상의 번거로움이 따르는 수고스런 일이었지만, 동독의 우리에게는 정말 소중한 도움이었다.

소포는 또 다른 측면에서 특별했다. 우리는 소포를 여는 순간 바로 그 특별함을 느끼면서 이렇게 말하곤 했다.

"서쪽 냄새가 나."

---

* 동독 국영기업에서 생산하던 4인승 경차.

좋은 비누의 향긋한 냄새나 고급 커피의 고소한 향이었다. 반면에 동독 물건들에서는 세제나 왁스, 테레빈유 냄새가 강하게 났다. 이 냄새는 지금까지도 코에 진하게 남아 있다.

동독은 내게 미적 감각이라고는 전혀 없는 무미건조함 그 자체였다. 진짜 천연 소재 대신 모조품만 있었고, 화려한 원색은 어디에도 없었다. 부모님은 이러한 무미건조한 분위기에서 벗어나려고 나름 애썼다. 예를 들면 주문 후에 가끔 장시간 기다려야 했음에도 드레스덴의 헬레라우 가구 공방에서 아름답게 디자인된 가구를 구입하는 방법으로 말이다. 내가 지금도 화려한 색상의 블레이저 재킷을 선호하는 것도 어쩌면 동독의 일상에서 놓쳤던 강렬한 색상에 대한 동경 때문일지 모른다.

아버지의 목회자 학교는 스테파노 재단이 운영하는 발트호프의 기반 시설 덕을 많이 보았다. 주방이나 작업장 같은 공간을 함께 이용할 수 있었던 것이다. 시설의 정신장애인들도 아버지 학교에서 일부 일을 했다. 그중 한 명이 특히 기억에 남는다. 정말 한순간도 게으름을 부리지 않고 성자와 같은 인내심으로 나무와 석탄을 날라 어머니 일을 도운 남자였다. 사실 무척 힘든 일이었다. 모든 방이 타일 난로로 난방을 했기에 날라야 하는 나무와 석탄의 양은 어마어마했다. 그럼에도 그는 늘 초집중해서 일을 했다. 나머지 시간에는 끊임없이 혼잣말을 중얼거리거나 아니면 자신의 상상 세계를 이야기했다. 상상 속에서의 그는 철도 직원이었다. 나는 그와 친구가 되었다.

학교에 입학하기 전까지 우리들은 식사 시간에 집에 들어오는 경우를 빼고는 대부분의 시간을 밖에서 보냈다. 12시와 18시 정각이 되면 스테파노 재단 시설의 한 주민이 발트호프 경내의 종탑에 올라가 종을 쳤다. 이 종소리는 목사의 아이들인 우리에게도, 이제 식사 시간이 되었으니 어서 집으로 돌아오라는 신호였다. 나머지 시간에 우리는 하루 종일 자유롭게 경내를 돌아다닐 수 있었다. 정말 귀한 시절이었다.

나의 특별한 친구는 정원사 라흐만 씨였다. 아저씨는 식물 심는 요령이라든지 온실 가꾸는 방법 같은 걸 내게 가르쳐주었다. 나는 무엇이든 물어보았고, 그러면서 정원 일을 조금이나마 거들었다. 어쨌든 나는 꽤 촌스런 아이였다. 크비초에서 지낼 때는 목이 마르면 아무렇지도 않게 닭의 물그릇에 담긴 물을 마셨고, 발트호프에서는 밭에서 뽑은 당근을 그냥 옷에 쓱쓱 문질러 먹기도 했다.

가을에 내가 가장 좋아했던 곳은 감자 찜통이었다. 트럭처럼 생긴 거대한 차량 위에 커다란 찜통이 실려 있었다. 여기다 감자를 가득 채워 넣으면 감자는 뜨거운 김으로 말랑말랑해졌다. 특히 수확 후에 바로 쪄 먹는 감자가 일품이었다. 어릴 때 나는 감자를 찌는 동안 차량 운전석 옆에 앉아 있어도 되었다. 감자밭과 감자 이파리 냄새는 정말 기가 막혔다. 선선한 가을날 오후에 말랑한 감자를 호호 불어가며 맛보는 것은 크나큰 즐거움이었다.

발트호프에는 다른 아이들도 있었다. 몇몇은 나보다 나이가 많았고, 몇몇은 나보다 어렸다. 우리는 많은 일을 함께했다. 호숫가에서 수영을 했고, 짚더미에서 놀았으며, 피구도 했다. 같이 놀 친구는 항상 어디든 있었다. 지루할 틈이 없었다.

강림절 첫째 일요일, 발트호프 아이들은 정신장애인 주민들을 위해 강림절 노래를 불렀다. 아침 7시에 시작된 우리의 세레나데는 큰 방에서 자고 있던 어른들을 깨웠다. 당시만 해도 1인실이나 2인실은 상상도 할 수 없었다. 우리는 「배가 오고 있네, 가득 신고」 혹은 「문을 활짝 열어라」 같은 노래 외에도 많은 노래를 불렀다. 주민들은 무척 기뻐했고, 아이들도 진심으로 함께했다. 더구나 나는 크리스마스 때 템플린의 마리아 막달레나 교회 성가대에서도 노래를 불렀다. 발트호프에서 크리스마스는 아이들에게 1년 중 최고의 날이었다. 그런데 우리 집의 크리스마스이브는 다른 많은 가정과 사뭇 달랐다. 목사 관사에서는 공적인 일과 사적인 일이 뚜렷한 구분 없이 경계를 넘나들었다. 우리는 특히 크리스마스 시즌 때 그것을 알아차렸다.

크리스마스이브가 되면 아버지는 템플린 인근의 몇 군데 마을에서 두세 차례 예배를 집전하고, 저녁 6시가 넘어서야 마을 교회에서 꽁꽁 얼어붙은 몸으로 집으로 돌아올 때가 많았다. 어릴 때 우리는 억지로라도 미리 낮잠을 자두어야 했다. 아버지의 귀가가 늦는 바람에 저녁도 그만큼 늦게 먹었기 때문이다. 그러다 나이가 들면서 나는 예배를 드리러 가는 아버지를 따라갔다.

당연히 베를린의 할머니도 오셨다. 하지만 이런 특별한 밤에는 혼자 외롭게 사는 사람들도 기억해야 했다. 부모님은 어릴 때부터 우리들에게 크리스마스의 본질적인 의미가 우리만큼 잘살지 못하는, 외롭고 버림받은 사람들을 생각하는 데 있다고 가르치셨다. 그래서 매년 크리스마스이브에는 평소 혼자 살고 즐거운 일이 없는 사람을 한명 집으로 초대했다. 아버지의 예배 때문에 너무 늦게 시작된 저녁 식사 자리에서 우리의 손님은 마음대로 수다를 떨었고, 부모님은 그런 그를 계속하라고 격려해주기도 했다. 그러나 아이들의 마음은 벌써 콩밭에 가 있었다. 간절히 기다리던 크리스마스 선물에 온통 관심이 쏠려 있어서 아무 말도 떠오르지 않았다. 이런 사정 때문에 우리는 여덟 시나 그보다 더 늦어서야 마침내 크리스마스 선물이 놓여 있는 방으로 들어갈 때가 많았다.

여기서는 정해진 의식이 있었다. 양초가 타오르면 나와 내 동생들은 서로 역할을 나누어 성탄 이야기를 낭송했다. 누가복음 구절을 읽다가 중간에 플루트 연주를 하고 크리스마스 캐럴을 불렀다. 이 짧은 공연은 당연히 손님들을 즐겁게 해주려는 목적이었지만, 무엇보다 선물이 크리스마스의 전부가 아님을 우리 스스로 깨닫게 하는 의미도 있었다.

크리스마스 날 아침 거실에 모두 둘러앉아 선물 포장을 풀던 순간은 정말 지금 생각해도 따뜻한 기억으로 남아 있다. 목회자 학교의 교장이던 아버지는 필요할 때만 마을 교구 일을 거들었기 때문에 평소에는 예배를 집전할 일이 없었다. 어머니가 부엌에서 거위구이를 준비하는 동안 우리는 아버지와 선물에 대해 이런저런 이야기를 주고받았다. 그러면서 어머니가 직접 만든 각양각색의 과자를 냉큼냉큼 집어먹었다. 이날만큼은 단것을 많이 먹어선 안 된다는 훈계도 없었다. 서독에서 온 선물 중에 남동생이 좋아하는 라벤스부르거 퍼즐이 포함되어 있으면 우리는 함께 퍼즐을 맞추기 시작했다.

크리스마스뿐 아니라 다른 축제 때도 우리 집은 늘 열려 있었다. 일년 내내 우리 집엔 손님이 끊이지 않았다. 부모님 친구들은 종종 저녁식사 후에 찾아와 차나 와인 한 잔을 마셨다. 그밖에 특정한 상황에서 국가에 대해 어떤 태도를 취해야 하는지 조언을 구하는 사람도 드물지 않았다. 그중에는 독일사회주의통일당 당원도 있었다. 주말에는 목사 가족들끼리 자주 왕래했다. 나는 다른 교구의 목사 관사를 방문하는 것을 좋아했다.

티타임이 끝나면 아이들은 밖으로 내보내질 때가 많았다. 나가 놀아도 된다는 말은 사실 어른들끼리 할말이 있으니까 너희는 잠시 나가 있으라는 말이나 다름없었다. 그럴 때면 나는 어른들과 함께 있으려고 구석이나 커튼 뒤에 몰래 숨곤 했다. 어른들끼리만 있을 때 무슨 말을 하는지 무척 궁금했기 때문이다. 대화는 대개 매우 정치적인 내용이었다. 나는 귀가 솔깃했다. 신학적 문제나 기독교리, 예배에 관한 이야기보다 더 흥미로웠다. 때로는 국가와 마찰을 빚거나 국가안전부, 즉 슈타지와 어려움을 겪는 다른 목회자 이야기나 아이들의 학교 문제 이야기도 나왔다. 이런 대화와 만남은 결코 아무하고나 나눌 수 없었다. 우리 아이들도 그에 대해서는 입도 벙긋해서는 안 된다는 사실을 직감적으로 알고 있었다.

베를린 장벽, 그 경악스런 충격

내 생애 최초의 기억은 함부르크의 외할머니와 연결되어 있다. 물론 그게 어디까지가 내 기억이고 어디까지가 가족에게서 들은 이야기인지는 알 수 없다. 어쨌든 첫 번째 기억은 1957년으로 거슬러 올라간다. 내가 세 살 때였다. 어머니는 내 둘째 동생 마르쿠스를 임신하고 있어서 나는 함부르크의 할머니 댁에서 3개월 동안 살았다. 동생이 태어나고 함부르크에서 템플린으로 다시 돌아왔을 때, 나중에 수없이 들은 얘기지만, 나는 우리 집의 높은 계단을 혼자 올라갈 수가 없어 어머니를 보고 '아줌마'라고 부르며 도움을 청했다고 한다. 어머니는 딸이 자기를 아줌마라고 부르는 순간 가슴이 철렁 내려앉으면서 너무 무서웠다고 한다. 떨어져 살아서 생긴 일시적인 거리감의 표현이라고 하더라도 말이다.

두 번째 기억은 1959년으로 거슬러 올라가는데, 이번에도 함부르크와 관련이 있다. 이모 군힐트의 결혼식이 함부르크에서 열렸다. 우리는 회색 바르트부르크 왜건을 타고 템플린에서 함부르크로 향했다. 저녁 시간대에 출발했기 때문에 원래 마르쿠스와 나는 차 안에서 자야 했다. 짐 속에는 부모님이 이모 결혼 선물로 준비한 길쭉한 꽃병이 있었다. 부모님이 국경 검문소에서 경찰한테 어떤 소지품이 있는지 말해야 했을 때 내가 뒷좌석에서 소리쳤다.

"잊은 게 있어요! 짐에 꽃병도 있잖아요!"

다행히 나의 이 당돌한 행동으로 검문소에서 특별한 문제가 생기지는 않았다. 그럼에도 검문소를 지나자 부모님은 왜 자지 않고 쓸데없는 일에 나서느냐고 꾸짖으셨다. 적어도 자는 척이라도 했어야 한다는 것이다. 나는 이 일을 결코 잊을 수 없다. 당시는 누구에게든 모든 것을 솔직하게 털어놓을 정도로 순진했다. 하지만 그건 시간이 지나면서 바뀌었다.

이모 집에서의 시간은 정말 좋았다. 물론 꼭 좋은 일만 있지는 않았다. 결혼식 날 고약한 일을 겪었기 때문이다. 때는 11월이었다. 다른 친척들도 결혼식에 아이들을 데리고 왔다. 아홉 살과 열 살 된 남자애 둘이 나에게 함께 산책을 가자고 했다. 나는 뿌듯했다. 이제 겨우 다섯 살밖에 안 된 여자애가 오빠들한테 그런 소리를 듣는 게 좋았던 것이다. 그런데 오빠들은 곧 나한테 질려서 나를 집으로 먼저 돌려보냈다. 그것도 혼자 말이다. 나는 길을 찾을 수 없었다. 그러다 어찌어찌해서 경찰서에 닿게 되었다. 경찰들은 부모님이 어디 있는지 알아내려고 이것저것 캐물었다. 그래야 부모한테 연락해서 나를 데려가게할 수 있었기 때문이다. 이렇듯 함부르크에 대한 나의 첫 기억들에는 다소 이중적인 면이 있다.

함부르크 할머니는 1961년 7월 16일 일흔 살이 되셨다. 칠순을 맞아 할머니는 우리 가족과 함께 바이에른으로 여행을 가고 싶어 하셨다. 그런데 이게 우리의 마지막 서독 여행이 될 줄은 아무도 몰랐다. 할머니는 운전면허가 없었다. 반면에 당신의 사위, 그러니까 내 아버지는 면허가 있었고 운전하는 것도 좋아했다. 할머니로선 안성맞춤이었다. 우리는 폭스바겐 비틀을 빌려 여름 3주 동안 바이에른과 오스트리아로 여행을 떠나기로 했다. 할머니는 많은 곳을 둘러보길 원하셨다.

우리는 일단 템플린에서 함부르크로 가서 할머니를 모시고 남쪽으로 향했고, 킴가우 알프스에 도착해서는 프라스도르프 인근의 한 작은 호텔에 묵었다. 가는 길이 무척 구불구불했던 것으로 기억한다. 우리는 산을 구경했고, 호숫가로 소풍을 떠났으며, 뮌헨과 인스부르크, 잘츠부르크로 계속 여행을 이어갔다. 바서부르크 암 인에서 당시 홍수로 범람한 거센 물줄기가 지금도 선명하게 기억 속에 남아 있다.

우리는 3주 후에 돌아왔다. 템플린의 집에 도착한 건 1961년 8월 7일 아니면 8일이었다. 훗날 아버지는 이런 말씀을 자주 하셨다. 그때 베를린 주변의 숲에서 철조망 치는 것을 보았다고. 앞으로 일어날 일의 분명한 전조였다. 아버지는 뭔가 안 좋은 일이 일어날 것 같은 예감이 들었다고 했다.

장벽 건설 전 목요일 아니면 금요일이었을 것이다. 아버지는 나를 차에 태우고 베를린으로 갔다. 거기서 무언가 처리할 일이 있었던 모양이다. 아버지는 나를 베를린의 할머니 댁에 맡겼다. 친할머니는 1930년대에 지어진 팡코구(區)의 한 아파트에 살고 있었다. 그날 할머니는 담배를 사러 베를린 프랑스 점령 지구로 나를 데려갔다. 아버지와 마찬가지로 애연가셨다. 가는 내내 할머니가 당시 일곱 살이던 내 손을 꼭 붙잡고 끌다시피 잰걸음을 놓던 모습이 지금도 생생하게 기억난다. 가게는 무척 바빴고, 할머니는 단음절로 딱딱 끊어서 필요한 물건을 말하고는 바로 가게를 나섰다. 서베를린에서 구입한 담배를 동베를린으로 가져가는 것은 허용되지 않던 시절이었다. 당시 나는 서베를린으로 다시 가기까지 그렇게 오랜 세월이 걸릴 줄은 꿈에도 몰랐다. 저녁에 아버지와 나는 다시 템플린으로 돌아갔다.

일요일이던 8월 13일, 베를린 한가운데를 가로지르는 장벽이 세워지기 시작했다. 나는 아버지가 집전하는 정규 예배에 참석했는데, 그때의 광경을 절대 잊지 못한다. 예배당 곳곳에 공포와 전율이 흘렀고, 많은 사람이 하염없이 눈물을 흘렸다. 어머니도 절망적인 표정이었다. 부모님에게는 한마디로 끔찍한 날이었다. 어머니는 함부르크의 할머니와 이모를 언제 다시 볼 수 있을지 알 수 없어 절망했고, 아버지는 고향 도시의 일부가 이젠 가고 싶어도 갈 수 없는 땅이 된 것에 낙담했다. 아버지는 자신이 틀렸음을 깨달았다. 상상을 훌쩍 뛰어넘는 일이 일어난 것이다. 아버지의 고향 도시는 이제 장벽으로 갈라졌다. 베를린뿐 아니라 독일 전체가 분단되었다.

1949년부터 독일 땅에 이미 두 개의 국가가 존재했지만, 우리 가족을 비롯해 수백만 독일인의 삶을 송두리째 바꿔놓은 것은 1961년 베를린 장벽 건설 이후였다. 장벽은 동독에 살던 우리를 무력감에 빠뜨렸다. 일례로 1962년 2월 함부르크에 엄청난 폭풍 해일이 닥쳤던 날이 떠오른다. 어머니는 할머니와 이모의 안부만 걱정할 수 있을 뿐, 할 수 있는 일이 아무것도 없어 너무 괴로워했다. 우리 가족은 그냥 이렇게 헤어졌다. 그나마 연락이라도 끊기지 않으려고 할머니와 어머니는 매주 편지를 주고받았다. 1978년 할머니가 돌아가신 뒤로는 이모가 이 전통을 이어갔다.

괴테 학교

나는 6월 30일 이후에 태어났기 때문에 당시 규정상 1960년에 조기 입학을 하지 못하고 1년을 더 기다려야 했다. 그러다 우리 가족에게 큰 타격을 준 장벽이 건설된 지 불과 며칠 뒤 입학 통지서가 날아왔다. 이렇게 해서 1961년 9월 초 나는 일곱 살에 초등학교에 입학했다. 발트호프에서 가장 가까운 학교였다. 그럼에도 걸어서 30분이나 걸리는 꽤 먼 거리였다. 나는 당시 왼쪽과 오른쪽을 구분하지 못했기 때문에 부모님은 2학년이 돼서야 차도에서 자전거 타는 걸 허락했다. 초등학교 5학년 때 나는 인근의 괴테 학교로 옮겼다. 폴리테히니셰 상급학교*였다.

수업은 7시 반에 시작했다. 나는 6시 15분에 일어나 샌드위치와 차 한 잔으로 아침을 때웠다. 오래 앉아 있을 시간은 없었다. 대부분 이웃집 친구들과 함께 걷거나 차를 타고 학교에 가곤 했는데, 친구들이 아직 준비를 못 한 경우가 많았다. 그래서 어머니는 내가 언제 학교로 출발하는지 부엌 창문으로 내다보셨고, 가끔은 내가 지각할 위험까

---

* Polytechnische Oberschule. 10학년제로 운영되는 동독의 일반적인 중등학교.

지 감수하는 걸 보고는 나무라기도 하셨다.

나는 학교 급식에 참여할 수가 없어 점심시간에는 집으로 갔다. 식사 후에는 숙제를 하거나 자유롭게 놀았다. 저녁은 6시에 먹었다. 보통 샌드위치가 나왔지만, 가끔 체리나 블루베리를 넣은 세몰리나 죽을 먹기도 했다. 저녁 식사는 하루 세끼 중에서 가족이 모두 모이는 가장 중요한 시간이었다. 아이들은 그날 있었던 일을 이야기했고, 부모님은 꼼꼼하게 들으면서 동독의 일상생활에서 부딪치는 여러 어려움을 현명하게 헤쳐나갈 방법을 조언해주셨다. 그런데 아버지는 목회자 학교의 야간 강좌가 7시나 7시 30분에 시작하는 날이면 저녁 식사 자리에 오래 앉아 있지 못할 때가 많았다. 우리가 다 함께 힘을 합쳐 설거지를 끝내고 나면 나는 어머니 일을 거들었다. 가령 뜨개질 같은 일이었다. 우리는 차츰 나이가 들면서 서독 뉴스 프로그램 「타게스샤우」를 함께 보기도 했다.

나는 다른 동급생과 달리 초등학교 1학년 때는 '개척자단'에 가입하지 않았다. 1학년부터 7학년까지 누구나 가입할 수 있는 국가 공산주의 학생 단체였다. 그로 인한 불이익도 있었다. 나는 성적이 무척 좋았는데 개척자단에 가입한 다른 친구들과 달리 어떤 상도 받지 못했다. 크리스마스 축제 행사도 함께 준비할 수 없었다. 개척자단의 일원이 아니었기 때문이다.

그건 부모님 뜻이었다. 부모님은 내가 입학할 때 말씀하셨다.

"1학년이 끝난 뒤에는 네 스스로 결정해도 되지만 지금은 아냐. 학교에 가는 건 의무지만 개척자단에 가입하는 건 의무가 아니거든."

부모님이 중요하게 생각하셨던 점이 바로 그것이었다. 동독에서도 선택의 여지가 있음을 내가 배우기를 원하신 것이다. 그 때문에 부모님은 내가 1학년을 마칠 때쯤 개척자단에 가입할지 말지 다시 상의해보자고 하셨다. 부모님은 아마 어떤 결정이든 받아들였을 것이다. 나는 나중에야 이런 접근 방식의 의미를 완전히 이해하고 항상 부모님을 높이 평가하게 되었다. 부모님이 내게 선택의 여지를 주신 데에는 두 가지 뜻이 있었다. 하나는 내가 스스로 결정하는 법을 배우기를 원했고, 다른 하나는 동독에서 목회자의 딸은 어차피 반골 출신으로 취급받을 수밖에 없다는 이유로 내가 일찍부터 대학을 포기하고 신학 공부만을 미래의 유일한 선택지로 여기는 것을 막고 싶으셨던 것이다. 왜냐하면 그런 단체에 가입하지 않고는 아비투어를 치고 대학에 진학하는 것은 애초에 거의 불가능했기 때문이다. 부모님은 나와 내 동생들의 자유로운 진로 선택을 당신들 때문에 어렵게 하거나 조기에 가로막고 싶어 하지 않으셨다.

2학년 때 나는 개척자단에 가입하기로 마음먹었다. 그때부터 나는 파란색 스카프를 두른 소년 개척자(동독에서는 여자건 남자건 모두 소년이었다)가 되었고, 4학년 때부터는 빨간색 스카프를 두른 텔만 개척자가 되었다. 이렇게 해서 나는 1962년부터 1968년까지는 개척자단의 일원이었고, 이후 8학년부터는 독일자유청년단(FDJ)에 가입했다. 청소년과 청년을 위한 일종의 국가 공산주의 동맹이었다. 나중에 나는 개척자단 학년 지도부에서도 활동했지만, 목사의 딸이라는 이유로 단체 의장이 될 수는 없었다.

나와 내 동생들은 동독 사회에서 목사의 자녀라는 것이 무슨 의미인지 다양한 형태로 경험했다. 특히 학적부는 내게 공포의 대상이었다. 거기엔 부모의 출신 성분이 기재되어 있었다. 예를 들어 노동자 계급은 A, 농민은 B, 자영업자는 S, 지식인은 I, 이런 식이었다. 교사들은 자주 학생들을 일으켜 세워 아버지의 직업을 말하게 했다. 한번은 이런 일이 있었다. 나는 짝꿍에게 이렇게 속삭였다.

"오늘은 아버지 직업을 목사라고 말하기 정말 싫어. 그러면 또 이런저런 걸 꼬치꼬치 캐물을 거야."

그러자 짝꿍이 대답했다.

"그럼 그냥 운전사라고 해."

나는 내 차례가 될 때까지 짝꿍의 선의에 찬 조언을 따를지, 아니면 진실을 따를지 고민했다. 마침내 내 이름이 불렸을 때 나는 아버지의 직업을 약간 우물거리기는 했지만 목사라는 말을 알아들을 수 있을 정도로는 이야기했다. 다행히 이번에는 관사에서의 생활이 어떠냐, 부모님이 학교에 비판적이지는 않으냐 따위의 추가 질문은 받지 않았다. 이런 식의 집요한 질문은 두려웠다. 그냥 이대로 사라지고 싶은 마음이 들 정도였다. 그건 아마 어머니가 항상 우리에게 성직자의 자녀로서 남들보다 더 착하게 살아야 하고, 가능한 한 남의 눈에 띄는 행동은 삼가야 한다고 늘 말씀하셨기 때문일 수도 있었다. 사실 부모님, 특히 아버지가 우리의 개척자단과 FDJ단 가입을 허락하신 것은 다른 목사 가정과 비교하면 예외적인 일이었다. 가끔 나는 또래 친구들이 FDJ 단원이 아니라는 이유로 심화 상급학교*에 진학하지 못하는 것을 보면서 심한 갈등에 빠지기도 했다.

어쨌든 아버지는 정치적 스펙트럼에서 왼쪽에 서 있었다. 라틴아메리카의 해방신학을 지지했고, 서독의 종교세를 거부했다. 목회자는 자신의 교구에서 스스로 생계를 꾸려가야 한다는 것이 아버지의 신념이었다. 이런 태도 때문에 아버지는 동독 시절에도 '붉은 카스너'라 불렸다. 나는 아버지의 견해가 특별히 실용적이거나 설득력이 있다고 생각하지 않았다. 우리 형편을 고려할 때 아버지가 말씀하신 대로 살기는 곤란할 때가 많았기 때문이다. 하지만 아버지는 이런 이야기를 전혀 들으려고 하지 않았다. 내 눈엔 신념과 현실 삶을 함께 생각하지 않는 사람처럼 비쳤다.

학교생활은 처음부터 어렵지 않았다. 체육 시간만 걸림돌이었다.

---

* Erweiterte Oberschule. 대학 진학을 중점적으로 준비하는 고등학교를 가리킨다.

3미터 스프링보드에서 처음 뛰어내린 순간은 절대 잊을 수 없다. 어느 날 시간표에 3미터 다이빙 수업이 적혀 있었다. 수영은 자신 있었지만, 뛰어내려야 할 높이가 무서웠다. 나는 괴테 학교 옆에 붙어 있는 학교 수영장에서 처음부터 맨 뒷줄에 섰다. 마지막으로 뛰어내릴 생각이었다. 다른 친구들은 벌써 한참 전에 뛰어내려 저 아래에서 수영을 하고 있었다. 하지만 그걸 봐도 별 위안이 되지 않았다. 겁쟁이라고 놀림을 받는 것보다 생존 본능이 더 컸다. 그렇다고 이대로 포기하고 싶지도 않았다. 그건 너무 큰 패배였다. 결국 나는 스프링보드 위에 섰다. 체육 선생님은 나를 격려했고, 인내심을 갖고 기다려주셨다. 내가 뛰어내리고 싶어 하는 마음이 크다는 걸 느끼신 듯했다. 반 친구들도 나를 놀리지 않았다. 그전에 나한테 자주 도움을 받은 친구들이었다. 그렇게 시간이 흘러갔다. 돌이켜보면 보드에서 뛰어내리기까지 그렇게 긴 시간이 걸리지는 않았을지 모른다. 그러니까 45분이 아니라 20분밖에 걸리지 않았다는 말이다. 어쨌든 마침내 수업 종료를 알리는 종소리가 멀리서 들려왔다. 곧이어 선생님이 말했다.

"이제 뛰어내리든지 아니면 포기하든지 둘 중 하나는 해야 돼."

드디어 나는 몸을 날렸고, 그와 함께 해냈다는 자부심과 뒤늦은 부끄러움이 섞인 감정으로 물속에 들어갔다. 3미터 다이빙이 생각만큼 그렇게 나쁘지 않다는 사실을 그제야 깨달았다.

학교생활에서는 성적이 별로 좋지 않은 체육 과목보다 훨씬 중요한 다른 도전들도 있었다. 나는 지금도 우리들이 그런 도전을 무사히 극복할 수 있도록 도와준 부모님께, 특히 어머니께 감사하고 있다.

예를 들어, 초등학교 때 거의 모든 수업 시간마다 공산주의자들이 겪어야 했던 국가사회주의자들의 만행을 이야기해주던 국어 선생님이 기억난다. 공산주의자였던 그 여선생님도 직접 피해를 입었다고 했다. 그런데 나중에 깨달은 사실이지만, 선생님은 국가사회주의자들에 의한 유대인 박해와 살해에 대해서는 한 번도 말씀하시지 않았다. 그것만 빼놓고는 열 살짜리 아이들에게 매일같이 무척 힘들었던 운명에 대해 생생하게 묘사해주었다. 당시 어린 내 영혼에는 너무나 가슴 아프고 잔인한 일이었기에 나는 마음속의 이 응어리를 해소할 출구가 필요했다. 그게 어머니였다. 나는 점심때 집에 돌아오면 어머니에게 그 이야기를 들려주었다. 어머니가 음식을 데우는 동안 마음속에 있던 얘기를 미주알고주알 털어놓은 것이다. 우리는 이걸 '털어놓기' 시간이라고 불렀다.

남동생은 나와 좀 다른 식으로 풀었다. 학교에서 돌아오면 거실 카펫에 누워 신문을 읽었다. 마르쿠스는 휴식이 필요했고, 어머니는 그런 시간을 허용했다. 반면에 여동생은 운동을 하거나 밖으로 나가 노는 것으로 풀었다. 어머니는 늘 우리 곁에 머물며 사적인 대화를 통해 우리가 도무지 이해할 수 없는 일들을 정리하고, 마음속의 공격성을 누그러뜨리고, 일어난 사건과 거리를 둘 수 있도록 도와주었다.

우리는 기본적으로 두 세계에 살고 있었다. 하나는 학교였고, 다른 하나는 사생활이었다. 모든 급우는 아니지만 친한 친구들과는 아무 이야기든 자유롭게 나눌 수 있었다. 친구끼리 나눈 사적인 대화를 어디다 누설할 거라는 걱정은 하지 않았다. 우리는 학교에서 할 수 있는 말과 할 수 없는 말을 빠르게 내면화했다. 그건 삶의 일부였다. 자신의 생각을 솔직하게 드러내면 큰 화가 생길 수도 있음을 우리는 분명히 알았기 때문이다. 부모님도 우리 아이들에게 서독 텔레비전 방송에 대해 남에게 절대 이야기해선 안 된다고 단단히 이르셨다. 예를 들어 일부 선생님은 이런 함정 질문을 즐겨 던졌다.

"잔트맨헨의 시계는 점으로 표시되어 있니, 아니면 선으로 표시되어 있니?"*

---

* '잔트맨헨'은 서독과 동독에서 비슷한 시기에 비슷한 콘셉트로 방영된 어린이 프로그램인데, 시계의 시간이 점으로 표시되었는지 선으로 표시되었는지의 차이가 있었다.

우리가 집에서 서독 방송을 보는지 동독 방송을 보는지는 이 답변으로 알 수 있었다. 따라서 부모님은 우리가 학교에 입학하기 전부터 이런 질문을 받으면 그냥 잘 모르겠다고만 대답하라고 가르쳤다. 우리는 아주 일찍부터 조심성을 배웠다.

나는 친구들과 전화로 장시간 수다 떠는 걸 좋아했는데, 어머니는 그걸 눈치채면 내 방에 들어와 이렇게 말씀하셨다.

"이건 아주 위험한 짓이다. 국가안전부에서 통화를 녹음하고 있을 게 분명하다. 혹시라도 선생님들에 대해 안 좋은 말을 하거나 학교생활에 대해 불평을 늘어놓는 건 조심해야 한다. 그런 대화는 숲속에서나 해야 한다."

남동생이 1학년 때 발터 울브리히트 서기장에 대한 농담 한마디로 곤혹을 치른 일이 아직도 생생하게 기억난다. 사실 그건 농담도 아니었다. 그냥 어린애 장난이었다. 동생은 특이하게 수염을 기른 그 남자를 친구들이 있는 데서 '뾰쪽수염'이라고 불렀다. 한 친구가 그걸 선생님에게 일러바쳤고, 그 사실은 곧 내 부모님에게 통보되었다. 이후 우리는 모든 정치적 발언을 조심하라는 경고를 받았다. 어떤 농담도 허용하지 않는 국가였다.

따라서 우리끼리 집에서 했던 이야기를 밖으로 옮기는 것은 당연히 금기시되었다. 1963년 11월 22일이었다. 어머니가 내 방으로 들어와 나직이 말씀하셨다.

"끔찍한 일이 일어났어."

나는 이미 침대에 누워 있었다. 평소 같으면 그냥 잘 자라고 말씀하셨을 어머니지만, 이날은 심각한 표정으로 이렇게 속삭였다.

"존 F. 케네디가 암살당했어."

어머니의 충격이 얼마나 큰지는 바로 알 수 있었다. 미국 대통령이 베를린을 방문해 "나는 베를린 사람입니다" 하고 외침으로써 우리에게 감동의 눈물을 흘리게 한 게 불과 몇 달 전이었다.

나는 러시아어를 특히 좋아했다. 이 과목은 5학년 때부터 배웠다. 문제는 내 치아 교정기였다. 나는 탈착식 교정기를 사용했는데, 이걸 입에 끼고 있으면 러시아어의 'rrr' 발음을 제대로 할 수 없었다. 그래서 러시아어 수업 시간에는 교정기를 빼 항상 샌드위치 포장지에 싸서 책상 밑에 놓아두었다. 그러던 어느 날 그걸 깜빡한 걸 집에 와서야 알아차렸다. 나는 자전거를 타고 부리나케 학교로 달려갔다. 다행히 청소하는 아주머니가 교정기를 싼 샌드위치 포장지를 쓰레기통에 버리기는 했지만, 아직 비우지는 않은 상태였다. 정말 이런 다행이 없었다. 교정기는 비싼 물건이었다. 집에 가서 잃어버렸다고 고백하면 어떤 일이 일어날지는 상상하고 싶지 않았다.

5학년 때부터는 러시아어 스터디 그룹에 들어갔다. 학교 동아리 중 하나였다. 확고한 공산주의자였던 벤 선생님은 정말 잘 가르쳐주셨다. 학생들에게 학습 동기를 부여하는 법도 알고 있었다. 동독 교육 당국은 학교 밖에서 열리는 올림피아드라는 경시대회를 통해 학생들의 학업 성취 욕구를 북돋웠다. 나는 학창 시절에 여러 올림피아드에 참가했다. 수학 올림피아드에서는 평균적인 성적을, 러시아어 올림피아드에서는 빼어난 성적을 거두었다.

러시아어 올림피아드에 처음 참가한 것은 8학년 때였다. 올림피아드는 다양한 규모로 열렸다. 교내 올림피아드를 시작으로 군내 올림피아드, 지역 올림피아드, 그리고 마지막으로 전국 올림피아드까지 있었다. 대회 참가는 내게 큰 기쁨이었다. 나는 8학년 때 이미 준비반에 들어갔다. 원래는 9학년과 10학년에게만 주어지는 기회였다. 보통 준비반이라고 함은 아비투어를 칠 11학년과 12학년으로 올라갈 준비를 한다는 뜻이었기 때문이다. 나는 러시아어 올림피아드에서 동메달을 땄다. 금메달은 나와 마찬가지로 템플린 출신인 지빌레 홀츠하우어에게 돌아갔다. 나보다 두 살이 많고 아버지가 의사였는데, 러시아어 발음이 아주 좋아서 내가 무척 부러워했다. 그녀와는 지금도 연락을 하고 지낸다. 아무튼 지빌레와 내가 메달을 딴 덕분에 템플 린이라는 작은 마을은 전국적으로 이름을 날렸다. 나는 2년 후 금메 달을 땄다.

동독 전국 올림피아드는 막심 고리키 극장 바로 옆에 위치한 독 일-소련 우호협회 중앙회관 대리석홀에서 열렸다. 이 책을 쓰던 중 에 어머니가 보관하고 있던, 우리의 옛 지역신문『프라이에 에르데』 (지금의『노르트쿠리어』)에서 스크랩해놓은 기사를 발견했다. 거기 엔 1969년 5월에 열린 올림피아드의 진행 상황이 상세하게 설명되 어 있었다. 참가자들은 일단 대회 시작 전에 이렇게 맹세했다.

"오늘 우리는 이 대회에서 우리 학교와 도시, 지역의 명예를 위해, 그리고 사회주의 조국의 이익을 위해 혼신의 힘을 다해 성실하고 결 연하게 경쟁해서 최고의 성적을 거둘 것을 맹세합니다."

대회 진행 방식은 이랬다. 참가자들은 이른바 젊은 애국자 캠프에 서 네 군데 기착지를 방문했고, 거기서 개별적으로 헝가리 학생들 및 콤소몰 대표단과 다양한 주제로 대화를 나누어야 했다. 콤소몰은 소 련 공산당 청년 조직이었다. 그보다 나이가 어린 학생들은 레닌 개척 자라고 불렀다.

대회 전날 밤 나는 너무 설레 한숨도 자지 못했다. 아침이 되자 너 무 피곤해서 제대로 시험을 볼 수 있을지 걱정이 되었다. 그런데 실제 상황에 처하자 나는 나 자신도 놀랄 정도로 엄청난 힘을 발휘했다. 그 야말로 순수한 아드레날린 분출이었다.

우리는 메달 외에 부상으로 여름방학 중에 독·소 우호 열차를 타 고 모스크바와 야로슬라블로 여행할 기회를 얻었다. 지빌레도 함께 갔다. 우리는 떠나기 전 개척자단의 한 캠프에서 예비 강좌를 들어야 했다. 이 캠프에서 내 가슴을 뜨겁게 달구었던 것은 먼 여행에 대한 기대감만이 아니었다. 아침 기상, 조기 운동, 공동체적 일체감을 불어 넣는 일과(日課) 행사, 저녁의 타오르는 캠프파이어 등 모든 것이 나를 완전히 사로잡았다. 다만 미적 취향이라고는 전혀 없는 유니폼은 마음에 들지 않았다. 독일자유청년단 블라우스 단복 외에 갈색 아노락과 갈색 치마를 받았는데, 우리는 이 치마를 너무 짧게 줄이는 바람에 나중에 소련에 가서 욕을 먹었다. 그럼에도 한껏 달뜬 내 기분은 꺾이지 않았고, 심지어 사회주의 이념도 그리 나쁘지 않을 수도 있겠다 싶었다.

예비 강좌가 끝나자 우리는 제2차 세계대전 때 전사한 붉은 군대를 기리는 소련 추모탑에서 최종 점호를 하려고 템플린에서 베를린 트레프토로 이동했다. 지빌레와 나는 나머지 그룹보다 약간 늦게 도착했고, 그 바람에 조금 전 개척자단 캠프에서 느꼈던 사회주의에 대한 긍정적인 감정이 한순간에 날아갈 정도로 관리원에게 혹독하게 혼이 났다.

이어 우리는 소련으로 출발하기 전날 밤을 보낼 학교까지 걸어갔다. 베를린 동부역 근처의 학교였다. 토요일 저녁이었는데, 나는 도중에 도로변에 있는 집들의 창문을 들여다보며 생각에 잠겼다.

'난 지금 여기서 뭘 하고 있지? 창문 뒤의 저 사람들은 서독의 쿨렌캄프 퀴즈 프로그램을 보고 있는데, 난 멋대가리 없는 유니폼을 입고 거리를 걸어가고 있어. 앞으로도 또 정말 아무것도 아닌 일로 혹독하게 혼이 나겠지? 이게 뭐 하는 거지? 이렇게 대열을 지어 행진하다가 내일이면 기차를 타고 소련으로 가겠지?'

나는 갑자기 이 모든 것이 귀찮아졌고, 외롭고 버림받은 느낌이 들었다. 여행을 떠나기도 전에 벌써 지쳐버렸다.

우리는 모스크바에서 콤소몰 단원들을 만났다. 그들이 우리를 보고 맨 처음 한 말은 대체로 다음과 같았다.

"독일이 계속 분단된다는 건 말도 안 돼. 레닌그라드와 모스크바 사이에 장벽을 세우거나, 심지어 이 대도시들 한가운데를 장벽으로 가른다고 생각해봐! 말도 안 돼. 시간이 좀 걸리겠지만 언젠가는 독일이 통일될 거야."

나는 독일 분단에 큰 책임이 있는 나라의 젊은이들이 독일 분단을 부자연스러운 일로 여긴다는 사실에 어이가 없었다. 베를린 장벽이 세워진 지 8년이 지난 1969년에 내가 이 여행에서 얻은 첫 번째 깨달음이 바로 이것이었다. 두 번째 깨달음은 동독과 달리 여기서는 비틀스 음반을 판다는 사실이었다. 나는 상점에서 즉시 비틀스의 일곱 번째 앨범「옐로우 서브마린」을 샀다.

우리는 한 러시아 학교에서 묵었다. 방학이라 학교가 모두 비어 있었기 때문이다. 우리는 서양 음악에 맞춰 춤을 췄다. 이것도 예상하지 못한 또 다른 경험이었다. 모스크바에서 우리는 북동쪽의 야로슬라블로 이동했는데, 여행 내내 '위대한 애국전쟁'을 기념하는 추모탑에 들렀다. 러시아인들은 제2차 세계대전 당시 독일에 맞선 붉은 군대의 전쟁을 지금까지도 이렇게 부르고 있다. 추모탑 앞에 조화(弔花)를 놓을 때 우리 눈에 바부슈카, 즉 할머니로 보이는 나이 든 여성들이 우리 뒤를 지나가면서 수군대는 소리가 들렸다.

"쟤들 옷차림 좀 봐. 여자애들이 저렇게 짧은 치마를 입다니, 저건 예의가 아냐. 우리 군인들을 욕보이는 거지 경의를 표하는 게 아냐."

순간 우리는 좀 부끄러웠다. 물론 진심으로 부끄럽지는 않았다.

러시아어 올림피아드는 내 러시아어 실력을 향상시킨 한 가지 방법이었을 뿐이다. 나는 다른 기회들도 적극 활용했다. 템플린 인근 마을 포겔장에는 제법 큰 규모의 러시아 정착촌이 있었다. 거기서 생활하는 소련군은 외부와 차단막을 쳤고, 동독인들과 공식적으로 거의 또는 전혀 접촉하지 않았다. 그런데 장교들은 가족을 독일로 데려왔기 때문에 우리는 장교들의 자녀, 그러니까 나이에 따라 레닌 개척단원이나 콤소몰 단원들을 가끔 방문할 수 있었다. 오후에는 그들과 함께 정착촌 구내식당에서 시간을 보내며 러시아어로 대화를 나누었다.

내 러시아어 실력을 향상시킬 좀 색다른 방법도 있었다. 방과 후 자전거를 타고 집으로 돌아가는 길이었다. 어떤 날은 소련군 병사들이 길모퉁이마다 서 있었다. 군용 차량 대열이 템플린 주변 숲의 군사 훈련장으로 차질 없이 도착할 수 있도록 안내를 맡은 병사들이었다. 내가 학교에 다닐 때만 해도 인구 밀도가 낮았던 템플린에는 주민 수보다 소련군이 세 배나 더 많았다. 안내 병사들은 차량 대열이 도착할 때까지 비가 오나 바람이 부나 밤낮으로 거리에 서 있어야 할 때가 많았다. 내 눈엔 가엾게 보였다. 나는 군인들이 기다리는 동안 대화를 나누면서 잠시나마 위안을 주려고 했을 뿐 아니라 이를 통해 내 러시아어 실력을 테스트하고 향상시켰다.

동독 학교에서는 종교 수업이 없었다. 그건 방과 후에나 가능했다. 내 경우에는 템플린 기독교 커뮤니티 센터에서 교리 수업을 받았다. 학교 선생님들도 그걸 알고 있어서 매년 학년 초에 교내 합창단 연습 일정을 정확히 그 시간으로 잡았다. 그러면 나처럼 합창단에서 노래하고 싶은 학생은 종교 교사에게 기독교 교육 프로그램 일정을 변경해달라고 부탁했다. 이처럼 학년이 시작될 때마다 이 일정을 잡기 위해 치열한 눈치 싸움이 벌어졌다.

일단 일정이 잡히면 우리는 일주일에 한 번 커뮤니티 센터로 가서 교리와 찬송가를 배웠다. 나는 7학년 때부터 견신례 준비반에 들어갔다. 견신례는 1970년 슈프레카날 변의 유서 깊은 귀족 저택인 베를린의 에르멜러하우스에서 거행되었다. 이 행사에는 서독에 사는 대부와 대모도 가족과 함께 참석할 수 있었다. 그분들은 당일 비자로 동베를린만 여행할 수 있었고, 다른 지역은 갈 수 없었다. 대부는 내 어머니의 대학 동창이었는데, 나는 견신례 때 대부의 자녀들도 만났다. 우리 젊은이들은 근사한 점심을 먹은 후 따로 피셔인젤을 걸으며 서로의 다른 삶에 대해 이야기했다.

나는 견신례만 받았다. 반면에 나의 동급생 중 일부는 견신례와 유겐트바이에 둘 다 받았다. 유겐트바이에는 종교 축제를 대신해서 국가가 거행하는 청소년 성인식이었다. 둘 다 받을 수 있게 된 것은 교회가 젊은이와 부모에게 둘 중 하나만 선택해야 하는 부담을 주지 않으려고 국가에 양보한 결과였다. 국가는 유겐트바이에를 통해 어떻게든 젊은이들을 교회로부터 떼어내려고 했다.

견신례를 받은 나는 교회 청년회에 들었다. 당시 베를린 브란덴부르크 청년회 담임 목사는 만프레트 돔뢰스였다. 독일 통일 후 나는 내 연방의원 선거구의 인젤 히덴제에서 그를 다시 만났는데, 그는 1986년부터 2008년까지 이 지역에서 목회를 했다. 내 청소년기에 돔뢰스는 아버지의 목회자 학교에서 심화 강좌에 참가했다. 나는 뛰어난 실력의 기타 반주에 맞추어 새로운 찬송가를 멋들어지게 부르는 그에게 깊은 인상을 받았다. 교회 청년회 모임은 내게 큰 즐거움이었다. 거기서는 비교적 자유로운 토론이 가능했고, 가끔은 교구장과의 대화도 이루어졌다. 이 청년회 모임 때문에 학교에서 불이익을 받은 것은 딱히 없었다.

방학

부모님은 1년에 한 번 우리를 데리고 휴가를 떠났다. 장소는 대개 교회 휴양소였다. 이곳에서는 세끼 식사가 제공되었기에 어머니는 식사 걱정을 할 필요가 없었다. 우리는 독일자유노동조합연맹(FDGB)에서 운영하는 휴양소는 이용할 수 없었다. 부모님은 노동조합원이 아니었기 때문이다. 제한된 범위 내에서 휴가지를 고를 수 있는 국영 여행사가 있기는 했지만, 그를 위한 자유로운 시장은 없었고, 레스토랑에 자리도 부족했다. 우리가 자주 찾은 곳은 발트해 연안이었다. 로스토크와 슈트랄준트 사이에 위치한 퀼룽스보른이나

디어하겐이었다. 우리 휴양소 인근에는 동독 정부의 게스트하우스가 있었는데, 독일사회주의통일당 정치국원들도 여기서 휴가를 보냈다.

지금은 호텔이 된 이 게스트하우스 부지는 해변 쪽만 빼고 삼면이 울타리로 둘러싸여 있었다. 그 때문에 우리 아이들은 가끔 아침에 재미 삼아 우리 숙소에서 해변을 따라 이 시설 안으로 몰래 숨어들어갔다. 낮에는 그게 불가능했다. 높으신 분들이 슈트란트코르프*에 누워 있어서 경비원들이 우리를 쫓아냈기 때문이다. 하지만 이른 아침에는 고위급 손님들이 아직 해변에 나오지 않아 우리는 슈트란트코르프가 정확하게 어떻게 생겼는지 구경할 수 있었다. 거기엔 머리를 대는 자리에 예쁜 레이스보까지 달려 있었다. 우리들에겐 무척 신기하고 인상적이었다.

저녁에 높으신 양반들이 게스트하우스에서 숲을 지나 디어하겐 해변으로 산책을 가려면 우리 교회 휴양소를 지나쳐야 했다. 이 휴양소엔 간혹 아예 아비투어를 칠 자격조차 주어지지 않은 자식을 둔 목사 가족도 있었다. 저녁 식사 후 우리는 밖에 서서 독일사회주의통일당 중앙위원회 정치국원들이 오기를 기다리며 이런 말을 주고받았다.

"내가 심화 상급학교에 진학조차 하지 못한다는 걸 저 사람들이 알기는 할까? 누가 저 사람들한테 가서 말해봐. 어떻게 반응할지 궁금해."

그러나 우리 중 누구도 가지 않았다. 너무 무서웠다.

나중에 열네 살부터 열여덟 살까지는 템플린의 숲에서 블루베리를 따는 것이 방학 중 내 일과였다. 나는 발트호프에서 온 다른 아이

---

* 차양 뚜껑이 달린 바구니 모양의 해변 의자. 최대 두 명까지 앉을 수 있다.

들과 함께 아침에 템플린에서 기차를 타고 탕거스도르프로 향했다. 이 기차는 승객이 어디에 내리고 싶다고 미리 알려주면 중간에 세워 주었다. 우리는 기차에서 내려 숲으로 들어가 블루베리를 따기 시작했다. 10리터를 따는 것이 목표였다. 큼직한 양동이 하나 가득이었다. 이 목표는 점심때쯤이면 달성할 수 있었다. 그러면 우리는 수확한 블루베리를 판매대가 있는 국영 수집 및 구매 상사(VEAB)로 가져가 팔거나, 아니면 블루베리잼용으로 각자의 어머니에게 드렸다. 내 어머니는 이 열매로 약간의 돈을 벌 수 있었기 때문에 내게 그 보답으로 돈을 조금 줘야 한다는 도덕적 압박감을 살짝 느끼시는 듯했다.

블루베리는 제법 돈벌이가 되는 장사였다. 1킬로그램에 4~5동독 마르크를 받을 수 있었는데, 금액이 얼마였는지는 정확히 기억나지 않는다. 아무튼 국영 판매처에서는 직원들이 자기가 먹으려고 따로 떼어놓지 않는 한 우리가 건넨 블루베리를 고객들에게 1~2동독마르크에 계속 넘겼다. 이 말은 곧, 이 물건이 판매대에 나올 때까지 기다렸다가 우리 중 한 사람이 그것을 다시 사들여서 얼마 뒤 마치 새로 딴 블루베리처럼 국영 판매처에 되팔면 진짜 돈을 벌 수 있었을 거라는 뜻이다. 우리는 그러지 않았지만, 이 단순한 과정은 동독 경제의 부조리함을 여실히 보여주었다.

함부르크의 이모 가족은 여름방학이면 정기적으로 열흘가량 우리를 방문했다. 서독에 거주하는 친척들은 최대 30일까지만 방문이 허용되었다. 나는 늘 서독 사촌들의 어린 시절과 동독에서 보낸 나의 어린 시절을 비교하곤 했다. 사촌들이 서독에서 누리는 수많은 가능성은 당연히 부러웠다. 쇼핑 시설은 우리보다 몇 배나 더 많았고, 이모의 아이들은 자유롭게 여행할 수도 있었다. 반면에 우리는 서방으로의 휴가를 꿈만 꿀 수 있었고, 늘 국가를 조심해야 했다. 함부르크 친척들이 우리를 부러워하는 것도 있었다. 우리의 풍경에 감탄했고,

바다나 호수에서 물놀이할 기회가 많은 것을 부러워했으며, 우리의 브뢰첸과 다양한 조각 케이크가 너무 맛있다고 칭찬했다. 그러니까 그들의 눈에 동독이 나아 보이는 것도 있었던 셈이다.

거꾸로 내가 보기에 서독 생활이 마음에 안 드는 것도 있었다. 우선 사촌들이 들려준 학교생활은 별로였다. 무엇보다 수업 시간 중에 너무 자주 벌어지는 정치 토론은 너무 혼란스러워 보였다. 그때가 시대적 급변기인 1960년대 말이었다고 하더라도 말이다. 아무튼 나는 서독 학생들이 이런 환경에서는 차분하게 공부하기 어려울 거라고 생각했다. 사촌들도 내 말에 반박하지 않았다. 이처럼 어린 내 눈에 비친 동독과 서독의 모습은 전체적으로 균형을 이루고 있었다.

프라하의 봄

1968년 8월, 우리는 체코슬로바키아로 휴가를 떠났다. 숙소는 크르코노셰산맥의 페츠 포트 스네슈코우에 잡았다. 숙소 주인의 아들은 내 또래였다. 그와 그의 아버지는 독일어를 조금 했다. 집 앞 초원에서 주인집 아들은 독일어 몇 마디와 손짓발짓을 섞어가며 새 공산당 서기장 알렉산데르 둡체크가 주도하는 이 나라의 변화가 얼마나 자랑스러운지 열심히 설명했다. 내가 할머니에게 엽서를 쓸 때 그는 내가 붙이려고 하는 우표를 찢어버렸다. 거기엔 체코 공산당의 옛 지도자 안토닌 노보트니의 사진이 붙어 있었기 때문이다. 몇 달 전 둡체크는 당내 권력투쟁에서 노보트니를 누르고 체코슬로바키아 공산당 중앙위원회 제1서기에 선출되었다. 둡체크는 당시 '인간의 얼굴을 한 사회주의'를 주창했고, 그로 인해 체코 공산주의 개혁 운동인 '프라하의 봄'의 주역이 되었다. 숙소 주인 부자는 우리와의 대화에서 자기 조국의 발전은 결코 되돌릴 수 없다는 확신을 내비쳤다. 나는 그 말에 깊은 감명을 받았다.

휴가 중에 부모님은 사흘간 둘이서만 프라하에 갔다. 처음부터 계획된 일이었기에, 부모님이 자리를 비운 사이 우리를 돌봐주기 위해 목회자 학교의 관리인 아주머니가 예외적으로 우리 휴가에 동행했다. 부모님은 상기된 표정으로 프라하에서 돌아왔다. 동독에서는 상상조차 할 수 없던 희망과 새출발의 분위기를 직접 보고 오신 것이다. 우리는 이런 감정을 안고 집으로 돌아갔다.

나는 나머지 여름방학을 베를린의 할머니 댁에서 보냈다. 1968년 8월 21일 아침이었다. 나는 아침 식사를 하러 할머니 댁의 부엌으로 들어갔다. 라디오가 켜져 있었다. 할머니는 RIAS를 듣고 계셨다. 항상 "자유세계의 자유로운 목소리"라는 멘트로 시작하는, 동독 주민들을 위해 특별히 제작된 미국 점령 지구에서 내보내는 라디오 방송이었다. 간밤에 바르샤바조약기구의 4개국 탱크가 프라하를 비롯해 체코슬로바키아의 여러 도시로 진격했다는 소식이 라디오에서 흘러나왔다. '프라하의 봄'을 유혈 진압하러 온 저승사자들이었다. 수십 명이 죽고, 여름의 희망은 탱크 궤도에 무참히 짓밟혔다. 나는 할머니의 라디오가 부엌 어디에 있었는지 지금도 생생하게 기억나고, 그 소식에 내 가슴이 얼마나 찢어졌는지 선명하게 느껴진다. 당시 열네 살의 나는 인생에서 희망의 좌절보다 더 나쁜 일은 없다는 사실을 배웠다.

2주 후, 그러니까 1968년 9월 2일, 이 사건의 충격이 아직 가시지 않은 상태에서 우리는 새 학기를 맞았다. 담임 선생님은 각자 방학 동안 무슨 일을 경험했는지 이야기해보라고 하셨다. 내 차례가 되었을 때 나는 격정적으로 크르코노셰산맥에서의 휴가에 대해 이야기했고, 숙소 주인 아들과의 대화를 설명했으며, 깨진 꿈과 함께 아직 해소되지 않은 그때의 충격을 절망적으로 털어놓았다. 갑자기 선생님이 내 말을 가로막으면서 말씀하셨다.

"내가 너라면 지금 좀 조심할 거야."

나는 말을 멈추고 자리에 앉았다. 더 이상 아무 일도 일어나지 않았다. 선생님은 그 말만 했을 뿐이다. 나중에 생각해보니 감정을 주체하지 못하는 나를 보호하려고 하셨던 것 같았다.

비슷한 시기에 집에서도 아버지는 매년 이맘때쯤이면 템플린으로 감자를 캐러 오는 대학생들에 관한 이야기를 해주셨다. 학생회에서 활동하는 학생들인데, 현지 대학생 교목에게 아버지의 연락처를 받아 찾아온 학생들이라고 했다. 그들은 아버지에게 이런 이야기를 들려주었다. 다들 감자 캐는 일에 지쳐 맥주를 한잔씩 하는데, 일부 학생이 체코슬로바키아에서 일어난 사건에 대해 노골적으로 이야기하더라는 것이다. 그러나 그런 자리에는 항상 누군가 주의 깊게 듣는 사람이 있기 마련이었다. 결국 그 사람의 밀고로 학생들은 즉시 퇴학 처분을 받았다고 했다.

아버지가 사회주의 국가에 결정적으로 등을 돌리게 된 계기도 바로 이 '프라하의 봄'이었다. 동독은 이 진압 작전에 직접 가담하지는 않았다. 1939년 3월 독일군의 체코슬로바키아 침공에 대한 기억이 아직 완전히 가시지 않은 시절이었기 때문이다. 그럴수록 소련은 동독에서 붉은 군대의 진압에 반대하는 시위가 일어나지 않도록 동독 지도부가 조치해주기를 더더욱 기대했다. 동독 정권을 적대시하지 않고 늘 열린 자세로 대하던 '붉은 카스너' 아버지는 크게 실망했고, 그와 함께 이 체제에서 점점 멀어졌다.

곧이어 아버지는 어머니와 함께 동독에서 반체제적인 글로 여겨지던 문헌을 복사하기 시작했다. 그중에는 반체제 작가 알렉산드르 솔제니친의 글도 포함되어 있었다. 어머니는 이런 글들을 타이핑했고, 아버지는 목회자 학교의 복사기로 복제했다. 이런 기기는 흔치 않았다. 동독 정권은 특정 인쇄물이 다량으로 퍼지지 못하도록 이런 기기의 보급을 통제했기 때문이다. 물론 목회자 학교에 교육용 복사기가 있었고, 그로써 금지된 텍스트가 유포될 가능성이 있다는 사실은 비밀이 아니었다. 결국 얼마 지나지 않아 국가안전부는 아버지의 행위를 알게 되었고, 이 일을 미끼로 아버지를 부를 적절한 기회만 노리고 있었다.

한번은 아버지가 업무용 차량으로 과속해서 교통경찰에 소환되었다. 그런데 경찰서에서 아버지를 맞은 사람은 교통경찰이 아니라 국가안전부 직원이었다. 그는 아버지에게 비공식 정보원, 즉 프락치로 활동해달라고 회유했다. 주변 사람들의 동향을 파악해서 보고하라는 뜻이었다. 아버지는 진부하면서도 효과적인 수법으로 거절했다. 우리들에게도 일찍부터 당부했던 전략이었다.

"혹시라도 나중에 국가보안부에서 접근하면 즉시 이렇게 말해야 한다. 너희는 입이 너무 가벼워 비밀을 지킬 수 없다고 말이다."

국가안전부는 철저히 비밀스럽게 움직이는 조직이라 이 이유는 꽤나 설득력이 있었다. 이 처세술은 나중에도 내게 도움이 되었다.

그 뒤에도 아버지는 계속해서 특정 인쇄물을 복사했지만, 배포에는 좀더 신중을 기했다. 그럼에도 부모님, 특히 아버지는 살얼음판을 걷는 듯했다. 나는 아버지 걱정은 하지 않았다. 그러나 겉으로만 그랬을 뿐, 속으로는 아버지가 감수하고 있는 위험을 애써 잊으려 하고 있었다.

헤르만 마테른 학교

1969년 9월, 나는 9학년 시작과 함께 폴리테히니셰 상급학교에서 심화 상급학교 아비투어 준비반으로 옮겼다. 이 학교는 1971년에야 같은 해에 사망한 독일사회주의통일당 정치국원 헤르만 마테른의 이름을 따서 명명되었다. 템플린에서는 유일한 심화 상급학교였다. 나는 이 학교로 전학 가기를 학수고대했다. 폴리테히니셰 상급학교에서의 보편 수업은 학생들마다 성취도와 성향이 너무 달라 늦어도 8학년부터는 지루하기 짝이 없었다. 교사들은 모든 학생에게 공정하려고 애썼지만 성적이 뛰어난 학생들로서는 수준별 차이 없이 똑같이 가르치는 보편 수업은 학습 의욕을 떨어뜨렸다. 어쨌든 두 학교 모두 수업 자체는 퍽 훌륭했다. 특히 과학 과목이 그랬다. 심화 상급학교에도 물리와 화학, 생물 실험실이 잘 갖추어져 있었다.

10학년 말에 우리는 폴리테히니셰 상급학교를 졸업하고 직업 교육과정을 시작하는 학생들과 똑같은 시험을 치러야 했다. 이는 나중에 아비투어에 떨어지더라도 심화 상급학교 학생들에게 고등학교 졸업장을 주기 위한 안전장치였을 뿐 아니라 적어도 명목상으로는 폴리테히니셰 상급학교를 우수한 성적으로 마친 학생에게 심화 상급학교로 편입할 기회를 주기 위해서이기도 했다. 이런 시스템을 통해 국가는 이데올로기적으로 엘리트 교육이라는 비난을 피할 여지를 마련했다.

헤르만 마테른 학교에는 학년당 A, B, C 세 반이 있었다. 나는 B반이었다. 학생의 절반은 템플린 출신으로 집에서 다녔고, 나머지 절반은 템플린 인근 마을 출신으로 부속 기숙사에서 지냈다. 마찬가지로 우리 가운데 절반가량은 1970년에 견신례를 받았는데, 비교적 높은 비율이었다. 우리 B반은 자의식이 넘치는 학급이었다. 그 때문에 나중에 밝혀졌듯이 우리는 일부 교사에게 감시의 대상이 되었다.

무엇이 허용되고 금지될지는 늘 정치적 지침에 따라 달랐다. 1971년 발터 울브리히트 후임으로 에리히 호네커가 독일사회주의통일당 중앙위원회 서기장에 취임할 때만 해도 좀더 개방적인 자세를 취할 것처럼 보였다. 그러나 곧 바람의 방향이 바뀌었고, 보다 엄격한 환경이 조성되었다. 예를 들어 우리는 학기 중에 청바지를 입고 학교에 갈 수 없었고, 남학생들은 머리가 길다는 이유로 수시로 교사들의 단속에 걸렸다.

때로는 정반대의 실망도 있었다. 우리는 당시 사회주의 이념을 위해 싸우는 전 세계 자유의 투사들을 지원했다. 1970년 초 그리스 작곡가이자 작가인 미키스 테오도라키스의 석방을 촉구하는 '엽서 보내기 캠페인'이 기억난다. 그리스 군사독재에 저항했다는 이유로 구금된 인물이었다. 나는 그리스어를 아는 어머니의 도움으로 테오도라키스의 석방을 요구하는 엽서를 썼다.

어느 날 아침 한 친구가 말했다.

"테오도라키스가 우리를 배신했어."

"무슨 소리야?"

내가 물었다.

"우리의 요구처럼 석방이 되기는 했는데…"

"그런데?"

"우리한테 오지 않고 서방으로 넘어갔어."

9학년이 되자 시간표에 '국민학'이라는 새 과목이 추가되었다. 마르크스주의 철학, 자본주의 및 사회주의의 정치경제학, 과학적 공산주의를 가르치는 과목이었다. 우리는 카를 마르크스와 프리드리히 엥겔스의 생애와 업적, 노동계급과의 관계, 변증법적 유물론의 발전 과정을 배웠다. 그와 함께 다음과 같은 문제가 출제되었다.

'마르크스와 엥겔스의 과학적 인식이 옳았음을 증명하라.'

당연히 이건 과학적 증명을 요하는 질문이 아니라 신념을 기술하는 문제였다. 이런 식의 사상 교육은 이후 나의 모든 교육과정에 함께했다.

학교에서는 독일자유청년단의 인사말인 '우정'이라는 구호와 함께 수업이 시작되었다. 이어진 15분은 신문 비평 시간이었다. 한 학생씩 매주 돌아가며 이 일을 맡았다. 동독에는 언론의 다양성이 존재하지 않았기에 신문 비평이라는 말은 사실 가당치도 않았다. 매일 소개하는 신문은 두 개였다. 독일사회주의통일당의 전국 기관지『노이에스 도이칠란트』와 지역 신문인『프라이에 에르데』였다. 그밖에 가끔 독일자유청년단의 기관지『융에 벨트』의 기사를 읽기도 했다.

남학생들은 다양한 형태의 준군사 훈련을, 여학생들은 민방위 훈련 과정을 이수해야 했다. 둘 다 스포츠기술협회(GST)가 주관했다. 나는 사격에 전혀 재능이 없었다. 교관은 왼쪽 눈을 감고 오른쪽 눈으로 표적에 집중하라고 가르쳤다. 그러나 나는 오른손잡이임에도 그게 뜻대로 되지 않았고, 총알은 번번이 표적을 빗나갔다.

게다가 심화 상급학교에서는 '사회주의적 생산 입문'(ESP)이라는 이론 수업이 있었다. 관련 실습은 격주로 이루어졌다. 그런 날은 '사회주의적 생산 수업일'(UTP)이라 불렸는데 나중에는 그냥 '생산 노동'(PA)이라고 줄여서 불렀다. 이 실습은 폴리테히니셰 상급학교에선 7학년부터 시간표에 포함되어 있었다. 9학년이 되자 나는 반 친구들과 함께 템플린에서 약 15킬로미터 떨어진 괴첸도르프 콘크리트 공장에 배정받았다. 우리는 프리스트레스트 콘크리트를 생산하고, 맨홀 뚜껑 및 가로등 기둥을 제작하는 일을 거들었다. 프리스트레스 콘크리트의 경우, 미리 철근을 짜놓은 거푸집에 콘크리트를 집어넣었다. 콘크리트가 굳으면 강철의 장력이 다시 풀렸다. 내게는 정말 흥미로운 일이었고, 이론과 실제의 연계가 마음에 들었다. 우리는 목표 책임량을 달성하는 데 큰 도움이 되지는 않았지만, 공장 반장과 노동자들은 우리 모두를 친절하게 대해주었다.

우리는 12학년 때 필기 및 구술 아비투어를 쳤다. 대학 지원은 11학년이 끝날 즈음에 이미 했다. 다들 가능한 한 집에서 가까운 대학으로 지원하라는 권유를 받았다. 내 경우에는 그라이프스발트대학이었다. 하지만 나는 주말마다 집에 가고 싶지 않아 템플린에서 되도록 멀리 떨어진 대학으로 갈 생각이었다. 그렇다면 베를린은 당연히 고려 대상에서 제외되었다. 내게는 대학 공부만이 아니라 낯선 곳에서 혼자 힘으로 헤쳐나가는 새로운 도전도 굉장히 매력적으로 비쳤다.

결국 나는 라이프치히의 카를마르크스대학에 지원했다. 베를린의

훔볼트대학만큼 명성이 높은 대학이었다. 게다가 세계박람회장, 시
내의 멋진 상점가와 통로들, 아우어바흐 지하 술집,* 게반트하우스
콘서트홀, 성토마스 교회 등 라이프치히라는 도시 자체도 무척 흥미
로웠다. 나는 템플린에서 이미 성토마스 소년 합창단 공연을 몇 번 본
적이 있고, 발트호프에서도 초청 공연을 한 번 관람했다. 이 합창단의
바흐 콘서트는 정말 대단했다. 나는 라이프치히에 가면 더 많은 공연
을 볼 수 있다는 생각에 벌써 가슴이 뛰었다.

전공 선택에서도 나는 새로운 도전을 찾았다. 낙점된 것은 물리학
이었다. 학창 시절에 가장 쉽게 느껴지던 과목은 아니었지만, 내가
물리학을 선택한 데에는 다른 이유가 있었다. 물리학은 자연과학이
었다. 동독 정권도 자연과학적 사실을 왜곡할 수는 없었다. 2 더하기
2가 4인 것은 만고의 진리였다. 머릿속의 생각을 가위질하지 않고도
내가 아는 것을 자유롭게 말할 수 있다는 것은 큰 매력이었다. 나는
최종 결정을 내리기 전에 라이프치히에서 이미 공부하고 있던 튀링
겐 출신의 목사님 딸을 방문했다. 우리와 교분이 있는 집이었다. 1학
년이었던 목사님 딸은 대학 생활이 얼마나 힘들고 고생스러운지 이
야기해주었다. 나는 그게 두렵지 않고 오히려 더 좋았다. 노력해야 하
고, 노력한다면 어떻게든 해낼 수 있을 거라고 생각했다. 청춘의 낭만
적 열정으로 나 자신을 믿었다.

물론 이게 진실의 전부는 아니다. 사실 나는 두 명의 절친 중 한 명
처럼 처음엔 심리학을 공부하고 싶었다. 퍽 관심이 많던 과목이었다.
그런데 내가 이 전공을 지원했다면 입학 자체가 불가능했을 것이다.
성적이 좋지 않아서가 아니라 적성검사에서 '최적합' 판정을 받지 못
했을 것이기 때문이다. 학교에서는 특정 전공에 대해 소위 적성검사

---

* 괴테의 『파우스트』에 나와 유명해진 술집으로 1525년에 지어졌다. 지금은 미슐랭 레
  스토랑으로 라이프치히의 대표적인 명소다.

를 실시했다. 개인의 성향 및 성격과 관련해서 전공의 적합성 유무를 판단하는 검사였다. 여기서는 아버지의 직업이 다시 영향을 끼쳤다. 노동계급 자녀와 달리 목회자 자녀는 애초에 심리학 과목에서 최고 등급인 '최적합' 판정을 받을 수 없었다. 낮은 등급의 적성 평가로는 모집 정원이 적은 심리학과에 진학하지 못했다. 적성검사에서 최고 등급을 받은 지원자들이 많았기 때문이다. 각 대학 및 학과의 모집 정원은 중앙에서 결정했다. 학교의 적성 평가는 학생의 성적과 무관하게 뒷전에서 은밀하게 이루어지는 당국의 추가 통제 수단이었다.

나는 물리학 과목에서 '최적합' 판정을 받았다. 대학의 자연과학 관련 학과들은 여학생들을 두 팔 벌리고 환영했다. 아비투어를 치기 6개월 전인 1973년 1월 3일 나는 1973~74학년도 물리학 기초 과정 입학 허가서를 받았다. 수신자는 '헤르만 마테른 심화 상급학교에 재학 중인 앙겔라 카스너 양'이었다. 다만 이것은 아직 잠정적인 결정에 지나지 않았다. '대학 진학 조건이 충족되지 않으면' 언제든 입학이 취소될 수 있다고 명시되어 있었기 때문이다. 이 유보적 조항이 성적 및 적성 평가에만 해당되는 것이 아니라는 사실은 모두가 분명히 알고 있었다.

모든 학급은 1년에 한 번씩 일부 선발된 교사와 학생들 앞에서 사회주의 홍보 문화 프로그램을 발표해야 했다. 1973년 초여름이었다. 우리 반, 그러니까 12학년 B반은 아비투어가 몇 주 남지 않은 상태라 이번에는 이 프로그램에 참여하지 않기로 결정했다. 사실 그럴 마음이 없었고, 어차피 아비투어 시험 준비로 바쁘기도 했다. 게다가 몇 주만 더 버티면 학교생활도 끝이라고 생각했다. 그런데 예상치 못한 일이 벌어졌다. 오후에 문화 프로그램이 잡혀 있던 날 오전의 쉬는 시간이었다. 운동장에 전교생이 모여 있을 때 한 교사가 확성기로, 12학년 B반은 문화 프로그램 참여를 거부했다고 알렸다. 나머지 학생들에게 반감을 일으켜 우리에게 압력을 가하려는 의도가 분명했다. 곳 곳에서 우리를 욕하는 소리가 들렸다. 게으르고 자기만 아는 이기적 인 인간이라는 것이다.

우리라고 기분이 좋을 리 없었다. 그래서 몇 시간 뒤 발표할 프로그 램을 재빨리 만들기로 결정했다. 하지만 이대로 순순히 물러나고 싶 지는 않았다. 예상치 못한 프로그램으로 허를 찌를 생각이었다. 너희 가 게으르고 자기만 아는 이기적인 인간이라고 욕하던 애들이 무슨 생각을 하는지 보여주고 싶었던 것이다! 이렇게 해서 우리의 프로그 램에 크리스티안 모르겐슈테른*이 등장하게 되었다.

내 방 책꽂이에는 라이프치히의 인젤 출판사에서 출간된 모르겐 슈테른의 시집『교수대의 노래』가 꽂혀 있었다. 그의 시를 무척 좋아 했던 나는 그날 점심시간에 부리나케 집으로 달려가 내 방의 시집을 집어 들고, 아버지가 음식을 데우고 있는 부엌으로 들어갔다. 어머니 가 예외적으로 여행을 떠난 날이었다. 우리는 제대로 식사를 하지 못 했다. 나는 오전에 학교에서 있었던 일을 황급히 말하고는 모르겐슈 테른의 시「퍼그의 삶」을 낭송했다.

퍼그의 삶

퍼그는 거리 쪽으로 뻗어 있는
벽 구석 위에 앉아 있길 좋아한다.
다채로운 세상을 편안하게 음미하기에
더없이 좋은 위치다.

아, 인간들아, 너 자신을 지켜보라,

---

* Christian Morgenstern. 1817~1914. 희극적인 시풍으로 잘 알려진 독일 시인.

그렇지 않으면 너도 벽 위의 퍼그일 뿐이다.

지금도 부엌 문간에 서서 아버지에게 우리 반의 문화 프로그램 계획에 대해 설명하던 내 모습이 눈에 선하다. 우리는 '벽 위의 퍼그'를 문학적 장치로 삽입할 생각이었다. 그런 다음 평소와 달리 베트남 재건이 아니라 이번에는 모잠비크의 해방 운동을 위한 기부를 호소하고, 마지막으로 독일어 대신 영어로 「인터내셔널가」를 부를 작정이었다. 조용히 듣고 계시던 아버지는 고개를 끄덕임으로써 동의를 표하셨다. 아버지는 이 모든 계획이 지극히 합당하다고 말씀하셨고, 나는 그 말에 용기가 났다.

나는 음식을 허겁지겁 입에 퍼 넣고는 모르겐슈테른 시집을 가방에 넣고 학교로 돌아갔다. 우리는 빛의 속도로 프로그램을 준비했다. 나는 연출부 일원이었다. 마침내 공연이 시작되었다. 우리 공연이 끝나자 몇몇 학생이 고개를 숙이면서 조심스럽게 박수를 쳤다. 교사들의 반응은 한마디로 무거운 침묵이었다. 무대를 떠날 때도 우리에게 말을 걸어주는 사람이 아무도 없었다. 나는 뭔가 잘못되었다는 느낌이 들었지만, 이 일의 파장은 이튿날 아침이 되어서야 선명하게 드러났다.

수상쩍은 기미는 이미 첫 시간에 화학 선생님이 우리 반 학생들에게 평소와 달리 '우정'이라는 말로 인사하지 않은 데서부터 나타났다. 그는 신문 비평도 생략했다. 대신 수업이 끝나고 화학실을 나가는 우리를 측은한 표정으로 묵묵히 바라보기만 했다. 우리는 다른 교실로 이동하면서 그사이 다른 반 친구들이 대자보판에 우리 반을 비난하는 벽보를 압핀으로 붙여놓은 것을 보았다. 예상치 못한 일이었다. 나는 벽보를 빠르게 읽어보았다. 어떤 반은 우리의 프로그램이 규범에서 벗어났다는 이유로 우리를 경멸했고, 어떤 반은 자신들이 생각하는 좋은 문화 프로그램이 어떤 것인지를 설명함으로써 좀더 영리한 방법으로 우리의 섣부른 행동을 꼬집었다.

둘째 시간부터 우리 반 아이들이 하나씩 교실 밖으로 불려나갔다. 다시 돌아온 친구들은 국가안전부 요원들에게 우리 반의 문화 프로그램이 어떤 과정으로 만들어졌는지 질문을 받았다고 했다. 우리 반에서는 네 명, 그러니까 남학생 하나와 나의 절친 둘, 그리고 나만 국가안전부에서 부르지 않았다. 이로써 불안감은 최대치로 치솟았다. 우리로선 현재 무슨 일이 벌어지고 있는지 급우들에게 물어보는 것 말고는 다른 방법이 없었기 때문이다. 방과 후 나는 집에 돌아가 아버지께 오늘 학교에서 무슨 일이 있었는지 말씀드렸다. 그러자 아버지는 심각한 표정으로 여기저기 전화를 걸기 시작했다.

며칠 뒤 학부모 회의가 열렸다. 여기서 학교 당국은 가능한 한 많은 학부모가 이 프로그램의 주동자 및 그 학부모들에게 비판적인 입장을 취해주기를 바랐다. 그 기대에 맞게 일부 교사와 학부모들은 이런 비난을 털어놓았다.

"12학년 B반은 원래 서방 스타일의 옷을 입고 서방 음악을 듣는 애들이 많았어요."

이렇게 욕하는 사람도 있었다.

"걔들은 항상 자기가 남보다 낫다고 생각하는 아이들이었어요. 그렇다 보니 이런 일이 생긴 것도 놀랍지 않아요."

이렇듯 일부 사람은 우리 반이 한번 된통 걸리기만 오랫동안 기다려왔을지 모른다. 하지만 많은 학부모가 우리와 함께 연대해주었기에 학교 당국은 자신들이 기대한 만큼의 결과를 이끌어내지 못했다.

여행에서 돌아온 어머니의 반응은 특히 가슴 아픈 기억으로 남아 있다. 그렇게 화를 내시는 어머니를 그전까지 본 적이 없었다.

"나는 12년 동안 너를 무사히 학교에 보냈는데, 내가 집을 딱 한 번 비운 사이에 이런 일이…"

말을 잇지 못하시던 어머니는 내 뼛속까지 사무치는 한마디를 덧붙였다.

"너는 곧 떠날 테지만, 나는 여기서 살아야 해. 지금껏 우리는 항상 인정받고 살았어!"

나는 기어들어가는 목소리로 말했다.

"지금도 인정받고 계세요."

그 순간 나는 어머니에게 너무 미안한 마음이 들었다.

우리에게 어떤 처벌이 내려질지는 한동안 불분명했다. 퇴학, 아비투어 응시 자격 박탈, 대학 입학 취소 등 어떤 일이 일어나도 이상하지 않았다. 이런 상황에서 아버지는 뱀의 눈길에 마비된 토끼처럼 꼼짝없이 처분만 기다리지 않고 공세를 취하기로 결정했다. 일단 지역 협의회 교회 문제 담당관을 찾아갔다. 거기서 아버지는 이 모든 일을 아비투어 스트레스에 시달리던 학생들이 심리적 불안감을 이기지 못해 저지른 철없는 일회성 행동으로 설명했다. 그러고는 내게 이 사건의 경위를 직접 글로 써서 베를린 브란덴부르크 교회 변호사이자 국가 종교 담당 사무국과의 연락 창구인 만프레트 슈톨페에게 전달하라고 하셨다. 이렇게 해서 나는 토요일 오후 만프레트 슈톨페를 찾아가 편지를 제출했다.

그사이 학교에서는 학생 및 교사 총회가 열렸다. 이 자리에서 통통하고 작은 한 여학생이 자리에서 일어나더니 작심하고 분노를 표출했다.

"내가 퍼그라고요? 말도 안 돼요!"

순간 나는 웃음을 뿜을 뻔한 걸 간신히 참았다. 아무튼 나는 이어진 아비투어 독일어 필기시험에서 한 글자도 틀리지 않게 쓰려고 최선을 다했다.

마침내 전교생이 비상소집된 자리에서 벌칙이 발표되었다. 12학년 B반은 앞으로 불려나갔다. 우리는 견책을 받았다. 그게 다였다. 돌이켜보면 처벌이 이렇게 솜방망이에 그친 데는 한 가지 이유밖에 없었다. 아이들에게 불이익이 돌아가지 않도록 만프레트 슈톨페를 통해 손을 쓴 아버지의 노력이 헛되지 않았다는 것이다. 이제 우리는 남은 아비투어 시험에만 집중할 수 있었다.

하지만 문화 프로그램에 대한 학교 측의 반응이 여전히 가슴속 여진으로 남아 있던 터라 아버지와 나는 라이프치히대학 입학처를 찾아가 문화 프로그램 사건을 개인적으로 먼저 설명하고자 했다. 그 일을 둘러싼 나쁜 소문의 여파를 사전에 차단하려는 아버지의 선수 치기 전략이었다. 그런데 라이프치히는 이런 문제에서 우리 고향 도시보다 한결 너그럽고 개방적이었다. 얼마 뒤 나는 마침내 카를마르크스대학교 물리학과에서 최종 입학 허가서를 받을 수 있었다.

부모들도 초대받은 졸업 파티에는 나를 비롯해 나의 절친들도 형식적으로 참석했다. 그건 내 부모님도 마찬가지였다. 우리는 저녁만 먹고 바로 자리를 떴다. 문화 프로그램에서 학생들의 무해한 일탈조차 용인하지 못하고 학생들 사이에 이간질을 부추기는 학교 당국에 정나미가 뚝 떨어져버린 것이다. 대신 내 머릿속엔 12학년 B반의 친한 친구들과 함께한 파티가 더더욱 아름다운 추억으로 남아 있다. 우리는 인근의 작은 마을 아렌스도르프로 자리를 옮겨 호숫가 술집에서 우리만의 파티를 벌였다. 분위기는 무척 쾌활했다. 우리는 크리스티안 모르겐슈테른의 시를 자유롭게 변주해가며 놀았다.

분자들을 미친 듯이 달려가게 해,
주사위 놀이도 하게 해!
잔뜩 시시덕거리다가 붙어먹게 해,
황홀경을 신성하게 받들어.

동틀 무렵 나는 한 남학생과 보트를 타고 호수로 나갔다. 둘 다 체리 위스키를 잔뜩 마신 상태였다. 그런데 그 친구가 갑자기 앉은 자리에서 벌떡 일어나는 바람에 보트가 심하게 흔들리면서 나는 물에 빠지고 말았다. 재빨리 물에서 빠져나오기는 했지만, 쫄딱 젖은 채로 집까지 걸어갈 수밖에 없었다. 돌발 사건이 있었지만 우리끼리의 파티는 내 취향에 딱 맞는 자유의 향연이었다.

이렇게 내 학창 시절은 1973년 초여름에 끝났고, 그와 함께 부모님 집에서의 어린 시절과 청소년기도 끝났다. 나는 열아홉 살이 되었다. 부모님은 어떻게든 가정을 나와 동생들을 위한 안전한 보금자리로 만들려고 애썼고, 나도 그것을 오롯이 느꼈다. 그런 부모님께 영원히 감사한다. 나의 어린 시절은 행복했다.

발트호프 주변의 자연은 우리의 훌륭한 안식처였다. 우리는 아무 근심 걱정 없이 숲과 초원에서 놀고, 수영하고, 하이킹하고, 모험을 즐겼다. 목회자 학교의 직원 및 수강생들과 나눈 대화도 내게 무한한 정신적 자극이 되어주었다. 우리는 대가족처럼 살았다. 사람과의 만남을 좋아했던 나는 어디서든 접점을 찾았다. 손님이 오면 질문을 쏟아냈고, 그 과정에서 많은 것을 배웠다. 예를 들어 회화 엽서를 수집하던 목회자 학교 관리인 아주머니한테서는 20세기 초의 회화를 배웠다.

우리 가족은 1년에 한 번 베를린의 극장에 갔다. 도이체스 테아터에서 리처드 3세 역을 맡은 힐마르 타테와 코미셰 오페라 극장에서 발터 펠젠슈타인이 연출한 「지붕 위의 바이올린」은 지금도 잊을 수 없다.

사실 나의 가장 큰 심리적 보금자리는 어머니였다. 어머니는 내가 필요할 때마다 항상 내 곁에 있었다. 동독에서의 삶은 늘 벼랑 끝의 삶이었다. 아무리 평온하게 시작된 하루라고 하더라도 정치적 경계를 넘는 순간 삽시간에 분위기가 바뀌면서 생존이 위태로워질 수 있었다. 그럴 경우 국가는 자비를 베풀지 않았고, 인정사정없이 몰아붙였다. 이 경계를 정확히 파악하는 것이야말로 진정한 처세술이었다. 여기엔 나의 다소 화합적인 성격과 실용적인 접근 방식이 도움이 되기는 했지만, 더 본질적인 도움은 가정에서 나왔다. 나는 어떤 문제든 집에서 '상의할' 수 있었고, 부모님은 나와 동생들이 이 삶의 세계에서 스스로 결정을 내릴 수 있도록 부드러운 방식으로 가르치셨다. 시스템 안에서의 삶을 가능케 하고 지켜야 할 선을 넘지 않는 결정들이자, 아이들이 스스로 비참하게 느끼거나 삶에 무뎌지지 않게 하는 결정들이었다.

동독에서 정치적 자유의 폭은 수시로 변했다. 한번은 농민의 사유 재산이 집단화되었고, 한번은 지붕의 텔레비전 안테나를 서쪽으로 향하지 않게 하는 '옥센코프 캠페인'*이 실시되기도 했다. 이후에는 예술가에 대한 박해와 중소기업 몰수 조치가 이루어졌다.

우리의 삶이 민주적인 삶과 달랐던 것은 무엇보다 개인에게 어떤 법적 보호도 주어지지 않았고, 국가는 자의적으로 행동했으며, 처벌은 당사자뿐 아니라 대개 가족과 집단으로까지 이어졌다는 사실이다. 이것이 독재 체제의 본질이다. 따라서 부모님이 나와 동생들에게 마련해준 보호 공간은 생존의 필수 요소였다.

* 옥센코프(Ochsenkopf)는 황소 머리라는 뜻인데, 동서독 국경에 설치된 서독의 송신 시설 이름이다. 서독 방송을 보지 못하게 하려고 동독 당국이 취한 조치다.

2. 객지 생활

물리학 공부

1973년 9월 나는 집을 떠나 라이프치히로 향했다. 카를마르크스대학에서 물리학을 공부하기 위해서였다. 본격적인 수업을 받기 전에 우리는 일종의 준군사 과정부터 이수해야 했다. 2주 동안 진행된 이 훈련 과정은 에르츠산맥의 슈바르첸베르크에서 진행되었는데, 운동장이 딸린 유스호스텔과 비슷한 캠프였다. 잠은 이층 침대 두 개가 놓인 방에서 잤는데, 나는 드레스덴 인근에서 온 여학생과 한 침대를 썼다. 그녀는 내가 지금껏 들어본 적이 없는 작센 사투리를 썼다. 어떤 때는 무슨 말을 하는지 알아들을 수가 없었다. 우리는 서로 잘 아는 물건의 명칭을 비교하기 시작했다. 그녀는 스펀지케이크를 '슐라가시'라 불렀는데, 몇 번을 듣고서야 알아들을 수 있었다. 또한 그녀는 침구 정리 방법도 알고 있다면서 이렇게 말했다.

"남자친구가 사관학교 생도거든."

자신의 침구 정리 능력을 증명하려고 인민군 장교 교육을 받는 남자친구를 스스럼없이 끌어들이는 것은 내게 작은 문화 충격이었다.

군사 훈련이 끝나자 본격적인 대학 공부가 시작되었다. 우리 학년에는 다섯 개의 세미나 그룹이 있었는데, 각 그룹은 대략 15명으로 구성되었다. 나는 리네가(街)의 학생 기숙사에서 살았다. 숲과 초원이 보이는 템플린의 다락방 대신 이제는 이층 침대가 두 개 있는 4인실이었다. 1인당 공부할 수 있는 슈프렐라카르트 책상이 하나씩 주어졌다. 슈프렐라카르트는 동독에서 널리 사용되던 합성수지 판을 만드는 회사 이름이었다. 나는 이층 침대의 아래 칸을 사용했다. 지금으로선 그런 곳에서 생활하고 공부하는 걸 상상할 수도 없지만, 당시에는 지방 출신의 룸메이트들이 주말이면 집에 가는 덕분에 금요일 점심부터 월요일 아침까지 혼자 방을 쓸 수 있었기에 그나마 견딜 수 있었다.

물리학 대학 수업은 총 5년 과정이었다. 학기 구분은 없었다. 고학년이 되면 장학금 외에 연구 조교로 일하면서 추가로 돈을 벌 수 있었다. 나도 나중에 연구 조교를 맡아 저학년 학생들의 과제물을 돌봐주었다. 라이프치히에서는 외국 유학을 위한 휴학이 불가능했다. 어쨌든 우리 학과에서는 그랬다. 서구 학생들처럼 반년이나 1년 동안 해외에서 공부하는 것은 꿈만 꿀 수 있는 일이었다. 다만 2주에서 최대 3주 동안 교환학생으로 레닌그라드대학에 갈 기회는 있었다. 나도 우리 세미나 그룹의 몇몇 친구와 함께 이 기회를 잡았다.

6월이었다. 지금은 상트페테르부르크라는 옛 이름을 찾은 레닌그라드에 밤이 와도 거의 어두워지지 않는 멋진 백야가 시작되기 직전이었다. 당시 러시아 학생 기숙사에서 지냈던 나는 러시아어를 다시 연마할 수 있었고, 다른 할 일은 딱히 없었다. 그래서 도시와 주변을 둘러볼 시간이 많았다. 에르미타주 미술관, 페테르고프 궁전, 예카테리나 궁전, 화가 일리야 레핀의 고향 레피노 같은 명소들이었다. 저녁이면 우리는 공원에 앉아 레드 와인과 치즈를 먹으며 한가하게 외국의 정취를 즐겼다. 러시아 대학생들과의 접촉은 많지 않았지만, 우리를 담당하던 러시아 물리학 강사를 통해 러시아 예술가 및 지식인들과 자주 교류할 수 있었다. 그들은 우리를 집으로 초대하기도 했다. 너무 짧은 체류였지만, 레닌그라드에는 국가의 손길이 닿지 않는 흥미로운 지식인 세계가 있음을 뚜렷이 느낄 수 있었다.

라이프치히에서의 내 수업 시간표에는 강의와 세미나, 실습, 즉 장비 실험 실습이 적혀 있었다. 우리는 이 모든 수업에 빠지지 말아야 했다. 처음에는 대학 공부가 주로 수학에 집중되었다면 나중에는 차츰 물리학으로 바뀌었다. 성적은 수시로 치르는 필기시험과 실습으로 평가되었다. 우리의 세미나 대표는 누구 한 사람 뒤처지지 않도록 신경 썼다. 그것도 필요한 일이었다. 입학하고 반년쯤 지났을 때 세미나 대표가 우리 성적을 보고 말했다.

"C학점에 익숙해지면 그게 A처럼 느껴져! 너희는 그보다 훨씬 잘할 수 있어!"

그 시절을 떠올리면 항상 기숙사 4인실 책상에 앉아 미적분과 대수학, 이론물리학 과제물을 푸는 내 모습이 보인다. 아무리 생각해도 답이 보이지 않는 문제를 몇 시간씩 골똘히 생각하다 보면 어느 순간 기발한 아이디어가 번쩍 떠오르곤 했다. 해결책을 찾았을 때의 기분은 정말 하늘을 날 것 같았고 온갖 시름에서 해방된 느낌이었다. 그 시절 내가 깨달은 것도 바로 그것이었다. 어렵다고 즉시 포기하지 말고, 인내하면서 자신의 능력을 믿고 스스로 헤쳐나가다 보면 문제 해결의 실마리가 보인다는 것이다. 고등학교 시절과 달리 대학에서는 정말 나 자신의 한계에 부딪히는 일이 많았다. 하지만 그게 바로 내가 찾던 것이었고, 대학에서 마침내 그것을 찾았다.

물리학과(동독 시절에는 물리학부가 아니라 물리학과라고 불렀다) 강의실은 내가 살던 기숙사와 마찬가지로 리네가에 있었다. 주요 물리학 강의와 수학 강의는 모두 거기서 이루어졌다. 물리학과 교수들은 독일사회주의통일당 및 국가와 개인적으로 관계가 좋아서 그 자리를 꿰차고 있었던 것이 아니었다. 그들 자신이 매우 저명하고 국제적으로 인정을 받고 있었다. 그중 한 분이 특히 기억에 남는다. 대머리에 다소 키가 작지만 체격이 단단한 하리 파이퍼 박사였다. 그는 전자공학 강의를 했고, 권위 있는 교과서를 여러 권 집필했으며, 서구에서 열리는 컨퍼런스에도 제한 없이 참석할 수 있었다. 한동안 나는 월요일 여덟 시에 그의 강의를 들었다. 첫 시간에 파이퍼 교수는 우리에게 이렇게 단단히 일렀다.

"첫째, 강의 시간을 철저히 지켜야 합니다. 둘째, 여덟 시 이후에는 어떤 과제물도 받지 않습니다. 시도조차 하지 마세요. 소용없는 일이니까."

실제로 그는 여덟 시 강의가 시작되기 전까지 과제물을 자신의 교탁 위에 올려놓지 않으면 더 이상 받지 않았다. 사실 나로서는 문제될 게 전혀 없었다. 기숙사에서 강의실까지 이동하는 데 몇 분도 걸리지 않았기 때문이다. 하지만 라이프치히 인근이기는 해도 외곽에 사는 다른 많은 학생에게는 과제물을 제때 제출하려고 월요일 여덟시 전까지 강의실에 도착하는 것이 고역이었다. 하지만 파이퍼 교수는 꿈쩍도 하지 않았다. 강의가 시작된 뒤에도 우리가 과제물을 갖고 있으면 강의 중에 베낄 수도 있다고 생각하는 모양이었다. 게다가 이런 원칙을 통해 자신의 강의에 빠지는 일이 없도록 하려는 게 분명했다.

심지어 물리학 실습은 이보다 더 이른 시각인 일곱 시에 시작했다. 이건 정말 가혹했다. 나도 기숙사에서 여섯 시 반에 출발해야 했다. 왜냐하면 강의나 세미나와 달리 실습실은 리네가가 아닌, 게반트하우스 바로 옆의 대학 타워빌딩 내에 있었기 때문이다. 이 빌딩은 1969년에 유서 깊은 대학 교회를 철거하고 나서 지은, 그야말로 문화적 야만성이 돋보이는 건축물이었다. 아무튼 이렇게 이른 시각에 시작하는 것 말고도 실습수업에서 짜증나는 일은 또 있었다. 나는 일단 전체적인 구상부터 명확히 잡고 나서 실험에 착수하는 데 반해 남학생들은 덮어놓고 장비부터 차지하고 나서 명확한 계획 없이 모든 것을 시험해보았다. 그러다 보니 내가 어떤 장비를 사용하려고 할 때면 벌써 누군가 사용하고 있었다. 하지만 남학생들은 그런 방식으로는 목표에 더 빨리 도달할 수 없었다. 그 때문에 나는 여학생들과 팀을 이뤄 실습하는 것을 선호했다.

말할 것도 없이, 실기 외에 대학 수업에서 가장 힘들었던 과목은 고등학교 때와 마찬가지로 체육이었다. 지금이야 웃으면서 얘기할 수 있지만 당시에 이건 결코 사소한 문제가 아니었다. 체육 시험은 필수 이수 과목이었기 때문이다. 체육에서도 가장 어려운 장애물은 100미터 달리기였다. 한번은 재시험까지 봐야 했다. 이번에 F를 받으면 학년 전체를 마칠 수 없는 상황이었다. 시험관은 내 재시험에서 공정함보다 자비를 선택한 듯하다. 분명 처음보다 더 빨리 달렸다는 느낌이 들지 않았기 때문이다. 시험관은 100미터 달리기 때문에 내가 학년을 마치지 못하는 것을 원치 않았던 게 분명하다.

무심함

심화 상급학교에서 배운 국민학은 대학에서 이름만 바뀌어 마르크스-레닌주의(당시 우리는 줄여서 'ML'이라 불렀다) 과목으로 대체되었다. ML 수업에서도 핵심 주제는 국민학과 똑같았다. 변증법적 유물론, 정치경제학, 그리고 과학적 공산주의였다. 이중에서 가장 마뜩잖았던 분야는 과학적 공산주의였다. ML 학도들의 기숙사는 우리 기숙사 인근에 있었다. 그중 가장 똑똑한 학생들은 정치경제학을 공부했고, 물리학자인 내 관점에서 볼 때 가장 재능이 없는 학생들은 과학적 공산주의를 전공했다. 이 학생들은 공산주의 시대가 언제 도래할지 머릿속으로 추측하는 것 말고는 할 일이 거의 없었기에 수학에서 D를 받고도 대학에 입학할 수 있었을 것 같았다. 대학 시절 내내 어떻게 그런 사변만 하고 지낼 수 있는지 나로서는 도저히 이해가 되지 않았다. 한마디로 말도 안 되는 학문이었다.

나는 이런 속내를 완전히 숨길 수는 없었기에 ML 강의실에서 수모를 받고 쫓겨난 적도 있었다. 설명하자면 이렇다. 나는 강의실에서 비교적 뒤쪽에 앉아 있었다. 한 줄씩 뒤로 갈수록 조금씩 높아지는 계단식 강의실이었기에 내가 앉은 위치는 꽤 높았다. 나는 ML 강의가 지루해서 강의 중에 물리학 과제를 풀었다. 그런데 내 자리에서 석 줄 떨어진 곳에서 학생들이 강의 중에 무엇을 하는지 유심히 감시하는 사람이 있다는 걸 미처 눈치채지 못했다. 갑자기 그 남자가 벌떡 일어나더니 동료 ML 강사를 향해 소리쳤다.

"잠시 중단해요! 마르크스-레닌주의 시간에 다른 과제물을 푸는 학생이 있어요!"

나는 그게 나를 보고 하는 말이라는 걸 즉시 알아차렸다. 밑에 있던 ML 강사가 내 방향을 향해 소리쳤다.

"여기서 당장 나가!"

나는 깜짝 놀라 주섬주섬 짐을 챙겨 자리에서 일어났다. 그런데 진짜 긴장되는 드라마는 지금부터 시작이었다. 여기서 빨리 사라지려면 뒤로 나가야 했는데, 계단식 강의실 뒤쪽에는 출구가 없었다. 유일한 출구는 아래쪽 대각선 방향에 있었다. 나는 계단을 끝까지 내려가야 했다. 강의실에 적막감이 감돌았다. 모두의 눈이 나에게 쏠렸다. 문으로 가려면 강사 앞을 지나가야 했다. 영원처럼 긴 시간이 흐른 끝에 마침내 나는 출입문에 다다라 강의실을 나왔다. 밖으로 나온 순간 무릎이 후들후들 떨렸다. 너무 무서워 기숙사의 내 방으로 돌아가고 싶다는 생각밖에 없었다. 나는 맥이 탁 풀린 상태로 침대에 한참 동안 누워 있었다. 나중에 기숙사로 돌아온 친구들이 나를 진정시키려 했다. 이 일로 더 이상의 사건은 없었지만, 나는 강의실을 걸어가던 그 순간을 결코 잊을 수 없다. 집단 폭력이 가미된 굴욕적인 일이었다.

지금 와서 생각해보면 이 사건이 당시 내게 그렇게 큰 충격이었다는 사실은 꽤 재미있다. 방심한 상태에서 당한 불의의 기습이기는 했다. 하지만 충분히 예상했어야 했다. 그렇게 놀랄 만한 일이 아니었기 때문이다. 어디서나 항상 감시받고 있고, 아무리 편안한 사이라도 그중에는 우리 이야기를 유심히 듣고 있다가 국가안전부에 보고할 사람이 있다는 건 라이프치히에 와서야 배운 것이 아니었다. 그건 템플린 시절부터 이미 일상의 일부였다. 그럼에도 그 사건의 충격은 뼛속 깊었다. 지금 이 글을 쓰면서도 그때의 아찔함이 생생하게 느껴진다. 하지만 동시에 지금은 다른 느낌도 든다. 이 감정을 정확히 뭐라 불러야 할지 모르겠지만, 적절한 단어를 굳이 찾자면 아마 우월감일 듯하다. 자기 국민은 물론이고 자기 자신조차 믿지 못해 감시와 협박을 일삼는 국가에 대한 우월감 말이다. 그런 불신이 만들어낸 국가가 바로 고루하고 편협하고 무미건조할 뿐 아니라 유머라고는 정말 눈곱만큼도 없는 동독이었다.

나는 왜 지금 우월감 같은 감정을 느낄까? 아무리 독재국가라고 하더라도 나를 진정으로 살아 있게 하는 것, 즉 어느 정도 무심한 성정을 내게서 빼앗아갈 수는 없었기 때문이다. 나는 어려서부터 그랬다. 동독이 내게서 그것을 빼앗을 수 없었다는 사실이 그 체제에 대한 나의 가장 큰 개인적인 승리 중 하나인 듯하다. 돌이켜보면 새삼 그런 무심함이 없었다면 ML 강의 시간에 그렇게 천진하게 물리학 과제를 푸는 일은 없었으리라는 확신이 든다. 그런 무심함이 없었더라면 나는 훨씬 쉽게 저들에게 넘어갔을 것이다. 그런 무심함이 없었다면 대학 시절 내내 내가 왜 독일자유청년단 프로젝트에는 거의 신경을 쓰지 않았는지, 혹은 내가 왜 스스럼없이 개신교 대학생회 모임에 정기적으로 참석했는지 고민하는 시간이 찾아왔을 것이다. 이런 측면에서 나는 대학 공부가 끝나갈 즈음에야 뒤늦게 각성하기 시작했다. 그 전까지는 대학 공부를 그저 내가 원하던 학문적 도전으로만 알았고, 지금의 삶을 본질적으로 별 걱정이 없는 평온한 삶으로만 알고 살아왔던 것이다.

우리 세미나 그룹은 잘 뭉쳤다. 언젠가 나를 포함해 몇몇이 여가 시간에 디스코 파티를 열기로 했다. 그때부터 일주일에 한두 번 물리학과 건물 복도에서 오후 7시부터 11시까지 춤을 췄다. 관심 있는 학생은 티켓이 남아 있는 한 누구나 입장할 수 있었다. 음악은 우리 세미나 팀원들이 제공했고, 앰프와 스피커 같은 기술 장비는 직접 제작했다. 우리는 서방 음악과 동구권 음악을 40 대 60의 비율로 틀었다. 서방 음악이 40퍼센트를 넘는 것은 금지되어 있었다. 그러나 동구권 음악은 대개 끝까지 틀지 않았기 때문에 우리는 서방 음악을 최소한 절반 넘게 들었다. 나는 음료 판매를 담당했다. 일종의 바텐더였다. 디스코 파티는 정말 즐거웠고, 나는 돈도 좀 벌었다. 하지만 다음 날 일찍 시작되는 정기 실습 때문에 밤늦게까지 뒷정리를 하고 물리학과 건물 복도를 말끔히 청소하는 것은 몹시 고된 일이었다.

나는 매년 세미나 그룹의 친구나 때로는 남동생 나중에는 첫 남편 울리히 메르켈과 함께 휴가를 떠났다. 프라하, 부다페스트, 부쿠레슈티, 소피아, 피린산맥, 파가라스산맥, 부르가스의 흑해로 떠난 배낭여행이었다. 늘 그렇듯 우리는 돈이 너무 부족했다. 하루에 환전할 수 있는 돈은 30동독마르크로 제한되었다. 소위 사회주의 형제 국가들조차 자신들의 부족한 소비재를 관광객들이 사가지 않을까 염려했기 때문이다. 어쨌든 그럼에도 즐거운 시간이었음은 변함없는 사실이다.

언어의 울림과 금가루

"『노이에스 도이칠란트』를 너무 많이 읽지 마세요. 이 신문은 언어와 언어에 대한 감각을 망칩니다. 대신 괴테와 실러, 하이네를 읽으십시오."

작가이자 문학 번역가이자 반체제 인사인 라이너 쿤체가 클로스터만스펠트에서 열린 개신교 대학생회 주말 행사에서 했던 말이다. 우리는 이 행사 중에 괴테와 실러, 하이네를 읽지는 못했지만 그럼에도 아주 좋은 경험을 했다. 특히 나는 그랬다. 쿤체의 글을 좋아했기 때문이다. 아버지의 서가엔 동독에서 출간이 금지된 쿤체의 책이 몇

권 꽂혀 있었다. 『푸른 인장이 찍힌 편지』 같은 그의 몇몇 시집은 동독에서 출간되었지만, 다른 많은 책은 금서로 지정되었다.

이 행사에서 우리는 다른 언어로 쓴 시를 독일어로 번역하는 작업을 했다. 쿤체는 이렇게 설명했다.

"가장 어려운 건 헝가리 시 번역입니다. 이 언어에는 독일어에는 없는 다양한 E와 A 소리가 있습니다."

번역은 단순히 개별 단어와 문장을 옮기는 것 이상의 의미가 있고, 시는 특히 그렇다고 했다. 그러면서 이런 말로 마무리 지었다.

"제대로 번역하려면 언어의 울림을 느껴야 합니다."

언어란 음악과 같다는 그의 말은 내 마음속에 큰 울림을 만들어냈다.

안타깝지만 이 행사가 언제 열렸는지는 정확히 말할 수 없다. 다만 1976년 말 아니면 1977년 초였던 건 분명하다. 그러니까 서독에서 콘서트를 열던 싱어송라이터이자 시인인 볼프 비어만이 동독 당국으로부터 시민권을 박탈당한 1976년 11월 16일과 라이너 쿤체가 서독으로 넘어간 1977년 4월 13일 사이였다. 쿤체는 마치 슈타지가 옆에 앉아 있기라도 한 듯 나직이 말을 이어갔다. 그때 이미 작별의 조짐이 보였다. 비어만의 시민권 박탈은 예술계를 넘어 동독 전체를 뒤흔들었다. 그 결과 수많은 예술가가 동독을 떠났다. 내 부모님은 비어만의 노래가 담긴 카세트테이프를 몇 개 갖고 있었는데, 친한 사람들끼리 서로 돌려가며 듣곤 했다. 목회자 학교에는 우리도 개인적으로 사용할 수 있는 카세트 기기가 있었다. 가끔 토요일 저녁이면 온 가족이 모여 앉아 그의 노래를 들었다.

어느 날 오후, 대형 강의실에 모이라는 지시가 내려졌다. 우리 학년을 담당하던 물리학과 교수가 강단 앞으로 나가더니 볼프 비어만의 시민권이 박탈되었음을 간략하게 통보했다. 그러고는 자신의 짧은 설명을 이렇게 마무리 지었다.

"이 문제는 더 이상 꺼내지 마세요."

이 문제를 두고 이러쿵저러쿵 우리와 토론하고 싶지 않은 게 분명했다. 그런 토론이 불편해서 그랬는지, 아니면 우리를 보호하고 싶어서 그랬는지는 알 수 없었다. 아무튼 우리는 앞으로 어떤 일이 닥칠지 불안해하면서 뿔뿔이 흩어졌다. 몹시 낙담하고 우울한 날이었다.

나는 천성적으로 매일 아침부터 저녁까지 앞으로 또 어떤 일이 일어날지 걱정하면서 사는 스타일이 아니었다. 줄곧 불안한 상태에서 지내는 건 나 자신이 견디지 못했고, 어쩌면 그로 인해 몸이 아플 수도 있었다. 물론 사회주의통일당원의 자녀는 어디든 있기 마련이고, 그 때문에 사람을 너무 믿지 않는 것이 좋다는 건 분명했다. 하지만 나는 상황이 그렇다고 해서 남들과의 만남을 기피하면서 조용히 지내야 한다고 생각하는 사람이 아니라 오히려 그럴수록 타인들, 특히 친구들을 별 선입견 없이 만나야 한다고 생각했다. 그건 숨 쉴 공기처럼 나의 생존에 꼭 필요한 일이었다. 이전부터도 쭉 그래왔다. 볼프 비어만의 추방 이후에 갑자기 생긴 일이 아니었다. 이 역시 내 무심한 성격에서 비롯되었다.

나는 6~8주에 한 번 발트호프의 부모님 집을 방문했다. 라이프치히에서 거기까지 가려면 무척 번거로웠다. 여행의 첫 구간인 오라니엔부르크까지는 일단 급행열차를 타고 이동했다. 이 열차에서 특히 좋았던 것은 미트로파사가 운영하는 식당 칸이 있어서 체코 맥주인 오리지널 필스너 우르켈이나 라데베르거 맥주를 살 수 있다는 점이었다. 이걸 사다 드리면 아버지는 무척 좋아하셨다. 템플린에서는 구할 수가 없었기 때문이다. 그런데 오라니엔부르크에서 템플린행 지선 열차로 갈아타려면 두 시간을 기다려야 할 때도 있었다.

고향집에 들어서면 포근한 느낌이 밀려들었다. 내가 타지로 떠난 뒤에도 내 방은 한동안 그대로 두었다. 역시 집은 집이었다. 라이프치히에서 향수병은 없었지만, 가끔 그리움 같은 감정이 치밀었다. 대학 공부를 막 시작할 때 특히 그랬다. 나는 고향의 종소리가 그리웠다. 점심시간과 저녁시간을 알리는 종소리와 함께 발트호프에서의 하루가 얼마나 정연한지 처음으로 깨달았다. 반면에 라이프치히에서는 먹고 싶을 때 먹고, 자고 싶을 때 잤다. 내 주변에는 내가 언제 무엇을 하든 신경 쓰는 사람이 전혀 없었다. 한편으로는 자유로웠지만, 다른 한편으로는 이제 혼자라는 느낌에 가슴 한구석이 아렸다. 토요일 오후 성토마스 교회에서 열린 바흐 콘서트에 갔다가 혼자 기숙사로 돌아올 때면 발트호프에서의 떠들썩한 주말이 사무치게 그리웠다. 가족, 특히 그중에서도 여동생이 보고 싶었고, 학창 시절의 두 절친이 보고 싶었다. 또한 시골 풍경과 주변의 숲, 자연에서의 고독, 호수에서의 수영이 그리웠다. 미안한 말이지만, 라이프치히 근교에 있는 호수에서의 수영은 내 고향 마을과 비교가 되지 않았다.

나는 기숙사의 텔레비전에도 관심이 없었다. 서독 방송은 당연히 볼 수 없었기 때문이다. 따라서 기껏해야 축구 같은 스포츠를 중계할 때나 텔레비전을 봤고, 그마저도 무척 가려서 봤다. 1974년 서독에서 열린 월드컵 때가 그랬다. 6월 22일 토요일, 나는 다른 데도 아니고 내가 태어난 함부르크에서 열리는 서독과 동독의 조별 예선 경기를 꼭 보고 싶었고, 두 독일 중에서 자유로운 서독을 응원하고 싶었다. 그러나 기숙사에서는 그럴 수가 없었기에 주말에 템플린으로 갔다. 나는 집에서 경기를 보면서 하필 동독이 이 경기에서 이긴 것에 마음껏 분노를 표했다. 그런 만큼 나중에 서독이 최종 우승컵을 거머쥐었을 때는 더더욱 기뻤다.

전체적으로 보면 나는 머나먼 곳, 그러니까 어쨌든 동독 내에서는 멀리 떨어진 곳으로 유학을 떠나기로 결정하면서 내가 처음에 기대한 효과를 충분히 얻었다. 멀리 떨어져 있을수록 포근한 고향으로 돌아가고 싶어 했고, 반대로 고향에서 다시 자유로운 라이프치히로 갈 때면 한결 즐겁게 돌아갈 수 있었다.

나는 대학 공부를 시작한 지 1년 뒤인 1974년에 울리히 메르켈을 만났다. 우리는 서로 다른 세미나 그룹에 속해 있었지만, 둘 다 물리학을 공부했다. 일종의 캠퍼스 커플이었다. 나는 그를 통해 이전에는 몰랐던 세계를 접했다. 내 부모님 집에서는 신중한 지적 분위기가 흘렀다면 그의 부모님 집에서는 실용적인 생활 방식이 주를 이루었다. 그의 아버지는 중견 섬유 회사를 운영했는데, 1972년에 국유화된 뒤로는 그 회사에서 기업소장으로 일했다. 나는 섬유 산업과 과거의 기업가 정신에 대해 완전히 새로운 깨달음을 얻었고, 국유화 이후 업무의 비효율성을 한탄하는 시아버지의 환멸도 경험했다. 시부모님의 집과 마당, 정원에는 항상 할 일이 많았기에 울리히와 나는 주말이면 포크트란트의 시댁으로 갈 때가 많았다.

우리는 학업이 끝나기 1년 전인 1977년 9월 3일에 결혼했다. 나는 23세, 그는 25세였다. 신혼여행은 특히 아름다운 기억으로 남아 있다. 우리는 히덴제섬으로 떠났다. 9월에 이 섬에 가본 사람이라면 이 시기의 섬이 얼마나 아름다운지 알 것이다. 우리는 돈이 별로 없었지만, 어떻게든 방을 구할 수 있었다. 마치 모래 속에서 금가루를 찾듯이.

우리는 결혼과 함께 졸업 후 같은 곳에서 첫 직장을 구할 조건도 갖추었다. 당시에는 아비투어 후 대학에 입학하면 졸업한 다음 첫 3년 동안은 국가가 지정하는 곳에서 일하겠다는 서약서를 작성해야 했다. 그건 곧 울리히와 내가 결혼하지 않았다면 서로 다른 곳에서 첫 직장을 얻을 수도 있었다는 말이다. 그런 일은 피하고 싶었다. 그런데 당시에는 졸업 후 우리의 첫 구직 과정이 그렇게 복잡할 줄은 미처 몰랐다.

졸업장
마지막 5학년은 졸업 논문에 집중하는 시간이었다. 울리히도 대학에서 논문을 썼다. 그게 일반적인 경로였다. 그런데 내게는 다른 가능성이 주어졌다. 우리 대학에서 강의한 적이 있는 라이프치히 과학 아카데미 동위원소 및 방사선 중앙연구소의 라인홀트 하버란트 교수가 자기 연구소에서 졸업 논문을 쓸 기회를 주겠다고 제안한 것이다. 이 제안을 받은 건 우리 학년에서 내가 유일했다. 이건 생각하고 말고 할 것이 없었다. 우리 세미나 그룹과 물리학과 상황은 내가 잘 알고 있었다. 과학 아카데미는 다시 새로운 것을 경험하고 배울 수 있는 좋은 기회였다. 나는 즉시 수락했다.

여기서 나는 흥미로운 사람들을 만났다. 가령 내 졸업 논문을 돌봐주던 랄프 데어 강사는 산악인이자, 비판적 정치의식을 가진 매우 독립적인 사람이었다. 그를 통해 나는 나중에 모두 서독으로 떠나버린 예나 출신 사람들도 알게 되었다. 연구소에서는 에리카 호엔치도 만났는데, 그녀는 나의 절친이 되었다. 나보다 몇 살 나이가 많은 에리카는 벌써 박사학위를 받은 상태였다. 그녀는 자기 집이 있었고, 러시아 예술가들과 교류했다. 지금까지 대인 관계가 주로 인근 기숙사 학생이나 개신교 학생회로만 제한되어 있던 나는 이제 아카데미에서 라이프치히의 비판적 부류를 새로 접하게 되었고, 그를 통해 내 시야도 한결 넓어졌다. 아카데미에서 만난 새 친구들 중에는 훗날 동독의 정치적 급변기에 중요한 역할을 한 사람이 많았다. 니콜라이 교회에서든 시의회에서든 말이다.

나는 졸업 논문에 많은 노력을 쏟아부었다. 주제는 "고밀도 매질에서 공간적 상관성이 이분자 원소 반응의 속도에 미치는 영향"이었다. 이 주제는 내가 나중에 졸업 후 베를린 과학 아카데미 중앙 물리화학 연구소에서 계속 수행할 연구 방향과 연결되어 있었다. 기본적으로 내가 주로 다룬 분야는 통계물리학을 화학 문제에 적용하는 영역, 즉 물리화학이었다.

학위를 따려면 당연히 ML 시험도 봐야 했다. 학위 논문의 최종 성적은 ML 성적보다 한 등급 이상 높을 수 없다는 규칙이 있었다. ML 구두시험에서 아찔한 순간이 있었다. 시험관들이 현실 사회주의에서 이론대로는 아직 제대로 작동하지 않는 것이 무엇이냐고 물었을 때였다. 나는 이 문제만큼은 잘 대답할 수 있다고 생각하고 이렇게 답하기 시작했다.

"아직 좋지 않은 점은 차를 사려면 7년에서 10년을 기다려야 하고, 해외에 나갈 때 아주 적은 액수만 환전할 수 있고, 우리의 컴퓨터는 최신형이 아닌 데다 빠르지도 않고, 휴지를 사려고 몇 시간씩 돌아다녀야 하고, 또…"

나는 약 7분 동안 이야기하고 또 이야기했다. 그러다 어느 순간 불쑥 한 생각이 머릿속에 떠올랐다.

'조심해, 이건 함정 질문이야! 넌 지금 아주 위험한 말을 하고 있어.'

나는 그제야 정신을 차리고 덧붙였다.

"물론 이런 몇몇 사소한 점만 빼면 다른 많은 것은 의심할 여지 없이 잘 작동하고 있습니다."

그러자 시험관이 말했다.

"좋아요, 됐어요."

나는 마르크스-레닌주의 과목에서 B를 받았고, 1978년 7월 18일 스물네 번째 생일 바로 다음 날 '최우수' 성적으로 물리학 디플롬 학위를 받았다.

일메나우

우리는 졸업 논문을 쓰는 중에 이미 졸업 후 무엇을 할 계획인지 명확히 밝혀야 했다. 졸업과 취업 사이에는 기껏해야 여름방학의 시간밖에 없었다. 동독은 국민들의 휴지기를 최대한 줄이고, 개별 시민의 삶 전체를 빈틈없이 통제하는 데 늘 열심이었다. 부모에게 돈을 물려

받았다고 해서 당분간 일하고 싶지 않다고 말하는 사람은 반사회적인 인간으로 찍혔다. 따라서 졸업 후 개인적으로 공백기를 갖는 것은 선택 사항이 아니었다.

동독에서는 일자리를 구하지 못할까 봐 걱정할 필요가 없었다. 오히려 일자리는 많은데 일할 사람은 항상 너무 적었다. 우리 물리학과 졸업생들은 동독에서 가장 큰 TV 생산업체인 VEB 슈트라스푸르트 텔레비전 수상기 회사와 그 비슷한 기업에서 일자리 제안을 받았다. 나는 이런 회사들에 전혀 관심이 없었다.

하지만 국가는 개인의 결정을 통제할 방법을 갖고 있었다. 가장 중요한 수단은 주택 배정이었다. 동독은 주택이 부족했기에 학생들이 졸업 후 고향으로 다시 돌아가 일하는 것을 장려했다. 다른 방법도 있었다. 예를 들어 피스테리츠 질소 공장이나 슈코파우 및 로이나 공장의 확장으로 물리학자와 화학자가 필요해졌을 때 일자리 계약과 주택 제공을 연계하는 방법을 썼다. 주택난이 심한 동독에서는 주택 문제가 일자리 선택의 가장 중요한 요소로 작용할 때가 많았다.

울리히는 대학 졸업 후 일메나우공대에서 박사과정을 밟고 싶어 했다. 좋은 생각 같았고, 나 자신도 이 대학에 마음이 끌렸다. 나는 대학을 선택할 때 이미 이 도시를 잠시 염두에 둔 적이 있었다. 왜냐하면 이 대학에는, 일례로 갈대의 유연성에서 기술 개발의 힌트를 얻듯이 자연의 발명품에서 실용적인 지식을 찾아내는 바이오닉스 같은 흥미로운 분과가 있었기 때문이다. 하지만 좀더 면밀히 살펴본 결과 나는 바이오닉스 학과를 선택하지 않기로 했다. 이 분과를 선택하기에는 내가 삼차원적인 연산 능력이나 실용적인 접근 방식, 입체적 시각 면에서 현격히 부족하다고 생각했기 때문이다.

하지만 당시 일메나우는 남편과 내가 박사과정을 밟기에 최상의 곳이었다. 이렇게 해서 우리는 둘 다 지원했고, 면접에 초대되었다. 그런데 대학 인사과장이 나를 따로 불러 잠시 대화를 나누자고 했다.

나는 감기에 심하게 걸려 집중하는 데 애를 먹었다. 하지만 곧 정신이 번쩍 들었다. 내 학문적 성취도에 관한 질문이 아니었기 때문이다. 그건 벌써 합격으로 처리되어 있었다. 대신 그는 날카로운 목소리로 내게 따져 묻기 시작했다.

"당신은 개신교 학생회에 줄곧 참여했습니다. 일메나우에서도 계속 그럴 생각입니까?"

남자가 나를 날카롭게 바라보았다. 나는 당황했다. 대학 시절에는 문제가 되지 않았던 일이 여기서 문제가 되고 있었다. 이제야 내가 얼마나 순진했는지 깨달았다. 지금까지 나를 그냥 내버려둔 것일 뿐이지 지켜보지 않은 것이 아니었다. 이제 개신교 학생회에서의 내 활동이 본격적으로 테이블 위에 올랐다. 머릿속이 복잡했다. 그러다 마침내 최대한 솔직하게 얘기하기로 마음먹었다. 그렇지 않으면 더 큰 화를 부를 수 있었다.

"네, 그럴 생각입니다. 저한테는 중요한 일이니까요."

인사과장이 대답했다.

"그건 좋지 않아요. 여기서 연구 조교로 일하게 되면 학생들과 여러모로 함께할 일이 많을 텐데, 당신의 여가 활동에 대해서도 이야기할 생각입니까?"

"그건 아직 깊이 생각해본 적이 없습니다. 다만 지금껏 살아오면서 누구와 무엇에 대해 이야기해야 할지 말지 딱히 구분 짓지는 않았습니다."

"음, 그래요. 우리 대학에서는 당신이 개인적으로 최고의 학문적 성취를 거두는 것도 중요하지만, 동시에 동독 경제에 의미 있는 일을 하는 것도 중요하게 생각합니다."

남자는 긴장의 끈을 늦추지 않았다.

"다른 활동으로 굳이 그런 일에 방해 요소를 만들 필요가 있을까요?"

대화는 내가 개신교 학생회 모임에 계속 갈 것인지, 그리고 조교로 일하면서 그 활동이 학생들에게 어떤 영향을 미칠 것인지를 두고 어림잡아 20분 정도 계속 제자리를 맴돌았다. 결국 내가 이렇게 물었다.

"이 상황을 어떻게 받아들여야 할지 모르겠습니다. 솔직히 말씀드리자면, 저는 이 자리가 저의 학문적 자격이나 일자리에 대한 기대를 물어보는 자리인 줄 알았습니다."

인사과장이 대답했다.

"그렇게 생각할 수도 있지만, 내 입장에서는 다른 문제들에 관한 상담도 무척 중요합니다. 오늘은 이만하도록 하지요. 다시 연락드리겠습니다."

내가 일어나 가려는데 그가 덧붙였다.

"잊지 말고 여행 경비 받아가세요. 총무과에 가면 바로 받을 수 있을 겁니다."

"당연히 돈을 돌려받고 싶지만, 지금은 그게 그리 절실하지 않네요."

이렇게 말하는 내 목소리가 지금도 생생하게 들리는 듯하다. 대화는 그렇게 끝났고, 나는 방을 나섰다.

총무과로 내려가는 계단에서 두 남자를 만났다. 나를 기다리고 있었던 게 분명했다. 두 남자는 내게 대뜸 같이 좀 가자고 하더니 인근 방으로 나를 안내했다. 여기서 그들은 자신들이 국가안전부 요원이라고 소개하면서 몇 가지 물을 게 있다고 했다. 대화는 조금 전에 인사과장이 던졌던 질문과 비슷한 방향으로 전개되었다.

"우리는 사회주의 사상이 확고한 교원만 씁니다. 우리는 당신에 대해 의구심도 있지만 기대감도 갖고 있습니다."

내 머릿속에서 온갖 생각이 윙윙거렸다. 내 귀에는 "목적의식이 뚜렷한 개인"이니 "최고의 성취"니 "다른 학생들에 대한 정보"니 하는 말들만 단편적으로 띄엄띄엄 들렸다.

나는 방금 전에도 개신교 대학생회와 관련된 대화를 나눴다고 말했다.

"아, 거긴 계속 나가세요. 핵심은 그게 아니니까."

한 요원이 말했다. 그러자 다른 요원이 말을 이어받았다.

"핵심은 학생들이 얼마나 성실하고 순응적인지 우리가 전체적으로 파악하는 것이지요."

나는 이들의 저의가 무엇인지 잠시 생각하다가 마침내 단도직입적으로 물어보기로 마음먹었다.

"그러니까 지금 나에게 염탐을 해달라는 말인가요?"

그들은 대답했다.

"지금은 그런 말을 입에 올리지 말아요. 우린 다만 교원들에 대한 정보가 좀 필요한 것뿐이니까요."

"하지만 당신들은 물리학과가 아니라 국가안전부에서 나온 사람이면서 내게 물리학과 사람들에 대한 정보를 제공해달라고 하고 있어요. 그건 곤란해요."

"너무 심각하게 받아들이지 말아요. 우리가 정보를 얻는 방법은 여러 가지가 있어요."

두 사람이 계속 나를 설득하는 동안 나는 이제 이 문제에 확실히 종지부를 찍어야겠다는 결론에 도달했다. 이런 상황에 처했을 때 어떻게 대처해야 할지 일러주신 부모님의 조언이 퍼뜩 떠올랐다.

"우리가 지금 여기서 나눈 대화는 아주 중요한 문제예요. 남편에게도 바로 말해야겠어요. 지금 여기 있거든요. 나는 소통을 중시하는 사람이라 항상 내 생각을 남들한테 숨기질 못해요."

이로써 대화는 끝났다. 나는 여행 경비를 받았고, 그들은 다시 연락하겠다는 말만 남기고 돌아섰다.

하지만 어떤 연락도 없었다. 전화로든 서면으로든. 남편은 면접에서 이런 식의 질문을 받지 않고 일메나우공대에 바로 합격했다. 반면 내게는 아무 소식이 오지 않았다. 2주 후 나는 인사과장에게 직접 전화를 걸어 물어보기로 마음먹었다.

인사과장이 말했다.

"연락 줘서 고맙습니다. 내가 여러모로 애를 썼는데도 쉽지 않군요. 아무래도 일메나우공과대학은 어려울 것 같습니다. 일메나우 특수 유리공장은 어떤가요? 거기라면 가능성이 있는데."

나는 관심이 없다며 거절했다.

"성의를 너무 무시하는 것 아닌가요?"

인사과장이 말했다.

나는 전화를 끊었다.

돌이켜보면 국가안전부에 협조하지 않은 이상 애초에 일메나우공대에서 자리를 얻을 가능성은 제로였다. 그건 분명했다. 저들로서는 내가 사정상 정보원 역할을 받아들일 수도 있을 거라고 판단한 듯했다.

물론 이 모든 일은 라이프치히에도 보고될 것이기에 나는 꺼림칙한 느낌을 지울 수 없었다. 지금으로선 내가 앞으로 어떤 직장에서 일하게 될지는 불분명했다. 일자리를 구하지 못할 위험은 없었지만, 화력발전 연구소 같은 곳에서 일을 시작하는 것은 생각만 해도 끔찍했다.

그사이 울리히는 일메나우공대에서만 확답을 받은 게 아니라 베를린 훔볼트대학에서도 연구 조교 자리를 얻었다. 따라서 나도 베를린에서 자리를 알아보기로 했다.

나는 라이프치히의 동료들에게 그간의 사정을 이야기했다. 다들 내가 과학 아카데미에서 논문 쓴 것을 분명한 장점으로 인식하고 있었다. 라이프치히 연구소는 베를린 과학 아카데미 중앙 물리화학 연구소(ZIPC)와 매우 좋은 관계를 맺고 있었다. 라이프치히 팀원들과 긴밀하게 협력하던 연구원 한스위르겐 체르본이 베를린 연구소를 떠나면서 그의 자리가 비게 되었다. 라이프치히의 동료들은 내가 일자리를 찾는 데 어려움을 겪고 있다고 그에게 이야기했다. 다만 문제

는, 체르본이 소속된 베를린 연구소의 이론화학 부서를 현재 독일사
회주의통일당 소속이 아닌 루츠 췰리케 교수가 이끌고 있고, 팀원들
은 하나같이 나처럼 배척받는 종교인이 아니라 입지가 탄탄한 간부
가 들어오길 갈망하고 있다는 점이었다. 동독에서는 당원이 아닌 상
사가 연구원들에게 꼭 좋지만은 않았다. 당적이 있는 상사는 여러모
로 완충 장치 역할을 할 수 있었기 때문이다. 반면에 연구팀 수장이
이렇다 할 배경 없이 스스로 압력을 받는 상황이라면 팀원들도 똑같
은 압력에 시달려야 할 때가 많았다. 그럼에도 한스위르겐 체르본은
미심쩍어하는 동료들을 설득했고, 그 덕분에 나는 췰리케 교수와 면
접을 보고 마침내 자리를 얻을 수 있었다. 그와 함께 췰리케 교수가
내 박사과정 지도교수가 되었다. 어쩌면 연구팀에 아직 여성 연구원
이 한 명도 없었다는 점이 내 채용에 도움이 되었을지 모른다.

3. 동독 과학 아카데미에서

속도 상수

1978년 늦여름이었다. 울리히와 나는 짐을 싸서 라이프치히에서 베를린으로 이사했다. 그는 훔볼트대학의 물리학과 연구 조교로 시작했고, 나는 1978년 9월 15일부터 베를린 물리화학 연구소로 출근했다. 나는 무엇보다 마음을 소란스럽게 하던 일메나우에서의 사건이 정리된 게 기뻤고, 이 연구소에서 앞으로 어떤 일이 기다리고 있을지 설렜다. 당시 베를린에는 남편과 팡코에 사는 할머니만 빼면 아는 사람이 거의 없었다. 이로써 대학 생활은 많은 점에서 지나간 옛일이 되었다.

하지만 내 인생의 새 국면을 이야기하기 전에 학업에 전념했던 지난 5년간을 한걸음 뒤로 물러나 외부의 시선에서 되돌아보고 싶다. 앞서 언급했듯이 1976년 말 볼프 비어만의 시민권 박탈과 그에 따른 문화적 박해는 동독을 깊이 뒤흔들어놓았다. 그러나 이들 사건은 외딴섬처럼 아무 관련 없이 일어난 일이 아니었다. 동독 내에서든 동독 밖에서든 말이다.

몇 년 전, 그러니까 1973년 6월에 '독일연방공화국과 독일민주공화국의 관계에 대한 기본 조약'(약칭 기본 조약)이 발효되었다. 그와 함께 서독 건국 이래 최초의 사민당(SPD) 출신 총리에 선출된 빌리 브란트는 독일 내 두 개의 주권 국가 원칙을 존중했다. 여기엔 언젠가 분단 현실을 극복하려면 일단 두 개의 독일 국가가 존재하는 현실부터 인정해야 한다는 신념이 깔려 있었다. 그런데 서독에서는 1969년부터 집권한 사민당과 자민당(FDP) 연립정부의 기본 조약과 새로운 동방 정책을 두고 치열한 논쟁이 벌어졌다. 당시 야당이던 기사당(CSU: 기독교사회연합)은 카를스루에 연방헌법재판소에 헌법소원을 제기했고, 결국 기각되었다. 그럼에도 헌법재판소는 결정문에서 기본법(서독 헌법)에 명시된 두 독일 국가의 통일 원칙을 강조했다. 이 조약의 결과로 동독과 서독은 유엔에 동시 가입했고, 대사는 교환하지 않으면서 상설 대표부를 설치했으며, 기자를 공식적으로 상호 파견하기로 합의했다.

당연하지만 당시에 나는 이 모든 움직임을 정치인의 관점에서 바라보지 않았다. 내가 언젠가 통일 독일의 정치인이 된다는 건 내 상상력의 한계를 벗어나는 일이었다. 나는 1973년에 막 고등학교를 마쳤고, 독일 분단의 결과로 큰 고통을 겪은 목회자 가정의 딸이었을 뿐이다. 그저 우리는 장벽 설치 후 처음에는 미국과 소련의 긴장 완화 정책을 통해, 그리고 1960년대 말부터는 동서독의 데탕트 정책을 통해 하나둘 싹트기 시작하던 희망의 씨앗에 감사하며 살았을 따름이다.

다른 한편으로 나는 동독 지도부의 바람이 기본 조약에 다 담기지 않은 것에 주목했다. 우리의 운명에 아주 중요한 일이었다. 서독은 동독 시민권을 계속 인정하지 않았다. 기본법의 의미에서 보면 동독 주민은 여전히 독일인이었다. 그건 우리에게 생명보험이나 다름없었다. 따라서 나는 서독 내에서 동독 시민권을 인정하라는 목소리가 높아질 때마다 두려움에 떨었다. 그 목소리는 베를린 장벽이 무너질 때까지 실제로 점점 높아졌다. 그럴 때마다 나는 우리의 운명이 영원히 동독 주민으로 고착화되는 게 아닌지 불안해했다.

장벽이 무너지고 독일이 통일되지 않았다면 내 삶이 어떻게 되었을지 추측하는 것은 무의미하다. 그건 아무도 모른다. 다만 지금도 분명히 기억나는 것이 있다. 동독 주민은 최소한 이론적으로는 출국 신청서만 쓰면 동독을 떠나 서독 시민이 될 수 있었는데, 이런 가능성이 있다는 사실 하나만으로도 내게는 어떤 식으로든 안심이 되었다는 점이다. 최악의 상황에서 언제든 빠져나갈 수 있는 일종의 비상구 같은 것이었다. 그런 가능성이 존재한다는 사실은 내게 무척 중요했다. 부모님은 나의 이런 생각을 알고 계셨다. 또한 1954년 아버지가 함부르크에서 동독으로 올 때의 소명감을 내가 존중하기는 하지만, 그것을 나와 내 삶의 본보기로 삼지는 않는다는 사실도 알고 계셨다. 우리 사이에 그건 명확했다.

오해를 피하기 위해 덧붙이자면 출국 신청서를 쓰는 것은 당사자에게 결코 쉬운 일이 아니었다. 보통 장시간 참고 견뎌야 하는 굴욕적인 과정이었다. 하지만 일단 출국 허가만 받으면 자동으로 서독 시민이 될 수 있었다. 내가 노리는 게 바로 그것이었다. 그 이상도 그 이하도 아니었다. 서독으로 여행한 후 동독으로 돌아오지 않거나 다른 곳으로 도주하는 경우도 마찬가지였다. 연금 수급자는 처음엔 1년에 한 번, 나중에는 더 자주 서독으로 여행할 수 있었고, 거기서 여권을 발급받아 이론적으로는 어디로든 갈 수 있었다.

기본 조약이 발효된 1973년, 헬싱키에서 유럽안보협력회의(CSCE)가 열렸다. 총 35개국이 참석했는데, 바르샤바조약기구 7개국, 나토 북대서양조약기구(NATO) 15개국, 중립국 13개국이었다. 회의는 1975년 헬싱키 최종안의 서명과 함께 막을 내렸다. 이 안에는 냉전 와중에도 유럽의 안보와 인권을 지키기 위해 문화와 과학, 경제, 환경 보호, 군축 분야에서 함께 노력해야 할 공동의 목표가 명기되었다. 이 문서는 냉전 종식 이후는 물론이고 내 총리 임기가 끝날 때까지도 광범한 영향을 미쳤고, 앞으로도 일정한 역할을 미칠 것으로 보인다. 물론 당시에 난 이런 사실을 알지도 예감하지도 못했다.

1년 반 후인 1977년 1월 1일 프라하에서 '77 헌장'이 발표되었고, 그해 1월 7일 수많은 유럽 신문에 실렸다. 이 선언과 함께 체코슬로바키아 야권은 극작가 바츨라프 하벨, 철학자 얀 파토츠카, 전 외무장관 이리 하예크를 중심으로 공산 정권의 인권 탄압에 반기를 들었다. 동독에서도 희망과 실망이 끊임없이 교차하는 시기였다. 동구권 전체에서 넘실대던 자유화 물결과 함께 공산 정권들의 억압적 반동 조치도 난무했다. 1978년 동독에서 학생들에게 준군사 훈련에 해당하는 군사학 수업을 도입한 것도 그중 하나였다. 그밖에 1972년 로마 클럽의 첫 보고서가 발표된 이후 서구에서 점점 주목을 받던 환경 오염 같은 문제도 동구권 사회에 영향을 미쳤다. 우리 집에서도 이 보고서에서 개략적으로 설명한 성장의 한계를 두고 활발한 토론이 벌어졌다.

1978년 10월 크라쿠프의 추기경 카롤 보이티와[*]가 폴란드 출신으로는 처음으로 교황에 선출된 것도 폴란드를 넘어 그밖의 지역에서 일어난 자유주의 운동 및 민주화 물결에 막대한 영향을 미쳤다. 1980년 폴란드에서 자유 노조가 설립되자 폴란드 정부는 1981년 계엄령으로 맞대응했다. 그러나 알다시피 이런 폭압적 조치는 독재와 불의에 대한 자유의 승리를 지연만 시킬 뿐 결코 자유의 승리를 막지는 못한다.

나의 대학 시절과 내가 베를린 과학 아카데미에서 일을 시작한 시기는 이렇듯 여러모로 무척 혼란스러운 시대적 상황과 맞물려 있었다. 나는 물리화학 연구소의 이론화학 부서 소속이었다. 이 부서엔 약 10명의 과학자가 있었는데, 모두 양자화학 분야에서 일했다. 비서를 제외하고는 내가 유일한 여성이었다. 연구소 전체 직원은 700명 정도였다. 내 일터는 베를린 아들러스호프에 있었는데, 동독 텔레비전 방송국 맞은편의 석조 막사였다. 일상은 대학 시절과 확연히 달라졌다. 아카데미 생활은 라이프치히 연구소에 있을 때 어느 정도 알고 있었다. 하지만 이제는 내가 좋아하던 기초 연구 외에 엄격한 근무

---

[*] 요한 바오로 2세.

시간과 출석 체크가 존재하는 경직된 일과가 더해졌다. 마치 꽉 조이는 코르셋을 입은 것 같은 느낌이었다. 이제 학창 시절의 자유는 사라졌다. 내게는 충격이었다. 게다가 이 모든 게 베를린 장벽 바로 앞에서 벌어지고 있다는 사실이 더 참담했다. 나는 답답하고 우울했다. 장기적으로 이곳 생활을 어떻게 버틸 수 있을지 스스로에게 여러 번 질문을 던졌다.

출근 시간은 오전 7시 15분이었다. 늦지 않으려면 6시 20분에 집을 나서야 했다. 울리히와 나는 미테 지구의 마리엔가에 살았다. 동독에는 자유로운 주택 시장이 없었지만, 베를린에서 일자리를 구하려면 거주지가 있음을 먼저 증명해야 했다. 우리가 내 부모님의 주선으로 템플린의 한 의사와 연결된 집을 얻은 것은 행운이었다. 이 의사는 대학 시절부터 그 집을 빌려 썼는데 나중에 자신의 자녀들이 베를린에서 대학 공부를 하게 되면 물려줄 생각이었다. 그의 아이들은 아직 어렸기 때문에 남편과 나는 그 집을 빌릴 수 있었다.

나는 프리드리히가역에서 아들러스호프까지 매일 전차를 타고 40분가량 이동했다. 이 역의 분위기는 퍽 스산했다. 여기서부터 열차 방향이 동쪽과 서쪽으로 나뉘었고, 나는 동쪽 구간만 출입이 가능했다. 서베를린 방향으로 가는 열차는 당연히 동독 출국 증명서를 가진 사람만 이용할 수 있었다. 가끔 공간을 가르는 벽을 사이에 두고 경비견 짖는 소리가 들려왔다. 분단 상황을 이렇게 일상적으로 맞닥뜨리는 일은 라이프치히에서는 해보지 못한 경험이었다. 쇠네펠트나 쾨니히스 부스터하우젠 방면으로 가는 전차에 타면 대체로 베를린 장벽을 따라 이동했다. 가을과 겨울이라도 날이 칠흑처럼 어둡지만 않으면 나는 이 길을 오가는 내내 출입이 불가능한 장벽 너머의 세계를 눈으로 더듬었다.

퇴근 시간은 오후 4시 30분이었다. 전차를 타고 집에 돌아오면 5시 30분이었다. 마리엔가도 베를린 장벽과 가까웠다. 상점은 오후 6시에 문을 닫았다. 연구소 구내에 생필품을 파는 상점이 있었지만, 별 도움이 되지 않았다. 라이프치히대학 시절에는 구내식당에서 점심을 먹고 나면 상점가를 어슬렁어슬렁 돌아다니면서 무언가 물건을 사는 것이 낙이었다. 물론 동독의 결핍경제 사정을 고려하면 어차피 살 수 있는 물건은 드물었지만 말이다. 어쨌든 그런 일도 이제 옛날 일이 되고 말았다.

첫 출근 날 새 사무실에 들어가자 내 책상 위에는 화학 반응의 속도 상수와 관련된 책이 한 권 놓여 있었다. 이것이 내가 앞으로 연구하고 박사 논문을 쓸 주제였다. 지금까지 우리 부서에서 이 분야를 연구한 사람은 없었다. 하지만 실용적인 면에서 상당히 중요한 분야였다. 소련에서 드루즈바 송유관을 통해 폴란드를 거쳐 동독으로 이어지는 원유 공급과 관련이 있었기 때문이다. 특히 로이나와 부나 화학 공장에서 생산하는 플라스테와 엘라스테가 이 원유로 만들어졌다. 플라스테는 열가소성 플라스틱의 상표명이고, 엘라스테는 엘라스토머의 상표명이었다. 둘 다 1930년대 초 부나 공장에서 개발되었다. 동독은 석유 매장량은 거의 없었지만 가스 매장량은 적지 않았기에, 플라스테와 엘라스테의 기본 물질인 장쇄(長鎖) 탄화수소를 천연가스로 생산할 수 있는 방법을 찾는 데 관심이 많았다. 이 방법은 기본적으로 메탄(CH_4)으로 이루어진 천연가스에 에너지를 공급하면 온도의 급격한 상승과 함께 수소 원자(H)가 분리되면서 가능했다. 이렇게 하면 반응성이 높은 메틸 라디칼(CH_3)이 생겨났고, 이는 즉시 두 번째 메틸 라디칼과 결합하면서 장쇄 탄화수소의 출발점인 에탄(C_2H_6)이 되었다.

내 박사과정의 과제는 양자화학 계산을 통해 이 공정에 필요한 온도가 얼마인지 알아내는 일이었다. 이를 위해 내 사무실뿐 아니라 연구소의 컴퓨터 센터에서도 서구에서 개발된 양자화학 프로그램을 사용해야 했다. 내가 컴퓨터 센터에서 프로그래밍 명령을 펀칭기에 입력하면 펀칭기는 내가 입력한 대로 펀치 카드에 구멍을 뚫었다. 펀치 카드에 입력이 끝나면 컴퓨터는 이를 바탕으로 계산에 돌입했다. 목표한 결과를 얻으려면 무척 긴 연산 시간이 필요했다. 연산 시간은 양자화학에서 결정적으로 중요한 자원이었다. 그런데 우리에게 부족한 것이 바로 그것이었다. 나는 내가 맡은 몫을 제대로 처리하기 위해 최선을 다했다. 그런데 작업 시간의 상당 부분을 펀치 카드가 가득 담긴 상자를 내 책상에서 컴퓨터 센터까지 수백 미터 운반하는 데 써야 했다. 하지만 막상 거기 도착해도 펀칭기나 입력장치가 고장 나 힘들게 예약한 소중한 연산 시간을 날려버릴 때가 많았다.

우리는 소련에서 제작한 BESM-6 컴퓨터를 사용했다. 서구의 IBM 컴퓨터에 비하면 성능이 떨어지는 컴퓨터였다. 양자화학 연구의 성공을 위해서는 충분한 연산 시간 외에 사용하는 컴퓨터의 성능도 중요했기에 우리는 애초에 서독과 비교하면 불리할 수밖에 없었다.

나는 나보다 나이가 조금 많은 프랑크 슈나이더와 사무실을 같이 썼다. 우리 책상은 직각 형태로 이어져 있었다. 그는 창문 쪽을, 나는 벽 쪽을 바라보았다. 근무 시간에는 정적이 흘렀다. 우리 업무의 특성을 고려하면 이해가 가는 일이었지만, 나로서는 여전히 적응하는 데 시간이 걸렸다. 그러다 보니 오전 9시나 9시 반, 그리고 오후 3시쯤 옆방 동료인 우츠 하베만과 크리스티안 추르트와의 커피 타임은 늘 반가웠다. 준비는 프랑크 슈나이더와 내가 맡았다. 우리 사무실에 싱크대와 전기포트가 있었기 때문이다. 찻잔에 커피 한 숟가락을 넣고 뜨거운 물을 부으면 '터키식 커피'가 완성되었다. 지금도 나는 제대로 된 커피 머신이 없는데, 집에서는 어차피 커피보다 차를 더 많이 마신다. 우리는 잔을 쟁반에 올려놓고 동료들에게로 갔다. 우츠 하베만과 크리스티안 추르트도 프랑크 슈나이더처럼 나보다 나이가 많았고,

다들 한 집의 가장이었다.

우리는 커피를 마시면서 업무에 관한 이야기뿐 아니라 이런저런 사는 이야기를 나누었다. 예를 들어 어떤 책이 새로 나왔고 어떤 극장에서 어떤 연극을 하는지 이야기하거나, 어디서 드릴을 구입하는 게 좋은지, 개인적으로 아는 기술자는 없는지 서로 묻곤 했다. 얼마 뒤에는 미하엘 신트헬름도 다섯 번째 멤버로 합류했다. 그는 우리와 같은 연구원이었지만, 단순히 학문적 능력만 갖춘 것이 아니라 예술가나 작가로서도 재능이 뛰어나 우리의 대화 모임을 무척 풍성하게 했다. 우리는 가끔 점심때도 연구소 구내식당에서 커피 타임을 가졌는데, 오전 오후 두 번의 커피 타임 외에 우리의 조용한 연구소 생활에서 즐거움을 주는 또 한 번의 휴식 시간이었다.

독일자유청년단과 마르크스-레닌주의

처음에 나는 이론화학 부서에서 막내였다. 연구소에서 일하는 다른 또래들과 알고 지내고 싶었지만 쉽지 않았다. 우리가 한자리에 모일 수 있는 학술 행사가 거의 없었기 때문이다. 다만 새 인맥을 쌓을 수 있는 두 가지 가능성이 있었다. 하나는 독일자유청년단이었다. 나처럼 서른 살이 안 된 연구원들은 상당수 이 단체 회원이었다. 연구소 내 청년단 조직은 내가 근무하는 막사 지하의 한 방에서 모임을 가졌다. 나는 가끔 그 모임에 나가는 사람들에게 접근해서는, 거기서 어떤 이야기들이 오가는지, 내가 좋아할 만한 곳인지 떠보았다.

모임은 늘 똑같은 패턴으로 진행되었다. 우리는 10명에서 15명 정도 모였다. 모임 대표가 첫 순서로 청년단 중앙협의회에서 회원들에게 송달한 정보를 낭독했다. 필수 코스인 이 순서가 끝나고 나면 내가 관심 있어 하는 논의가 이어졌다. 연구소의 다른 부서에서 일하는 젊은 연구원들의 다양한 연구 주제라든지, 근무 조건이라든지, 아니면 동독의 문화 행사에 관한 이야기 들이었다. 연구소에서는 극장 할인 티켓도 공동으로 주문이 가능했다. 나는 어릴 때부터 조직 일을 좋아했다. 개척단 시절에는 크리스마스나 카니발 행사 때 함께 일했고, 이제는 극장 방문을 담당했다. 1980년에는 1985년 4월 8일 박사과정을 위해 이력서를 제출했을 때처럼 남성형으로 쓴 '문화 담당 비서'*를 맡았고, 1년 후에는 연구소 내 기업노동조합 지도부(BGL)에 선출되어 청년 업무를 담당했다. 나는 청년단 지도부에서 논의했던 청년 문제를 BGL에 제출했고, 거꾸로도 마찬가지였다. 그리고 1978년 9월 연구소 생활 초창기부터 독일자유노동조합연맹(FDGB) 회원으로 활동했다.

젊은 과학자들을 만날 또 다른 방법은 필수적으로 이수해야 하는 마르크스-레닌주의 과정이었다. 이 과정을 이수하지 않으면 규정상 박사학위도 받을 수 없었다. 심화 상급학교의 국민학 수업 및 대학의 ML 수업에서와 마찬가지로 여기서도 변증법적 유물론, 정치경제학, 과학적 공산주의를 중점적으로 가르쳤다. 3년 동안 우리는 매달 몇 시간씩 수업을 들어야 했다.

그런데 나이가 들수록 이 마르크스-레닌주의 세 과목을 반복해서 머릿속에 욱여넣는 것이 점점 우울해졌다. 우리는 이미 대학 졸업 시험에서 ML 과목을 통과한 사람들이었다. 이제는 외국 연구자들과 경쟁해서 최고의 성과를 내기 위해 연구에 매진하기도 바빴다. 게다가 나는 중요한 컴퓨터 연산 시간을 확보하기 위해 사력을 다했고, 성능이 떨어지는 연구소 컴퓨터의 약점을 보완하려고 기를 쓰고 있었

---

* 독일어에서는 사람을 지칭할 때 문법적으로 남성형과 여성형을 엄격히 구분해서 사용하는데, 유독 동독에서는 남성형으로 남성과 여성을 동시에 표현했다. 위 문장의 '비서'라는 말처럼 말이다. 심지어 메르켈은 1985년 4월 8일 박사과정 입학을 위해 이력서를 제출할 때도 스스로를 여성형이 아닌 남성형으로 표현했다고 한다. 겉으로는 남성과 여성을 동등하게 대우한다고 하지만 실제로는 여성을 남성에 종속된 존재로 보는 사회주의 이념을 꼬집는 것으로 보인다.

다. 그런 와중에 매달 ML 수업까지 들어야 한다니! 이건 우리 연구자들의 일상 업무에서 이물질이었다. 나만 이걸 터무니없게 느낀 게 아니라 ML 수업을 듣는 대부분의 사람이 그랬다. 따라서 우리는 이 수업 시간에 종종 불만 섞인 목소리로 이론적 요구와 실질적 연구 업무 사이의 괴리를 털어놓곤 했다.

1981년 말 폴란드에서 계엄령이 선포된 직후 ML 수업에서 이 조치를 두고 공개적인 논쟁이 벌어졌다. 이건 동료들에게서 전해들은 이야기였다. 당시 나는 베를린이 아니라 프라하의 체코슬로바키아 과학 아카데미에 체류 중이었기 때문이다. 체코에서 돌아왔을 때 나는 ML 과정에서 만나 호감을 품고 있던 한 참가자가 폴란드 계엄령에 반대하는 발언을 했다는 이유로 박사과정이 중지되었다는 이야기를 들었다. 그는 남극에 체류하면서 연구하는 과정까지 마쳤기 때문에 우리 사이에서는 '남극인'으로 통하는 사람이었다. 뛰어난 과학자였다. 그런 사람이 이제 말 한마디 실수로 박사학위를 받을 길이 막혀버렸다. 그 뒤로도 나는 그와 계속 연락했다.

ML 과정을 마치려면 관련 에세이를 한 편 써서 제출해야 했다. 내 에세이의 주제는 현실 사회주의에서 노동계급과 농민의 관계였다. 그런데 나는 여기서 노동계급의 주도적 역할을 충분히 인정하지 않았고, 대신 농촌 출신으로서 농민을 너무 긍정적으로 묘사했다. 결국 요아힘 리터스하우스 교수는 마르크스-레닌주의 심화 교육기관을 대표해서 내게 다음과 같은 내용의 '지식 증명서'를 발급했다.

"앙겔라 메르켈 씨는 1980년부터 1983년까지 마르크스-레닌주의 박사과정생 심화 교육과정을 전체적으로 '충분한'* 성적으로 마쳤음을 증명한다."

대학 졸업 때와 마찬가지로 박사과정의 전체 성적도 ML의 '지식

---

* rite. 박사학위를 받기 위한 최저 성적이다.

증명서'보다 한 단계만 높을 수 있었다. 그런데 내 경우는 나중에 예외가 되었다. 내가 독일자유청년단에서 알게 된 한 연구자가 박사 논문 심사 과정에서 나의 훌륭한 사회 활동을 근거로 추가 점수를 주겠다고 말했다. 이렇게 해서 나는 '마그나 쿰 라우데'*의 성적으로 박사 과정을 마칠 수 있었고, 이로써 물리학에서 나의 우수한 성취는 마르크스-레닌주의 과정의 점수로도 폄하되지 않았다.

마리엔가

마리엔가에 위치한 우리 집은 건물 익부(翼部) 4층의 현관 없는 원룸형 아파트였다. 싱크대가 딸린 주방과 거실 그리고 작은 방 하나로 이루어진 집이었다. 화장실은 따로 없었고, 익부의 총 세 집은 1층의 공동 화장실을 이용했다. 손재주가 좋은 올리히는 내 시부모의 도움으로 우리 집에 샤워실과 화장실을 따로 만들었다. 우리의 넉넉지 않은 주머니 사정으로는 장마당에서 필요한 자재를 구입할 수 없었다. 따라서 나는 구청 주택 관리국, 즉 이 집의 실질적인 소유주인 국가 주택 관리국을 찾았다. 여기서 물품 구입권을 받으면 집수리에 필요한 자재를 싸게 살 수 있었다.

"고향이 어디시지요?"

내가 주택국을 찾아 용건을 얘기하자 여성 담당자가 대뜸 물었다.

"고향에 당신이 거주할 부모님 댁이 분명 있을 텐데요."

"나는 템플린 출신입니다."

내가 대답했다.

"라이프치히에서 물리학을 공부했는데, 안타깝게도 템플린에는 물리학자가 일할 만한 곳이 없습니다."

그러자 담당자는 전형적인 베를린 스타일로 말했다.

---

* '크게 칭찬한다'는 뜻의 라틴어로, '숨마 쿰 라우데' 다음으로 좋은 성적이다.

"그것도 미리 생각했어야지요."

나는 이 말에 위축되지 않고 어느 정도 동정을 기대하는 눈빛으로 그녀를 바라보며 대답했다.

"맞아요, 그랬어야 했지요! 그런데 대학 전공을 선택할 때 주거 문제를 생각하는 걸 깜박했지 뭐예요. 학교에서도 이런 문제를 지적해준 사람이 없었어요. 이제 어떡하지요? 정말 마음에 드는 직장을 찾았는데, 이런 문제가 생겼네요. 아파트도 개조할 생각입니다. 그게 당신과 국가의 이익에도 부합하는 일이 아닐까요?"

담당자는 더 이상 아무 말 없이 고개를 끄덕이며 물품 구입권을 내주었다.

집수리는 약 1년 반 만에 끝났다. 그럼에도 나는 별로 반갑지 않았고, 과학 아카데미에서 내가 맡은 연구 과제도 즐겁지 않았다. 대신 줄곧 이런 의문만 들었다.

'계속 이렇게 살아가야 할까?'

내 나이 25세였다. 동독에서 여성은 60세가 정년이니까 앞으로 35년간의 직장 생활이 남아 있었다. 어쩐지 맥이 풀리는 느낌이었다. 그런데 이 문제보다 더 근본적인 의문도 있었다. 이 나라에서 정말 최선을 다해 열심히 연구에 몰두해야 할까? 그건 결국 내가 비판적으로 생각하는 동독이라는 국가를 더욱 강화하지 않을까? 부모님과 관련해서는 스스로에게 이런 질문을 던진 적이 없었다. 부모님의 목회자 양성 사업은 의심할 바 없이 의미 있는 일이었다. 그러나 물리학자로서 나의 일에 대해서는 답이 명확하지 않았다. 나는 이런 의문을 떨칠수가 없었고, 이는 남편과의 관계를 어렵게 했다.

우리 집 아래층에는 의대생들이 살고 있었다. 우리는 그들과 친분을 쌓았는데, 언젠가 나 자신을 괴롭히던 문제를 두고 열띤 토론을 벌였다.

내가 말했다.

"의사들은 어떤 정치 체제에서건 분명 열심히 일해야 해. 사람들의 건강과 목숨이 달린 일이니까. 하지만 물리학자는 어떨까? 우리가 열심히 일할수록 오히려 동독처럼 끊임없이 건강한 상식에 반하는 행동을 하고, 개인의 욕구를 억누르는 국가를 도와주는 꼴이 아닐까?"

의대생들이 반박했다.

"의사도 훌륭한 의료 장비 없이는 생명을 구할 수 없어. 그런 장비의 개발을 위해서라도 물리학자는 열심히 연구해야 하지 않을까?"

우리는 이렇게 몇 시간 동안 설왕설래하다가 생각의 미로에서 길을 잃었다.

그런 내가 언젠가 나를 위하는 쪽으로 생각을 바꿨다. 국가야 어떻든, 결국 중요한 건 나 자신의 인생이 아닐까? 그게 이기적이라고 하더라도 말이다. 좋지 않은 환경에서도 나 자신을 한계까지 밀어붙여 내 능력의 최대치를 보여주는 것이 나 자신의 본래 이익에 맞지 않을까? 서독보다 동독에 엄청나게 많은 제약이 있는 건 사실이었다. 그럼에도 나는 나 자신을 위해, 그리고 이렇게 젊은 나이에 벌써 시들해지거나 낙담하거나 좌절하지 않기 위해 주어진 상황에서 최대한 열심히 일해야 한다는 결론에 도달했다.

이 깨달음은 내 삶을 재차 근본적으로 바꾸려는 소망으로 무르익어갔다. 나는 사생활에서도 새출발을 하기로 결심했다. 1981년 봄 어느 날 아침이었다. 나는 여행 가방을 들고 마리엔가의 집을 나섰다. 당분간 동료의 집에서 지낼 생각이었다. 우리가 살던 집은 남편에게 넘겼다. 남편이 공들여 수리한 집이었다. 나는 다시 집을 찾아 나섰다. 울리히 메르켈과 나는 1982년에 이혼했고, 그럼에도 나는 그의 성(姓)을 계속 따랐다.

템플리너가

막상 집을 나오고 나니 막막했다. 머물 곳이 필요했다. 어느 날 베를린 미테의 치온스키르히가에 사는 지인이 팁을 하나 줬다. 자신의 집 부엌 창문에서 뒷마당 쪽을 내다보면 템플리너가의 한 건물 익부에 사람이 살지 않는 집이 하나 있다는 것이다. 친구들은 여기에 들어가 살라고 설득했다. 일종의 무단 점거였다. 나로서는 쉽지 않은 결정이었지만, 동료 집에 무한정 얹혀살 수는 없는 노릇이라 선택의 여지가 없었다. 손재주가 있는 한 친구가 이사를 도와주었다. 이 점거를 이사라고 부를 수 있다면 말이다.

어느 일요일 오후, 우리는 내가 들어갈 집으로 가서 현관문에 새 자물쇠를 달았다. 전기 드릴 소리가 온 건물을 요란하게 울렸고, 그 바람에 거기 사는 사람들의 한가한 일요일 오후 휴식 시간이 깨졌다. 재빨리 뒷마당을 나서는데 한 여자가 창문 밖으로 몸을 내밀며 뒷마당이 쩌렁쩌렁 울리게 소리쳤다.

"당신이 그 집에 새로 들어올 사람이에요?"

나는 최대한 단호한 목소리로 "네!" 하고 대답하고는 더욱 빠른 걸음으로 뒷마당을 빠져나갔다.

집의 상태는 형편없었다. 그나마 부엌 한 켠에 따로 설치한 화장실이 있어 다행이었다. 부엌 뒤편에는 전형적인 베를린 스타일의 방이 하나 있었다. 안마당 쪽으로 창문을 낸 어두침침한 방이었다. 가구는 주로 사람들이 거리에 내놓은 폐가구 중에서 쓸 만한 것을 추려와 페인트칠을 했다. 잠은 나무판 위에 매트리스를 올려놓고 잤다. 지극히 초라한 살림살이였지만 마음만은 편안했다.

구청 주택 관리국과 문제를 일으키지 않으려면 내가 점거한 집의 단계적인 합법화가 필요했다. 나는 주택 관리국이 모든 세입자에게 임대료를 징수하는 데 큰 어려움을 겪고 있고, 임대료를 제때 납부하는 세입자를 무척 반가워한다는 말을 들었다. 그렇다면 일단 그쪽으로 접근하기로 했다. 나는 위층 주민들에게 월세를 얼마나 내는지 알아본 다음 정확히 그 금액을 매달 같은 날짜에 슈베터가의 주택 관리국으로 송금했다. 관청에서도 임대료 수령을 거부하지 않았다. 다만 건물 관리인이 문제였다. 그는 주택 등기부에 내 이름을 올리는 것을 거부했다. 내가 점거한 집을 자기 아들 명의로 돌릴 생각을 하고 있었기 때문이다. 당시에는 모든 임대 주택 건물에 그런 등기부가 있었다. 관리인은 내가 모르고 있는 것을 알고 있었다. 이 건물이 언젠가 리모델링에 들어가리라는 사실이었다. 그래서 리모델링 시작 직전까지 기다렸다가 그 집을 인수할 생각이었다. 그러나 내가 선수를 쳤다.

나는 건물 등기부 등록을 포기하고, 대신 이 부동산을 합법화할 다른 방법을 찾아야 했다. 연구소 동료 우츠 하베만이 무척 소중한 정보를 줬다. 경찰을 통한 신분증 주소 기입이 무엇보다 중요하다는 것이다. 때는 1981년 5월이었고, 마침 6월 14일에 인민회의 선거가 있었다. 우츠 하베만이 말했다.

"간단해. 경찰서에 가서 선거 전에 거주지 문제를 정리하고 싶다고 말하면 돼. 내가 같이 가줄게."

우리는 서글서글한 경찰관을 만났다. 나는 약간 능청스럽게 대화를 시작했다.

"템플린에서 자란 사람이 지금 베를린에 와서도 템플리너가에 살고 있는 것만큼 기막힌 우연이 있을까요? 이런 게 운명의 장난이지요!"

경찰관은 싱긋 웃더니 1초의 망설임도 없이 내 신분증에 새 주소를 기입해주었다. 이로써 나의 주거지 문제는 합법화되었다.

대략 2년 후, 이 건물이 마침내 리모델링에 들어갔을 때 세입자들은 모두 집을 비워야 했다. 대신 구청 주택 관리국에서는 우리에게 이미 리모델링이 끝난 집을 제공했다. 나 역시 그 행운의 주인공이었다.

쉰하우저 알레 104번지에 부엌과 욕실을 비롯해 가구까지 완벽하게 갖추어져 있고 방마다 가스 난방이 되는 투룸 아파트를 얻은 것이다.

그동안 나는 연구소 근무 환경에 점점 익숙해졌다. 또래 연구원들과의 교류가 그 과정에 큰 도움이 되었지만, 그것만 있었던 것은 아니다. 내가 연구소 일을 위해 떠난 이런저런 여행도 단조로운 생활의 리듬을 깨뜨려주는 좋은 기분 전환이 되어주었다. 예를 들어 한번은 겨울방학 동안 뤼겐섬의 과학 아카데미 별장으로 연구소 직원 자녀들을 인솔하고 갔고, 한번은 3주 동안 러시아어 연수를 위해 러시아에 갔다. 나는 여전히 러시아어에 관심이 많았다. 다만 과학 분야에서는 영어가 지배적인 언어라 러시아어를 사용할 기회가 거의 없었다. 어학연수가 정확히 언제였는지는 기억나지 않지만, 1980년대 초였음은 분명하다. 장소는 도네츠크였다. 2014년부터 러시아가 점령하고 있는 동부 우크라이나 탄전 지대인 돈바스의 중심 도시였다. 나는 코스 참가자 중 한 명과 친구가 되었다. 1983년에는 그와 그의 여자친구와 함께 조지아, 아르메니아, 아제르바이잔으로 배낭여행을 떠났다. 잊을 수 없는 여행이었다. 당시 나는 동독을 넘어 내 시야를 넓힐 수 있는 모든 것을 스펀지처럼 흡수했다. 물론 이런 호기심과 앎에 대한 갈증이 박사학위를 빨리 마치는 데 꼭 필요하지는 않았음에도 말이다.

국제 교류
연구소 도서관에 가면 내 연구 분야에서 국제적으로 지금 어떤 일이 벌어지고 있는지 알 수 있었다. 거기엔 영어권의 주요 잡지가 모두 비치되어 있었다. 그런데 문제가 있었다. 아주 익숙한 문제였다. 흥미를 끄는 내용이 있어도 마음대로 복사할 수 없다는 것이다. 부모님 댁에서 이미 경험했듯이 동독에서 인쇄물 복사는 매우 정치적인 사안이었다. 복사실 담당자는 정치적으로 폭발성이 큰 인쇄물의 복사를 막으려고, 어떤 페이지를 복사하는지 일일이 기재했다. 게다가 복사를 하려면 그 윗선에 허가 신청을 해야 했는데, 허가가 떨어지는 일은 드물었다.

따라서 나는 영미권 저자들의 논문을 손에 넣고 싶으면 다른 방법을 써야 했다. 엽서를 보내 이른바 오프 프린트*를 주문한 것이다. 내 연구 주제와 관련해서는 자주 있는 일이었지만, 이스라엘 저자들의 논문이 필요할 때는 또 다른 우회로를 택해야 했다. 왜냐하면 동독은 이스라엘과 외교 관계가 없어 이스라엘로 우편물을 보낼 수 없었기 때문이다. 이런 경우 나는 동독에서 열린 학회를 통해 알게 된 미국과 영국 동료들에게 부탁했고, 그러면 이들이 이스라엘 연구자들의 논문을 보내주었다. 고단한 과정이었다. 하지만 우표에서 바로 알아볼 수 있는 서방세계의 우편물을 연구소에서 받아보는 즐거움이 덤으로 주어졌다. 나는 이런 경로로 내 연구에 중요한 논문만 받은 것이 아니라 가끔은 논문을 읽다가 손글씨로 쓴 안부 인사를 받기도 했다. 자유세계에서 온 인사였다!

우리는 타자기로 논문을 쓸 때 카피를 해놓으려고 청색 복사지를 끼워서 쳤다. 그런데 실수로 복사지를 잘못 끼우면 모든 내용을 다시 써야 했다. 끔찍한 일이었다. 나는 그런 일을 한두 번 겪은 게 아니어서 아예 청색 복사지를 끼우지 않고 쓸 때가 많았다.

당시 나는 비사회주의 경제권(NSW)으로 여행할 수 있는 신분이 아니라서 업무상 해외 출장은 허용되지 않았다. 따라서 서방세계의 과학자들과 교류할 기회는 동독이나 체코슬로바키아, 혹은 폴란드에서 열리는 양자화학 컨퍼런스뿐이었다. 이 컨퍼런스의 하이라

---

* 잡지나 논문집에 실린 논문을 따로 복사한 자료.

이트는 국제 석학들의 참석이었다. 한편으로 그들은 우리 연구의 질을 높이 평가했고, 다른 한편으로는 우리가 자신들과의 교류를 얼마나 기뻐하는지 알고 있었다. 나뿐 아니라 다른 젊은 과학자들도 우리의 연구 결과를 포스터로 제작해 선보일 수 있어서 얼마나 감격스러운지 몰랐다. 우리는 직접 만든 포스터를 들고 서서 우리에게 관심을 보이는 사람들이 말을 걸어주길 간절히 기다렸다. 심지어 서독과 영국, 미국의 최고 연구자들 앞에서 내 연구를 짧게나마 소개할 시간이 주어지면 그 흥분은 이루 말할 수가 없었다. 그들은 자신의 질문에 대한 명확한 답변을 기대했다. 나는 가끔 영어로 답해야 했는데, 그건 내게 또 다른 도전이었다. 나는 이런 상황을 웬만큼 능숙하게 처리해나가는 나 자신을 보면서 얼마나 안도했는지 모른다.

이런 만남에서 개인적인 우정이 싹텄다. 예를 들면 카를스루에대학의 라인하르트 알리히스 교수 같은 분과의 우정이었다. 양자화학자인 알리히스는 분자 구조에 대한 계산 프로그램을 개발한 인물로 유명했다. 키가 크고 자신감이 넘쳤으며, 과학적 진술은 물론이고 사회적 상황에 대해서도 거침없이 그 배후를 따져 묻는 사람이었다. 그와의 대화는 항상 고무적이었다. 영국 케임브리지의 닉 핸디 교수도 마찬가지였다. 그는 영국식 유머가 담긴 질문만으로도 동독 체제를 황당하고 부조리한 것으로 만들어버렸다. 1990년대 내가 여성부 장관으로 재직하던 시절에는 나를 자신의 대학으로 초대해 동독에서의 삶과 독일 통일에 대해 학생들과 대화를 나눌 수 있는 자리를 마련해주었다.

우리 연구소의 양자화학자들은 수년 전부터 체코슬로바키아 과학 아카데미의 J. 헤이로브스키 물리화학 및 전기화학 연구소와 특히 긴밀히 협력했다. 나도 박사과정 중에 여러 번 거기에 갔는데, 한 번 갈 때마다 3개월씩 체류했다. 프라하에서 공동 연구의 핵심 파트너는 루돌프 자흐라드니크 교수였다. 뛰어난 과학적 재능에도 불구하고 프라하의 봄에 연루되는 바람에 경력이 중단된 인상적인 인물이었다. 어쨌든 그럼에도 체코 정권은 그가 과학 아카데미에서 연구를 계속할 수 있도록 허용했다.

루돌프 자흐라드니크는 손님들을 집으로 자주 초대했다. 나 역시 자흐라드니크 부부와 잊을 수 없는 저녁을 보냈다. 특히 그의 아내 밀레나는 정치적 농담에 재능이 있는 탁월한 이야기꾼이었다. 자흐라드니크는 후세대 과학자들이 사회주의 조건하에서 자기 전공 분야뿐 아니라 예술과 문화에도 폭넓은 소양을 갖추기를 간절히 소망했다. 또한 나의 공동 연구 파트너인 즈데네크 하블라스를 비롯해 자신의 동료들에게도 영어와 독일어를 배우라고 요구했다.

현실 사회주의의 미래에 대한 자흐라드니크의 입장은 지극히 현실적이었다. 한번은 내가 동베를린과 프라하, 빈을 연결하는 빈도보나 열차를 타고 체코 수도에 몇 시간 늦게 도착해서 이 터무니없는 연착에 몹시 화를 내자 그는 태연스레 대꾸했다.

"화낼 이유가 뭐 있어요? 우리는 그저 언젠가 실패할 게 뻔한 거대한 실험을 목격하고 있을 뿐이에요. 남들은 아직 모르지만 우리 둘은 그걸 알고 있지요."

돌아보면, 1928년생으로 내 어머니와 나이가 같은 이 특별한 과학자이자 인간이 그나마 공산주의 종식부터 2020년 사망 때까지 30년 동안은 자유롭게 연구하며 살았던 것이 다행이라는 생각이 든다.

심리적 거리감의 증가

쳉스토호바는 폴란드 남부의 대도시다. 성화(聖畫) 「검은 마돈나」로 유명한 곳인데, 수많은 사람이 이 그림이 소장된 바오로 수도원으로 순례를 떠난다. 나도 폴란드로 휴가 갔을 때 이곳을 찾은 적이 있었다. 개인적으로는 개신교 신자지만, 이 종교적인 나라에서 수만 명의 가톨릭 신자들이 휴가를 이용해 이 검은 마돈나를 순례한다는 사실이 무척 흥미롭게 느껴졌다. 동독에서는 상상도 할 수 없는 일이었다. 폴란드는 사회주의 체제로부터의 자유와 독립에 대한 열망이 우리보다 훨씬 강했다. 그 점이 나를 매료시켰다.

1981년 여름, 나는 한 동료와 함께 폴란드를 재차 찾았다. 이번에는 어머니의 고향 그단스크였다. 아무것도 계획하지 않고 떠난 이 개인 여행에서 우리는 야간열차를 타고 오전에 도착하자마자 기차역 근처의 그단스크 영화관에서 안제이 바이다 감독의 유명한 영화 「대리석 인간」(1977)과 막 개봉한 「철의 사나이」를 잇달아 보았다. 나는 폴란드어를 몰랐지만 영화의 분위기와 관객의 태도에 푹 빠졌다. 영화가 끝나자 폴란드 관객들은 무대에 배우가 서 있는 것도 아닌데 자리에서 일어나 한참동안 박수를 보냈다. 영화 내용에 대한 감동이었다. 그걸 보자 나는 눈물이 났다.

폴란드에서 인상적인 것은 또 있었다. 많은 지식인이 지하 대학을 세워 체계적으로 의식을 깨쳐나가고 있다는 사실이었다. 커리큘럼도 직접 짰다. 여기선 텍스트를 복사할 환경이 동독보다 훨씬 좋았다. 모든 사회주의 국가를 수용소에 비유하던 체코슬로바키아의 한 동료도 폴란드 동료들에게만큼은 이렇게 말했다.

"그래도 당신들은 가장 즐거운 수용소에 살고 있어."

폴란드인들이 가장 용감하고 결연하다는 뜻이었다.

폴란드군의 무참한 진압으로 공식적으로만 45명이 사망한 것으로 알려진 1970년의 그단스크 레닌 조선소 파업을 기억하기 위해 1980년 12월에 기념비가 세워졌다. 자유 노조가 설립된 해였다. 나는 여행 중에 이 기념비 사진엽서를 사서 집으로 가져가려고 했다. 그런데 동독에 입국할 때 문제가 생겼다. 세관원이 이 엽서를 문제 삼은 것이다.

"이건 명백한 도발입니다."

세관원이 말했다.

반면에 나는 이렇게 주장했다.

"이건 사회주의 친선 국가의 도시 풍경일 뿐입니다."

그러나 내 주장은 먹히지 않았고, 엽서는 압수되었다. 이 사건은 연구소 인사과에도 보고되었다. 그로 인해 겉으로 불이익을 받지는 않았지만 환멸스런 경험이었다.

그 무렵 나는 안 그래도 연구소에서 제공하는 여러 프로그램에서 점점 심정적으로 멀어지고 있었다. 예를 들어 러시아 언어 연수, 연구소 직원 자녀들의 여행 인솔, 극장 할인 티켓 구매 같은 일들이었다. 대신 훨씬 흥미로운 인간관계로 맺어진 나만의 네트워크를 구축했다. 1980년대 초 나는 남극학자와 그의 아내를 포함해 서너 명으로 이루어진 작은 모임에서 동독 작가 루돌프 바로가 1977년에 출간한 『대안』을 읽고 토론했다. 책의 내용 일부가 서독 시사주간지 『슈피겔』에 게재된 직후 체포되어 8년형을 선고받은 작가였다. 서독에서 연대의 물결이 일면서 그는 사면받고 1979년 동독을 떠나 서독으로 갔다. 당시 우리가 이 책을 어떻게 입수했는지는 정확하게 기억나지 않지만, 어떤 식으로든 서독에서 구한 것은 분명했다. 어쨌든 우리는 그 책을 갖고 있었다.

내 기억으로 현실 사회주의의 생산 방식에 대한 바로의 분석은 무척 매력적이었다. 아니 탁월했다. 다만 사회주의가 개혁될 수 있다는 그의 전망에는 동의할 수 없었고, 완전히 비현실적으로 보였다. 나는 사회적 시장경제에 대한 깊은 이해가 없었음에도 순전히 직관적으로 독일연방공화국의 경제 시스템이 최대한 많은 사람에게 번영을 보장할 거라고 생각했다.

이 작은 사적 모임 외에 흥미진진한 정치적 토론은 대부분 교회의 보호 아래서 이루어졌다. 나는 쇤하우저 알레로 이사한 뒤부터 겟세마네 교회에 다녔다. 여기서 나는 헬무트 하버란트와 그의 아내 로제

마리와 함께 이른바 가정 심방 모임에 참석했다. 하버란트는 내 부서의 동료이자 나의 옛 스승이던 라인홀트 하버란트의 동생이었다. 나와 달리 두 사람은 어린 자녀가 있었지만, 이 모임에서는 육아 문제를 넘어 여러 정치적 현안이 논의되었다. 나는 이따금 라이너 에펠만이 집전하는 블루스 예배* 같은 행사에도 참석했다. 프리드리히샤인의 사마리아 교회 목사로서 아버지의 목회자 학교에서 몇 번 본 적이 있는 사람이었다. 이런 자리에서는 주로 평화와 환경 문제가 중심에 섰다. 여기서 나는 소수 의견이었다. 왜냐하면 소련의 SS20 미사일 무장에 대해 서방의 대응이 필요하다고 생각했고, 나중에는 체르노빌 원자로 사고가 원자력의 시스템적 실패가 아닌 전적으로 소련의 부주의로 인한 결과라고 개인적으로 판단했기 때문이다.

내가 이런 소수파의 입지에도 불구하고 공개 행사에 참석한 것은 어쨌든 국가에 비판적인 운동에 힘을 실어줘야 한다고 생각해서였다. 이 때문에 나는 1982년 베를린 인근 그륀하이데에서 열린 로베르트 하베만의 장례식에도 참석했다. 로베르트 하베만은 내 동료 우츠 하베만의 양아버지로서 화학자였는데, 처음엔 골수 공산주의자였다가 나중에 동독 정권에 대한 비판자로 돌아섰다. 나는 개혁적 사회주의가 필요하다는 그의 사회정치적 견해에는 동의하지 않았지만, 그의 용기에는 경탄을 보냈다. 내가 장례식에 참석한 것도 그의 용기에 대한 조용한 지지 표시였다.

당시 남들과의 토론에서 중요한 화제는 인간적인 사회가 정확히 어떤 모습이어야 하는지에 대한 문제가 아니었다. 주된 관심사는 동독 국가에 맞선 우리의 단합된 태도였다. 이렇게 해서 우리가 무엇에 반대하는지가 가장 앞자리에 섰고, 우리가 무엇을 위해 싸우는지는

---

* 블루스 음악을 곁들인 예배를 가리키는데, 동독 정권에 대한 젊은이들의 저항 운동에서 특별한 역할을 했다.

나중에야 중요한 역할을 했다. 그런데 그 나중이 그렇게 빨리 찾아올지는 당시로선 상상하지 못했다.

1980년대 중반 내 인생은 다시 한번 크게 바뀌었다. 지금의 남편 요아힘 자우어를 만난 것이다. 우리는 그전에 이미 업무적으로 만난 적이 있었지만 지금은 달랐다. 우리는 사랑에 빠졌다. 수년이 흐른 뒤 요아힘은 연구소 기업노동조합 지도부(BGL) 명단에서 처음으로 내 이름을 유심히 보게 되었다고 했다. BGL이든 내게든 특별히 관심이 있어서가 아니라 내 이름 뒤에 기재된 추가 내용이 눈에 띄었다는 것이다. 내 이름 뒤에는 '함부르크 태생'이라고 적혀 있었다. 즉, 서방 출신이라는 뜻이다. 훗날 연방총리 시절 나는 과거 나의 노동조합 활동과 관련해서 언론의 질문을 받고 연구소에서 내가 BGL 소속이었는지 독일자유노동조합연맹(FDGB) 소속이었는지를 정확하게 기억하지 못하고 있을 때 요아힘은 즉시 BGL의 그 게시문을 기억해냈다.

"거기서 당신 이름을 봤어. 함부르크 태생이라고 분명히 적혀 있었어."

요아힘은 나보다 다섯 살이 많다. 그의 학창 시절엔 고등학교 마지막 학년에 아비투어 준비 외에 직업 교육도 함께 받았는데, 그가 받은 것은 화학 실험실 조수 수업이었다. 이후 그는 훔볼트대학에서 화학을 전공했고, 졸업 후에는 같은 대학에서 박사학위를 받았다. 하지만 정치적 이유로 대학에서 마땅한 자리를 얻을 수 없어 과학 아카데미로 옮겼다. 우리는 같은 연구소의 양자화학 분과에서 함께 일했지만, 팀은 달랐다. 요아힘은 여기서 오늘날의 교수 자격 학위에 해당하는 박사학위 B를 받았다. 그는 나보다 좀더 복잡한 화학 구조 물질인 제올라이트를 연구했다. 첫 결혼에서 두 아들을 둔 요아힘은 그때나 지금이나 열정 넘치는 과학자다. 프라하의 헤이로프스키 연구소나

루돌프 자흐라드니크 교수와는 나보다 훨씬 이전부터 친분이 두터웠다.

나는 그의 명쾌한 정치 분석은 물론이고 예술과 문화, 특히 음악에 대한 사랑에 깊은 인상을 받았다. 우리는 둘 다 자연과 여행을 사랑했고 지금도 사랑한다. 나는 그를 통해 리하르트 바그너의 음악을 제대로 접하고 이해하게 되었다. 또한 학문으로 돌아가는 길도 다시 찾았다. 서서히 그럴 때가 되기도 했다.

내 집이 생기다

「양자화학 및 통계적 방법에 기초한 단순 결합 붕괴와 그 속도 상수 계산으로 본 분열 반응 메커니즘 연구」, 이것이 내 박사학위 논문의 제목이었다. 나는 1985년에 논문을 제출했다. 마침내! 박사과정에 들어가면 일단 모든 학생에게 소위 학업 계획서가 제시되었다. 그에 따르면 나는 1980년에서 1984년 사이에 논문을 끝내야 했다. 기한을 6개월 정도 넘겼지만 그건 중요하지 않았다. 1986년 1월 8일 구술시험까지 모두 끝나자 나는 큰 짐을 내려놓은 듯 홀가분했다. 이어 요아힘을 비롯해 우리 부서 및 연구소 동료들과 함께 연구소 지하실에서 직접 구운 고기 완자와 맥주, 와인을 마시며 축하 파티를 열었다. 내 나이 서른한 살이었다.

박사학위를 받은 뒤 나는 연구소의 다른 부서로 옮겼다. 거기선 내가 유일한 이론과학자였다. 나머지는 모두 전자스핀 공명 및 핵자기 공명 분광법 분야의 실험 과학자였다. 나는 예전보다 더 복잡한 화학 반응을 연구했지만, 프라하의 동료 즈데네크 하블라스와 공동으로 진행하는 연구도 차질 없이 수행해나갔다. 그런데 전반적으로 박사과정 때만큼 뚜렷한 연구 목표가 없었다. 서방 국가로 여행을 떠날 수 있는 간부가 되는 것도 어차피 정치적 이유로 불가능했다. 그렇다고 박사학위 B를 받을 생각도 없었다. 스스로 웬만큼 괜찮은 과학자라고 생각했지만, 기초 연구에서 최고의 성과를 내는 데 반드시 필요한 과학적 열정은 없었다. 그러던 차에 정말 반갑게도 개인적으로 완전히 다른 의미가 있는 삶의 가능성이 우연히 내 앞에 열렸다. 고향 템플린 인근에 내 집이 생긴 것이다.

원래는 여동생이 휴식용 공간으로 자그마한 주말농장을 우커마르크에서 알아보다가 지역 신문 『프라이에 에르데』에 광고를 내려고 했다. 그 김에 나는 내 것도 같이 내달라고 부탁했다. 어떤 결과가 나올지 궁금했다. 그런데 알아보니, 그런 광고를 내려면 시청 여가관광과에서 허가증을 받아야 했다. 나는 내가 가서 우리 둘의 허가증을 받아오겠다고 했다. 그런데 담당자가 말했다.

"그런 광고는 허가증을 내줄 수 없습니다. 어차피 그걸 보고 연락할 사람이 없을 테니까요."

동독에서는 방이나 집의 자유로운 임대가 금지되어 있었다. 내가 실망하고 돌아서려고 하자 담당자가 덧붙였다.

"주택관리과에 가서 한번 알아보세요. 하지만 주 거주지를 베를린에서 우커마르크로 옮겨야 할 거예요. 그러지 않으면 소용없어요."

나는 그게 싫지 않았거니와 주택관리과에서 어떤 물건을 제공할지도 기대되었다.

내가 주택관리과에 들어갔을 때 테이블 위에는 놀랍게도 내게 제공할 물건이 이미 놓여 있었다. 여가관광과 직원이 미리 연락을 해놓은 게 분명했다. 마침 그날 아침, 노이브란덴부르크 상급 행정기관으로부터 다음과 같은 소식이 하달되었다. 템플린에서 20킬로미터 떨어진 호엔발데의 한 새 농가에 대한 국가 배상 책임 신청서가 접수되었다는 것이다. 이는 국가가 그 주택의 가치 손실에 대해 책임을 지라는 뜻이었다.

어떻게 이런 일이 발생했을까? 1945년 토지개혁 이후 소련 점령 지구에서는 대지주의 소작인과 동유럽 및 중부 유럽에서 유입된 실향민들에게 약간의 경작할 땅과 숲, 그리고 집을 지을 건축자재가 할당되었다. 사람들은 이들을 신(新)농부라 불렀다. 이들의 집은 면적과 구조 면에서 거의 똑같았다. 그런데 1950년대에 강제 집단화의 일환으로 모든 농부는 자신의 땅을 지역의 농업생산협동조합(LPG)에 내놓아야 했다. 그리고 이 조합은 다시 1980년대에 농작물 생산 영역과 축산물 생산 영역으로 나뉘었다. 신농부의 상속인들은 물려받은 집을 직접 사용하고 싶지 않을 경우, 그냥 팔 수 있는 것이 아니라 일단 농작물 생산협동조합이나 축산물 생산협동조합에 구매 의사를 물어보고, 거기서 거부하면 다시 임업 생산협동조합에 문의해야 했다. 이 세 기관이 모두 서면으로 관심이 없다는 뜻을 밝혀야 그 집을 다른 용도로 사용할 수 있었다.

문제의 주택은 이 절차가 무려 2년이 지났는데도 아직 끝나지 않은 상태였다. 사람이 살지 않은 집은 점점 엉망으로 변해가고 있었다. 상속인들은 마을의 한 주민에게 자신들의 이익을 대변해줄 것을 부탁했다. 이 대리인은 상급 행정기관에 국가 배상 책임을 제기하는 것 말고는 다른 방법이 없었다. 현지 관청으로부터는 어떤 해결책도 기대할 수 없었기 때문이다.

이런 상황에서 내가 마치 부름이라도 받은 것처럼 그곳에 등장했다. 전후 사정은 전혀 모르는 채로 말이다. 현지 관청은 이 물건을 최대한 빨리 털어내고 싶어 했다. 나는 관심을 보였고, 내 주 거주지를 베를린에서 우커마르크로 옮길 용의도 있었다. 그게 내가 집을 소유할 수 있는 전제 조건이었기 때문이다. 사실 남들은 수도에 거주하지 않으면 어떤 특권을 잃게 될지 몰라 그런 시도를 하지 않았다. 아무튼 주택을 개량하는 사람에게는 2만 동독마르크의 무이자 대출이 제공되었고, 분납 상환금 비율도 부채의 1퍼센트에 그쳤다. 또한 목수와 지붕공, 배관공 같은 다양한 직종의 기술자들은 주택 소유주의 건설 작업에 연간 일정 기간 동안 기여해야 한다는 규정도 있었다. 그것도 국가가 정한 매우 저렴한 가격으로 말이다. 요아힘과 나는 당시의 재정 상황을 고려하면 이 모든 혜택에 의존할 수밖에 없었는데, 만일 이 집이 주말용 세컨드 하우스였다면 그런 혜택을 누릴 수 없었을 것이다.

집 자체는 무척 아름다운 곳에 자리 잡고 있었지만, 집 상태는 정말 안타까울 정도로 참담했다. 이 자리에서는 주택 수리 과정을 일일이 설명하지 않겠다. 다만 남편과 내가 과감하게 도전하기로 결정했다는 사실만 이야기하겠다. 품이 많이 드는 일이었다. 나는 다시 한번 완전히 새로운 것을 배웠다. 결핍경제 상황에서 건설 작업을 무난하게 조직해나가는 일이었다. 아카데미의 이론적 작업과는 완전히 대비되는 철저하게 실용적인 작업이었다.

주택 확장은 동독이 무너질 때까지도 계속 이어졌다. 반면에 주택 구입 시기는 적절했다. 다행히 내가 박사학위를 마치면서 시간이 많아졌기 때문이다. 통독 후 이 시골집은 우리의 휴양지가 되었다. 이 아담한 피난처가 없었다면 30년간의 정치 활동을 어떻게 감당했을지 상상이 안 된다. 덧붙이자면 나는 이로써 부분적으로는 고향으로 돌아간 셈이었다. 우커마르크에 내 집이 생겼으니까.

서독 여행

1987년의 일이었다. 나는 장벽이 건설된 지 26년 만에 처음으로 함부르크 땅을 다시 밟았다. 나의 첫 서독 여행이 허가된 것이다. 허가 사유는 사촌의 결혼식이었다. 내 기억으로 허가 기간은 총 7일이었다. 이 이야기를 하기 전에 잠시 여담 삼아 당시의 시대 상황을 간략히 설명하는 게 좋을 듯하다.

1983년과 1984년 동독은 서독에서 20억 서독마르크의 차관을 받았다. 컨소시엄을 구성한 서독 은행들이 제공한 차관이었다. 이 재정 투입에서 핵심적인 역할을 한 사람은 당시 바이에른 주지사이자 기사당 대표인 프란츠 요제프 슈트라우스였다. 이 대출의 승인을 두고 동독과 서독 모두에서 논란이 많았다. 혹자들의 주장처럼, 이 대출이 경제적으로 어려움을 겪던 동독에 다시 일어설 힘을 줘서 독일 분단을 오히려 간접적으로 강화했을까? 아니면 다른 이들의 주장처럼, 동독이 차관의 대가로 취한 조치들, 즉 동독 탈출을 막기 위해 국경 철조망에 설치한 자동 발사 시스템을 해체하고 동서독 양방향으로 여행을 좀더 쉽게 한 조치들이 결국 동독 체제를 내부적으로 약화시켰을까? 나는 두 번째 관점에 손을 들어주고 싶다. 예전에는 동독에서 서독으로의 여행은 혈연적으로 1촌간에만 허락되었다. 그러던 것이 이제는 2촌과 3촌간의 경조사에도 여행이 가능해졌다. 이후 서독으로 여행하는 사람의 수는 급격히 늘었고, 1987년의 나도 그중 한 사람이었다.

어머니는 이미 연금 수급자였기 때문에 서독 여행이 허용되었고, 여동생과 나도 여행 허가를 받았다. 그러나 남동생과 아버지는 집에 남아야 했다. 동독 당국은 온 가족이 한꺼번에 서독 여행을 가는 것은 금했다. 그럴 경우 탈출 위험이 매우 높다고 판단했기 때문이다. 어쨌든 여동생과 나는 같은 시기에 같은 목적지로 여행할 수 있게 되었다.

나는 사촌의 결혼식을 위해 함부르크로 가는 것 말고도 다른 계획을 세워두고 있었다. 서독에 도착해야만 실행으로 옮길 수 있는 계획이었다. 이를 위해 나는 일단 프리드리히가역에서 동베를린을 떠나 서베를린으로 향했다. 이제야 드디어 이 역에서 경비견 소리만 듣지 않고 직접 서측 구역으로 넘어갈 수 있었다.

긴장되는 순간이었다. 가슴이 떨렸다. 무엇이 나를 기다리고 있을지 너무 궁금했다. 나는 서베를린에서 시간을 좀 보내다가 동물원역에서 함부르크행 열차를 타고 떠날 계획이었다. 장벽이 세워지기 며칠 전 할머니의 손을 잡고 담배를 사러 프랑스 점령 지구의 팡코로 건

너갔다가 서둘러 돌아온 뒤로 처음 밟아보는 서베를린 땅이었다. 팡코는 내가 매일 이용하는 전차 노선에서 꽤 가까웠고 그사이 어떻게 변했는지 무척 궁금했기에 나는 크로이츠베르크의 코트부서 토어역으로 향했다. 이 지구는 곳곳이 튀르키예풍으로 바뀌었다. 그와 별개로 건물과 거리 풍경은 우리보다 훨씬 다채로웠고, 자동차도 훨씬 많았다. 하지만 그것만 빼면 국경 검문소 사이의 이쪽저쪽이 의심할 바 없이 같은 도시라는 사실을 나는 아연한 심정으로 확인했다.

이런 확신을 갖고 나는 동물원역에서 함부르크행 기차에 몸을 실었다. 기차역에는 이모가 마중 나와 있었고, 우리는 블랑케네제의 이모 집으로 이동했다. 유리나 도자기를 깨면서 신혼부부의 행복을 기원하는 결혼식 전야제는 정원에서 열렸다. 나는 말로만 듣던 이모 가족의 친구들을 실제로 만났다. 교회에서 열린 결혼식과 이어진 점심 식사는 전원의 느낌이 물씬 나는 도시 외곽에서 진행되었다. 서독 하객들은 동생과 나를 조금 신기해했고, 우리는 블랑케네제의 우아함, 엘프샤우제 거리를 따라 펼쳐진 공원, 상점, 웅장하게 흘러가는 엘베강을 보며 감탄했다. 외부 환경은 낯설었지만, 이모 가족은 그전에 여러 번 템플린을 방문했던 덕분에 친숙하게 느껴졌다.

결혼식이 끝나자 나는 곧바로 이 서독 여행의 두 번째 일정에 돌입했다. 일단 앞서 말한 바 있던 카를스루에의 알리히스 교수를 방문하고 싶었다. 동독에서 열린 컨퍼런스에서 알게 된 분이었다. 또한 우리 연구소의 같은 부서에서 일하다가 서독으로 도주해 지금은 콘스탄츠에 살고 있는 이전의 동료도 만나볼 생각이었다. 구체적인 여행 계획은 함부르크에 도착해서야 짤 수 있었다. 만일 동독 당국이 사전에 조금이라도 내 계획을 눈치챘다면 서독 여행 자체가 취소되지는 않더라도 최소한 여행 기간은 단축되었을 것이다. 1978년에 돌아가신 할머니의 유산으로 함부르크에 은행 계좌를 갖고 있던 어머니가 서독 내(內) 나의 두 번째 여행에 재정적인 지원을 해주셨다.

이 여행은 내게 작은 모험이었다. 서독에 대해 아는 것이 전혀 없다는 사실이 퍼뜩 떠올랐기 때문이다. 연방공화국에 대해 내가 아는 것이라고는 대부분 서독 텔레비전을 통해 얻은 지식뿐이었다. 심지어 혼자 여행하는 여자가 호텔에서 안전하게 묵을 수 있는지조차 확신할 수 없었다. 지금 생각하면 바보 같은 의심이지만, 당시에는 정말 알지 못했다. 그전에 부다페스트나 부쿠레슈티, 코카서스에서는 별일 없이 밤을 잘 보내놓고도 말이다.

다른 한편 나는 여행 내내 외부자의 시선으로 열심히 관찰했다. 함부르크에서 카를스루에까지 인터시티를 타고 이동했는데, 이 고속열차는 한마디로 기술과 디자인의 기적이었다. 내 입에서 감탄이 절로 나왔다. 그런데 같은 기차에 탄 서독 대학생 몇몇이 고급 쿠션 좌석에 더러운 신발을 신은 채로 다리를 올려놓는 것을 보고 깜짝 놀랐다. 몰상식한 행동이었다. 동독에서는 이런 행동을 본 적이 없었다.

카를스루에에서는 알리히스 가족의 따뜻한 환대를 받았다. 나는 이들의 집에 묵었고, 함께 인근의 슈바르츠발트로 소풍을 갔으며, 공과대학 내에 있는 알리히스의 연구소를 방문했다.

콘스탄츠에서는 모든 것을 혼자 처리해야 했다. 나는 작은 호텔에 묵었는데, 보덴제 호수 변의 도시 남쪽 풍광은 기가 막혔다. 점심때는 옛 동료를 만나 함께 식사하면서 연구소 동료들의 안부 인사를 전했다. 그는 동독 탈출 후 콘스탄츠에서 학문적으로 일할 기회를 찾아 무척 안도하고 있었다.

나는 여러모로 깊은 인상을 받고 마침내 함부르크를 경유해 동독으로 돌아갔다. 입국과 출국 지점이 같아야 했기 때문이다. 동독을 이탈해 서독에 머무르는 것은 내게 선택 사항이 아니었다. 요아힘도 동독에 있었고, 내 가족과 대부분의 친구도 동독에 있었다. 문득 서독에 다시 오려면 26년이 더 지나야 하지 않을까 하는 상념이 들었다.

그러던 차에 1989년 10월 말, 아직 살아 계시던 함부르크의 외이모할머니 에미가 85세 생일을 맞았다. 나는 다시 여행 허가를 받았다. 지난 3년 사이 동독에는 많은 변화가 있었다. 1985년 미하일 고르바초프가 소련 공산당 중앙위원회 서기장에 오르면서 글라스노스트와 페레스트로이카가 유행어처럼 만인의 입에 오르내렸고, 그와 함께 동구권에도 변화의 바람이 일기 시작했다.

1989년 봄 동독에서 지방선거가 실시되었다. 용기 있는 선거 참관인들의 헌신적인 노력으로 국가가 선거 결과를 심각하게 조작했다는 사실이 밝혀졌다. 여름과 가을에 수천 명이 동독을 떠나 헝가리로 넘어갔다. 1989년 9월 11일에는 헝가리 당 지도부의 과감한 결정으로 헝가리에서 오스트리아로 향하는 국경이 개방되었다. 이어 예기치 않은 일이 일어났다. 9월 30일, 한스디트리히 겐셔 서독 외무장관이 프라하 주재 서독 대사관 부지에서 피난처를 찾고 있던 동독 주민들에게 서독으로 갈 수 있다고 통보한 것이다. 게다가 9월에는 동독에서 시민권 운동 단체인 '뉴 포럼'과 '민주주의 지금'이 설립되었고, 10월 1일에는 '민주주의 각성'(DA)이, 10월 7일에는 '사회민주당'(SDP)이 창당되었다. 10월 7일 동독의 건국 40주년 기념일은 당 지도부에 치명타를 날렸다. "인생은 너무 늦게 오는 자를 벌한다"는 미하일 고르바초프의 전설적인 말이 에리히 호네커 치하의 동독 지도부에 독이 든 생일 선물로 작용했기 때문이다. 이 모든 사건을 보면서 사람들은 국가에 공개적으로 반기를 들 용기를 낼 수 있었다.

1989년 10월 8일 템플린 주말 방문을 마치고 베를린의 쇤하우저 알레로 돌아왔을 때 도시의 풍경은 완전히 바뀌어 있었다. 휑한 거리에는 장갑차가 서 있었고, 겟세마네 교회는 기도를 위해 개방되어 있었으며, 집들뿐 아니라 전철 운전석의 창문에도 촛불이 켜져 있었다. 평화 혁명의 불빛이었다. 이 사진은 전 세계로 타전되었고, 다음 날인 1989년 10월 9일에는 라이프치히에서 사상 최대 규모의 월요 시위가 벌어졌다. 금방이라도 폭발할 것 같은 긴장감이 감돌았다. 그러나 동독 정권은 어떤 폭력도 사용하지 않았다. 1953년 6월 17일과 1956년의 헝가리 민중 봉기, 1968년 프라하의 봄, 혹은 1981년 폴란드 계엄령 때와는 달리 모스크바에서 명령이 떨어지지 않았기 때문이다.

에미 외이모할머니의 생일은 10월 27일이었다. 나는 11월 5일까지 서독에 체류할 수 있었다. 함부르크에서 생일 파티가 끝나자마자 나는 바로 카를스루에로 떠났다. 나의 첫 여행 때와는 달리 이번에는 요아힘도 몇 주 전부터 장기 연구를 위해 카를스루에의 알리히스 교수 집에 묵고 있었다. 1988년 말부터는 점점 더 많은 과학자가 연구 목적으로 서독을 방문할 수 있었다. 점점 늘어나는 과학자들의 도주를 막기 위한 동독 정권의 부득이한 조치였다. 게다가 카를스루에에 남편이 머물고 있다는 사실도 나의 여행 허가에 걸림돌이 되지 않았다. 이 역시 극적인 변화였다.

카를스루에에는 요아힘 외에 우리 연구소 소장이자 독일사회주의 통일당 당원인 게르하르트 윌만 교수도 우연히 손님으로 와 있었다. 그는 나의 깜짝 등장을 별 군말 없이 받아들였다. 나 역시 더 이상 그가 두렵지 않았다. 우리 넷은 알리히스 교수와 함께 저녁을 먹으면서 당시 상황에 대해 이야기를 나누었다.

"지방선거 결과를 왜 조작했는지 도무지 이해할 수가 없어요."

이렇게 말하는 내 목소리가 지금도 들리는 듯하다. 윌만 교수도 조작 자체를 부정하지는 않으면서 이렇게 답했다.

"나도 이해가 안 돼요. 80퍼센트의 지지도 좋은 결과일 텐데 말이지요."

내가 물었다.

"혹시 51퍼센트에 불과했다면요?"

나는 만약을 위해 50퍼센트 이하라고 말하지는 않았다. 순간 윌만 교수가 총알처럼 대꾸했다.

"그럴 일은 없었을 겁니다!"

우리는 화제를 바꾸었다.

나는 1989년 11월 5일에 집으로 돌아왔다. 전날 베를린에서는 수십만 명이 참가한 시위가 벌어졌다. 전국 곳곳이 들끓었고, 무언가 거대한 변화의 조짐이 보였다. 연구에 집중하는 것은 더 이상 불가능했다.

퇴근하고 집에 돌아오면 나는 가장 먼저 뉴스부터 들었다. 1989년 11월 9일 목요일, 여행 자유화를 선포하는 귄터 샤보브스키의 말을 듣는 순간 내 귀를 의심했다. 나는 즉시 템플린의 어머니에게 전화를 걸었다.

"뉴스 봤어요? 이제 우리는 서베를린의 켐핀스키 호텔에서 굴 요리를 먹을 수 있게 됐어요!"

장벽이 허물어지는 날이 오면 꼭 그렇게 하자던 우리끼리의 약속이었다. 하지만 그런 날이 이렇게 빨리 올 줄은 누구도 예상하지 못했다.

"뭐?! 난 아직 아무 말도 못 들었는데."

어머니가 대답했다.

"내 말이 맞아요. 당장 텔레비전 켜봐요!"

내가 소리쳤다.

전화를 끊고 나는 여느 목요일처럼 사우나 가방을 챙겨 들고 둔커가에 사는 친구 로제마리 하버란트와 함께 에른스트 텔만 파크 수영장의 사우나에 갔다. 여기서도 샤보브스키의 말이 화젯거리였지만, 모두가 장벽 개방을 긍정적으로 보지는 않았다. 특히 이 동네가 그랬다. 여기 사는 일부 주민은 동독의 삶에 익숙해져서 변화에 대한 열망이 거의 없었다. 우리는 사우나를 마치고 늘 하던 대로 근처 술집으로 가서 맥주를 마셨고, 사람들이 서쪽으로 몰려가고 있다는 소식을 라디오로 들었다. 술집 분위기는 평소와 다르지 않았다. 서쪽으로 가고 싶어 하는 사람들은 여기에 앉아 있지 않았다. 우리는 곧 술집을 나왔다. 친구는 어린 자식들이 있어 먼저 집으로 갔고, 나는 서쪽으로 향했다.

쇤하우저 알레 거리가 보른홀머가로 꺾이는 지점에 도착했을 때 뵈제브뤼케 다리 방향으로 걸어가는 인파가 보였다. 나는 사우나 가방을 든 채 자연스럽게 그 대열에 합류했다.

그로부터 20년이 흐른 2009년 여름, 나는 9·27 연방하원 총선을 위해 연방총리청에서 선거 광고 영상을 찍고 있었다. 2005년 독일연방공화국 총리에 처음 선출된 후 두 번째로 나선 도전이었다. 광고 시작 부분에서 나는 사무실 창밖으로 연방의회 의사당을 바라본다. 배경으로 1989년 베를린 장벽 위에서 곡괭이와 끌로 벽을 허물며 환호하는 사람들의 오리지널 영상이 돌아간다. 내 마음의 눈으로 보는 장면이다. 이어 시청자들은 내 목소리를 듣는다.

"나는 총리가 되기 위해 태어나지 않았습니다."

사실 진부한 첫 문장이었다. 하지만 동시에 이 말 속에서 뭔가 이해할 수 없는 것이 하나로 묶이는 듯한 느낌이 들었다. 어쨌든 이 문장은 TV에서 들을 때처럼 내 입에서 그렇게 쉽게 흘러나오지 않았다. 첫 녹음은 폐기되었다. 결국 녹음실을 빌렸다. 나는 이 여섯 마디가 올바른 톤으로 들리도록 몇 번이고 반복했다. 어느 단어를 강조할지 강세를 바꾸어가면서.

"나는 **총리가** 되기 위해 태어나지 **않았습니다.**"

"**나는** 총리가 되기 위해 태어나지 않았습니다."

"나는 총리가 되기 위해 **태어나지** 않았습니다."

그러다 마침내 성공했다. 억양 변화 없는 잔잔한 톤이었다.

"나는 총리가 되기 위해 태어나지 않았습니다."

나는 무엇을 이해하지 못했을까? 동독에는 총리라는 말이 없었다. 이 말은 우리에게 다른 나라, 즉 독일연방공화국의 행정부 수반을 의미했다. 내가 어떤 식으로든 넘어가기만 하면 언제든 시민권을 받을 수 있었지만, 수십 년 동안 단순한 방문조차 허용되지 않던 나라였다.

나는 1989년 11월 9일 자국민이 구바르샤바조약기구의 다른 사회주의 국가들로부터 큰 도움을 받아 스스로 장벽을 무너뜨린 나라에서 자랐다. 여기서 어른이 되었고, 여기서 국가 체제가 곳곳에 설치한 장애물을 마치 회전 경기에 나선 스키 선수처럼 끊임없이 우회하며 살았다. 나는 불리한 여건에서도 최선을 찾으려 했고, 호기심과 진취성을 잃지 않으려 했으며, 누구에게도 해를 끼치지 않으려 했고, 내 능력의 한계까지 스스로를 밀어붙이려 했다. 내가 살아가야 할 체제의 조건은 이미 속속들이 알고 있었다.

내겐 운도 많이 따랐다. 나는 이제 35세였다. 얼마든지 새로운 것을 시작해도 괜찮을 나이였다. 다만 정확히 무엇을 어떻게 시작해야 할지 알 수 없었다. 한 가지는 확실했다. 동독 체제는 결코 내부에서 개혁할 수 없다는 사실이었다. 단추를 잘못 끼운 재킷과 같았다. 첫 단추를 잘못 끼우면 처음부터 다시 시작해야 했다. 동독이 딱 그랬다. 첫 단추를 잘못 끼웠다. 나는 그 점을 깊이 확신했다.

제2부

민주주의 각성

1989년 11월 10일부터 1990년 12월 2일

1. 통합과 정의와 자유의 실현

뒤섞인 감정

1990년 10월 3일 수요일 오전 10시 15분경, 베를린의 하늘은 맑고 푸르렀다. 11시에 베를린 필하모니 음악당에서 열릴 독일 통일 기념식까지는 아직 시간이 좀 있었다. 나는 음악당 입구에서 70미터 정도 비켜서서 도착하는 사람들을 지켜보았다. 지난 사흘은 정말 흥분되는 시간이었다. 10월 1일 월요일, 나는 함부르크에서 열린 동서독 기독교민주당(CDU. 약칭 기민당) 통합 전당대회에서 헬무트 콜 총리와 처음으로 직접 대화를 나누었다. 그뿐이 아니었다. '민주주의 각성' 출신으로 동독 기민당에 입당했고 이번 전당대회를 통해 통합 기민당의 일원이 된 나는 천여 명의 대의원들 앞에서 짧은 연설도 했다. 더는 존재하지 않는 '민주주의 각성'의 정체성을 다음 몇 문장으로 간략하게 담은 연설문이었다.

"사회적·생태적 시장경제를 만들고 독일 통일을 최대한 빨리 실현하는 것이 우리의 목표였습니다. 이 과정에서 우리는 기존의 동맹에서 우군을 찾았고, 동독 인민회의 선거에서도 성공적인 결과를 거두었습니다. 또한 민주주의 각성과 기민당의 합당을 통해서도 우리의 그런 원칙이 증명되었습니다.

그럼에도 우리는 앞으로의 정치 활동에서 민주주의 각성의 정체성을 잃지 않으려 합니다. 그렇기에 독일 기민당 내에서 민주주의 각성 워킹그룹을 조직해 계속 활동하고 싶습니다. 그렇다고 여러분들과 담을 쌓으려는 게 아닙니다. 여러분 모두를 이 그룹으로 기꺼이 초대합니다. 저는 우리의 활동에서 중요하다고 생각하는 두 가지를 언급하고 싶습니다.

첫째, 우리 자신의 역사를 종합적으로 돌아보아야 합니다. 그래야 민주주의를 능동적으로 구축하는 법을 배울 수 있습니다.

둘째, 동유럽의 정치적 우군들과 계속 접촉을 유지하고자 합니다. 우리는 최근 몇 년 사이에 그들에게 많은 것을 배웠습니다. 그들에게서 많은 도움을 받기도 했지요. 통일 독일에서도 유럽의 경계선이 독일의 동쪽에서 끝나서는 안 됩니다. 우리는 그 사실을 잊지 말아야 합니다. 다른 민족들의 문제에 눈을 감아서는 안 됩니다.

친애하는 당원 여러분, 우리는 오늘 독일 통합 기민당을 창당했습니다. 그럼에도 저는 통합 과정이 아직 끝나지 않았다고 생각합니다. 우리는 우리의 경험과 삶에 대해 서로 진지하게 대화를 나누어야 합니다."

워킹그룹 '민주주의 각성'은 만들어졌지만 곧 수면 아래로 사라졌다. 그러나 민주주의 각성의 정신은 나중에도 중요한 것으로 판명되었다.

10월 2일 화요일, 나는 전당대회가 끝나고 함부르크에서 베를린으로 이동했다. 동독 총리 관저가 있는 알테스 슈타트하우스 건물이었다. 나는 여기서 지난 4월부터 동독 정부 부대변인직을 맡았다. 늦은 오후, 동독 총리 로타르 드메지에르의 서명이 첨부된 해고 통지서가 내게 전달되었다. 통독에 따른 자연스러운 절차였다. 밤 9시, 나는 세 시간이 지나면 역사의 뒤안길로 사라질 우리 정부가 통일을 축하하기 위해 베를린 콘서트홀에서 마련한 기념식에 참석했다. 내 자리는 옆줄 앞쪽이었다. 베토벤 9번 교향곡 중에서 「환희의 송가」가 울려 퍼졌다. 드메지에르 총리가 단상에 올라 짧은 인사말과 함께 동독 정부 구성원을 대표해서 우리의 활동이 모두 종료되었음을 선포했다.

독일 통일의 기쁨은 주체할 수 없을 만큼 컸지만, 그 순간 나는 눈물이 났다. 그렇게 열망하던 이별의 눈물이자, 그사이 온몸을 불살랐던 노고의 눈물이었다. 이로써 내가 열정을 쏟아부은 정부 부대변인직도 사라졌다. 1990년 4월 12일, 민주적 절차로 처음 선출된 정부 출범 이후 우리는 174일 동안 밤낮없이 질서 있게 동독 정권을 해체하고 독일 통일의 초석을 닦기 위해 노력했다. 기념 공연이 끝났을 때 나는 홀가분했다.

나는 차를 타고 집으로 돌아와 요아힘과 함께 그날의 하이라이트인 독일 연방의회 의사당으로 출발했다. 독일 양국 지도자들이 서쪽 계단에 모여 있었다. 요아힘과 나도 미미한 신분이지만 그곳에 함께 서 있었다. 우울했던 기분이 눈 녹듯이 사라졌다. 세상이 온통 감동과 흥분의 도가니였다. 의사당 앞에는 수십만 명의 사람이 운집해 있었다. 자정이 되자 통일을 상징하기 위해 검은색, 빨간색, 노란색으로 이루어진 독일 국기가 게양되었다. 자유의 종소리가 서베를린의 쇤베르크 시청에서부터 의사당 앞 광장까지 울려 퍼졌다. 이 종은 미국 필라델피아에 있는 그 유명한 '자유의 종'의 복제품으로서 대부분 미국 국민의 기부금으로 제작되어 1950년 10월 이후 쇤베르크 시청에 걸려 있었다. 종에는 이런 문구가 새겨져 있었다.

"신의 가호 아래 이 세상에 다시 자유가 깃들게 하소서!"

미국 남북전쟁의 전환점이던 1863년 게티즈버그 전장에서 에이브러햄 링컨 대통령이 했던 추도사를 떠올리게 하는 이 문구는 우리에게도 진리가 되었다. 동독은 사라졌고, 이제 독일 땅에는 단 하나의 국가만 존재했다. 나는 독일연방공화국의 시민이었다. 화요일에서 수요일로 넘어가는 10월 3일의 밤은 짧았다. 우울함의 흔적은 어디에도 없었고, 오직 함께 이루어낸 일에 대한 순수한 기쁨과 통일 독일의 미래에 대한 설렘만 가득했다.

나는 기념식 시작 전 45분 동안 흥겨운 마음으로 필하모니 음악당 입구에서 옆으로 비켜서서 이리저리 눈길을 돌렸다. 이 순간을 음미하고 싶었다. 그러다 문득 저만치서 근무 중이던 다소 건장한 체격의 경찰관을 보았다. 나이는 쉰에서 예순 사이로 보였다. 우리 둘 사이에 눈이 마주쳤다. 순간 나는 그가 불과 12시간 전만 해도 동독의 인민경찰이었음을 한눈에 알아보았다. 다소 굳은 표정, 그러면서도 약간 불안해 보이는 눈빛, 군인 같은 딱딱한 몸놀림이 그에 대한 증거였다. 그런 그가 이제 서베를린 경찰 제복을 입고 있었다. 나는 놀라 멈칫했다. 인민경찰이 하룻밤 사이에 베를린 연방주 소속의 경찰이 되었다는 사실을 실감하기까지는 약간의 시간이 필요했다. 동독 인민경찰은 더 이상 존재하지 않았다. 갑자기 머릿속으로 인민경찰을 포함해 이른바 동독 무장 기관*들과 만났던 장면이 주마등처럼 스쳐 지나갔다.

이제 음악당 앞에 서 있는 저 경찰을 비롯해 모든 경찰이 하루아침에 법치국가 독일연방공화국에서 시민의 재산과 생명을 지키는 책임을 맡고 있었다. 동독 시절과는 너무나 다른 임무였다. 사람은 어제와 똑같은데 말이다. 당시 나는 그 짧은 눈 맞춤을 생각하면서 우리 앞에 놓인 과제가 얼마나 큰지 불현듯 깨달았다. 정치적 통일을 넘어 진정한 독일 통합을 이루어내려면 앞으로 얼마나 많은 노력이 필요할까!

음악당 밖에서 이런 상념에 빠져 있는데, 페터 클렘 연방재무부 차관이 다가왔다.

"여기서 만나는군요. 반갑습니다!"

그가 쾌활하게 인사했다. 통일 조약 협상 과정에서 알게 된 사람이

---

* Bewaffnete Organe der DDR. 동독에서는 인민군, 국가안전부, 인민경찰 같은 무력 세력을 통틀어 이렇게 불렀다.

었다. 나는 서독 제복을 입은 전 인민경찰에 대한 나의 생각을 자연스럽게 이야기하면서 이런 말로 마무리했다.

"아마 차관님은 동쪽 출신의 우리와 일을 하면서 얼마나 문제가 많을지 걱정을 많이 했을 겁니다. 하지만 이제 겨우 시작입니다. 그 점을 감안하셔야 합니다. 오늘은 독일 통일의 시작일 뿐이에요."

"물론이지요. 잘될 겁니다. 오늘은 축하나 합시다."

클렘이 대답했다.

나는 그가 내 심정을 제대로 이해했는지 확신할 수 없었다.

내가 정치적 책임을 진 마지막 날까지, 그러니까 30년 넘게 나를 따라다닌 질문이 있었다. 진정한 독일 통일은 과연 언제 어떤 식으로 완성될까? 그날 나는 필하모니 음악당에서 열린 기념식에 참석했다가 요아힘과 함께 베를린 거리를 거닐었다. 정말 아름다운 날이었다. 날씨까지 도와주었다. 수십만 명이 거리에 나와 있었다. 1989년 11월 9일 베를린 장벽이 무너진 지 327일째 되던 날, 그러니까 장벽 붕괴 이후 1년도 채 지나지 않은 날, 우리는 두 번 다시 경험하지 못할 어떤 특별한 경험을 하고 있다는 감정에 한껏 고조되었다.

정치에 첫걸음을 내딛다

장벽 붕괴 후 첫 주말, 나는 이웃의 생일 파티에 초대받았다. 그런데 놀랍게도 분위기가 침울했다. 대부분의 참석자들은 이제 동독이 독자적인 제3의 길을 모색할 꿈이 무너졌다고 생각했다.

"원래는 이 기회를 잘 포착해서 새로운 동독 헌법을 만들었어야 했다고요."

한 이웃 여자의 말이었다.

다른 남자가 거들었다.

"대신 무슨 일이 벌어질까요? 다들 소비에 환장하고, 쏟아져 들어오는 바나나와 청바지에 입이나 헤벌레 벌리고 있겠지요."

나는 도무지 이해할 수가 없었다.

'이럴 수는 없어. 이제 와서 어떻게 저런 불평을 할 수 있지?!'

결국 내가 분위기를 띄우려고 나섰다.

"왜들 이러세요! 어쨌든 장벽이 열린 건 멋진 일 아닌가요? 다른 건 차차 두고 봐야겠지만 오늘은 그냥 아주 멋진 날이에요!"

그러나 나의 쾌활함은 남들에게 전이되지 않았다.

다음 며칠은 예전과 완전히 다르게 흘러갔다. 1989년 11월 13일 월요일, 나는 몇 달 전부터 준비해온 강연을 위해 폴란드 토룬으로 떠났다. 우리 연구소의 양자화학자들과 협력 작업을 하는 폴란드 과학자들을 대상으로 한 강연이었다. 앞서 언급했듯이 내가 11월 9일 자정 전에 서둘러 인파의 흐름을 거슬러 동베를린으로 돌아간 것도 이 강연 준비 때문이었다. 그런데 아무리 애를 써도 강연 원고에 집중하기가 어려웠다. 그렇다고 강연을 취소하고 싶지도 않았다. 결국 나는 강연 준비가 부족한 채로 폴란드 동료들을 만난다는 기대감만 안고 기차에 올랐다.

폴란드 연구원 중 한 명이 역으로 마중 나왔다. 영어로 대화를 나누던 중에 그가 싱긋 웃으며 말했다.

"역시 독일 사람은 독일 사람이네요. 책임감이 정말 대단해요! 만일 폴란드인이었다면 그런 사건이 있은 지 나흘 만에 다른 나라로 떠나는 사람은 없을 거예요."

이런 환영 인사를 받으니 뿌듯했다. 내가 대답했다.

"나도 아무 데로나 가지는 않아요. 폴란드니까 왔지요!"

우리 둘은 웃음을 터뜨렸다. 내가 덧붙였다.

"하지만 미리 말씀드리자면 강연 준비를 전혀 못 했어요."

"아, 그건 상관없어요. 와주신 것만 해도 감사하지요. 대신 베를린 이야기나 좀 들려주세요!"

이 말끝에 폴란드 동료는 덧붙였다.

"다음에 베를린에 가면 독일은 통일되어 있겠군요!"

나는 그의 말을 납득할 수 없었다. 베를린 장벽이 무너진 지 이제 겨우 나흘이었다. 그러나 폴란드 동료는 자신의 말을 거듭 확인해주었다.

"내 말을 믿어요. 다음에 우리가 베를린에 가면 독일은 분명 통일된 나라가 되어 있을 거예요."

나의 의아한 시선도 그의 확신을 꺾지는 못했다.

그는 나를 자기 집으로 초대했고, 우리는 그의 아내와 셋이서 저녁을 먹으며 대화를 이어갔다. 나는 토룬에 나흘 동안 머무르며 강연을 했지만, 강연 주제나 토론 내용은 전혀 기억나지 않는다. 당시엔 과학이고 학문이고 모두 관심 밖이었고, 내내 거의 정치 이야기밖에 하지 않았다.

당시 폴란드는 정치 발전 면에서 다시 한번 우리보다 한발 앞서 있었다. 1989년 6월에 이미 부분적으로 자유로운 상하원 선거가 실시되었기 때문이다. 폴란드 원탁회의 합의에 따라 하원 선거에서는 의석의 65퍼센트가 당시 제1당이던 폴란드 통일노동당 후보에게 배정되었고, 35퍼센트는 이른바 무소속 후보에게 돌아갔다. 무소속 의석은 자유 노조 후보들이 차지했고, 전부 자유롭게 선출된 상원의원 100석 중 99석도 마찬가지였다. 나의 많은 폴란드 동료는 이 선거 결과에 뛸 듯이 기뻐했다. 나도 그걸 함께 경험했다. 선거 결과가 발표되던 때 마침 폴란드에 있었기 때문이다. 당시 나는 토룬에서 동쪽으로 80킬로미터 떨어진 바코테크에서 열린 양자화학 컨퍼런스에 참석하고 있었다.

그로부터 몇 달 후 폴란드 친구들은 우리에게 일어난 일을 마치 자기들 일인 양 함께 기뻐해주었다. 그때 일을 생각하면 지금도 온몸에 전율이 느껴진다. 정말 행복했던 기억이다.

11월 16일 목요일 나는 들뜬 상태로 베를린으로 돌아왔고, 이튿날 아카데미 동료들에게 폴란드 동료의 예측을 들려주었다. 우리는 그의 말이 옳은지, 그의 생각대로 독일이 정말 그렇게 빨리 통일될 수 있는지를 두고 토론을 벌였다. 물론 우리 중 누구도 앞으로 어떤 일이 벌어질지 장담할 수 없었지만, 심도 깊은 논의를 통해 한 가지는 분명히 알 수 있었다. 통일 문제가 가까운 미래에 시대의 화두로 떠오르리라는 사실이었다. 동독의 경제 상황과 관련해서는 더 이상 기대가 없었다. 토론 당시 나는 1960년대의 아주 오래된 농담이 떠올랐다. 동독 국무회의 의장 발터 울브리히트가 연인을 무릎에 앉힌 채 안락의자에 앉아 소원을 물었다. 그녀는 장벽을 열어달라고 부탁했다. 울브리히트는 환하게 웃으며 대답했다.

"앙큼한 것, 여기에 우리 둘만 남자는 거지?"

1989년 여름과 가을에 우리가 감동적으로 목격했듯이, 이 농담에는 시대를 초월한 진실이 담겨 있었다. 이런 이유만으로도 시대는 조속한 통일의 길로 나아갈 가능성이 매우 높았다.

변화는 실제로 숨 가쁜 속도로 진행되었다. 내가 토론으로 떠난 1989년 11월 13일, 당시 독일사회주의통일당(SED) 드레스덴 지구당 제1서기이던 한스 모드로가 빌리 슈토프의 후임으로 각료회의 의장, 즉 동독 정부의 수반이 되었다. 그보다 몇 주 전인 10월 18일에는 에리히 호네커가 처음에는 SED 사무총장직을, 10월 24일부터는 동독 국무회의* 의장직과 국방위원장직을 에곤 크렌츠에게 넘겼다. 크렌츠는 사실 호네커의 대리인으로서 중화인민공화국 수립 40주년을 맞아 중국을 방문하던 중에 1989년 6월 베이징 천안문 광장에서 시위가 발생하자 중국 당국의 학살 조치를 공개적으로 지지함으로써

---

* 동독의 정치 구조에서 중요한 정책과 방향을 실질적으로 결정하는 국가 최고 기관. 각료회의는 국무회의의 의결을 단순히 집행하는 행정기관이었다.

정치적으로 부각된 인물이었다. 그는 평화 혁명에 대한 중국의 해법을 공개 지지함으로써 우리에게도 두려움을 부추겼다. 다행히 상황은 다르게 전개되었다. 동독의 마지막 국면에서 크렌츠 국무회의 의장이 아주 짧은 에피소드에 그친 것은 그야말로 다행이었다.

반면에 헬무트 콜 총리는 시대의 흐름을 예리하게 감지해냈다. 1989년 11월 16일, 그러니까 내가 토론에서 돌아온 날이자 장벽이 무너진 지 정확히 일주일 되던 날, 그는 동독이 경제 시스템을 바꿀 경우에만 연방공화국이 경제 지원에 나설 용의가 있다는 점을 분명히 했다. 심지어 불과 12일 후인 11월 28일에는 연방의회 예산안 심의와 관련한 의회 연설에서 당시로서는 파격적인 '10개 항 계획'을 발표했다. 다섯 번째 항에서 콜은 "연방제 실현을 목표로 독일 내 두 국가 사이의 연합적 질서를 구축할" 의지가 있다고 천명했다. 그러면서 이를 위해 "동독에 민주적 절차로 합법화된 정부"가 선행되어야 한다고 덧붙였다. 또한 열 번째 항에서는 "통일, 즉 독일의 국가적 단일성 회복이 연방정부의 정치적 목표"라고 강조했다.

1990년 말까지 콜의 외교 및 안보 정책을 보좌한 호르스트 텔치크가 1991년 자신의 책 『329일: 통일의 내막』에서 밝혔듯이 콜은 이 계획을 소수의 측근들하고만 공유했다. 기민당 의장단과 집행위원회에는 의회 연설 하루 전에 구두로 알렸고, 연정 파트너인 자민당에는 통보조차 하지 않았다. 외국 정부 중에는 백악관만 연설 시작 몇 시간 전에 서면으로 전달받았다. 내가 보기에, 콜은 자신의 비전이 반대파들에 의해 좌절되거나 특히 야당에 미칠 깜짝 효과가 반감될 위험을 감수하고 싶지 않았던 듯하다. 대신 그는 이 계획을 실질적인 결과로 만들어낼 준비가 되어 있었다. 나는 콜의 행동이 특정 상황에서 오직 자신의 나침반만 따르고 그로 인한 정치적 책임은 궁극적으로 자신이 지는 지도자상을 보여주는 인상적인 사례라고 생각한다.

1989년 12월 3일 SED 전 지도부가 사임하고, 12월 6일에는 에곤 크렌츠가 국무회의 의장직에서 물러났다. 같은 날 인민회의는 독일 자유민주당(LDPD) 소속의 만프레트 게를라흐를 새 국가수반으로 선출했다. 이로써 장벽이 열린 지 한 달이 채 지나지 않아 노동자 계급을 대표하던 SED의 주도적 역할은 끝났다. 지금까지 공고히 유지되던 체제가 스스로 허무하게 무너진 것이다. 그 무렵 새 정당들은 이미 창당되었거나 창당 과정에 있었다. 1989년 12월 7일 베를린의 디트리히 본회퍼 하우스에서 중앙원탁회의가 처음 열렸다. 이 회의에는 정부 대표, 독일자유청년단이나 독일-소련 우호협회 같은 이른바 SED 대중 조직, 위성정당, 야권, 신당, 교회 대표들이 참석했다. 이후 중앙원탁회의에서 모든 중요한 정치적 결정이 내려졌고, 1990년 3월 18일 최초의 인민회의 자유 총선으로 나아가는 길이 닦였다.

하지만 아직 머나먼 길이었다. 개인적으로는 이 모든 것이 내게 어떤 의미가 있을지도 아직 모호했다. 다만 그 와중에도 한 가지는 확실히 느껴졌다. 현재의 발전 과정에 내가 전율을 일으켰다는 것이다. 나는 확신했다. 여기서 새로운 무언가가 생겨나고 있고, 나도 그 과정에 동참하고 싶고, 나의 경험과 삶, 능력, 소망이 그것에 도움이 될 수 있으리라고.

11월 마지막 주말, 나는 당시 카를스루에에 머물던 요아힘을 만나러 갔다. 거기서도 그랬지만 12월 중순 그가 베를린으로 돌아온 뒤에도 우리는 동독의 미래에 관해 수시로 대화를 나누었다. 우린 둘 다 변화에 도움이 되고자 했고, 그런 마음에서 지지할 새로운 정치 세력을 찾아 나섰다. 개인적으로 요아힘은 새로 얻은 자유를 이전의 제약에서 벗어나 학문적으로 발전할 기회로 삼겠다는 뜻을 분명히 했다. 카를스루에에 있을 때 벌써 미국 샌디에이고의 바이오심 테크놀로지스라는 회사를 일주일 정도 다녀오기도 했다. 그는 동독의 반(反)학문적 시스템을 철폐하는 데 힘을 쏟기로 결심했다. 반면에 나는 정치에 뜻을 두었고, 요아힘은 그런 나를 지지했다. 그가 학문에 전념하는 동안 나는 새로운 얼굴로서 기존의 정치 지형을 바꾸는 데 힘을 보태고 싶었다. 그런데 정치 참여에 대한 결정은 분명히 내려졌지만, 어디서 어떤 방법으로 접근해야 할지는 한동안 알 수 없었다. 결국 나는 물색에 나섰다.

일단 정당에 가입할 생각이었다. 대상은 새로 설립된 정당이어야 했다. 마침 우리 연구소 워킹그룹 책임자인 클라우스 울브리히트도 나와 비슷한 생각을 갖고 있었다. 우리 둘은 트레프토에서 열린 동독 사민당 행사에 참석했다. 정확한 날짜는 기억나지 않지만 아마 11월 말이었을 것이다. 여기서 주로 논의되었던 것은 내 기억상 지역 정치의 재편이었고, 독일 통일에 관한 이야기는 거의 나오지 않았다. 클라우스 울브리히트는 감동해서 즉시 사민당에 입당하기로 결정했다. 그는 훗날 1992년부터 2006년까지 트레프토쾨페니크 구청장을 지냈다. 나는 생각이 달랐다.

"아직 잘 모르겠어요. 긴가민가해요. 좀더 둘러보고 다른 정당도 알아보고 싶어요."

그는 내 말에 이해를 표했다.

"지금은 다양성이 있다는 게 새로운 점이지요. 아무튼 우리 둘 다 각자의 길에서 모범을 보인다면 좋겠습니다."

직장 상사와 직원 사이에 이런 대화가 오갈 수 있다는 것만 해도 행복한 일이었다. 새로운 시대였다. 나는 계속 물색에 나섰다.

민주주의 각성(DA)이라는 단체에 관한 이야기를 누구한테 처음 들었는지는 기억나지 않는다. 내 남동생이거나, 남동생 친구 귄터 노케였을 수 있다. 통독 후 브란덴부르크 주의회 의원과 연방의원을 지낸 친구다. 어쨌든 민주주의 각성 이야기를 듣는 순간 즉시 내 마음이 움직였던 것은 선명하게 기억난다. 1989년 12월 초 내 발걸음은 프렌츨라우어 베르크의 마리엔부르거가 12-13번지에 있던 민주주의 각성 중앙당사로 향하고 있었다.

민주주의 각성은 1989년 10월 1일 여러 단체가 결성한 사회 운동 연합체였다. 당시는 동독 건국 40주년을 불과 며칠 앞둔 상황에서 국가안전부는 이 단체의 창립을 무조건 막으려 했다. 동베를린의 사마리아 교회에서 처음 모인 시민운동가 80여 명은 지금의 토어가에 있는 신학자 에르하르트 노이베르트의 사택으로 가기로 약속했다. 이 정보를 알아낸 국가안전부는 노이베르트의 집으로 가는 진입로를 봉쇄했다. 결국 17명만 민주주의 각성의 창립식에 참석했고, 그중에는 귄터 노케도 있었다. 당시는 장벽이 아직 무너지기 전이었기 때문에 민주주의 각성은 사회주의의 민주적 개조를 목표로 삼았다.

내가 1989년 12월에 합류했을 때 민주주의 각성은 정당 전환을 위한 막바지 준비가 한창이었다. 창당대회는 12월 16일과 17일 라이프치히에서 열렸다. 베를린 중앙당 사무실은 비둘기 집처럼 쉴 새 없이 사람들이 들락거렸다. 우연히 나를 알아본 귄터 노케가 친절하게 인사를 건넸다.

내가 말했다.

"뭔가 도울 일이 있나 해서요."

그가 대답했다.

"정치에 참여하고 싶으면 크리스트부르거가 47번지에서 열리는 회의에 오세요. 거기 인민연대* 사무실에서 다들 모이거든요. 그전에 여기 일 좀 도와주세요. 저기 뒤편에 상자 보이지요? 저 안에 컴퓨터가 있어요. 서방에서 기증받은 거예요. 포장을 풀고 설치해줄 수 있지요?"

"물론이지요!"

---

* 1945년 10월 드레스덴에서 설립한 구호기관. 이후 소련 점령 지구에서 퍼져나가 동독의 대중 조직으로 자리 잡았다. 동독 시절에는 주로 노인을 돌보다가 통일 이후에는 만성질환자, 사회적 소외 계층, 아동·청소년으로 구호 영역을 확대했다.

나는 곧바로 작업에 착수했다. 연구소에서는 더 이상 근무 시간을 엄격하게 통제하지 않아서 시간은 충분했다.

마리엔부르거가에서 처음 일하던 날, 나는 한스크리스티안 마스를 알게 되었다. 그는 당시 기사당 소속의 독일연방 경제협력부 장관이던 위르겐 바른케의 홍보 담당자로서 장관과 함께 민주주의 각성 사무실을 방문했다. 키가 큰 마스는 사무실을 둘러보더니 내게 소리쳤다.

"여긴 왜 이리 어수선해요? 당신은 여기서 뭐하세요? 이 단체 소속이에요?"

"아니요, 나는 아카데미에서 왔습니다."

내가 너무 소심하게 대답하는 바람에 그는 내 말을 알아듣지 못하고 되물었다.

"어디라고요?"

"과학 아카데미요."

나는 이제 좀더 단호한 목소리로 대답했다.

"여기서 컴퓨터 포장을 풀고 있는 중이에요."

"그럼 계속하세요!"

그가 소리쳤다.

나는 그의 목소리가 크기는 했지만 고압적으로 느껴지지 않았다. 오히려 우리한테 진짜 관심이 있고, 우리를 진심으로 도와주려는 마음이 느껴졌다.

"항상 여기 계세요?"

마스가 물었다.

"아니요, 내일은 다시 일하러 가봐야 해요."

내가 설명했다.

알고 보니, 1950년생인 한스크리스티안 마스는 나처럼 목사의 아들로 태어나 동독에서 자랐고, 1970년대에 동독 탈출을 시도했다가 투옥되었으며, 그 뒤 서독 정부가 지불한 몸값 덕분에 풀려나 서독으로 건너갈 수 있었다. 연방행정부에서 일하기 전에는 니더작센주 문화부에서 주로 성인 교육과 관련된 일을 했다고 한다. 당시 나는 그가 우리와 자리를 바꾸고 싶어 한다는 인상을 가끔 받았다. 그건 아마 그에게 일종의 귀향과도 같았을 것이다. 그는 두 번 다시 없을 이 역사적 전환기의 특별한 기회를 감지할 예민한 촉수를 갖고 있었다. 마스는 우리에게 홍보와 커뮤니케이션의 기본은 물론이고 독일연방공화국의 구조와 정당, 하원과 상원 등 많은 것을 알려주었다. 게다가 서베를린의 헤르만 엘러스 아카데미에서 주말 세미나를 열었다. 정치 초보자를 위한 일종의 속성 코스였는데, 나와 다른 몇 명이 참석했다. 당시만 해도 우리 둘 중 누구도 훗날 완전히 다른 곳에서 다시 만나게 될 줄은 꿈에도 몰랐다. 한스크리스티안 마스와 나는 지금도 여전히 연락을 주고받는 사이다.

라이프치히에서 열린 민주주의 각성 전당대회에서는 로스토크 출신의 변호사 볼프강 슈누르가 당대표에 선출되었다. 민주주의 각성의 대다수 당원과 달리 신학자가 아니라 변호사였다는 점이 당선에 가장 크게 작용했다. 당의 정체성도 '민주주의 각성의 강령'이라는 제목으로 천명되었다. "사회적 생태적 원칙에 입각한 자유-정의-연대"였다. 그런데 전당대회 중에는 물론이고 전후에도 당의 정치적 방향을 두고 근본적인 토론이 벌어졌다. 서독 기민당과 손잡고 빠른 시간 안에 독일 통일을 이루어내야 할까, 아니면 두 독일 국가의 통일은 일단 장기 목표로 남겨두고 사회주의의 개혁을 지향하는 독자적인 길로 나아가야 할까? 이 두 가지 방향을 두고 논쟁이 치열했다.

이 점과 관련해서는 당시의 정치 환경을 전체적으로 고려할 필요가 있다. 민주주의 각성의 전당대회 이틀 후, 그러니까 1989년 12월 19일 헬무트 콜 총리가 드레스덴으로 한스 모드로 동독 각료회의 의장을 방문했다. 두 사람은 두 독일 국가의 계약 공동체 수립을 위한 의향서를 주고받았다. 이어 콜은 드레스덴의 프라우엔 교회 폐허 앞에서 연설을 했다. 수천 명이 그의 연설을 들으러 왔다. 나는 베를린에서 텔레비전으로 연설을 지켜보았다. 헬무트 콜이 군중을 향해 소리쳤다.

"역사적 시간이 허락한다면 나의 목표는 우리 민족의 통일입니다."

순간 나는 2년 전인 1987년 9월 7일 에리히 호네커가 본을 방문했을 때 콜이 만찬에 앞서 매스컴 앞에서 했던 말이 떠올랐다.

"우리의 기본법 전문(前文)은 변하지 않는 확고한 원칙입니다. 그게 곧 우리의 신념이니까요. 그에 따르면 우리는 유럽의 통합을 이루어내야 하고, 독일 전체 민족은 자유로운 자결권을 통해 조국의 통일과 자유를 완성해야 합니다."

그러면서 콜은 이렇게 덧붙였다.

"물론 현재로선 이것이 세계사의 핵심 의제는 아닙니다."

그로부터 불과 2년이 조금 지났을 뿐인데 드레스덴 시민들은 지금 "통일! 통일! 통일!"을 한목소리로 외치고 있었다. 그들의 소망을 이보다 더 강력하고 결연하게 표현할 수는 없을 듯했다. 이제 독일 통일은 시대의 중요한 의제로 떠올랐다. 나는 온몸에 소름이 돋았다.

나는 1989년 성탄절과 1989~90년 새해를 호엔발데에서 요아힘과 함께 보낸 뒤 템플린의 가족을 방문했다. 여기서도 화제는 온통 동독의 미래였다. 아버지는 가을 내내 교회 주도의 평화 행사에 적극 참여했고, 동독 사회의 급진적 개혁을 위해 발 벗고 나섰으며, 템플린에서 슈타지 조직의 해체에도 관여했다. 또한 회원으로 가입하지는 않았지만, 야권의 운동 단체인 '민주주의 지금'과 '뉴 포럼'에 마음이 끌린다고 했다. 다만 독일의 조속한 통일에는 별 관심이 없었다. 남동생도 비슷한 생각으로 한동안 '동맹 90'에 가입했다. 여동생은 동독 사민당에서 잠시 활동했으며, 어머니도 이 당에 호감을 갖고 있었다. 그래서 통독 후 1990년에는 통합 사민당에 가입해서 지역 정치에 열정적으로 참여했다. 심지어 지방의회 선거에 출마해서 1990년부터 1994년까지 템플린 지방의회 의장에 선출되기도 했다. 늦어도 이쯤부터 어머니가 얼마나 인정을 받는 사람인지가 드러났다. 그 무렵 나는 1973년 아비투어 직전에 어머니가 화를 내며 나에게 했던 말이 가끔 떠오르곤 했다. 우리는 여전히 정치에 무척 관심이 많은 논쟁적인 가족이었다.

나는 성탄절 연휴에서 돌아오고 나서 민주주의 각성 내의 노선 투쟁에 깊은 관심을 갖기 시작했다. 일단 크리스트부르거가의 회의에 참석해서 찬반 논쟁에 열심히 귀를 기울였다. 토론 주제는 두 가지 근본 문제에 집중되었다. 창립 멤버가 많은 한쪽의 주장은 이랬다.

"우리는 독일연방공화국의 모든 것을 받아들이거나 그냥 연방공화국에 편입해서는 안 됩니다. 대신 지금의 상황을 우리 자신의 길로 나아갈 기회로 삼아야 합니다. 그러려면 새로운 헌법이 필요합니다."

다른 쪽에선 이렇게 주장했다.

"시간을 끌어봐야 좋을 게 없습니다. 동독 경제는 절망적으로 무너졌습니다. 우리 민주주의 각성은 신속하게 통일을 추진하고, 연방공화국의 경제 시스템인 사회적 시장경제를 도입해야 합니다."

나는 속으로 후자의 의견에 동의했다. 어느 면으로 보나, 동독은 개혁으로 뭔가 변할 수 있는 상태가 아니라 처음부터 다시 시작해야 했다. 그게 나의 소신이었다. 제3의 길에 대한 믿음은 환상이었다. 게다가 서독 역시 우리와 마찬가지로 처음부터 다시 시작해야 한다는 주장은 설득력이 떨어졌다. 내 눈엔 그럴 이유가 없어 보였다.

1990년 1월 초 독일의 빠른 통일을 지지하는 사람들이 주도권을 잡자 소수파는 민주주의 각성을 떠나 다른 야권 그룹에 참여했다. 이로써 민주주의 각성이 서독 기민당과의 합당으로 나아가는 길이 열렸다. 1990년 1월 23일 나는 민주주의 각성 베를린 지구 언론 담당 대변인에 임명되었다. 솔직히 고백하자면 그 사실은 기억나지 않는데, 이 책을 쓰면서 오래된 신문 기사를 찾아보고야 알았다. 내가 나중에 베를린 지구를 대표해서 '독일을 위한 동맹'*에 서명하는 사진이 있는 것도 그 사실을 뒷받침한다.

인민회의 선거 준비 과정에서 무엇보다 중요했던 것은 기존 정당과 신생 정당 사이의 현격한 기득권적 차이를 없애는 기회 균등의 보장이었다. 중앙원탁회의는 1989년 12월에 이미 시민단체들이 기존 정당들과의 경쟁에서 불이익을 당하지 않도록 최소한의 공간과 기술 장비를 제공해야 한다고 요구했다. 이 요구에 따라 동독 각료회의는 프리드리히가 165번지의 독일사회주의통일당 베를린 미테 지역구 사무실을 시민단체에 내놓기로 했다. 이로써 이 건물은 '민주주의 집'이 되었다. 민주주의 각성도 여기에 입주했는데, 마리엔부르거가의 이전 사무실보다 근무 환경이 훨씬 좋아졌다.

1990년 1월 28일, 최초의 자유선거로 치러질 인민회의 선거일이 1990년 3월 18일로 확정되었다. 나는 민주주의 각성의 선거운동을 돕기 위해 연구소에 2월 1일자로 휴직계를 제출했고, 1990년 2월 1일 목요일부터 민주주의 집에서 민주주의 각성 일을 보기 시작했다. 당시에는 1990년 1월 31일이 내가 과학 아카데미 연구소로 출근하는 마지막 날이 되리라고는 짐작조차 못 했다. 나중에 내 책상 물건을 정리하려고 연구소에 한 번 더 들른 것이 마지막이었다.

---

* 1990년 3·18 인민회의 선거 승리를 위해 결성된 정당 연합체. 동독 기민당과 독일사회연합, 민주주의 각성이 참여했는데, 신속한 독일 통일이라는 목표 면에서 의견을 같이했다. 이 동맹의 결성에는 헬무트 콜의 역할이 컸다.

특별한 선거운동

민주주의 집으로 출근한 첫날, 나는 민주주의 각성의 상황이 여전히 혼란스럽다는 인상을 지울 수 없었다. 그사이 상근직이 10~15명으로 늘었고, 자원봉사자도 많아졌다. 게다가 도움을 주려고 서독에서 찾아오는 사람도 꽤 있었다. 선거운동은 체계적으로 이루어져야 했다. 국내외에서 쏟아지는 언론 문의에도 분명하게 답해야 했지만, 내 눈에는 명확하게 체계화된 위계질서가 보이지 않았다. 선거까지는 46일밖에 남지 않았다. 이 넓은 사무실에서는 대부분 그때그때 급한 대로 소리를 쳐서 서로의 업무를 해결하고 넘어갔다. 나는 이게 너무 비효율적이라는 생각이 들었다.

이렇다 보니 내가 일을 시작한 지 사흘 만에 문제가 터졌다. 볼프강 슈누르 당대표에게 같은 시간에 두 개의 약속이 잡힌 것이다. 하나는 민주주의 각성에 관심이 많은 서독 언론과의 기자 간담회였다. 다른 하나는 어떤 약속인지 기억나지 않는다. 다만 두 약속이 같은 시간에 겹친 것은 분명히 기억한다. 여러 사람이 당대표에게 둘 중 하나를 결정하라고 권했다. 시간이 촉박했다. 그런데 슈누르는 결정을 내릴 생각은 하지 않고 이 혼란이 누구 책임인지만 따져 묻고 있었다.

나도 이 일을 무심코 듣게 되었다. 내 생각엔 언론인들과의 약속이 중요했다. 그래서 누가 묻지도 않았는데 당대표에게 불쑥 말했다.

"기자를 만나셔야 합니다. 그렇지 않으면 민주주의 각성의 평판에 좋지 않은 영향을 끼칠 겁니다."

슈누르가 다소 지친 표정으로 대꾸했다.

"그럼 그 자리에 당신이 나가도록 해요."

나는 믿기지 않는 표정으로 주위를 두리번거리며 물었다.

"어떻게 그런 말씀을 하세요? 그런 자리에 제가 어떻게 나가요? 거긴 경험 많고 유명한 기자들 천지일 텐데, 그런 데서 제가 당을 대표해서 정치적 발언을 하면 자신들을 우습게 여긴다고 생각할 거예요."

슈누르는 잠시 생각하더니 말했다.

"이제부터 당신을 민주주의 각성 언론 담당 대변인에 임명합니다."

나는 벌어진 입을 다물지 못했다. 당 전체를 대변하는 것은 베를린이라는 한 지역의 대변인과는 차원이 다른 문제였다. 하지만 주변에 서 있던 사람들은 슈누르의 결정을 환영했고, 문제 해결책을 찾았다며 기뻐했다. 당의 원래 대변인은 늘 라이프치히에 머물렀고, 정작 대변인이 꼭 필요한 베를린에는 거의 오지 않았다. 슈누르는 더 이상 어떤 항변도 허용하지 않았다.

"이제 당신은 우리 당의 정식 대변인입니다. 그러니까 그 신분으로 가서 기자들을 상대하세요."

이런 제안은 아무 때나 받을 수 있는 게 아니라는 생각이 들면서 나는 마침내 동의했다.

기자단과의 미팅 장소는 베를린 알렉산더 광장 근처의 한 호텔이었다. 내가 오늘 새로 임명된 민주주의 각성의 대변인이고, 볼프강 슈누르 대표를 대신해서 이 자리에 서게 되었다고 말하자 40여 명의 참석자들이 당황한 표정으로 나를 바라보았다. 내가 받은 첫 질문에는 비아냥거리는 태도가 약간 묻어났다. 민주주의 각성은 왜 즉시 기민당과 합당하지 않는 것이지요? 이 질문에 이어 민주주의 각성에는 어떤 특별한 의미가 있다고 생각하는지, 독자적인 길을 걷는다면 민주주의 각성이 이루고자 하는 바는 무엇인지 같은 질문이 한참 동안 나왔다. 나는 내가 생각하는 바를 침착하고 친절하게 설명했고, 그 결과 기자회견이 상당히 좋은 분위기로 마무리되었다는 느낌을 받았다. 하지만 내게 더 중요한 느낌은 다른 데 있었다. 이제야 내가 제대로 된 역할을 맡게 되었다는 느낌이었다.

'이제부터 너만의 영역을 구축해나갈 수 있어!'

이런 생각이 들자 새삼 온몸에 힘이 솟구쳤다.

나는 열심히 일에 매달렸다. 이어진 몇 주 동안 국내외에서 쏟아지는 온갖 문의에 최선을 다해 성의 있게 답하려고 애썼다. 외부에 당을 대표해서 나갈 일이 있을 때면 한 대학생이 폭스바겐 폴로로 나를 베를린 곳곳으로 데려다주었다.

그 무렵 정치적으로는 한층 더 중요한 결정이 내려졌다. 서독 기민당은 자신의 관점에서 볼 때 지극히 당연해 보이는 파트너인 동독 기민당 외에 어떤 신당이 협력 파트너로 적합한지 고민하고 있었다. 이와 관련해서 본의 기민당 지도부, 특히 그중에서도 당시 사무총장이던 폴커 뤼에는 민주주의 각성 내의 정치적 방향성 논쟁을 면밀히 주시하고 있었다. 민주주의 각성 내의 기류가 기민당의 정치적 노선, 즉 신속한 독일 통일과 사회적 시장경제 쪽으로 바뀌자 기민당 지도부는 민주주의 각성과의 접촉을 시도했고, 아울러 한스빌헬름 에벨링이 대표로 있던 독일사회연합(DSU)에도 손을 내밀었다. 독일사회연합은 기민당의 자매 정당인 바이에른의 기사당과 특별한 관계를 맺고 있었고, 동독 남부에서 특히 지지세가 강했다. 서독 기민당은 인민회의 선거를 위해 이른바 '독일을 위한 동맹'을 구축할 계획을 세웠다. 그러나 논리적으로는 말이 되지만 실행하기는 어려운 일이었다.

동독 사람들이 공연히 신당을 만든 것이 아니고, 나 같은 사람이 괜히 그런 신당에 가입한 것이 아니었다. 거기엔 이유가 있었다. 우리는 독일사회주의통일당이나 그 대중 조직과 함께 이른바 민족전선이라는 이름으로 동독 정권을 이념적으로나 조직적으로 뒷받침했던 친위 위성정당들의 당원이 되고 싶지 않았다. 그런 정당에 가입할 수밖에 없었던 사람들의 사정을 충분히 이해한다고 하더라도 말이다. 예를 들면 어떤 이들은 기독교 신앙을 지키려고 동독 기민당에 가입한 것이다. 하지만 그사이 아무리 쇄신되었다고 하더라도 우리는 동독 기민당을 믿지 못했다. 동독 기민당이 서독 기민당과 이름이 같다는 점만 빼면 그 정당과 연합할 이유가 없었다.

우리는 독자적으로 선거를 치르고 싶었다. 하지만 많은 유권자가 헬무트 콜 총리를 독일의 조속한 통일을 이룰 최상의 적임자로 보고 있다는 현실도 인정하지 않을 수 없었다. 투표용지에서 기민당이라는 당명을 읽으면 사람들은 동독의 기민당보다 콜을 먼저 떠올릴 가능성이 높았다. 그렇다면 독일을 위한 동맹에 가입하면 우리 민주주의 각성에도 약간의 광명이 비칠 수 있었다. 게다가 서독 기민당의 입장에서도 쇄신은 했다지만 여전히 구습에서 벗어나지 못하고 있는 옛 위성정당인 동독 기민당만 믿을 것이 아니라 시민운동으로 생겨난 신생 정당을 연합 파트너로 끌어들이는 것은 상당히 매력적인 일이었다.

내가 직접 참여하지는 않았지만 동맹 협상은 지난했다. 민주주의 각성은 인민회의 선거에 독자적으로 출마할 수 있고, 본에서 온 선거 전략가들은 우리만 담당해야 하고, 우리는 민주주의 집에서 나와 동독 기민당 당사로 들어가지 않겠다는 조건을 내걸었다. 서독 기민당 입장에서는 가당찮은 조건이었지만, 우리 입장에서는 중요했다. 우리가 동독 기민당과 다르다는 점을 서독 기민당에 확실히 각인시킬 필요가 있었기 때문이다. 관찰자의 위치에서 이 과정을 지켜본 내 눈에 헬무트 콜과 폴커 뤼에는 어떻게든 협상력을 총동원해서라도 이 동맹을 성사시키려는 의지가 강해 보였다.

때는 1990년 2월 5일이었다. 이날 서독 기민당의 헬무트 콜, 동독 기민당의 로타르 드메지에르, 독일사회연합의 한스빌헬름 에벨링, 민주주의 각성의 볼프강 슈누르는 인민회의 선거에서 독일을 위한 동맹에 함께하기로 합의했다. 그때부터 본격적인 선거운동이 시작되었다. 헬무트 콜이 이끄는 동독의 모든 대중 유세는 이제 독일을 위한 동맹의 유세장이 되었다. 이런 집회에는 매번 수만 명이 찾아왔는데, 에르푸르트에서만 약 10만 명이 참석했다.

이제는 민주주의 각성이 미래의 동독 정부에서 무엇을 이루고자 하는지 내용적으로 분명히 밝히는 것이 중요했다. 이 작업은 오스발트 부츠케 민주주의 각성 사무총장과 내가 맡았다. 우커마르크 가르츠 출신의 목사인 그는 라이프치히 창당대회 이후 사무총장이 계속 공석으로 남아 있던 상태에서 지난 1월 나와 마찬가지로 볼프강 슈누르에 의해 즉흥적으로 사무총장에 임명되었다. 우리 둘은 서독 출판인이자 언론인인 클라우스 데트옌의 지원을 받아 선거 홍보용 신문 『각성: 민주주의 혁신을 위한 신문』을 발행했다. 품이 많이 드는 일이었다. 게다가 우리는 "민주주의 각성은 동독의 탈스탈린화를 요구한다"라는 제목의 전단을 시리즈물로 만들어 뿌리기도 했다. 내 이름으로 쓴, 내 인생의 첫 기고문도 이때 나왔다. 이 글은 1990년 2월 10일 자 『베를리너 차이퉁』지에 실렸다. 여기서 나는 사회적 시장경제, 즉 경쟁의 중요성과 그 안에서 국가의 역할에 대한 나의 생각을 개진하면서 다음과 같은 말로 끝맺었다.

"민주주의 각성은 각 개인의 능력이 사회에서 충분히 인정받을 수 있는 조건을 만들고자 합니다."

그런데 『베를린 차이퉁』 편집국은 내가 논쟁적 열정에 사로잡혀 사회적 시장경제의 창시자인 알프레트 뮐러아르마크와 프란츠 뵘을 A. 뮐러아르마우와 F. 뵐렌으로 바꾼 것을 알아채지 못했다. 아무튼 그보다 더 중요한 것은 내가 처음으로 나의 정치적 신념을 공개했다는 사실이었다. 가슴이 벅차올랐다.

1990년 2월 중순경 볼프강 슈누르가 한 남자와 사무실의 내 자리로 왔다. 슈누르는 그를 경륜 있는 저널리스트라고 소개한 뒤 지금부터 인민회의 선거 때까지 계속 같이 다닐 거라고 간략하게 설명했다. 순간 나는 내부 사정이 언론에 바로 새어나가지 않을까 걱정이 되었다. 슈누르는 자신도 늘 하는 말이지만, 동독 총리만 될 수 있다면 못할 것이 없는 사람이었다. 나는 슈누르에게 독대를 요청했고, 그는 받아들였다.

"정당은 결정을 내릴 때 자기만의 은밀한 공간이 필요합니다."

나는 그의 마음을 바꾸려고 했다.

"나는 그 사람이 있는 자리에서는 비판적인 말을 할 수 없고, 하지도 않을 겁니다. 더구나 그 사람이 오직 대표님만을 위해 일한다고 믿을 수도 없습니다."

"그럼 중요한 이야기는 앞으로 우리 둘만 있을 때 하세요."

슈누르는 대수롭지 않게 넘겼다.

나는 만족스럽지 않았지만 더 이상 고집을 부리지 않았다. 어차피 그와의 대화는 항상 어려웠다. 슈누르는 다른 사람의 눈을 똑바로 보지 않고, 대개 비스듬히 지나쳐 보면서 이야기했다. 그것만으로도 마음이 늘 불편했다. 하지만 어쩔 수 없었다. 나는 내가 생각하는 바를 이야기했고, 그것 말고는 할 게 없었다.

선거운동은 속도를 냈다. 나는 열심히 뛰고 또 뛰었다. 그런데 3월 초, 슈누르가 국가안전부 비공식 요원, 즉 프락치였다는 소문이 점점 힘을 받기 시작했다. 연초부터 있었던 소문이었다. 슈누르는 모든 혐의를 강력히 부인하며 결백을 주장했다. 그런데 내가 몰랐던 사실이 있었다. 로스토크의 민주주의 가성 당원들이 3월 6일 마그데부르크에서 열린 유세 현장에서 슈누르의 슈타지 파일이 로스토크에서 발견되었다는 사실을 헬무트 콜에게 통보한 것이다. 그들은 콜을 직접 만나지는 못했지만, 콜의 측근들에게 자신들이 알아낸 정보를 전달했다. 그러나 서독 기민당은 이 우려를 심각하게 받아들이지 않고 슈누르와 그의 슈타지 의혹에 대해 항상 똑같은 말만 내놓았다.

"볼프강 슈누르는 혐의를 강력히 부인하고 있습니다. 우리는 그를 믿습니다. 당신들은 당대표의 말과 슈타지 파일 가운데 어느 것을 더 믿습니까? 동독에서의 삶이 당신들을 너무 깊은 불신의 늪에 빠뜨렸습니다. 우리를 믿으세요."

나는 격분했다. 그와 함께 서독 기민당이 인민회의 선거를 열흘 남짓 남겨놓은 상태에서 '아무것도 하지 않으면 아무 일도 일어나지 않는다'는 모토에 따라 행동하고 있다는 의심이 들기 시작했다. 그럼에도 극적인 사건은 이미 제 갈 길을 찾아가고 있었다.

슈누르는 3월 14일에 기자회견을 열어 자신에 대한 모든 혐의를 다시 한번 해명하기로 했다. 그런데 기자회견 바로 직전에 오스발트 부츠케, 라이너 에펠만, 프레트 에벨링(마지막 두 사람은 민주주의 각성 창립 멤버였다. 특히 에펠만은 그사이 모드로 내각에서 무임소 장관직을 맡고 있었다)이 슈타지 파일을 현장에서 확인하기 위해 로스토크로 갔다가 슈누르의 프락치 의혹에 대한 명백한 증거를 갖고 돌아왔다.

예정된 기자회견 전날, 우리는 '민주주의 집' 건물에 있던 우리 사무실 회의 테이블에 앉아 있었다. 나를 포함해 에펠만, 부츠케, 에벨링, 그리고 당원 몇 명이 있었는데, 앞으로 어떻게 대응해야 할지 머리를 맞대고 논의하기 위해서였다. 왜냐하면 민주주의의 기본에 해당하는 무죄 추정의 원칙도 무시할 수 없었기 때문이다. 같은 건물에 있던 서독 기민당 대표들은 회의에 부르지 않았다. 걸핏하면 우리한테 너무 의심이 많다고 비난하는 바람에 우리를 미치게 하는 사람들이었다. 아무튼 우리는 동독 출신들끼리 이야기를 나눈 끝에 다음과 같은 결론에 도달했다. 만일 슈누르가 다음 날 국가안전부를 위해 일한 적이 없다는 주장을 고수한다면 그를 계속 믿기로 하고, 만일 그가 내일 기자회견을 취소한다면 분명 뭔가 문제가 있는 것으로 판단하자는 것이다. 우리는 이렇게 결론을 내리고 자리에서 일어났다. 자정이 훌쩍 넘은 시각이었다.

나의 밤은 짧았다. 오전 8시 30분에 이미 10여 명의 기자로부터 간담회 요청을 받았기 때문이다. 주제는 유럽 공동체의 미래에 대한 민주주의 각성의 생각이었다. 나는 내 소견을 발표했다. 그때 갑자기 누군가 들어오더니 독일 통신사 dpa 기자에게 급한 전화가 왔다며 받으라고 했다. 그는 방을 나갔고, 나는 계속했다. 잠시 후 그가 돌아와 자리에 앉았더니 내 말 중간에 불쑥 이렇게 말했다.

"현재 기민당 서베를린 지구당 위원장 에버하르트 디프겐과 또 다른 서독 기민당 위원장 한 사람이 동베를린의 헤트비히스 병원에 입원 중인 볼프강 슈누르 대표와 함께 있고, 슈누르 대표가 두 사람에게 자신이 국가안전부 비공식 요원으로 수십 년간 활동했다는 사실을 서면으로 자백했다는 사실을 알고 있나요?"

이게 다가 아니었다.

"그리고 에버하르트 디프겐이 서베를린 기민당 당사에서 11시에 기자회견을 할 예정이라는 사실도 알고 있나요?"

나는 전혀 모르는 일이었다. 불현듯 발을 딛고 있던 땅이 쑥 꺼지는 느낌이었다. 사실 나는 이런 일을 이미 각오하고 있었고 기자들도 슈누르의 슈타지 연루설에 대한 소문을 알고 있었지만, 이론적 가능성이 확증으로 바뀌는 순간은 완전히 느낌이 달랐다. 이런 경험은 나중에도 여러 번 했다.

아무튼 지금 내가 할 수 있는 일은 한 가지뿐이었다. 참석한 기자들에게 내가 그들을 속이지 않았고, 이날 아침의 상황에 대해 나는 전혀 몰랐다는 사실을 납득시키는 일이었다. 참담했다. 그리고 너무 수치스러웠다. 나는 여기서 민주주의 각성과 유럽공동체에 대해 열심히 설명하고 있는데, 대표라는 사람은 서독 기민당 사람들에게 자신이 슈타지 요원이었다고 고백하고 있었다. 우리 당원들은 그의 안중에 없었다. 우리의 독자 노선에 그렇게 뿌듯함을 느끼던 우리는 그에게 중요한 존재가 아니었다. 게다가 기민당의 어느 누구도 이 사실을 우리에게 알려주지 않았다. 그들은 그럴 필요가 없다고 생각했다. 그 사실을 나는 지금 dpa 기자의 입으로 듣고 있었다. 부끄러운 감정이 치밀었지만, 이대로 주저앉을 수는 없었다. 신속하게 행동에 나서야 했다. 나는 기자회견을 끝내고 사무실로 달려갔다. 아무도 없었다. 지도부는 모두 어딘가에서 선거운동 중이었다. 선거까지 나흘밖에 남지 않았다. 나는 리첸부르거가의 기민당 서베를린 사무실로 가기로 마음먹었다. 다행히 운전기사가 있어서 이동하는 동안 마음을 추스를 수 있었다.

오전 10시가 조금 지나 기민당 서베를린 사무실에 도착했을 때 멀리서부터 한 여자가 전화기에 대고 소리치는 목소리가 들렸다.

"에펠만 씨와 통화해야 해요! 지금 당장! 급해요. 에펠만, 라이너 에펠만 씨요!"

서독 기민당이 그에게 현 상황을 알리고 싶어 하는 것이 분명했다. 에펠만은 튀링겐 어딘가에서 선거운동을 하고 있었다. 핸드폰이나 차량용 전화기는 없었다. 기민당 직원은 현지 경찰을 통해 그의 소재지를 파악한 뒤 꼭 좀 전화해줄 것을 부탁했다. 얼마 뒤 나는 경찰이 에펠만을 찾았지만, 그가 기민당 서베를린 사무실과의 통화를 거부한다는 소식을 들었다. 슈누르와 관련해서 듣고 싶은 얘기가 있으면 민주주의 집을 통해 정식으로 요청하라고 하면서 말이다. 기민당 사람들은 분노했지만, 나는 그의 말이 옳다고 생각했다.

나는 한 널찍한 방으로 들어갔다. 30~40명이 흥분해서 이야기하고 있었다. 지구당 위원장 에버하르트 디프겐의 도착을 기다리는 사무실 직원들 같았다. 내가 아는 사람은 없었고, 내게 관심을 보이는 사람도 없었다. 나는 눈에 띄지 않게 의자에 앉아 무슨 일이 일어날지 기다렸다. 다들 슈누르에 대한 소문에 정신이 팔려 있었다.

갑자기 문이 열리더니 정장을 차려입은 중키의 날씬한 남자가 들어와 카랑카랑한 목소리로 외쳤다.

"이 일과 상관없는 사람은 모두 나가주세요!"

방이 금방 상당히 휑해졌다. 나는 이 일과 상관이 많다고 생각해서 그대로 앉아 있었다. 그런 나를 보고 뭐라 하는 사람은 없었다. 남자는 방을 나갔다가 잠시 후 에버하르트 디프겐과 함께 돌아왔다. 내가 옆자리에 앉은 사람에게 속삭이듯 물었다.

"디프겐 옆에 있는 사람은 누군가요?"

"토마스 드메지에르요. 로타르 드메지에르의 사촌이지요. 베를린 시의회에서 기민당 교섭단체 대변인으로 일하고 있어요."

나는 당연히 당시에는 그가 앞으로 내 삶의 많은 부분을 함께할 사람이라는 사실을 알지 못했다.

이제 디프겐이 앞에 나가, 슈누르가 국가안전부의 비공식 요원이었음을 서면으로 자백했고 탈진 상태에서 병원에 입원해 있다고 설명했다. 그러면서 헬무트 콜로부터 이 사실을 11시에 언론에 공표하라는 지시를 받았다고 덧붙였다. 나는 그가 흥분한 모습을 보면서 이런 생각이 들었다.

'거봐. 저 사람들도 뾰족한 수가 없어.'

그럼에도 나는 다시 굴욕감을 느꼈다. 내 머릿속에서는 이런 말이 쿵쿵 울렸다.

'슈누르, 콜, 디프겐, 서베를린, 기민당, 선거… 이 가운데에서 민주주의 각성은 대체 어디에 있지?'

나는 이제 여기를 떠나 곧장 우리 사무실로 돌아가서 우리 민주주의 각성도 최대한 빨리 기자회견을 준비해야겠다고 마음먹었다.

민주주의 집에 도착했을 때 라이너 에펠만이 베를린으로 오는 중이라는 소식을 들었다. 안심이 되었다. 어찌어찌해서 기자회견 시간을 잡았는데, 예정 시각은 초저녁이었다. 에펠만은 아직 먼 길을 달려와야 했다. 나는 민주주의 집 내의 대형 홀로 언론을 초대했다. 이 건물에 입주한 정당과 단체라면 누구나 사용할 수 있는 공간이었다. 관심은 지대했다. 기자들은 나나 다른 사람들에게 뭔가 작은 정보라도 먼저 얻어내려고 기를 썼다. 개방형 건물이어서 나는 내 방을 나서는 순간 복도에서 호기심 많은 기자들과 마주칠 수밖에 없었다. 나는 내 사무실에 틀어박혀 나가지 않았다.

이제 성명서를 써야 했다. 대변인으로서 막대한 책임감을 느꼈다. 그런데 마음이 너무 어수선해서 생각이 정리되지 않았다. 고민 끝에 아카데미의 요아힘에게 전화를 걸어 저간의 사정을 모두 이야기했다. 남편은 성명서에 쓸 멋진 내용을 침착하게 설명해주었고, 나는 서둘러 베를린에 도착한 라이너 에펠만에게 성명서 초안을 보여주었다. 승인이 떨어졌다. 이로써 기자회견의 기본 자료가 마련되었다. 회견장에는 에펠만과 나 외에 민주주의 각성 부대표인 베른트 핀다이스도 참석했다. 진행은 내가 맡았다. 내가 주도한 가장 큰 규모의 기자회견이었다. 라이너 에펠만은 슈누르 대표의 과거 행적에 경악하면서 지금 이 시점부로 그와 단호하게 단절하겠다는 우리의 입장을 발표했다. 그럼에도 이 사건은 성실하게 일해온 우리 모두에게 떨쳐낼 수 없는 재앙이었다. 동독의 짙은 그림자는 최초의 자유선거 직전에 우리에게 다시 한번 깊이 드리워졌다.

선거 당일인 1990년 3월 18일, 요아힘과 나는 라이너 에펠만, 안드레아스 아펠트(민주주의 각성 창립 멤버이자 베를린 지구당 위원장), 그리고 다른 몇 사람을 늦은 오후에 만났다. 장소는 크리스트부르거가 아니면 프렌츨라우어 베르크의 '물방앗간' 레스토랑이었다. 우리는 선거 결과를 초조하게 기다렸다. 이번 선거에서 누가 제1당이 될지는 누구도 장담할 수 없는 상황이었다. 집에 전화기가 있는 사람이 별로 없었기에 의미 있는 사전 여론조사는 실시되지 않았다. 민주주의 각성이 기민/기사 연합에 비해 어느 정도의 성적을 거둘지도 관심사였다. 오후 6시 투표 종료와 함께 나온 사전 예측은 0.9퍼센트였다. 절망적인 성적이었다. 이 자리에 만주주의 각성 사람들만 있어서 다행일 정도였다. 하지만 선거 결과에 대한 실망감까지 사라지지는 않았다. 슈누르의 슈타지 연루 사건만으로는 설명되지 않는 결과였다. 우리는 이게 독일연방공화국 총리인 헬무트 콜의 인기와 관련이 있다는 사실을 즉시 깨달았다. 최종 집계 결과 기민당은 40.8퍼센트, 독일사회연합(DSU)은 6.3퍼센트, 우리는 선거 후 첫 예측처럼 0.9퍼센트를 얻었다.

다른 한편, 독일을 위한 동맹이 현격한 격차로 원내 제1세력이 되었다는 사실은 기뻤다. 왜냐하면 그사이 사민당으로 이름을 바꾼 사회민주주의자들은 21.9퍼센트, 독일사회주의통일당의 후신인 독일사회주의당(PDS)은 16.4퍼센트, 자유민주주의연맹(BFD)은 5.3퍼센트, 여러 시민단체의 연합체인 동맹 90은 2.9퍼센트, 독일민주농민당(DBD)은 2.2퍼센트, 녹색당과 여성독립연합(UFV)은 2퍼센트를 얻는 데 그쳤기 때문이다. 전체적으로 독일의 신속한 통일에 대한 찬성이 압도적으로 높았다. 다만 우리로선 이 결과가 독일을 위한 동맹에서 우리의 역할을 제대로 반영하지 못한 것 같아 아쉬움이 컸다. 우리는 승리자들에게도 이 사실을 명백히 알리고 축하 인사도 건넬 겸 기민당 축하 파티에 참석했다. 장소는 '아호른블라트' 레스토랑이었다. 분위기는 한껏 달아올라 있었다. 그들의 당대표 로타르 드메지에르가 차기 총리로 확정되었기 때문이다. 그 역시 그에 걸맞게 축하를 받았다.

나는 토마스 드메지에르의 품에 안겼다. 그가 말했다.

"우리 동맹이 이렇게 대승을 거둔 것은 당연히 기쁜 일이지만 당신들 일은 정말 안타깝습니다."

나는 어느 정도 평정심을 되찾고 의미심장한 메시지를 남겼다.

"우리는 동독 기민당의 치부를 가려주는 무화과잎이었습니다. 우리는 오늘 비록 초라한 결과를 거두었지만, 정부를 구성할 때 그 점은 잊지 말았으면 좋겠습니다."

이후 우리 모두는 중앙 선거 개표가 진행되는 공화국 궁전으로 자리를 옮겼다. 국내외 언론들의 관심은 정말 뜨거웠다. 동독에서 처음으로 실시된 자유선거였다. 로타르 드메지에르가 궁전에 들어서자 그야말로 난장판이 벌어졌다. 들이민 카메라에 금방이라도 그의 머리가 부딪치거나, 아니면 그의 몸이 인파에 밀려 깔릴 것 같았다. 토마스 드메지에르는 그를 보호하려고 안간힘을 썼다. 참으로 무질서하고 품위 없는 상황이었다. 나중에야 우리는 이런 상황에 대처하는 법을 배웠다.

어처구니없는 장면도 있었다. 귄터 말로이다 농민당 대표가 내 옆을 지나갔다. 이렇게 가까이서 보기는 처음이었다. 그런데 동독 간부들 사이에서 흔히 볼 수 있는, 잘라만더 제화업체에서 만든 연회색 구두를 신고 있었다. 다시 옛날로 돌아간 것이다. 우리는 위성정당 노릇을 하던 농민당을, 겉은 초록인데 속은 빨갛다고 해서 수박당이라 불렀다. 당시에는 그런 농민당이 불과 석 달 뒤에 기민당에 합류할 줄은 꿈에도 몰랐다.

민주주의 각성은 물론이고 나도 이 자리에 필요 없는 존재라는 사실은 금방 분명해졌다. 요아힘과 나는 집으로 돌아갔다. 정부 구성은 독일을 위한 동맹, 특히 그중에서도 기민당에 맡겨졌다. 인민회의 의석 400석 가운데 동맹은 192석을 차지했고, 민주주의 각성은 그중 4석이었다. 과반을 넘기지 못한 동맹은 연정 파트너가 필요했다.

동독에서 첫 자유 총선거가 치러진 다음 날, 서독 사민당은 동독의 정부 구성보다 더 중요하게 처리해야 할 일이 있었다. 자를란트 주지사 오스카어 라퐁텐을 차기 정부 총리 후보로 선출한 것이다. 이와 관련해서는 당시 정치 상황을 짚어볼 필요가 있다. 지난 연방의회 총선은 1987년 1월에 치러졌고, 4년 회기는 늦어도 1991년 1월에 종료될 예정이었다. 그렇다면 사민당의 총리 후보 결정은 시기적으로 완전히 잘못되었다고는 볼 수 없었다. 그럼에도 2, 3주는 더 기다릴 수 있

178

었다. 왜냐하면 사민당은 어찌됐건 빌리 브란트 명예 당대표가 장벽 붕괴 이튿날 쇠네베르크 시청사 앞에서 라디오 방송 'SFB-정오의 메아리'와 인터뷰를 하면서 다음과 같은 말로 역사적 순간에 대한 예민한 감각을 보여준 정당이었기 때문이다.

"이제 우리는 원래 하나였던 것이 다시 하나가 되는 과정에 있습니다."

얼마 후 동독 사민당도 민주주의 각성과 비슷한 운명을 겪었다. 이브라힘 뵈메 당대표가 국가안전부 활동 혐의로 선거 8일 만에 대표직에서 물러난 것이다. 1990년 4월 초에는 자신이 갖고 있던 다른 공직까지 모두 내려놓았다. 4월 2일, 동독 사민당 의장단과 원내대표는 선거 결과에 크게 실망했음에도 독일을 위한 동맹과의 연정 협상에 나서겠다고 선언했다. 4월 5일 인민회의가 개원했고, 의사 출신의 동독 기민당 소속 의원 자비네 베르크만폴이 인민회의 의장에 선출되었다. 독일을 위한 동맹, 사민당, 자유민주주의연맹의 연정 협상은 빠르게 진행되어 선거 후 4주가 채 지나지 않아 타결되었다. 신학자이자 『노이에 차이트』지의 기자 출신인 마티아스 겔러가 정부 대변인에 임명되었다.

나는 새 정부에서 정부 부대변인을 맡아달라는 제안을 받았다. 정확히 언제 누가 그런 제안을 했는지는 기억나지 않지만, 마티아스 겔러나 토마스 드메지에르였을 가능성이 높다. 이 제안에 특별한 전략적 배경은 없었다. 그 자리는 원래 사민당 몫이었지만, 사민당에서는 누구도 지명하지 않았다. 시간이 촉박했다. 나는 흔쾌히 제안을 받아들였다. 그러나 1990년 4월 12일 성(聖)목요일, 로타르 드메지에르 총리의 새 정부 취임일에 맞춰 일을 시작하지는 못했다. 부활절 전주에 요아힘은 런던을 비롯해 영국에서 강연이 예정되어 있었다. 나는 무조건 그와 함께 가고 싶었고, 그 김에 함부르크에서 의사로 일하는 사촌 집도 들를 생각이었다. 어차피 연정 협상 기간에는 할 일이 없었다. 정부 부대변인에 임명되었다는 이유만으로 이 여행을 포기하고 싶지는 않았다. 런던은 처음이었고, 예전부터 꼭 한번 가보고 싶은 곳이었다. 그렇기에 마티아스 겔러가 부활절 다음 주 화요일 전까지는 출근하지 않아도 된다고 허락했을 때 나는 더더욱 기쁜 마음으로 새 직책을 맡을 수 있었다.

런던에서 나는 요아힘과 함께 영국왕립연구소를 방문했다. 1799년부터 과학 지식의 보급과 연구에 힘써온 연구소인데, 요아힘을 영국으로 초청한 곳도 바로 이 기관이었다. 우리는 하이드파크를 산책했고, 유명한 자유 발언대인 스피커스 코너도 찾았으며, 운 좋게도 로열 앨버트 홀에서 성금요일에 전통적으로 열리는 헨델의 「메시아」도 관람했다. 사촌과는 세계 각국의 음식을 파는 자잘한 음식점이 즐비한 거리를 한가하게 거닐었다. 이제야말로 진정한 세상 속으로 들어온 듯했다. 만사 제쳐두고 잠시 런던으로 여행하기로 한 내 결정이 옳았다는 생각이 들었다.

마찰과 갈등

"서독마르크화가 오면 남고, 안 오면 떠난다."

1990년 초부터 동독 주민들이 거리에서 수없이 외친 구호다. 그런 만큼 서독 연방정부와 막 출범한 동독 정부가 함께 추진한 첫 주요 프로젝트는 동서독 간의 통화·경제·사회 통합이었다. 헬무트 콜은 1990년 2월 초에 이미 동독에 통화 및 경제 통합을 제안했다. 동독 측은 거기다 사회 통합까지 추가로 제시했다. 동독 입장에서는 동독에서 서독으로 빠져나가는 탈출 행렬을 막아야 했다. 1989년에만 거의 35만 명이 동독을 떠났다.

사정이 이렇다 보니, 야심찬 계획이 신속하게 추진되었다. 4월 23일 통화·경제·사회 통합에 관한 동서독 간 조약의 핵심 내용이 발표되었고, 5월 18일에는 서독의 테오 바이겔 재무장관과 동독의 발터 롬베르크가 거기다 서명했으며, 6월 21일에는 서독 연방의회와 동독 인민회의에서 조약이 가결되었다. 일요일이던 7월 1일, 동독에서도 마침내 서독마르크가 동독의 화폐가 되었다.

나는 정부 부대변인으로서 두 재무장관의 역사적 기자회견을 공동 진행했다. 정말 가슴 부픈 순간이었다. 우리는 매우 유리한 교환 조건으로 서독마르크화를 결제 수단으로 받았다. 그뿐만 아니라 경제와 사회, 환경에 관한 법규도 광범하게 통일되었다. 2주 전인 6월 17일에는 동독 신탁청을 통한 국유재산의 민영화가 결정되었다. 하나같이 반가운 조치들이었지만, 발터 롬베르크는 만족스러워 보이지 않았다. 실업률의 급격한 증가 같은 화폐 통합의 결과를 우려한 것이다. 그러나 화폐 통합의 장단점과 롬베르크의 일리 있는 우려를 종합적으로 고려해볼 때 나는 서독마르크화의 신속한 도입 말고는 더 나은 길을 찾을 수 없었다.

우리가 일하는 속도는 무척 빨랐다. 정부 부대변인으로서 나의 데뷔 무대는 4월 17일 정부청사였다. 시쳇말로 맨땅에 헤딩하는 기분이었다. 마티아스 겔러와의 협업은 복잡하지 않고 우호적이었다. 할 일은 넘쳤다. 겔러는 기본적으로 정부 정책과 활동을 대외적으로 알리는 일을 맡았다. 예를 들면 정부의 브리핑 현장에서 말이다. 그가 다른 업무로 바쁘면 내가 그 일을 대신 맡았다. 나는 드메지에르 정부가 통과시킨 수백 건의 법안과 관련해서 기자들에게 비교적 상세한 답변을 제공했다. 지금은 다들 잘 아는 나의 타고난 꼼꼼한 성격 덕분이었다. 그밖에 나는 언론의 무수한 문의에 일일이 답하고, 로타르 드메지에르 총리나 귄터 크라우제의 인터뷰에 동행하느라 바빴다. 1953년 할레 출신의 토목공학 박사인 크라우제는 총리의 정무차관으로서 정부의 핵심 인물이었다.

우리는 전에 동독 각료회의실에서 근무했던 직원들과 함께 총리실에서 일했다. 서독의 자문위원들이 우리에게 민주적인 행정부의 작동 방식에 대해 최소한의 기본을 가르쳐주었다. 내가 알고 지내던 한스크리스티안 마스와 토마스 드메지에르였다.

나는 두 사람을 총리실에서 다시 만났다. 1990년 8월 20일, 사민당이 불과 4개월 전에 구성한 대연정을 깨기로 결정했을 때 두 사람의 반응이 아직도 생생히 기억난다. 경제 및 재정 정책에서 기민당과 사민당의 근본적인 차이로 비롯된 파국이었다. 그 결과 로타르 드메지에르 총리는 1990년 8월 16일 여러 명의 장관을 해임했는데, 그중에는 사민당 소속의 재무장관 발터 롬베르크도 포함되어 있었다. 8월 20일 연정 해체 직후 나는 초저녁에 기자회견을 준비해야 했다.

"일곱 시 뉴스에는 꼭 나와야 해요. 반드시!"

한스크리스티안 마스가 말했다.

"그걸 어떻게 해요? 곧 일곱 시인데."

내가 짜증 섞인 목소리로 대꾸했다.

"기자들한테 전화를 돌려 빠르게 소집해요."

한스크리스티안 마스가 소리쳤다.

"언론에 발표할 성명서는요? 그건 준비됐어요?"

토마스 드메지에르가 덧붙였다.

서독 자문위원들은 좋은 뜻으로 한 말이었지만, 나는 그들도 잔뜩 흥분한 상태임을 알 수 있었다. 거기다 서독 정부의 압박까지 있었다. 그들은 이미 모든 것을 알고 있었다. 하지만 우리는 아무것도 몰랐다. 이 사태에 대한 우리의 우려와 의견을 명확히 하는 것은 쉽지 않았다.

당연히 우리 모두는 엄청난 과제에 직면해 있었다. 8월 23일 인민회의는 야단스러운 심야 회의 끝에, 동독이 기본법 제23조에 따라 1990년 10월 3일부로 독일연방공화국의 기본법 체제 속으로 편입된다고 선포했다. 내가 속한 동독 정부는 사실 출범 첫날부터, 통일의 날이 오면 모든 삶의 영역에서 동독 주민이 법적 안정성 속에서 생활할 수 있도록 법체계를 미리 정비해왔다. 40년 동안 분단된 상태로 서로 다르게 발전해온 독일 내 두 국가로서는 놀라운 모험이었다.

연금법과 노동법 문제는 7월 1일에 이미 대체로 통합되었지만, 당연히 그에 따른 부정적인 결과도 생겨났다. 처음에는 서독 기준을 빨리 받아들이지 못하는 사람이 많았다. 게다가 서독 기준이 도입되면서 동독의 여러 특정 집단에 부정적인 영향이 나타났고, 항의 시위가 시작되었다. 화폐 통합이 농업 종사자들에게 미친 악영향이 그중 하나였다. 이들은 서독마르크화의 도입과 함께 자동으로 유럽 단일 시장의 각종 규제를 받게 되었다. 유럽공동체는 과도기적 유예 기간을 전혀 허용하지 않았다. 동독은 전체 근로자의 10퍼센트 이상이 농업에 종사했고, 서독은 4퍼센트가 되지 않았다. 농촌 지역의 실업률은 급격히 증가했다. 피할 수 없는 결과였지만, 선제적인 조치로 상당히 완화시킬 수는 있었다. 하지만 서독마르크화 도입에 따른 모든 부작용을 미리 고려할 수는 없었다. 결국 정부는 어느 시점에 결정을 내려야 했고, 그 결과 대규모 농민 시위가 일어났다.

다른 많은 영역에서도 마찰과 갈등이 있었다. 동서독 간에 완전히 다른 연금 및 의료보험 시스템, 완전히 다른 재산권, 상이한 보육 조건, 상이한 낙태권, 이것들은 로타르 드메지에르 정부가 출범 초기부터 안고 있던 많은 문제 중 일부였을 뿐이다.

결국 두 번째 통일 조약이 필요했다. 여기서는 첫 번째 조약에서 미처 다루지 못한 국내 정책의 정비가 이루어져야 했다. 이를테면 주말 농장 법규에서부터 교통신호 체계에 이르기까지 말이다. 협상은 7월 6일에 시작되었다. 볼프강 쇼이블레 연방내무장관과 귄터 크라우제 동독 정무차관이 협상을 주도했다. 나는 언론 담당으로 동독 측 대표단에 합류했다.

여기서 나는 빌리 하우스만을 만났다. 1942년생으로 루르 지역 오버하우젠 출신인 그는 볼프강 쇼이블레의 측근이자 서독 측 내 파트너였다. 독일 통일에 감격하고, 남의 말을 귀 기울여 들을 줄 알고, 자신이 남보다 많이 안다고 생각하지 않고, 유별나지 않고, 차분하고 따뜻하고 주의력이 깊은 사람이었다. 그는 나에게 많은 것을 설명해주었고, 내가 물을 때까지 기다렸다가 나를 설득하려는 의도 없이 상세하게 대답해주었다. 평생 이어진 그와의 유대감은 그때 형성되었다.

나는 협상의 시작 과정을 결코 잊지 못한다. 동독과 서독 대표단은 동독 총리청의 배렌 홀에서 만났다. 로타르 드메지에르 총리도 협상 개회식에 참석했다. 환영사가 끝나자 그는 서독 국가(國歌)의 멜로디에 맞춰 동독 국가의 가사를 부르기 시작했다. 우리는 수년 전부터 서독 국가를 흥얼거릴 수 있었다. 이 노래에는 다음 가사가 실려 있었기 때문이다.

"폐허를 딛고 일어나 미래를 향해, 독일이여, 아 통일 조국이여, 우리 그대를 위해 헌신하리. 지난날의 고난은 반드시 이겨내리, 우리 함께 이겨내리. 독일 위에 그 어느 때보다 아름다운 햇빛이 비치도록 우리 반드시 이겨내리."

그때 나는 서독 대표단의 표정이 말 그대로 얼어붙는 것을 보았다. 그들은 숨을 죽였다. 로타르 드메지에르는 정말 통일 독일의 국가를 바꾸고 싶었을까? 그건 알 수 없다. 다만 내 생각에는, 그가 이 예를 통해 우리 동독인들만 모든 것을 바꾸고, 당신네 서독인들은 예전과 똑같이 살아도 된다고 생각해서는 안 된다는 점을 분명히 보여주고자 했던 듯하다. 나도 이 생각에 동의했다. 하지만 다른 참석자들과 마찬가지로, 하필 국가의 예를 빌려 그런 생각을 드러낸 것은 잘못이라 여겼다.

협상은 지난했다. 감정적으로 흐를 때도 많았다. 1990년 8월 31일 통일 조약에 서명할 때까지도 최종 합의에 이르지 못한 문제도 더러 있었다. 예를 들어 낙태에 관한 규정, 재산권 문제, 과거 정권의 불의를 처리하는 문제들이었다. 특히 재산권 문제를 두고는 논쟁이 상상 이상으로 치열했다. 동서독은 6월 15일에 이미 미해결 재산 문제의 해결을 위한 공동 성명에서 '선(先) 반환 후(後) 보상' 원칙에 합의했지만, 점령법에 근거해 이루어진 1945~49년 사이에 몰수된 재산은 여기서 제외시켰다. 그럼에도 특히 자민당이 보상 없이 이루어진 이 국가 몰수를 반복해서 문제 삼았다. 주로 소비에트 점령군과 동독에 의해 전범이나 나치 핵심 활동가로 분류된, 100헥타르 이상의 토지를 가진 대지주와 중소 농장주의 재산이었다.

권터 크라우제는 결국 자민당 소속의 법무장관 클라우스 킨켈을 농업생산협동조합(LPG)으로 초청해서 현장을 직접 눈으로 보게 하는 수밖에 없었다. LPG는 농민들이 공동 생산수단을 이용해서 집단으로 생산하는 협동조합이었다. 크라우제는 토지개혁이 무효화될 경우 어떤 혼란이 찾아올지 실질적인 사례를 통해 보여주고자 했다. 나는 이 방문이 클라우스 킨켈에게도 깊은 인상을 남겼다는 느낌을 받았다. 나로서는 이전의 몰수 문제를 왜 옛 소유주에게 최대한 유리하게 해결하려고 하는지 납득하기 어려웠다. 반면에 반체제 인사나 공산 정권의 희생자, 목회자 자녀처럼 평생 불이익을 받은 사람들에게 보상책을 마련해주자는 사람은 거의 없었다.

재산 문제는 앞으로도 장시간 우리 모두를 괴롭힐 골칫거리이자, 동서독 모두에 고통을 안기는 사안이었다. 건드려서는 안 될 것 같았다. 그런데 내가 조금이라도 비판적인 질문을 던질라치면 대번에 동독에서 살아서 사유재산의 의미를 모른다는 비난이 쏟아졌다. 나는 나 자신의 이익을 위해 그런 말을 하지 않았다. 오히려 정의란 모든 형태의 불의를 비슷한 방식으로 다루어야 한다는 원칙을 중요하게 생각해서 한 말이었다. 그러나 내 반론은 묵살되었다.

온갖 논란에도 불구하고 1990년 9월 20일 동독 인민회의와 서독 연방하원은 각각 과반을 훌쩍 넘긴 찬성표로 통일 조약을 통과시켰다. 이로써 국내 정책 면에서도 통일을 위한 여건이 조성되었다.

위대한 외교의 순간

제2차 세계대전 후 독일은 4개 승전국, 즉 미국, 영국, 프랑스, 소련의 점령 지구로 나뉘었다. 1990년 2월 13일 점령국 외무장관들은 동서독 외무장관들과 함께 '2+4 협정'을 맺기 위한 협상을 개시하기로 합의했다. 한편으로는 독일연방공화국과 독일민주공화국 간의 조약이자, 다른 한편으로는 프랑스, 소련, 영국, 미국 간의 조약이었다. 승전국들뿐 아니라 두 독일의 인접국에서도 통일 독일이 장차 어떤 역할을 할지 우려가 컸다.

독일을 과연 믿을 수 있을까? 이 문제에 특히 예민한 반응을 보인 국가는 영국과 프랑스였다. 반면 조지 부시 미국 대통령은 이러한 우려를 불식시키고 모든 문제를 조속히 해결하기 위해 누구보다 열심히 뛰었다. 이 협상의 주요 의제는 독일의 영토, 특히 동쪽 국경선의 확정, 미래 독일 군대의 규모, 동맹의 자유로운 선택, 그리고 이와 관련한 소련군의 철수 문제였다. 협상은 1990년 5월 5일에 시작되었고, 1990년 9월 12일 모스크바의 옥탸브르스카야 호텔에서 '독일에 관한 최종 합의안'이 체결되었다. 오늘날 프레지던트 호텔로 이름이 바뀐 이 호텔은 여전히 러시아 대통령실이 운영하고 있다.

나는 동독을 대표해 이 회의에 참석한 로타르 드메지에르를 동행했다. 사민당이 8월에 대연정을 탈퇴한 후 그는 외무장관직도 겸직하고 있었다. 서명 전날 밤까지도 협상이 계속 진행되었던 것으로 기억한다. 합의안 서명 전날 로타르 드메지에르는 나를 모스크바 주재 서독 대사관으로 보냈다. 한스디트리히 겐셔 서독 외무장관이 기자들을 초청해 브리핑을 한다고 했기 때문이다. 내가 이 자리에 참석한 표면적인 이유는 독일 양국이 일치된 의견을 낼 필요가 있어서였다. 하지만 진짜 이유는 서독 측이 속으로 어떤 생각을 하는지 무척 궁금했기 때문이다.

나는 협정 초안에 대한 이 브리핑에서 깊이 깨달은 것이 있었다. 만일 내가 브리핑을 진행했다면, 특히 오랜 논쟁거리인 통일 독일의 나토 가입과 관련해서 아직 명확하게 밝혀지지 않은 세부 사항을 포함해 모든 조항을 상세히 설명했을 것이다. 소련은 지난 7월 16일 콜 총리가 한스디트리히 겐셔 외무장관과 테오 바이겔 재무장관을 대동하고 코카서스에서 미하일 고르바초프 대통령을 방문했을 때 이미 통일 독일의 나토 가입에 원칙적인 동의를 표한 바 있었다. 협정의 개별 조항에 대한 나의 냉철한 견해는 실무적으로는 옳을지 몰라도 협정의 전체적인 차원에서 보면 적절하지 않았을 것이다.

반면에 한스디트리히 겐셔의 브리핑은 완전히 달랐다. 세부 사항은 전혀 언급하지 않고, 이 협정에 역사적 의미를 부여하면서 앞으로 우리가 이룰 미래의 모습을 펼쳐보였다. 완전한 주권을 가진 통일 독일, 나토 가입, 장차 정치 공동체로 발전해나갈 유럽공동체, 소련을 포함한 범유럽 안보의 핵인 유럽안보협력기구(OSCE), 1994년까지 구동독 영토에서 소련군의 완전한 철수 같은 비전이었다. 그는 글라스노스트와 페레스트로이카가 있었기에 이런 협정문이 가능했을 뿐아니라 4개 승전국을 넘어 다른 모든 유관국의 사려 깊은 정책과 선의도 그에 큰 기여를 했다고 설명했다.

나는 위대한 외교의 순간이자 역사의 행복한 순간에 함께하고 있다는 감정에 사로잡혔다. 깊은 감명이었다. 나는 겐셔에게서 배웠다. 일단 목표를 설명하고 큰 그림을 명확히 보여준 다음 세부 사항으로 들어가는 것이 효과적이라는 사실을. 나는 이후의 정치 인생에서 이 깨달음을 가슴에 새겼다. 물론 다들 알다시피 늘 그걸 일관되게 지키지는 못했지만.

나는 기쁜 마음으로 호텔로 돌아와 서독 측의 분위기를 보고했다. 우리는 만족했다.

마지막 세부 사항은 그날 밤에 최종 정리되었다. 9월 12일 수요일 독일의 전후 체제를 마감하는 역사적인 문서에 조인식이 이루어졌다. 독일 통일을 가로막는 장애물은 더 이상 없었다. 1990년 10월 3일 독일은 마침내 하나가 되었다. 통합과 정의와 자유의 실현이었다. 2011년 유네스코는 2+4 협정을 '세계의 기억' 프로그램에 포함시켰다. 이로써 이 협정서는 온 세계가 기억해야 할 역사적 유물이 되었다.

2. 홀로서기

주머니 속에서 주먹을 불끈 쥐다

1990년 7월 26일, 동독 인민회의와 서독 연방의회가 공동으로 설치한 통일 위원회는 1990년 12월 2일을 최초의 전 독일 총선일로 확정했다. 그 직전에 인민회의는 새로 설립될 연방주의 지방선거를 10월 14일에 실시하기로 의결했다. 이제 구동독의 14개 지역은 5개의 연방주로 재편되었고, 동베를린과 서베를린은 합쳐서 여섯 번째 주를 구성했다. 이 자리에서 선거일과 선거법을 두고 벌어진 치열한 논쟁을 상세히 설명할 필요는 없을 듯하다. 다만 긴장감 넘치는 한 편의 스릴러 같았다는 말로 정리하겠다. 아무튼 연방헌법재판소의 결정에 따라 신연방주든 구연방주든 의회 입성 기준으로 득표율 5퍼센트 룰이 적용되었다.

'민주주의 각성'은 인민회의 선거에서 실망스러운 성적을 거둔 직후에 이미 당의 진로를 심각하게 고민했어야 했다. 볼프강 슈누르의 후임으로 라이너 에펠만이 지난 4월에 신임 당대표로 선출되었지만, 민주주의 각성은 5월 지방선거에서도 0.5퍼센트 득표에 그쳤다. 이런 상황에서 미래는 없었다. 말 그대로 민주주의 각성의 정치적 강령을 일부라도 지켜내려면 기민당에 들어가는 수밖에 없었다. 민주주의 각성의 독자 노선은 포기해야 했나. 그런데 안타깝게도 서독 기민당에 바로 들어가는 것은 불가능했다. 우리는 동서독 기민당이 1990년 10월 1일과 2일 함부르크 전당대회에서 전 독일 기민당으로 통합하기 전에 먼저 동독 기민당에 들어가야 했다. 나는 많은 사람이 늘 주장하듯 그 방법만이 정말 법적으로 깔끔했는지, 아니면 서독 기민당 입장에서는 두 정당과의 동시 합병이 오히려 덜 복잡하지 않았는지를 놓고 왈가불가하고 싶지는 않다.

합병 과정은 1990년 8월 4일 베를린에서 첫걸음을 뗐다. 당시 민주주의 각성 참석자들의 분위기는 몹시 우울했다. 회의 장소가 어디였는지 기억나지 않지만, 우리가 독자 노선을 완전히 내려놓았던 그날이 푹푹 찌는 날이었던 건 잊을 수 없다. 그나마 기민당 내에 민주주의 각성 워킹그룹을 구성할 수 있게 된 것이 위안이라면 위안이었다. 우리는 기민당 가입이 어쩔 수 없는 선택임을 알고 있었음에도 감정적으로 받아들이기가 쉽지 않았다. 서독 자문위원이 단상에 올라 이 결정을 위해서는 참석자 3분의 2 이상의 찬성이 필요하다고 말하면서 아울러 3분의 2가 무척 높은 수치임을 지적했을 때 회의는 일순간에 무산될 위기에 처했다. 우리는 아무것도 모르는 어린애 취급을 받은 느낌이었다. 나는 화가 치밀었다. 우리를 얼마나 바보로 알면 저런 말을 할까? 그럼에도 나는 마음을 추스르며 단상으로 가 차분하게 서독 자문위원에게 말했다.

"당신이 생각하듯 우리는 동독에서 많은 것을 배우지 못했을 수도 있습니다. 하지만 모두를 대신해서 이 점은 꼭 말씀드리고 싶네요. 동독 사람들도 2 더하기 2가 4이고, 3분의 2가 50퍼센트를 훌쩍 넘는 수치라는 걸 알아요."

그러면서 이렇게 덧붙였다.

"우리는 심지어 99퍼센트의 선거 결과에도 무척 익숙하지만, 지금 여기서 투표하는 사람들은 각자 반대표를 던져도 되고, 그에 따른 책임이 있다는 사실도 압니다. 그런 건 굳이 가르치실 필요가 없습니다."

상황은 다소 진정되었다. 우리는 주머니 속에서 주먹을 꽉 쥐고 있었지만 합병에 필요한 수치를 만들어냈다.

정부 부대변인직도 1990년 10월 2일에 끝났다. 나는 번다한 일상 속에서도 나 자신의 미래를 고민해야 했다. 과학 아카데미는 저만치 멀어진 지 이미 오래였다. 대신 내가 새로 뛰어든 영역은 정말 즐거웠다. 여름에 나는 10월 3일부로 본의 연방공보처에서 정규직으로 일해 달라는 제안을 받았다. 이제야 마침내 아카데미 생활에 종지부를 찍을 시간이 찾아왔다. 나는 전차를 타고 마지막 출근을 했다. 휴가나 연구 여행, 혹은 아플 때를 제외하고는 꼬박 11년 동안 월요일부터 금요일까지 빠지지 않고 다녔던 곳이었다. 연구소에 도착해서는 내 책상을 정리하고 동료들과 작별 인사를 나누었다. 문득 순수과학에 대한 열정으로 들떠 있던 시절이 떠올랐다. 그러나 아쉽지는 않았다. 오히려 전혀 다른 방식으로 이제 나의 한계에 도전해볼 수 있게 되었다는 생각에 가슴이 부풀었다. 내가 정확히 언제 연구소에 사직서를 냈는지는 기억나지 않는다. 어쨌든 4월 12일 이후에는 이미 총리실에서 월급을 받고 있었다.

연방공보처에서 일하려면 공공 의료 기관에서 발행한 건강 진단서가 필요했다. 9월의 어느 날, 나는 지정된 서베를린의 의료 기관을 찾아갔다. 나는 이 절차를 그저 틀에 박힌 요식 행위 정도로 생각했다. 그런데 총리실에서 매일 경험하는 일과 비교하면 이곳의 절차는 신경이 곤두설 정도로 느렸다. 혈압이 올라간 것도 아마 그 때문이었을 것이다. 나는 검사를 받았다. 혈압만 너무 높고 다른 건 모두 정상이었다. 나를 진료한 의사는 이게 공직을 얻는 데 장애가 될 수도 있다고 말했다. 나는 화가 나려고 했다. 내 미래가 한 의사의 진단에 좌우된다고? 결국 건강진단서를 받고, 무사히 취직을 했다. 하지만 나든 그 의사든 당시에는 내가 굳이 연방공보처에 일자리를 구할 필요가 없었음을 알지 못했다.

연방하원 선거에 출마하다

나는 동독 정부 부대변인 시절부터 나만의 정치적 견해를 서서히 키워나갔다. 당시 우리는 독일 통일을 질서 있게 실행해나가는 일에 온 힘을 쏟아부었다. 그 과정에서 한편으로는 동독 정권이 우리에게 어떤 경제적 재앙을 남겼는지, 그리고 수십 년 동안 국가에 조종당해온 국민이 새로운 자유의 조건에서 무사히 헤쳐나가려면 어떤 문제를 극복해야 하는지도 날마다 점점 더 뚜렷해졌다. 다른 한편으로 나는 통일 조약 협상 과정에서 귄터 크라우제를 지켜보면서 동독 주민의 정당한 이익을 지키고 전체 독일의 혁신을 추진하려면 얼마나 많은 힘이 필요한지도 깨달았다. 1990년 10월 3일 이후에도 해결해야 할 문제는 여전히 산더미처럼 쌓여 있었다. 앞으로 실시될 총선에서 연방의회에 들어가면 이런 문제들을 해결하는 데 힘을 보탤 수 있겠다는 생각이 들었다. 결국 나는 연방공보처에서 일하는 대신 전 독일 연방의회 선거에 출마하기로 마음먹었다.

베를린에서 출마할 생각은 전혀 없었다. 대도시에서 자라지 않아서 그런지, 여전히 심정적으로 시골이 편했다. 원래는 브란덴부르크의 우커마르크가 내 선거구가 되어야 했지만, 내가 보기에 기민당 브란덴부르크 지구는 아직 쇄신이 부족했다. 그 때문에 나는 8월 말이나 9월 초쯤 메클렌부르크포어포메른주 기민당 지역 위원장이던 귄터 크라우제에게 연락을 취했다. 그는 나를 돕겠다고 하면서 포어포메른의 그리멘 지구 자치단체장이자 그곳의 기민당 조직위원장인 볼프하르트 몰켄틴을 만나보라고 권했다.

그리멘 지역구는 한자동맹 도시인 슈트랄준트를 비롯해 슈트랄준트군(郡)과 뤼겐을 묶어 새 연방의회 267번 선거구로 통합되었다. 여기엔 이미 두 명의 지원자가 있었지만, 아직 기민당 후보는 확정되지 않았다. 뤼겐 쪽은 뤼겐 저축은행 설립에 애쓴 올덴부르크 출신의 한 은행원을 밀었다. 반면에 한자동맹 도시인 슈트랄준트와 슈트랄준 트군의 지역협의회는 지방의회에서 기민당에 많은 도움을 준, 본 출 신의 기민/기사 연합 시의원을 지지했다. 가장 규모가 작은 그리멘만 여전히 후보를 찾지 못했다. 이 지역도 자신의 후보를 선발해 경쟁에 내보내고 싶어 했다. 그리멘 주민들은 지역 정치에 관심이 많았고, 독 일 통일에 기여하려는 마음도 컸다. 본과 연방의회까지 가는 길은 아 득했다. 이렇게 해서 각 지역의 후보가 경선에서 맞붙게 되었다.

나는 볼프하르트 몰켄틴에게 전화를 걸었다. 우리는 그리멘 행정 관청에서 만나기로 약속했다. 주민들에게 나를 소개하는 자리였다. 귄터 크라우제가 미리 연락해둔 모양인데, 그의 추천은 힘이 있었다. 그리멘 주민들은 나와의 첫 상견례 자리를 흔쾌히 받아들였다.

그리멘으로의 여정은 재앙이었다. 여행 시간을 너무 안이하게 계 산한 것이다. 운전기사가 있었음에도 나는 약속한 오후 4시가 아니 라 5시 30분쯤에야 그리멘에 도착할 수 있었다. 당시에는 핸드폰이 나 차량용 전화기가 없던 시절이라 나의 지연을 알릴 방법이 없었다. 관청 건물 앞에 차를 세웠을 때 한 무리의 남자들이 문을 잠그고 집으 로 돌아가려는 참이었다. 곧 알게 된 사실이지만, 그중에는 볼프하르 트 몰켄틴도 있었다. 나머지는 기민당 그리멘 지역협의회 간부들이 었다.

나는 돌아서려는 사람들을 붙잡고 내 말을 잠시 들어달라고 부탁 했다. 설득은 먹혔다. 하지만 시작부터 일이 꼬인 것은 분명했다. 당 시에도 나는 시간을 지키지 않는 것을 끔찍이 싫어했기에 스스로 몹 시 부끄럽고 불편했다. 나는 늦은 사정을 이야기했다. 베를린에서 꼭 처리했어야 할 업무와 열악한 교통 환경을 언급했다. 첫 번째 이유는 참석자들에게 내가 이 시골 지역에는 관심이 없고 오직 연방의원직 만 탐낸다는 의구심을 더욱 키웠다. 반면에 두 번째 이유는 우리 간담회의 좋은 출발점이 되어주었다. 아우토반이 연결되지 않으면 이 지역의 경제적 번영은 기대할 수 없다고 다들 확신하고 있었기 때문이다. 이렇게 해서 나중에 'A20번 아우토반 건설 프로젝트'가 생겨났다.

그사이 볼프하르트 몰켄틴은 관청 문을 다시 열어놓았다. 이제 나는 그 안의 한 회의실에서 시험대에 올랐다. 회의적인 반응이 팽배했다. 이곳이 구조적으로 우커마르크와 동일한 문제점을 안고 있기에 내가 여기 현안을 누구보다 더 잘 이해할 거라는 나의 확신에 찬 말은 그들을 설득시키지 못했다. 참석자들은 이곳이 우커마르크가 아니라 포어포메른이고, 그것도 그 안의 특수 지역인 그리멘임을 분명히 했다. 순간 나는 이들이 자의식이 강한 사람들임을 즉시 알아차렸다. 여기 사람들은 주로 농업에 종사했고, 서독마르크화의 도입으로 많은 혼란을 겪고 있었다. 볼프하르트 몰켄틴은 이전에 농업생산협동조합의 부조합장을 지냈기 때문에 이곳 사정을 꿰뚫고 있었다. 나는 참석자들에게 전혀 동질감을 주지 못했다. 토질 수치, 혹은 비옥한 토양과 그렇지 않은 토양에 대해서는 어느 정도 알고 있었지만, 그리멘 지역의 다른 주요 수치에 대해서는 아는 것이 전혀 없었다. 그건 구조적 변화로 큰 위기에 처한 그리멘 정유 공장의 문제점에 대해서도 마찬가지였다.

한 시간 반쯤 지났을 때 사람들은 회의적인 표정을 지으며 내 손에 여러 책자를 쥐어주었다. 1990년 9월 27일에 있을 후보 지명 대회 전까지 내가 아직 공부할 게 많다는 뜻이었다. 맞는 말이었다. 왜냐하면 나는 최종적으로 슈트랄준트와 뤼겐 사람들이 미는 후보들과 경쟁해야 했기 때문이다. 그럼에도 나는 간담회장을 떠나면서 이들이 어쨌든 다른 후보들을 물리치고 승리를 거두려는 공통의 열망으로 똘똘 뭉쳐 있다는 인상을 받았다.

나는 9월 마지막 주에 뤼겐섬의 프로라로 갔다. 후보 결정의 날이었다. 점심시간에 나는 뤼겐의 일부 기민당 당원들을 찾아가 출마 인사를 했다. 이곳에서는 토착 기민당 당원들과 얼마 전에야 합류한 민주주의 각성 및 농민당 출신 당원들 사이에 긴장이 있다는 사실을 진작 알고 있었기 때문이다. 나는 할 수 있는 건 다 해볼 작정이었다. 민주주의 각성에서 넘어온 당원들은 나를 반갑게 맞아주었다. 하지만 나머지 사람들은 슈트랄준트 당원들만큼이나 내 말을 아예 들으려고 하지 않았다. 그들은 이미 후보를 확고하게 정한 상태였다.

후보 지명 대회에는 연방하원 267번 선거구의 모든 기민당 당원이 초대되었다. 그렇다면 결국 말을 하는 건 당원 수였다. 이런 점에선 뤼겐 지역협의회가 가장 유리했다. 뤼겐 사람들도 이 점을 마음껏 활용했다. 이동 거리로 보았을 때 슈트랄준트가 대회 장소로 가장 공정했을 테지만 뤼겐 사람들은 그걸 아예 고려조차 하지 않았다. 홈 어드밴티지를 최대한 누리려고 했던 것이다. 대회장은 프로라에 있는 '국방 하우스' 내 대형 강당이었다. 뤼겐에서는 모든 참가자를 수용하려면 거기밖에 없었다. 설상가상으로 뤼겐 사람들은 대회 날짜를 9월 27일 목요일로 잡아놓았다. 평일 저녁이었다. 행사 시작은 오후 7시 30분이었다. 슈트랄준트와 그리멘 사람들이 대회장까지 오려면 한 시간에서 한 시간 30분 정도 걸렸다. 많은 사람에게 부담스러운 시간이었다. 그래서 슈트랄준트와 그리멘 지역협의회는 회원들을 나르기 위해 버스를 대절하기로 결정했다. 나중에 내게 구명줄이 되어준 결정이었다.

대회는 긴장된 분위기 속에서 시작되었다. 모든 과정은 법적 절차에 따라 엄격하게 진행되어야 했다. 서로 이해관계는 달랐지만, 혹시 일이 잘못되어 선거 결과가 무효가 되는 사태는 막고자 했다. 대회장에는 400여 명의 당원이 참석했다. 후보들은 알파벳 순서대로 출마의 변을 밝혔다. 나는 두 번째로 단상에 올라 우리 선거구에 대한 나의 계획을 발표했다.

"동독에서 자란 사람은 저뿐입니다. 이곳의 실정과 문제점에 대해 저만큼 잘 아는 사람은 없다고 생각합니다."

후보자들의 발언이 끝나자 몇 시간 동안 토론이 이어졌다. 뤼겐 주민들은 발트해 해수욕장의 부두 잔교를 재건하는 문제, 멋진 가로수를 보존하면서도 더 넓은 도로를 확보하는 방안, 장차 뤼겐의 어업이 어떻게 될 것인지의 문제에 관심이 많았다. 반면에 슈트랄준트 주민들에게는 전통적인 조선소의 운명과 유서 깊은 도심의 재건이 주된 관심사였다. 게다가 이 한자동맹 도시는 400채가 넘는 건물이 붕괴 위험에 처해 있거나 최소한 대대적인 개보수가 필요한 상황이었다. 슈트랄준트군과 그리멘에서 온 당원들은 농업의 미래에 집중적인 관심을 보였다. 선거구 전체를 아우르는 공통의 관심사도 있었다. 바로 교통망의 확충이었다. 나는 이 모든 프로젝트에 많은 돈이 필요하고, 그게 연방수도인 본에서 나온다는 사실을 잘 알고 있었다. 따라서 다른 두 지원자와 마찬가지로 나 역시 내가 아는 대로 최대한 양심적으로 정보를 제공했다. 당원들이 자신들의 이익을 가장 잘 대변해줄 사람으로 누구를 선택할지는 여전히 불확실했다.

투표는 저녁 늦게 치러졌다. 뤼겐 후보가 가장 많은 표를 얻었고, 나는 2위였다. 슈트랄준트 후보는 자동 탈락이었다. 결선 투표가 필요했다. 휴식 시간에 새 투표용지가 준비되었다. 그사이 결선 투표에 결정적인 영향을 미친 두 가지 사건이 일어났다. 슈트랄준트와 그리멘 당원들이 손을 잡고 나를 지지하기로 결정한 것이다. 그런데 자신감 넘치는 뤼겐 사람들은 이 일을 대수롭지 않게 치부하며 이미 자신들이 이겼다고 생각했다. 결선 투표에 대한 경험이 없는 사람들이었다. 심지어 시간이 꽤 늦어서 자기 표 정도는 없어도 된다고 생각한 일부 뤼겐 당원은 집으로 돌아가기도 했다. 반면에 나를 밀기로 한 그리멘과 슈트랄준트 주민들은 버스를 대절해서 왔기 때문에 개별적으로 돌아갈 수가 없었다.

2차 투표는 자정 직전에 시작되어 자정을 넘겨 결과가 나왔다. 184표 대 178표, 나의 승리였다. 그것도 여섯 표로 승패가 갈린 박빙의 승리였다. 내 지지자들은 환호했고, 뤼겐 주민들은 경악했으며, 나는 행복했다. 임박한 연방하원 선거도 지난 인민회의 선거 때와 비슷하게 진행된다면 이 선거구는 기민당과 나의 승리가 유력했다.

경선이 끝나고 나는 뤼겐의 핵심 강경파들과 새벽 두 시 반까지 장교 휴게실에 앉아 대화를 나누었는데, 진심을 다해 노력하면 언젠가는 이들도 내 편이 될 수 있을 거라는 희망을 보았다.

몇 주 후, 메클렌부르크포어포메른주 지방의회의 기민당 원내대표 에크하르트 레베르크가 당시 나를 위해 또 다른 선거구도 준비해두고 있었다고 말했다. 로스토크란트-리프니츠 담가르텐-테테로-말친 지역을 묶은 266번 선거구였다. 이 선거구의 기민당 지역협의회들은 상부로부터 따로 후보를 찾을 필요가 없다는 통보를 받았다. 귄터 크라우제의 요청으로 베를린에서 누군가가 내려간다는 것이다. 그게 바로 나였다. 이렇게 해서 내가 뤼겐에서 후보로 지명된 지 이틀 후 266번 선거구에서 형식적인 후보 지명 대회가 열렸고, 다들 나만 기다렸다. 그런데 정작 주인공이 나타나지 않았다. 부산하게 대회를 준비하느라 내가 이미 267번 선거구에서 후보로 지명되었다는 사실을 누구도 현장 책임자에게 말하지 않은 것이다. 내 입장에서야 애초에 전후 사정을 몰랐기에 알릴 수도 없었다.

지금 생각해보면 그때그때 바로 핸드폰으로 오해를 풀 수 없던 시절에나 일어날 수 있는 황당한 해프닝이었다. 이 사태의 배경에는 내가 뤼겐 선거구에서 이길 수 없으리라는 기민당 메클렌부르크포어포메른주 지도부의 판단이 깔려 있었다. 뤼겐에서 낸 후보가 결국 다른 지역에서 낸 후보를 가볍게 제칠 거라고 예상한 것이다. 그랬기에 나는 더더욱 스스로가 자랑스러웠다. 266번 선거구에서는 자발적으로 나선 다른 후보가 지명되었다.

1990년 10월 3일 이후 나의 근무지는 콘라트 아데나워 초대 총리의 집무 공간이던 본의 샤움부르크 궁전이 되었다. 연방의회 선거 후 첫 통일 정부가 구성될 때까지 로타르 드메지에르와 귄터 크라우제는 자비네 베르크만폴, 라이너 오르틀레프, 한스요아힘 발터와 함께 헬무트 콜 내각의 특임 장관에 임명되었다. 나는 드메지에르와 크라우제의 대변인으로 일했다. 우리는 내각에 들어와 있었지만, 할 일이 딱히 없었다. 따라서 나는 약 700킬로미터 떨어진 내 지역구의 선거운동에 집중했다.

총선일은 12월 2일로 잡혀 있었다. 시간이 많지 않았다. 나는 포스터를 붙이고, 홍보 자료를 배포하고, 나의 정치적 강령을 다듬는 일에서 지역구 간부들의 도움을 많이 받았다. 뤼겐 주민들도 내게 친근감을 보이기 시작했다. 이 선거구는 인구 밀도가 낮았다. 나는 최대한 많은 사람을 만나려고 먼 거리를 마다않고 지역구 곳곳을 누볐다. 민주주의 각성 시절에 알던 대학생이 나와 동행했다. 나는 차를 렌트하고 접이식 테이블을 하나 샀다. 마을에 도착하면 차에서 내려 빠르게 테이블을 설치했다. 주로 구멍가게나 일용품을 파는 좀 큰 규모의 매장 앞이었다. 우리는 선거 관련 자료들을 테이블 위에 올려놓았다. 그중에는 '여러분의 후보'(Ihr Direktkandidat)라고 적힌 나의 첫 개인 홍보 전단지도 있었다. 요즘 같으면 당연히 '여러분의 여성 후보'(Ihre Direktkandidatin)라고 쓰겠지만, 당시에도 아직 동독 시절과 마찬가지로 남성형으로 남녀를 함께 지칭했다. 통독 후에도 나는 내 직업을 묻는 질문에 거의 항상 '여성 물리학자'(Physikerin)가 아니라 그냥 '물리학자'(Physiker)라고 답했다. 오늘날에는 무척 생경한 일이다.

선거운동 기간에 나는 어떻게든 시민들과 많은 대화를 나누려고 애썼다. 그런데 기본적으로는 친절하지만 말수가 적은 이 지역 사람들의 특성 때문에 그게 항상 쉽지는 않았다. 그 과정에서 나는 몇 초의 침묵을 견디는 법을 배웠고, 상대에게 거부감을 주지 않으려면 속사포처럼 말을 쏟아내지 말아야 한다는 걸 깨달았다.

11월 2일, 본에서 활동하는 사진작가 미하엘 에브너가 내 선거운동에 합류했다. 그를 끌어들인 사람은 한스크리스티안 마스였다. 새로운 연방주에서 선거전이 어떻게 치러지는지 서독인의 눈으로 기록하고 싶어서였다. 그날 나는 뤼겐섬 로베의 어부들을 방문했다. 어부들의 오두막에서 이후 수없이 복제된 그 유명한 사진이 나왔다. 그때의 장면은 내 마음속 깊은 곳에 자리 잡았다. 고기 잡는 일의 품격, 자연과의 친밀감, 새 시대의 숨결이 스민 동독의 옛 분위기, 유쾌한 침묵 등 많은 것이 거기서 뿜어져 나왔기 때문이다. 어부들과 조심스럽게 대화를 나누던 기억이 난다. 나는 대문짝넙치를 처음으로 만져보았는데, 왜 그런 이름이 붙었는지 알 수 있었다.

당시는 불확실성의 시대였다. 어업의 운명은 어떻게 될까? 지금까지 효자 상품이던 청어는 더 이상 안정적인 수입원이 아니었다. 모든 것이 격변 속에서 소용돌이쳤다. 나는 명확하게 약속할 수 있는 것이 없었다. 다만 앞으로 어민들의 문제에 관심을 가지겠다는 말밖에 할 수 없었다. 지금 돌아보면 참으로 안타까운 일이었다. 노력을 많이 했지만 대다수 어부들은 직업적으로 살아남을 수 없었다. 그들의 눈에 유럽의 농업 정책은 감히 맞설 수 없는 거대한 관료주의적 괴물이었다. 적절한 보조금의 수령은 불가능에 가까웠다. 그들을 돕고 싶었지만 계란으로 바위치기라는 느낌이 들었다. 그들은 소수였고, 항상 그들보다 더 큰 집단들이 자신들의 정당한 권리를 요구했기에 나는 그들의 이익을 끝까지 지킬 시간이 충분하지 않았다. 물론 시간이 있었다고 해서 성공했을지는 의문스럽다. 돌이켜보면 당시 어부 오두막 방문은 내게 깊은 인상을 주었음에도 그 사진은 내게 아스라한 슬픔으로 남아 있다.

온갖 문제가 많았지만 선거운동은 내게 전체적으로 무척 즐거웠다. 다양한 사람들과의 만남은 내게 성취감을 주었다. 어떤 지역을 어떤 식으로 탐방하고 홍보할지는 나 스스로 결정했다. 이 지역구는 내 마음속에 점점 소중한 곳으로 자리 잡아갔다.

1990년 12월 2일, 나는 통일 독일의 첫 연방의회 선거에서 48.2퍼센트의 득표율로 당선되었다. 이로써 통일 후 처음 개원한 연방의회에서 초대 지역구 의원이라는 영예를 누렸다. 나는 정치적으로 홀로서기에 성공했다. 독일 통일은 내 인생의 새 장을 열어주었다. 나는 정말 운이 좋았다. 나이 서른여섯은 무언가 새로운 일을 시도하기에 아직 넉넉했고, 내 경험과 지식도 독일 정치에 활기를 불어넣기에 충분했다. 이 지역구에는 2021년 내가 정계를 은퇴할 때까지 내 곁을 묵묵히 지키며 도와준 친구들이 있었다. 여기가 바로 내 정치적 고향이었다.

제3부

자유와 책임

1990년 12월 3일 - 2005년 11월 21일

1. 동독 재건

성목요일

1991년 3월 28일 오후 3시 직전이었다. 나는 집에서 베를린 미테의 알렉산더 광장으로 출발했다. 목적지는 전기산업회관이었다. 예전에 동독 전기전자부가 쓰던 건물이었다. 통일 후에는 이 건물에 독일 신탁청이 입주해 있었는데, 나중에 라이프치히가와 빌헬름가가 만나는 지점의 건물로 옮겼다. 그사이 전기산업회관은 연방재무부 건물로 사용되었는데, 오늘날 이 건물은 신탁청 2대 청장의 이름을 따서 데틀레프 로베더 하우스라 불린다. 나는 여기서 로베더 청장과 상담 약속이 있었다.

1990년 6월 17일 동독 인민회의는 신탁법을 통과시켰다. 이 법의 취지는 서두에 이렇게 설명되어 있었다.

"민영화를 통해 국영 기업의 경영을 최대한 신속하고 폭넓게 정상화하고, 최대한 많은 기업의 경쟁력을 키우고, 그로써 일자리를 확보하고, 새로운 일자리를 창출하고, 땅과 토지를 경제적 목적으로 사용할 수 있도록…"

이는 곧 동독 전체 경제를 유례없는 규모로 민영화하라는 주문이었다. 1990년 7월 1일, 약 400만 명이 근무하는 8,000개 이상의 기업이 독일 신탁청의 관리를 받게 되었다. 신탁청은 동독의 옛 도청 소재지 15개 곳에 지사를 설치했고, 모든 기업은 유한책임회사로 전환되었다. 그런데 화폐 통합을 통해 동독마르크와 서독마르크의 환율이 1:1로 정해지면서 가뜩이나 경쟁력이 낮았던 동독 기업의 경쟁력은 극도로 악화되었다. 그에 대한 분노는 실제로 이 참사에 직접 책임 있는 사람들, 즉 동독의 국가 권력을 마음대로 주무르던 집권자가 아니라 장기간의 경영 실패로 생겨난 문제를 해결하기 위해 탄생한 신탁청으로 향했다.

나는 로베더를 1990년 여름에 만난 적이 있었다. 로타르 드메지에르 총리와 그가 독일 신탁청의 정치적 임무와 절차를 언론에 알리고, 동시에 정치적으로 신탁청의 업무를 지원하기 위해 개최한 기자 간담회 자리였다. 정부 부대변인의 자격으로 참석한 나는 거기서 자신감이 뿜어져 나오는 건장한 체격의 로베더를 주의 깊게 지켜보았다. 그는 말을 함부로 내뱉지 않았고, 일단 조용히 경청한 뒤 자기 논리에 확신을 갖고 차분히 설명했다. 도르트문트 철강 그룹 회슈의 CEO로 재직하면서 기업 구조 조정에 실무 경험이 많은 사람이었다. 그런데 기자들의 몇몇 질문에서 동독 주민의 입장을 고려하지 못하고 답할 때가 가끔 있었다. 결국 간담회가 끝나고 나서 나는 그에게 다가가 말했다.

"쉽지 않은 일이었을 텐데 수고하셨습니다. 앞으로의 일에 성공을 기원합니다. 나도 이게 자살특공대의 임무와 비슷하다는 걸 잘 압니다. 하지만 많은 사람의 운명이 걸려 있기에 정말 중요한 일입니다."

그가 내 말에 귀 기울이는 것 같아 나는 용기를 내어 설명을 이어나갔다.

"기자들이 얼마나 절박하게 묻는지 보셨을 겁니다. 질문자들의 감정 상태를 좀더 헤아려주셨으면 좋을 뻔했습니다. 그들이 말하고 싶었던 건 아마 이런 게 아니었나 싶습니다. 동독 기업의 직원들은 지금껏 정말 최선을 다했고 지금도 최선을 다하고 있지만 그것만으로는 시장경제에서 살아남기가 충분하지 않다는 것이지요. 그렇다면 당신은 이렇게 답할 수도 있었을 겁니다. 그건 동독 노동자들의 잘못이 아니다. 한편으로는 동독의 임금이 서독보다 낮고, 다른 한편으로는

1:1 환율로 동독의 경쟁력이 이전보다 훨씬 더 떨어졌다. 그로써 많은 일자리가 위태롭다. 이 모든 건 정말 받아들이기 힘들 만큼 부당한 일이지만, 현실 사회주의의 유산이기 때문에 어쩔 수가 없다. 서독이 아무리 돈이 많고 경제력이 탄탄해도 그건 되돌릴 수가 없는 문제라고 말입니다."

로베더는 나의 긴 말을 중간에 끊지 않고 경청하더니 내 조언을 명심하겠다고 약속했다. 그러고는 이렇게 마무리했다.

"언제 기회가 되면 대화를 좀더 나눴으면 좋겠습니다."

나의 진심 어린 말에 대한 솔직한 반응이었다.

우리는 1990년 12월 통일 독일의 첫 총선을 앞두고 다시 만났다. 나는 그사이 연방하원 후보로 선거운동을 다니면서 신탁청과 그 활동에 대해 많은 이야기를 들었다. 지역 주민들과 책임자들이 들려준 이야기에 나는 가끔 말문이 막혔다. 무슨 이런 일이 있나 싶었다. 두 번째 만남에서 나는 로베더에게 불쾌함을 숨기지 않았다.

"어떤 사람들이 신탁청 완장을 차고 돌아다니는지 알고 계세요? 젊고 똑똑해 보이지만 오만하기 짝이 없는 삼십 대 미만의 사람들이에요. 이제 막 법학과를 졸업했으면서도 세상천지 자기보다 더 똑똑한 사람이 없는 것처럼 굴어요. 정작 현실과 사람에 대해서는 아는 것이 전혀 없으면서도요!"

첫 만남 때와 마찬가지로 로베더는 흥미롭게 내 말에 귀를 기울였다.

"누군가 자신의 민영화 계획을 위해 대출이 필요한 경우, 그 사람들은 도움을 주기는커녕 오히려 대출 문턱만 더 높이고, 비슷한 유형의 젊은 서독 은행원들하고만 이야기를 나눠요."

"예를 들어주실 수 있나요?"

그가 내 말을 가로막았다.

"선거운동을 다니다가 로스토크에서 재봉용품점을 열려고 했던 한 여성과 대화를 나눌 기회가 있었어요."

내가 차근차근 설명했다.

"그러려면 가게 자리와 4만 마르크 이상의 대출이 필요했지요. 가게는 신탁청의 부동산 사무실을 통해 얻을 생각이었어요. 그 여성은 말을 잘하거나 닳고 닳은 인상이 아니라 오히려 수줍음이 좀 많은 편이었어요. 대출금을 갚을 수 있을 만큼 손님이 많겠느냐는 질문을 비롯해서 담당자의 모든 질문에 솔직하게 대답했다고 해요. 게다가 새로운 일을 시작하는 데 따르는 위험과 용기도 얘기했대요. 그런데 이런 얘기는 젊은 상담원들에게는 너무 막연했나 봐요. 결과가 어떻게 됐을까요? 그 여성은 가게도 대출도 받지 못했어요."

이 말끝에 나는 흥분해서 소리쳤다.

"동독 정권 시절에 자신을 그럴듯하게 꾸며서 이야기할 줄 알고, 허황한 약속도 거침없이 내뱉던 사람들은 세상이 바뀌어도 성공하고 있어요! 사회주의 체제에서처럼 파렴치한이 사회적으로 성공한다는 게 말이 되나요? 우리는 이렇게 되리라고는 상상하지 못했어요!"

내 말이 끝나자 로베더는 나를 가만히 바라보더니 말했다.

"맞는 말이라고 생각해요. 총선에서 어떤 결과가 나오든 앞으로 계속 연락하면서 대화를 나누도록 합시다."

우리는 작별 인사를 했다.

몇 달 뒤인 1991년 3월 1일 나는 아우에와 렝겐펠트에 위치한 섬유 공장 두 곳을 방문했다. 연방의원이자 여성청소년부 장관으로서 작센과 튀링겐 면화 산업협회로부터 초청을 받았기 때문이다. 이 산업의 상황은 암울했다. 나는 내가 할 수 있는 게 많지 않다는 사실을 알고 있었음에도 여성부 장관으로서 이 방문을 통해 위기에 빠진 사람들을 외롭게 내버려두지 않을 것이고 어떻게든 힘이 되어주겠다는 신호를 보내고 싶었다. 테이블보와 침대 시트를 생산하는 아우에의 쿠르트 바우어 공장은 희망이 있었다. 1882년에 설립된 이 가족 기업은 1972년에 몰수되어 국유화되었다. 원소유주는 이제 회사를 다시 돌려받아 계속 운영하고자 했다. 일부 직원은 해고되었지만, 미래를 위한 계획이 있었다. 여기엔 막대한 투자금이 필요했고, 원소유주가 자금을 조달할 수 있을지는 불투명했다. 상황이 이랬기에 신탁청은 이 기업의 민영화를 계속 미뤘다. 원소유주로서는 아까운 시간만 계속 흘려보냈다. 공장을 방문했을 때 나는 이 절차의 신속한 진행을 위해 베를린 신탁청에 압력을 가하겠다고 약속했다.

렝겐펠트의 츠비카우 방적 공장은 상황이 완전히 달랐다. 소련에서 더는 주문이 들어오지 않는 바람에 주로 여성인 200여 명의 직원들은 단축 근무를 할 수밖에 없는 절망적인 상황이었다. 단축 근무는 일정 시간 동안 무보수로 일하지 않는 상태를 이르는데, 실직의 전조로 여겨질 때가 많았다. 수십 년 동안 동독의 열악한 생산 환경에서도 열정적으로 일해온 여성들에게 나는 안타깝지만 회사가 계속 운영될 거라는 희망을 줄 수 없었다.

"남편마저 실직하면 이제 어떡하지요? 우리는 독일 통일을 너무 기뻐했는데, 이제 쭉정이처럼 버려지고 있어요."

한 여성이 자신들의 상황을 이렇게 요약했다.

이런 상황에서 나는 어떻게 해야 할까? 큰 차를 타고 갔지만, 그들에게 줄 선물은 없었다. 현장 유치원 아이들과 교사들이 와서 소리쳤다.

"우리 엄마한테 일자리를 주세요!"

눈물이 솟구치는 걸 간신히 참았다. 내가 할 수 있는 것이라고는 조용히 듣는 일뿐이었다. 그래야 최소한 이 여성들이 자신의 처지라도 말할 수 있을 테니까.

그전부터 나는 나중에 지키지 못할 약속은 하지 않겠다고 늘 다짐해왔다. 이들에게 실망은 지금의 상황으로도 충분했다. 나는 이 자리에 오지 않은 본의 주요 정치인들에게도 화가 치밀었지만 간신히 참 았다. 나는 어디를 가든 한 입으로 다른 말을 하지 않기로 결심한 바 있었다. 결국 렝겐펠트의 여성 근로자들에게 내가 해줄 수 있는 말은 노후화된 생산 시설과 무너져가는 판로, 아시아에서의 경쟁, 감당할 수 없는 투자 비용밖에 없었다. 그들은 내 말에서 위로를 받지는 못했 지만 적어도 내 이야기를 들어줄 준비는 되어 있었다. 이번 방문으로 정의의 문제는 더욱 구체화되었다. 수십 년간의 부실 경영에 대한 책 임을 어떻게 공정하게 나눌 수 있을까? 나는 재교육과 일자리 창출 같은 국가 차원의 지원에 힘쓰겠다는 말밖에 할 수 없었다. 렝겐펠트 방적 공장의 성공적인 민영화는 기대할 수 없었다.

그해 같은 달에 나는 코트부스에 있는 동독 국영철도의 직업훈련 소도 방문했다. 동독에서는 학교를 마치면 누구나 직업훈련소에 들 어갈 수 있었다. 이제는 그런 시절이 지났다. 기업 내 교육과 학교 내 직업 교육을 아우르는 사회적 시장경제의 성공 사례인 이중 직업 교 육 시스템은 새 연방주에서는 아직 시행되지 않았다. 기업 민영화 과 정에서 직업훈련소 문제가 제기된 적은 별로 없었다. 그런 만큼 나는 청소년 문제를 담당하는 여성청소년부 장관으로서 이 문제에도 관 심을 두고 싶었다. 국영철도 직업훈련소의 방문도 그런 의지의 일환 이었다. 동독 국영철도는 통일 조약에 따라 특별 자산으로 전환되어 12월 31일까지 존속되다가 1993년 1월 1일 서독 연방철도와의 합병 을 통해 독일철도로 통합되었다. 동독 국영철도의 합병 과정에서도 직업훈련소 문제는 다른 많은 문제들에 밀려 관심에서 멀어졌다.

코트부스로 가는 여정은 부산했고, 교통편도 좋지 않았다. 나와 기 자단은 관용차 대신 버스를 타고 베를린에서 출발했다. 우리는 조금 늦게 도착했다. 나는 현장 간담회를 위해 연단에 앉았다. 자리에 앉자 일단 부산한 여정의 긴장을 풀려고 담배에 불을 붙였다. 이 모습이 어 떤 인상을 줄지는 걱정하지 않았고, 곧바로 국영철도 책임자들 및 교육생들과의 대화에 집중했다. 토론은 헛도는 느낌이었다. 나는 국가 소유의 철도공사가 앞으로도 계속 직업훈련소를 운영해달라고 요청했을 때 국영철도 책임자들이 자꾸 미적거리는 느낌을 받았다. 결국 나로서는 크라우제 장관에게 이 문제를 알리겠다고 위협하는 수밖에 없었다. 연방교통부 장관으로서 철도를 책임지고 있던 크라우제는 단호하기로 유명한 사람이었다. 결국 그들은 물러섰다. 나는 이들에게 국영철도처럼 국가 소유의 기업이야말로 민간 기업의 모델이 되어야 한다는 점을 주지시켰다.

1991년 3월 28일 오후, 나는 새 연방주의 기업 방문과 관련해서 데틀레프 카르스텐 로베더의 사무실을 찾았다. 정확하게는 1991년의 성목요일이었다. 그를 다시 만나게 돼서 무척 기뻤다. 특히 지난 3개월 동안 나는 정말 많은 일을 한 데다 이제 그와의 미팅이 부활절 연휴 전 마지막 약속이라 더더욱 기뻤다. 연휴는 요아힘과 함께 호엔발데에서 보낼 생각이었다. 나는 로베더에게 아우에, 렝겐펠트, 코트부스를 방문한 이야기를 했다. 아우어에서 공장을 운영하는 쿠르트 바우어 가족에게 약속했듯이 이 기업의 신속한 민영화를 부탁했고, 직업훈련소가 얼마나 중요한지도 설명했다. 직업훈련소 문제는 일사천리로 해결되었다. 그는 내가 기업 방문에서 받은 인상을 얘기할 때 주의 깊게 경청했다. 하지만 무척 지쳐 보였다. 충분히 이해가 되었다. 하루가 멀다 하고 쌓여가는 문제를 처리하기에는 하루 24시간도 부족해 보였다.

한 시간가량 이야기를 나누고 나는 자리에서 일어났다.

"이제 부활절이 코앞이네요. 연휴 기간에는 좀 쉬세요."

내가 말했다.

그가 웃으며 대답했다.

"그렇지 않아도 오늘 뒤셀도르프 집으로 갈 생각입니다. 아내를 만날 생각을 하니 벌써 기대가 되네요."

우리는 작별 인사를 나누고 헤어졌다.

부활절 다음 화요일, 그러니까 1991년 4월 2일 아침 라디오를 켜는 순간 몸이 얼어붙었다. 전날 밤 11시 30분경 로베더 신탁청 청장이 뒤셀도르프 자택 2층 서재에서 총격을 받고 사망했다는 소식을 들었다. 그의 아내 헤르가르트도 중상을 입었다고 했다. 범죄 현장에서는 적군파(RAF)의 편지가 발견되었다. 로베더는 독일과 독일을 위해 일하는 기관과 사람들, 특히 이제는 동독의 재건과 통일 독일의 성공을 위해 헌신하는 기관과 사람들을 증오하는 일단의 인간들에게 희생되었다.

1991년 4월 10일 나는 로베더를 추도하는 국가 기념식에 참석했다. 이후 그의 아내 헤르가르트와는 오랫동안 연락을 주고받았다. 내가 보낸 조의문에 대한 그녀의 자필 편지에는 이렇게 적혀 있었다.

"제 남편은 인간적으로나 정치적으로 당신을 무척 존경했습니다. 당신의 행복과 성공을 빕니다."

나는 이 구절에 깊은 감명을 받았고, 지금도 그 편지를 간직하고 있다.

로베더가 살해되기 전 우리가 성목요일에 상의했던 문제를 벌써 처리했는지는 알 수 없지만, 어쨌든 쿠르트 바우어사는 오늘날에도 여전히 생존해 있다. 그밖에 나는 여성부 장관으로서 노르베르트 블륌 연방노동부 장관과 담판을 벌여, 실업률에 비례해서 여성도 노동 시장 정책의 혜택을 받을 수 있도록 하는 데 성공했다. 예를 들면 직장 내 추가 교육, 재교육, 일자리 창출, 단축 근로 수당 같은 혜택이었다. 연방노동부는 비슷한 상황에 처한 여성보다 실직 위험의 남성 근로자에게 더 많은 혜택을 제공했다. 나는 이런 관행을 바꾸려고 노르베르트 블륌처럼 연륜 있는 정치인과도 맞서 싸워야 했다. 이후 새 연방주에서의 직업교육 상황은 연방총리와 경제 단체들과 수많은 논의를 한 끝에 차츰 개선되었다.

1991년 4월 2일 『프랑크푸르터 알게마이네 차이퉁』(FAZ)에 나의 코트부스 방문에 관한 기사가 실렸다. 그런데 제목이 심상치 않았다.

"여전히 공공장소에서 담배를 피우는 콜 내각의 막내"

코트부스에서 직업훈련소를 지키기 위한 나의 노력은 온데간데없고 공공장소에서의 흡연만이 세간의 주목을 받았다. 내 잘못이었다. 정말 부끄러웠다. 게다가 FAZ는 요아힘이 매일 보는 신문이었다. 내가 담배를 피우는 건 당연히 남편도 알고 있었지만, 좋아하지는 않았다. 그는 언론 보도에 화를 낼 필요가 없다고 생각했다. 나는 약 10년 전 첫 남편의 집에서 나온 뒤로 담배를 피우기 시작했다. 당시 '클럽'이라는 상표의 담배를 하루에 한 갑 정도 피웠다. 그 사건 이후에는 공공장소에서 담배를 피우지 않았고, 그러다 곧 완전히 끊었다. 나는 감기에 자주 걸렸고, 감기에 걸리면 연설할 때 힘들었는데, 이런 잦은 감기가 흡연과 관련이 있다는 생각을 전에도 자주 하곤 했다.

다리 골절

1992년 1월 6일 월요일 나는 왼쪽 다리가 부러졌다. 베를린 샤리테 병원의 의사가 엑스레이 사진을 살펴보면서 말했다.

"회복까지 6개월이 걸릴 겁니다."

"그럼 내 정치 활동도 끝이에요."

내가 한탄했다.

참담한 상황이었다. 요아힘과 나는 당시 베를린 미테의 운터 덴 린덴 69번지에 있던 서점으로 서둘러 가려고 했다. 1991년 11월에 이사한 빌헬름가의 새집에서 도보로 2분 거리였다. 전임 총리로서 마련한 지금의 내 사무실이 공교롭게도, 지금은 없어진 이 서점 옆 건물에 있다. 크리스마스 연휴가 끝났을 때 나는 빨리 사고 싶은 책이 한 권 있었다. 어떤 책이었는지는 기억나지 않는다. 다만 서점에 가려고 바삐 걸친 외투를 벗고 캐주얼한 레깅스만 입은 채 의사들 앞에 누워 있었던 상황이 매우 민망했던 기억만 난다.

아무튼 나는 집에서 서점까지 얼마 안 되는 거리를 서둘러 걸었다. 그런데 가게에서 나오면서 사달이 났다. 계단을 헛디뎌 넘어지면서 다리가 심하게 뒤틀리는 바람에 두 군데가 부러진 것이다. 뭔가 날카로운 것으로 찌르는 듯한, 전에는 알지 못하던 끔찍한 통증이 일순 느껴졌다. 한 발짝도 움직일 수 없었다. 결국 구급차를 불렀고, 나는 샤리테 병원으로 실려 갔다. 다리 통증을 없애려고 속성 진통제를 맞았지만, 마음속 절망감까지 없어지지는 않았다. 앞으로 걸을 수나 있을까? 오후엔 노이브란덴부르크의 동방박사 클럽에서 주최하는 행사에 참석해야 했고, 화요일에는 다시 본으로 돌아가야 했다. 연방의회와 연방정부가 아직 본에 있던 시절이었다. 베를린으로의 수도 이전은 1999년에야 이루어졌다.

연방장관이 6개월 동안 자리를 비운다고? 있을 수 없는 일이었다. 나는 그렇게 확신했다. 연방하원직도 그렇게 오래 쉴 수는 없다고 생각했다. 응급실 침대에 누워 있는 동안 온갖 생각이 머릿속을 맴돌았다. 불과 3주 전, 그러니까 1991년 12월 드레스덴에서 열린 기민당 전당대회에서 나는 헬무트 콜 대표의 유일한 부대표로 선출되었다. 이 직책을 위해 세운 모든 계획이 물거품이 될 위기에 처했다. 왜 이리 운이 나쁠까?

"다음 말을 들어보셔야지요. 아직 말이 끝나지 않았습니다. 6개월 동안 누워 있을 필요는 없고 곧 목발을 짚고 움직일 수 있어요."

의사는 나를 안심시키려 했다.

이러한 희망과 함께 나는 즉시 수술을 받았다. 마취에서 깨어나 보니 부러진 다리가 바깥에서 나사와 막대로 고정되어 있었다. 수술이 성공적으로 끝났다는 말에 마음이 놓이긴 했지만, 다른 모든 건 절망적이고 침울했다. 이런 상황에서는 자그마한 신호조차 큰 결과로 이어질 수 있었다.

지금은 고인이 된 소아외과 의사이자 샤리테 의과대학 학장이던 하랄트 마우 교수가 내게 첫 신호를 주었다. 통일 후 훔볼트대학이 구조 조정을 할 때 요아힘과 인연이 있는 사이였는데, 나는 장관 시절에 알게 된 분이었다. 수술 후 첫 주말에 요아힘이 면회를 왔을 때 마우 교수가 나를 보러 왔다.

"아이들도 이렇게 오래 누워 있지 않는데 어른이 그러면 되겠어요?"

마우 교수가 우리에게 반갑게 인사하며 말했다. 그러더니 휠체어를 가져와 나를 앉히고는 엘리베이터를 타고 샤리테 병원의 옥상 테라스로 데려갔다. 여기서 그는 저 아래 거리를 가리키며 말했다.

"저기 보이지요? 얼마 안 있으면 다시 저리로 걸어 내려갈 수 있을 거예요."

정말이지 당시 이 말만큼 내게 힘이 되는 말은 없었다. 나머지는 신선한 공기가 다해주었다. 사고 이후 처음으로 잘해낼 수 있을 거라는 생각이 들었다. 건강만 되찾는 것이 아니라 정치도 계속할 수 있을 거라는 희망이었다.

내게 힘이 된 두 번째 신호는 크리스티안 불프에게서 왔다. 오스나브뤼크 출신으로 1970년대 말부터 기민당 엘리트 성골 집단인 '청년동맹'에서 활동하며 당내에서 탄탄한 입지를 다져온 32세 정치인으로 훗날 니더작센 주지사와 연방대통령을 역임하게 될 인물이었다. 그런 사람이 병문안을 왔다. 정말 생각지도 못한 방문이었다. 우리는 안면이 거의 없는 사이였다. 그는 이 방문으로 나와 좀더 가까워지고 싶어 하는 듯했다. 그는 세심하게 내 안부를 물었다. 타인에 대한 진정한 관심이 느껴졌다. 나는 그런 그가 마음에 들었다. 작별 인사를 나누면서 그가 마지막으로 물었다.

"혹시 다른 뭐 필요한 게 있나요?"

내 입에서 총알처럼 대답이 튀어나왔다.

"네, 있어요. 콘라트 아데나워 하우스의 내 작은 사무실에서 함께 일할 사람이 필요해요. 기민당 부대표직을 보좌해줄 사람이요. 혹시 마땅한 사람이 있을까요?"

"그럼요, 곧 연락드리겠습니다."

그가 대답했다.

며칠 후 전화가 왔다. 불프는 자신의 동향인 28세의 베아테 바우만과 이 문제로 대화를 나눴다고 했다. 뮌스터에서 영문학과 독문학을 공부한 여성이었다. 불프는 청년 동맹에서 그녀를 알게 되었는데, 1986년 오스나브뤼크 지방선거에서 그녀가 자신의 선거운동을 도와주면서 가까워졌다고 했다. 그의 말에 따르면, 바우만은 내 사무실의 임시직에 관심이 있고, 일주일에 하루 콘라트 아데나워 하우스에서 나의 정책 연구 비서로 일할 용의가 있다고 했다. 크리스티안 불프가 전화번호를 알려주었다. 나는 무척 기뻤고 얼마 뒤 바로 베아테 바우만에게 전화를 걸었다. 가능한 한 빨리 만나고 싶었기 때문이다. 우리는 내가 샤리테 병원에서 퇴원하던 날 오후에 빌헬름가의 내 집에서 만나기로 약속했다. 1992년 1월 31일 금요일 오후 3시였다.

3시 정각에 초인종이 울렸다.

"엘리베이터 7층 버튼을 누르고 계단 반 층만 올라오시면 됩니다."

내가 인터폰으로 말했다. 그러고는 현관문을 열어둔 채 목발을 짚고 그녀를 맞았다.

"안녕하세요, 바우만 씨, 와주셔서 감사합니다."

나는 거동이 불편했지만 친절하게 미소를 지으려고 애썼다.

나는 거실 원탁에 앉으라고 권하고는 빨간 요오드액이 흥건한 붕대를 감은 채 외부 고정기로 고정해놓은 다리를 의자에 올려놓았다. 손님에게는 내보이기 참으로 딱한 광경이었다. 그래서 나는 곧장 본론으로 들어갔다.

"기민당 부대표에 선출되었을 때 나는 헬무트 콜 대표를 대리하는 유명무실한 부대표는 되지 않겠다고 다짐했습니다. 나만의 뭔가를 보여주고 싶었지요. 그러려면 일주일에 몇 시간이라도 함께 일할 동료가 필요합니다. 크리스티안 불프가 당신을 추천했습니다. 이 일에 왜 관심이 있으신가요?"

그녀는 단도직입적으로 대답했다.

"바로 그 때문입니다. 사실 아무 일도 하지 않고 그저 자리만 지켜도 되는데 자기만의 콘텐츠를 보여주려고 한다는 점이 흥미로웠습니다. 또한 서독인으로서 동독 출신의 정치인을 지원할 수 있다는 점도 내겐 매력적이었지요."

몇 달 뒤 그녀는 내게 이런 말도 털어놓았다. 그녀가 보기에, 내가 동독의 기민당 위성정당이 아니라 시민단체 중 하나인 민주주의 각성에서 정치를 시작했다는 점도 흥미로웠고, 텔레비전으로만 알고 있던 나를 막상 만나보니 예상과 달라서 퍽 신선했다고도 했다. 언론에 노출된 나의 이미지는 무뚝뚝하고 까칠했는데, 실제로는 미소도 짓고 눈도 마주칠 줄 아는 나를 보고 놀랐다는 것이다.

나는 빠른 대화 진행에 안도했다. 그런데 안타깝게도 목발 때문에 손님을 제대로 대접할 수가 없었다. 오늘은 퇴원 후 첫날이었다. 목발을 짚고 주방으로 가 커피를 끓일 엄두가 나지 않았다. 무리할 필요는 없었다. 결국 나는 주인 된 도리는 아니지만 베아테 바우만에게 조심스럽게 물었다.

"혹시 터키식 커피를 끓여줄 수 있나요?"

"커피야 당연히 끓일 수 있지만, 터키식 커피가 뭔지 모르겠어요."

그녀의 말에 나는 싱긋 웃으며 대답했다.

"터키식 커피가 맞는 말인지는 모르겠지만, 동독 아카데미에서 근무할 때 그렇게 불렀어요. 잔에 커피 가루를 한 숟가락씩 넣고 그냥 뜨거운 물을 부으면 돼요."

바우만은 고개를 끄덕이더니 거실에 붙은 부엌으로 가서 일을 시작했다. 나는 일이 순조롭게 흘러가는 것을 보면서 기왕 이렇게 된 거, 한 가지 일을 더 부탁했다.

"여긴 아직 모든 게 엉망이에요."

내가 부엌 쪽을 향해 소리쳤다.

"이사 온 지 몇 달 안 됐거든요. 주문한 가구도 어제야 도착했어요. 남편이 그걸 아직 정리하지 못했어요. 오늘 출장을 갔거든요. 미안하지만, 부탁 하나만 더 들어주실 수 있나요?"

"물론이지요."

그녀가 대답했다.

"그럼 옆쪽으로 가보세요. 바닥에 서랍이 있을 거예요. 서랍들 때문에 목발을 짚고는 지나갈 수가 없어요. 서랍을 벽 쪽 찬장에 넣어주시겠어요?"

나중에 돌아보니 참으로 민망하고도 희한한 날이었다. 내 집에 처음 온 손님에게 서랍을 부엌 찬장에 정리해달라고 부탁하고, 알지도 못하는 터키식 커피를 끓이게 했으니 말이다. 나로서는 어쩔 수 없는 비상 상황이었기에 체면 따윈 버리고 말할 수 있었고, 그녀로서도 다행히 이 채용 기회를 반드시 잡아야 한다는 부담이 없었기에 내 부탁을 압박감으로 느끼지 않았던 듯했다. 우리 둘은 편하게 이야기를 나누었다. 내가 채용 여부를 결정하기 위해 그녀에 대해 좀더 많은 것을 알고 싶어 했던 것처럼 베아테 바우만 역시 나에 대해 좀더 자세히 알고, 내가 자신과 맞는 사람인지 확인하고 싶어 했다. 우리는 두 시간쯤 후에 작별했고, 그녀는 곧장 집으로 돌아갔다. 나는 결심을 굳혔고, 베아테 바우만도 마찬가지였다. 이렇게 해서 1992년 2월 중순, 내가 본에서 업무를 재개할 때 우리의 협력 작업은 시작되었다.

나는 연방하원의원에 당선되고 여성부 장관에 임명된 후 본 생활에 어려움 없이 잘 적응해나갔다. 의정 생활은 정부 기관이 집중된 행정 지구와 의회 지구에서 주로 이루어졌고, 저녁이면 초당적 의원 모임인 독일 의회협회의 한 빌라에서 동료 의원들을 만났다. 1991년 초, 나는 본의 바트 고데스베르크 지역에 속하는 무펜도르프 언덕의 한 신축 건물에 세 들어 살았다. 목조 주택이 즐비한 옛 포도 재배 마을의 이 역사적 중심지가 꽤 마음에 들었다. 정부가 베를린으로 이전할 때까지 이 마을은 내 마음속에 퍽 친근한 곳으로 자리 잡았다.

나는 부러진 다리를 무척 조심히 다루었고, 아직 다리에 부담을 줘서는 안 되는 시기에는 혹시 몰라 본의 요하니터 병원에 입원해서 밤을 보냈다. 헬무트 콜의 주치의가 추천한 병원이었다. 콜은 지난 1월 샤리테 병원으로 나를 찾아와 심각한 부상에도 불구하고 내가 직무를 계속 수행해주기를 바란다는 뜻을 전했다.

그 후 몇 달 동안 베아테 바우만은 콘라트 아데나워 하우스의 여비서관과 함께 1990년 10월 기민당 통합 전당대회에서 내가 짧은 연설로 제시한 문제들을 구체화하는 작업에 돌입했다. 예를 들어 우리는 동독 시절의 불의를 정리할 목적으로 "좀도둑은 목매달고, 큰 도둑은 놓아준다"라는 제목의 토론회를 개최했다. 그밖에 옛 동구권 국가들과의 관계, 잃어버린 교육 기회의 보전, 대학의 재건 같은 문제도 우리의 계획에 포함되어 있었다. 우리는 각 주제에 대해 전문가들을 불러놓고 공청회를 열었다. 이런 일련의 작업은 새 연방주들의 상황을 다룬 '우리는 새로운 나라에서 함께 산다'라는 제목의 문서로 종합되었고, 이는 1992년 10월 뒤셀도르프 기민당 전당대회에서 제안서로 채택되었다. 또한 이 전당대회에서는 통일 후 로타르 드메지에르가 1991년 슈타지 혐의로 사임하면서 이어져온 과도기적 단독 부대표 체제도 종식되었다. 나는 이제 기민당 네 명의 부대표 중 한 명으로 선출되었다.

그와 함께 본에 있던 기민당 당사 10층의 내 사무실은 사라졌다. 하지만 베아테 바우만과의 협력 작업은 이제 본격적으로 시작되었다.

그녀는 내 선거구에 대해서도 차츰 알아나갔다. 1993년 3월 나는 그녀에게 연방여성청소년부 장관의 개인 보좌관직을 제안했다. 풀타임으로 일하는 정규직이었다. 나는 베아테 바우만이 흔쾌히 수락해줘서 기뻤다. 1차 시험에 붙은 행정고시와 박사학위까지 포기하고 내린 결정이었다. 훗날 우리는 예상치 못한 이 인생 전환에 대해 이야기할 때가 많았는데, 단 한 번도 후회한 적이 없었다는 그녀의 말에 나는 두고두고 고마움을 느꼈다.

만일 내가 다리가 부러지지 않아 베아테 바우만을 만나지 못했다면 내 정치적 진로가 어떻게 되었을지 추측하는 건 무의미하다. 크리스티안 불프와도 언젠가 분명 인연이 맺어졌겠지만 1992년 초처럼 일찍이는 아닐 것이다. 돌이켜보면 이처럼 내 골절 사고로 뜻하지 않은 좋은 점도 있었다.

1994년 연방하원의원 선거 이후 베아테 바우만은 나와 함께 연방환경부로 자리를 옮겼다. 처음에는 계속 개인 보좌관 신분이었지만, 1995년 5월부터는 페터 뢰스겐의 뒤를 이어 내 사무실 책임자로 일했다. 훌륭한 변호사였던 뢰스겐은 1991년부터 나를 위해 일했고, 1995년에는 행정 부처에서 새로운 업무를 맡고 있었으며, 2006년부터는 연방총리실에서도 수년 동안 나와 함께 일했다. 베아테 바우만은 기민당의 야당 시절에도 내 곁을 지켰을 뿐 아니라 내가 퇴임하는 순간까지 16년 동안 총리 비서실장으로 함께했다. 평생 내 곁에는 훌륭한 참모와 조력자들이 많았다. 그중 몇몇은 이 책에서 언급될 것이다. 이들이 없었다면, 특히 베아테 바우만이 없었다면 나의 정치적 역정이 과연 가능했을까 하는 생각이 든다.

이웃 여자

1991년 11월 요아힘과 내가 쇤하우저 알레에서 빌헬름가로 이사했을 때 옆집은 아직 비어 있었다. 그러다 1992년 봄에 상황이 바뀌어 비르기트 브로이엘이 새 이웃으로 들어왔다. 1991년 4월 13일, 데틀레프 카르스텐 로베더의 국가 추모식이 끝난 지 사흘 만에 후임 신탁청장에 임명된 사람이었다. 1937년에 함부르크에서 태어나 세 아들을 둔 브로이엘은 은행가 집안 출신이었고, 함부르크 시의원으로 8년 동안 활동했다. 이어 당시 니더작센 주지사이던 에른스트 알브레히트에 의해 1978년에는 주정부 경제부 장관과 교통부 장관에, 1986년에는 재무부 장관에 임명되었다. 그녀는 1990년 알브레히트 주정부가 선거로 교체될 때까지 재무부 장관직을 맡았다.

이제 우리는 이웃으로 지내면서 개인적으로 친분을 쌓았다. 일요일 오후에는 주로 그녀의 집에서 가끔 만났다. 그녀는 산더미 같은 업무 때문에 주말에도 가족이 있는 함부르크로 가는 일이 드물었다. 우리는 그녀의 작은 부엌이나 거실에 앉아 차를 마셨다. 나눌 이야기는 많았다. 나는 장관이자 하원의원으로서 내 선거구에서 겪은 일과 슈트랄준트 조선소의 운명에 대해 이야기하고 또 이야기했다.

1980년대에 이 조선소에는 8,000명이 넘는 직원이 근무했다. 한마디로 이 도시의 가장 큰 고용주이자 트레이드마크와도 같은 곳이었다. 시민들도 조선소를 자신들과 한몸이라고 생각했다. 1990년 중반 이후 이 조선소도 다른 모든 기업과 마찬가지로 소유주가 신탁청으로 넘어갔다. 이전에 소련에서 받은 주문은 화폐 통합 이후 모두 취소되었다. 적정 가격으로 생산하는 것은 더 이상 불가능했고, 소련 붕괴 이후에는 고객사들도 더 이상 지불 능력이 없었다.

나는 한자동맹 도시 슈트랄준트의 하원의원으로 선출된 이후 도시 책임자들, 특히 기민당 소속의 하랄트 라스토프카 시장과 조선소 문제로 정말 많은 대화를 나누었다. 기민/기사 연합의 경제 관련 정치인들과도 조선소의 미래를 두고 상의를 거듭했다. 그러다 마침내 1993년 신탁청 이사회는 조선소의 민영화에 동의했다. 새 대주주는 브레멘의 대형 조선소 브레머 불칸사(社)였다. 1988년부터 브레멘 상원의 경제 분과장을 역임한 프리드리히 헤네만이 이끄는 조선소였다. 민영화 결정은 일단 좋은 소식이었다. 그런데 직원 8,000명 가운데 절반 이상이 일자리를 잃었다. 게다가 초창기부터 비스마르와 슈트랄준트 조선소에 대한 보조금이 두 기업에 전달되지 않고 브레멘으로 전용되고 있다는 의혹이 제기되었다. 당시는 브레머 불칸사도 경제적으로 어려운 상황이었기 때문이다. 나는 이 의혹과 관련해서 헤네만과 여러 차례 대화를 나누었는데, 그때마다 그는 소문을 강력하게 부인했다.

그러나 그로부터 3년이 지난 1996년 2월, 수백만 달러의 보조금이 실제로 브레멘 조선소로 전용된 사실이 밝혀졌다. 동독 조선소에 사용되어야 할 자금의 무단 사용으로 브레머 불칸사는 파산에 이르렀다. 그 결과 1995년 신탁청에서 떨어져 나온 '연방 통합조건부 특수과제청'(BvS)은 메클렌부르크포어포메른 주정부와의 공동 출자로 '발트해 지주사'를 설립했고, 슈트랄준트 조선소도 이 회사로 넘어갔다. 브레머 불칸사의 파산은 모든 관련자에게 크나큰 실망을 안겨주었을 뿐 아니라 동독 기업을 서독 기업에 넘긴 조치가 결국 서독 경쟁업체의 이익을 위한 것이 아니냐고 처음부터 의심하던 사람들의 분노에 기름을 끼얹었다. 나는 이런 식의 일반적인 비난에 동조하지 않았지만, 분노하기는 마찬가지여서 1996년 2월 23일 조선소 직원들과 금속 노조가 조선소를 지키기 위해 벌인 시위에 동참했다. 내 인생에서 노동조합 시위에 참여한 것은 이때가 처음이자 마지막이었다. 근로자들을 위해 행동해야 한다는 평소 소신에 따른 결정이었다.

그 뒤로도 조선소 문제는 쉽게 해결되지 않았다. 1997년, 당시 세계 최대 규모에 해당하는 300×108×74미터의 새로운 선박 조립 시설이 가동되었다. 이로써 대형 컨테이너선을 건조할 수 있는 조건이 갖추어졌다. 두 번째 민영화는 1998년 1월에 이루어졌다. 이번에 새 주인은 덴마크의 A.P. 묄러머스크 그룹이었다. 물론 이 기업도 최종적인 소유주가 아니었다.

조선소가 지나온 기나긴 여정을 일일이 설명하는 것은 이 책의 범위를 넘어서는 일이다. 그건 오늘날까지도 계속되고 있는 비애의 역사다. 한자동맹 도시 슈트랄준트의 직원과 책임자들은 무한한 책임감으로 그 과정을 견뎌냈다. 그들이 원한 것은 하나였다. 더 많은 일자리를 창출할 수 있는 금속 산업의 핵심 기업이 자신들의 지역에서 계속 보존되는 것이었다. 메클렌부르크포어포메른주와 연방정부도 이 목표를 지지했다. 조선소의 노사협의회도 특별한 방식으로 조선소의 존속을 위해 노력해왔다. 그때그때 바뀌는 소유주와 싸우면서도 결코 책임을 회피하지 않았고, 조선소의 존속만 보장된다면 단체협약보다 낮은 금액으로 임금 계약을 체결할 용의도 있었다. 이들은 기업 내에서 진정한 의미의 노사 협력이 무엇인지를 실천적으로 보여주었다.

나는 사회적 시장경제의 현실에 눈 뜨기 시작했다. 첫째, 직원 수가 네 자릿수에 이르는 동독의 기업 집단적 사고는 한물갔다. 1990년대 중반에 나는 경제 구조가 미래에 유망하려면 경쟁력 있는 많은 소규모 단위의 조합으로 이루어져야 한다는 사실을 깨달았다. 새 연방주들에서도 중소기업의 중요성은 점점 커지고 있었다.

둘째, 주어진 상황을 악용하거나 심지어 조장하는 사람들이 있다는 사실을 인지했다.

셋째, 경기가 나빠지면 기업주들은 일단 자신의 핵심 사업부터 지키려는 경향이 있었다. 동독 조선소는 새 주인들이 슈트랄준트에 본사를 두지 않으려고 해서 많은 어려움을 겪었는데, 그건 지금도 새 연방주들의 많은 기업이 마찬가지다. 경기가 좋을 때는 조선소도 잘나갔지만, 경기가 나쁠 때는 조선소가 결코 우선순위가 아니었다.

넷째, 나는 슈트랄준트 조선소가 수많은 도전의 대표적 사례이고, 기업은 치열한 경쟁과 극도로 경기에 민감한 시장에서 살아남아야 할 과제에 직면해 있음을 이해했다. 이런 상황에서 민간 기업의 효율성과 국가 개입을 성공적으로 조화시킨 사회적 시장경제는 독일 사례가 보여주듯 적절해 보였다. 그러나 기업에 대한 보조금 승인은 독일이 단독으로 결정할 수 있는 문제가 아니라 유럽위원회 소관이었다. 유럽위원회가 최우선으로 삼는 것은 유럽 내수 시장의 기능, 즉 유럽연합 내의 모든 기업에 대한 동등한 대우였다. 이 과정에서 유럽위원회는 유럽 기업의 국제 경쟁력 제고에 충분한 주의를 기울이지 못했다. 반면에 유럽연합 외의 국가들에서는 상당한 액수의 보조금이 지급되었다. 그 때문에 유럽연합의 보조금 정책으로는 유럽에서 세계적으로 경쟁력 있는 컨테이너선을 지속적으로 건조하는 것은 사실상 불가능했고, 지금도 불가능하다. 유럽의 기술력과 숙련된 노동력은 어느 국가에 비해 뒤지지 않는데도 말이다. 그 결과 일자리는 사라지고, 유럽은 바람직하지 않은 종속 상태에 빠지고 있다.

나는 궁극적으로 유럽 산업 정책의 가능성과 관련된 이런 문제들을 두고 비르기트 브로이엘과 차를 마시며 논의하곤 했다. 그녀는 자기주장이 강하고 자신이 무엇을 원하는지 잘 아는 사람이었다. 또한 남성 위주의 함부르크 기민당에서 활동하면서 이미 자신의 뜻을 관철하는 법을 배운 사람이었다. 그녀는 니더작센에서 쌓은 그런 경험을 바탕으로 신탁청 업무에 대한 지속적인 비판에 대처해나갔다. 나는 그녀에게 민영화의 많은 폐단을 토로했다. 그녀는 받아들이지 않았다. 나로서는 모든 신탁청 관련자가 동독을 옹호하는 것은 아니고, 많은 곳에서 한탕주의의 분위기가 일고 있음을 보여주는 논거와 사례가 필요했다. 그녀는 내 말을 모두 바로 믿지는 않았지만, 내가 경험한 세계에 대해 관심을 보이는 듯했다. 그런데 민영화에 투입될 재정 규모를 정하는 기관은 연방재무부였기에 그녀의 행동 가능성은 어차피 제한적일 수밖에 없었다. 하지만 여기서도 비르기트 브로이엘은 민영화에 따른 이득을 논할 계제가 아니라는 점을 내게 분명히 상기시켜주었다. 1994년 독일 연방재무부는 최종 결산표에서 약 2,700억 마르크의 적자를 기록했는데, 이 적자는 신탁청이 동독 기업을 이미 손실을 안고 인수한 뒤 매각 전에 구조조정을 했거나, 아니면 매각 대금으로는 장부상의 손실을 메꿀 수 없어서 발생했다는 것이다.

우리 사이에 신뢰가 쌓여갔다. 1993년 말 어느 일요일이었다. 비르기트 브로이엘의 집에서 차를 마시며 담소를 나눌 때 그녀는 업무상 만난 사람 외에는 아는 동독인이 전혀 없다고 말했다. 나도 함부르크 친척과 과거 학계 친구를 제외하면 서독 지인이 몇 되지 않는다고 인정했다. 우리 둘만으로는 중요한 현안과 관련해서 동서독 사람들의 생각을 충분히 담아내기 어려웠다. 비르기트 브로이엘은 동서독 사람이 함께 모여 토론하는 그룹을 만들자고 제안했다. 괜찮은 아이디어라는 생각이 들었다. 그녀는 서독인을, 요아힘과 나는 동독인을 섭외하기로 했다.

이렇게 해서 비르기트 브로이엘과 요아힘, 나 외에 신학자이자 철학자인 리하르트 슈뢰더, 소아외과 의사 하랄트 마우, 영화감독 폴커 슐뢴도르프, 작가 헬가 슈베르트 등 약 15명의 동서독 사람이 모였다. 1994년 우리는 6주마다 만나서 토론을 벌였다. 독일 통일의 현주소는 어떠한가? 우리는 국가에 어떤 기대를 가지고 있는가? 그런 국가에서 개인의 역할은 무엇인가? 독일 통일은 유럽연합에 어떤 의미가 있는가? 또한 예술과 문화에는 어떤 의미가 있는가? 훔볼트대학의 사례와 관련해서 과학계의 쇄신은 어떻게 이루어지고 있는가? 마지막 질문은 당시 요아힘과 관련이 있었다.

동독 과학 아카데미는 1990년 6월 27일 공법상 법인으로 전환되었다. 1990년 7월 11일, 독일 학술위원회는 내가 근무했던 중앙 물리화학 연구소를 포함해 총 60여 곳의 연구소에 대한 평가를 시작했다. 1957년에 설립된 이 위원회는 독일 연방정부와 주정부에 학문 및 교육 정책을 제안하는 가장 중요한 자문 기관이었다. 통일 조약 제38조에 따르면, 1991년 12월 31일 이전까지 다른 기관으로 전환되거나 해체되지 않는 동독 연구 기관은 새 연방주의 기관으로 계속 존속한다고 규정되어 있었다. 그 이후에는 기존 서독 연구 기관들과의 점진적인 통합이 추진되었다. 여기에는 정치적 이유로 동독에서 대학 교수가 되지 못한 과학자들에게 대학 쇄신을 통해 임용 기회를 제공하려는 의도도 포함되어 있었다. 요아힘에게도 그런 기회가 열렸다. 그는 1992년부터 1996년까지 훔볼트대학의 막스 플랑크 양자화학 워킹그룹 책임자가 되었고, 1993년에는 화학부 물리 및 이론 화학 교수로 임명되었다.

그로부터 근 20년이 지난 2011년, 요아힘은 잡지 『화학계 소식』에 「분열된 동독과 성공적인 통일」이라는 제목의 기명 원고를 보내, 자기 학부의 예를 들며 당시 인적 차원의 물갈이를 설명했다. 또한 같은 잡지와 진행한 한 인터뷰에서는 이렇게 말했다.

"동서 갈등이라는 말이 부단히 나오는 곳에서는 실제로 동서 갈등이 있습니다. 다만 구조적으로 볼 때 과학 분야의 통합은 매우 성공적으로 이루어졌습니다. 20년이 지난 지금, 신구 연방주의 대학과 연구 기관들은 같은 리그에서 뛰고 있습니다. 오늘날 아들러스호프 과학 센터에서는 1990년 이전 동독 아카데미 시절보다 더 많은 사람이 연구하고 있습니다. 물론 이 과정이 모두에게 공평하지는 못했고, 공평할 수 없었다는 점도 분명합니다."

나는 이 평가에 동의한다.

신탁청 업무는 1994년 12월 31일에 종료되었다. 그와 함께 비르기트 브로이엘도 청장직에서 물러났고, 이듬해에는 빌헬름가의 집에서 이사 나갔다. 우리는 이웃을 잃었다. 하지만 그 뒤로도 그녀는 여전히 나의 대화 파트너이자 조언자로 남았다.

주민 상담 시간

나는 6~8주에 한 번씩 슈트랄준트의 내 지역구 사무실에서 주민 상담 시간을 가졌다. 첫 시간은 1991년 5월 2일에 열렸다. 나는 4월에 시청 바로 뒤편의 바덴가에 적당한 사무실 공간을 임대한 뒤 『발트해 신문』에 사무실 개소식을 알리는 광고를 내면서 사람들을 초대했다. 나는 주민들이 지역구 의원과 직접 소통할 수 있는 창구를 마련하고 싶었다. 미리 예약할 필요는 없었다.

주민들이 가장 자주 상담하는 문제는 엄청나게 높은 실업률 외에 부동산의 개인 소유권 문제였다. 동독에서는 일반적으로 자신이 사는 집에 대한 소유권은 있었지만, 해당 토지에 대해서는 사용권만 인정되었다. 그건 호엔발데에 작은 집을 갖고 있던 요아힘과 나도 마찬가지였다. 따라서 동독 시절에는 1제곱미터의 땅이 얼마인지 아무도 관심이 없었다. 그런데 1990년에 서독 법이 도입되면서 상황이 순식간에 바뀌었다. 서독 민법에 따르면, 재산권자는 건물뿐 아니라 해당 부동산도 함께 소유하도록 규정되어 있었다. 이로써 새 연방주에 거주하는 모든 주택 소유주는 자신의 집이 들어선 대지까지 취득해서 부동산 등기부에 등재해야 했다.

이 과정은 1994년 9월까지 지속되다가, 마침내 주거용 부동산에 대한 재산권 조정법에 따라 토지 사용자는 이른바 국유 재산 소유주에게 보상하는 조건으로 부동산 구매 계약을 체결하거나 지상권을 설정할 권리를 부여받게 되었다. 이 법은 보상 금액도 정해놓았다. 따라서 주거용 부동산의 경우 시장가격으로 보상을 요구하는 것은 원천적으로 불가능했다. 휴가용이나 차고용으로 부동산을 취득하는 것은 더 어렵게 만들어놓았다. 그런데 동독이 존재하던 40년 사이에

이 나라를 떠났거나 국가에 재산을 몰수당한 사람들도 자신의 소유권을 주장할 수 있게 됨으로써 소유권 문제는 아주 복잡한 상황으로 빠져들었다.

동독 시절에는 토지대장이 제대로 작성되지 않았다. 늦어도 이 시점에는 1945년 당시 소련 점령 지구에서 실시된 토지개혁을 되돌리지 않는 것이 현명하고 올바른 처사임을 모두가 깨달았어야 했다. 그러나 구동독 지역에 연고가 있던 수많은 서독 사람은 통일 조약에 명시된 이 조항을 여전히 받아들이지 않고 격렬히 저항했다.

어느 날 갑자기 개인 부동산이 시장가격으로 거래되기 시작했다. 이는 내 지역구에 크나큰 영향을 미쳤다. 발트해 연안의 뤼겐에 있는 집들은 내륙의 그리멘에 있는 집들보다 100배 넘는 가격으로 팔려나갔다. 이로써 별안간 거대한 계급 차이가 생겨났다. 내 지역구 곳곳에서 실망과 분노가 일었다.

1990년대 중반에 한 주민이 상담 시간에 나를 찾아왔다. 그의 말에 따르면, 작년에 자신이 직접 사용하지 않는 도시 내의 부동산을 등기부에 등재했고, 그로써 모든 정리가 끝났다고 생각하고 무척 행복해했는데, 알고 보니 그게 아니었다는 것이다. 다른 누군가가 해당 부동산에 대한 원소유권을 주장하고 나섰고, 소송을 통해 그 권리를 인정받았다고 했다. 이제 나를 찾아온 주민의 부동산 등기부 등록은 취소될 수밖에 없었다. 그가 분통을 터뜨렸다.

"그 땅은 부동산 등기부에 등록된 내 땅입니다! 잘못된 절차 때문에 내 땅을 빼앗길 순 없어요. 그건 내 땅이라고요! 절대 빼앗기지 않을 겁니다. 당신이 어떻게 좀 해주세요!"

내가 할 수 있는 일은 없었다. 연방하원의원은 법률 자문을 해서는 안 되고, 변호사와 상담하는 수밖에 없다고 말했다. 그는 몹시 실망한 것 같았다. 그럼에도 나는 어떻게든 위로하려고 이렇게 말했다.

"이 모든 상황에도 불구하고 이렇게 생각해보시는 건 어떨지요. 동독 시절에는 그 부동산으로 뭔가 이득을 볼 생각은 단 한 순간도 하지 않았을 거예요. 지금이야 실망감이 크고 억울한 마음도 들겠지만, 그래도 통일된 독일에서는 어쨌든 과거에 우리가 꿈도 꾸지 못했던 일들을 할 수 있게 되었잖아요. 그러니 이 일로 너무 낙담하지 마시고, 우리가 예상하지 못한 다른 일을 즐기는 건 어떨까요? 우리의 인생은 한 번뿐이에요. 망치기엔 너무 아깝잖아요."

그는 내 말을 주의 깊게 들었다. 나는 이 말이 그에게 어떤 현실적인 도움도 되지 않는다는 사실을 알고 있었다. 그래서 그가 씩씩거리며 문을 쾅 닫고 나갔어도 이해했을 것이다. 그러나 그는 그러지 않았다. 그가 헤어지면서 말했다.

"세상 돌아가는 게 정말 엉망입니다. 하지만 그와 별개로 당신 말은 맞아요."

아무튼 이런 상황은 농업생산협동조합(LPG)이 해체된 후 독립적으로 농사를 지으려는 농민들에게도 큰 타격을 입혔다. 이들은 협동조합에 수용된 자신들의 원토지를 되찾아야 했을 뿐 아니라 농사지을 땅도 신탁청이나 그 후속 기관인 '농지 매각 및 관리 회사'(BVVG)로부터 추가로 매수해야 했다. 연방재무부 산하의 신탁청과 BVVG는 자신들의 소유 부동산을 최대한 수익성 있게 판매해야 할 법적 의무가 있었다. 그런데 땅값이 너무 높게 책정되면 지역 농부들은 지불할 여력이 없었고, 그로써 현지 농토가 돈 많은 서독 사람들의 손에 들어갈 위험이 있었다. 지역 주민들은 분노했다.

나는 지역구 의원으로서 해당 농민과 신탁청 직원들 간의 간담회에 참석했다. 대개 이 지역 행정관 볼프하르트 몰켄틴과 함께 갔는데, 전임 농업생산협종조합 조합장으로서 내부 사정을 잘 아는 사람이었다. 분위기는 거칠 때가 많았다. 서독 신탁청 직원들이 세부 사정에 무지한 채 원칙만 강조하면 가끔 걷잡을 수 없는 상황으로 치닫기도 했다. 나는 어떻게든 주먹다짐만은 피하려고 최선을 다했고, 시간이 얼마가 걸리든 하나하나 꼼꼼하게 설명하면서 사람들을 진정시켰다. 내가 본으로 돌아가야 했을 때는 볼프하르트 몰켄틴과 그의 직원들이 계속 뒷일을 봐주기로 약속했다.

반면에 뤼겐섬에서는 수익성은 있지만 리모델링이 필요한 부동산의 매입이 문제였다. 예를 들어, 한 서독인이 발트해 빈츠 해수욕장의 해변 산책로를 따라 줄지어 늘어선 빌라를 대량으로 매입한 뒤 전단지를 뿌렸다. 토착민들 사이에서는 당연히 눈총과 시기가 일었다. 구매자는 문화재청 규정에 따라 빌라를 역사적인 온천 건축 양식으로 리모델링했다. 아름답기는 했지만, 나중에 이 빌라를 휴가용 별장으로 사용할 때만 수익을 거둘 수 있었다. 지금까지는 빈츠 주민들이 거주하거나, 양로원과 보육원으로 사용하던 곳이었다. 많은 사람이 지자체의 도움으로 새집을 구해야 하는 상황이 되었지만, 간단한 문제가 아니었다. 게다가 민영화에 참여할 수 있을 만큼 대담하고 재정적으로 넉넉한 지역 주민은 극소수에 불과했다.

동독의 명과 암

거의 모든 사람이 동의하는 한 가지가 있었다. 새 연방주들이 경제적으로 발전하려면 완전히 새로운 교통 인프라가 필요하다는 점이었다. 귄터 크라우제 교통부 장관은 절대적으로 필요한 17가지 교통 프로젝트를 선정했다. 1991년 4월 9일 내각은 '독일 통일 교통 프로젝트'를 최대한 빨리 시행하기로 결정했다. 내 지역구에서 중요한 프로젝트는 20번 아우토반 건설이었다. 브란덴부르크의 우커마르크 교차점에서 그라이프스발트, 슈트랄준트, 로스토크를 지나 뤼베크와 슐레스비히홀슈타인, 니더작센을 거쳐 독일-네덜란드 국경까지 이어지는 도로였다. 이 아우토반의 서쪽 구간은 오늘날까지도 완공되지 않았다. 나를 포함해 새 연방주의 하원의원들은 지금까지의 방식으로는 구동독의 17개 교통 프로젝트가 매우 느리게 실현되거나 실현되지 않을 위험에 처해 있다는 사실을 분명히 알고 있었다. 현재의 인허가 규정을 변경해야 했다. 결국 1991년 10월 7일 내각은 승인 절차를 신속하게 마무리하기로 뜻을 모았다.

이때부터 포어포메른의 지역 정치인들, 특히 볼프하르트 몰켄틴은 일부 구간이라도 최대한 빨리 건설해서 가시적인 성과를 내는 것을 개인적 사명으로 삼았다. 20번 아우토반의 기공식은 1992년 12월에 열렸다. 내 지역구가 아닌 귄터 크라우제의 지역구에서 열렸지만, 나는 지금껏 지자체와 연방주, 연방정부 같은 모든 정부 기구가 목표 달성을 위해 이번만큼 그렇게 긴밀하게 협력한 프로젝트는 두 번 다시 보지 못했다.

그럼에도 완공까지는 오랜 시간이 걸렸다. 10년이 지난 2005년 12월이 되어서야 나는 연방총리로서 트리프제스에서 열린 20번 아우토반 마지막 구간의 준공식에 참석할 수 있었다. 슈트랄준트에서 남서쪽으로 37킬로미터 떨어진 도시였다. 그리고 2007년에는 슈트랄준트와 뤼겐 사이의 슈트렐라준트 해협을 잇는, 유명하고 인상적인 두 번째 다리를 개통하는 영예를 누렸다. 2002년에는 슈트랄준트 구시가지와 거기서 130킬로미터 떨어진 비스마르 구시가지가 유네스코 세계문화유산에 선정되었다. 또한 문화재로 보호할 가치가 있는 슈트랄준트의 400여 채 건물 대부분은 보수 공사를 마쳤고, 카타리넨 수도원의 해양 박물관과 나의 수호 펭귄 알렉산드라가 있는 슈트랄준트항의 수족관은 지역을 넘어 국제적인 명소로 자리 잡았다. 1990년 헬무트 콜이 예견한 번성한 동독 땅의 풍경이었다.

슈트랄준트와 그라이프스발트 구시가지의 보수 공사는 최현대적인 문화재 보호 규정에 따라 이루어졌고, 옛 온천 건축 양식 스타일의 건물은 보존되었으며, 해상 다리가 재건되었고, 생물권 보호구역과 국립공원이 지정되었다. 이는 연방정부의 막대한 지원금, 즉 독일 납세자의 막대한 세금과 동독 재건에 헌신적인 열정을 바친 지방과 중앙 정치인들의 지칠 줄 모르는 노력 덕분에 가능했다. 그중에서도 볼 프하르트 몰켄틴과 하랄트 라스토프카 같은 인물이 대표적이다.

하지만 모두가 동독 재건에 참여하고 싶어도 참여할 수 없었던 것도 사실이다. 1999년에서 2000년으로 넘어갈 무렵 동독에서 노동 가능 인구 가운데 20퍼센트 가까이가 여전히 실직 상태였다. 1990년도에 30~55세 사이의 연령대 중 상당수는 자신의 잘못이 아니라 불가피한 시대 변화의 희생자였다. 이들은 살 집을 직접 짓고 산업 현장에서 일한 노동자, 농민, 수의사, 기술자 들이었다. 단순히 새 기술을 배워 직업을 바꿀 수 있는 사람들이 아니었다. 함부르크로 출근하는 슈트랄준트 조선소의 노동자들처럼 수년 동안 장거리 통근을 해야 하는 사람도 많았다. 그들의 자녀들은 나중에 줄줄이 고향을 떠났다.

슈트랄준트 응용과학대학을 졸업한 젊은이들은 대부분 뮌헨과 슈투트가르트 등지로 일자리를 찾아 떠났다. 이로 인해 누구도 원하지 않는 가족 해체 현상이 나타났다. 부모는 자식과 손자를 보고 싶어도 보지 못했고, 자식들은 직장 때문에 가족과 함께 부모를 찾는 일이 드물었다. 부모들도 자식들의 집에 오래 머물 수가 없었다. 같이 지내기엔 집이 너무 좁았고, 남부 독일의 임대료는 너무 비싸 큰 집을 구할 수도 없었다.

동독 독재 정권의 희생자들에 대한 처우는 특히 씁쓸함을 자아냈다. 공산 정권 희생자 보상법은 1990년대 초부터 여러 차례 개정되었지만, 오늘날까지도 모든 피해자에 대한 정당한 보상은 이루어지지 않고 있다. 그때나 지금이나 보상 조건이 무척 까다롭기 때문이다. 이와 대조적으로 연방 헌법재판소는 1999년, 동독 시절에 특별 연금 및 추가 연금을 받은 사람은 통일 독일에서도 연금을 받아야 한다고 판결했다. 이들 중에는 동독 국가 기구의 고위 공무원, 국가안전부 직원, 인민군 출신, 동독 국영 기업 간부들이 대거 포함되어 있었다. 오늘날에도 연방정부와 새 연방주의 세금이 매년 수십억 유로씩 이들에게 지급되고 있다. 이에 비하면 희생자 연금은 턱없이 적다.

내 선거구는 두 번이나 확대되었다. 1990년 이후 거주 인구가 계속 줄어들어 연방하원 선거에서 정해진 유권자 수를 충족시키지 못했기 때문이다. 첫 번째에 이어 두 번째 선거구 확대는 빠르게 찾아왔다. 이제 주민들은 학교와 병원, 등기소, 법원으로 가거나 각급 대표를 선출하려면 더 먼 거리를 이동해야 했다. 동독 땅은 분명 예전에 비해 번성했다. 하지만 그것만이 전부는 아니었다. 그건 동독이라는 잘못된 체제의 그림자가 우리가 생각했던 것보다 더 짙어서 그만큼 더 천천히 옅어졌기 때문만이 아니라, 1990년 이후 서독 사람들이 동독 주민들에게 갖고 있던 일부 몰이해에 대한 씁쓸함 때문이기도 했다. 서독인들의 그런 편견 어린 시선에 많은 동독인이 깊은 상처를 입었다.

나는 서독 대중에게 동독에서의 내 삶을 솔직하게 이야기하는 것이 생각보다 어렵다는 사실을 깨달았다. 1992년 10월 3일 슈베린에서 열린 패널 토론에서 있었던 일이었다. 나는 동독 시절 과학 아카데미에 제출한 마르크스-레닌주의 에세이에서 노동자계급에 비해 농민의 역할을 너무 긍정적으로 묘사했다는 이유로 낮은 점수를 받았다고 말했다. 그러자 이 에세이에 대한 언론의 마녀사냥이 시작되었다. 나는 에세이를 언론에 공개하고 싶었지만 집에 복사본이 없었다. 당시 에세이를 타이핑하면서 청색 복사지를 쓰지 않았기 때문이다. 앞서 설명했듯이, 복사지를 타자기에 잘못 끼우면 해당 페이지를 처음부터 다시 쳐야 했기에 나는 처음부터 복사지를 사용할 생각을 하지 않았다. 그렇다고 그런 용도로 복사기를 이용할 수 없던 시절이었다. 이렇게 설명했는데도 기자들은 내가 뭔가를 숨기기라도 하는 듯 의심스러운 눈초리로 나를 바라보며 뒷조사에 들어갔다. 나중에 한 사민당 의원으로부터, 기자들이 내 에세이를 찾으려고 과학 아카데미 기록물 보관소를 이 잡듯이 뒤졌다는 이야기를 들었다. 그러나 결국 찾아내지 못했다. 동독 시절에 그런 에세이는 몇 년이 지나면 폐기되었기 때문이다.

나는 그 이후 솔직함을 잃었고, 내가 하는 말이 또 어떤 의심을 받을지 몰라 머릿속으로 자기 검열을 하며 수년 동안 동독에서의 생활에 대해서만 이야기했다. 그로부터 29년이 지난 2021년 10월 1일, 나는 독일 통일 기념식의 마지막 대중 연설에서 이 문제를 공개적으로 언급하며 이런 질문을 던졌다.

"동독 출신의 우리 세대 사람들은 통일된 지 30년이 지나서도 계속해서 통일 조국의 일원임을 증명해야 하나요? 동독 출신이라는 이유만으로, 동독에서의 삶이 마치 지워버려야 할 부끄러운 과거인 것처럼요?"

이와 관련해서 나는 통일 직후가 아닌 2020년에 콘라트 아데나워 재단이 발행한 한 권의 책을 언급했다. 여기엔 내가 기민당 대표를 지낸 18년의 세월에 관한 글이 실려 있었는데, 그 안에 이런 대목이 있었다.

"시대 전환기에 동독 출신이라는 바닥짐을 안고 기민당에 들어온 서른다섯 살의 그녀는 당연히 저 밑바닥에서부터 옛 서독 특유의 색채로 사회화된 기민당 진골이 아니었다."

나는 이 대목을 읽는 순간 숨이 턱 막혔다. 통일된 지 30년이 지났음에도 동독에서의 내 삶은 기껏해야 마르크스-레닌주의 에세이 소동 때와 마찬가지로 그저 과거의 스캔들에 지나지 않았다. 그조차 통일 독일의 공통된 역사이자 미래의 일부라는 사실은 누군가에겐 도저히 인정하거나 상상할 수 없는 일처럼 보였다.

공격성과 폭력에 맞서

동독 체제하의 40년과 통일 후의 격변이 불러온 보이지 않는 파장은 여성청소년부 장관인 나하고도 무관하지 않았다. 이는 노후화된 인프라나 높은 실업률과 달리 즉각적으로 드러나지 않는 문제였다. 내가 느끼기로, 기민당과 기사당 내의 다수파는 나를 청년층을 위해 끊임없이 새로운 자리와 자금이나 요구하는 사람으로 여기는 듯했다. 그들에게 그건 연방정부가 아니라 연방주들이 해결할 문제였고, 게다가 부모들만 책임을 다하면 필요치 않은 일이었다. 또한 경제가 잘 돌아가고 청년층에 직업훈련 기회와 일자리만 원활히 제공할 수 있으면 청소년 문제는 저절로 해결될 거라고 확신하는 사람이 많았다.

그러나 이들과 다른 시각을 가진 소수파도 있었다. 예를 들면 1950년 본 인근의 바트 호네프에서 태어난 신학자이자 내 부처의 정무차관인 페터 힌체, 그리고 1959년 라인강 하류 클레베 출신의 변호사이자 사회교육자 겸 여성청소년위원회 위원인 로날트 포팔라가 그랬다. 두 사람 모두 나와 마찬가지로 1990년부터 연방의회에 입성했는데, 나중에 나하고 오랜 기간 함께 일하게 된다. 우리는 아동·청소년과 관련된 여러 협회나 단체의 프로그램을 지원하려면 국가 자금이 필수적이라는 데 의견을 같이했다.

이는 특히 새 연방주들에 해당되는 문제였다. 왜냐하면 구동독 지역에서는 지금까지 유지되어오던 국가 차원의 청소년 담당 기구가 와해되면서 일단 독립적인 민간 기관들의 프로그램을 지원할 필요가 있었기 때문이다. 물론 우리는 국가적 프로그램의 장단점을 신중히 검토하는 작업에도 손을 놓지 않았다. 특히 우익 및 좌익 극단주의 청년들의 공격성과 폭력을 막는 행동 프로그램에서 그랬다. 나는 1991년 새 연방주들에서 외국인에 대한 우익 극단주의 청소년들의 폭력적 공격이 증가하는 상황에서 이 프로그램을 추진했다. 폭력의 정점은 1991년 9월 작센의 호이어스베르다에서 발생한 비극적 사건이었다. 인종주의에 물든 청소년들이 외국인 계약직 노동자의 거처와 난민 숙소를 향해 며칠 동안 폭력적 공격을 퍼부은 것이다. 청소년부 장관으로서 나는 이러한 폭력 행위를 지켜만 보고 있을 수 없었다. 앞서 언급한 행동 프로그램을 통해 1992년부터 1994년까지 매년 2,000만 마르크가 중점 지역 서른 곳에 투입되었다. 모두 새 연방주들의 144개 청소년 사회사업에 대한 지원이었다. 이 프로그램의 목적은 젊은이들의 폭력 사용을 예방하거나 최소한 감소시키는 데 있었다. 이 프로그램은 나중에 1996년까지 연장되었다.

"우린 여기 말고 놀 데가 없어요. 어디에도요."

1993년 2월 17일, 내가 로스토크의 한 청소년 센터를 방문했을 때 아이들이 한 말이었다. 열다섯 살, 열여섯 살, 열일곱 살 청소년들이었다. 그전에 나는 이 도시의 비행 청소년 선도원들을 만났다. 내가 로스토크를 방문하게 된 배경에는 우익 극단주의자 수백 명이 로스토크 망명 신청 접수 센터와 베트남 계약직 노동자 숙소를 무자비하게 공격한 사건이 있었다. 몇 개월 전인 1992년 8월에 독일을 뒤흔들어놓은 사건이었다. 당시에도 나는 그런 이유로 이 도시를 찾았었다.

나는 청소년들의 불만 섞인 말에 이렇게 답했다.

"그래요, 우리 정부는 여러분의 이 센터가 유지될 수 있도록 돈을 쓰고 있어요. 그럼에도 여러분 스스로도 뭔가를 할 수 있는 곳을 찾아보면 안 될까요?"

청소년들에게는 아마 내가 다른 행성에서 온 사람처럼 보였을 것이다. 어쨌든 답은 돌아오지 않았고, 나는 지루해하는 얼굴들만 들여다보아야 했다.

나중에 따로 대화를 나눈 이 센터의 사회복지사들도 당황한 눈치였다. 그들은 성공 사례를 보여주지 못하면 본에서 온 이 주무장관이 센터 자금 지원을 끊을 수 있다는 사실을 불안해하는 듯했다. 하지만 이 방문의 목적은 검열이 아니었다. 나는 자금 지원을 끊을 생각이 없었다. 오히려 어떻게 하면 돈을 좀더 현명하게 쓸 수 있을지 고민했다. 그렇기에 청소년들을 일선에서 상대하는 이 사람들이 혹시 극단적인 이념에 빠져 있는 건 아닌지 확인할 필요가 있었다. 그게 이 프로그램 유지의 필수 요소였다. 내가 볼 때 로스토크 청소년 센터는 그렇지 않았다.

로스토크에서 만난 많은 젊은이는 자기들 부모와 달리 일부 직업을 갖고 있었음에도 극우 사상에 물들어 있었다. 그렇다면 실업만으로 인간에 대한 증오를 설명할 수는 없었다. 외국인 혐오는 동독 시대에도 이미 존재했다. 폴란드인에 대한 혐오는 시기심과 맞물려 늘 미묘하게 표출되었다. 폴란드인들은 쇼핑을 하러 동독에 건너오면 빗자루 같은 물건을 싹쓸이해 갔다. 그리고 베트남과 모잠비크, 앙골라에서 온 계약직 노동자들(동독에서는 서독과 달리 외국인 노동자를 이렇게 불렀다)은 되도록 길거리에서 너무 눈에 띄어선 안 되었다. 그들은 분리된 기숙사에서 생활했고, 다른 도시에 사는 동포도 거의 방문할 수 없었다. 동독에서 관용과 통합이라는 단어는 외국어나 다름없었다.

동독 공산당의 권위주의적이고 독재적인 성격은 독일 통일 이후에도 동독 땅에서 계속 영향을 미쳤다. 청년층의 4분의 3이 새로운 자유의 기회를 누렸지만, 미래에 대한 전망은 사라지고 대신 서독 젊은이들에 대한 열등감과 권위에 대한 동경만 남았다. 일부 사람들은 동독의 붕괴로 지금까지 자신들이 지켜온 가치가 한순간에 무너진 듯한 공허함을 느꼈다. 그들은 민주 사회에서 함께 살아가는 데 꼭 필요한 다른 가치를 배우고 경험할 기회가 없었다. 교사들도 하루아침에 완전히 새로운 가치를 비롯해 역사와 국가, 사회에 대한 다른 관점을 가르쳐야 했다. 이 과정에서 많은 교사가 어려움을 겪었고, 그와 함께 학생들에 대한 권위를 잃어버렸다. 더구나 폭력 가해자들은 때때로 대중의 무분별한 지지를 받음으로써 자신들의 행동이 옳다는 잘못된 인식을 갖게 되었다.

이 모든 일은 구유고슬라비아에서 전쟁으로 많은 사람이 피난을 떠나고, 그 결과 독일 기본법에 명시된 망명권에 대한 격렬한 논쟁이 벌어지던, 정치적으로 혼란스러운 시기에 일어났다. 로스토크의 리히텐하겐뿐 아니라 다른 두 곳에서도 끔찍한 방화 사건이 발생했다. 같은 해 11월에는 슐레스비히홀슈타인주의 묄른에서 튀르키예 가족이 거주하는 주택 두 채가, 1993년 5월에는 졸링겐의 한 튀르키예 가족이 사는 집이 극우주의자들의 공격으로 불탔다. 이로써 독일 통일 이후 처음으로 우리 사회에 심각한 공격성과 야만성, 인간 경멸의 물결이 밀어닥쳤다.

그로부터 20년 가까이 지난 2011년 11월, 독일 연방공화국 역사상 최대 규모의 우익 극단주의자들에 의한 연쇄 살인 사건이 발생했다. 범인은 1998년 튀링겐에서 결성된 테러 조직 '국가사회주의 지하당'(NSU)이었다. 이들은 2000년부터 2007년까지 경찰관 한 명과 이주민 출신의 아홉 명을 무참히 살해했고, 1999년부터는 폭탄 테러로 다수의 부상자를 냈으며, 그외에 은행 강도도 수차례 저질렀다. 예나 출신의 테러리스트들은 10년이 넘도록 체포되지 않았고, 그들의 범죄 동기는 미스터리로 남았다. 왜냐하면 수사 당국은 극우적 범죄 가능성을 배제한 채 주로 마약과 관련된 마피아나 피해자 가족의 주변 환경에서 단서를 찾으려 했기 때문이다. 그 결과 수사는 참담한 실패로 끝났다. 그런 이유로 나는 2012년 2월 23일 베를린에서 열린 희생자 추모식에서, 진짜 범인은 따로 두고 오히려 수년간 의심을 받아온 유족들에게 용서를 빌었고, 동시에 우리의 법치국가가 범죄 배경을 낱낱이 밝히기 위해 모든 노력을 다하겠다고 약속했다.

경찰과 검찰의 추가 수사 및 튀링겐·작센 주의회 조사위원회의 활동으로 국가사회주의 지하당에 소속된 주요 범인 세 명이 1991년부터 예나 빈민가의 한 청소년 센터를 다닌 것으로 확인되었다. 이 센터도 당시 튀링겐과 작센의 다른 많은 청소년 사회사업과 마찬가지로 '공격성 및 폭력성 예방 프로그램'의 지원으로 운영되었다. 나중에 지하당 행동대원이 된 이 세 범인(남자 둘과 여자 하나로 1991년 당시 14~18세였다)의 극우주의 성향은 청소년 센터의 사회복지사들도 처음부터 눈치채고 있었다. 하지만 그건 애초에 그들을 센터에 받아들이지 못할 이유가 되지 못했다. 오히려 그런 아이들일수록 센터의 여가 활동을 통해 그런 사상에서 멀어지게 해야 했다. 그러나 그건 실패로 돌아갔고, 점점 급진적으로 변해가던 두 남자 청소년은 1993년과 1994년에 결국 센터에서 퇴출되었다.

이 극우주의 테러 사건은 언제든 폭력을 사용할 준비가 되어 있는 극우주의 성향의 아이들을 상대해야 하는 청소년 사회사업의 딜레마를 보여주었다. 이건 살얼음판을 딛는 모험이나 다름없었다. 단순히 가르침만으로는 고쳐지지 않는 아이들에게 국가 예산을 잘못 쓸 위험은 항상 존재했다. 그렇다면 이 문제를 이대로 방치해야 할까? 우리 프로그램으로 얼마나 많은 청소년이 더 급진화되지 않았는지 증명하는 것은 불가능했다. 많은 전문가는 극우적 성향이 이미 확연히 드러난 청소년들에 대한 구체적인 대응보다 오히려 예방에 집중해야 한다고 조언했고, 나 역시 이 조언을 진지하게 받아들였다. 나는 지금도 극우적 흐름을 막으려면 '공격성 및 폭력성 예방 프로그램' 같은 조치로 개인에게 집중해야 한다고 믿는다.

2. 평등권

페미니스트?

1991년 1월 16일 기민/기사 연합과 자민당은 통일 독일 최초의 연방정부 구성을 위한 연정 협상을 타결했다. 그 무렵 귄터 크라우제가 나에게 말했다.

"콜 총리로부터 당신이 장관이 될 거라는 얘기를 들었어요. 여성과 관련된 부처겠지요."

나는 뭐라고 답해야 할지 몰랐다. 나중에 연방총리가 나에게 언제 직접 연방장관이 될 거라고 말해주었는지는 기억나지 않는다. 다만 유일하게 기억나는 것은 총선 직전인 1990년 11월에 있었던 다소 이상한 만남이었다. 당시 콜은 본에 있던 자신의 집무실로 나를 초대했다.

"앙겔라, 여성들과의 관계는 어때요?"

그가 물었다.

나중에 안 사실이지만, 콜은 만나는 거의 모든 여성과 이름을 부르며 편하게 말하는 스타일이었다. 총리실에 갔을 때 나는 총리가 물어볼 온갖 정치적 질문에 대비하고 있었지만, 이 질문만큼은 예상하지 못했기에 뭐라 대답해야 할지 몰라 순간적으로 당황했다.

"여성들과의 관계가 어떠냐고요?"

나는 잠시 생각했다.

"여동생이 하나 있고, 여자 친구들도 좀 있습니다. 과학 아카데미에서 일할 때는 내 부서에 여비서 말고는 내가 유일한 여성이었지요.

결론적으로 말씀드리면 남성들만큼이나 여성들과도 잘 지내는 편입니다."

콜은 내 대답이 만족스러운 듯했다. 나는 이 대화를 거의 잊고 있었는데, 크라우제의 말을 들으면서 그때 일이 떠올랐다.

"새 연방주 출신으로 내각에 진출한 사람은 기민당에서 우리 둘뿐입니다. 나는 교통부 장관이 될 겁니다."

크라우제가 계속 말했다.

"당신이 나보다 한 살 밑이니까 내각에서 막내는 이제 내가 아닙니다. 안타깝지만, 신경 쓸 일은 아니에요."

그가 싱긋 웃더니 놀랍게도 이런 말을 덧붙였다.

"어쨌든 옷은 좀 단정한 걸로 사 입으세요."

이렇게 말하며 그는 갔다.

결국 나는 연방 여성청소년부 장관에 임명되었다. 다른 사람들이 소문을 듣고 따로 연락한 건 기억나지 않는다. 아무튼 얼마 지나지 않아 총리청 장관 프리드리히 볼에게서 나의 선임 사실을 공식 확인받았다. 나는 귄터 크라우제 장관의 여비서에게 본에서 괜찮은 의상실이 어디인지 물어보았고, 고급스런 동네인 바트 고데스베르크에서 진청색 치마 정장을 한 벌 구입했다. 1991년 1월 18일 독일 연방의회에서 장관 취임 선서를 할 때 이 정도면 서독 출신의 기민당 의원들도 만족할 거라고 나름 판단한 의상이었다. 그런데 나 스스로는 왠지 남의 옷을 입은 것처럼 편치가 않았다. 다만 그전에 내가 즐겨 입었던 긴 치마와 카디건 스타일이 기민당 사람들에게는 너무 파격적인 데다가 기민/기사 연합이 아니라 마치 녹색당 당원처럼 비칠 거라고 짐작했다.

의상 문제와 관련해서는 1년 후 나의 다리 골절이 오히려 불행 중 다행이었다. 그리된 데에는 당시 연방경제협력부 정무차관이던 기사당 출신의 미하엘라 가이거의 덕이 컸다. 그녀가 격려차 병원으로 전화를 했다. 나는 다리가 부러져 몇 달 동안 제대로 걸을 수 없게 돼 걱정이라고 하소연했다. 그녀는 나를 안심시켰다.

"목발을 짚으면 돼요. 금방 익숙해질 거예요."

나는 의구심이 들었다.

"치마 정장을 입고 어떻게 목발을 짚어요? 계속 옷에 걸릴 텐데."

"간단해요. 의회에 출석할 때 치마 대신 바지를 입으면 되잖아요. 다리에 고정기를 풀고 깁스하면 목발을 짚는 게 훨씬 편할 거예요."

그녀가 조언했다.

"하지만 작년에 의회에서 선서식을 할 때도 복장을 제대로 갖추어야 한다는 말을 들었어요. 이런 일로 또다시 남들에게 불쾌감을 주고 싶지 않고, 눈에 띄고 싶지도 않아요."

"괜한 걱정이에요. 안 그래도 돼요. 난 의원총회 때도 바지 정장을 입어요. 당신도 할 수 있어요. 용기를 내요!"

그녀가 나를 북돋아주었다.

나는 그녀의 충고가 고마웠다. 여성 의원이 바지를 입으려면 용기를 내야 하는 시절이었다. 어쨌든 당시 기민/기사 연합 내의 분위기는 그랬다. 오늘날의 시각에서 보면 괴상하기 짝이 없는 이야기다. 다행히 시대는 빠르게 변했다.

"자신이 페미니스트라고 생각하시나요?"

세월이 한참 지난 2017년 봄, 독일의 G20 의장국 선출 기념으로 열린 패널 토론에서 사회자가 내게 던진 질문이었다. G20은 1999년 이후 선진국과 신흥 경제국 19개 국가, 유럽연합으로 구성된 비공식 협의체였다. 나와 함께 패널에 참석한 사람으로는 막시마 네덜란드 왕비, 당시 국제통화기금(IMF) 총재 크리스틴 라가르드, 당시 미국 대통령 도널드 트럼프의 딸 이방카 트럼프가 있었다. 나는 질문을 받고 잠시 고민했다.

'나는 페미니스트일까?'

그렇다고도 할 수 없고, 아니라고도 할 수 없을 것 같았다. 왜 그랬을까? 나는 이미 12년 가까이 연방총리로 재직하고 있었다. 독일에서 가장 힘센 자리에까지 오른 여성으로서 나는 다른 여성들, 특히 소녀들에게 롤모델이 될 수 있었고, 실제로도 아마 그랬을 것이다.

여성부 장관으로서 나는 여성을 위한 정책을 만들었다. 현실적인 목표는 1957년에 제정된 제1차 평등권법을 대대적으로 뜯어고친 제2차 평등권법을 통과시키는 것이었다. 통일 조약 제31조에 따르면 입법부, 즉 독일 연방의회는 남녀평등권에 관한 법률을 더욱 발전시켜나가야 한다고 규정되어 있었다. 여성부는 세 부분으로 이루어진 법률 초안을 마련했다. 첫째, 연방정부와 연방법원 내에서 가정과 직장의 균형을 개선하는 법안, 둘째, 연방정부가 결정권과 영향력을 가진 각종 위원회에서 여성과 남성의 임명에 관한 법안, 셋째, 민간 기업 및 공기업에서 성폭력을 방지하는 법안이었다.

입법 과정은 지난했다. 법안은 내각에서 1993년 5월에 통과되었다. 이어 의회에 제출되어 9월에 심의가 이루어졌다. 법제사법위원회에서는 기민/기사 연합 의원들의 반대가 심했다. 이들은 법안 통과를 저지하겠다고 나섰다. 특히 이들의 눈살을 찌푸리게 한 것은 성적 괴롭힘 방지 조치였다. 오늘날에는 상상하기 어렵겠지만, 부부 강간은 1997년 이전에는 법적 처벌을 받지 않았다.

여성부에서는 여성에 대한 폭력 문제로 여론의 관심을 돌릴 캠페인을 벌였다. 나는 우리 부처 레나테 아우크슈타인 실장의 정치적 · 법률적 지식과 경험을 믿었다. 법안에서 성폭력에 관한 세 번째 부분은 민간 기업에도 적용된다고 규정되어 있었다. 그 때문에 법사위원뿐 아니라 경제위원회 소속의 기민/기사 연합 의원들도 단단히 바리케이드를 쳤다. 그들은 마치 이 법이 시행되면 상당수의 중소기업 사장들이 감옥에 갈 것처럼 호들갑을 떨었다. 터무니없는 시나리오였지만, 그에 대한 토론만으로 이미 많은 기업 대표가 이 법안의 통과에 반대 목소리를 냈다. 반면에 많은 여성 단체와 당시 야당이던 사민당과 녹색당은 법안에 법적 강제성이 없다는 이유로 현실적 실효성에 의문을 제기했다. 다행히 내가 속한 기민/기사 연합의 여성 의원들은 대부분 나를 지지했다. 그런 지지가 없었다면 내 목소리는 아무 울림 없이 가라앉았을지 모른다.

볼프강 쇼이블레의 지지도 큰 힘이 되어주었다. 나는 취임한 지 불과 몇 주 되지 않은 1991년 3월에 이미 그와 이 문제로 상의한 적이 있었다. 당시 그는 여전히 연방내무부 장관 자리를 지키고 있었다. 끔찍한 암살 시도로 어쩔 수 없이 휠체어에 앉게 된 게 고작 반년 전이었다. 원래는 그날 상담의 주목적은 내가 통일 조약 협상 과정에서 알게 된 빌리 하우스만을 내무부에서 데려와 여성부 차관에 임명하고 싶다는 뜻을 전하기 위해서였다. 당시 우리 부처의 차관이던 베르너 코리는 건강상의 이유로 직을 지키기 힘든 상황이었는데, 결국 1991년 8월에 58세의 나이로 세상을 떠나고 말았다. 쇼이블레는 내가 빌리 하우스만을 지목하자 처음엔 약간 당황했다. 전도유망한 고위 공직자가 내무부라는 큰 규모의 부처에서 차관으로 승진할 기회를 포기하고 작은 규모의 여성부로 옮기는 것은 그 자체로 매우 이례적인 일이었기 때문이다. 그러나 짧은 숙고 끝에 쇼이블레는 마침내 동의했다. 이렇게 본래 목적을 달성하고 나자 나는 평등권법 이야기를 꺼냈다.

"통일 조약에 명시된 의무 사항을 들먹이지 않더라도 연방정부 전체를 통틀어 여성 차관이 한 명도 없고, 실장직에도 여성이 거의 없고, 기타 부서장직에도 너무 적다는 점을 감안하면 뭔가 조치가 시급하다고 생각합니다."

쇼이블레는 동의의 뜻으로 고개를 끄덕였다.

"당신 말이 전적으로 맞습니다. 그런 법이 필요해요."

나는 그의 말에 용기를 얻었다.

"장관님이 도와주셔야 가능합니다. 입법을 담당하는 연방 공무원들이 이 프로젝트 뒤에 장관님이 있다는 사실을 알 수 있도록 직접 지원해주십시오."

통일 조약 협상 과정에서 나는 문제를 해결하려는 정치적 의지가 있을 때마다 그에 상응하는 법적 장치가 마련되어야 한다는 사실을 배웠다. 놀랍게도 볼프강 쇼이블레는 대화 중에 한치의 망설임도 없이 이렇게 대답했다.

"당신을 지지합니다. 이 법안의 성공적인 통과는 나의 관심사이기도 합니다."

볼프강 쇼이블레의 이런 지원과 노련함이 없었다면 이 법안은 1993년에 통과되지 못했을 것이다. 여기엔 위르겐 뤼트거스의 지원도 한몫했다. 그사이 쇼이블레는 연방의회에서 기민/기사 연합의 원내대표가 되었고, 위르겐 뤼트거스는 그의 수석 사무국장으로 원내에서 오른팔 역할을 했다. 1951년 쾰른에서 태어나 법학 박사학위를 취득한 쇼이블레는 헬무트 콜의 마지막 임기에는 1994년부터 1998년까지 연구교육부 장관을 지냈고, 이후 노르트라인베스트팔렌 주지사를 역임했는데, 기질적으로는 라인강 유역의 가톨릭 색채가 짙은 기민당 전통에 충실한 사람이었다.

두 사람은 이렇게 설명했다.

"우리는 몇 가지 법안을 하나의 패키지로 묶을 겁니다. 그래야 파리채 하나로 여러 마리를 동시에 잡을 수 있으니까요. 평등권법도 그 안에 묶어서 통과시킬 겁니다."

나는 무슨 말인지 즉시 알아차렸다. 의사일정을 짤 때 쇼이블레는 나의 평등권 법안을 최종 2, 3차 심의를 앞둔 다른 여러 법안과 함께 묶어서 제출했고, 그로써 내 법안은 무사히 통과되었다. 1994년 6월 24일 리하르트 폰 바이츠제커 대통령이 이 법에 서명했고, 평등권법은 차기 총선을 한 달 반 앞둔 1994년 9월 1일에 발효되었다.

기본법 3조에 대한 논의도 거의 동시에 진행되었다. 그와 함께 남녀평등을 규정한 이 조항이 보완되었다. 추가된 문구는 이렇다.

"국가는 여성과 남성의 평등한 권리가 실질적으로 실현되는 데 힘써야 하고, 기존의 차별을 제거하기 위해 노력해야 한다."

기본법 개정안은 1994년 11월 15일에 발효되었다. 나의 평등권법은 이런 국가적 목표의 실질적 실현에 도움을 주는 수단이었다.

그럼에도 나는 환멸을 느꼈다. 법이 차일피일 지연되는 상황에 실망했고, 독일의 경제 발전에 비해 남녀평등에 관한 법이 한참 뒤처져 있는 현실에 경악했다.

그러나 나는 낙담하지 않았다. 20년 후 나는 연방총리로서 지도적 위치에 있는 여성들의 주도권을 북돋아주었고, 여성 간의 네트워크를 촉진했으며, 총리청의 간부 직책에 여성과 남성을 절반씩 앉혔다. 이는 여성과 남성의 동등한 참여를 뜻했고, 사회 제반 영역에서 이러한 동등한 참여가 나의 변함없는 목표였다.

그렇다고 내가 페미니스트였을까?

G20 여성 정상회의 연단에서 스스로 페미니스트라고 생각하느냐는 질문을 받았을 때 내 머릿속에서는 이 모든 일이 맴돌았다. 나는 선뜻 입을 열지 못하다가 마침내 말을 하면서 생각을 정리하기로 마음먹었다. 나는 두 가지 측면을 다 이야기했다. 한편으론 페미니스트적인 측면이 있고, 다른 한편으론 그렇지 않은 측면도 있다고 했다. 기본적으로 내게 무척 큰 호감을 가진 것으로 보이는 청중들이 나를 향해 소리쳤다.

"말해! 말해!"

"만일 여러분이 제가 페미니스트라고 생각하신다면 그렇게 생각하셔도 됩니다. 상관없어요."

내가 객석을 향해 소리쳤다. 아무도 반응이 없었다.

막시마 왕비가 도움의 손길을 내밀었다.

"페미니스트가 무슨 뜻이지요? 내가 원하는 건 단순해요. 모든 여성이 자유롭게 선택할 수 있고, 언제 어디서건 자신에게 주어진 기회를 잡을 수 있고, 스스로 평등하다고 느끼고, 스스로 자부심을 느낄 수 있었으면 하는 거지요. 그게 페미니스트라면 나도 페미니스트예요. 나머지는 모르겠어요."

그녀의 말은 설득력이 있었고, 나의 생각과도 연결 고리가 있었다. 나는 토론 말미에서 페미니스트에 대한 막시마 왕비의 '좋은 정의'에 동의했고, 청중은 만족했다.

그럼에도 나는 여전히 뭔가 불편한 구석이 있었다. 내가 어떤 그룹으로 분류되어 명시적으로 갇히는 것에 대한 불편함이었을까? 그건 동독 시절부터 싫어했고, 서독에서도 남들의 그런 시도에 끊임없이 방어막을 쳤다. 나는 여성 정치인이라는 이유만으로 기민당 사회복지위원회에 들어가라는 권유를 많이 받았다. 여성들은 원래 사회복지 문제에 관심이 많지 않으냐는 것이다. 혹은 내가 국가안전부로부터 일상적으로 감시를 받은 동독 출신이라는 이유로 주변에 대해 특히 의심이 많을 거라고 생각하는 사람도 많았다. 그런 편견은 무척 질 겼다. 어쩌면 그게 내가 스스로를 페미니스트라고 부르는 걸 망설인 이유일지 모른다. 하지만 그게 다는 아니었다.

우리 가족 내에서는 어땠을까? 부모님은 교육에 관한 한 딸과 아들을 구분하지 않았다. 그저 나와 여동생, 남동생 마르쿠스 셋 다 각자의 재능을 마음껏 펼칠 수 있기만 바랐다. 그럼에도 나는 어머니가 자신의 일을 갖기까지 아버지와 부단히 싸워야 했던 모습을 지켜보았고, 다른 한편으로는 그런 어머니 자신도 나와 이레네가 딸이라는 이유로 남동생보다 우리에게 집안일을 더 많이 시키는 것을 경험했다.

동독에서 여성의 지위와 그에 대한 나의 태도는 어땠을까? 동독 경제는 효율성이 워낙 낮아서 여성 노동력이 절실히 필요했다. 동독 정권이 서독에 비해 훨씬 많은 보육 시설을 제공한 것도 그런 이유에서였다. 여성과 남성의 사회적 평등에 대한 인식 때문이 아니었다는 말이다. 따라서 보육 시설이 많았음에도 여성들이 직장과 병행해서 집안일을 대부분 혼자 처리해야 하는 상황은 바뀌지 않았다.

동독의 권력 구조에 대한 여성의 동등한 참여는 말할 것도 없었다. 1989년 독일사회주의통일당 중앙위원회 위원과 후보 221명 중 여성은 26명뿐이었다. 동독의 40년 역사 동안 핵심 권력 기관인 정치국에는 단 한 명의 여성도 진출하지 못했다. 투표권이 없는 정치국 후보에만 두 명이 올랐다. 게다가 여성이 수장으로 있는 콤비나테, 즉 대규모 사회주의 경영 조합은 드물었다. 1980년대 후반 산업 전반에서 여성이 국영 기업의 관리직을 맡은 비율은 20퍼센트에 지나지 않았다.

과학 분야의 상황도 비슷했다. 나는 연구소에서 일하기 시작할 때부터 내가 장차 지도부에 들어갈 수 없다는 사실을 명확히 깨달았다. 물론 국가가 내게 설정해놓은 이 한계는 성별이 아니라 내 배경에 뿌리를 두고 있었다. 동독은 독재 국가였다. 나는 일메나우공대에 지원할 때 이미 그들의 기대에 부응하지 않았다. 이런 상황에서 내게 주어진 선택지는 하나뿐이었다. 그저 소박한 과학자의 길을 가자! 그렇기에 내가 동독 정권에 반발할 이유가 있었다면 그건 사회주의적 세뇌와 표현의 자유에 대한 저항일 수는 있지만, 여성으로서 불평등한 처우에 대한 반발은 아니었다.

그럼에도 나는 뛰어난 여성들의 전기에 관심이 많았다. 특히 폴란드의 탁월한 물리학자이자 화학자로서 노벨상을 두 번이나 받은 마리 퀴리의 삶에 푹 빠져들었다. 나는 시몬 드 보부아르의 자서전 『어느 정숙한 처녀의 회고록』을 읽기도 했다. 부모님이 서독에서 받은 책인지, 동독에서 출간된 책인지는 기억나지 않는다. 다만 뿌리 깊은 성역할에서 벗어나고자 한 보부아르의 치열한 노력에 깊은 인상을 받은 기억이 난다. 그런데 1999년 알리스 슈바르처가 쓴 『시몬 드 보부아르: 반항아이자 개척자』를 읽고는 생각이 좀 바뀌었다. 보부아르에게는 페미니즘과 사회주의적 세계관이 합치될 수 있을지 모르지만, 내가 볼 때 그런 페미니즘은 환상이었다. 그건 내게 선택 사항이 아니었다.

1968년 역시 내게는 서구의 많은 사람과 달리 기존의 사회적 인습을 무너뜨린 해가 아니라 바르샤바조약기구의 군대가 체코로 진입해 프라하의 봄을 무참히 짓밟은 해였다. 게다가 1960년대와 1970년대의 많은 페미니스트 활동도 내게는 너무 날카롭고 거칠게 느껴졌다. 물론 그들로서는 그럴 수밖에 없었다. 반면에 동독에서 나는 행간을 읽어내는 데만 익숙해져 있었다. 대결적인 접근 방식은 체질에 맞지 않았다. 정치인으로 활동할 때도 그랬지만, 여성의 참여 확대를 위한 나의 노력도 근본적으로 남성들에 대한 투쟁이 아니었다. 대신 나는 이런 의문을 품었다. 페미니스트들은 편협한 남성 지배 구조에 맞서 함께 싸울 남성들을 믿을 수 있을까? 이 질문을 던졌던 건 무엇보다 여성들이 같은 여성에 대해 비연대적으로 행동할 수 있음을 직접 경험했기 때문이다. 예를 들어 여성부 장관 시절에 한 여성 사진기자가 내각회의 시작 직전에 회의실에서 뻔뻔하게 바닥에 거의 눕다시피 하면서 내 구두 굽을 찍은 일이 있었다. 한쪽이 닳아 삐딱한 굽이었다. 기자는 대체 어떤 여성상을 쫓고 있었을까? 어쨌든 거기서는 여성 간의 연대라고는 조금도 찾아볼 수 없었다.

통독 이후 나는 민주주의 국가에서 개인의 자유가 보장되면 남녀의 동등한 참여가 거의 자동으로 이루어질 거라고 생각했다. 또한 개인의 노력이 사회적인 성평등으로 이어질 거라고 믿었다. 그래서 처음에는 특정 집단에 대한 국가적 지원책에 소극적인 태도를 취했다. 이런 생각이 틀렸음은 현실 상황을 보면서 즉각 인지해야 했지만, 새로 찾아온 보편적인 자유에 대한 감격이 현실을 바라보는 내 시야를 가린 게 분명했다. 저절로 발전하는 것은 없다는 사실을 깨달았어야 했다. 여성은 동등한 자질을 갖췄음에도 고용 과정에서 불이익을 당했고, 취직 뒤에는 승진 과정에서 차별을 받았다. 이런 현실을 고려하면 여성에 대한 국가적 지원이 필수적이라는 사실을 알아야 했다. 바로 이런 이유에서 공직에 관한 제2차 평등권법이 필요했고, 이 법의 통과와 시행을 나의 사명으로 삼았다. 또한 나중에는 경제와 정치를 비롯해 사회 모든 분야에서 여성 할당제에 대한 생각을 바꿨다. 할당제 없이는 남녀평등이 불가능했다. 할당제가 있어도 여전히 힘든 게 현실이었다.

그밖에 가정과 직장을 어떻게 꾸려갈지는 결국 개인이 결정할 선택의 문제라는, 기민당과 기사당의 주문과도 같은 이 말이 실제 현실에선 트로이의 목마와 같다는 사실도 깨달았다. 왜냐하면 여성부 장관 시절 나는 이따금 다른 삶의 이력을 가진 동서독 출신의 여성들을 초대해 대화를 나누었는데, 거기서 상호 편견, 삶의 성공, 사회적 기대에 대처하는 방법, 가정에서 어머니의 역할, 그리고 다행히 오늘날엔 상상도 안 되는 용어인 소위 '까마귀 엄마'*에 대해 이야기를 나눌 때면 많은 쓸쓸함을 느꼈기 때문이다. 이런 과정들을 통해 나는 분명히 알게 되었다. 올바른 국가적 틀이 없으면 여성은 언제 어디서건 결코 평등하다고 느낄 수 없고, 실제로 평등하지도 않다는 사실을 말이다.

만일 내가 오늘 G20 여성 정상회의 같은 자리에서 사회자로부터 스스로 페미니스트라고 생각하느냐는 질문을 받는다면 이제는 명쾌하게 대답할 것이다.

"네, 나는 페미니스트입니다. 내 나름대로요."

---

* 직장 생활을 하느라 자식을 돌보지 않는 엄마에 대한 경멸적인 표현.

경부 강직

통일 조약 협상에서 동서독 정부는 형법 218조 낙태 규정과 관련해서 합의점을 찾지 못했다. 결국 이 과제는 연방의회에서 1992년 말까지 해결하기로 정리되었다. 그때까지는 동서독 양쪽에서 각각 이전의 규정이 계속 적용되었다. 새 연방주에서 실시된 법은 1972년에 동독 인민회의가 가결한 기한별 낙태법이었다. 낙태를 피임 수단으로 인정하는 이 법은 여성에게 임신 시작 후 12주 이내에 임신 중절 여부를 본인 책임하에 스스로 결정할 권리를 부여했다. 1990년 인민회의 선거 이후 동독 기민당과 동독 사민당은 드메지에르 정부와의 연정 협약에서 이 법안을 유지하기로 뜻을 모았다.

반면 구서독에서는 1976년에 발효된 조건부 낙태법이 계속 시행되었다. 의학적 혹은 유전적 요건이나 기타 특수한 경우에만 낙태를 허용하고 나머지는 처벌하는 법이었다. 이 법은 낙태를 원하는 사람에게 상담 의무를 부여했다. 법이 만들어지기까지는 낙태와 관련해서 격렬한 사회적 논쟁이 있었다. 그 결과 1974년 6월 18일 헬무트 슈미트 총리(사민당)가 이끄는 사민/자민 연합 정부는 기한별 낙태법을 가결했다. 그러나 불과 사흘 뒤 연방헌법재판소는 바덴뷔르템베르크 주정부의 이의 제기를 받아들여 가처분 결정을 내림으로써 법이 시행되지 못하도록 막았다. 그러다 1975년 2월에 결국 이 법에 대해 위헌 결정이 내려졌다. 이후 조건부 낙태 규정이 형법 218조의 핵심 내용으로 자리 잡았다.

통일 후 계속 보류되어온 형법 218조 개정은 감정적으로 폭발성이 큰 굉장히 예민한 사안이었다. 특히 원하지 않은 임신으로 갈등하는 여성에게는 더더욱 그랬다. 더구나 이와 관련된 논쟁은 우리 사회의 여성관과 생명의 시작에 대한 생각을 드러내기도 했다. 개정 작업은 일단 문구 작성부터 몹시 어려웠다. 그건 연방정부 내의 공식적인 담당 부처 선정에서부터 시작되었다.

일반적으로 형법 규정은 법무부 장관 소관이었다. 가족부 장관은 임신부에 대한 상담을 담당했고, 여성부 장관인 나는 엄밀하게 보자면 아무 관할권이 없었다. 기껏해야 내가 관할하는 두 번째 영역인 청소년부 장관으로서 보육 시설에 대한 권리를 규정한 아동청소년지원법 문제만 관여할 수 있었다. 아동청소년지원법은 무엇보다 한부모 가족에서 일과 가정의 조화를 개선하고, 좀더 쉽게 출산 결정을 내릴 수 있도록 도와주는 법이었다. 아무튼 기민당과 기사당 내에서는 여성부가 낙태법의 관할 부처가 아니라고 생각하는 사람이 많았다. 그러나 이들을 제외하고는 여성이 주당사자인 문제에서 여성부 장관이 사실상 아무 발언권이 없다는 사실을 이해하는 사람은 없었다.

나는 이 사안의 경우 1975년도 헌법재판소 결정의 연속성에서 출발하는 것이 옳다고 생각했다. 그게 218조 개정안을 둘러싼 논란의 확대를 막는 길이기도 했다. 게다가 당시 이 문제에서 기민/기사 연합과 연정 파트너인 자민당의 정치적 견해는 크게 엇갈렸고, 보수적 입장의 가톨릭교회도 기민/기사 연합의 여론에 큰 영향을 미치는 상황이었다. 그 결과 연방정부는 218조 규정에 대한 법안을 자체적으로 마련하지 못했다. 남은 유일한 방법은 기민/기사 연합과 자민당이 각자 따로 법안을 만들어서 연방의회 전체 회의에서 표결에 부치는 것이었다. 이런 이유에서 나는 1992년 5월부터 기민/기사 연합의 관련 회의에 무수히 참석했다. 나는 218조 개정안에 전문가 상담 의무의 기입을 지지했다. 원치 않는 임신으로 고민하는 여성들이 아이를 낳을 수 있도록 결정하는 데 도움을 주기 위해서였다. 그와 동시에 서면 상담 자료를 토대로 여성의 곤란한 처지에다 사법적 잣대를 들이대려는 시도는 부적절하다고 생각했다. 그건 내가 생각하는 여성상과 맞지 않았다. 나는 여성이 스스로 책임 있는 결정을 내릴 수 있다고 믿었다.

그런데 기민/기사 연합 내의 토론에서는 여성에 대한 신뢰보다 불신이 지배적이었다. 이를테면 여성은 언제든 경솔한 결정을 내릴 수 있는 존재이고, 그렇기에 처벌로 무장한 법적 보루를 만들어 그런 결정을 막아야 한다는 식이었다. 토론 분위기는 관용과는 거리가 멀었다. 가끔 나는 일부 사람이 기민/기사 연합의 다수 의견과 충돌할 수 있다는 이유로 심층 토론회의 참석을 두려워한다는 인상까지 받았다. 토론의 어조는 단호했고, 일부 토론자의 수준은 저급했다. 가령, 혼외자의 상속권에 관한 문제가 나오자 누군가 "필리핀 여름밤의 산물"에게(정말 이런 표현을 썼다) 독일 아이와 똑같은 권리를 부여해야 하느냐고 물었다. 나는 내가 생각하는 모든 것이 기민/기사 연합의 관점에서 볼 때는 특정 선을 훌쩍 넘는 것으로 여겨지고 있다는 느낌을 받았다. 이건 최선의 방법을 찾아나가는 토론이 아니었다. 다만 하이너 가이슬러 전 가족부 장관이나 리타 쥐스무스 전 연방의회 의장 같은 몇몇 사람만 달랐다.

나도 아군이 쌓아놓은 불신의 벽에 직접 부딪힌 경험이 있었다. 1991년 10월 4~5일(금, 토) 바이에른 반츠 수도원에서 기민/기사 연합 의장단 비공개 회의가 열렸다. 참석자는 60명가량 되었다. 이 자리에서 불신은 정점을 찍었다. 아니, 어쩌면 최저점이었는지 모른다. 나는 기민당 부대표로서 당연히 의장단의 일원이었다. 이 토론에서는 형법 218조 문제도 다루었다. 나는 부대표로서뿐 아니라 여성부 장관으로서도 발언하고 싶다는 생각이 들었다. 그래서 발언 의사를 밝히려고 손을 들고는 기민당 측 연사 명단을 작성하고 있던 헬무트 콜을 바라보았다. 이 일은 항상 그가 직접 했다. 연사 순서를 자신이 결정하려고 했기 때문이다. 나는 그가 나의 발언 신청을 달가워하지 않는다는 사실을 찡그린 표정에서 알 수 있었다. 하지만 콜은 내가 내 이름을 적어 넣을 때까지 결코 팔을 내리지 않으리라는 걸 깨닫고서야 마침내 내 이름을 기입했다. 그러고도 나는 실제로 호명되기까지 한참을 기다려야 했다.

드디어 차례가 돌아오자 나는 218조에 대한 생각을 발표하기 시작했다. 그런데 단 몇 초가 지나지 않아 내 몸에서 전에 없던 일이 벌어졌다. 말을 할 때마다 목과 목덜미가 점점 뻣뻣해지는 것이다. 마치 저주의 주문에라도 걸린 듯했다. 발언이 끝났을 때는 더 이상 목을 움직일 수 없었고, 움직이면 지옥 같은 고통이 느껴졌다.

토요일 오후에 회의가 끝나자 나는 곧장 호엔발데로 향했다. 통증은 가라앉지 않았다. 아니, 오히려 더 심해져 결국 그다음 날 이웃 마을의 병원을 찾아가야 했다. 의사는 통증 진정 주사를 몇 방 놓아주었다. 도움이 되었다. 이후 몇 주 동안 물리치료도 받았다. 말 몇 마디에 이렇게 몸이 즉각적으로 반응하는 일은 두 번 다시 없었다.

그런데 218조에 대한 내 입장도 기민당과 기사당의 세계를 넘어 특히 여성 단체들에 이르면 후진적으로 여겨졌다. 그들의 입장은 명백했다. 기한별 낙태였다. 1970년대 구서독에서 시행되지 못했던 법이 늦었지만 지금이라도 시행되어야 한다는 것이다. 나는 어느 쪽에서도 환영받지 못하는 처지에 놓였다.

수개월 간의 토론 끝에 1992년 6월 25일 연방의회에서 218조에 대한 최종 심의가 열렸다. 표결은 당론 투표가 아닌 자유 투표로 결정되었다. 개인의 양심에 따른 투표였다. 기민/기사 연합은 전문가 상담 의무를 부여하고, 상담 내용을 기록으로 남기고, 여성의 심리사회적 긴급 상황이 인정될 때만 낙태에 따른 면책을 보장하는 법안을 제출했다. 이외에도 여러 의원의 다양한 법안이 제출되었는데, 그중에는 당적을 초월해서 만들어진 법안도 있었다. 나도 토론에 참여해 내 입장을 설명했다. 한편으로 나는 "태아를 포함한 모든 형태의 생명을 보호해야 할" 입법자의 "헌법적 의무"를 강조했고, 다른 한편으로는 "이 생명이 여성과 함께 보호되어야 할 것이지 여성으로부터 지켜져야 할 것이 아니"라고 설명했다. 기민/기사 연합의 법안과 관련해서는 "심리사회적 긴급 상황의 평가와 관련해서 무엇보다 주관적인 측면을 우선적으로 고려하는 것"이 가장 중요하다는 점을 명확히 했다. 또한 기민/기사 연합의 법안에 명시된 상담 내용의 문서화 의무에 반대했다. "여성과 의사 사이의 지속적인 신뢰 관계를 파괴할" 위험이 내포되어 있다는 이유에서였다. 하지만 전반적인 내용을 고려하고 우리 당의 기강을 지킨다는 의미에서 나는 기민/기사 법안에 표를 던졌다. 그러나 이 법안은 본회의에서 과반수를 얻지 못했다.

과반수를 얻은 것은 사민당과 자민당, 녹색당, 그리고 일부 기민/기사당 의원이 공동으로 제출한 법안이었다. 나는 본회의 연설에서 이 법안에 대해서도 언급했다. 여기엔 상담 의무가 명시되어 있고, 기민/기사 법안과 달리 상담 내용의 문서화를 규정하고 있지 않은 점은 긍정적이지만, 다른 한편으로 상담 목적이 임신 상태의 지속이라고 명확하게 밝히지 않은 점은 잘못이라고 지적했다. 따라서 32명의 기민/기사 연합 의원들과 달리 나는 이 법안에 찬성하지 않았다. 그렇다고 거부하지도 않고 기권을 결정했다. 나로선 이것만이 딜레마에서 벗어날 수 있는 방법이었다. 하지만 이런 태도로 나는 여론의 뭇매를 맞았다.

지금 와서 돌아보면 나는 당시 나의 오락가락 행보에 대한 불쾌감을 충분히 이해할 수 있다. 그건 용기가 아니었고, 소신에 따른 행동은 더더욱 아니었다. 독자적인 생각에 대한 너무나 조심스러운 태도, 헌법재판소의 입장에 대한 나름 타당한 존중, 그리고 무엇보다 기민/기사 연합의 기강에 대한 염려가 만들어낸 줏대 없는 행동이었다. 게다가 많은 사람이 우유부단하다고 여긴 기권도 어떤 식으로든 총리에게는 미리 알렸어야 했다. 그건 양심에 따른 행동이 아니었다. 당시 내 머릿속엔 자기 검열 장치가 너무 많았다. 그로 인해 나는 자유롭게 신념을 따르지 못했고, 본회의 투표에서 기권 대신 사민당 주도의 공동 법안에 찬성표를 던지지도 못했다.

이 법은 1992년 6월 26일 자정 무렵에 과반수 찬성으로 통과되어,

7월 27일 연방대통령의 서명과 함께 8월 4일에 공포되었다. 하지만 같은 날 헌법재판소는 바이에른 주정부와 기민/기사 의원 248명의 요청에 따라 임시 명령을 통해 이 법의 형사 조항 부분에 대한 시행을 막았다. 본안 판결은 1993년 5월 28일에 내려졌고, 1993년 6월 16일 경과 규정이 발효되면서 최종 입법의 길이 열렸다. 그로부터 2년이 지난 1995년 6월 29일 연방의회는 재차 218조 개정안을 통과시켰다. 이제는 문서화 의무가 없는 전문가 상담의 목표가 1993년에 가결된 법보다 더 명확하게 표현되었다. 나는 찬성표를 던졌고, 이 법은 1995년 10월 1일에 발효되어 지금까지 시행되고 있다.

이 모든 입법 과정은 포괄적인 임신 및 가족 지원법의 일부였고, 이 법에는 3세 이상 아동의 유치원 수용에 대한 법적 권리의 도입도 포함되어 있었다. 이 문제에서도 나는 우리 당과 갈등을 겪었다. 나를 포함해 동독 출신의 많은 사람은 유치원에 대한 보편적 권리를 당연하게 여겼다. 우리는 새 연방주에서도 이 권리가 유지되기를 원했다. 테오 바이겔 연방 재무장관은 1991년 초에 이미 10억 동독마르크의 자금 지원을 통해 그해 6월 30일까지 동서독 간의 격차를 해소한 바 있었다. 이후로는 새 연방주들이 유치원 시설에 대한 자금을 직접 조달해야 했다.

반면에 구서독의 지역 정치인들은 1996년 1월 1일에 도입하기로 한, 유치원 수용에 대한 법적 권리에 강력히 반대했다. 그들은 그때까지 신규 유치원 60만 개를 설립하겠다는 연방정부의 목표가 너무 비현실적이라는 논리로 나를 설득했다. 물론 나도 이 목표가 연방주와 도시, 자치단체에 엄청난 부담으로 작용하고, 그래서 과도기가 필요하다는 점은 충분히 이해했다.

하지만 실현 가능성 여부를 떠나, 기민당과 기사당 사람들은 왜 그렇게 유치원 시설의 법적 권리에 대한 공감이 부족한지 도무지 이해할 수 없었다. 게다가 내 계획을 반대하는 진짜 이유에는 나에 대한 불신이 깔려 있는 게 아닌가 하는 느낌도 들었다. 그들은 내가 동독의 사회주의 선전을 통일 독일로 끌어들이려 하고, 동독이 과거에 유치원과 돌봄 센터를 이념적 세뇌 교육장으로 활용했다는 사실을 부정하려는 게 아닌가 하는 의심을 품고 있었다. 터무니없는 소리였다. 나는 그럴 의도가 없었고, 이성적인 사람이라면 동독이 과거에 보육 시설을 그런 식으로 활용했다는 사실을 부정할 수 없었다. 그랬기에 나는 더더욱 아이들을 위한 종합적인 보육 시설을 민주적인 조건에서 구축하는 것이 중요하다고 생각했다. 내가 볼 때, 수요에 기반한 유치원 공급은 모두의 이익에 부합했다. 아이들에게는 교육적 의미가 있었고, 부모들에게는 일과 가정의 양립을 위해 필요했다.

1996년 1월 1일, 마침내 유치원 시설에 대한 법적 권리가 도입되었다. 일부 연방주에서는 1999년까지 경과 규정을 두었고, 이후에는 독일 전역에서 이 제도가 시행되었다. 14년이 지난 2013년 8월부터는 3세 이하의 아이에게도 보육 시설에 들어갈 법적 권리가 주어졌고, 초등학교의 방과 후 돌봄 시설에 대한 권리는 2029년 8월까지 법제화하기로 했다. 요약하자면, 비록 달팽이 걸음일지라도 뚜벅뚜벅 진전은 있었다.

3. 지속가능성

에너지 합의 대화 무산

1994년 10월 16일 총선에서 기민/기사 연합과 자민당이 승리했다. 야당인 사민당과 녹색당, 민주사회주의당(PDS. 약칭 민사당)과는 불과 10석 차이였다. 나도 통독 후 첫 총선 때와 마찬가지로 48.6퍼센트의 득표율로 당선되었고, 헬무트 콜은 1994년 11월 15일 연방총리에 재선되었다.

이틀 후 나는 연방환경부 장관에 임명되었다. 환경을 비롯해 자연 보호와 원자력 안전까지 책임지는 부처였다. 나는 무척 기뻤고, 전문 교육을 받은 자연과학자로서 책임감을 갖고 이 부처를 잘 이끌 자신이 있었다.

하지만 여론의 시각은 완전히 달랐다. 사람들은 전임자인 클라우스 퇴퍼가 환경부에서 건설부로 자리를 옮긴 개각에 경악을 금치 못했다. 그는 1992년 178개국이 모인 리우데자네이루 세계 환경회의에서 지속가능한 개발 원칙을 이끌어냈을 뿐 아니라 독일 국내에서는 포장재 재활용 시스템인 그린 마크를 처음 도입했다. 또한 자신이 시행한 여러 친환경 조치 덕분에 강이 얼마나 깨끗해졌는지 보여주려고 라인강에서 공개적으로 수영을 하기도 했다. 한마디로 환경 전문가이자 환경 운동가였다. 그런 사람이 교체되었다는 건 누구 눈치도 안 보고 환경 정책을 밀어붙이는 클라우스 퇴퍼가 연방총리에게 불편한 존재가 되었다는 신호로 해석되었고, 나의 부임은 환경부의 위상 격하로 간주되었다. 나를 비판하는 사람들의 눈에는 여당 노

선에 충실한 여성이 환경 및 자연 보호의 선구자를 몰아낸 행위로 비
쳤다.

나는 원자력 안전을 책임지는 주무장관으로서 독일 원자력발전소
와 프랑스 라아그 재처리 시설에서 니더작센주의 고를레벤 중간 저
장 시설로 고준위 방사능 물질을 운반하는 일을 해결해야 했다. 첫
번째 운송은 내가 취임한 지 불과 몇 달이 지나지 않은 1995년 4월
24~25일에 이루어졌다. 출발지는 바덴뷔르템베르크의 필립스부르
크 원자력발전소였고, 목적지는 고를레벤이었다. 방사능 물질이 담
긴 특수 용기는 니더작센의 다네베르크 기차역에서 로우로더 트레
일러에 적재되었고, 여기서 18킬로미터 떨어진 고를레벤으로 이송
될 예정이었다.

그런데 이송 중에 원자력 반대자 수천 명이 대규모 시위를 벌였다.
시위대는 열차 이동을 막고, 정부에 최대한 많은 이송 비용을 부담시
키려고 온갖 방법을 동원했다. 심지어 일부 시위대는 폭력도 서슴지
않았다. 며칠 전부터 연방 국경수비대(BGS)와 연방주 경찰 병력 약
7,600명이 배치되었다. 저항은 마지막 몇 킬로미터를 남겨두고 특히
격렬했다. 고를레벤 주변 지역에서는 내전과 같은 상황이 전개되었
다. 시위대는 길거리 농성과 트랙터로 트레일러의 진입을 막으려 했
다. 이런 상황에서 시위대든 경찰이든 사람이 다치는 불상사만큼은
일어나지 않았으면 하는 게 내 솔직한 심정이었다.

핵폐기물 이송은 반드시 이루어져야 한다는 것이 내 정치적 소신
이었다. 독일은 헬무트 슈미트 총리(사민당) 재임 당시 프랑스에 방
사성 폐기물을 회수하겠다고 국제법적으로 구속력 있는 약속을 했
기 때문이다. 이를 위해 1983년에 고를레벤의 중간 저장 시설이 완공
되었고, 동시에 이 지역의 암염층이 최종 저장고로도 적합한지 확인
하는 탐사 작업이 진행되었다. 지역 주민의 상당수가 이에 반대했다.

이로써 핵폐기물 처리 문제와 함께 원자력의 평화적 이용에 대한 근본적인 찬반 갈등이 촉발되었다. 이 갈등을 해결하려고 내 전임자 클라우스 퇴퍼는 1993년 초 연방정부와 니더작센주, 전력 공급자 간의 대화를 시도했다. 목표는 초당파적으로 에너지 정책 합의를 이루어내는 일이었다. 이른바 에너지 합의였다. 퇴퍼는 원자력의 평화적 사용을 두고 사회적 갈등이 얼마나 심각한지 인식했고, 1980년 녹색당 창당도 바로 여기에 뿌리가 있음을 잘 알고 있었다.

1994년 총선 이후 새로운 회기 시작과 함께 제1차 에너지 합의 대화가 1995년 3월 16일에 열렸다. 연방정부와 연방주, 전기 공급 회사 대표들이 연방경제부에 모였다. 연방경제부 장관 귄터 렉스로트(자민당)와 내가 정부를 대표해서 협상을 진행했다. 모든 참석자는 거대한 회의실의 큰 테이블에 앉아 각자 쉽게 예상되는 뻔한 입장문을 낭독했다. 다들 남이 무슨 말을 하는지 눈치를 보는 것 같았고, 남의 논거와 연결해서 자신의 논거를 제시하는 경우는 거의 없었다. 말이 대화 자리이지 대화가 아니었다. 참석자가 너무 많아 신뢰를 바탕으로 솔직하게 이야기를 나누기도 어려웠다. 나는 대화 과정에 실망감이 컸다.

대화 종료와 함께 이어진 언론 브리핑에서 나는 아주 특별한 경험을 했다. 브리핑은 경제부 건물 밖에서 열렸는데, 처음에 렉스로트와 나는 나란히 섰고, 우리 앞에는 많은 기자가 마이크를 들고 서 있었다. 그들은 항상 말을 시작하는 사람에게 마이크를 갖다 댔다. 그런데 어느 순간 나는 나보다 머리 하나는 더 크고 목소리도 훨씬 굵은 귄터 렉스로트가 더 이상 내 옆이 아니라 내 뒤에 비스듬히 서 있는 것을 알아차렸다. 그는 그렇게 선 채로도 내 너머에서 손쉽게 마이크에 대고 말할 수 있었다. 이로써 차분하게 입장을 이야기하려던 나의 시도는 실패로 돌아갈 수밖에 없었다. 아니, 한마디라도 제대로 말할 기회를 잡으려면 갖은 애를 써야 했다.

나는 정치를 하면서 남성이 여성에 대해 갖고 있는 두 가지 이점을 알게 되었다. 신장과 목소리였다. 그때부터 나는 기자회견을 할 때 항상 다른 참석자들과 웬만큼 떨어져서 섰고, 마이크도 각자 충분히 거리를 두고 배치하는 데 신경 썼다. 물론 그런다고 목소리 문제는 해결되지 않았다. 나로서는 목소리를 너무 높이지 않고 차분하게 말하는 연습밖에 할 게 없었고, 그게 나름 도움이 되었다.

제2차 에너지 합의 대화는 1995년 4월 24일 니더작센 주청사에서 열기로 했다. 핵폐기물을 이송하는 날이었다. 그전에 나는 고를레벤 중간 저장 시설에서 멀지 않은 뤼호에서 원자력 반대자들을 만나 대화를 나누고 싶었다. 환경부 장관으로서 어차피 신변 보호를 받고 있었기에 이번 여행도 경호팀과 함께 준비했다. 연방형사청(BKA)은 폭력 사태를 배제할 수 없다는 이유로 여행을 만류했다. 실제로 이 지역의 분위기는 매우 과열되어 있었고, 원자력 안전을 책임진 장관의 등장은 원자력 반대자들의 분노에 불을 지르는 행위와 같았다. 그럼에도 피하고 싶지 않았다. 논란에 정면으로 맞서고 싶었다. 청소년부 장관 시절에도 자신과 다른 생각을 가진 사람들과 문제를 논의할 의지 자체가 없는 기민당 사람들을 보면서 무척 괴로워했다. 기민당 회의에서 한 젊은이가 원자력에 대해 비판적인 의견을 내놓으면 야유가 쏟아지는 경우가 많았다. 나는 그것을 나약함의 표시로 보았다. 좋은 논거를 가진 사람은 누구나 자신의 논거를 제시할 수 있어야 했고, 우리는 그와 논쟁을 벌일 준비가 되어 있어야 했다. 연방형사청은 내 결정을 존중했고, 여행은 꼼꼼하게 준비되었다.

1995년 3월 23일 드디어 때가 되었다. 나는 쾰른 본 공항에서 공군기를 타고 함부르크까지 비행한 다음 헬리콥터로 뤼호까지 이동할 계획이었다. 자동차를 타고 공항으로 이동하던 중에 프리드리히 볼 총리청 장관에게서 전화가 왔다. 그는 연방총리의 안부를 전하면서 이렇게 말했다.

"총리께서는 당신이 그리로 가는 걸 좋게 생각하십니다. 문제가 생기면 언제든 연락 주세요. 저는 항상 도와드릴 준비가 되어 있습니다. 다 잘될 거예요."

나는 대표단을 단출하게 꾸렸다. 환경부 원자로 안전국 국장 게랄트 헤넨회퍼를 비롯해 베아테 바우만과 연방형사청 소속의 경호원들이 전부였다. 뤼효 헬기장에 내리자 개신교회에서 나온 대표가 우리를 맞았다. 반핵 활동가들과의 만남을 주선한 사람이었다. 그는 대화 장소인 뤼효의 길드하우스로 우리를 안내했다. 내 맞은편에는 30명 안팎의 사람들이 앉아 있었다. 음료와 간식이 마련되어 있었던 것으로 기억한다. 나는 물 이외에는 아무것도 건드리지 않았다. 회의실에는 팽팽한 긴장감이 감돌았다. 아무도 내게 대놓고 침을 뱉지는 않았지만, 내 말 한마디 한마디가 상대에게는 부당한 요구처럼 들리는 듯했다. 나는 법과 질서를 지켜야 한다는 점을 분명히 했다. 프랑스와 옛 계약이 있기 때문에 약속을 어길 수는 없다. 나는 그 약속을 지킬 의무가 있다. 그리고 좋든 싫든 이미 생겨난 핵폐기물도 처리해야 한다. 그냥 무시한다고 될 일이 아니다. 나는 대충 이렇게 말했다.

그럼에도 이 회의 의장이자 뤼효다넨베르크주 환경 보호 시민단체 간부인 볼프강 엠케는 내가 어쨌든 호랑이굴에 들어올 용기를 냈다는 사실에는 일말의 존경심을 표한다고 말했다. 대부분의 참석자도 공격적이지 않게 자신의 입장을 밝히려고 노력했다. 단 한 여성만 자리에서 벌떡 일어나더니, 자기는 속이 부글부글 끓어 나하고는 잠시도 함께 앉아 있을 수 없다며 그대로 방을 나가버렸다. 그녀의 반응이 말해주는 것은 분명했다. 이 사안에서 관건은 결국 논리적인 근거가 아니라 바로 감정이었다. 그러나 그녀의 감정은 이해하기 어려웠다. 나는 원자력의 평화적 이용에 찬성하는 입장이었다. 물론 물리학자로서 핵에너지와 연결된 위험은 충분히 받아들일 수 있었다. 하지만 1986년 체르노빌 원전 사고가 기술 자체의 결함이 아니라 전적으로 소련의 관리 부실 때문에 일어난 사건임을 분명히 지적했다.

1996년 2월, 뢰효를 방문한 지 1년이 채 지나지 않아 나는 체르노빌 사고의 결과를 직접 확인할 수 있었다. 대표단과 함께 체르노빌에서 약 120킬로미터 떨어진 벨로루시의 도시 고멜을 방문했다. 현지 병원에서 우리는 방사선 노출로 암에 걸린 아이들을 만났고, 거기서 일하는 의사 및 간호사들과 이야기를 나누었다. 이어 프리피야트로 이동했다. 주인을 잃고 떠도는 개들이 우리가 탄 버스를 쫓아왔다. 인적 없이 황량한 프리피야트에는 원자력발전소 직원들만 거주하고 있었다.

나는 콘크리트 석관으로 둘러싸인 체르노빌 발전소를 보았다. 대표단의 일원으로 동행한 물리학자이자 당시 원자력시설및안전협회(GRS) 사무총장을 맡고 있던 아돌프 비르크호퍼는 가이거 계수기를 갖고 왔다. 우리가 석관 바깥에 섰을 때 그는 방사능 수치를 측정하려고 계수기를 켰다. 순간 수치는 바로 치솟았다. 참사 후 10년이 지났음에도 엄청난 양의 방사능이 유출되고 있었다. 소름이 끼쳤다. 물론 그렇다고 소련과 안전기준이 완전히 다른 독일과 같은 첨단 기술 국가에서 원자력의 평화적 이용에 대한 나의 믿음이 깨지지는 않았다. 다만 1년 전 내가 뢰효에서 마주했던, 원자력에 대한 두려운 감정을 이해하는 데는 도움이 되었다.

길드하우스에서의 대화는 약 90분 만에 끝났다. 나는 지키지 못할 약속을 하지 않았고, 상대방도 마찬가지였다.

얼마 후 같은 건물의 다른 공간에서 대조적인 행사가 열렸다. 1994년 총선에서 지역 내의 원자력 반대 시위에도 불구하고 연방하원의원에 당선된 쿠르트디터 그릴이 원자력 반대자들과의 대화를 끝낸 나를 기민당 지역구 행사에 초대했다. 거기엔 나와 생각이 비슷한 사람들만 있었다. 행사 중에 누군가 곧 고를레벤에 도착할 예정인 핵폐기물 용기에서 소량이라도 방사능이 유출되면 어떻게 되느냐고 물었다. 나는 즉시 마이크를 잡고는 별 생각 없이 그건 다행히 빵을 만들 때와 비슷할 거라고 대답했다. 반죽할 때 베이킹파우더가 조금 잘못돼도 빵은 만들어진다고 설명했다.

그때 왜 그런 말을 했는지는 알다가도 모르겠다. 정치에서는 무언가를 설명할 목적으로 이미지와 비유를 사용할 때는 특히 조심해야 하는데, 방사능 유출을 빵 굽기에 비유한 발언은 여러모로 잘못되었다. 원전 반대론자들과의 대화 후에 긴장이 풀린 탓도 있었을 테고, 나와 비슷한 기민당 사람들만 있는 자리라고 생각해서 쉽게 말한 탓도 있을 듯했다. 그날의 지구당 행사에서는 아무도 화를 내지 않았지만, 내 발언이 세상에 알려지자 곧 여기저기에서 분노가 쏟아졌다. 그럴 만했다. 베이킹파우더와 방사능의 비교는 당연히 명백한 실수였다. 내 말에는 공감이 부족했다. 환경 단체들은 이 일로 나를 수년간 거세게 비난했다. 이 실수를 즉시 인정하지 않은 것은 나의 또 다른 심각한 잘못이었다. 당시만 해도 나는 정치인이 실수를 인정하는 것이 나약함의 표시라고 생각했다. 그런 상황이 자주 있어선 안 되겠지만, 아무튼 당시 내가 그랬던 것처럼 모래 속에 머리를 파묻기보다는 스스로 생각해도 한심하기 짝이 없는 비유였다는 사실을 바로 인정하는 편이 백배 나았을 것이다.

지구당 행사가 끝나고 우리는 본으로 돌아갔다. 프리드리히 볼이 제안한 도움은 굳이 필요가 없었다. 원자력 반대자들과의 대화를 통해 나는 그들의 주관심사가 핵폐기물 처리뿐 아니라 원자력의 평화적 이용을 끝내는 데 있다는 사실을 알게 되었기 때문이다. 핵폐기물 이송에 대한 그들의 치열한 투쟁은 결국 핵발전소의 무기한 가동에 대한 항의 표시였다. 따라서 탈핵이 전제되지 않는 한 핵폐기물 처리에 대한 합의는 이루어질 수 없었다.

나는 이 판단을 4월 24일에 열릴 차기 에너지 합의 대화 전에 정부와 당에 보고할지 고민하다가 결국 포기했다. 이유는 두 가지였다. 첫째, 핵발전소의 실질적인 수명이 당시의 내 견해와 일치하지 않았고, 나는 여전히 원자력 에너지의 평화적 이용을 정당하고 포기할 수 없는 일로 여겼다. 둘째, 나는 사민당이 수십 년 뒤에야 점진적으로 탈원전에 도달하자는 타협안을 수용할 의지가 없을 거라고 생각했다. 사민당의 다수는 원자력의 빠른 종결을 원했다. 기껏해야 당시 니더작센의 주지사였던 게르하르트 슈뢰더 정도만 말이 통할 거라고 추정했다. 나는 1995년 2월 주간지 『포쿠스』에서 실시한 심층 논쟁을 통해 그가 어떤 사람인지 대충 파악하고 있었다. 슈뢰더는 실용적으로 문제에 접근하는 정치인으로서 우리와 합의가 필요하다고 생각했다.

제2차 에너지 합의 대화와 핵폐기물 첫 이송을 나흘 앞둔 1995년 4월 20일, 나는 베를린 환경부 지청에서 슈뢰더를 만났다. 만남을 요청한 쪽은 그였다. 나는 첫마디를 듣는 순간 대화 주제가 핵폐기물 이송의 취소와 그에 대한 근거가 될 것임을 바로 알아차렸다. 이미 예상한 일이었다. 나는 회의 전에 테이블 위에 준비해둔 A1 크기의 종이를 펼쳐 우리 둘 앞에 놓았다. 거기에는 핵폐기물 이송과 관련해서 연방정부에서 이미 허가를 내주었지만 니더작센 주정부가 반발해서 여러 법원에 소송을 건 사건들이 마치 계보도처럼 그려져 있었다. 내가 사전에 직원들에게 일목요연하게 정리해놓으라고 지시한 자료였다.

나는 슈뢰더에게 이 자료를 설명했다. 슈뢰더의 얼굴이 약간 어두워졌다. 자료에는 니더작센 주정부가 1심 행정법원에서 승소했지만, 2심에서는 연방정부가 이겼다고 적혀 있었다. 슈뢰더는 나에게 너무 과신하지 말라고 받아치면서 상황은 언제든 바뀔 수 있다고 말했다. 그러고는 더 이상 나하고는 대화할 게 남아 있지 않다고 판단했는지 자리에서 일어났다.

"전임 장관이었다면 이런 식으로 대화가 끝나지는 않았을 겁니다." 내가 대꾸했다.

"어쩌겠어요, 지금은 내가 환경부 장관인데. 나하고 잘 지내셔야지요."

나흘 후 니더작센 주청사에서 열린 제2차 에너지 합의 대화는 냉랭하게 흘러갔다. 같은 날에 이루어진 첫 번째 핵폐기물 이송을 둘러싼 긴장된 분위기로 인해 가시적인 성과 없이 끝났다. 제3차 에너지 합의 대화는 1995년 6월 21일에 열렸다. 이게 마지막이었는데, 이로써 1993년부터 이어진 에너지 합의 시도는 실패로 돌아갔다. 양측의 입장은 타협이 불가능했다. 기민/기사 연합과 자민당은 원자력을 포함해 모든 에너지원의 지속적인 이용에 대한 합의를 원했다면, 사민당으로서는 명시적인 탈원전 일정이 없는 상태에서 핵에너지의 계속적인 이용과 원자력 발전소 신규 건설은 선택 대상이 아니었다. 나는 합의 불발에 아쉬움이 컸지만, 좀더 시간을 갖고 실행 가능한 방안을 계속 찾아나가기로 했다.

1995년 4월 25일 핵폐기물을 실은 첫 번째 트레일러가 고를레벤 저장 시설에 도착했다. 그 과정에서 심각하게 부상당한 사람은 없었지만, 나는 법의 집행이 얼마나 어려운지 직접 겪었다. 그랬기에 이런 불필요한 사회적 갈등을 없애려면 사전에 광범한 사회적 합의를 이루려는 노력이 더더욱 중요하다고 확신하게 되었다. 그로부터 1년이 지난 1996년 5월 8일, 두 번째 트레일러가 프랑스 라아그 재처리 시설에서 고준위 방사성 물질을 싣고 고를레벤에 당도했다. 이 수송을 위해 전국적으로 약 1만 5,000명의 경찰이 동원되었다. 환경부 장관 임기 중에 세 번째이자 마지막 이송은 1997년 3월 5일에 이루어졌는데, 이때는 안전한 수송을 위해 3만 명의 경찰이 투입되었다. 같은 해 봄, 에너지 합의안을 마련하려는 새로운 시도가 있었지만 이마저도 성공을 거두지 못했다. 기민/기사 연합에서는 누구도 원자력 발전소의 가동 기한을 정하려는 시도를 하지 않았고, 그건 나도 마찬가지였다.

　그 결과 3년 후인 2000년 6월, 에너지 공급사들과 포괄적인 탈원전 구상을 협의하는 일은 게르하르트 슈뢰더 연방총리가 이끄는 적녹 정부*로 넘어갔다. 그에 따라 각 원자력발전소의 가동 기한은 총 32년으로 정해졌다. 이는 마지막 발전소인 네카르베스트하임 2호기가 2021년 말에 전력망에서 퇴출되는 것을 의미했다. 게다가 에너지 공급사들에는 2005년까지 사용 후 핵연료의 해외 재처리를 중단하고, 핵폐기물의 이동을 막기 위해 발전소 내에 직접 저장고를 마련해야 하는 의무가 부과되었다. 이는 막심한 비용을 초래하는 사회적 논란의 끝일 수 있었지만, 아직 완전히 끝난 것은 아니었다. 이 문제는 나중에 다시 언급될 것이다.

　세 번째 핵폐기물 수송이 끝나자 나는 임기 중 가장 어려운 시험을 통과했다는 생각이 들었다. 그러나 1998년 5월 또 다른 사건 때문에 환경부 장관직을 사임할 뻔한 상황으로 몰릴 줄은 미처 예상하지 못했다. 당시에는 방사능 물질을 수송하는 컨테이너 표면에 기준치를 초과하는 방사능 물질이 묻어 있다는 사실은 비밀이 아니었다. 이 문제는 전력 공급사를 비롯해 환경부와 교통부 산하 기관인 연방 방사선방호청과 철도청도 인지하고 있었고, 추가 청소 작업을 통해 비교적 손쉽게 해결할 수 있었다. 그런데 두 기관은 환경부에 이 사실을 알리지 않았고, 나로선 알 도리가 없었다. 그럼에도 정치적 책임을 져야 하는 상황이었다. 연방의회 선거를 4개월 남겨놓은 시점이었다.

---

* 사민당과 녹색당 연정.

헤센에 지역구를 둔 요슈카 피셔 연방하원의원을 중심으로 녹색당은 원자력 에너지의 옹호자인 나의 잘못을 증명할 좋은 기회라고 직감한 듯했다. 관건은 우리 부처가 기준치 초과 사실을 정말 전혀 몰랐느냐는 것이다. 이를 밝히려면 환경부가 방사선방호청 및 철도청과 주고받은 문서 전체를 면밀히 조사해야 했다. 방사선방호청은 환경부 산하 기관이었기에 우리가 영향력을 행사해 모든 자료를 넘겨달라고 요구할 수 있었지만, 교통부 산하의 철도청은 그럴 수가 없었다. 결국 당시 연방교통부 장관이던 마티아스 비스만을 믿어야 했고, 결과적으로 믿음은 입증되었다. 필요한 자료를 모두 받은 것이다. 우리는 매일 환경부의 어느 서랍에선가 우리도 모르는 서류가 불쑥 발견되지 않을까 불안에 떨었지만, 그런 일은 일어나지 않았다. 그럼에도 나는 방사선방호청에 대한 우리 부처의 관리 감독이 미진했다는 점이 두고두고 마음에 걸렸다.

수년간 핵폐기물 수송에 힘을 쏟아온 나로서는 전력 공급사들이 방사능 누출 문제에 그렇게 둔감하다는 사실에 화가 날 수밖에 없었다. 하지만 그에 대해 공개적으로 큰 목소리를 낼 수 없었던 까닭은 경제 문제에 순진하다는 비난이 즉각 부메랑처럼 돌아올 수 있었기 때문이다. 게다가 사회적 시장경제에 대한 나의 이상뿐 아니라 기업과 정치가 어려운 상황에서는 책임을 나눠질 거라는 믿음 면에서도 나는 여전히 순진함을 벗어나지 못했다. 그건 희망 사항일 뿐이었다. 결국에는 정치가 우선할 수밖에 없었다. 지금도 나는 그게 옳다고 확신한다. 모든 사람의 안녕과 복지를 책임지는 주체는 결국 영리 위주로 생각하는 기업이 아니라 국가이기 때문이다.

내가 환경부에서 만난 공무원들의 모습도 국가의 그런 의미를 일깨워주었다. 그들은 명확히 밝힐 수 있는 것은 어떻게든 밝히려고 최선을 다했고, 밤늦게까지 일하고 주말에도 출근해서 진상조사위원회 회의와 연방의회 연설을 꼼꼼히 준비했다. 베아테 바우만과 나는 그들과 늘 긴밀한 관계를 유지했다. 아울러 이런 상황에서 우리 사이에 절대 숨기는 것이 있어서는 안 된다는 점을 주지시켰다. 당장은 불편하더라도 진실은 우리를 죽이지 않는다. 정치적으로 우리를 죽이는 것은 사실 은폐다. 절대 거짓말을 해서는 안 되고, 무언가를 감추어서도 안 된다. 이것이 우리의 모토였다.

우리는 이런 자세로 방사능 누출 사건에 대응했다. 기민/기사 연합 소속의 동료 의원과 주지사들은 내 편을 들었다. 다만 우리의 연정 파트너인 자민당의 기도 베스터벨레 사무총장은 공개적으로 나와 거리를 두기 시작했다. 하지만 나와 내 부처가 기준치 초과 사실을 알고 있었다는 증거가 나오지 않자 여론은 처음에 야단스럽게 들끓을 때와 마찬가지로 금세 진정되었다. 나는 이 일이 다가오는 연방의회 선거에 걸림돌이 되지 않아 안도했다.

환경회의: 내 속의 새로운 면을 발견하다

1992년 5월 뉴욕에서 유엔 기후변화협약이 채택되었다. 이 협약은 한 달 뒤 리우데자네이루 지구정상회의에서 154개국이 서명했고, 1994년 3월에 발효되었다. 제1차 기후변화협약 당사국 총회(COP 1)는 1995년 3월 28일부터 4월 7일까지 베를린에서 열렸다. 170개국 대표들이 참석했고, 117개국은 이미 자국 내에서 비준 절차를 마쳤으며, 53개국은 아직 비준을 완료하지 않아 참관인 자격으로 참석했다. 이외에도 165개 비정부기구(NGO), 12개 국제기구, 유엔의 유관 부서 대표들이 자리를 함께했다.

인간에 의해 야기된 기후변화의 실체는 1990년 '기후변화에 관한 정부 간 협의체'(IPCC)의 제1차 평가 보고서에서 확인되었다. 협의체는 당시 모델에 기반해 다음과 같이 예측했다. 이대로 계속 가면(시나리오 A) 지구의 기온은 10년 단위로 평균 섭씨 0.3도씩(편차 0.2~0.5도) 상승할 것이고, 그리되면 2025년에는 당시 기준으로 섭씨 1도가, 21세기 말에는 3도가 오를 것으로 전망된다는 것이다. IPCC는 유엔이 지원하는 국제기관으로서 과학 전문가 단체였다. 전 세계 과학자 수천 명이 정기적으로 기후변화에 대한 연구 현황을 평가 보고서와 특별 보고서의 형태로 발표했다. 이 협의체는 지금까지도 기후 분야에서 가장 널리 인정받는 기관으로 여겨지고 있다.

기후변화협약에 서명한 국가들은 2000년까지 온실가스 배출량을 1990년 수준으로 감축하기로 약속했다. 다만 이후의 기간에 대한 규정은 없었다. 그렇다면 협약은 업데이트되어야 했다. 협약의 전제는 모든 서명국에 공동 책임이 있기는 하지만 책임 범위가 나라마다 다르다는 점에 대한 이해였다. 일단 선진국들이 2000년 이후에도 이산화탄소 같은 기후 유해 가스에 대한 구속력 있는 감축 목표에 합의해야 했다. 왜냐하면 초기 산업화 과정에서 전 세계 유해 가스의 약 3분의 2를 선진국들이 배출했기 때문이다. 베를린 총회에서는 이러한 온실가스 감축 목표에 대한 협상을 진행하기로 했고, 여기서 합의된 목표는 2년 후 일본 교토에서 열릴 제3차 당사국 총회에서 의정서 형태로 구속력 있게 명기하기로 했다.

나는 주최국 환경부 장관으로서 베를린 국제회의센터에서 열린 이 총회의 의장직을 맡았다. 그전까지 국제적인 협상 경험이 전혀 없는 상태였다. 내가 이런 큰 행사를 잘 이끌 수 있을지 의구심을 품은 사람은 내 전임자만이 아니었다. 게다가 내가 영어도 제대로 못 한다는 말도 나돌았다. 사실이 아니었다. 나는 동독에서 과학자로 일할 때 영어로 말하고 심지어 영어로 출판도 했다. 물론 과학 분야에서의 경험만 있고 정치 분야에서는 그런 경험이 없는 건 사실이었다. 하지만 비판가들은 일단 저돌적으로 부딪히고 보는 나의 능력을 과소평가했다. 나는 어렸을 때 이미 템플린에서 낯선 소련 군인들에게도 스스럼없이 말을 걸었다. 외국어 실력의 실전 테스트에 대한 두려움이 없는 성격이었다.

환경부 기후보호국 코르넬리아 크베네트틸렌 국장은 이 분야에서 경험이 많은 탁월한 협상가였다. 그녀와 그녀의 팀 덕분에 나는 든든했고, 준비에도 소홀함이 없었다. 나의 언론 대변인 게르트루드 잘러는 아는 기자가 많았고 그들을 노련하게 다룰 줄도 알았다. 우리는 여성청소년부 시절부터 함께 일했다. 나는 그녀를 무조건 믿었다.

협상은 전반적으로 기술 영역과 관련이 많았다. 나는 일단 유엔 회의에서 자주 사용하는 전문 용어부터 익혀야 했다. 회의 문건은 '정부 간 협상위원회'에서 준비했다. 문건에는 아직 합의를 보지 않은 내용들이 대괄호로 표시되어 있었는데, 그런 대괄호가 수백 개에 이르렀다. 결과를 도출하려면 최종 문건에 대한 합의가 이루어져야 했다. 일단 최종 문건이 나오면 어느 참여국도 반대할 수 없었다. 조직 문제는 당시 아직 임시로 운영되던 기후변화협약 사무국이 담당했는데, 몰타 출신의 유엔 외교관 마이클 자미트 쿠타자르가 사무국장을 맡았다. 나와 우리 부처 직원들은 그와 긴밀히 협력했다.

이 총회를 성공시켜야겠다는 나의 의지는 확고했다. 하지만 국가 간 이해관계뿐 아니라 비국가 간 이해관계까지 까다롭게 얽혀 있는 상황에서 어떻게 그것을 달성해낼 수 있을까? 전반적인 상황은 마치 밖에서는 보이지 않지만 내부에는 복잡한 미로가 숨겨져 있는 개미굴과 같았다. 이런 내부 구조를 명확히 파악하려면 당사자들의 다양한 입장부터 숙지해야 했다. 이 과정에서 도움이 된 것은 총회 의장단 사무국이었다. 여기엔 의장으로서 나 외에 부의장 7명과 하위 위원회 회장 3명, 이렇게 총 11명이 속해 있었다. 이들은 전 세계 각 지역을 대표하는 인사들로서 대부분 다년간의 협상 경험을 갖고 있었다.

참가국 중에는 우선 선진국 그룹이 있었다. 그 가운데 25개국은 경제협력개발기구(OECD) 회원국이고, 중부 유럽과 동유럽처럼 경제적 전환기에 있는 국가들이 추가되었다. 선진국 그룹 안에서도 입장은 나라마다 무척 달랐다. 협상 과정은 15개 유럽연합 회원국이 주도했다. 독일은 다른 나라에 비해 상당히 유리한 입장이었다. 1987년도 기준으로 이산화탄소 배출량을 2005년까지 25~30퍼센트까지 감축할 준비가 되어 있었기 때문이다. 이로써 독일은 의장국으로서 참가국들에 신호를 보낸 셈이었다. 우리는 경제성장과 온실가스 감축이 동시에 가능하다고 확신했다. 물론 이런 확신의 배경에는 다른 국가들에 비해 우리가 갖고 있던 출발선상의 이점도 있었다. 동독 경제의 붕괴로 새 연방주들에선 이산화탄소 배출량이 1990년대 상반기에 절반 가까이 감소했기 때문이다.

당시 23퍼센트의 비율로 세계 최대의 온실가스 배출국이던 미국의 태도가 관건이었다. 미국은 1992년 조지 부시 대통령 시절에 이미 기후변화협약을 비준했다. 그의 후임자인 빌 클린턴 대통령, 특히 앨 고어 부통령은 기후 보호 문제에 매우 적극적이었다. 그러나 미국 의회 내 다수파는 선진국에만 구속력 있는 감축 목표의 의무를 지우는 데 비판적이었다. 그들은 미국 경제에 미칠 부정적인 영향을 우려했다. 당시 미국 대표단을 이끌던 인물은 '민주주의 및 글로벌 문제' 담당 국무부 차관 티머시 워스였다. 나는 총회에 앞서 개인적으로 그를 만나기 위해 1995년 3월 1일 워싱턴으로 날아갔다. 그는 국제 환경 정책 분야에서 이미 경험이 많은 전문가였다. 우리는 보자마자 말이 잘 통했다. 그는 총회 전인 3월 10일에 본으로 답방했다. 우리는 각자 무엇을 원하고, 어떤 식으로 협상에 기여할 수 있는지 서로 잘 알고 있었다. 나와 마찬가지로 그도 총회 성공을 간절히 바랐다.

개발도상국 그룹은 77개국과 중국으로 이루어져 있었다. 기후변화의 영향을 가장 많이 받고 있고 앞으로도 많이 받을 작은 섬나라들은 독자적인 그룹을 따로 꾸렸다. 개발도상국들 그룹도 개별 국가마다 입장이 무척 달랐지만, 선진국을 공격적으로 비판하는 데는 한목소리를 냈다. 기후변화에 막대한 역사적 책임이 있는 선진국들이 자기들은 과거에 실컷 발전해놓고서 이제 개발도상국들이 발전하려고 하니까 기후변화를 들먹이며 경제 발전의 기회를 막으려고 한다는 것이다. 따라서 그들은 선진국들에 우선적으로 상당량의 온실가스 감축 의무를 지우라고 요구했다. 반면에 전 세계 온실가스 총량을 줄인다는 이유로, 선진국이 자국뿐 아니라 개발도상국에서도 배출 감축 조치를 시행할 경우 이를 자국의 감축 실적으로 인정하자는 이른바 '공동 이행'에 대해서는 강한 의구심을 표했다. 이를 선진국들의 회피 전략으로 여긴 것이다. 개발도상국들은 선진국들이 진정한 변화로 나아갈 준비가 되어 있지 않다고 비난했다. 나는 그들의 우려에 충분히 공감했다. 하지만 미국과의 사전 대화를 통해 내린 결론에 따르면, 공동 이행 같은 수단이 없으면 총회 결과에 대해 미국의 동의를 받을 수 없었다.

마지막으로, 한 국가라도 반대하지 않아야만 협정문을 채택할 수 있다는 총회 규정을 이용해서 틈만 나면 거부권을 행사하겠다고 위협하는 국가 그룹이 있었다. 주로 산유국들이었다. 상당수 비정부기구도 각각 자기들이 속해 있는 국가 그룹 편을 들었기에 이해관계를 조율하기는 더욱 힘들었다.

총회는 1995년 3월 28일에 개막했다. 총회 절차가 확정되었고, 나는 의장에 선출되었다. 4월 4일까지는 소위 고위급 협상이 진행되었다. 나는 의장으로서 총회 관례를 숙지하려고 이 기간 동안 베를린을 여러 차례 방문해 협상 상황을 파악했다. 1단계 회의가 끝나자 나는 4월 4일 베를린 티어가르텐의 한 카페로 총회 사무국 직원들을 초대했다. 우리는 저녁 식사를 하면서 1995년 4월 5일부터 7일까지 각국 장관들이 참석하는 2단계 회의를 어떻게 진행할지 상의했다. 남은 3일간의 회의에서는 장관들이 할 일이 많았다. 하지만 아직까지는 타협점을 찾지 못했다. 우리는 내가 어떤 장관들을 꼭 만나야 하고,

각 대표단이 받아들일 수 있는 내용적 한계가 어디까지인지 논의했다. 사무국의 노련한 전문가들은 20여 명의 장관을 이른바 '의장의 친구'로 선정한 뒤 이들과 정기적으로 협상 진행 상황에 대한 정보를 교환하라고 권했다. 의장의 친구들은 자신이 속한 지역 그룹이나 이해관계 그룹에서 주도적으로 타협점을 찾아가는 역할을 맡았다. 이 그룹의 선정은 까다로웠고, 정치적 역학 관계에 대한 고도의 감각이 필요했다. 170개국 중에서 최대한 많은 대표단이 받아들일 수 있는 국가여야 했기 때문이다.

다음 날 아침 나는 '의장의 친구' 후보들에게 일일이 전화를 걸어 협력을 구했다. 모두 내 제안을 흔쾌히 수락했다. 게다가 다행히 거기에 포함되지 않은 대표단으로부터 어떤 항의도 받지 않았다. 총회의 마지막 순서에 해당하는 장관급 회담이 시작되자 헬무트 콜 총리가 총회 성공을 열렬히 기원하는 개회사를 했다. 나를 비롯해 환경부 직원들은 2005년까지 독일의 온실가스 감축 목표를 비롯해 우리가 총리실 담당자에게 보낸 연설문 초안이 대부분 채택된 사실을 알고 무척 기뻐했다. 이어진 환영 연회에서 콜의 개회사 연설은 특히 아프리카 대표단으로부터 극찬을 받았다. 그는 우리 모두의 어머니 지구에 대해 이야기했는데, 아프리카 대표단은 자신들이 이해받고 있다고 느끼는 듯했다.

저녁에는 클라우스 킨켈 연방 외무장관(자민당)과 내가 장관들을 위해 환영 만찬을 열었다. 나는 최대한 많은 장관과 직접 대화를 나누려고 애썼다. 이어 의장의 친구들을 처음 만났다. 다음 이틀 동안 우리는 각각 본회의 전에 다시 만나 본회의 연사를 지명하고 타협안을 마련했다. 그룹 내 이해관계는 매우 상이했지만 나와 참가자 개개인 사이에서는 신뢰가 쌓여나갔다. 특히 카말 나스 인도 환경부 장관과는 빠르게 가까워졌다. 인도는 이번 총회에서 무척 건설적인 역할을 했다.

시간은 빠르게 흘러갔다. 협상은 이른 아침부터 밤늦게까지 계속되었다. 코르넬리아 크베네트틸렌을 비롯해 모든 직원은 쓰러지기 일보 직전이었다. 개발도상국과 선진국 대표들은 끊임없이 대립각을 세웠다. 비정부기구들은 갈등의 불씨에 기름을 끼얹었다. 경험 많은 참가자들, 특히 우리 부처 직원들은 내가 미처 모르고 있던 나라별 주장의 배경을 설명해주었다. 예를 들어 참가국 내부의 정치적 상황, 기후변화의 직접적인 영향 여부, 문화적 색채, 재정적인 문제에 관한 설명이었다. 시간이 거듭될수록 나는 각국의 다양한 이해관계와 주장을 더 잘 이해하게 되었다. 개미굴의 내부 구조에 대한 그림이 머릿속에서 서서히 선명하게 그려지기 시작했다.

4월 7일 아침에도 결과가 나오지 않자 나는 그동안의 노력이 물거품이 되지 않을까 염려했다. 시간이 얼마 남지 않았다. 총회 마지막 날이었다. 전체 회의가 어떻게 끝날지는 아직 예측할 수 없었다. 나는 자정 무렵에 시계를 상징적으로 멈춘 다음 최종안을 의결하기 직전에 다시 돌아가게 함으로써 총회 시간을 연장할 수 있다는 사실을 알게 되었다. 그러나 터널 끝에서 빛을 보기까지는 아직 갈 길이 멀었다.

나는 카말 나스에게 고충을 토로했다. 그러자 그는 그날 저녁에 떠나야 한다는 말부터 먼저 꺼냈다. 그의 마음을 바꿀 수 없었다. 본국에서의 일로 바쁜 사람을 붙잡을 수는 없었다. 나로서는 낙담이 컸다. 그는 떠나기 전에 친구 그룹을 둘로 나누라는 조언을 해주었다. 한쪽은 선진국 대표들, 다른 쪽은 개발도상국 대표들로 말이다. 그런 다음 두 그룹이 별도의 방에서 협상을 벌이는 동안 내가 공정한 중재자로서 두 그룹 사이를 오가라고 했다.

"내가 볼 때 두 그룹 모두 당신을 신뢰하는 것 같아요."

카말 나스의 말이었다. 그의 조언은 설득력이 있었다. 관건은 모두가 지나갈 수 있는 바늘구멍을 찾는 일이었다. 갑자기 좌절감이 사라지면서 의욕이 솟구쳤다. 카말 나스가 나를 위한 무대의 막을 올려주었다.

그가 말한 조치를 취하기에는 너무 이른 시각이었다. 일단은 지난 며칠 동안 진행되어온 대로 흘러가게 내버려두었다. 코르넬리아 크베네트틸렌은 장관급 회의에서 해결해야 할 문제들을 일목요연하게 알려주었다. 그러고 나자 다른 기술적인 사항들은 저절로 명확해졌다. 그녀는 자면서도 협상 문구를 거의 외울 정도였다. 나는 해결해야 할 지점들에 집중했고, 직원들과 타협 가능한 선을 검토했다. 총회 사무국과는 시계를 멈추기로 합의했다. 나는 마이클 자미트 쿠타자르에게 의장의 친구 그룹을 둘로 나누겠다는 계획을 털어놓았다. 그러고는 20시쯤 친구 그룹을 모두 불러놓고 앞으로 회의를 어떻게 진행할지 설명했다. 모두 원칙적으로 동의했다. 다만 두 그룹에 각각 장관 몇 명을 더 추가해달라고 요청했다. 밤늦게 잠깐 본회의가 열렸고, 이 자리에서 시계 멈추기가 결정되었다. 시간이 더 필요하다는 사실에 모두가 동의했다. 이 자리에서도 내 계획은 아직 밝히지 않았다. 다만 모든 대표단에 밤중에도 언제든 연락이 닿을 수 있도록 대기해달라고 부탁했다.

나는 자정 직전에 셔틀 외교를 시작했다. 한결 상대하기 힘든 협상 파트너는 선진국들이었다. 대부분 협상과 관련해서 대표단에 주어진 운신의 폭이 상당히 제한적이어서 그때그때 자국 정부에 전화를 걸어 지침을 받아야 했다. 유럽은 이미 밤이어서 정부 청사의 누구와도 연락이 닿지 않았다. 일본은 다행히 유럽보다 여섯 시간이 빨라 곧 일어날 시간이었다. 캐나다와 미국에서는 몇 시간 후 일과가 끝나기 때문에 책임자와 대화하기가 더 어려웠다. 다행히 호주는 비상시 연락 체계가 잘 구축되어 있었다. 그들은 국내 시간대와 무척 다른 시간대의 회의에 참석하는 데 익숙했다. 그런데 설상가상으로 다음 날인 4월 8일은 토요일이어서 연락을 주고받기가 더욱 어려웠다. 그렇게 시간은 흘러갔다. 그나마 티머시 워스 미국 차관이 총회 결과에 관심이 많은 것은 다행이었다. 그는 공동 이행 문제에서 본국 정부의 엄격한 협상 지침을 받고 있었음에도 나를 지지했다.

선진국과의 협상이 길어질수록 개발도상국의 분위기는 더 좋아졌다. 그들은 내가 다른 나라들 때문에 얼마나 힘들어하는지 느끼는 듯했다. 개발도상국들끼리는 조율이 잘되고 있었다. 나는 두 그룹 사이를 최소한 열 번 이상 오갔다. 또 다른 방에서는 내가 직원들의 도움을 받아 타협안을 다듬어나갔다. 동틀 무렵 마침내 최종안이 손에 잡힐 듯했다. 아침 6시경 선진국들은 모든 사항에 합의했다. 내가 이 결과를 갖고 개발도상국 회의실에 들어가자 그들도 동의했다. 중국 대표는 반짝거리는 눈으로 나를 바라보더니 싱긋 웃으며 말했다.

"우리는 최종 결론에 도달한 게 아닙니다."

이 말은 곧 우리의 합의안이 그의 협상 한계에는 미치지 못했다는 뜻이었다. 외교적 성공의 수단으로서 일종의 체면 유지였다. 그 순간 이후 나는 남은 정치 인생에서 개발도상국들, 특히 중국의 협상 방식에 존경심을 갖게 되었다.

이날 새벽 기후변화협약 협상의 핵심 부분이 최종 타결되었다. 여기에는 구속력 있는 온실가스 감축 목표와 공동 이행 가능성이 모두 담겼다. 나는 협상 결과에 대한 근거 없는 소문의 확산을 막기 위해 두 그룹의 참가국들에 협상 결과를 즉시 각자의 우군에게 비공식적으로 알려주라고 부탁했다. 내 직원들은 협상 결과를 총회 사무국과 기후변화협약 사무국에 전달했고, 나는 마이클 자미트 쿠타자르와 대화를 나누었다. 기후변화협약 사무국은 최종안을 작성했고, 오전 느지막이 본회의를 개최하기로 결정했다. 나는 집에 가서 샤워를 하고 새 옷으로 갈아입은 뒤 잠시 차 한 잔을 마셨다. 그런 다음 최대한 빨리 국제회의센터로 돌아가 내 직원들 및 사무국 대표들과 합류했다. 들은 바에 따르면 대다수 당사국은 이 결과를 지지한다고 했다. 다만 산유국들 중 한 나라가 반대할지는 미지수라고 했다.

마이클 자미트 쿠타자르는 노련한 유엔 외교관으로서의 경험을 살려 내게 이런 조언을 했다. 본회의가 재개되면 최대한 빨리 최종안을 거명한 뒤 이의가 없는지 물어본 다음 바로 옆에 놓인 작은 의사봉을 들고 두드리면서 이 안이 가결되었음을 선포하라는 것이다. 이의를 제기할 시간을 너무 많이 줘서는 안 된다는 점이 포인트였다.

이어 우리는 함께 본회의장에 들어갔다. 멈춰 있던 시계는 다시 돌아갔고, 나는 본회의 재개를 선언했다. 내가 최종안을 거명했을 때 티머시 워스가 손을 번쩍 들었다. 순간 나는 깜짝 놀랐다.

'지금 뭘 하자는 거지?'

기우였다. 내가 발언권을 주자 그는 그간의 내 노력에 감사함을 표하며 이 문서를 '베를린 위임'이라고 부르자고 제안했다. 나는 재빨리 반대하는 사람이 있는지 물었다. 박수갈채가 쏟아졌다. 나는 이때다 싶어 얼른 의사봉을 들고 말했다.

"최종안이 가결되었음을 선포합니다."

이로써 최종안은 채택되었다. 아무도 반대하지 않았고, 나는 큰 짐을 벗어던진 듯했다.

우리는 2000년 이후에도 구속력 있는 온실가스 감축 목표의 합의를 위한 협상 임무를 맡았다. 이로써 차기 교토 당사국 총회 준비를 위해 베를린 위임을 집행할 실무 그룹이 구성되었다. 또한 독일 본에 상설 유엔기후변화사무국도 설치하기로 결정했다. 1996년 6월 20일 나는 이 사무국의 개소식을 열었고, 마이클 자미트 쿠타자르가 1996년부터 2002년까지 사무국을 이끌었다.

그날 토요일 오전에만 해도 나는 2년 후 교토에서 열릴 총회까지 우리 앞에 얼마나 많은 일이 산적해 있는지 알지 못했다. 나는 그저 우리 팀원들과 함께 총회에서 거둔 가시적인 성과를 기뻐했을 뿐이다. 또한 개인적으로는 전 세계에서 온 다양한 참가자들과 협상을 벌이는 일이 무척 즐거웠고, 세계에 대해 많은 새로운 사실을 알게 되어 가슴이 벅찼다. 내 안에 나도 모르고 있던 외교 정치인으로서의 면모가 있었다. 나는 속성 코스로 노련한 기후 협상가가 되었고, 교토에서 열릴 기후회의의 성공에 막중한 책임감을 느꼈다. 이후 2년 반 동안 나는 많은 지역을 돌아다녔다. 1995년 11월에는 인도네시아와 말레이시아, 싱가포르를, 1996년 11월에는 멕시코와 브라질을, 1997년 4월에는 워싱턴을, 1997년 8월에는 일본과 중국을, 그리고 1997년 11월에는 다시 일본을 방문했다. 이런 해외 출장마다 기후 문제는 늘 중요 의제에 포함되었다.

1996년 7월 16일부터 18일까지 제네바에서 열린 제2차 당사국 총회(COP 2)는 실망스러웠다. 하지만 1997년 12월에 드디어 때가 왔다. 12월 6일부터 11일까지 나는 교토에서 열린 제3차 당사국 총회(COP 3)에 참석했다. 선진국들은 약속을 지켰다. 앨 고어 미국 부통령도 총회에 참석했다. 같은 해 미 상원이 개발도상국, 특히 중국의 감축 목표가 포함되지 않은 기후 협약은 절대 받아들일 수 없다고 95:0으로 결정했음에도 고어는 총회에서 유의미한 결과를 도출하려고 애썼다. 극적인 협상 끝에 선진국들은 2008년부터 2012년까지 온실가스 배출량을 1990년 대비 평균 5퍼센트 이상 감축하기로 약속했다. 목표 달성을 좀더 쉽게 하려고 공동 이행 방식을 비롯해 타국과 협력해서 배출을 줄이는 다양한 방식이 허용되었다.

개별 국가의 온실가스 감축 목표는 각각 달랐다. 15개 회원국으로 구성된 유럽연합은 8퍼센트 감축을 약속했다. 독일은 유럽연합의 부담을 나눠진다는 차원에서 자국 배출량을 21퍼센트나 줄이기로 확약했다. 미국은 같은 기간 동안 7퍼센트 감축을 약속했다. 그러나 미국 내에서는 교토 의정서의 비준이 이루어지지 않았다. 심지어 2001년 3월 빌 클린턴의 뒤를 이어 대통령이 된 조지 W. 부시는 이 협약의 탈퇴를 선언했다. 2005년부터는 중국이 세계 최대의 온실가스 배출국이 되었다. 교토 의정서는 2005년 2월 16일에 발효되었다.

생존의 대가

1992년 2월 7일, 당시 유럽공동체 12개 회원국은 네덜란드 마스트리히트에서 '유럽연합조약'에 서명했다. 이 조약은 1993년 11월 1일에 발효되었고, 이로써 기존의 유럽공동체는 명실공히 동일한 시민권과 공동 외교 및 안보 정책, 그리고 내치와 사법 정책에서 긴밀하게 협력하는 정치 연합체로 거듭났다. 그뿐만이 아니었다. 유럽공동체 회원국들은 유럽의 공통 통화, 즉 유로화 도입을 위한 기반까지 구축했다. 독일 통일과 관련해서 유럽공동체를 한 단계 더 발전시키겠다는 헬무트 콜의 약속이 2년 후에 실현된 것이다. 아울러 1993년 1월 1일부터는 상품의 자유로운 이동, 사람의 자유로운 이동, 서비스의 자유로운 이동, 자본과 결제의 자유로운 이동이라는 네 가지 기본 자유가 보장된 유럽 단일 시장이 생겨났다. 이를 위한 토대는 독일 통일 전인 1987년 여름에 이미 단일유럽의정서를 통해 마련되었다. 이 의정서에는 환경 정책이 최초로 유럽공동체의 독자적인 정책 영역으로 명시되었다. "환경의 유지 보호와 환경 질의 개선"을 목표로 삼은 영역이었다. 그밖에 폐쇄적이던 각국의 내수 시장을 개방하는 내용을 담은 280여 개 법규가 1992년 말까지 의결되었다. 그 결과 유럽연합은 새로운 경제적 동력을 얻게 되었다.

1993년 유럽 단일 시장의 도입과 함께 환경 분야에서 독일 법률의 약 80퍼센트가 유럽연합의 법률을 기반으로 삼았다. 이제는 중요한 결정이 유럽 차원에서 내려질 때가 많았다. 유럽연합 회원국 가운데 독일은 환경 악에 맞서 싸우는 주도 국가였다. 나는 해결책을 찾는 과정에 동참하는 일이 흥미로웠다. 브뤼셀에서는 유럽연합 환경장관 회의가 정례적으로 열렸고, 독일 경제부 대표도 이 자리에 참석했다.

이런 공식 회담 외에 비공식 환경장관회의도 있었다. 이건 6개월마다 돌아가면서 유럽연합 의장을 맡는 나라에서 열렸다. 우리는 여기서 정치적 목표를 한결 더 편하게 논의했고, 서로에 대해 더 많이 알아나갔다.

비공식 환경장관회의에서는 배우자들도 초대했기에 가끔 요아힘도 나와 함께 갔다. 프랑스에서 열린 회의 때가 그랬다. 우리는 거기서 프로방스의 아름다운 충적층 지대인 카마르그의 멋진 풍경을 감상했고, 인생 최고의 사과 타르트도 먹었다.

또 한번은 훗날 유럽연합 외교안보 고위 대표가 된 조셉 보렐 당시 스페인 환경부 장관이 세비야에서 환경장관회의를 개최했다. 나는 여기서 처음으로 베넨시아로 셰리 와인 따르는 기술을 경험했고, 스페인 사람들이 저녁을 얼마나 늦게 먹는지 알게 되었다. 또한 베아테 바우만과 함께 자정을 훌쩍 넘긴 시각에 세비야의 옛 도심을 거닐고 대성당을 둘러보았다. 우린 둘 다 유구한 역사를 자랑하는 이 도시의 활기찬 모습에 흠뻑 빠져버렸다.

또 다른 기회에는 암스테르담의 아름다움을 알게 되었다. 나는 옛 시가지의 운하를 따라 걸으며 보트를 타고 여행하는 꿈을 꾸었다. 그 밖에 영국 체스터에서 환경장관회의가 열렸을 때 아클로에서 더블린까지 라이브 포크 음악과 함께 아일랜드 해안을 따라 기차 여행을 한 일과 슈루즈버리의 찰스 다윈 생가를 방문한 일은 결코 잊을 수 없다. 오스트리아 그라츠에서 환경장관회의를 주최한 마르틴 바르텐 슈타인 부부는 지금도 요아힘과 나의 오랜 친구로 남아 있다.

1997년 6월 뉴욕에서 '리우 이후의 5년'이라는 주제로 특별 총회가 열렸다. 나도 참석했다. 1992년 리우데자네이루에서는 다양한 협약이 체결되었는데, 기후변화협약도 그중 하나였다. 이 협약을 통해 지속가능성이라는 개념이 미래 발전의 중심에 놓였고, '의제 21 행동 프로그램'이 채택되었다. 지속가능성의 정신에 따라 미래 세대의 기회를 침해하지 않는 범위 내에서 지금의 세대가 현재의 욕구를 충족하자는 의미였다. 이제 처음으로 결산표를 낼 시간이 되었다. 그러나 안타깝게도 참가자들 모두의 공통적인 인식은 지구가 과거 그 어느 때보다 더 나빠졌다는 사실뿐이었다. 총회에서 165개국 대표들이 도출한 최종안에는 새로운 구체적 약속이 별로 담기지 않았다. 그럼에도 선진국과 개발도상국은 이 조치들의 재원 문제를 두고 싸우기만 했다.

우리가 공통의 지구에서 함께 살아가려면 각자 환경 의식에 맞게 행동해야 할 뿐 아니라 타인의 생각도 존중할 줄 알아야 했다. 또한 정치와 비정부기구는 지속가능성의 원칙에 맞게 새로운 발전 경로를 모색해야 했고, 사회적 문제와 경제성장에 대한 욕구, 환경 목표 사이의 갈등을 지혜롭게 해결해야 했다. 나는 이 주제에 매료되어 관련 책을 쓰기로 마음먹었다. 이렇게 해서 1997년에 『생존의 대가: 환경 정책의 미래 과제에 대한 생각과 대화』라는 책이 출간되었다. 이 책을 쓰기 위해 나는 국내외 다양한 인사를 인터뷰했고, 환경 정책의 목표와 방안, 실현 수단에 대한 그들의 생각을 들었다. 최대한 다양한 목소리를 담고 싶었다. 또한 그를 넘어 지속가능성이라는 일반적인 개념에서 어떻게 정치적 행동의 기준이 될 만한 검증 가능한 목표를 도출할 수 있는지의 문제도 다뤘다. 의제 21에는 이렇게 명시되어 있었다.

"모든 차원의 의사결정에 탄탄한 근거를 제공하려면 지속가능한 발전을 위한 지표가 개발되어야 한다."

나는 『생존의 대가』에서 독일에 네 가지 영역의 지표를 제안했다. 자연의 균형, 에너지 사용, 순환경제, 인간의 건강이었다. 이 지표들은 국가 경제의 장바구니에 비유될 만한 환경 기준점이 될 수 있었다. 돌이켜보면 나는 때로 너무 소심하게 이 문제에 접근했다. 예를 들어 당시 5퍼센트에 불과하던 재생에너지 비중을 2010년까지 10퍼센트로 늘리자고 요구했지만, 실제 현실에서는 오히려 17퍼센트나 증가했다. 재생에너지법이 제공한 인센티브가 예상보다 더 잘 작동한 것이다. 그러나 다른 목표들은 여전히 달성되지 않고 있다. 멸종 위기의 동식물 종은 오늘날에도 여전히 빠르게 증가하고 있고, 이는 기후변화와 함께 인간이 책임져야 할 두 번째 거대 재앙이다. 생물 다양성을 지키기 위해 리우에서 체결된 생물다양성협약도 지금까지 충분한 성과를 거두지 못하고 있다.

가격이 희소 자원에 미치는 영향도 나의 주요 관심사였다. 나는 희소 자원의 가격에 대한 국가적 통제가 구체적인 기술적 방법을 법적으로 규정하지 않고도 환경 목표를 달성할 중요한 도구가 될 수 있다고 생각했다. 그러나 이런 내용을 담은 생태세 개혁의 추진은 불가능했다. 무엇보다 자민당의 반대가 심했지만, 궁극적으로는 내가 속한 기민당의 책임이었다. 내가 환경부 직원들과 개발한 이런 종류의 아이디어는 모두 물거품이 되었다. 현실의 벽을 넘지 못한 것이다. 자연보호 정책부터 배기가스 규제에 이르기까지 수많은 개별 법규를 하나의 통일된 환경법으로 묶자는 아이디어도 같은 운명을 맞았다. 사회법에서는 자명했던 일이 환경법에서는 오늘날까지 이루어지지 않고 있다. 나는 지속가능한 개발을 위한 협의체 구성도 제안했지만, 이역시 실행되지 않았다. 이 기구는 2001년 후임 정부 때 설치되었다.

환경부 장관직은 이 책에서 일일이 설명할 수 없을 만큼 큰 도전과 성취를 내게 안겨주었다. 나는 1998년 총선 이후에도 환경부 장관직을 계속 유지하고 싶었지만, 기민/기사 연합과 자민당은 선거에서 지고 말았다.

4. 왜 기독교민주당인가

당대표

내 정치 경력에서 처음으로 혼자 남겨지고, 전적으로 내게 책임이 맡겨진 것 같은 느낌이 들었다.

독일 통일의 주역이자 유럽 통합의 정치인이자 기민당 명예대표 인 헬무트 콜은 정치 인생 전부를 망칠 위기에 처했다. 1999년 12월 6일, 나는 본의 기민당 당사 내 사무실에 앉아 있었다. 내 앞에 켜져 있는 텔레비전에서는 ZDF 대담 프로그램 「뭐라고요?」가 방영되고 있었다. 콜의 목소리가 흘러나왔다.

"나는 1993년부터 1998년 사이에 총 150만 마르크에서 200만 마르크에 이르는 기부금을 받았습니다. 해마다 차이는 있지만, 평균 잡아 매년 30만 마르크 정도 됩니다. 기부자들이 출처를 공개하지 말아 달라고 해서 신고하지 않았습니다."

이 말이 뜻하는 바는 분명했다. 이런 조건의 기부금을 받음으로써 스스로 법 위에 군림하고 있음을 자인한 셈이었다. 기본법 제21조에 따르면 모든 정당은 자금 출처와 정당 내 자산을 투명하게 공개해야 할 의무가 있었다. 진행자가 이 점을 지적하자 콜은 이렇게 말했다.

"네, 나도 알고 있어요. 말씀드렸다시피 그걸 따로 상기시킬 필요는 없어요."

1999년 11월 30일 그가 이미 개인 성명을 통해 밝힌 불법 기부금에 대한 입장도 꼭 이런 식이었다. 그에게서 기대할 것은 더 이상 없어 보였다. 그의 태도는 명확했다. 도무지 이해가 되지 않았다. 1년 전 나는 기민당 사무총장에 선출되었다. 신임 당대표 볼프강 쇼이블레가 추천한 일이었다. 헬무트 콜은 명예대표로 추대되었다. 우리의 야당 시절은 큰 성공과 함께 시작했다. 유럽연합 선거와 헤센, 브란덴부르크, 자를란트 지방선거에서 승리를 거둔 것이다. 1998년 9월 27일 총선에서 게르하르트 슈뢰더(사민당)에게 처참하게 패배한 기민당은 누구도 예상하지 못할 만큼 빠른 속도로 재기했다. 하지만 이제 다시 추락이 시작되었다. 끝 모를 심연으로.

이 모든 사태는 1999년 11월 4일 목요일 저녁 뉴스의 짧은 보도에서 시작되었다. 기민당에서 다년간 재무 책임자로 일한 발터 라이슬러 키프가 1991년에 무기상 카를하인츠 슈라이버로부터 100만 마르크를 받고도 세금 신고를 하지 않아 탈세 혐의로 체포 영장이 떨어졌다는 소식이었다.

"어제 저녁 뉴스 봤어요? 키프에 관한 보도요."

다음 날 아침 베아테 바우만이 물었다.

"봤어요. 우리한테 어떤 영향이 있을까요?"

내가 물었다.

"당연히 좋을 건 없지요."

그녀가 답했다.

11월 5일 키프는 수사 당국에 자진 출두했다. 이로써 우리는 깊은 수렁으로 빠져들었다.

1999년 11월 7일 일요일, 우리는 이른바 '베를린 대화'라는 특별한 행사를 계획했다. 내가 사무총장으로서 기획한 연속 행사였다. 볼프강 쇼이블레와 나는 16년 만에 야당으로 전락한 기민당을 쇄신할 목적으로 이 행사를 마련했다. 1999년 11월 7일의 대화는 이 시리즈의 네 번째 행사였다. 장소는 포츠담의 빌라 캄프마이어로 정해졌다. 냉전 시절 동서독 간에 스파이와 포로를 교환하던, 베를린과 포츠담을 잇는 글리니커 다리 바로 옆의 건물이었다. 이 장소를 고른 이유는 분명했다. 베를린 장벽 붕괴 10주년을 기념하고 싶었는데, 그러기엔 여기가 최적의 장소였다. 볼프강 쇼이블레는 장벽 붕괴를 축하하는 동시에 미래 비전을 강령적으로 보여주는 연설을 할 예정이었다. 전략적인 것과 구체적인 것의 결합은 그의 큰 강점이었고, 헬무트 콜 정부의 마지막 국면에서 이미 그 능력을 충분히 입증한 바 있었다.

당시 나를 포함한 적지 않은 사람들이 총선 패배를 불가피한 일로 여겼다. 16년의 집권으로 기민당은 해이해질 대로 해이해져 있었다. 정권을 잃어도 이상할 게 없었다. 민주주의는 정권 교체를 통해 발전하기 마련이었다. 야당으로 출발하는 기민당의 새 대표로 볼프강 쇼이블레가 뽑혔다. 그외에 다른 적임자는 없었다.

"독일이여, 어디로 가려는가?"

그가 포츠담에서 하려는 연설의 제목이자 주제였다. 그런데 연설이 시작되었지만 관심을 보이는 사람은 없었다. 독일이 아니라 '기민당이여, 어디로 가려는가?'가 오히려 맞는 제목처럼 보였고, 적녹 정부에 대한 우리의 반대 구상이 아니라 키프와 불법 기부금에 다들 신경이 팔려 있었다.

"차마 상상하지 못한 일입니다."

1999년 11월 8일 월요일, 기민당 의장단 회의 직후의 기자회견에서 한 기자가 나흘 전에 보도된 슈라이버의 100만 달러 수수에 대한 입장을 물었을 때 내가 답한 말이었다. 사실 늘 있는 의례적인 자리였다. 기민당 의장단 회의나 전국상임위원회 회의가 끝나면 사무총장은 형식적으로 기자회견을 열었다. 하지만 그날은 의례적이지 않았다. 모든 것이 내 상상을 뛰어넘었다. 1980년대에 이미 기민당을 발칵 뒤집어놓고 구서독의 역사에 '플리크 스캔들'*이라는 이름으로

---

* 독일의 플리크사가 정치권에 뿌린 불법 정치 자금 스캔들.

기록된 이전의 기부금 스캔들에 대해서는 동독 시절에 기껏해야 귀동냥으로만 들어봤는데, 지금은 내가 바로 그런 사건의 한가운데에서 있었다. 이걸 어떻게 정리하고 통제해야 할지 알 수 없었다. 이 사건은 당을 짓뭉갰고, 나아가 나까지 짓밟으려 했다.

나는 밤낮없이 머리를 쥐어뜯으며 고민에 빠졌다. 이 사태를 어떻게 멈출 수 있을까? 우리 당의 몰락을 어떻게 멈출 수 있을까? 이탈리아 기독교민주당도 이런 일로 몰락의 길을 걷지 않았던가? 재차 발생한 이번 기부금 스캔들이 기민당에 초래할 정치적·도덕적 파산을 어떻게 극복할 수 있을까? 나는 혼자 남겨지고, 전적으로 내게 책임이 맡겨진 것 같은 느낌이 들었다.

지난 10년 동안 내가 많은 빚을 진 두 사람, 즉 헬무트 콜과 볼프강 쇼이블레는 스타일이 극과 극으로 달랐다. 둘 다 자기만의 방식으로 독일에 큰 족적을 남겼다. 콜은 역사에 근거해서 판단을 내렸다.

"역사는 역사다."

그의 전설적인 명언 중 하나다. 이는 항상 역사적 맥락에서 작금의 문제를 관찰하고 결정한다는 의미였다. 게다가 그는 항상 사람의 성격을 가늠한 뒤 이를 바탕으로 신의를 구축하고자 했다.

반면에 쇼이블레는 정치가 사람들의 비위를 맞추는 데 치중할 게 아니라 사람들에게 무언가를 강하게 요구할 수 있어야 한다고 확신했다. 나는 그의 지적 능력과 연방의회에서 기민/기사 연합을 이끄는 능력에 대해 무한한 존경을 품고 있었지만, 다른 한편으로는 그가 가끔 드러내는 날카로운 단호함이 두렵기도 했다.

쇼이블레가 나를 사무총장으로 낙점한 것은 사실 다소 모험적인 결정이었다. 그렇게 중요한 당직을, 그것도 지금의 야당 상황에서 맡을 만큼 내가 그사이 보여준 것은 별로 없었기 때문이다. 나는 동독 시절 '민주주의 각성'에 더 이상 희망이 보이지 않던 1990년에 기민당에 입당했다. 이후 1998년까지 기민당 부대표를 지냈고, 1992~93년 몇 달 동안은 기민/기사 연합 내 개신교 워킹그룹(EAK) 의장을 맡았으며, 1993년부터 1998년까지는 메클렌부르크포어포메른에서 기민당 지역협의회 회장을 지냈다. 1,000여 명의 대표가 참석하는 전국 단위 전당대회에 겨우 12명만 대표로 내보내는, 거대 기민당 내의 작은 연합 지구에 불과한 지역이었다. 이런 직책들 외에 나는 연방여성청소년부 장관과 연방환경부 장관으로서 기민당이 무척 껄끄럽게 여기는 문제들을 다뤄왔다.

이런 경력만으로 거대 야당의 사무총장 자리에 앉기에는 부족해 보였다. 하지만 쇼이블레의 생각은 달랐다. 나의 출신과 여성부, 환경부 장관으로서의 경력이 마음에 든 모양이었다. 그는 독일의 진정한 통합에 관심이 많았고, 동독 출신의 여성인 나를 통해 여성과 청년층, 그리고 무엇보다 에너지 논쟁에서 기민당의 입장과 다른 사회 구성원들의 지지율을 끌어올릴 심산인 듯했다.

나는 사무총장의 임무가 정말 중요하다고 생각했다. 기민당 당규에 따르면 사무총장은 당대표의 직무 수행을 지원하고, 당대표와의 협의하에 당 사무를 관장한다고 되어 있었다. 이런 업무를 보는 과정에서 볼프강 쇼이블레는 내게 상당한 자유를 허용했다. 물론 1999년 지방선거에서 헤센주의 기민당이 추진한 이중 국적 반대 서명 운동처럼 개별 사안에서는 의견 충돌이 있었음에도 말이다.

"항상 의견이 같지는 않지만 항상 같은 길을 간다!"

1999년 유럽연합 선거 포스터에 우리 둘이 등을 맞대고 찍은 사진과 함께 실린 문구였다.

1999년 6월, 베를린 클링겔회퍼가에서 기민당 신(新)당사 상량식이 열렸다. 본의 중앙당사를 베를린으로 완전히 옮기는 작업은 이듬해로 예정되어 있었다. 연방정부와 연방의회는 1999년 9월에 이전을 완료했다. 나는 중앙당사의 완전한 이전 전까지 교두보 역할을 하던 베를린의 작은 지부에서 직원 몇 명과 함께 일했다. 이 지부는 베를린 미테의 마우어가에 있었는데, 구동독 검문소 체크포인트 찰리에서 멀지 않았다. 우리는 여기서 새로운 가족 프로그램을 짜는 작업에 착수했고, 마침내 1999년 12월 13일 이 프로그램의 승인을 위해 구동독 정부 청사 알테스 슈타트하우스의 배렌잘 홀에서 간이 전당대회, 즉 연방위원회를 개최했다. 4주 전부터 기부금 사건으로 당이 몹시 어수선할 때였다. 과거 통일 조약 협상도 이 홀에서 열렸다.

알테스 슈타트하우스는 내가 1990년 4월 17일부터 10월 2일까지 동독에서 처음이자 마지막으로 자유선거로 선출된 정부의 부대변인으로 일한 곳이었다. 당시 기민당 입장에서는 상당히 혁명적이던 가족 개념, 즉 오직 결혼으로만 묶여 있던 관행에서 벗어나 새로운 가족 개념을 가결하기에 좋은 장소였다. 우리가 제출한 가족 프로그램에는 이렇게 적혀 있었다.

"가정은 부모가 자녀를, 자녀가 부모를 지속적으로 책임지는 곳이다."

게다가 가족에 대한 우리 사회의 소중한 기본 가치들이 동성 공동체에도 해당된다는 점이 처음으로 명시되었다. 1999년 9월 초, 나는 기민/기사 연합 내의 '레즈비언 및 게이 워킹그룹'을 만났다. 마르틴 헤르디커호프 워킹그룹 대표가 마지막에 했던 말이 생생하게 기억난다. 내가 이렇게 자신들을 찾아줘서 고맙고 신선하다고 하면서 다음과 같이 덧붙였다.

"그런데 정작 가장 중요한 일, 즉 결혼은 왜 허용하지 않는 건가요?"

내가 뭐라 대답했는지는 기억나지 않는다. 아마 답을 회피했을 가능성이 높다. 이후 이 질문은 오랫동안 나를 따라다녔다.

결혼이라는 주제는 내 개인 삶에도 다른 형태로 영향을 미쳤다. 우리 당의 보수파는 1990년부터 틈만 나면 이혼 여성인 내가 비혼 상태로 동거하고 있다고 비판했다. 나는 정치 경력을 위해 결혼한다는 인상을 주고 싶지 않았기에 기민당이 야당이 될 때까지 기다렸다. 그러다 드디어 1998년 총선 종료와 함께 때가 왔다. 우리는 1998년 12월 30일에 결혼했고, 1999년 1월 2일 『프랑크푸르터 알게마이네 차이퉁』(FAZ)에 짧은 광고를 실어 대중에게 이 사실을 알렸다.

기민당은 우리의 새로운 가족 프로그램에 동의했다. 하지만 회의장 뒤에서는 전혀 다른 논의가 진행되고 있었다. 기부금 문제였다. 기민당의 강령을 뒤엎는 이 혁신에 관심을 보이는 사람은 없었다. 잠시 회의장에 정전이 됐을 때 상징적으로든 실제적으로든 기민당의 전깃불도 나가버렸다. 다시없는 재앙이었다. 견디기 힘들었다. 볼프강 쇼이블레조차 나를 혼자 내버려둔 듯한 느낌이 들었다. 회계 감사관들 및 1999년 1월부터 당의 사무국장을 맡은 빌리 하우스만의 도움으로 이 스캔들의 진상을 규명하던 내 작업을 그가 방해했다는 뜻은 아니다. 그는 그러지 않았다. 하지만 나는 계속 밀고나감으로써 정치적 신호를 보내고 싶었다. 특히 1999년 12월 16일 콜이 ZDF 방송에 출연한 이후에는 당의 재정 감사 조치만으로는 위기를 극복할 수 없으리라는 확신이 들었다.

그후 며칠에 걸쳐 나는 기민당의 사무총장이라는 직책을 무겁게 받아들인다면 이 스캔들에 대해 정치적 입장을 분명히 밝히고, 미래를 바라보며 엄정하고 가차 없는 조치를 취해야 한다고 확신했다. 이 문제를 두고 빌리 하우스만, 베아테 바우만, 에바 크리스티안젠과 상의했다. 크리스티안젠은 1998년 총선 패배 후 대변인으로 당에 합류한 사람이었다. 그전에 8년 동안 함께 일했던 전임 대변인 게르트루트 잘러는 나와 함께 기민당 사무처로 옮기자는 제안을 받아들일 수 없는 상황이었다. 1969년 헤네프 태생의 경제학자 에바 크리스티안젠은 처음엔 기민당 부대변인으로서 당시 페터 힌체 사무총장 밑에서 일했는데, 힌체가 나에게 그녀를 추천했다. 우리는 순식간에 마음을 여는 사이가 되었다. 그녀는 내 의견에 공감을 표하며 이렇게 제안했다.

"FAZ지의 외부 칼럼에 당신 원고를 실어줄 의향이 있는지 물어보는 건 어떨까요?"

"좋은 생각이에요. 한번 물어보세요. 기부금 계좌 문제만 따져 묻는 인터뷰보다 낫지요. 어떤 내용을 쓸지는 고민해볼게요."

내가 동의했다.

이후 며칠 동안 나는 머릿속으로 글을 구상했다. 그 과정에서 생각은 자연스럽게 나의 입당 시절로 거슬러 올라갔다. 왜 기민당인가? 기민당이 필요한 이유와 목적은 무엇인가? 왜 하필 지금 공개 기사로 당에 비상 브레이크를 밟아야 할까? 이런 내용이 원고에 들어가야 했고, 아울러 헬무트 콜에 관한 내용을 포함해 진실도 일부 밝혀야 했다. 나는 내 계획을 볼프강 쇼이블레에게 이야기하지 않았다. 기사는 결코 그를 겨냥한 것이 아니었지만, 기사가 나오기 전에 말한다면 그가 막을 거라는 인상을 받았다. 그랬다면 나는 사무총장으로서 당대표의 결정을 따를 수밖에 없었을 것이다. 그런 상황은 피하고 싶었다. 따라서 위험을 감수하기로 마음먹었다.

나는 원고를 써서 베아테 바우만에게 건넸고, 그녀가 교정을 보았다. 1999년 12월 21일 에바 크리스티안젠은 FAZ에 게재를 제안했다. 이튿날 FAZ는 1면에 "메르켈: 콜의 시대가 영원히 끝나다"라는 제목의 머리기사를 실으면서 2면과 4면에도 관련 기사를 게재했다. 내 원고는 신문 내지의 '외부 칼럼'이 아니라 '헬무트 콜이 쏘아올린 사건들이 당에 해를 입혔다'라는 제목으로 2면에 실렸다. 핵심 내용은 이랬다.

"콜이 쏘아올린 사건들이 당에 해를 입혔다. 이는 콜에 대한 신뢰의 문제이자 기민당에 대한 신뢰의 문제이며, 또한 그를 넘어 모든 정당에 대한 신뢰의 문제다. 그렇다면 우리 당은 혼자 걷는 법을 배워야 하고, 미래에는 헬무트 콜이 자신을 그렇게 부르듯 늙은 전마(戰馬) 없이도 정치적 반대자들과 싸워 이길 수 있다는 자신감을 가져야 한다. 우리 당은 이제 사춘기 아이처럼 편안한 집과 작별하고 자신의 길을 걸어야 한다. 그로써 우리 당에 지속적으로 영향을 끼쳐 왔고, 어쩌면 지금보다 나중에 더 많은 영향을 끼칠 그 사람을 언제나 기억하게 될 것이다.

이 과정에는 상처나 아픔이 따를 수밖에 없다. 상상할 수도 없는 그 일을 우리가 배신으로 악마화할지, 아니면 더 나은 발전을 위한 자연스럽고 필요한 일로 여길지에 따라 다음 지방선거와 2002년 연방의회 선거에서 우리의 명운은 결정될 것이다. 이 과정을 받아들인다면 우리 당은 변화할 것이고, 헬무트 콜 당대표 시절부터 지켜온 훌륭한 핵심 가치와 자신감 넘치는 당원, 자랑스러운 전통, 보존할 것과 새로운 경험의 조화, 그리고 청사진은 그대로 유지될 것이다."

그날 오전에 기민당 의장단 회의가 열렸다. 회의는 11시에 시작되었다. 다들 그전에 기사를 봤거나, 아니면 회의실로 가는 차 안에서 뉴스로 관련 소식을 들었다. 의견이 분분했다. 그중 몇몇 사람, 즉 프리드리히 메르츠 원내부대표, 쿠르트 비덴코프 작센 주지사, 그리고 두 명의 기민당 부대표인 아네테 샤반 바덴뷔르템베르크주 교육부장관과 니더작센의 기민당 야당 대표 크리스티안 불프, 베를린 과학담당 상원의원 크리스타 토벤은 내 기사에 공감하면서 나를 지지해 주었다. 나머지는 고개를 절레절레 흔들었다. 또 다른 기민당 부대표인 폴커 뤼에는 나를 보고 왜 그렇게 항상 감정적으로 논쟁을 벌이느냐고 물었다.

"사춘기 아이 이야기도 그렇고, 우리가 걸음마를 배워야 한다는 게 대체 무슨 말입니까?"

그의 목소리가 지금도 내 귀에 쩌렁쩌렁 울리는 듯하다. 그밖에 마찬가지로 기민당 부대표였던 노르베르트 블륌과 헤센 주지사 롤란트 코흐 같은 사람들도 완전히 질린 눈치였다.

상황은 가라앉지 않고 갈수록 악화되었다. 그때까지 내 정치 인생에서 가장 힘든 7일이 이어졌다. 이에 비하면 1998년 5월의 방사능 기준치 초과 문제를 둘러싸고 벌어진 사건은 미풍에 지나지 않았다. 법률가도 아닌 내가 언론에다 대고 콜이 기민당에 해를 입혔다고 공식적으로 표현함으로써 콜이나 콜의 일부 지지자에게는 상황을 반전시킬 기회가 생겼다. 그들은 이제 콜의 잘못된 행동을 문제 삼기보다 오히려 내 기사 때문에 콜이 횡령 혐의로 사법 당국의 수사를 받게 되었다는 쪽으로 몰고 갔다. 실제로 그런 일이 벌어졌다면 나는 사임해야 했을 것이다. 내 기사로 콜이 검찰의 표적이 되었다면 당은 나를 용서하지 않을 테고, 나도 당의 그런 입장을 충분히 이해할 수 있었다.

하지만 그건 결코 내 의도가 아니었다. 내가 쓰고자 했던 건 사법적 메시지가 아니라 정치적 메시지였다. 그러나 이 메시지는 완전히 무시되었다. 그것도 7일 동안이나 말이다. 내가 보낸 정치적 메시지는 1999년 12월 29일 검찰이 헬무트 콜에 대한 수사에 돌입한다고 발표하면서 나의 FAZ 기사를 일절 언급하지 않았을 때 비로소 다시 주목을 받았다. 이 사건을 통해 나는 연설과 인터뷰를 비롯해 신문 기사를 쓰거나 기타 공개 발언을 할 때 정치적 의도뿐 아니라 단어와 표현의 법적 의미까지 항상 염두에 두어야 한다는 교훈을 얻었다.

기부금 사건의 도덕적 추락은 2000년 1월 14일에 정점에 달했다. 1980년대에 헤센의 기민당이 수백만 마르크의 불법 기부금을 해외 계좌로 빼돌린 사실이 그제야 드러난 것이다. 심지어 중앙당이 이 돈을 회수하려고 하자 그들은 그게 '유대인 유산'이라며 발뺌했다.

2000년 1월 18일 헬무트 콜은 기민당 명예대표직에서 물러났다.

무기상 카를하인츠 슈라이버의 기부금 제공과 이후 벌어진 당 재무 책임자 브리기테 바우마이스터와의 갈등으로 인해 볼프강 쇼이블레도 기부금 스캔들의 소용돌이에 휘말려들었다. 2000년 2월 16일 그는 마침내 당대표와 원내대표직에서 물러났다. 기자회견을 통해 이 중대 조치를 발표하면서 자신의 사임으로 당이 새로운 출발을 할 수 있기를 기원했다. 쇼이블레의 결정은 전환점이 되었다. 총선에서 패배한 지 불과 16개월여 만에 새판이 깔렸다. 신임 원내대표는 빠르게 결정되었다. 2000년 2월 29일 프리드리히 메르츠가 쇼이블레의 후임으로 선출되었다. 당대표 선출은 시간이 좀 걸렸다. 당 간부들은 나의 FAZ 기사를 두고 의견이 갈렸다. 반면에 당의 밑바닥에서는 대체로 안도하는 분위기였다. 얼마 안 가 내가 대표를 맡아야 한다는 목소리가 터져 나왔다.

나는 고민에 빠졌다. 정치권력학적으로 봤을 때, 현재 사민당에 이어 독일에서 두 번째로 큰 대중 정당의 지도자가 될 기회는 두 번 다시 오지 않을 것 같다는 확신이 들었다. 또한 기민당 대표 자리에 앉은 사람은 언제나 독일연방공화국의 총리가 될 준비가 되어 있어야 한다는 사실도 잘 알고 있었다. 물론 2000년 초 숨 가쁘게 사건들이 이어지던 당시 그건 아직 이론적인 상상에 불과했다. 다음 총선은 2년 넘게 남아 있었고, 그사이에 무슨 일이 벌어질지는 아무도 알 수 없었기 때문이다. 그럼에도 나는 기민당 대표가 되고, 이어 잠재적으로 총리가 될 자신이 있느냐는 나 자신의 질문에 그렇다고 대답했다. 다만 내가 직접 그걸 공개적으로 드러낼 수는 없었다. 기민당과 내가 실제로 이 길을 함께 갈 수 있을지, 그리고 함께 가려고 하는지 확신할 수 없었기 때문이다.

"당신이 해야 합니다!"

그 무렵 게오르크 브룬후버가 내게 말했다. 바덴뷔르템베르크에 지역구를 둔 동료 의원이었는데, 다들 그냥 쇼르시라고 불렀다.

"쇼르시, 나보다 보수적 가치에 어울리는 사람은 많아요. 나는 그렇지 않아요."

내가 대답했다.

"바로 그래서예요."

브룬후버가 말했다.

"우리는 보수의 틀에 갇혀 있어요. 우리의 딸들도 기민당에 다시 투표할 수 있도록 해야 해요. 우리만으로는 안 되는 일이에요."

브룬후버의 말은 내게 용기를 주었다. 나는 이 혼돈의 싸움에 뛰어들기로 마음먹었다. 기민당 지역협의회가 주최한 일련의 지역 회의를 돌아다니면서 나는 당의 밑바닥에서 광범한 지지를 느꼈다.

그 무렵 언론에서는, 2000년 2월 25일 저녁 프리드리히 메르츠, 폴커 뤼에, 에트문트 슈토이버 같은 기민/기사 연합의 주요 정치인들이 뤼베크의 라츠켈러에 모여 작센 주지사 쿠르트 비덴코프를 기민당 임시 대표로 선출하는 방안을 논의했다는 보도가 나왔다. 내게는 계속 사무총장직을 맡기기로 한 것 같았다. 회의가 공개되자 내가 느끼기로, 당의 저변에서는 나의 대표직 출마를 더욱 강력히 원하는 분위기가 이는 듯했다. 밀실에서 내려지는 중요한 인사 결정에 대한 일반 당원들의 거부감은 강했다. 2000년 3월 20일 나는 당대표 출마를 공식 선언했다. 2000년 4월 9일부터 11일까지 노르트라인베스트팔렌주의 에센에서 열릴 전당대회까지 3주가 남은 시점이었다.

3주 동안 연설문을 준비해야 했다. 그때까지 내 정치 인생에서 가장 중요한 연설이자, 기민당의 비상 시점에서 나의 정치적 포부를 밝힐 더없이 좋은 기회였다. 베를린이나 본에서는 차분하게 연설문을 쓸 수가 없었다. 분위기를 바꿔야 했다. 나는 비공개 회의를 위해 콘라트 아데나워 하우스의 최측근들만 데리고 발트해 연안의 디어하겐으로 출발했다. 우리는 해변의 한 호텔에 묵었다. 디어하겐은 내가 아동기와 청소년기에 가족과 함께 휴가를 보낸 곳이었다. 우리가 묵은 호텔은 독일 통일 후 완전히 개조되었는데, 동독 시절 우리가 몰래 해변으로 숨어들어가 놀곤 했던 동독 각료회의의 별장이었다. 10년 전 동독 공산당 지도부가 역사 속으로 사라진 이후 이제는 나 같은 사람도 이곳에 묵을 수 있었다.

나는 빌리 하우스만, 그의 사무국장 클라우스 쉴러, 베아테 바우만, 에바 크리스티안젠, 그리고 콘라트 아데나워 하우스의 몇몇 직원과 함께 전당대회에 대해 이야기를 나누었다. 이 대회의 구호는 이랬다.

"처음으로!"

나는 연설문 작성을 시작했다. 무엇보다 기민당의 미래에 대한 나의 생각에 집중했다. 왜 기독교민주당인가? 나와 독일에 기민당은 어떤 존재인가? 3주 후 나는 에센 전당대회에서 나의 이런 생각을 밝혔다.

"나는 세계화된 환경에서 사회적 시장경제의 윤리를 지속적으로 발전시켜나가는 기민당을 원합니다. 나는 이러한 새로운 조건하에서도 시장과 인간성을 조화시킬 줄 아는 기민당을 원합니다.

나는 기술 발전의 위험성을 평가할 때 기독교적 인간상에 기반한 인간 존엄을 기술 발전의 기준으로 삼는 기민당을 원합니다.

나는 세대 간의 공정성이 사회보장제도에 구현되도록 노력하는 기민당을 원합니다.

나는 시민이 주인인 유럽을 만들어나가는 기민당을 원합니다.

나는 시민 개개인에게 선택의 자유를 허용하고 필요할 때면 강력한 국가가 나서서 시민을 돕는 기민당을 원합니다.

나는 다양한 소규모 사회 집단을 지원하는 기민당을 원합니다. 민족에 대한 신조, 고향에 대한 신조, 자신의 정체성에 대한 신조는 세상에서 자기 길을 찾아가는 전제 조건입니다.

나는 독일이 무엇보다 관용을 베풀고 뽐내지 않고 자신의 공을 내세우지 않는 나라가 되도록 애쓰는 기민당을 원합니다.

나는 모든 구성원이 자신 있게 토론에 참여함으로써 당의 여론 형성에 기여할 수 있는 기민당을 원합니다.

나는 이런 토론과 논의 과정을 거쳐 결정을 내리고, 그렇게 내려진 다수의 결정에 대해서는 함께 따르고 공동의 길로 나아가는 기민당을 원합니다."

내 연설에 대한 대의원들의 반응은 뜨거웠다. 전당대회 회의록에는 대의원들이 자리에서 일어나 한참 동안 열렬히 박수를 보냈다고 기록되어 있다. 그러나 이 표현만으로 그날의 실제 분위기를 담아내기는 부족하다. 불과 며칠 전만 해도 불가능으로 여겨지던 당원들의 자신감이 전당대회장의 천장을 뚫었다. 이어진 투표에서 동독 출신의 여성인 내가, 그것도 민주주의 각성에서 기민당에 들어온 지 9년 반밖에 안 된 내가 총 935표 중 897표를 얻어 당대표에 선출되었다. 연방공화국 설립 후 51년 동안 연방총리를 36년이나 배출한 정당이었다. 그런 정당이 기부금의 수렁에 빠져 바닥을 허우적거리다가 이제 95.9퍼센트의 압도적인 지지율로 나를 선택했다. 새로운 출발을 위해서였다. 나는 이 기쁨을 어떻게 표현해야 할지 몰라, 환호하는 대의원들을 향해 건네받은 꽃다발 두 개를 위아래로 마구 흔들기만 했다. 대의원들과 완전히 하나 된 기분이었다. 완벽한 전당대회였다. 총리가 된 뒤에도 기민당과 나 사이에 이렇게 일체감이 느껴진 전당대회는 두 번 다시 없었다.

비싼 수업료, 또는 권위를 위한 투쟁

나는 전당대회가 열린 강당 뒤편의 2층 계단을 내려갔다. 행사 후 거기서 기다리고 있던 TV 방송기자들과 방금 인터뷰를 마친 뒤였다. 아래쪽 강당에서는 벌써 청소 작업이 시작되고 있었다. 대의원들은 집으로 돌아갔고, 봉사자들은 대회 자료들을 부지런히 치우고 의자와 테이블을 정리했다. 내가 콘라트 아데나워 하우스의 직원들과 작별 인사를 하러 강당 뒤쪽에서 다시 무대 방향으로 걸어가고 있을 때 어디선가 음악이 흘러나왔다. 처음에는 엘리베이터나 백화점 음악처럼 무심결에 들렸다. 그러다 노래가 점점 더 명확하게 들리기 시작했다.

'이건 내가 아는 노래야!'

롤링 스톤즈의 그 유명한 「앤지」였다. 나처럼 동독 출신인 콘라트 아데나워 하우스의 조직부장 울프 라이스너가 나를 위해 마련한 깜짝 선물이었다.

"앤지!"

믹 재거의 목소리가 강당에 울려 퍼졌다. 가슴 벅찬 순간이었다. 우리는 모두 피곤하고 지쳤지만 행복했다. 우리는 함께 웃고 함께 흥얼거렸으며, 서로의 안전한 귀가를 기원했다. 그런데 갑자기 이 노래의 우울한 음색이 신경을 건드렸다. 내 입에서 나도 모르게 이런 말이 흘러나왔다.

"어쩌면 아름다운 날은 오늘이 마지막이 될지 몰라."

나머지 사람들은 말도 안 되는 소리라며 손사래를 치면서 웃었다.

내 말이 맞았다. 바로 다음 날부터 테이블 위에 난제가 산더미처럼 쌓이기 시작했다. 볼프강 티르제 독일 연방하원의장(사민당)이 거짓 재정 보고를 이유로 기민당에 4,100만 마르크라는 엄청난 벌금을 부과한 후 우리는 재정적으로 큰 어려움을 떠안았다. 게다가 2월에는 폴커 뤼에를 간판 후보로 내세운 슐레스비히홀슈타인 지방선거에서 패배했고, 5월에는 위르겐 뤼트거스를 대표 주자로 내세운 노르트라인베스트팔렌주 선거에서도 쓰라린 패배를 맛보았다.

설상가상으로 몇 주 후인 2000년 7월 14일, 슈뢰더 총리는 연방상원에서 당시 적녹 정부가 소수파였음에도 자신이 제안한 세제 개혁안을 통과시키는 데 성공했다. 이는 사민당과 자민당이 연정을 구성한 라인란트팔츠 연방주 외에 대연정이 진행 중인 베를린, 브란덴부르크, 브레멘에 슈뢰더가 재정적 양보를 함으로써 가능했다. 이런 이유에서 마지막에 언급한 지방정부들의 기민당 대표들은 슈뢰더의 세제 개혁을 거부한다는 당론을 어기고 찬성표를 던졌다. 작센안할트 주지사 볼프강 뵈머는 나중에 누구도 흉내 내지 못할 표현으로 이 사태를 이렇게 정리했다.

"나는 돈 냄새를 맡으면 유혹을 느낍니다."

이로써 어떤 일이 있더라도 슈뢰더와는 타협하지 않고 적녹 연정에 좌절감을 안기겠다는 기민당 의장단과 전국상임위원회의 모든 충성 맹세는 하루아침에 물거품이 되어버렸다. 슈뢰더는 베를린, 브란덴부르크, 브레멘, 라인란트팔츠에 재정적 지원을 약속함으로써 상원에서 필요한 표를 확보했다. 결국 2000년 7월 14일 슈뢰더의 세제 개혁안은 통과되었고, 나는 웃음거리가 되었다.

당 수뇌부의 충성 맹세를 너무 순진하게 믿었기 때문이다. 이 일을 통해 나는 대중이란 늘 승자와 패자를 명확히 가르길 좋아한다는 사실을 배웠다. 패배 책임은 프리드리히 메르츠 원내대표가 아니라 공식 당 서열 1위인 나에게 있었다. 우리 둘 다 연방주들의 그런 행동을 해당 행위로 여기든 말든 그건 중요하지 않았다. 당대표는 나지 그가 아니었다. 주지사들을 제대로 통제하지 못한 건 내 책임이었다. 부끄러웠다. 이번 일로 나는 성공과 실패에 대한 정치적 책임이 항상 최종적으로 당대표에게 있다는 사실을 깨달았다.

하지만 최악은 야당의 입장에서 내 본연의 스타일에 맞게 이 문제를 해결하려고 시도조차 하지 않았다는 사실이다. 어떻게든 슈뢰더를 막아서기보다 내 성격과 기질에 맞는 방법을 찾았어야 했다. 원래 나는 여당보다 야당이 체질적으로 더 힘들었다. 기민당과 당시 내 입장이 명확하게 일치하는 분야가 있었다. 가령 핵에너지의 평화로운 이용이 그랬다. 당시 요슈카 피셔 외무장관이나 위르겐 트리틴 환경부 장관(둘 다 녹색당)과의 논쟁은 아주 즐거웠다. 하지만 논쟁을 위한 논쟁이라든지, 아니면 사민당원과 녹색당원을 아침부터 밤까지 인신공격하고, 그들을 인간 별종으로 취급하는 일은 그때나 지금이나 나하고 어울리지 않았다.

1989년 나는 다양한 정당이 참여하는 정치가 마침내 실현될 수 있다는 기대감으로 정치에 첫발을 내디뎠다. 이후 정치를 하면서 동독 과학 아카데미의 전임 소장 클라우스 울브리히트를 적으로 만나게 될 줄은 꿈에도 몰랐다. 동독 시절 우리는 각자 자신에게 맞는 정당을 함께 물색했는데, 그는 사민당에 입당했고 나는 민주주의 각성에 입당했다. 나는 가능한 한 항상 객관적으로 문제에 접근하는 스타일이었다. 장점이 단점보다 51:49의 비율로 크면 타협에 나서는 쪽을 택했다. 세상은 흑백인 경우가 드물었고, 내가 볼 때 100:0은 의심스러웠다. 사실 따지고 보면 슈뢰더로부터 수억 마르크의 지원금을 얻는 대가로 세제 개혁에 동의한 주지사들의 입장을 이해하지 못할 바도 아니었다. 그들에게는 어쨌든 자신의 주가 최우선이었고, 당론은 그다음일 수밖에 없었다.

나는 비싼 수업료를 지불했고, 그와 함께 권위를 지키기 위해 싸워야 했다. 당시 베른하르트 포겔, 에버하르트 디프겐, 쿠르트 비덴코프, 에르빈 토이펠, 폴커 뤼에 같은 정치인들은 내가 동독 과학 아카데미에서 일하던 시절에 이미 오랫동안 주지사와 중앙 정치인으로 활동하면서 상당한 영향력을 행사하던 기민당 의장단 일원들이었다. 이들은 내게 위협적인 존재였다. 나는 회의에서 단호하게 말하는 법을 배워야 했고, 공격을 받았을 때 당황스러운 미소를 짓지 말아야 했다. 그건 나의 불안감만 노출시킬 뿐이었다. 그밖에 사람들이 수군거리는 그 수상쩍은 '안데스 협약'이 무엇인지도 배워야 했다. 이 남성 동맹에는 롤란트 코흐, 페터 뮐러, 크리스티안 불프 같은 의장단 일원도 포함되어 있었다. 이들은 1979년 청년 동맹의 일원으로 남미

안데스 산맥 상공을 비행기로 여행하면서, 장차 기민당 대표직과 총리직을 자신들 안에서 선정하고, 갈등 상황에서 정당성 여부와 상관없이 공개적으로 다른 편을 들지 않겠다는 협약을 맺었다. 그렇다면 그들의 눈에 당대표인 나는 뜻밖의 사고가 아니라면 기껏해야 잠시 머물렀다 가는 임시직에 불과했다.

나는 세제 개혁 투쟁에서 했던 세력 판도의 오판 같은 잘못을 두 번 다시 되풀이해서는 안 된다는 사실을 배웠다. 2001년 8월, 나토의 주문에 따라 독일군의 마케도니아 파병이 연방의회 표결에 붙여졌을 때 작년 세제 개혁 때와 비슷한 대결 구도가 펼쳐졌다. 다만 이번에는 파장이 훨씬 더 컸다. 국내 정책이 아니라 외교 및 안보 문제였기 때문이다. 적녹 정부는 의회에서 과반을 넘지 못했기에 야당 동의 없이는 파병 법안을 통과시킬 수 없었다. 게르하르트 슈뢰더는 사적인 대화에서 이 사실을 내게 솔직히 털어놓았다. 그러나 기민/기사 연합의 상당수 의원은 이 투표를 연방의회에서 슈뢰더에게 한방 먹일 좋은 기회로 여겼다. 이번에는 단순히 기민당이나 기사당 단독이 아닌 기민/기사 연합 전체가 은밀하게 벙커에 숨어 슈뢰더를 노리고 있었다.

하지만 나토 임무를 놓고 정말 전면전까지 가야 할까? 그것도 기민/기사 연합은 역사적으로 다른 어떤 정당보다 나토를 옹호했던 정치 세력이 아닌가! 게다가 당시 유럽연합 외교안보 고위 대표였던 하비에르 솔라나가 나에게 직접 전화까지 해서 간절하게 지원을 요청한 상황이었다. 당의 원내 전술이 국가의 정치적 책임과 당의 정체성보다 중요할까? 나는 연방의회에서 기민/기사 연합의 반대가 국제적으로 독일을 난처한 상황에 빠뜨릴 뿐 아니라 연합 자체가 분열될까 두려웠다. 결국 그런 일이 일어나지 않도록 하기로 마음먹었고, 많은 대화를 통해 폴커 뤼에와 프리드리히 메르츠의 마음을 돌리는 데 성공했다.

2001년 8월 28일, 기민/기사 연합에서 결정을 내려야 하는 날이었다. 의견이 분분했다. 회의가 이어졌다. 지역별로 의원들이 모였고, 원내 지도부 회의와 의원 총회도 열렸다. 한 치 앞도 알 수 없는 상황이었다. 많은 사람이 일단 특정 방향으로 우르르 몰려가면 방향을 돌리기는 무척 어려웠고, 전날의 논거를 뒤집기는 더더욱 힘들었다. 하지만 나는 이 과정에서 더 이상 할 수 있는 게 없다고 생각하지 말아야 한다는 사실도 배웠다. 너무 늦은 경우는 거의 없었다. 아직 무언가를 할 수 있는 여지는 남아 있었고, 하고자 하는 의지가 중요했다. 이렇게 해서 마침내 분위기 전환에 성공했다. 이튿날 연방의회 표결 결과 기민/기사 연합은 162 대 61로 독일 연방군 마케도니아 파병안에 찬성표를 던졌다. 기권은 다섯 표였다. 오늘날엔 이 파병에 대해 아는 사람이 거의 없다. 왜냐하면 당시 폴커 뤼에의 주장과는 달리 독일 연방군 역사상 가장 짧고 안전한 해외 파병이었기 때문이다. 우리가 입장을 선회하지 않았다면 국내 정치적으로건 대외 정치적으로건 어떤 결과가 있었을지는 상상하고 싶지 않다.

"텔레비전을 켜보세요. 믿을 수 없는 일이 일어났어요!"

거의 2주 후 콘라트 아데나워 하우스의 내 사무실로 달려 들어온 기민당 연방 사무국장 빌리 하우스만이 몹시 흥분해서 소리쳤다. 이른 오후였다. 회의 테이블에 앉아 있던 나는 즉시 자리에서 일어나 리모컨을 들고 텔레비전을 켰다.

"CNN이요! CNN을 켜보세요!"

그가 다시 소리쳤다.

그다음 내가 본 것은 할 말을 잃게 만들었다. 세계무역센터의 쌍둥이 빌딩 중 하나가 연기에 휩싸여 있었다. 몇 초 후 나는 비행기가 그 옆의 빌딩으로 돌진하는 장면을 똑똑히 지켜보았다. 두 번째 비행기였다. 그것도 대형 여객기였다. 나는 사무실을 나와 베아테 바우만의 사무실로 들어가며 소리쳤다.

"빨리 와 봐요! 비행기가 세계무역센터를 들이받았어요! 그것도 두 번씩이나!"

"네?!"

바우만은 깜짝 놀라며 나를 따라 사무실로 들어왔다. 빌리 하우스만, 베아테 바우만, 나 이렇게 셋은 텔레비전 화면에서 눈을 떼지 못했다. 뉴욕은 아홉 시가 조금 넘은 시각이었다. 얼마 후 에바 크리스티안젠이 합류했다. 옆방의 비서들도 자리에서 벌떡 일어나 내 사무실 문틀에 서서 TV 화면을 함께 지켜보았다. 두 눈으로 멀쩡히 보면서도 도저히 믿기지 않았다. 이성적으로는 건물 안에 수천 명의 사람들이 있을 거라는 생각이 퍼뜩 들었지만, 타워가 하나씩 무너져 내리는 것을 보면서도 지금 벌어지고 있는 일에 대해 감정적인 연결이 되지 않았다. 영화라면 그럴 수 있었다. 하지만 영화가 아니었다. 그렇다고 사고도 아니었다. 그건 세 번째 비행기가 미 국방부 청사 펜타곤에 떨어졌을 때 분명히 깨달았다.

"이건 테러야!"

내 입에서 무심결에 튀어나온 말이었다. 2001년 9월 11일 화요일, 이날은 세상 어디에 살건 무엇을 하고 있었건 절대 잊을 수 없는 하루였다. 한순간에 세상이 더 이상 우리가 알던 예전의 세상이 아닌 것처럼 느껴지던 날이었다. 이전에는 중요해 보이던 모든 일이 한동안 완전히 뒷전으로 밀려나버렸다. 야당으로서 우리는 지금이 정부의 시간임을 인정해야 했고, 정부는 야당과 힘을 합쳐야 한다는 사실을 깨달아야 했다. 우리는 그렇게 했다. 연방총리와 외무장관, 국방장관은 공격 배경이나 의도에 대해 새로운 정보가 들어오는 대로 우리에게 계속 알려주었다.

미국을 공격한 테러범들은 탈레반이 다스리는 아프가니스탄 이슬람 토후국에서 활동하던, 오사마 빈라덴의 알카에다 테러 조직의 이슬람 전사들이었다. 3,000명이 넘는 사람이 목숨을 잃었다. 이건 나토 가입 국가에 대한 알카에다의 공격이었다. 1949년에 창설된 북대서양조약기구 역사상 처음으로 제5조 '조약 해당 사유'가 발동되었다. 집단 방위 조약에 가입한 국가가 공격받았을 때 공동으로 보복하는 조항이었다.

2001년 11월 16일, 독일 연방의회는 미국이 주도하는 국제 테러리즘 격퇴 전쟁인 '항구적 자유' 작전의 일환으로 이루어질 독일군 파병에 대한 표결을 진행했다. 슈뢰더 총리는 표결 패배를 막으려고 이 안건을 자신의 신임 투표와 연결시켰다. 야당인 우리는 파병 동의안에 찬성표를 던졌다. 이 임무는 다른 다양한 임무와 함께 20년 가까이 지속되다가 2021년 여름에 경악할 조건하에서 종료되었다. 이에 대해서는 나중에 다시 언급할 기회가 있을 것이다.

원내대표 겸직

정치 사안은 거의 항상 권력 문제이기도 하다. 이슈를 선점하는 사람이 내용적인 면에서든 정치권력 면에서든 성공을 거둔다. 2001년 나는 당을 설득해서 세계화라는 조건하에서 사회적 시장경제의 원칙을 재검토하고 쇄신할 위원회를 설립할 수 있었다. 그런데 내가 직접 이 워킹그룹의 위원장을 맡아 당시 독일 맥킨지 대표였던 위르겐 클루게에게 학술 자문을 요청하고 '새로운 사회적 시장경제'라는 제목으로 이 프로젝트를 추진해나가자 사회정치인들과 경제 정치인을 비롯한 당의 많은 사람이 경계를 표하기 시작했다. 어떤 이들은 내가 사회적 시장경제라는 전통적 개념을 내동댕이치려는 건 아닌지 진심으로 우려를 표했다. 특히 내가 '새로운'(Neue)이라는 단어를 대문자로 쓴 것이 의심을 받았다. 또 어떤 이들은 나의 성공 자체를 아예 바라지 않았다. 왜냐하면 앞서 말했듯이 정치 사안은 항상 권력 문제이고, 이슈를 만들어내는 사람이 성공을 거두기 때문이다. 혹시 2002년 가을 연방의회 선거에서 내가 총리 후보가 되기로 결정할 때도 그랬을까? 이 주제는 모든 것을 뒤덮었다. 그 위원회는 2001년 12월 드레스덴에서 열린 기민당 전당대회의 주요 안건으로 채택되었다. '새로운 사회적 시장경제'라는 용어는 여전히 등장했지만, 이제 제목은 단순하게 바뀌었다.

"자유로운 국민. 강한 나라. 확실한 미래를 위한 계약."

동시에 2001년에는 총리 후보에 대한 논의가 점점 활발하게 진행되었다. 나 외에 유력한 잠재적 후보는 뮌헨 도청에 앉아 있었다. 1993년부터 바이에른 주지사직을 맡고 있고 1999년부터는 기사당 대표직에 오른 에트문트 슈토이버였다. 그는 1980년 연방의회 선거에서 기사당 사무총장 신분으로 총리 후보 프란츠 요제프 슈트라우스의 선거운동을 이끈 바 있었다. 정치적 논쟁을 극단으로 몰고 가는 독설로 유명했고, 디테일에 강했으며, 항상 수첩에 깨알같이 메모를 하고 다녀서 어떤 사안에서든 준비가 돼 있는 사람이었다. 또한 정치적 분위기를 읽을 줄 알고 경쟁자의 약점을 감지하는 능력도 있었다. 내가 보기에, 그는 기민당이 지금 어려운 시기를 겪고 있고, 경험이 아직 일천한 사람이 기민당 대표로 앉아 있다는 점을 감안할 때 지금이야말로 자신과 기사당이 총리 후보를 거머쥘 절호의 기회라고 판단하는 듯했다.

후보직 결정을 둘러싼 모든 일대일 대화와 전화 통화를 일일이 설명할 수는 없다. 다만 분명히 짚고 넘어가야 할 게 있다. 2001년 여름부터 기민당 대표단이라고 하는 사람들, 그중에는 기민당에 오랫동안 몸담은 사람과 특히 독일 남서부 지역 정치인이 많았는데, 그런 사람들이 나를 찾아와 거듭해서 후보직 출마 포기를 설득했다. 때로는 공감하는 말로 다정하게 말하기도 했고 때로는 우격다짐으로 밀어붙이기도 했다. 어떤 이들은 내가 당대표로서는 훌륭하지만 아직 총리 후보가 될 정도는 아니라고 장황하게 에둘러 설명하기도 했다. 심지어 또 다른 이들은 내가 만약 슈토이버에게 후보직을 넘기지 않으면 기민당에 죄를 짓는 것이라는 인신 모욕성 발언도 서슴지 않았다. 그것도 당장 후보직 도전을 포기하라고 하면서 말이다.

나는 말이 안 된다고 생각했다. 기민당은 나의 도움으로 기부금 스캔들의 수렁에서 빠져나와 이제 겨우 다시 정치적 경쟁의 장에 뛰어들 수 있게 되었지만, 동독 출신의 평범한 여성 당대표가 총리 후보로 나가는 것은 무리이고, 그런 사람을 간판으로 내걸고 총선을 치를 수는 없다고 했다. 나로서는 도저히 받아들일 수 없는 일이었다. 당대표직을 바로 사임할 수도 있었다. 두 자매 정당 중 더 큰 정당이 후보직을 내주고 아예 싸울 생각조차 하지 않는다면 그 대표는 있으나마나 한 허수아비에 불과했다. 그건 내 신조에 맞지 않았다. 나라는 개인에 대해서도 그렇고 우리 당에 대해서도 그랬다.

2001년에서 2002년으로 넘어가는 크리스마스 연휴 기간에 이 문제는 온종일 내 머릿속을 맴돌았다. 호엔발데에서 거위를 굽거나 아침 식사를 준비할 때도, 숲속을 산책하거나 인근 마을에서 쇼핑을 할 때도 그 생각은 떠나지 않았다. 아침에 일어나 잠자리에 들 때까지, 심지어 침대에 누워 한 시간가량 깨어 있는 동안에도 오직 그 생각만 했다. 나는 두 가지 측면에서 나 자신에게 질문을 던져보았다. 첫째, 정말 연방총리가 되고 싶은가? 대답은 2000년 초 기민당 대표직에 출마하기로 결심할 때와 마찬가지로 '그렇다'였다. 거기엔 변함이 없었다. 둘째, 지금 꼭 총리가 되고 싶은가? 이 질문에도 나는 '그렇다'고 대답했다. 다만 이 대답에는 몇 달 전과 같은 열정이나, 첫 번째 답변과 같은 선명함은 없었다. 그럼에도 어쨌든 나는 결정을 내릴 토대를 발견했고, 이로써 다음 질문으로 넘어갈 수 있었다. 당에 지지자는 충분한가? 당연히 반대자들만 있지는 않았고, 언제나 내 편에 서고 내가 출마하기를 기다리는 사람들도 있었다. 또한 1980년 당시 지금껏 유일한 기사당 총리 후보였던 프란츠 요제프 슈트라우스의 선거 운동에 대해 나쁜 기억을 갖고 있고, 이제 에트문트 슈토이버가 두 번째 기사당 총리 후보가 된다고 한들 그런 상황이 나아지지는 않을 거라 생각하는 사람들도 있었다.

나는 싸워보지도 않고 쉽게 후보직 출마를 포기하지 않기로 마음먹었다. 그렇다고 무모하게 돌진할 생각도 없었다. 내 경험상 그럴 경우 항상 벽이 나를 가로막았다. 2002년 1월 6일 『벨트 암 존탁』지와의 인터뷰에서 나는 총리 후보에 도전하겠다고 공식 선언했다. 이로써 에트문트 슈토이버도 지금껏 숨어 있던 벙커에서 나오게 만들었다. 같은 날 그가 출사표를 던진 것이다. 이튿날인 2002년 1월 7일 월요일, 나는 ARD 방송 「베크만」에서 다시 한번 총리 후보 출마 의사를 밝혔다. 이제 테이블 위에 카드가 놓였고, 결정의 순간만 남았다.

1월 11일과 12일(금요일과 토요일)에 기민당 전국상임위원회의 연례 비공개 회의가 예정되어 있었다. 장소는 마그데부르크의 '헤렌크루크'(남자의 술독) 호텔이었다. 이름부터 상징적인 의미가 있는 호텔이었다. 나는 그전까지 이 문제를 마무리 짓기로 마음먹었다.

1월 9일 수요일 저녁, 나는 베아테 바우만과 한 레스토랑에서 만나 저녁 식사를 했다. 중앙 언론사 기자들이 많이 찾지 않는 레스토랑이라서 주변 시선에 신경 쓰지 않고 자유롭게 대화할 수 있는 곳이었다. 중앙 당사 사무실에서도 이야기를 나눌 수 있었지만 분위기 전환이 필요했다. 예전처럼 발트해 해변까지는 갈 수 없더라도 최소한 베를린 미테의 중앙당사에서 차로 10분 거리에 있는 곳으로는 분위기를 바꾸어야 했다. 우리는 의장단과 전국상임위원회 구성원 명단을 갖고서 이리저리 가능성을 따져가며 지지자와 반대자를 헤아려보았다. 모레 마그데부르크에서 열릴 전국상임위원회 비공개 회의의 결선 투표에 참여해야 할지 고민에 빠졌다. 이미 패배의 냄새가 물씬 풍겼다. 우울했다.

이런 상황에서 기민당 대표라는 사람이 당에 자신을 총리 후보로 지명하라고 거의 협박 수준으로 강권한다면 어떻게 될까? 내가 총리 후보가 되지 않으면 대표직도 그만두고, 선거운동도 돕지 않겠다고 옥박지르면서 말이다. 그게 우리 모두가 어깨를 걸고 싸워 결국에는 승리를 거둘 합당한 방법일까? 볼프강 쇼이블레에게 배운 바에 따르면, 기민당과 기사당 사이에서만 갈등이 발생하는 경우는 드물고, 거의 항상 기민당 내에서도 파열음이 함께 발생했다. 만일 후보 지명 과정에서 기사당과의 충돌만 발생하는 것이 아니라 기민당까지 두 진영으로 쪼개진다면 본선은 이미 진 게임이나 마찬가지가 아닐까? 지난 몇 달 동안 나는 너무 많은 에너지를 소비했다. 수없이 전화 통화를 하고 대화를 나누고, 게다가 그때마다 태연하게, "아뇨, 나는 총리 후보직을 포기하지 않을 겁니다"라고 반복해서 말하느라 정말 힘들었다.

우리는 여러 가능성을 따져보고 난 후 레스토랑을 나와 바로 헤어졌다. 일단 모든 것을 잠정적으로 보류하고 하룻밤이라도 푹 자고 싶은 생각밖에 없었다.

이튿날 1월 10일 목요일 아침이었다. 나는 당사 지하 주차장에서 7층 사무실로 올라가려고 엘리베이터를 기다리다가 그녀를 다시 우연히 만났다. 엘리베이터 문이 열리고 우리는 안으로 들어갔다. 문이 닫혔다. 내가 7층 버튼을 누르자 엘리베이터가 움직이기 시작했다.

"끝내기로 했어요."

내가 말했다.

"뭘요?"

베아테 바우만이 물었다.

"총리 후보요."

"잘했어요. 그렇게 하세요."

그녀가 대답했다.

간밤에 무르익은 결정이었다. 베아테 바우만과 나는 이게 최종 결정임을 알 정도로 서로에 대해 잘 알고 있었다. 내가 오랫동안 고민한 것은 옳았다. 에트문트 슈토이버가 총리 후보직 출마 의사를 공개적으로 밝히게 만든 것도 옳았다. 또한 두 자매 정당 중 더 큰 정당의 대표로서 나의 의지와 야망을 공개적으로 선언한 것도 옳았다. 이제 내가 총리가 되고 싶어 하고 그럴 자신이 있다는 사실은 누구나 알게 되었다. 그렇다면 이제는 당을 혹독한 시련으로 몰아넣지 않고 당대표로서의 책임을 다른 방식으로 수행해야 했다. 총리 후보직 출마를 계속 고집하는 것이 아니라 분열된 당을 하나로 묶고 단일 대오로 총선을 향해 나아가는 길을 닦는 일이었다.

나는 라우렌츠 마이어 기민당 사무총장과 빌리 하우스만, 에바 크리스티안젠을 집무실로 불러 내 결정을 알렸다. 우리는 다음 단계를 논의했다. 이제 일사천리로 일이 진행되었다. 나는 에트문트 슈토이버에게 전화를 걸어 비공개 단독 회담을 제안했다. 내 결정에 대해서는 함구했다. 미리 알릴 필요는 없었다. 우리는 통화를 끝냈다. 몇 분후 그에게서 다시 전화가 왔고, 우리는 다음 날 아침 볼프라츠하우젠에 있는 그의 집에서 아침 식사를 하면서 얼굴을 맞대고 이야기하기로 약속했다.

오후에 나는 일단 뒤셀도르프로 갔다. 노르트라인베스트팔렌 상공회의소가 주최하는 동방박사 저녁 모임에서 연설하기로 오래전부터 예정되어 있었기 때문이다. 이 행사는 취소하고 싶지 않았다. 모임이 끝나자 나는 즉시 뮌헨으로 날아갔다. 당을 통해 미리 개인 비행기를 빌려두었다. 나는 공항 바로 옆의 호텔에서 하룻밤을 묵었다. 이튿날 2002년 1월 11일 금요일 아침이었다. 나는 꼭두새벽같이 차를 불러 볼프라츠하우젠에 있는 에트문트 슈토이버의 집으로 가자고 했다. 도착하니 8시 정각이었다.

슈토이버 부인이 정성스럽게 아침 식탁을 차렸지만, 슈토이버와 나는 거의 손을 대지 않았다. 우리는 곧장 본론으로 들어갔다. 나는 이렇게 말했다. 우리가 2002년 총선에서 기민/기사 연합을 이끌 총리 후보로 나설 의지가 있음을 공식적으로 밝힌 것은 중요했다. 동시에 그는 나와 달리 기민당과 기사당의 단합된 지지를 기대할 수 있다. 선거운동에서 단합은 알파요 오메가다. 그렇기에 나는 그가 우리의 총리 후보가 되기를 바라고, 오후에 이 사실을 당에 알리겠다. 다만 마그데부르크에 있는 우리 당 의장단과 전국상임위원회에는 내가 직접 나의 결정과 동기를 설명할 테니 그때까지는 이 사실을 공개하지 말아달라고 부탁했다. 슈토이버는 동의했다. 이것이 내 개인적으로 상당히 의미 있는 결정일 뿐 아니라 기민/기사 연합 전체에도 중요한 결정임을 그도 알고 있었다.

한 시간도 지나지 않아 나는 작별 인사를 했다. 뮌헨 공항으로 가는 차 안에서 베아테 바우만에게 전화를 걸어 에트문트 슈토이버와의 면담 결과를 알렸다. 이제야 그녀는 11시에 예정된 작센안할트의 한 설탕 공장 방문을 취소할 수 있었다. 지금껏 이 순간을 기다려온 것이다. 나는 뮌헨에서 개인 비행기를 타고 베를린으로 돌아왔고, 거기서 마그데부르크까지는 차로 이동했다.

에트문트 슈토이버는 약속을 지켰다. 모든 것이 비밀에 부쳐졌다. 설탕 공장 방문이 취소되었다는 사실이 알려진 뒤에야 혹시 내가 특별한 계획을 준비하고 있는 건 아닌지 언론의 추측이 난무하기 시작했다. 하지만 그때 이미 나는 헤렌크루크 호텔을 향해 일직선으로 달려가는 중이었다.

나머지는 잘 알려져 있다. 에트문트 슈토이버는 기민/기사 연합 역사상 두 번째로 기사당 출신의 총리 후보가 되었다. 다음 날인 1월 12일에는 우리 당의 비공개 회의에 참석하기 위해 마그데부르크로 왔고, 이어 우리는 함께 기자회견장에 섰다.

그후 몇 달 동안 우리는 1980년 슈트라우스 총리 후보 시절에 기민당과 기사당이 했던 것과는 완전히 다른 선거운동을 펼쳤다. 즉 당시처럼 분열하거나 대립하지 않고 긴밀하게 조율하고 단결했다. 베아테 바우만은 내 비서실장 역할 외에 선거 캠프 운영실장과 콘라트 아데나워 하우스의 정책 기획실장을 맡았고, 그로써 슈토이버의 측근인 미하엘 회엔베르거 기사당 지방 사무국장의 중요한 연락 창구 역할을 했다.

기민당과 기사당, 그리고 슈토이버와 나는 혹독한 시련에서 살아남았다. 슈뢰더 총리가 총선 승리를 위해 기민/기사 연합을 시험에 빠뜨리는 온갖 정책을 동원했기 때문이다. 예를 들어 이라크 전쟁 반대, 폭스바겐 AG 이사회 멤버 페터 하르츠의 사회정책 개혁안 발표, 노동시장 개혁안 같은 것들이었다. 게다가 엘베강 홍수로 끔찍한 피해를 입은 사람들에 대한 깊은 공감, 슈토이버와의 두 차례 TV 토론에서 보여준 거침없는 투지도 유권자들에게 깊은 인상을 남겼다.

총선은 9월 22일에 치러졌다. 전날 나는 생애 처음으로 뮌헨 옥토버페스트에서 맥주통 마개를 따는 개막 행사에 참석했다. 곳곳에 흥겨운 분위기가 넘쳤다. 에트문트 슈토이버와 나는 각자의 방식으로 최선을 다했다. 우리는 맥주 텐트의 발코니 맨 앞줄에 앉아 사람들을 지켜보았고, 사람들은 슈토이버에게, 그리고 우리 두 사람에게 환호했다.

이어 우리는 조용히 둘만의 대화 시간을 갖기 위해 바이에른 도청의 슈토이버 집무실로 이동했다. 다양한 선거 결과를 염두에 두고 그에게 미리 해둘 이야기가 있어서 내가 요청한 자리였다. 요점은 이랬다. 슈토이버가 승리할 경우 나는 내각에 합류하지 않고 기민당 당대표로서 기민/기사 연합의 원내대표직도 함께 맡고 싶다. 기사당 주도의 연방정부와 기민/기사 연합의 역학 관계를 고려할 때 기민당 대표가 내각의 기율이나 연방총리의 방침에 따르는 것은 모양새도 좋지 않고 바람직하지도 않다. 기민당에는 명확한 권력 중심이 필요하다. 이를 위해서는 당대표와 원내대표를 한 사람이 맡아야 한다. 이건 선거 결과가 우리의 예상에 미치지 못할 경우에도 마찬가지다. 슈토이버는 내 말에 십분 공감했다. 게다가 나를 비롯한 기민당 사무국의 모든 직원이 자신을 위해 정말 성심성의껏 선거운동을 해준 데 깊은 감사를 표했다. 나는 그의 지원을 믿을 수 있었다. 그의 지원은 내게 필수적이었다. 기민/기사 연합의 원내대표는 대개 양당 대표의 합의로 선출되었기 때문이다.

대화 후 나는 집으로 돌아와 남은 토요일을 호엔발데에서 보냈다.

이튿날에는 오후 1시경 베를린 훔볼트대학 구내식당에 마련된 투표장에 갔고, 이어 5시경에는 콘라트 아데나워 하우스로 이동해 슈토이버를 만났다. 그는 옥토버페스트에서 주지사라면 반드시 참석해야 하는, 뮌헨 거리의 마차 행렬 행사를 마치자마자 바로 베를린으로 날아왔다.

선거 당일 저녁, 개표 흐름은 우리의 바람과 다르게 진행되었다. 처음에는 잠시 기민당과 기사당이 승리할 것처럼 보였지만, 개표가 거듭될수록 전망은 점점 어두워졌다. 결국 적녹 연정이 정말 근소한 차이로 승리를 거두었다. 기민당과 기사당은 38.5퍼센트의 득표율로 248석을 차지했고, 사민당도 마찬가지로 38.5퍼센트였지만 6,027표를 더 얻어 기민/기사 연합보다 3석을 더 차지하면서 간발의 차로 원내 제1당이 되었다. 녹색당은 8.6퍼센트의 득표율로 55석을, 자민당은 7.4퍼센트로 47석을, 민사당은 4퍼센트로 지역구에서 2석을 얻었다.

선거 후 내가 프리드리히 메르츠에게 그를 대신해서 원내대표를 맡고 싶고, 슈토이버와 내가 기민당과 기사당의 당수로서 원내 첫 회의에서 그렇게 제안할 거라고 말했을 때 그는 큰 충격을 받았다. 기부금 스캔들 이후 프리드리히 메르츠가 원내대표를 맡은 건 순리에 따른 결정이었다. 그는 뛰어난 연설가였고, 기부금 스캔들에서 나를 지지해주었기 때문이다. 정치적 야망이 있는 것도 마음에 들었다. 우리는 나이가 비슷했다. 그는 1955년생이었고 나는 1954년생이었다. 사회적 경력은 서로 완전히 달랐지만, 이는 장애물이라기보다 오히려 기회였다.

하지만 처음부터 문제가 있었다. 둘 다 보스가 되고자 했던 것이다. 이는 정당에서 흔히 있고, 때가 되면 정리가 필요한 일이었다. 특히 우리 둘처럼 상호 마찰로 인한 손실이 너무 클 경우에는 더더욱 그랬다. 총선이 끝나자 이제 이 문제를 명확하게 정리할 시간이 찾아왔다. 프리드리히 메르츠는 실망이 크겠지만, 기민당과 기사당 양당 대표들이 자신을 원내대표로 재지명하지 않겠다는 방침을 정했다면 따를 수밖에 없었다.

연방의회 선거 이틀 후인 2002년 9월 24일, 나는 기민/기사 연합의 원내대표로 선출되었다. 2002년 11월 11일 하노버에서 열린 기민당 전당대회에서는 796표 중 746표(93.7퍼센트)를 얻어 2년 임기의 당 대표직에 재선되었다.

조기 총선

이제 에트문트 슈토이버는 뮌헨으로 돌아갔고, 나는 당대표와 원내대표를 겸임했다. 그와 함께 잠시 미뤄뒀던 '새로운 사회적 시장 경제'에 대한 작업을 계속 추진해나갔다. 나는 이 개념을 관철하지는 못했지만, 그 내용은 여전히 살아 있었다. 이 주제는 내가 당시 국제통화기금(IMF) 총재이던 호르스트 쾰러를 2004년 기민/기사 연합 및 자민당의 대통령 후보로 제안할 때도 영향을 주었다. 훗날 그는 연방대통령으로서 다음과 같은 멋진 말을 남겼다.

"내가 볼 때 지금의 인류는 아프리카의 운명에 의해 결정됩니다."

그는 틀에 박힌 사고를 벗어나 멀리 볼 줄 아는 사람이었고, 2010년 퇴임 뒤에도 아프리카 문제에서 관심을 놓지 않았다.

큰 틀에서 연금, 돌봄, 의료라는 3대 사회보장제도의 미래를 위해 구체적인 계획안을 마련할 시점이 되었다. 나는 연방 헌법재판소장과 대통령을 지낸 로만 헤르초크에게 이 문제를 다룰 위원회를 맡게 하는 데 성공했다. 헤르초크는 1997년 "독일에는 충격이 필요하다"는 말로 개혁가로서의 이름을 알렸고, 어떤 비난에도 굴하지 않는 인물이었다. 나중에 그의 이름을 딴 이 위원회에서 개발한 안들은 2006년 총선에서 차기 정부의 미래 구상으로 사용할 예정이었다. 2003년 9월 30일 로만 헤르초크는 나에게 위원회 보고서를 제출했고, 나는 2003년 10월 1일 베를린의 독일역사박물관에서 그에 관해 기본 입장을 밝히는 연설을 했다. 이 연설은 사회적 반향을 일으켰고, 무엇보다 독일의 노동시장 및 사회 개혁이 너무 지체되었다고 생각하는 사람들에게 큰 호응을 받았다.

헤르초크 보고서의 권고 사항은 2003년 12월 라이프치히 전당대회에서 정식으로 채택되었다. 이 전당대회는 기민당 역사에서 가장 개혁적인 전당대회 중 하나였다. 프리드리히 메르츠가 제시한 세제 개혁안도 미래의 연금 보장이나 돌봄 보장과 마찬가지로 폭넓은 지지를 받았기 때문이다. 모든 세율을 맥주잔 받침처럼 맥주잔 크기에 딱 맞게 단순화하고 명료화한다는 이유로 '맥주잔 받침대 세제 개혁안'이라는 이름이 붙은 제안이었다.

반면 미래의 의료보험에 대한 제안은 논란에 휩싸였다. 헤르초크 위원회가 제시한 건강보험료는 반대파뿐 아니라 기민/기사 연합의 일부 의원으로부터도 당의 가치와 맞지 않는다는 이유로 비난을 받았다. 모든 피보험자에게 일률적으로 똑같은 금액을 징수하자고 했기 때문이다. 반대파들은 그리되면 소득에 관계없이 일률적으로 건강보험료를 납부하기 때문에 사회적 형평성이 무너진다고 주장했다. 터무니없는 소리였다. 왜냐하면 이 구상은 소득에 따라 퍼센티지별로 납부하던 기존의 건강보험료 대신, 소득별로 걷는 전체 세수에서 자금을 지원함으로써 다른 방식으로 사회적 형평성을 강화한다고 명확하게 밝히고 있기 때문이다. 이 개혁안은 전당대회에서 가결되었다.

하지만 우리는 전체적으로 한발 늦었다. 6개월 전인 2003년 3월 14일, 게르하르트 슈뢰더는 연방의회에서 '어젠다 2010'이라는 이름의 정부 선언을 공포했다. 이는 2002년 8월 선거운동 기간 중에 발표된 하르츠 위원회 보고서를 비롯해 유럽 사회민주주의자들, 특히 독일 총리와 토니 블레어 영국 총리의 구상(1999년 두 사람의 이름을 따서 '슈뢰더·블레어 백서'라고 불리는 구상)에 입각한 조치들이었다. 핵심은 성장과 고용의 촉진이었다. 게다가 어젠다 2010은 교육 및 직업훈련의 강화, 종일제 학교 확대, 3세 미만 아동의 보육 제도 개선에 중점을 두고 있었다. 이 구상의 중심에는 기민당 총리라고 하더라도 제안했을 조치들이 포함되어 있었다. 그러나 사회민주주의자들은 그런 말을 몹시 불쾌하게 생각했다. 자신들은 해고 기준을 완화하고 건강보험에서 일부 항목의 급여를 삭제한 것만이 아니라 실업 후 1년이 지나면 사회 보조금과 동일한 요율로 실업 급여를 지급하고 채용 시 고용주가 요구할 수 있는 조건도 엄격하게 제한했기 때문이다.

게다가 슈뢰더 총리는 연금 제도에 이른바 지속가능성의 개념도 추가하고자 했다. 연금보험료의 인상 속도를 늦추기 위해서였다. 이로써 그는 기민/기사 연합과 자민당의 전 정부가 도입했던 인구통계학적 요소를 취소한 실수를 바로잡았다. 인구통계학적 요소란 연금보험료 인상을 더 이상 근로자의 임금 상승에만 연계시키지 않고 연령 구성비, 즉 연금을 납부하는 사람과 연금을 받는 사람의 비율을 고려하는 시스템이었다.

현실의 압력은 슈뢰더와 그의 1998년도 선거 공약으로는 이미 따라잡을 수 없을 정도로 커져 있었다. 특히 노동시장과 건강 및 연금 문제가 그랬다. 이 대목에서 여야를 떠나 분명히 명심할 게 있다. 가혹해 보이고 인기가 없었지만 불가피하게 추진될 수밖에 없었던 전임자의 개혁 정책을 특별한 사정 없이 무효화하거나 수정해서는 안 된다는 점이다.

이후 2년 동안 슈뢰더는 연방 하원과 상원에서 어젠다 2010 개혁안을 통과시키려고 총력을 기울였다. 이 과정에서는 기민/기사 연합의 지원에 의존할 수밖에 없었다. 무엇보다 상원에서 동의를 얻으려면 기민/기사 연합이 집권하고 있던 연방주들의 협력이 불가피했기 때문이다. 이런 사정으로 인해 그가 당내에서 처한 상황도 난처하기 짝이 없었다. 1999년 4월 오스카르 라퐁텐이 연방정부에서 물러나면서 공석이 된 당대표 자리를 슈뢰더가 차지했지만, 사민당이 총리의 개혁안으로 많은 어려움을 겪는 바람에 결국 슈뢰더는 2004년 2월 당대표직을 다시 내놓을 수밖에 없었다. 후임은 사민당 원내대표 프란츠 뮌테페링이었다. 나중에 내 초대 정부의 부총리가 된 사람이었다.

내가 당시에 이미 공개적으로 밝혔듯이, 슈뢰더의 결정은 총리직 종말의 시작처럼 보였다. 그럼에도 그 종말이 불과 1년 뒤에 정말 현실이 되리라고는 예상하지 못했다. 나는 2006년에 실시될 총선만 염두에 두고 있었다. 그전까지는 어차피 세계정세나 우리 당의 문제, 자매당인 기사당과의 관계, 기민/기사 연합 문제로 무척 바빴다. 가령 2003년 10월 3일 반유대주의로 인식될 수밖에 없고 우리 당의 가치를 짓밟는 연설을 한 마르틴 호만 의원의 제명, 의료 정책과 관련해서 라이프치히 전당대회 이후에도 끝나지 않은 기사당과의 갈등(그 결과 전 보건부 장관 호르스트 제호퍼가 기민/기사 연합 원내부대표직에서 물러났다), 그리고 당시 미국 대통령 조지 W. 부시가 주도한 이른바 "유지(有志)연합"*이 2003년 3월 19~20일 밤 사이에 유엔의 명확한 동의 없이 개시한 제2차 이라크 전쟁에 관한 국제적 공방 같은 문제들이었다.

2003년 2월, 나는 전쟁 선동자로 몰렸다. 그와 함께 지지율은 단기간에 급락했다. 슈뢰더 총리는 2002년 총선 기간 중에 이미 임박한 제2차 이라크 전쟁의 위험을 이슈화했고, 선거 이후에도 이 문제를 계속 제기하면서 자신의 입지를 더욱 강화시켜나갔다. 또한 요슈카 피셔 외무장관과는 달리 유엔 동의로 합법화된 파병까지 단호하게 거부했다. 이 문제를 국내 정치를 위해 이용하려는 의도가 분명했다. 기민/기사 연합은 진퇴양난에 빠졌다. 슈뢰더는 독일인들의 정서를 잘 알고 있었다. 누가 평화에 반대하고 누가 전쟁에 찬성하겠는가? 그럴 사람은 아무도 없었다. 나는 전쟁이 개시된 2003년 3월 20일 오전 연방의회에서 다음과 같이 말했다.

"전쟁은 언제나 정치와 외교의 실패입니다. 우리는 미래를 직시하며 유럽연합과 대서양 동맹, 유엔의 힘과 행동 능력이 단결과 통합을 통해 새롭게 펼쳐질 수 있도록 최선을 다하고 있습니다. 이런 기관과 공동체 내에서 우리는 무엇보다 미국과 공통의 가치로 연결되어 있습니다. 이것이 바로 우리가 그들 편에 서야 하는 이유입니다."

나의 입장은 확고했다. 슈뢰더의 약점을 건드리는 지점이었기 때문이다. 나는 그와 달리 처음부터 부시의 행동을 공개적으로 비난하지 않았고, 유럽의 분열을 감수하거나 가속화하는 조처를 거부했다. 이를테면 독일과 프랑스의 분열, 그리고 당시 이미 푸틴 대통령이 이끌고 있던 러시아를 영국과 스페인, 네덜란드 및 기타 국가들과 가르는 분열이었다. 이런 입장은 독일이 미국 및 나토 동맹국들과 러시아 사이에서 일종의 등거리 외교를 하고 있다는 인상을 줄 수도 있었지만, 그건 나로서는 천부당만부당한 일이었다. 기민당과 내가 이해하

---

* '뜻을 같이하는 국가들의 연합'이라는 의미로 유지동맹이라고도 한다. 미국이 이라크 전쟁 중에 내세운 안전보장 체제다.

는 유럽 통합 및 북대서양 파트너십의 이념과는 완전히 상반되기 때문이다.

하지만 이런 태도는 선동에 넘어갈 위험이 있었다. 정치는 경쟁이고, 정치 사안은 앞서 말했듯이 항상 권력 문제다. 그건 외교 정책도 마찬가지다. 그 때문에 내가 2003년 2월 13일 연방의회에서 전쟁 발발에 대한 정부 입장에 반박하는 연설을 하면서 받은 많은 야유 가운데 하나가 무조건 미국의 입장을 따르는 '친미주의자'라는 것이었다. 나의 논거는 먹히지 않았다. 반면에 슈뢰더는 좀더 단순한 논리로 접근했다.

"어떤 현실 정치와 안보 정책도 전쟁을 정상적인 정치 수단으로 보거나, 흔히 말하듯 다른 수단을 통한 정치의 연장으로 보는 데 익숙해져서는 안 됩니다."

이로써 분위기는 결정되었다. 게다가 나는 실수를 저질렀다. 일주일 후 『워싱턴 포스트』에 "슈뢰더가 모든 독일인을 대변하는 것은 아니다!"라는 제목의 기명 칼럼을 실은 것이다. 칼럼의 핵심 내용은 독일이 유럽연합 및 미국과의 관계에서 자기만의 강점과 영향력을 행사할 수 있고, 갈등 상황에서도 대립이 아닌 협력 정신으로 문제 해결에 기여할 수 있다는 점을 부각시키는 것이었다. 그럼에도 독일 정치인이, 그것도 야당 지도자가 해외에서 자국의 정부 수반을 정면으로 공격한 행위는 옳지 않았다. 정부와 야당 간의 견해차는 국외가 아닌 국내에서 해결해야 했다.

이 논쟁을 결산해보자. 이라크 전쟁은 잘못된 가정을 전제로 한 잘못된 전쟁이었다. 미국 정부는 나중에 허위로 판명된 증거들까지 들이밀며 지속적으로 대량살상무기의 파괴가 전쟁 이유라고 강변했지만 실은 이라크 정권 교체가 목표였다. 결국 목표는 달성되었고 사담 후세인 정권은 전복되었지만 이라크는 혼란에 빠졌다. 게르하르트 슈뢰더의 분석은 옳았다. 하지만 시라크 프랑스 대통령과 손잡고 전쟁을 막는다는 명분하에 유럽연합과 미국에 취한 그의 대결적 접근 방식은 여전히 잘못되었다고 생각한다. 『워싱턴 포스트』칼럼은 쓰지 말았어야 했다. 물론 그럼에도 내 지지율은 곧 회복되었고, 당 지지율도 거의 영향을 받지 않았다. 돌이켜보면 놀라운 일은 아니다. 이 논쟁은 항상 유럽 통합을 위해 노력하고 그에 근거해서만 미국에 당당하게 행동할 수 있다는 기독교민주당의 핵심 정책에 위배되지 않았기 때문이다.

반면 슈뢰더는 전쟁 반대 입장으로 사민당의 지지율을 끌어올리지는 못했다. 지지율은 여전히 저조했다. 게다가 높은 실업률과 위기에 처한 사회보장제도로 인해 국가는 무겁게 짓눌렸고, 이 문제들을 극복하기 위해 제시된 어젠다 2010은 사민당의 주요 원칙과 신념에 위배된다는 점에서 당에 큰 부담을 안겨주었다. 이런 상황은 슈뢰더에서 프란츠 뮌테페링으로 당대표가 바뀌어도 변하지 않았다. 이렇게 해서 독일에서는 오직 게르하르트 슈뢰더만 촉발할 수 있는 변화가 봄에 일어났다.

2005년 2월 슐레스비히홀슈타인 지방선거 후 주지사 하이데 지모니스(사민당)는 지방의회에서 네 차례 비밀투표를 실시했지만 재선에 실패했다. 5월 22일에는 사민당의 본거지라고 할 노르트라인베스트팔렌 선거에서도 사민당은 패배했다. 지방선거가 있던 날 초저녁에 슈뢰더는 판을 바꿀 묘수를 찾아냈다. 조기 총선이었다. 사민당 대표 프란츠 뮌테페링이 이 말을 꺼냈고, 슈뢰더가 받아들였다. 의회를 해산하고 최대한 빨리 연방의회 선거를 실시하자는 것이다. 슈뢰더는 위기를 극복할 돌파구로 이 방법밖에 없다고 생각했다.

여드레 후 나는 기민당과 기사당의 합동 의장단 회의에서 2005년 조기 총선의 기민/기사 연합 총리 후보로 지명되었다. 반대하고 말고 할 시간적 여유가 없었다. 기민/기사 연합은 콘텐츠 면에서든 인력

동원 면에서든 최대한 빨리 선거운동 체제로 나아가야 했다. 기자회견은 기민당 중앙 당사 로비에서 열렸다. 로비는 발 디딜 틈조차 없었다. 포도송이처럼 다닥다닥 붙은 기자들이 에트문트 슈토이버와 내앞에 앉거나 서 있었고, 많은 직원이 각층 난간에 기대어 현장을 내려다보며 내가 출마 선언을 하는 순간 박수를 보냈다.

때는 2005년 5월 30일 월요일 오후 1시였다. 내가 기민당 대표직에 출마하면서 연방 총리가 되기로 마음먹은 지 어언 5년이 지났다. 결승선을 코앞에 둔 지금 나는 기쁨 대신 엄청난 압박감을 느꼈다. 머릿속에서는 모든 것이 명확했고, 오래전부터 이 순간을 충분히 준비해왔지만, 막상 내 입에서 흘러나온 말은 만족스럽지 않았다. 외모에신경이 쓰여서가 아니었다. 아니, 그 반대였다. 그전에 메이크업 아티스트가 화장을 고쳐주고 머리도 만져주었다. 페트라 켈러라는 이름의 여성이었다. 동독 시절 텔레비전 방송국에서 정규직으로 일했고, 통일 이후에는 주로 베를린-브란덴부르크 라디오 방송국에서 프리랜서로 활동한 메이크업 아티스트였다. 그녀는 수많은 시간 동안 내곁을 지켰고, 그건 지금도 마찬가지다. 총리 출마를 선언하던 날에도그녀가 헤어스타일을 만져주었기에 나는 아마 외모면에서는 퍽 만족스런 상태였을 것이다.

문제는 다른 데 있었다. 내가 일국의 총리 후보답게 말하고 있지 않다는 생각이 들었다. 준비한 말들은 충분히 심사숙고한 말이었고, 한마디 한마디가 모두 내가 기민당 당원이 되고 난 뒤로 늘 내 마음속에 품고 있던 질문에 대한 답에 집중되어 있었다. 왜 기민당인가? 기민당은 왜 필요한가? 나는 기민당의 어떤 이념을 대변하고 싶어 하는가?

나는 서두에서 이렇게 말했다.

"우리는 독일이 다시 더 나아지기를 바랍니다. 이건 특정 정당의 문제가 아니고, 누군가의 출세 문제도 아니고, 슈뢰더냐 나냐, 혹은 나냐 슈뢰더냐의 문제도 아닙니다. 핵심은 다른 데 있습니다. 우리는 독일에 봉사하고 싶습니다. 나는 독일을 위해 일하고 싶습니다. 독일은 해낼 수 있고, 우리는 함께 해나갈 것입니다. 이것이 우리의 공통된 신념입니다."

이 말들로 내가 중요하게 생각하는 것들은 모두 표현되었다. 그렇다면 내용에는 문제가 없었다. 다만 이 말들에 무게가 실려 있지 않았다. 그런 느낌이었다. 나는 이 원고를 읽고 또 읽었는데도 결코 편안하게 이야기하지 못했다. 몇 문장 안 되는 글은 원고를 보지 않고도 암송했어야 했다. 그러나 나는 마치 핸드브레이크가 걸린 것처럼 뻣뻣하게 말했다. 브레이크를 풀려고 해도 도저히 풀 수가 없었다. 말하는 데 너무 집중해서 여유와 침착함은 찾아볼 수 없었다. 수년 전부터 기민/기사 연합의 총리 후보가 되겠다고 마음먹은 것과 이제 실제로 후보가 된 현실 사이의 차이를 뼛속 깊이 느끼는 순간이었다.

대연정: 관례를 지키다

기사당 지역협의회 회장 미하엘 글로스는 뒤늦게 60회 생일 파티를 열었다. 12월 14일생이었지만 7개월 후인 2005년 7월 21일에 생일을 챙긴 것이다. 파티는 그의 지역구에 있는 카스텔성에서 열렸다. 나는 생일 축하 연설을 해달라는 부탁을 받았다. 호르스트 쾰러 대통령이 연방하원을 해산하고 9월 18일에 실시될 총선을 발표한 날이었다.

나는 이와 관련해서 공식 성명을 발표하고자 했다. 내가 미하엘 글로스의 생일 파티에서 연설하는 동안 카스텔성의 다른 곳에서는 필요한 준비가 진행 중이었다. 연설이 끝난 오후 4시 30분경 나는 두 개 층 위에 마련된 성명 발표장으로 뛰어올라갔다. 당시에는 계단을 뛰어올라가는 장면까지 기자들이 촬영하지 못하도록 사전에 신경 쓸 만큼 영리하지 못했다. 그랬다면 위에 도착했을 때 숨을 돌리고 마음을 가다듬을 여유가 있었을 것이다. 하지만 지금 상황에서는 영락없이 마이크 앞으로 바로 다가가 성명을 발표하는 것 말고는 다른 선택의 여지가 없었다. 문장은 용의주도하게 준비했지만 숨이 가빠 말이 제대로 나오지 않았다. 세 단어를 내뱉고는 곧장 숨을 골라야 했다. 이런 모습이 좋은 인상을 줄 리 없었다. 이는 앞으로 이어질 몇 주 동안의 상황을 미리 상징적으로 보여주는 것이기도 했다.

이제 여성 중에서도 총리가 나올 시간이 되지 않았을까? 나는 이 문제와 관련해 이론과 실제가 다르다는 사실을 깨달았다. 심지어 여성들조차 그에 대해 뿌리 깊은 의구심을 품고 있었다. 게르하르트 슈뢰더는 총리로 7년 동안 재임했다. 그가 계속 총리를 하고 싶어 한다는 건 누구나 알고 있었다. 활기차고 재치 넘치는 사람이었다. 반면에 그가 나를 바라보는 눈길은 곱지 않았다. 어쩌나 두고 보자는 식이었다. 그건 총리가 되겠다고 나선 남자라면 누구나 그렇게 생각했을 것이다. 나는 여성이라는 점이 결코 장점이 아님을 느꼈다. 이는 선거일이 가까워질수록 더욱 분명해졌다. 게다가 나는 휴가를 너무 짧게 쓰는 실수를 저질렀다. 그 바람에 선거전의 열기가 본격적으로 뜨거워지기 전에 생각을 가다듬는 시간을 가질 수 없었다. 결국 안타깝게도 인터뷰 중에 세전(稅前)과 세후(稅後)를 혼동하는 실수까지 저지르고 말았다.

더구나 기민당과 기사당은 갑자기 국민에게 부담을 강요하는 사람들로 낙인찍혔다. 무엇보다 부가가치세 2퍼센트포인트 인상안이 국민의 눈에 그렇게 비쳤다. 결국 '메르켈 세금'은 슈뢰더 캠프의 좋은 먹잇감이 되었다. 슈뢰더 자신은 더 이상 개혁에 대해 말하지 않았고, 어젠다 2010에 대해서도 전혀 입을 열지 않았다. 기민/기사 연합과 자민당의 넉넉한 승리가 예상되던 초기의 여론조사 결과는 축복인 동시에 저주였다. 우리에게 동기 부여가 되었다는 점에서는 축복이었고, 선거 전에 이미 신정부가 출범이라도 한 듯 우리 정부의 허점을 슈뢰더가 마음대로 공격할 수 있었다는 점에서는 저주였다.

9월 4일 일요일에 열릴 슈뢰더와의 TV 양자 토론을 앞두고 나는 어떤 옷을 입을지 한참을 고민했다. 여성성을 강조할 화려한 색상의 블레이저를 입을까, 아니면 무게감 있는 짙은 색의 옷을 입을까? 나는 안전한 선택으로 진청색 바지 정장을 골랐다. 그래야 사람들이 보고 듣는 데 주의력이 분산되지 않을 거라고 생각했다. 토론 전날 밤에는 잠을 제대로 자지 못했다. 그래서 저녁 7시쯤 베를린 아들러스호프에 위치한 TV 스튜디오로 출발했을 때는 오히려 반가웠다. 스튜디오는 나의 옛 직장인 베를린 과학 아카데미에서 불과 몇 미터 떨어진 곳에 있었다. 도착하는 순간 나는 한 가지만 생각했다. 2,000만 명의 시청자가 나를 주시하고 있다는 사실을 의식하지 말고 오직 나와 슈뢰더에게만 집중하자고.

이런 토론에서는 정치가 사회적으로 무엇을 제공할 수 있는지에 대한 질문이 특히 까다로웠다. 이번 양자 토론에서는 더더욱 그랬고, 그런 만큼 준비도 철저히 했다. 부가가치세 인상, 일률적인 건강보험료 징수, 파울 키르히호프의 단일 소득세 세율에 대한 공방이 오갔다. 키르히호프는 전 헌법재판소 재판관이자 내 캠프에서 재정 담당 자문역을 맡은 인물이었다. 슈뢰더는 그를 줄곧 '하이델베르크의 교수'라고만 지칭했는데, 무엇보다 그와 내가 평범한 사람들의 걱정거리와는 동떨어진 인간임을 부각시키려는 의도인 듯했다. 이 토론회는 마치 기민/기사 연합이 벌써 집권이라도 한 듯 완전히 공수가 뒤바뀐 모습이었다.

그럼에도 양자 대결의 분위기는 그리 나쁘지 않게 흘러갔다. 슈뢰더에게 당시 자신의 아내 도리스 슈뢰더쾨프가 한 인터뷰에서 했던 발언에 대해 어떻게 생각하느냐는 질문이 던져지기 전까지는 말이다. 그녀는 나에 대해 이렇게 말한 바 있었다. 나라는 사람은 지금까지 대부분의 여성이 겪어야 하는 경험, 즉 가정과 직장을 어떻게 조화롭게 병행하고, 자녀 출산으로 인한 경력 단절을 어떻게 극복할 수 있을지 전혀 경험하지 않았다는 것이다. 이 질문에 슈뢰더는 아내는 자기가 말한 그대로 살아왔다면서 이렇게 답했다.

"그게 바로 내가 아내를 사랑하는 진짜 이유입니다."

당시 내 머릿속엔 한 가지 생각뿐이었다.

'역시 슈뢰더야. 포인트를 제대로 짚었어. 이제 세상 모든 아내와 남편의 마음을 얻겠군. 하지만 흥분하지 마, 앙겔라. 너는 계속 차분하게 말해.'

나는 다행히 생각대로 할 수 있었다. 슈뢰더는 내게 결정타를 먹이지 못했다. 내가 괜히 흥분해서 심각한 실수를 저지르지 않았기 때문이다. 그럼에도 여론조사 결과 이번 토론의 승리자는 슈뢰더였다. 선거가 가까워질수록 적녹 연합에 대한 기민/기사 연합 및 자민당의 우위는 차츰 줄어들었다. 동독 출신의 여성이라는 점은 겉으로 드러나는 것 이상으로 사람들에게 훨씬 더 중요하게 작용하는 듯했다.

2005년 9월 18일 일요일 오후 6시, 나는 요아힘과 함께 기민당 당사로 향했다. 우리는 6층 의장단실에 의장단 멤버들과 함께 앉아 ARD와 ZDF의 선거 결과 예측 방송을 지켜보았다. 두 방송사는 기민/기사 연합이 각각 35.5~37퍼센트, 사민당이 34~33퍼센트, 자민당이 10.5퍼센트, 녹색당이 8.5~8퍼센트를 득표할 것으로 예측했다. 선거운동 초기의 여론조사에서 우리에게 예상되었던 약 45퍼센트의 기록에 비하면 무척 실망스러운 결과였다. 나는 패배했다는 느낌이 들었다. 하지만 기민/기사 연합이 실제로 승리할 가능성은 여전히 남아 있었다. 처음엔 이겼다고 착각했다가 결국 지고 말았던 2002년 총선과는 정반대 상황이 펼쳐질 수도 있었다.

이런 분위기에서 나는 7시경 에바 크리스티안젠과 베아테 바우만과 함께 방송국 스튜디오로 갔다. ARD와 ZDF가 합동으로 마련한 총리 후보 및 당대표 대담 자리였다. 내게 던져진 첫 질문은 기민당이 기대에 한참 못 미치는 결과를 얻은 이유가 뭐냐고 생각하느냐였다. 나는 용감하게 답했다. 적녹 연합은 재신임에 실패했고, 기민/기사 연합이 원내 제1당이 될 것이고, 따라서 우리에게 차기 정부 구성권이 주어질 거라고. 이 말 다음에 우리도 당연히 더 나은 결과를 바랐다는 점을 솔직히 인정했다.

슈뢰더는 선거 결과에 대한 평가를 요청받자 호통치듯이 목소리를 높였다.

"나는… 나 말고는 누구도, 정말 누구도 안정적인 정부를 구성할 수 없다는 점을 분명히 보여준 우리 국민이 자랑스럽습니다."

그러고는 얼마 뒤에 이렇게 덧붙였다.

"이런 상황에서 버젓이 자기가 총리가 되겠다고 말하는 메르켈 부인의 대화 제의를 우리 당이 받아들일 거라고 정말 믿습니까? 관례를 지켜야지요. 독일 국민은 투표로 명확한 답을 보여주었습니다. 그건 부정할 수가 없습니다."

이어 내 쪽으로 고개를 돌리더니 이렇게 장담했다.

"당신은 우리 사회민주당과 절대 연정을 구성할 수 없을 겁니다. 그건 명백해요. 솔직해지세요!"

나는 생각했다.

'이게 무슨 소리지? 지금 무슨 일이 벌어지고 있는 거지?'

상황이 어떻게 흘러갈지는 알 수 없었지만 그가 방금 한 말이 사실이라면 나로서는 놀라운 일이었다. 슈뢰더는 결코 승리의 길에 서 있지 않았던 것이다. 만약 사민당이 38퍼센트, 기민/기사 연합이 31퍼센트였다면 그의 말은 충분히 이해하고도 남았다. 그러나 실제로는 그가 승리를 거머쥘 가능성보다 내가 승리할 가능성이 높다는 사실을 그가 자기 입으로 증명하고 있었다.

나는 그에게 대답했다.

"오늘 밤 당신이 이기지 못했고 적녹 연합이 패배했다는 사실은 명백합니다. 그게 현실이에요."

게다가 정부를 구성하려면 의회에서 반드시 과반을 이루어내야 하는데, 그 과정에서 대연정이 필요하다면 당연히 원내 제1당이 연방 총리를 배출해야 하고, 지금의 판세를 고려하면 기민/기사 연합이 유력하다는 점을 분명히 했다. 그러면서 스스로 이렇게 다짐했다.

'무슨 일이 일어날지 기다려봐. 흥분하지 말고 상대가 말을 걸 때만 말해. 어떻게 될지 지켜보자고.'

먼저 자민당 소속의 기도 베스터벨레 연방하원의장이 나에 대한 지원 사격에 나섰고, 에트문트 슈토이버가 뒤따랐다. 나 자신은 마치 스튜디오 출연자가 아니라 집에서 텔레비전 앞에 앉아 이 장면을 구경하는 사람처럼 가만히 앉아 있었다. 그러면서 스스로를 계속 다독였다.

'남들과 맞붙지 마. 그러면 나도 모르게 어투가 거칠어질 수 있어.'

내가 지금 뭔가 특별한 경험을 하고 있는 건 분명했지만, 모두 무의식 속에서 일어나는 일이었다. 게르하르트 슈뢰더가 남자에게도 똑같은 방식으로 행동했을지는 무척 의심스러웠다. 나는 그가 나에 대한 기습 공격을 통해 기대치에 비해 좋게 나온 자신의 선거 결과는 더 미화하고, 예상보다 나쁘게 나온 나의 결과는 더 깎아내림으로써 아예 새로운 사실을 만들려고 한다는 인상을 받았다. 그러나 공격이 일정 선을 넘으면 사람들이 약자에게, 공격당하는 쪽에 연민을 느낀다는 사실을 간과한 듯했다. 그건 특히 우리 당 내의 사람들이 그랬다.

대담이 끝나고 나는 방송국 직원들의 안내로 스튜디오 밖으로 나갔고, 방금 들어온 집계에 따르면 기민/기사 연합이 사민당보다 3석을 더 얻었다는 소식을 들었다. 득표율은 기민/기사 연합이 35.2퍼센트, 사민당이 34.3퍼센트, 자민당이 9.8퍼센트, 녹색당이 8.1퍼센트, 좌파당과 민사당 연합이 8.7퍼센트로 예상되었다. 나는 복도에서 에

바 크리스티안젠과 베아테 바우만을 다시 만났다. 두 사람은 옆방에서 텔레비전으로 대담을 지켜보았다. 우리는 서로 눈을 마주쳤지만, 아무 말도 하지 않고 차를 향해 걸음만 바삐 옮겼다. 차에 타는 순간 마침내 참았던 기쁨이 터져 나왔다.

"와, 이게 무슨 일이에요! 정말 믿을 수가 없어요!"

우리는 중앙당사로 돌아왔다. 많은 의장단 위원은 그전에 이 대담을 의장단실에서 지켜보았다. 다들 슈뢰더의 말에 경악했고, 내게 용기를 주었다. 요아힘은 그사이 집으로 돌아갔다. 위르겐 뤼트거스를 포함해 소수 멤버가 내 사무실로 함께 갔다. 지역협의회 중에서 가장 규모가 큰 노르트라인베스트팔렌의 기민당 지역협의회 회장이자 당시에는 주지사를 맡고 있던 뤼트거스가 내게 차분하지만 단호한 어조로 말했다. 화요일에 바로 당선자 총회를 열어 차기 원내대표로 재선되어야 하고, 그렇게 되도록 사전에 에트문트 슈토이버에게 지원을 요청해야 한다고 말이다. 무척 중요한 절차였다. 얼마 안 가 선거운동 기간 중에 내가 잘못한 일에 대한 비판이 봇물처럼 쏟아질 게 뻔했기 때문이다. 그의 말이 맞았다. 권력 공백이 있어선 안 되었다. 그날 저녁 나는 원내대표 재선을 지원해달라고 에트문트 슈토이버를 설득했고, 이틀 뒤인 9월 20일에 내 자리를 다시 견고하게 지킬 수 있었다.

이후 차기 연방정부 구성을 둘러싸고 사민당, 자민당, 녹색당과의 탐색전이 시작되었다. 정치적으로는 세 가지 선택지가 있었다. 첫째, 기민/기사 연합과 자민당, 녹색당을 하나로 묶는 자메이카 연정,* 둘째, 기민/기사 연합과 사민당의 대연정, 셋째, 사민당과 자민당, 녹색당의 신호등 연정이었다. 첫 번째나 두 번째 방안이 선택되면 내가 총

---

* 기민/기사 연합(검정색), 자민당(노란색), 녹색당(초록색)의 연정을 이르는 용어로 자메이카 국기의 색깔과 같다고 해서 이렇게 불린다. 반면에 사민당(빨간색), 자민당, 녹색당의 연정은 신호등을 연상시킨다는 의미에서 신호등 연정이라 불린다.

리가 되고, 세 번째가 성사되면 슈뢰더가 총리가 되었다. 자메이카 연정은 가능성이 없었다. 녹색당이 거부했기 때문이다. 신호등 연정도 가능성이 없었다. 자민당의 기도 베스터벨레가 손사래를 쳤기 때문이다.

2001년 내가 여론 홍보 효과가 컸던 스포츠카 드라이브 행사에서 베스터벨레에게 흔쾌히 운전대를 맡긴 이후 공동 정부를 구성하려는 우리의 목표는 공공연한 비밀이었다. 우리는 서로에 대한 확신이 있었다. 2004년 콘라트 아데나워 하우스에서 열린 나의 50회 생일 파티에 기도 베스터벨레는 자신의 동성 파트너 미하엘 므론츠와 함께 나타났다. 공식 석상에 같이 나타난 건 처음 있는 일이었다. 그전에 그는 내게 전화를 걸어 혹시 불편하지 않은지 물었다. 나는 반대할 이유가 없었다. 아니, 오히려 무척 기뻤다. 기도 베스터벨레는 작은 일에도 상처받는 예민한 사람인 동시에 정치적으로 자신이 마음먹은 바를 이루고자 할 때는 어떤 갈등도 마다하지 않는 사람이었다. 신호등 연정은 당시 그의 머릿속에 없었다. 이로써 슈뢰더의 재선은 불가능했다.

사민당이 연방총리직을 포기하기까지는 몇 주가 더 걸렸다. 10월 초, 당시 사민당 당수이자 원내대표였던 프란츠 뮌테페링이 은밀하게 접근해왔다. 연방 의사당에서 멀지 않은 의원 건물인 야콥 카이저 하우스에서 우리 당과 사민당의 원내대표실은 위아래로 있었다. 우리는 6층이었고, 그의 사무실은 5층이었다. 그렇다면 서로를 방문하기 위해 사람들이 많이 다니는 엘리베이터를 이용할 필요 없이 통행량이 적은 슈프레강 변 쪽 계단을 이용할 수 있었다. 뮌테페링이 비서실을 통하지 않고 직접 내게 전화를 걸어왔다. 우리가 계단으로 걸어가는 것을 본 사람은 없었고, 우리 대화를 들은 사람도 없었다.

2005년 10월 10일 마침내 돌파구가 열렸고 탐색전은 끝났다. 그로써 내가 이끌게 될, 기민/기사 연합과 사민당의 차기 정부 구성을 위한 공식 연정 협상이 시작되었다.

나는 기사당 대표 에트문트 슈토이버가 베를린에서 힘 있는 부처의 장관직을 맡을지, 아니면 뮌헨에서 바이에른 주지사로 남을지 고심하고 있다는 인상을 내내 받았다. 연정 협상 중이던 2005년 10월 31일, 프란츠 뮌테페링이 사민당 사무총장직에 대한 자신의 인사안이 통과되지 않자 갑자기 당대표직에서 물러났다. 기사당 대표도 연정 협상 조율을 위한 기민/기사 연합의 내부 회의에 나타나지 않았다. 우리는 에트문트 슈토이버가 베를린을 떠났다는 사실을 통신사 보도를 통해서야 알게 되었다. 마치 도주할 기회만 노리고 있던 사람 같았다. 뮌테페링의 후임으로는 브란덴부르크 주지사 마티아스 플라체크가 선정되었다.

2005년 11월 18일 금요일, 마티아스 플라체크 사민당 대표, 에트문트 슈토이버 기사당 대표, 그리고 내가 연정 협정에 서명했다. 2005년 11월 21일 월요일 나는 원내대표직을 사임했다. 내 후임으로는 2002년 10월부터 2005년 1월까지 기민/기사 연합의 원내 수석 사무국장을 지냈고, 2005년 1월부터 11월까지는 기민당 사무총장을 역임한 바덴뷔르템베르크의 폴커 카우더 의원이 선출되었다. 나는 다음 날로 예정된 연방총리 선출 전에 사민당 의원단을 직접 방문해 개인적으로 인사했다.

관례는 지켜졌다. 정부 구성에 필요한 과반수 의석을 확보한 사람만이 총리실에 입주할 수 있다는 관례였다. 이제는 내가 그 주인공이 되었다. 내 나이 51세였다.

제4부

독일에 봉사하다 I

2005년 11월 22일 - 2015년 9월 4일

1. 최초의 여성 총리

2005년 11월 22일 화요일

박수는 멈추지 않았다. 전날 오전 11시 직전이었다. 연방의회 의장 노르베르트 라메르트가 의장석에서 나의 연방총리 개표 결과를 막 발표했다.

"친애하는 의원 여러분, 투표 결과를 발표하겠습니다. 총 투표수 612표, 유효 투표수 611표, 찬성 397표입니다."

그의 말이 여기에 이르렀을 때 이미 환호성이 터져 나왔다. 나는 기민/기사 연합 의원석의 맨 앞줄에 앉아 있었는데, 좌우에서 기민/기사 연합과 사민당 의원들이 일어나 박수갈채를 보냈다. 라메르트 의장은 투표 결과를 마저 발표하기 위해 주의를 환기시켰다. 반대 202표, 기권 12표, 무효 1표였다. 그의 말이 이어졌다.

"콘라트 아데나워, 루트비히 에르하르트, 쿠르트 게오르크 키징거, 빌리 브란트, 헬무트 슈미트, 헬무트 콜, 게르하르트 슈뢰더에 이어 앙겔라 메르켈 박사가 독일 연방의회 의원들의 과반수 득표로 독일연방공화국 역사상 최초로 여성 총리로 선출되었습니다."

다시 우레와 같은 박수가 터져 나왔다. 의원들이 나에게 다가와 축하 인사를 건넸다. 첫 주자는 게르하르트 슈뢰더였다. 나는 자리에서 일어나 그와 악수를 나눴다. 라메르트 의장은 소란스러운 분위기 속에서 내게 당선 수락 의사를 물었다. 나는 내 자리의 테이블 마이크에 대고 대답했다.

"당선을 수락합니다."

의장이 대답했다.

"메르켈 박사님, 당신은 독일에서 민주적으로 선출된 최초의 여성 정부 수반입니다. 이는 많은 여성뿐 아니라 분명 일부 남성에게도 보내는 강력한 시대적 메시지입니다."

나는 의장의 이 말이 이날의 역사적 의미를 핵심적으로 잘 짚었다고 생각했다.

독일 역사상 최초의 여성 총리, 그 주인공은 바로 나였다.

라메르트 의장은 내게 축하 인사를 건네고는 2시까지 휴회를 선언했다. 나는 본회의장을 나와 왼쪽 복도를 따라 의사당 내에 마련된 총리 사무실로 향했다. 본회의장에서 맞은편으로 비스듬하게 위치한 공간이었다. 총리 사무실은 대기실과 회의실로 이루어져 있었다. 여기 들어온 건 처음이었다. 언제 바꿨는지 벌써 사무실 명패가 교체되어 있었다. '분데스칸츨러'(BundesKanzler)가 아닌 '분데스칸츨러린'(BundesKanzlerin)*이었다. 문을 열고 들어가자 내 가족과 가까운 지인들이 기다리고 있었다. 나는 이제야 이들로부터 개인적인 축하를 받을 수 있었다. 이들은 본회의장 특별 방청석에서 개표를 지켜보다가 이리로 왔다. 요아힘은 없었다. 앞으로도 과학자로서의 길을 흔들림 없이 가겠다고 처음부터 단단히 못 박은 사람이었다. 나는 그런 그를 이해했다. 지금이 그와 통화하기 좋은 순간이었다. 상황이 좀 진정되어 남의 이목에 신경 쓸 필요가 없어졌을 때 편하게 통화하기로 약속했었다. 우리는 통화했고, 둘 다 행복해하고 자랑스러워했다.

총리청에서는 이 순간을 위해 미리 정성껏 준비해두었다. 회의실 앞방에서는 내 미래 총리 집무실의 여비서가 대기하고 있었고, 곧 음료와 감자 수프가 나왔다. 나는 시간이 별로 없었다. 12시에 호르스트 쾰러 연방대통령으로부터 임명장을 받아야 했기 때문이다. 임명

* 연방총리의 여성형 명사.

식은 대통령 관저 벨뷔 궁전의 보수 공사로 인해 샤를로텐부르크 궁전에서 열릴 예정이었다. 나는 호르스트 쾰러에게서 임명장을 받았던 순간이 전혀 기억나지 않는다. 의사당에서 샤를로텐부르크 궁전까지 어떻게 갔다가 돌아왔는지도 모르겠다. 모든 게 그저 안갯속처럼 몽롱한 상태에서 일어났다. 나는 2시에 본회의장에 들어갔다.

아직은 정부석에 앉을 수가 없어 오전과 마찬가지로 기민/기사 의원단 좌석의 맨 앞줄에 앉았다. 노르베르트 라메르트 의장이 그날의 두 번째 안건을 상정했다. 연방총리 선서였다. 이 순간만큼은 마치 어제 일처럼 또렷이 기억난다. 라메르트는 나에게 앞으로 나오라고 청했다. 나는 정부석을 지나 왼쪽 앞으로 걸어갔다. 의장이 독일 국기 앞에서 나를 기다리고 있었다. 오래전 여성청소년부 장관으로서 처음 선서할 때와는 달리 전혀 어색하지 않았고, 입은 옷도 무척 편안하게 느껴졌다. 나는 검은색 벨벳 칼라와 단추가 달린 검은색 바지 정장에다 무광택 호박 장식이 달린 금목걸이를 하고 있었다. 그사이 나에게 어울리는 의상 스타일을 찾아준 재단사 베티나 쇤바흐 덕이었다.

라메르트 의장이 기본법 원본을 내밀자 나는 오른손을 들고 선서문을 낭독했다.

"주여, 저를 굽어살피소서."

선서문의 마지막 구절이 내 입에서 흘러나오는 순간 다시 박수가 쏟아졌다. 라메르트 의장이 악수하면서 내 앞길에 행운을 빌었고, 나는 돌아서서 계단 몇 개를 내려가 정부석의 내 자리로 걸어갔다. 총리 자리였다. 등받이가 다른 의자보다 높아 한눈에 알아볼 수 있었다. 나는 거기 앉았다. 정부석 맨 앞줄 오른쪽 가장자리였다. 나 말고는 네 줄의 좌석이 텅 비어 있었다. 순간 모든 짐을 벗어던진 듯했다. 불과 나흘 전 연정 협정문에 서명할 때만 해도 내가 과연 이 막중한 자리를 감당할 수 있을지 내심 불안해했는데, 이제 그런 의구심은 물거품처럼 사라졌다. 당시 프란츠 뮌테페링은 나에게 잘할 수 있을 거라고 힘을 북돋아주었다. 정부석에 홀로 앉아 있을 때 내면에서 이런 소리가 들렸다.

'너는 정말 특별한 일을 해냈어! 여성으로서, 동독인으로서.'

몇 초, 아니 어쩌면 1분 남짓한 시간이었을 것이다. 나는 의사당 안을 둘러보며 박수 치는 의원들을 보았다. 이후 2009년, 2013년, 2017년의 총리 취임 선서식 뒤에도 나는 정부석에 이렇게 홀로 앉아 잠시 내면의 맑은 목소리에 귀를 기울이면서 2005년 11월 22일의 이 첫 순간을 늘 떠올렸다. 라메르트 의장이 다시 휴회를 선언했다. 나는 잠깐의 백일몽에서 깨어났고, 이제 정부석에 앉은 채로 많은 동료 의원에게서 축하를 받았다.

오후 3시에는 새 정부 각료들에 대한 임명식을 위해 다시 샤를로텐부르크 궁전으로 향했다. 호르스트 쾰러 대통령은 임명장을 수여하기에 앞서 짧은 연설을 했다.

"여러분은 앞으로 여러 측면에서 비판받을 것입니다. 이를 개혁 의지에 더욱 박차를 가하는 계기로 삼으시기 바랍니다."

명심할 만한 귀한 말이었다.

이어 우리는 연방의회로 돌아갔다. 4시에 본회의가 재개되었고, 장관들은 차례로 선서를 했다. 이제 정부석이 가득 찼다. 내 바로 옆에는 노동사회부 장관이자 부총리인 프란츠 뮌테페링(사민당)이 앉았다. 본회의 직후 기민/기사 연합 의원들은 재차 모여 새 각료들에게 축하를 보냈고 이날의 의미를 되새겼다. 우리는 야당 생활 불과 7년 만에 다시 총리를 배출했는데, 주인공이 다름 아닌 동독 출신의 여성이었다.

모임이 끝나자 나는 바로 총리청으로 달려갔다. 5시에 게르하르트 슈뢰더와의 총리직 인수인계가 예정되어 있었다. 베아테 바우만과 에바 크리스티안젠이 나와 동행했다. 총리청 입구에 도착했을 때 우리는 로비로 안내받았다. 거기엔 마이크와 연설대가 설치되어 있었다. 게르하르트 슈뢰더는 벌써 나와 있었고, 먼저 연설을 했다. 그는 남쪽 계단에 모인 총리청 직원들에게 감사의 말을 전했고, 직원들은 길고 따뜻한 박수로 작별 인사를 대신했다. 이어 내 차례가 되었다. 나는 총리청 직원들과 함께 일하게 돼서 기쁘고, 조화로운 협업을 기대한다고 말했다. 마지막으로 총리청 직원협의회 회장 올라프 뤼트케가 짧은 인사말을 하고는 슈뢰더와 나에게 꽃다발을 하나씩 안겨주었다. 슈뢰더는 즉시 내 손에 자기 꽃다발까지 쥐여주고는 가버렸다. 나는 2000년 에센 전당대회에서 기민당 당대표에 당선되었을 때처럼 다시 꽃다발 두 개를 들고 홀로 서 있었다. 누군가 이 어색한 순간을 무마하려고 꽃다발 두 개를 얼른 내 손에서 가져갔다. 나는 총리청 공무원들이 나를 위해서도 열심히 일할 거라고 확신했다.

직원들과의 만남이 끝나고 베아테 바우만과 에바 크리스티안젠, 나 이렇게 셋은 8층 총리실로 안내를 받아 올라갔다. 1998년부터 2002년까지 슈뢰더 총리의 비서실 차장을 지냈고 이후 정부 부대변인으로 자리를 옮긴 토마스 슈테크가 비서실 입구에서 우리를 맞았는데, 내 정부에서도 이 자리를 계속 맡기로 되어 있었다. 그는 격려의 미소로 우리를 환영했다.

비서실에서는 슈뢰더의 수석비서관 마리아네 두덴이 우리를 기다리고 있었다. 슈미트 총리 시절부터 총리실에서 일해온 그녀는 당분간 우리를 지원하기로 했다. 정권을 넘어 초당적 협력을 보여주는 민주주의의 상징이었다. 그녀의 테이블에는 마블케이크가 놓여 있었다. 총리실 수석 주방장 울리히 케르츠가 우리를 환영하는 의미로 직접 만든 케이크였다. 마리아네 두덴은 곧 총리실을 떠나 게르하르트 슈뢰더를 따라 전임 총리 사무실로 자리를 옮겼다. 그 자리는 당시 수년간 수석 비서로서 나를 보좌해온 다크마르 셰펠트가 맡았고, 2006년 봄부터는 마를리스 한젠이 그 자리를 이어받아 지금도 내 곁을 지키고 있다. 그녀의 동료이자 차석 비서인 키르스텐 뤼스마이어도 마찬가지였다. 토마스 슈테크는 우리에게 궁금한 점들이 더 있을지 몰라 조금 더 자리를 지켰다.

나는 비서실을 지나 왼쪽 집무실로 들어갔다. 슈뢰더와 면담하느라 몇 번 들른 적이 있어서 진작 알고 있던 공간이었다. 그때부터 나는 이미 총리가 되면 가구 위치부터 바꾸겠다고 마음먹었다. 연방의회 방향으로 난 뒤편 창가의 대형 회의 테이블을 집무실 앞쪽으로 옮기면 비서실과 가까워져서 한결 소통이 원활할 것 같았다. 반면에 앞쪽 소파들은 뒤쪽 창가로 배치할 생각이었다. 이건 그야말로 전화 한 통화로 하룻밤 사이에 모두 해결되었다. 이튿날 아침 출근해보니 가구들은 내가 원하는 곳에 정확히 배치되어 있었다. 입주 첫날부터 총리청의 총무팀과 기술자들은 매우 신속하고 의욕적으로 일을 처리해주었다.

오후 5시 45분경, 나는 집무실에서 총리청 소속의 신임 정무차관들에게 임명장을 수여했다. 7시에 개최될 첫 내각회의에 이들을 참석시키기 위해서였다. 연방하원 및 상원과의 연락을 담당하는 정무차관 힐데가르트 뮐러, 문화 및 언론 담당 정무차관 베른트 노이만, 이민과 난민 및 통합을 담당하는 정무차관 마리아 뵈머, 이렇게 세 사람이었다. 나는 스카이로비를 지나 서둘러 6층 연회장으로 내려갔다. 거기서는 ARD, ZDF, RTL, SAT.1 방송국 기자들이 나를 기다리고 있었다. 이 인터뷰는 그날 저녁에 방송될 예정이었다. 독일 국민과 신임 총리의 첫 만남이었다. 나는 이 만남이 실망스럽게 비치지 않길 진심으로 바랐고, 실제로 어느 정도 성공한 인터뷰로 내 기억 속에 남아 있다. 녹화가 끝나자 나는 다시 집무실로 부리나케 올라갔다. 첫 내각회의에서 논의할 안건들이 적힌 서류를 가져오기 위해서였다. 서류는 커다란 갈색 파일에 들어 있었다. 헬무트 콜 내각에서 장관으로 일하던 시절부터 갖고 다니던 파일이었다. 이것은 2018년에야 태블릿으로 교체되었다.

나는 파일을 든 채 7층 내각회의실로 서둘러 걸음을 옮겼다. 이미 몇 분 늦었다. 환하게 조명을 밝혀놓은 회의실에 들어서자마자 여기저기서 카메라 셔터 소리가 들려왔다. 사진기자들은 지정된 공간에서 벗어나지 않으면서 내 일거수일투족을 카메라에 담으려 했다. 몇 분 후 무척 환했던 조명이 마술처럼 일반 실내조명으로 바뀌었고, 램프들이 나무 벽 속으로 사라졌다. 사진기자들에게 이 방을 나가라는 신호였다. 이는 16년 동안 똑같이 반복된 내각회의실의 규칙이었다.

나는 자리에 앉았다. 왼쪽에는 토마스 드메지에르 총리청 장관이, 오른쪽에는 프란츠 뮌테페링 부총리가 앉았다. 내 테이블 앞에는 종과 벨이 놓여 있었고, 테이블 한가운데에는 시계가 있었다. 이 세 가지 물건은 아데나워 총리 시절부터 내각회의실의 필수 소품이었다. 시계는 네 방향으로 숫자판이 있어서 다들 앉은 상태에서 자신의 발언 시간을 확인할 수 있었다. 종은 회의 중에 정숙이 필요할 때 나만이 사용할 수 있는데, 그럴 일은 드물었다. 벨은 외부 사람을 부를 때 눌렀는데, 내 기억으로 그런 일은 한 번도 없었다. 회의실 안에 총리청 관계자들도 별도 테이블에 앉아 있어서 무언가 필요한 게 있으면 그때그때 바로 얘기할 수 있었기 때문이다.

나는 몇 마디 짧게 인사말을 했다. 프란츠 뮌테페링도 마찬가지였다. 그사이 총리청 주방 직원들이 스파클링 와인을 한 잔씩 우리 앞에 갖다 놓았고, 우리는 앞으로의 좋은 협력 관계를 위해 잔을 들었다. 첫 회의 안건은 지금까지 총리청 장관을 맡았던 프랑크발터 슈타인마이어와 그의 후임자 토마스 드메지에르가 준비했다. 내각은 새로운 연방정부의 사무 규칙과 기타 몇 가지 안건을 가결했다. 회의는 약 15분 만에 끝났다.

베아테 바우만과 나는 8층으로 다시 올라가 총리실에 딸린 전체 공간을 좀더 꼼꼼하게 살펴보았다. 비서실 오른쪽으로 사무실이 세 개더 있었는데, 모두 서로 연결되어 있었고 외부에서 동시에 들어갈 수 있었다. 동굴 같은 구조의 마지막 방은 다른 방들보다 좀더 컸다. 심지어 권위를 드러내려는지 상당히 고급스럽게 꾸며져 있었다. 가구들은 모두 흰색이었고, 테이블도 유리로 만들어져 있었다. 우리는 즉시 이 방을 베아테 바우만의 사무실로 쓰기로 결정했다. 슈뢰더의 오랜 비서실장 지크리트 크람피츠의 사무실은 총리 집무실과 같은 층에 있지 않았다. 우리는 그들과 달리 같은 층에서 일하고 싶었다. 며칠에 걸쳐 작업반과 기술자들은 바우만의 새 사무실에서 흰색 가구와 유리 테이블을 들어냈고, 대신 총리청 안에서 일반적으로 사용하던 벚나무 목재 가구와 의자를 들여놓았으며, 컴퓨터와 전화를 설치하고 인터넷을 연결했다.

총리실의 구조적 배치는 이상적이었다. 평상시에는 각자 방해받지 않고 조용히 일하면서도 뭔가 급한 일이 있으면 밖으로 나가지 않고도 서로 빠르고 쉽게 대화를 나눌 수 있을 만큼 지근거리에 있었다. 내 집무실과 바우만의 비서실장실 사이 사무실들에서는 두 명의 또 다른 비서와 비서실 차장이 일했다. 처음에는 토마스 로메스가, 나중에는 베른하르트 코치와 페트라 릴케가 비서실 차장을 맡았다. 사무실 사이의 문은 항상 열려 있었기에 우리는 늘 가깝게 소통하며 지냈다.

그날의 공식 일정이 끝났다. 나는 완전히 지쳤다. 그럼에도 저녁 8시에 친구들과 오랜 동지들을 집무실 위의 9층으로 초대해 함께 축배를 들기로 했다. 이 공간은 한 번도 가본 적이 없었는데, 집무실 뒤계단으로 바로 이어졌다. 위층 왼쪽에는 욕조가 딸린 작은 방이 있었다. 총리가 하룻밤을 묵어갈 수 있는 공간이었다. 사실 나는 이 방이 필요 없었다. 차로 몇 분만 가면 쿠퍼그라벤의 집에 닿을 수 있었기 때문이다. 요아힘과 내가 1997년에 이사한 집이었다. 따라서 9층의 이 방은 앞으로 페트라 켈러의 분장실로 쓰게 할 생각이었다.

9층 공간의 오른쪽에는 간이 주방이 딸린 품격 넘치는 큼직한 방이 하나 있었다. 총리청의 본 주방은 5층에 있었다. 큰방에는 긴 식탁과 밝은색의 소파, 그리고 텔레비전이 있었다. 식탁 옆 벽에는 베를린 국립미술관에서 대여한 피카소의 1959년 작 「여인의 상반신」(자클린)이 걸려 있었는데, 보는 즉시 내 마음을 사로잡아버렸다. 이후 16년 동안 나는 여기서 연정과 관련한 대화를 나누었고, 국내외 정부 수반과 정계 인사, 혹은 기타 중요한 손님들을 초대해 조촐하게 함께 점심과 저녁을 먹었다. 아마 내 집권기에 오간 온갖 중요한 이야기를 이 방의 벽들은 모두 들었을 것이다. 이곳은 내 정부의 응접실과도 같았다. 벽면 전체는 통유리로 돼 있었는데, 중간에 전기로 작동하는 미닫이문이 달려 있어서 이 문을 열고 나가면 테라스에서 포츠담 광장을 한눈에 내려다볼 수 있었다. 나는 재임 중에 많은 손님을 테라스로 데려갔다. 왼쪽으로 눈을 돌리면 독일 의사당과 브란덴부르크 문이 보였고, 오른쪽으로 걸어가면 넓은 테라스가 나타났다. 여름이면 여기 앉아 슈프레강의 풍경을 내려다보기 좋았다. 2005년 11월 22일 저녁 나는 처음으로 이 풍경을 고즈넉이 감상했다.

우리는 총리청 주방에 소시지와 감자, 샐러드, 고기 완자, 음료를 미리 주문해두었다. 참석자는 요아힘, 베아테 바우만, 에바 크리스티안젠, 토마스 드메지에르, 폴커 카우더, 로날트 포팔라, 페터 힌체, 노르베르트 뢰트겐, 페터 알트마이어, 빌리 하우스만, 그리고 몇몇 비정치계 친구까지 총 20명가량 되었다. 유쾌한 자리였다. 나는 무척 편안했고, 다들 그간의 긴장을 풀고 앞으로 일어날 일에 대한 기대감으로 부풀어 있었다.

파리-브뤼셀-런던-베를린-뒤셀도르프-함부르크

베를린 오전 10시 30분 출발, 파리 12시 5분 도착, 파리 오후 3시 5분 출발, 브뤼셀 3시 40분 도착, 브뤼셀 저녁 8시 30분 출발, 베를린 9시 45분 도착. 엘리제궁에서 자크 시라크 프랑스 대통령을 방문하고, 브뤼셀 나토 본부에서 야프 더호프 스헤퍼르 나토 사무총장을 만나고, 유럽의회 건물에서 조셉 보렐 유럽의회 의장과 주제 마누엘 바호주 유럽연합 집행위원장과 회담하고, 이어 저녁에는 같은 건물에서 집행위원회 위원들과 만찬을 함께했다. 베를린의 집에서 일어나 다시 내 집의 침대에 눕는 것이 공식적인 취임 첫날의 계획이었다.

총리청 해외 순방 의전 담당 비서관 지몬 레만츠비너가 총리실을 비롯해 총리청의 외교 및 유럽 정책 부서, 연방홍보처, 외교부, 그리고 특히 나의 외교 정책 보좌관 크리스토프 호이스겐과 힘을 합쳐 이 일정을 준비했다. 호이스겐은 외교부 공무원 출신으로 밑바닥부터 외교 업무를 배운 사람이었다. 이전 6년 동안은 유럽연합 외교안보 고위대표 하비에르 솔라나의 비서실장 겸 정치 참모로 국제 경험을 쌓았다. 정부 대변인이자 연방홍보처장인 울리히 빌헬름은 언론을 상대하거나 기자들을 접촉하는 방법을 내게 꼼꼼히 알려주었다. 에트문트 슈토이버 바이에른 주지사의 홍보 담당자로 오랫동안 일하면서 언론 업무에 누구보다 풍부한 경험을 가진 사람이었다.

이날의 복잡한 일정을 순조롭게 마칠 수 있었던 데에는 독일 공군 비행준비단의 치밀한 준비, 각국 대사관과 주최국 측의 원활한 협조가 있었기에 가능했다. 나는 정말 정교한 시스템의 보살핌을 받았다. 이번 순방에는 프랑크발터 슈타인마이어 외교부 장관(사민당)도 함께했다. 과거에는 대외 정책에서 부분적으로 상당한 입장 차를 보였지만 대연정이 성사된 지금에는 우리가 한 팀이라는 사실을 보여줄 필요가 있었다.

오후 12시 45분경 자크 시라크 대통령은 엘리제궁 안뜰에서 내가 차에서 내리자마자 손등에 입을 맞추며 나를 맞았다. 1995년부터 프랑스 공화국의 수반을 맡고 있는 장수 대통령이었다. 그는 그간 슈뢰더 전 총리와 긴밀하게 협력해왔고, 독일 총선 이후에도 슈뢰더와 계속 일하고 싶어 했다. 국제사회에서 그건 비밀이 아니었다. 시라크와 나는 어울리지 않는 한 쌍이었다. 시라크는 나보다 22살이나 많았고, 정치 경력도 수십 년 선배였다. 나는 시라크의 정치적 업적에 대한 깊은 존경심으로 그를 대했다. 11월 23일 그날 우리는 둘만의 자리에서 짧은 대화만 나누었다. 나는 프랑스어를 못 했고, 시라크는 공식 회담에서 영어를 쓰지 않았기에 통역이 필요했다. 연방외교부에는 뛰어난 통역사들이 있었다. 나는 많은 회담에서 그들을 믿고 자신 있게 이야기할 수 있었다. 복잡한 대화에서 뉘앙스까지 포함해서 내 말이 정확하게 전달되었는지 걱정해야 하는 상황만큼 나쁜 일은 없었다. 이번 순방에서는 헬무트 콜 시절부터 내가 알고 있던 전설적인 통역사 베르너 치머만이 통역을 맡았다.

회담 후 양국 외교부 장관과의 공동 오찬과 우리 두 정상의 기자회견이 이어졌다. 모든 것이 원만하게 진행되었다. 다만 시라크가 언급한 '독일-프랑스 축'이라는 문구는 받아들이기 어려웠다. 나도 모르게 독일의 암울했던 시절이 떠올랐기 때문이다. 게다가 표현이 너무 딱딱하게 느껴지기도 했다. 하지만 독일-프랑스의 협력은 예나 지금이나 유럽에 매우 중요했다. 그건 변하지 않는 사실이었다. 양국 간의 협력이 없으면 거의 아무것도 이루어질 수 없었다. 양국은 이미 협력의 첫발을 뗐다. 시라크와 나는 12월 8일 베를린에서 다시 만나기로 약속했다. 12월 15~16일로 예정된 유럽연합 정상회의 전이었다. 우리는 유럽 예산, 즉 2007년부터 2013년까지 유럽연합의 재정 전망을 논의하기로 했다.

나는 프랑스를 떠나 브뤼셀로 이동했다. 그날의 나토 본부 방문은 상징적인 의미가 있었다. 직전 회기에 나는 이라크 전쟁을 둘러싸고 슈뢰더 정부와 갈등을 빚었는데, 이번에 프랑크 발터 슈타인마이어와 함께 나토 본부를 찾음으로써 북대서양 방위 조약에 대한 우리의 일치된 입장을 보여주고 싶었다.

이어 유럽의회를 찾은 건 예의상 방문이었다. 유럽 집행위원회 위원장 주제 마누엘 바호주와는 그전부터 아는 사이였다. 그는 2004년 7월부터 유럽 집행위원장직을 맡고 있었는데, 그전에 2002년부터 2004년까지는 포르투갈 총리를 지냈다. 우리는 그의 총리 임기 중에 유럽국민당(EPP) 총회에서 만났다. 기독교에 기반한 민주주의와 시민적 보수의 기치를 내건 정당이었는데, 여기엔 독일 기민당과 기사당도 포함되어 있었다. 바호주와 나는 행동력을 갖춘 유럽연합을 원했다. 그러려면 유럽연합의 재정적 성공이 무엇보다 시급했다.

개별 면담이 끝나고 유럽 집행위원회 전체 만찬이 열렸다. 여기서는 본론으로 바로 들어갔다. 달리아 그리바우스카이테 예산위원장의 세부 사항에 대한 해박한 지식은 혀를 내두를 정도였다. 그녀는 2009년에 리투아니아 대통령에 선출되어 2019년에 퇴임했는데, 그때까지 우리는 우호적인 협력을 통해 여러 가지 까다로운 문제를 해결했다. 나는 만찬에서 오간 이야기들 덕분에 다음 날로 예정된 런던 방문을 위한 최상의 예습을 할 수 있었다. 원래는 파리와 브뤼셀에 이어 바르샤바부터 방문하고 싶었다. 하지만 그날은 폴란드의 카지미에시 마르친키에비치 총리가 나를 맞을 수 없는 상황이라 일정을 변경해야 했다. 이렇게 해서 나는 유럽연합 집행위원회와의 만찬을 끝으로 일단 집으로 돌아왔다.

이튿날 나는 베를린에서 두 번째 내각회의를 개최하고 두 차례 인터뷰까지 마친 후 점심때 런던으로 날아갔다. 영국은 유럽연합 이사회 의장국이었기에 이사회 총회 전에 토니 블레어를 만날 필요가 있었다. 오후 2시 15분, 그는 다우닝가 10번지의 관저에서 나를 맞았다. 8년 전부터 총리직을 맡고 있는 관록의 정치인이었다. 우리는 구면이었다. 2004년 사회민주당 소속이던 그와 기독교민주당 소속이던 나는 당시 벨기에 총리이던 기 베르호프스타트 대신 주제 마누엘 바호주를 집행위원장으로 올리려고 함께 노력한 적이 있었다. 두 후보에 대한 지지는 정당의 이념적 차이를 초월해서 이루어졌다. 이라크 전쟁을 둘러싼 유럽연합 분열의 후유증이었다.

블레어와 나는 전략과 전술 면에서 비슷한 사고를 했고, 상호간의 약속이 믿을 만하다는 사실을 잘 알고 있었다. 블레어는 12월의 유럽연합 이사회에서 의장국으로서의 역할을 성공적으로 마무리하고 싶어 했고, 이를 위해 나의 역할을 기대했다. 하지만 내 생각은 좀 달랐다. 그건 우리의 좋은 관계만으로 가능한 일이 아니었다. 영국은 특히 농업 분야의 경상비 지출과 관련해서 프랑스와 스페인, 독일의 요구에 응해야 했고, 그건 경제를 빠르게 개선하고 싶어 하는 중부 유럽과 동유럽 국가들에 대한 재정 지출 문제도 마찬가지였다. 얻는 게 있으면 내놓는 것도 있어야 했다. 우리는 이 점에 대해 논의했고, 이사회가 열리기 전까지 타협점을 찾기로 합의했다. 이어 나는 베를린으로 돌아왔다.

취임 사흘째인 금요일엔 오롯이 국내 정치에만 전념했다. 아침에는 기민/기사 연합 소속의 주지사들과 조찬 모임을 가졌다. 연방상원에서 개별 연방주들의 투표 전략을 조율하는 이 모임은 나중에 목요일 저녁으로 시간이 바뀌었다. 연방상원은 보통 금요일에 열렸기 때문이다. 이제 기민/기사 연합이 다시 정권을 잡은 상황이라 상원에서의 투표는 야당 때보다 훨씬 중요했다.

오후에는 뒤셀도르프로 향했다. 국내 항공 여행은 총리실에서 국내 여행 의전을 담당하는 페트라 안더스가 준비했다. 보통 공군 비행준비단과 협력했고, 헬리콥터를 이용할 때는 연방경찰과 협의했다. 나는 뒤셀도르프 박람회장에서 개최된 독일공예중앙협회(ZDH)

총회에 연사로 초청받았다. 의회에서 새 정부의 청사진을 처음 발표하기 전에 여기 와서 대연정의 전체적인 윤곽을 밝혀달라는 ZDH 회장 오토 켄츨러의 간곡한 요청이 있었기 때문이다. 새 정부가 계획하는 세금 인상안에 대한 공예가들의 불만은 컸다. 독일에는 90만여 개의 공예업체가 있었고, 거기서 일하는 사람은 500만여 명에 이르렀다. 총회에 참석한 사람들은 정중하면서도 호기심 어린 표정으로 나를 지켜보았고, 마지막에는 남성 위주의 청중들이 기립 박수를 보냈다. 오토 켄츨러는 헤어지면서 오페라 「뉘른베르크의 마이스터징어」의 대사를 살짝 수정해서 이렇게 덧붙였다.

"여기서 노래한 새는 부리가 한결 더 잘 자랄 겁니다."

만일 내가 남자였더라도 이런 평가를 내놓았을까? 좋은 뜻으로 한 말인 건 알겠으나, 어쨌든 나를 좀 만만하게 대한다는 느낌은 지울 수 없었다.

나는 뒤셀도르프에서 다시 비행기를 타고 함부르크로 이동했다. 저녁 7시 10분 컨벤션센터에서 열리는 기민/기사 연합의 지방 정치 연례행사에 참석하기 위해서였다. 오래전에 한 약속이라 지켜야 했다. 연방총리가 되었다고 해서 당의 지방 정치에 관심이 없다는 인상을 주고 싶지 않았다. 행사가 끝나자마자 나는 다시 비행기에 올라 밤 10시쯤 집에 도착했다.

더 많은 자유에 도전하자

다음 날은 토요일이었다. 정확히는 2005년 11월 26일이었다. 아침 식사 후 나는 집에서 차를 타고 총리청으로 향했다. 총리로서 공식 일정이 없는 첫날이었다. 그런 까닭에 페트라 켈러에게도 내 화장을 위해 총리청으로 와달라고 부탁하지 않았다. 다음 주 수요일, 그러니까 11월 30일 11시 연방의회에서 정부 성명서를 발표할 예정이었다. 이 성명서는 혼자 작성하고 싶었다. 일요일에는 북아프리카 국가들과 유럽연합 회원국들의 회의를 위해 바르셀로나로 날아가야 했고, 월요일에는 첫 외빈인 나미비아의 히피케푸니에 포함바 대통령과 오찬이 준비되어 있었으며, 그 뒤에는 '독일 경제의 집'에서 열리는 독일산업연맹(BDI) 총회에서 연설을 해야 했다. 화요일에도 보통 수요일에 열리는 내각회의를 연방의회 행사 때문에 하루 먼저 당겨서 개최해야 했고, 이후에는 기민/기사 연합 회의와 『프랑크푸르터 알게마이네 차이퉁』지에서 주최하는 가을 리셉션에 연이어 참석해야 했다. 그렇다면 차분하게 정부 성명서 작성에 집중할 수 있는 시간은 이번 토요일뿐이었다.

총리실 정문의 아름다운 꽃다발이 눈길을 끌었다. 총리청 건물은 1층 보안 요원들과 24시간 내내 근무하는 상황실 직원들을 제외하고는 한산했다. 나는 로비를 지나 엘리베이터 쪽으로 걸어가다가 왼쪽 영예의 뜰로 눈을 돌렸다. 이곳에서 월요일에 나미비아 대통령 영접식이 열릴 예정이었는데, 여기도 화려한 꽃들이 곳곳에 장식되어 있었다.

나는 경호원과 함께 엘리베이터를 타고 8층 집무실로 올라갔다. 이번 토요일에는 비서실 직원들도 나와 있지 않았다. 총리청 주방의 한 직원이 작은 은색 커피포트와 도자기 잔을 내 책상 위에 올려놓고는 퇴근했다. 물잔과 작은 물병은 항상 있던 자리에 있었다. 나와 동행한 경호원은 8층 스카이로비의 소파에 앉아 아무도 내 방에 들어오지 못하게 감시했다. 내가 집무실에 있는 동안에는 이후로도 쭉 그랬다.

취임 이후 나는 처음으로 차분하게 집무실을 둘러보았다. 정말 아름다운 사무실이었다. 공간은 널찍했고, 두 개의 커다란 창문으로 햇빛이 쏟아져 들어왔으며, 벚나무로 만든 서가는 기품을 더했다. 또한 길쭉한 검정 회의 테이블과 육중한 검은색 책상은 실용적이었고, 밝은색의 큼직한 의자들과 회의 테이블, 소파 테이블 위의 꽃들은 아늑함을 자아냈다. 총리실 정원사들이 정성껏 가꿔 창의적으로 조합한 이 건물의 많은 꽃은 이날뿐 아니라 이후의 많은 날에도 내게 큰 기쁨을 주었다. 나는 단 몇 분 만에 내 인생에서 이렇게 아름다운 일터는 다시없을 거라고 확신했다.

나는 길쭉한 회의 테이블의 왼쪽 앞자리에 앉아 일단 오른쪽 창밖으로 고개를 돌렸다. 동물원 방향이었다. 고운 눈이 살포시 내려앉은 나무들이 적막감을 더했다. 이어 정면의 다른 큼직한 창으로 눈을 돌리자 의사당 건물이 한눈에 들어왔다. 듣기로, 이 총리청을 지은 건축가 악셀 슐테스와 샤를로테 프랑크는 총리실과 연방의회 본회의장을 같은 높이로 설계했다고 한다. 나는 장차 의회와의 관계를 어떻게 설정해야 할지 곰곰이 생각에 잠겼다. 내가 보기에, 건축가들은 그런 식의 설계를 통해 집행 권력으로서의 행정부와 입법 권력으로서 의회의 관계를 무척 적절하게 표현한 듯했다. 이렇게 마주 보고선 총리청과 의사당 건물처럼 정부와 의회는 동등한 권리를 갖고 있다는 뜻이었다. 하지만 정말 동등했을까? 국가 내에서 각자의 역할은 무엇일까?

나는 연방총리로서 처음으로 이 문제를 숙고해보았다. 일단 정부가 의회를 기본적으로 받드는 역할이라는 점에는 의심할 여지가 없었다. 연방하원의원들은 국민에 의해 선출된다. 연방하원은 정부가 내각회의를 통해 채택해서 양원에 보낸 법안을 연방상원과 함께 심사하고 표결에 부친다. 이때 다시 수정되지 않고 통과되는 법안은 거의 없다. 또한 의원들은 법률만 가결하는 것이 아니라 연방총리도 선출한다. 나흘 전 나도 연방의회의 과반수 지지로 최초의 여성 총리로 선출되었다. 나의 현재와 미래가 의원들의 손에 달려 있음은 분명했다. 하지만 나 역시 국민들의 직접 투표로 당선된 하원의원으로서 그들 중 한 명이었다. 게다가 기본법의 창시자들은 총리에게 막강한 지위를 부여했다. 일단 취임한 총리는 단순히 의원들의 과반수 찬성으로 다시 해임할 수 없었다. 오히려 기본법 67조는 이른바 건설적 불신임 투표를 규정하고 있었다. 그 투표 결과에 따라 다른 후보가 연방 하원의 과반수 찬성으로 현직 총리 대신 선출될 수 있었다. 현재는 내게 그런 상황이 벌어질 가능성은 거의 없어 보였다. 그렇기에 최소한 지금은 내 자리가 안전하게 느껴졌다. 하지만 연정 파트너가 나의 직무 수행에서 정말 중요한 역할을 하리라는 점은 분명했다.

나는 테이블 위의 은색 포트에서 커피를 한 잔 따랐다. 갑자기 기분이 좋아졌다. 나는 운이 좋은 사람이었다. 1989년 베를린 장벽이 무너진 것도 운이 좋았고, 내 능력과 재주를 발휘하도록 지원해준 부모를 만난 것도 운이 좋았으며, 쉽지 않은 상황에서도 항상 나를 격려하고 지지해준 가족과 친구, 동료 들을 만난 것도 운이 좋았다.

이어 나는 내 앞의 서류 파일을 열어보았다. 서류가 두툼하게 들어있었다. 총리청의 전문 부서와 총리실 연설 담당 비서관 로베르트 마이어가 함께 작성한 정부 성명서 초안이었다. 마이어는 야당 시절부터 나를 위해 일했고 내가 퇴임할 때까지도 이 업무를 수행했다. 아무튼 파일에는 이 초안 외에, 예전에도 가끔 그랬듯이 정계 밖의 지인들이 보내준 제안도 일부 포함되어 있었다. 그걸 바우만이 간결하게 정리해서 파일에 끼워두었다. 성명서의 뼈대는 연정 협정문에 명시되어 있고 총리청의 관련 부서에서 취합한 중요한 정책들로 이루어져 있었다. 연설의 이 부분을 우리끼리는 '검은 빵'이라 불렀다. 식탁에 빠져서는 안 되는 필수 불가결한 요소라는 뜻이었다. 하지만 그것만으로는 부족했다. 정부 수반으로서 연방의회에서 하는 첫 연설은 그 이상의 의미가 있어야 했다. 우리 정부는 어떤 포부를 가지고 있는가? 어떤 정신의 기치 아래서 일하고자 하는가? 나를 앞으로 나아가게 하는 원동력은 무엇인가? 나는 이런 질문에 대한 답을 제시하고 싶었다.

현 정부는 독일연방공화국 역사상 근 40년 전인 1966년에 이어 두 번째로 구성된 대연정이었다. 우리는 지난 7년 동안 마치 같은 하늘을 이고 살 수 없을 것처럼 정말 극단적으로 대치했고, 지난 선거전에서도 서로 무수한 비방을 퍼부었다. 그러다 우여곡절 끝에 이제 한 팀이 되었다. 연정 협상 과정에서 기민당과 기사당, 사민당은 서로에 대한 적대적 이미지를 벗어던졌고, 때로는 서로가 얼마나 많은 신념을 공유하고 있는지 확인하면서 깜짝 놀라기도 했다. 이 부분을 나는 연설에 담고 싶었다. 그러나 대부분의 동료 의원들과 당원들은 여전히 지난 시기에 있었던, 도저히 용서할 수 없는 상대의 독설을 기억하고 있었다.

적이 없는 정치가 가능할까? 그런 정치가 기쁨을 줄 수 있을까? 나는 '그렇다'고 깊이 확신했다. 그러나 다른 많은 사람은 새로운 상황을 고통스럽게 느꼈다. 기민당과 기사당은 다시 정권을 차지했다는 사실에서 위안을 얻었다. 반면에 사민당은 자신들이 총리직을 잃은 현실을 일단 받아들여야 했다.

내가 보기에, 사민당은 이제야 어젠다 2010 개혁을 둘러싸고 벌어진 당내 분쟁의 결과를 분명히 깨달은 듯했다. 기민당과 기사당은 연방의회에서 이 개혁에 압도적인 지지를 보냈다. 나는 비록 선거전이 우리를 진흙탕 싸움과 벼랑 끝으로 몰고 갔음에도 우리가 선거전에서 구호로 내세웠던 개혁에 대한 열정을 지키고 싶었다. 동시에 대연정에 참여하는 모든 사람을 단결시키고, 함께 기쁘게 일할 수 있는 동기를 부여하고 싶었다. 또한 시민들에게는 새 정부에 실업률을 낮출 의지와 능력이 있다는 믿음을 주어야 했다. 당시에는 450만 명이 실업 상태였다.

1989년 내 인생의 변곡점과 1949년 독일연방공화국 초창기 사이의 연결 고리를 만드는 작업도 중요했다. 그 결과물은 이랬다.

"내 인생에서 가장 큰 뜻밖의 선물은 자유였습니다. 나는 많은 것을 기대하고 예상했지만, 동독에서 정년퇴직 전에 자유라는 선물을 받을 줄은 꿈에도 몰랐습니다. 우리 모두가 독일연방공화국 초창기에 해냈던 일을 지금에 와서 다시 못할 이유가 있을까요? 우린 할 수 있습니다. 이 나라에서 우리가 장차 할 수 있는 일에 놀라워합시다. 과거 대연정의 부총리이자 나중에 총리가 된 사람이 이렇게 말한 적이 있습니다. 더 많은 민주주의에 도전합시다! 나는 이 구호가 숱한 논쟁, 때로는 매우 열띤 논쟁을 촉발했음을 알고 있습니다. 그러나 당시에는 분명 큰 반향을 불러일으켰습니다. 개인적인 느낌을 말씀드리자면, 과거 장벽 건너편에 있는 사람들의 귀에는 그 말이 음악처럼 들렸을 겁니다. 나는 오늘 이 문장을 변주해서 이렇게 외치고 싶습니다. 더 많은 자유에 도전합시다."

나는 이 구절 옆의 여백에 큼직한 느낌표를 그렸다.

사민당 소속의 빌리 브란트 전 총리에 대한 언급은 분명 대담한 시도였다. 그건 우리 당의 사람들뿐 아니라 연정 파트너에게도 마찬가지였다. 그러나 나는 나 스스로만 믿는 것이 아니라 정부로서의 우리를 믿고 국민을 믿는다는 사실을 보여주고 싶었다. 어젠다 2010 개혁을 결코 되돌려선 안 된다는 확신이 필요했다. 이 개혁은 노동시장과 사회 정책, 조세 정책의 큰 걸림돌을 제거하는 수단이자, 더 많은 자유의 보장으로 실업률을 낮추는 전제 조건이었다.

"나는 어젠다 2010으로 용기 있고 단호하게 개혁의 문을 열어젖히고, 숱한 저항에도 불구하고 개혁을 밀어붙인 슈뢰더 총리에게 개인적으로 감사를 표하고 싶습니다. 이를 통해 슈뢰더 총리는 우리나라에 큰 봉사를 했습니다."

나는 총리청에서 정권 인수인계를 할 때도 이런 식의 감사를 표했지만, 연방의회에서 이 말을 다시 언급하는 것은 필요하다고 생각했다. 나는 이 대목에도 느낌표를 그렸다. 연설의 기조는 옳았다.

반면에 초안에서 정부의 구체적인 계획을 설명한 부분, 즉 '검은 빵'은 그다지 인상적이지 않았다. 그럼에도 목표 실행에 필요한 몇 가지 계획을 갖고 있음을 보여줄 필요는 있었다. 우리는 10년 후 독일을 다시 경쟁력 면에서 유럽 톱3에 들 수 있는 여건을 만들고 싶었다. 나는 원고에 몇 가지 주석을 단 다음 서류를 다시 파일에 넣고 베아테 바우만의 책상 위에 올려놓았다. 우리 자신을 놀라게 하고, 더 많은 자유에 도전하자! 나는 이런 생각을 하며 집으로 돌아갔다.

월요일과 화요일에 베아테 바우만은 총리청 전문 부서들과 협력해서 정부 성명서의 문안을 최종 수정했다. 모든 수치와 데이터, 사실을 다시 한번 꼼꼼히 확인했다. 화요일 저녁 나는 프란츠 뮌테페링에게 연설문을 보내 사민당의 입장이 성명서에 반영되었는지 확인하게 했다. 정부 성명서 발표 당일인 다음 날 오전 8시 2분, 그에게서 '기밀'이라는 메모와 함께 연설문 초안에 대한 몇 가지 코멘트가 적힌 팩스가 도착했다. 그는 전날 저녁 11시쯤 에리카 타자기로 직접 연설문 여백에다 자신의 의견을 타이핑해놓았다. 나는 그의 제안을 모두 받아들이지는 않았다. 다만 그가 놓친 연대의 의미를 한층 더 강조할 생각이었다.

나아갈 방향을 제시하다

이 책을 쓰면서 첫 정부 성명서를 다시 읽어보니 두 가지가 눈길을 끌었다. 첫째, 이 성명에서는 국내 정책이 약 80퍼센트를 차지했고, 대외 정책은 20퍼센트에 그쳤다는 점이다. 하지만 현실에서는 정반대로 나는 일 년 중 많은 시간을 대외 정책에 할애했다. 둘째, 내가 언급한 모든 계획은 분명 중요했고, 그중 일부는 국가를 장기적으로 바꾸려는 노력의 일환이었다. 당시 나는 이 계획들이 성공할 수 있으리라고 믿었다. 이제 하나하나 짚어보자.

국가 재정 건전화 재무부 장관은 사민당 소속으로 노르트라인베스트팔렌의 전 주지사 페르 슈타인브뤼크였다. 사민당이 이 핵심 부처를 차지한 것은 기민/기사 연합으로선 정말 뼈아픈 일이었다. 2005년 국가 재정은 재앙과도 같은 상태였다. 재정 적자는 3.3퍼센트를 기록했다. 독일이 1992년 마스트리히트 조약 체결 당시 유로화 도입의 전제 조건으로 내건 '경제 수렴 기준'*의 3퍼센트를 훌쩍 상회하는 수준이었다. 공공부채도 마찬가지였다. 국내총생산(GDP)의 60퍼센트 기준을 넘어 67.7퍼센트에 이르렀다. 그 때문에 독일은 유럽에서 상당 부분 신뢰를 잃었다. 순차입은 투자 지출보다 많았고, 이자 부담은 지출의 약 15퍼센트에 달했으며, 산정된 민영화 수익은 분식 회계로 드러났다. 연정 협상에서 우리는 부가가치세를 3퍼센트포인트 올려 19퍼센트로 결정했다. 또한 여행세 도입, 보험료 인상, 연방공무원의 크리스마스 보너스 50퍼센트 삭감, 그리고 통근 수당을 비롯해 휴일 근무 수당과 야근 수당의 축소 등을 통해 국가 재정을 2퍼센트포인트 건전화하기로 합의했다.

2006년 5월 19일 연방의회는 1949년 이후 최대 규모의 세금 인상안을 통과시켰다. 이러한 조치들은 2009년 5월 29일 기본법에 채무 제한 조항을 삽입하기 위한 전제 조건이었다. 2016년부터 연방 정부의 신규 부채는 원칙적으로 GDP의 0.35퍼센트로 제한되었고, 2020년부터는 주정부의 신규 차입이 금지되었다.

임금 외 추가 인건비 감소 우리는 부가가치세 3퍼센트포인트 인상을 통해 기업의 실업보험 분담금을 1퍼센트포인트 인하했고, 연방주들이 인하분의 부담을 지게 했다. 프란츠 뮌테페링 노동사회부 장

---

* 유로화 단일 화폐 가입을 위한 사전 충족 조건: 회원국의 재정 적자 규모는 GDP의 3퍼센트를 넘지 않아야 하고, 공공 부채 비율은 GDP의 60퍼센트 미만이어야 하며, 인플레이션율은 최저 3개국 평균의 1.5퍼센트, 장기 이자율은 최저 3개국 평균의 2퍼센트를 초과하지 않아야 하고, 환율은 회원국 평균 변동폭의 ±2.25퍼센트 안에서 안정을 유지해야 한다는 5개항으로 이루어져 있다.

관은 노동시장 정책을 통해 추가로 1퍼센트포인트를 인하하기로 했다. 이로써 임금 외 추가 인건비는 40퍼센트 밑으로 떨어졌고, 이는 기업의 경쟁력 향상에 도움이 되었다.

연금 개시 시점 67세로 상향 조정 정부 성명서에서 나는 연정 협정문에 명시된 대로 이 계획을 2007년에 입법화하겠다고 예고했다. 그러나 이 법안은 2006년 2월 1일에 이미 내각에서 의결되었다. 수정된 형태로 말이다. 놀랍게도, 프란츠 뮌테페링은 2006년 1월 말 한 신문과의 인터뷰에서 자기만의 구상을 밝혔고, 동시에 이 목표를 강력하게 밀어붙였다. 연금 개시 시점의 67세 상향 조정을 연정 협정문에 명기된 대로 2035년까지 추진하지 않고, 2029년까지, 심지어 더 일찍 마무리 짓자는 것이다. 그는 3월에 연금 개혁 보고서를 제출하기 전까지 연금 개혁의 방향을 확정 짓고 싶어 했다.

내가 보기에, 프란츠 뮌테페링은 이 문제를 최대한 빨리 정리하고 싶었던 것 같았다. 그는 나와 마찬가지로 인구 변화를 고려할 때 연금 개시 시점의 67세 연장이 필요하다고 믿었고, 그에 관해 더 이상 왈가불가하는 것을 원치 않았다. 자신도 잘 알고 있듯이 이런 점이 그의 개성이자 약점이었다. 하지만 반대파의 저항을 과소평가한 게 분명했다. 특히 사민당 사람들이 큰 충격을 받았다. 물론 마티아스 플라체크 당대표를 비롯해 사민당 지도부는 결국 그의 의견을 따랐다. 하지만 호르스트 제호퍼와 기민/기사 연합의 원내대표 폴커 카우더는 비판적인 입장을 쏟아냈다. 이에 사민당을 포함해 프란츠 뮌테페링은 잔뜩 골이 났다. 심지어 내가 기민/기사 연합의 이탈표를 막지 못했다는 이유로 자신이 나에게 충분한 지지를 받지 못하고 있다고 느끼는 듯했다. 어쨌든 이번 일로 나는 뮌테페링의 예기치 않은 행동에 늘 대비해야 한다는 깨달음을 얻었다.

결국 연금 개시 시점의 67세 조정은 2029년까지 단계적으로 추진하기로 결정했다. 45년 이상 연금 보험료를 납부한 사람의 경우는 연금 수령 시점이 65세로 정해졌다. 이렇듯 오직 젊은 세대의 관점에서만 노령연금의 미래를 설계한 개혁안이 마련된 것은 내 전체 임기 중에서 아쉽게도 이번이 마지막이었다.

연구 개발 지출의 확대 2000년 3월, 유럽의 각국 정부는 리스본에서 열린 특별 정상회의에서 이른바 리스본 전략을 채택했다. 이와 함께 유럽연합을 "세계에서 경쟁력이 가장 뛰어나고 역동적인 지식 기반 경제권으로 만들자"는 목표가 세워졌다. 이 목표를 위해 나중에는 2010년까지 연구 개발 지출을 GDP의 3퍼센트 규모로 늘리자는 제안이 나왔다. 2005년 당시 독일의 연구 개발비는 2.44퍼센트였다. 합의된 목표치와는 거리가 있었다. 바덴뷔르템베르크의 문화부 장관을 지내다가 신임 연방교육연구부 장관에 임명된 아네테 샤반과 나는 3퍼센트 목표가 유럽의 글로벌 경쟁력을 향상시킬 열쇠라고 확신했고, 독일에서도 이를 달성하고자 했다.

3퍼센트 가운데 1퍼센트포인트는 연방정부와 주정부의 공공지출로 충당하기로 했다. 그러려면 연방정부의 지출을 대폭 늘리고 주정부에 대한 지원이 이루어져야 했다. 샤반은 자기 부처의 연구 개발비 지출을 지속적으로 늘리는 데 성공했다. 당시에는 예측할 수 없었던 세계 금융 위기 및 유로화 위기로 인해 2010년에는 3퍼센트 목표를 달성하지 못했지만 2017년에는 마침내 이루어냈다. 심지어 같은 해에 우리는 2025년까지 연구 개발 지출을 GDP의 3.5퍼센트로 늘리기로 결정했다. 이를 통해 미국과 이스라엘, 한국 같은 국가들을 따라잡고 싶었다. 2020년에는 독일 외에 벨기에, 스웨덴, 오스트리아, 덴마크만 3퍼센트 목표를 달성했고, 유럽연합 회원국들의 평균 지출은 GDP의 2.2퍼센트에 머물렀다. 창피한 일이었다. 유럽은 2000년 리스본 정상회의에서 목표한 대로 "세계에서 경쟁력이 가장 뛰어나고 역동적인 지식 기반 경제권"과는 여전히 거리가 멀었다.

2006년 8월 새로운 혁신 정책의 신호탄으로 하이테크 전략이 내각에서 가결되었다. 이어 10월에는 이전 정부에서 이미 채택된 바 있던 '우수 대학 육성 정책', 즉 독일 대학에 대한 학문 및 연구 지원 정책의 1차 프로젝트가 결정되었다. 슈뢰더 정부에서도 통과된, 연방정부와 주정부 간의 연구 및 혁신 협약이 실행되었고 계속 진일보해 나갔다. 이로써 비대학 연구 기관들은 매년 고정적인 연구비 증액을 통해 안정적으로 연구 계획을 수립할 수 있었다. 그 결과 해외에서 일하던 많은 독일 과학자가 독일로 돌아왔고, 우수한 외국 연구자들이 독일로 왔다. 2007년 8월, 이 협약은 연방정부와 주정부 간의 고등교육 협약으로 보완되었다. 학생 수 증가에 직면해서 대학의 재정 상황을 개선할 추가 협약이었다.

2008년 '독일 연방정부 및 주정부 합동 과학 회의'는 '독일 자연 연구자 레오폴디나 아카데미'를 '국립학술원'으로 개명하기로 결정했다. 이로써 독일도 마침내 영국의 왕립학회나 프랑스의 아카데미 프랑세즈 같은 기관과 협력할 수 있는 기관을 갖게 되었다. 2007년 유럽연합 이사회 의장국 시절 우리는 우수한 기초 연구에 자금을 지원하는 '유럽연구이사회'를 설립했다. 이후 오랜 노력 끝에 2020년 1월, 비록 미미한 수준이지만 세금으로 연구를 지원하는 정책이 본격적으로 시행되었다.

부모 수당 도입 2006년 1월, 여론조사에서 기민/기사 연합의 가족 정책에 대한 지지율이 사민당보다 높게 나왔다. 독일연방공화국 역사상 드문 일이었는데, 이는 니더작센의 사회·여성·가족·보건부 장관 우르줄라 폰 데어 라이엔의 공이 컸다. 그녀는 우리 내각에서 가족·노인·여성·청소년 장관에 임명되었다. 기민/기사 연합과 사민당은 과거에도 부모 수당 도입을 추진한 바 있으나 지금까지도 제도

화하지 못했다. 그러던 것이 이제 연정 협정문에 명기되었다. 부모 수당 제도는 2006년 6월에 내각에서, 9월에는 연방의회에서 가결되었다. 출산 후 아이를 돌봄으로써 생기는 부모의 소득 감소를 보전하는 제도로서 원칙적으로 소득 수준에 따라 차등 지급되었다. 또한 생후 첫 몇 달 동안 부모가 교대로 아이를 돌볼 수 있도록 '아빠 육아 휴직' 제도를 도입했고, 부모가 교대로 아이를 볼 경우 부모 수당 지급 기간을 12개월에서 14개월로 연장했다. 기사당 지역협의회 의장 페터 람자우어는 아빠 육아 휴직을 "기저귀 갈아주는 기간"이라고 폄하했지만, 온갖 비관적인 전망에도 불구하고 아빠 육아 휴직 제도는 성공적으로 정착했다.

보육 시설에 대한 법적 권리 연정 협정문에는 3세 미만 아동을 위해 23만 개 자리를 추가로 확보할 수 있도록 보육 시설의 확충이 명시되었다. 이를 위해 연방정부는 주정부 및 자치단체에 재정을 지원할 생각이었다. 라이엔 장관은 여기서 한걸음 더 나아갔다. 단순히 시설 확충에 그치지 않고, 3세 미만 아동에게도 보육 시설에 대한 법적 권리가 보장되기를 원했다. 그녀는 슈타인브뤼크 재무부 장관을 설득해서 지방정부에 대한 재정 지원을 보육 시설에 대한 법적 권리와 연계시키고자 했다. 아울러 실업률의 점진적인 감소와 함께 2006년부터는 연방정부의 재정 상황이 나아질 거라고 예상하면서 이를 적극 활용하고자 했다. 사민당의 박수갈채는 확실했다. 재무부 장관도 당초 계획보다 더 많은 비용이 들 것임을 예상하면서도 저항이 소용없음을 깨달았다.

2007년 8월, 연방정부와 주정부는 2013년까지 보육 시설 확충을 위해 연방정부가 40억 유로를 주정부에 지원하기로 합의했다. 그 대가로 연방주들은 울며 겨자 먹기로 2013년 8월 1일부터 1~3세 아동에게 보육 시설에 대한 법적 권리를 보장하는 데 동의했다. 당연히 연방정부의 지원금만으로는 충분하지 않다는 사실을 알고 있었지만, 40억 유로를 포기할 수는 없었다. 특히 기민/기사 연합의 일부 의원들은 허탈감을 느꼈다. 이 지원금을 주정부의 재정 건전화 작업에 사용하고 싶어 했기 때문이다.

그런데 더 심각한 것은 그들이 소중히 여기는, 선택의 자유라는 원칙이 무시되었다는 감정이었다. 그들은 마치 우리가 의무 보육을 강제한 것처럼 생각했다. 천부당만부당한 소리였다. 내가 청소년부 장관 시절부터 보육 시설에 대한 법적 권리를 위해 싸워온 15년 동안 그저 시대가 바뀌었을 뿐이다. 기사당은 반대를 포기했지만, 보육 시설에 대한 법적 권리를 이용하지 않는 가족을 위해 월 150유로의 보육 수당을 추가로 요구했다. 이는 의무 보육에 반대하는 사람들을 달래주었지만, 찬성자들은 들고일어났다. 그들은 저소득 가정의 경우 엄마들이 보육 수당의 유혹에 빠져 일을 하지 않을 거라고 우려했다. 그러나 나는 보육 시설에 대한 법적 권리가 보육 수당 때문에 포기해야 할 만큼 하찮은 가치라고 생각하지 않았다. 결국 보육 수당을 법으로 제도화하되, 구체적 내용은 나중에 별도의 연방법으로 정하기로 에드문트 슈토이버와 합의했다. 사민당은 연정의 대타협 정신에 따라 이에 동의했지만, 그 결과에 대해서는 신랄하게 비판했다.

그럼에도 아동 양육 수당법은 2008년 9월 26일 연방하원에서, 2008년 11월 7일에는 연방상원에서 통과되었다. 2013년 8월 1일부터 보육 시설에 대한 법적 권리를 못 박은 법이었다. 2013년 2월 20일, 육아 수당 도입에 관한 법률이 연방법 관보에 게재되었다. 같은 날, 자유 한자동맹 도시 함부르크의 초대 시장 올라프 숄츠가 헌법재판소에 이 법에 대해 위헌 소송을 제기했다. 2년 후인 2015년 7월 21일, 헌법재판소는 연방정부에 입법 권한 부족이라는 이유로 이 법의 무효를 결정했다. 이후에도 바이에른과 작센은 주정부 예산으로 육아 수당을 계속 지급했다.

연방통계청에 따르면 여성 고용률은 2005년 59.5퍼센트에서 2009년에는 65.1퍼센트로, 그리고 2021년에는 72퍼센트로 증가했다.

통합과 참여 게르하르트 슈뢰더 정부 시절 이주·난민·통합청은 2002년 총선 이후 가족부에 배치되었다. 2005년 새 정부에서 기민당이 가족부를 맡을 것이 확실시되자 프란츠 뮌테페링은 통합청을 사민당 몫으로 달라고 요구했다. 나는 받아들이지 않았다. 그든 나든 이 사안의 사회정치적 의미를 너무나 잘 알고 있었기 때문이다. 나의 경우는 늦어도 청소년부 장관 시절부터 이 사안의 중요성을 체감하고 있었다. 따라서 나는 통합 업무를 담당할 위원회를 총리청에 설치하고 그 위원장을 차관급으로 임명할 생각을 했다. 이는 담당 관청의 격상이었다. 총리청과 외무부의 정무차관은 국무위원 자격으로 내각회의에 참석할 수 있었기 때문이다. 그와 함께 통합은 총리가 직접 관할하는 중요한 사안으로 부각될 수 있었다.

이러한 격상에 반대하기 어려웠던 프란츠 뮌테페링은 대신 다른 정무차관직을 사민당 몫으로 받는 데 만족해야 했다. 통합위원회 위원장에는 라인란트팔츠의 프랑켄탈에 지역구를 둔 의원이자 기민당 여성연맹 의장인 마리아 뵈머가 임명되었다. 우리는 단순히 이주 배경을 가진 사람들을 위한 정책을 만드는 데 그치지 않고 그들과 공동으로 정책을 만들어나가기로 의견을 모았다.

2006년 7월 14일, 내가 의장을 맡은 제1차 통합 대표자 회의가 총리청에서 열렸고, 이후 열두 번의 회의가 이어졌다. 이 회의에는 이주민 단체를 중심으로 사회 각 분야 대표 86명이 참석했고, 교육과 언어, 노동시장 분야에서의 통합을 촉진하는 국가 통합 프로그램을 1년 안에 공동으로 개발하기로 뜻을 모았다. 이 프로그램은 2007년 7월 12일 제2차 통합 대표자 회의에서 가결되어 이후 몇 년에 걸쳐 시행되었다. 우리는 총리실 주도의 이 활동을 통해 독일에서 공존에 관한 논의의 장을 열었을 뿐 아니라 논의의 질도 변화시켰다. 나는 이전에 자주 사용되던 '다문화'라는 용어에 대한 다소 감정적인 반응이 별 도움이 되지 않는다는 사실을 알게 되었다. 이주가 불러온 사회적 변화에 대한 단순한 거부도 말이 되지 않았지만, 마치 아무 문제가 없다는 듯이, 그리고 마치 다른 문화와 종교를 서로 존중하고 함께 살아갈 노력을 기울일 필요가 없다는 듯이 구는 것도 전혀 도움이 되지 않았다. 통합은 우리에게 온 사람들과 이곳에서 오랫동안 살아온 사람들 모두의 공동 노력을 의미했다. 이주민을 수용한 사회의 열린 마음과 변화 의지 없이는 어떤 통합도 이룰 수 없다는 것이 그때나 지금이나 나의 신념이었다. 그에 대한 전제 조건은 다른 문화에 대한 최소한의 앎이었고, 그 문화에 대한 최소한의 관심이었다. 통합이란 우리나라의 모든 시민이 삶의 모든 영역에서 동등하게 참여할 수 있음을 의미했고, 그것이 성공하려면 무엇보다 타민족과 타문화를 싸잡아서 판단하지 않고 항상 개개인에 초점을 맞추는 것이 중요했다.

바르샤바

정부 성명에 이어 2005년 12월 2일 금요일까지 유관 부처들 간에 긴밀한 협의가 이루어졌다. 그날 연방의회에서 프란츠 뮌테페링이 노동 및 사회 영역을, 프란츠 요제프 융이 국방 영역을 보고하는 동안 나는 바르샤바로 향했다. 당시 독일과 폴란드 사이에는 긴장감이 감돌았다. 2005년 10월 폴란드 총선과 대선에서 승리한 법과정의당 (PiS)은 독일과 미국의 관계를 의심의 눈초리로 바라보았다. 사민당이 여전히 독일 정부의 한 축을 구성하고 있었기 때문이다. 2003년 이라크 전쟁 당시 폴란드 정부는 슈뢰더 정부와 달리 부시 대통령을 지지한 바 있었다. 그밖에 바르샤바는 독일 총선 직전인 2005년 9월 8일, 슈뢰더 총리와 푸틴 대통령이 참석한 가운데 러시아 및 독일 에너지 기업들이 노르트스트림 1 가스관 건설에 원칙적으로 합의한 것에 화가 나 있었다. 폴란드는 이 프로젝트를 받아들이지 않았다. 그들이 원한 건 폴란드 또는 우크라이나를 통과하는 가스관 건설이었다.

독일 새 정부가 연정 협정문에서 합의한 이른바 '가시적 상징물'의 설치 계획도 폴란드와의 긴장을 높였다. 이는 제2차 세계대전 종료 후 지금은 폴란드, 러시아, 체코슬로바키아 땅인 독일 옛 동부 영토에서 고향을 떠나야 했던 약 1,200만 명 독일인의 운명을 기념하는 상징물을 베를린에 건설하자는 내용이었다. 바르샤바는 이 가시적인 상징물에 우려를 표했다.

이와 관련해서 새 정부는 2003년 10월 라우 독일 대통령과 크바시니에프스키 폴란드 대통령이 아직 구체적인 실현 계획조차 없던 이 프로젝트의 배경을 20세기 유럽 전체의 피난과 추방의 맥락에서 조심스럽게 설명한 공동 선언까지 거론하며 폴란드를 다독여보았지만 그들은 의심의 눈초리를 거두지 않았다. 특히 야로스와프 카친스키가 이끄는 법과정의당의 반발이 심했다. 문제는 역사적 경험으로 축적된, 독일에 대한 전반적인 불신이었다. 그럴 만도 했다. 독일은 국가사회주의 시절 폴란드에 큰 고통을 안겨주었다. 그 때문에 나는 바르샤바의 우려를 충분히 이해하면서도 '가시적 상징물'의 필요성을 주장하는 사람들의 뜻을 지지하고 싶었다. 결국 2021년 6월 베를린에 '피난·추방·화해 자료 박물관'이 문을 열기까지 무려 15년이 넘게 걸렸다. 이 추모의 공간과 함께 때로는 치열했던 기나긴 논쟁이 마침내 품위 있게 막을 내렸다.

바르샤바 첫 공식 방문에서 나는 카지미에시 마르친키에비치 총리를 처음 만났다. 우리는 모든 현안에 대해 이야기를 나누었다. 노르트스트림 1 건설과 관련해서는 에너지 공급에 대한 폴란드의 우려를 불식시키기 위해 독일과 폴란드를 잇는 파이프라인 건설을 제안했고, '가시적 상징물'과 관련해서는 국가사회주의 시절 독일의 범죄를 회피하거나 원인과 결과를 전도시킬 생각은 추호도 없다고 하면서도 추방의 부당함을 기억해야 한다는 점을 분명히 했다. 하지만 우리 대화의 주된 화제는 무엇보다 유럽연합의 예산 문제였다.

폴란드는 2004년 5월 1일 유럽연합에 가입했다. 다른 모든 중부 유럽 및 동유럽 국가들도 마찬가지지만 이 나라에도 예산 협상은 지극히 중요했다. 앞으로의 경제 발전이 유럽연합 결속 기금에서 나오는 자금과 유럽연합 농업 예산에서 나오는 보조금 액수에 달려 있었기 때문이다. 나는 유럽연합에서 최대한 폴란드의 입장을 지원하기로 약속했지만, 동시에 2005년 6월 룩셈부르크가 의장국이던 시절 유럽연합 이사회에서 합의를 도출하지 못한 것처럼 이번에도 재차 브뤼셀에서 합의에 이르지 못하면 장차 폴란드 경제에 큰 불확실성이 드리워지게 되리라는 점을 분명히 했다.

이어 나는 레흐 카친스키 대통령 당선인을 인사차 만났다. 그의 쌍둥이 형 야로스와프 카친스키와의 회동은 갑작스레 취소되었다. 법과정의당을 이끄는 인물이었기에 나로서는 무척 아쉬웠다. 아마 내가 당시 야당 지도자이던 도날트 투스크를 만났다는 이유로 취소한 듯했다. 투스크는 2001년 자유보수당인 시민플랫폼(PO)을 창당한 인물로서 우리는 유럽국민당에서 함께 일할 때부터 우호적인 관계를 유지하고 있었다. 나는 그의 직선적 성격과 자유에 대한 사랑에 감탄했다. 또한 그단스크 출신의 역사가인 그에게서 폴란드 역사에 대해서도 많은 것을 배웠다. 그로부터 긴 세월이 지난 2023년 가을, 투스크가 총선에서 친유럽 구호로 젊은 유권자들을 사로잡아 총리에 당선되었다는 기쁜 소식을 들었다. 2007년부터 2014년까지 첫 임기에 이은 재선이었다.

유럽연합 이사회

2005년 12월 15일과 16일 이틀간 유럽연합 이사회에 참석하기 위해 두 번째로 브뤼셀로 여행할 때는 총리청과 외교부에서 유럽 문제를 담당하는 경험 많은 전문가들을 대동했다. 그전에 나는 우베 코르제피우스를 유럽연합 정책 보좌관에 임명했다. 경제학자로서 1994년부터 총리청에서 근무한 유럽 전문가였다. 그는 이번 이사회뿐 아니라 다른 회의에서도 나의 훌륭한 동반자이자 조언자가 되어주었다.

예산에 대한 합의를 이끌어낼 수 있으리라는 전망은 낮았다. 협상은 목요일 오후부터 토요일 아침까지 계속되었다. 바르샤바 방문 이후 나는 폴란드가 이사회에서 합의한 모든 결과에 반대함으로써 자국 이익을 위해 정말 열심히 싸웠다는 인상을 보여주려고 한다는 사실을 알아차렸다. 따라서 첫 번째 합의안에 대해 폴란드만 반대하리라고 짐작했다. 모든 회원국의 동의를 얻어야 하는 예산안은 그야말로 복잡하게 얽히고설킨 구조물이나 다름없었다. 한 회원국을 위한 변경은 번번이 다른 모든 회원국에 영향을 미쳤고, 아무도 이미 갖고 있는 것을 내놓으려고 하지 않았다. 그렇기에 이런 예산 협상에서는 정말 필요할 때 돈을 꺼내 쓸 수 있는 뒷주머니가 필요했다.

이사회가 유럽연합 예산에 대한 잠정적인 결과를 도출했을 때 폴란드는 사실상 동의를 거부했다. 이 상황은 폴란드가 무언가를 얻어야만 해결할 수 있었다. 나는 기쁜 마음으로 내 뒷주머니를 털어, 폴란드 동부에서 가장 가난한 지역의 개발을 위해 1억 유로를 추가로 지원하겠다고 마르친키에비치 총리에게 제안했다. 그러면서 이것이 최종 제안이고, 이를 받아들이지 않으면 이번 정상회의에서 더는 유럽연합 예산에 대한 합의를 도출할 수 없다고 단단히 못 박았다. 폴란드 총리는 측근들과의 상의를 위해 회의장을 떠났다. 그러고는 끝없이 길게 느껴지던 휴식기 끝에 돌아와 폴란드의 동의를 선언했다. 이로써 정상회의는 성공적으로 끝났고, 독일-폴란드 관계도 흔들리지 않았다. 그 대가로 나는 독일 언론으로부터 폴란드에게 독일의 돈을 줬다는 비판을 받았지만 감수할 수 있었다. 이사회에서 공동의 결과를 끌어내기 위해 꼭 필요한 조치였기 때문이다. 내겐 그게 중요했다.

12월 17일 토요일 아침 나는 집으로 돌아갔다. 월요일에는 로마로 날아가 실비오 베를루스코니 총리와 카를로 아젤리오 참피 대통령을 취임 인사차 방문했고, 화요일에는 총리청에서 성탄 축하 어린이 합창단 방문을 받았으며, 12월 21일 수요일에는 스위스로 크리스마스 휴가를 떠나 8일 후에 돌아왔다. 12월 30일 오후 4시 30분경 일몰 직전에는 첫 신년 연설을 녹화했다.

취임한 지 38일째였다. 앞으로 5,800여 일이 더 남았다.

"너희는 어디로, 어디로 사라졌니?"

2023년 6월, 베아테 바우만과 나는 이 책의 몇 장(章)을 쓰려고 발트해 연안의 디어하겐으로 칩거했다. 몇 주 동안 우리는 총리 시절의 일정을 적어놓은 자료를 꼼꼼히 살피면서 중요한 것과 중요하지 않은 것을 분류하고, 주제별로 정리하고, 심도 있게 이야기하고 싶은 내용과 슬쩍 지나가면서 언급할 내용, 전혀 언급할 필요가 없는 내용을 검토했다. 우리의 자료는 일기가 아니었기에 많은 것을 확인해야 했다. 실제로 일어난 모든 일이 거기에 담겨 있지도 않았고, 거기에 적힌 모든 일정이 실제로 일어나지도 않았다. 시시포스의 형벌과도 같은 작업이었다. 우리는 계속 쓰기 전에 잠시 쉬면서 산책하기로 했다. 갖가지 일과 생각을 정리할 필요가 있었다. 초여름의 날씨는 따뜻했고 하늘에서는 햇볕이 내리쬐었다. 우리는 호텔 뒤편 해변으로 걸어가 거기서 그랄뮈리츠 방향으로 향했다.

가는 길에 나는 베아테 바우만에게 말했다.

"한편으로는 2005년 선거 전에 총리가 되면 앞으로 어떻게 살아가게 될지 아무도 얘기해주지 않아서 참 다행이라는 생각이 들어요. 총리 일정이 이렇게 빡빡할 줄은 생각도 못 했어요. 그런 일정을 다 소화해낸 내가 가끔은 기특하기도 해요."

"맞아요. 하지만 누가 총리를 강제로 시켜서 한 일이 아니라 모두 자발적으로 한 일이잖아요."

바우만이 무미건조하게 대답했다. 총리 시절에도 내가 일정이 너무 많다고 불평하면 항상 이런 식으로 말하곤 했다.

"물론 그렇긴 하지요. 하지만 잃어버린 시간이기도 해요."

내가 대답했다.

"난 가끔 오페라 「예브게니 오네긴」에 나오는 렌스키의 아리아 첫 구절이 생각나요. '너희는 어디로, 어디로 사라졌니?'"

베아테 바우만이 웃으며 말했다.

"네, 이해해요. 하지만 당신은 늘 즐겁게 일했어요. 특히 정치에서는 하루가 어떻게 끝날지 아침에는 알 수 없기 때문에 더더욱 그랬던 것 같아요."

"맞아요. 그 의외의 순간들 때문에 더욱 신나게 일한 것 같아요."

내가 동의했다.

"동시에 일정표를 꼼꼼히 살펴보다 보니 마치 정해진 루틴처럼 일주일이나 한 달, 혹은 2~3년 단위로 여러 번 반복되는 일정도 많다는 걸 알았어요."

우리는 걸으면서 생각에 잠겼다. 그랬다. 그건 총리라는 직책의 루틴이었다. 다른 특별한 외부 사건이나 위기가 없더라도 나는 이미 그것만으로 충분히 바빴다. 이 루틴은 우리 연방국가 내에서 여러 정치기관의 협력 작업에 대해 많은 것을 알려줄 뿐 아니라 안정적인 국정 운영도 이 루틴이 있었기에 가능했다. 지방정부와 중앙정부에서 다양한 책임을 맡고 있고 다양한 이해관계를 가진 정치인들을 늘 잘 파악하고 있어야 한다는 점에서도 이 루틴은 내게 무척 중요했다. 나는 문제를 해결하고 타협을 이끌어내는 능력도 여기서 나온다고 믿었다. 또한 이 루틴은 우리나라에서 사회적 공동선을 위한 책임이 정치를 넘어 많은 조직에 분산되어 있다는 사실도 상징적으로 보여주었다. 예를 들면 노동조합, 경제 단체, 교회를 비롯한 종교 단체, 언론, 사회 단체, 스포츠 협회 같은 조직들이었다. 심지어 독일에는 2,900만 명이 자원봉사자로 활동하고 있었다. 헌법재판소 판사를 지낸 에른스트볼프강 뵈켄푀르데는 예전에 이런 말을 했다.

"세속적인 자유국가는 스스로 보장할 수 없는 전제 조건들로 유지된다. 이는 자유를 위해 감수해야 할 대담한 모험이다."

나는 이 말이 그때나 지금이나 설득력이 있다고 생각한다. 나중에 '뵈켄푀르데 명언'이라고 불린 이 말은 국가에서 그런 전제 조건들을 키워나가야 한다는 점을 내게 일깨워주었다. 이는 내가 총리로서 수행한 수많은 대화와 만남, 회의, 기타 의무 속에서 경험할 수 있었다.

"이건 구체적으로 보여줄 가치가 있다고 생각해요."

내가 말했다.

"좋은 생각이에요. 다만 너무 복잡하게 보여줘서는 안 될 것 같아요."

바우만이 찬성했다.

우리는 우리나라의 국정 루틴과 여러 기관의 협력 작업을 총리, 당대표, 연방의원이라는 나의 다양한 직책에 따른 위계순이 아닌 간단한 알파벳순으로 설명하기로 결정했다.

약 45분 후 우리는 갔던 길을 다시 돌아서 호텔로 향했다. 나는 총리 재임 16년 동안의 루틴을 종이에 적었다. 따로 명시하지 않은 한, 평균적으로 1년에 한 번 또는 2년에 한 번 있었던 일정들이었다.

A

독일 가족 연합회: 독일 5대 가족 협회 대표들과의 만남(독일 가족 협회, 개신교 가족 협회, 가톨릭 가족 연맹, 한부모 가족 협회, 혼인 및 비혼인 다문화가족 협회).

위원회: 외교위원회 방문과 연방하원 내 유럽연합 전담 위원회 연 1회 이상 방문.

B

지역구 주민 총리청 방문 행사: 총리청 또는 연방의회에서 리셉션.

주민 상담 시간: 총리 당선 이후에는 6~8주에 한 번씩 슈트랄준트의 내 지역구 사무실에서 사전 예약제로 진행되었다.

연방노인단체연합회(BAGSO): 약 120개 단체로 구성된 연합회 이사진과의 만남.

연방주: 연방상원회의 하루 전인 목요일에 기민당 소속의 주지사들과 만찬, 베를린에 있는 지역 대표부 청사에서 연방주 하계 축제 방문.

연방대통령: 분기별 1회 회의, 모든 헌법기관 대표와 내각회의 국무위원들이 참석하는 대통령 관저 만찬.

독일언론협회(BPK): 연례 하계 기자회견 및 기타 특별 기자회견.

연방헌법재판소: 카를스루에의 연방헌법재판소 건물이나 베를린의 연방총리청에서 열리는 내각회의 국무위원과 헌법재판관들의 만찬.

C

기독교민주당: 기민당 의장단과는 2주에 한 번씩 월요일에, 기민당 전국상임위원회와는 한 달에 한 번씩 마찬가지로 월요일에 만난다. 둘 다 장소는 콘라트 아데나워 하우스다. 매년 초에는 전국상임위원

회와의 비공개 회의가 이틀간 열린다. 그밖에 1년에 한 번 전당대회가 열리고, 전당대회 전에는 지역별 대회가 개최된다. 당 수뇌부, 사무총장, 사무국장, 콘라트 아데나워 하우스의 부서장들이 한 달에 한두 번 콘라트 아데나워 하우스에서 회의를 연다. 4년마다 연방의회 선거가 치러지고, 그때마다 약 50~60명의 연사가 투입되고, 사민당 후보와의 TV 양자 토론 및 기타 인터뷰와 선거 방송이 진행된다.

기민/기사 연합 원내 교섭단체: 매년 연방의회가 열리는 20여 주 동안 화요일 오후 3시에 열리는 원내 교섭단체 회의와 여름 비회기 기간에 열리는 원내 사령탑 비공개 회의에 참석. 그밖에 개별 실무 그룹, 지역연합회, 사회 그룹(예를 들어 여성 그룹, 근로자 그룹, 중산층 그룹, 실향민 그룹, 이민자 그룹, 소수자 그룹, 청년 그룹)과의 간담회, 그리고 일명 '카펫 딜러 원탁회의'라 불리는 지역연합회 의장단과 사회 그룹 지도부와의 대화.

기독교민주당 지방의회 원내 교섭단체: 4~6주마다 일요일 저녁에 기사당을 포함해 지방의회 원내 지도부, 기민/기사 연방의회 원내대표, 원내 사무국장 회동.

CeBIT: 하노버에서 열리는 정보 기술 박람회 개막 및 전시 부스 탐방, 2018년까지 박람회 주빈국의 정부 수반 환영 행사.

기독교사회당: 월요일 오전 기민/기사 연합의 지도부 및 원내 사령탑과 화상 회의. 기사당 전당대회에서 축하 연설. 총선 전 총리 후보 지명 및 정부 프로젝트 가결을 위한 기민/기사 연합의 합동 의장단 회의.

D
독일 농민 회의: 독일농민협회(DBV) 총회 연설과 함께 농업 부문 회의 참석.

독일장애인협의회(DBR): 독일 내 약 800만 명에 이르는 중증 장애인의 이익을 대변하는 이 협의회 대표들과의 회동.

독일 개신교 회의(DEKT): 개신교도들이 모여 성경을 공부하고 토론을 벌이고 교계 주요 안건을 처리하는 자리.

독일노동조합연맹(DGB): DGB 지도부 및 산별 노조 위원장들과의 회의.

독일농촌지역여성협회(dlv): dlv 총회 참석 및 협회 회장단과의 간담회.

독일 학교상: 연방대통령과 교대로 해마다 열리는 시상식에 참여.

디지털 대표자 회의(2016년까지는 전국 IT 대표자 회의): 2006년부터 연방경제기술부가 주최하고, 경제계와 과학계, 사회 각계 대표 및 여러 부처 대표자가 참석하는 회의에 참여.

외교단: 총리청 또는 메제베르크의 연방정부 영빈관에서 열리는 각국 대사 및 국제기구 대표단 리셉션 참석.

E

유럽의 날을 맞아 학교에서 여는 유럽연합 프로젝트 회의: 5월 9일 유럽의 날에 즈음하여 한 학교를 방문해서 학생들과 토론하는 프로그램 개최.

유럽이사회: 매년 3월, 6월, 10월, 12월 유럽연합 회원국의 국가원수 및 정부 수반, 그리고 집행위원장이 참석하는 정상회의. 이와 별도로 연중 특별 회의 및 비공식 회의가 열리기도 한다.

유럽 산업 원탁회의(ERT): 유럽의 글로벌 경쟁력을 강화하고 그에 필요한 기본 조건을 논의하기 위해 프랑스 대통령 및 유럽연합 집행위원장과 공동으로 60여 명의 유럽 주요 CEO들과 포럼 개최.

유럽국민당(EPP): 유럽이사회 회의 전에 열리는 EPP 의장단 회의와 EPP 연례 총회에 참석.

G

G7(G8): 독일, 프랑스, 영국, 이탈리아, 일본, 캐나다, 미국의 국가 원수 및 정부 수반이 참석하는 정상회의. 1998년부터 2013년까지는 러시아도 포함.

G20: 2008년부터 19개 선진국과 유럽연합의 국가원수 및 정부 수반, 재무부 장관, 국제기구 대표들이 참석하는 포럼에 참가.

걸스데이: 여학생들의 기술 및 과학 분야 진출을 장려하기 위해 만들어진 동명의 진로 찾기 프로젝트에 참석.

전문가 의견 수용: 전체 경제 발전의 진단을 위해 '경제 현인 5인', 즉 경제 전문가 협의회가 제출한 보고서 수용. 2008년부터는 연구 및 혁신 전문가 위원회의 6인 전문가 보고서도 수용.

H

하노버 박람회: 주빈국 정부 수반과 함께 국제 산업박람회 개막 연설 및 전시 부스 탐방.

예산 주간: 매년 7월 초 내각회의에서 중기 재정계획과 함께 연방 예산 초안 및 예산 부속법 가결. 여름 비회기 후 9월에 연방의회에서 열리는 예산 심의에 참여. 이어 매년 11월에는 제2차 예산 주간이 열리는데, 그 기간 수요일 오전마다 총리실이 제출한 예산에 대한 전체 토론. 11월 예산 주간에는 총리청에서 예산위원회 위원 및 직원들과 만찬 개최.

기자간담회: 해외 순방 중 비행기 안이나 총리청에서 개최하는 브리핑, 혹은 신문사, 출판사, 텔레비전 방송국에서 주최하는 행사에서 기자들과의 심층 인터뷰. 여기서 오간 은밀한 이야기들은 이 책에서도 공개해서는 안 된다.

훔볼트 재단: 브라질, 중국, 인도, 러시아, 남아프리카공화국, 미국에서 온 '연방총리 장학금' 수혜자들과 총리청에서 기념 촬영.

I

혁신 대화(2010년 이후. 2006년부터 2008년까지는 혁신·성장협의회): 독일과학기술아카데미 아카테크가 주관하는 연방정부, 경제계, 과학계의 교류에 참여.

국제 모터쇼(IAA): 독일자동차산업협회 회장단과의 투어 및 회합.

국제기구: 2010년 이후 총리청에서 국제노동기구(ILO), 국제통화기금(IMF), 경제협력개발기구(OECD), 세계은행(WB), 세계무역기구(WTO) 등 5대 국제 금융 및 경제 기구 수장들과의 회동.

인터뷰: 평등의 원칙 아래 하루에도 수차례 여러 채널과 잇달아 인터뷰 진행. 그밖에 여름 정기 인터뷰, 정치 토크쇼, 그리고 전국지와 지방지, 혹은 잡지사와의 비정기적인 인터뷰가 있다. 가끔은 독일 외신 언론협회 회원들과 대화를 나누기도 한다. 이런 자리에서 오간 이야기들은 보도하거나 인용해도 된다.

J

독일 개신교협의회(EKD) 성요한의 날 리셉션: 세례 요한의 탄생 축일인 6월 24일에 맞춰 열리는 EKD 전권위원회 연례 리셉션 참석.

유겐트 포르쉬트(Jugend forscht): 1965년 이후 유겐트 포르쉬트 재단에서 주최하는, 아동 및 청소년 대상 과학기술 분야 공모전에서 입상한 학생들에 대한 시상식을 거행하고 리셉션을 개최한다. 가장 독창적인 작품을 선보인 학생에게는 연방총리 특별상이 수여된다.

K

내각회의: 매주 수요일 오전 9시 30분 개최. 예외도 있는데 다음과 같다. 예산 주간, 재의 수요일, 부활절 다음 수요일, 여름 2주간(하계 내각회의는 전통적으로 부총리가 주재), 크리스마스와 신년 사이의 수요일. 내각회의 전에는 기민당과 기사당 연정 파트너는 항상 수요

일 8시 15분에 각각 따로 조찬 모임을 갖는다. 수요일 오전 9시 15분에는 늘 총리실에서 부총리와의 사전 면담이 이루어진다.

카니발 리셉션: 독일연방 카니발 이사진, 연방주들의 카니발 왕자, 왕자 부부, 그밖에 주요 참가자와 상을 받은 댄스 그룹을 위한 리셉션. 알려진 것과는 달리 나는 늘 즐거운 마음으로 이 행사에 함께했다.

가톨릭 회의: 독일에 거주하는 로마가톨릭교 신도들은 이 큰 행사에 모여 성경을 공부하고 토론도 벌인다.

지방자치단체 연합회: 독일 구의회, 독일 군의회, 독일 시의회 의장단 및 주요 사무처 직원들과의 대화.

콘라트 아데나워 재단(KAS): 나는 이 재단에 자동으로 포함되는 이사로서 연 4회 이사회와 연례 총회에 참석한다.

M

메이크업: 아침마다 페트라 켈러가 화장을 해주고 헤어스타일을 만져준다. 가끔은 다른 사람이 대신해주기도 한다. 연방총리는 대내외적으로 국가를 대표하는 사람이기 때문이다.

인권 단체: 주로 국제앰네스티, 휴먼라이츠워치 등과 대화를 나눈다. 특히 국제회의 전에 그런 일이 많다.

메제베르거 대담: 메제베르크성의 연방정부 영빈관에서 노동조합 및 경제 단체와의 회동.

주지사 회의(MPK): 매년 6월과 12월에 총리청에서 주지사들과의 회담이 열린다. 필요한 때는 더 자주 열리기도 한다. 예를 들어 코로나 팬데믹 때는 2년 동안 거의 30번이나 개최되었다.

총리청 아침 회의: 현안을 논의하고 정부 대변인의 기자회견을 준비하기 위해 최측근들과 30분가량 아침 회동을 가진다. 매주 화, 목, 금요일에는 대개 오전 8시 30분에, 수요일은 내각회의 때문에 오전 7시 45분에 열린다.

뮌헨 안보회의(MSC): 1963년부터 매년 2월에 열리는 국제 외교 및 안보 정책 회의에서 연설하고, 토론에 참여한다.

N

전국 해양 컨퍼런스(NMK): 조선업계, 조선업 장비 업체, 항만 산업 및 물류 같은 해양 산업 기업들의 연례 컨퍼런스에 참석하고 연설한다.

국가규제심의위원회(NKR): 2006년부터 기업이 당국에 기업 활동에 관한 정보를 제공하게 됨으로써 발생하는 행정 비용을 조사하는, 10인으로 이루어진 이 위원회의 연례 보고서를 받고 정책에 반영한다. 2011년부터는 가결된 법률들의 결과로 생기는 비용도 조사한다.

신년 연설: 12월 30일 늦은 오후에 ARD와 ZDF 방송국이 매년 돌아가면서 총리청에서 녹화한다.

연방대통령 신년 리셉션: 벨뷔궁에서 열리는 이 행사에 참석한다.

지역구 신년 리셉션: 지역구 의원, 지역 정치인, 기업 대표, 지지자들에게 감사의 뜻으로 여는 행사다.

R

독일 지속가능발전위원회: 위원회 활동 보고서가 발표되는 연례 총회에 참석한다.

연방의회의 연방총리 대정부 질문: 2018년 이후 1년에 세 번, 수요일 오후 1시부터 1시간가량 진행된다.

정부 성명서: 신정부 출범 시, 유럽이사회 회의 전후, G8 및 G20 회의 전후, 나토 정상회의 전후, 혹은 특별한 현안이 있을 때 연방의회에서 정부 성명서를 발표한다.

정부 간 협의: 연방내각과 프랑스, 이스라엘, 이탈리아, 네덜란드, 폴란드, 스페인, 중국, 인도, 튀르키예 내각 사이의 회담. 러시아와의

정부 간 협의는 러시아의 크림반도 합병으로 인해 2014년에 중단되었다.

S

스타트소셜(Startsocial): 경제계 전문가들이 명예직으로 이 단체의 소셜 프로젝트를 지원하고, 참가자들의 멘토가 되어주고, 경제적 지식의 확산에 힘쓴다. 스타트소셜 대회에서 연방총리는 후원자의 역할로 시상식에 참가한다.

스포츠의 별: 독일올림픽연맹(DOSB)과 협동조합은행연맹(BVR)이 스포츠 활동을 넘어 사회적으로 헌신한 스포츠클럽을 대상으로 '스포츠의 별'을 뽑는데, 이 시상식에 연방대통령과 매년 돌아가면서 참여한다.

성미카엘 리셉션: 독일의 수호성인으로 여겨지는 성미카엘 대천사 축일에 즈음해서 개최되는 독일 주교회의 연례 리셉션 참석.

T

연방정부 개방의 날: 총리청 영예의 뜰에서 방문객들과 만나 대화하고, 총리 정원에 마련된 무대에서 유명 스포츠 스타들과 토론을 벌이고 사인회를 열고 셀카 촬영을 한다.

U

환경 단체: 독일환경자연보호연맹(BUND), 독일자연보호연합회(DNR), 독일자연보호연맹(NABU), 세계자연기금(WWF)과의 대화.

휴가: 휴가지에서도 상시 대기 중인 직원과 함께 기술적으로 완벽한 시스템을 갖춘 간이 총리실을 운영한다. 연방총리는 어디를 가든 항상 근무 중이다.

V

밸런타인데이: 원예협회(ZVG) 회장과 사진을 촬영하고, 총리청에서 꽃다발을 받는다.

개발인도주의원조를 위한 독일 비정부기구연합(VENRO): 제3세계 지역에 대한 원조와 관련해서 독일 내 모든 비정부기구의 연합 조직인 개발인도주의원조와의 교류. 특히 G8이나 G20 같은 주요 국제회의가 열리기 전에 만난다.

독일복지촉진연합회: 노동자복지협회, 독일자선협회, 전국평등협회, 독일적십자사, 독일구제본부가 연합해서 만든 이 조직의 대표자들과 대화.

동영상 팟캐스트: 휴가 기간을 제외하고 주중에 총리청에서 최신 화젯거리에 대한 팟캐스트를 녹화해서 보통 토요일 오전에 공개한다.

W

크리스마스: 독일산림소유자연합회(AGDW)에서 제공한 총리청용 크리스마스트리 세 그루와 내 집무실용 체스 인형 수령. 총리청, 기민/기사 연합, 기민당 중앙당사 사무국, 메클렌부르크포어포메른 지역연합회에서 주최하는 크리스마스 파티 참석. 해외에 파견된 연방군 부대와 화상 연결. 연방군 라디오 방송국 'Andernach'를 통해 전국의 모든 장병에게 크리스마스 축하 인사. 해외에서 근무하는 군인과 경찰관 가족을 위한 리셉션.

경제 단체: 연례회의와 총회에 참석. 뮌헨 국제공예박람회에서 독일고용주연합회(BDA), 독일산업연맹(BDI), 독일공예중앙협회(ZDH), 독일상공회의소(DIHK), 연방도매업·대외무역·서비스업연맹(BGA) 대표자들과 회동. 해외 순방 시 경제계 대표단 동행.

다보스 세계경제포럼(WEF): 정치인을 비롯해 경제계, 과학계, 비정부기구 대표들의 교류 플랫폼인 WEF의 국제 연례 모임에 참석해서 연설과 대담, 토론에 참여.

베아테 바우만과 나는 재임 시절의 루틴을 적어둔 목록을 한쪽으로 밀쳐두고 계속 생각에 잠겼다. 우리는 이 목록에 그치고 싶지 않았다. 대신 내게 버팀목이 되어주고 방향을 가리켜준 것은 무엇이고, 나를 지탱해준 것은 무엇이고, 그게 사람이라면 누구인지 추가로 명확히 밝히고 싶었다. 결국 우리는 2005년 11월 22일 오후 2시 연방의회에서 노르베르트 라메르트 의장이 내게 기본법 원본을 내밀고 내가 총리 선서를 한 날로 거슬러 올라가기로 했다. 그때 한 말이 다시 한번 생생하게 떠올랐다. 16년의 공직 생활이 끝나고, 그 뒤로도 2년의 세월이 더 흐른 지금에 와서 더욱 생생하게.

"독일 국민을 위해 내 모든 힘을 바칠 것을 맹세합니다."

나는 이렇게 시작했다. 그랬다. 나는 내게 투표한 사람이든 투표하지 않은 사람이든 모든 독일인의 총리가 되었다. 이들 모두를 위해 최선을 다해야 했고, 언제든 연락이 닿고 지시를 내릴 수 있어야 했으며, 불이 나면 큰불로 번지기 전에 꺼야 했다. 국민에게 내 힘을 바칠 기회는 매일 넘치도록 많았고, 다행스럽게도 내가 다시 힘을 길어 올릴 기회와 장소도 매일 넘치도록 많았다. 때로는 나와 대화 파트너를 위해 총리청 주방에 주문한 간단한 점심 식사만으로도 힘을 얻기에 충분했다. 그건 특권이었다. 해외 순방 후 시차로 생체리듬이 무너진 날이나 야간 회의가 있는 날, 닭 수프나 감자 수프, 혹은 렌틸콩 수프를 주문해 먹으면 그렇게 행복할 수가 없었다. 갖가지 야채샐러드도 잊을 수 없다. 집에서 이 야채를 모두 썰려면 얼마나 오랜 시간이 걸릴까! 그러나 여기서는 그냥 내게 제공되었다. 바우만과 나는 이런 음식들을 먹으면서 정치 현안과 장차 내려야 할 결정들에 대해 상의했다.

잠시 멈춰 서서 내가 속한 정치적 우주 바깥의 세계로 눈길을 돌리는 순간은 내게 생존의 필수 요소였다. 우커마르크의 집은 총리 재임 내내 요아힘과 나에게 둘만의 조용한 안식처가 되어주었다. 금요일 저녁 늦게 거기 도착해서 토요일 아침에 다시 일찍 떠났다가 저녁에 돌아올 때가 많았지만, 거기서 잠을 청하고 정원을 거닐고, 햇빛과 새 소리에 잠기고, 화단을 바라보고, 고요함을 만끽하는 순간은 너무 좋았다. 그때만큼은 모든 압박감이 사라지고 머리가 맑아졌다. 나는 가능하면 토요일 저녁에는 우커마르크의 집에서 쉬고 싶었다. 그건 곧 다른 많은 흥미진진한 사교 모임을 포기해야 한다는 뜻이었다. 나는 그런 초대를 거절했다. 고요함을 즐기고 요아힘과 편안히 대화를 나눌 수 있는 저녁이 더 소중했다. 둘이 있을 때면 내가 요리를 했기에 요리 실력도 완전히 녹슬지는 않았다. 일요일 오전에는 차분히 생각을 정리하며 다음 주에 내릴 결정들을 숙고했다. 베를린에는 일요일 오후에 돌아왔고, 그러면 다음 주를 준비하기 위한 전화가 연이어 걸려오기 시작했다.

시간이 늘 부족했음에도 부모님과 형제자매와의 대화는 중요했다. 그들은 나를 자랑스러워했지만, 내 결정을 비판하기도 했다. 특히 남동생 마르쿠스가 그랬다. 반면에 여동생 이레네는 참을성 많은 막역한 친구였다. 아버지는 2011년 85세에, 어머니는 2019년 90세에 돌아가셨다. 살아생전 쇠약해지셨을 때 자주 찾아뵙지 못한 건 천추의 한이었다. 정치란 비정했다. 부모님이 돌아가셨을 때 내게 슬퍼할 시간조차 별로 허용하지 않았다. 특히 장례식장에서의 관음증적 시선은 견디기 어려웠다. 내 힘의 한계를 느낀 것도 그런 순간들이었다. 나와 내 가족이 최소한의 사생활을 지킬 수 있도록 적극적으로 도와주신 모든 분께 이 자리를 빌려 무한한 감사를 드린다.

"나는 독일의 이익을 증진하고, 독일의 피해를 막고, 기본법과 연방법을 준수하고 수호할 것을 맹세합니다."

나의 선서가 이어졌다. 우리 기본법 제65조에는 이렇게 명시되어 있었다.

"연방총리는 정책 방향을 결정하고 그에 대한 책임을 진다."

물론 나는 연정 협상에서 각 당이 합의한 협정문, 즉 업무 프로그램에 구속을 받을 수밖에 없는 처지였다. 그럼에도 연정 협정문을 앞세워 그 뒤에 숨을 수는 없었다. 나는 추진할 정책의 속도를 결정하고, 내각에서 타협점을 찾을 분위기를 조성하고, 나만의 주도적 프로그램을 개발하고, 내 일정의 선택을 통해 개인적인 우선순위를 정하고, 예상치 못한 사태에 대한 정부의 공동 대응 방안을 찾아내야 했다. 내가 무조건 의지할 수 있는 사람들이 없었다면 이 일들은 불가능했을 것이다. 총리실 직원들, 정부 대변인과 부대변인, 총리의 정치적 짐을 나눠지면서 전 직원을 이끌어나간 총리청 장관과 총리청 정무차관, 그리고 전문적 역량으로 항상 나를 최선의 상태로 준비시키고, 내가 독일 국민의 이익을 증진하고 피해를 막을 수 있도록 도와준 총리청 각 전문 부서 직원들이 그 주인공들이다.

"나는 양심적으로 의무를 수행하고, 만인에게 정의가 실현되도록 하겠습니다."

내 선서의 마지막 구절이었다. 나는 움찔했다. 내가 대체 무슨 약속을 한 것일까? 양심적으로 의무를 수행하겠다는 마음이야 정말 한 치의 거짓도 없는 사실이었다. 지금까지 삶의 매 단계에서 늘 그래 왔다고 자부할 수도 있었다. 하지만 오랜 세월이 지난 지금 다시 생각해보니, 만인에게 정의가 실현되게 하는 것은 거의 불가능한 일처럼 느껴졌다. 독일에는 오랫동안 이 땅에 뿌리를 내리며 살아온 시민들뿐 아니라 외국에서 이주해온 사람들까지 모두 8,000만 명 넘게 살고 있다. 이들은 자신의 소신에 따라 삶을 꾸려가고, 소망을 이루고, 꿈을 실현하고, 삶의 큰 위험으로부터 보호받을 수 있어야 했다. 정치란 개인의 그런 성공적인 삶을 가능케 하는 수단이었다. 이론적으로는 말이다.

하지만 현실에서는 다르다. 내가 보장해야 할 것은 시민들의 평범한 일상이었다. 나는 방탄차에 탄 채 경호원들의 삼엄한 경호를 받으며 움직였다. 빡빡한 일정에 이리저리 쫓겨 다녔고, 주위에서는 온갖 청탁과 아첨이 넘쳐났다. 나는 현실성을 잃지 않고 시대의 변화 흐름을 놓치지 않도록 신경 써야 했다. 또한 항상 내 말만 늘어놓는 대신 상대의 말에 귀를 기울일 줄 알아야 했고, 쳇바퀴 속의 다람쥐가 되는 대신 늘 즐거운 마음과 호기심을 유지할 줄도 알아야 했다. 그 때문에 어떤 일정을 선택하고 말지는 내가 직접 결정해야 한다고 시종일관 고집해왔다. 그 과정에서 어정쩡하게 결정을 내리지 않는 법도 배워야 했다. 약속을 갑작스럽게 취소하면 애초에 약속을 수락하지 않은 것보다 상대에게 몇 배나 더 큰 실망감을 안겨주었기 때문이다.

그럼에도 오래전에 했던 약속이 막상 다가오면 후회할 때가 얼마나 많았는지 모른다. 가끔은 왜 그런 약속을 잡았는지 도무지 이해가 안 되었다. 만약 내가 직접 내린 결정이 아니었다면 남 탓을 했을 것이다. 하지만 모두 내가 내린 결정이었다. 주요 기준은 평등 대우의 원칙이었는데, 만인에 대한 정의의 실현과도 일맥상통했다. 연방 차원의 행사는 원칙적으로 총리 소관이라 할 수 있었지만, 주 차원의 행사는 그렇지 않았다. 안 그러면 왜 이건 이렇게 결정하고 저건 저렇게 결정하는지를 두고 비난이 쏟아질 게 뻔했다. 물론 여기서도 예외는 있기 마련이었다. 내 지역구에 대해서는 평등 대우의 원칙이 적용되지 않았다. 나는 여기서 중소기업, 농장, 학교, 어린이집, 직업 센터, 자연 보호 구역을 방문함으로써 현장 분위기를 직접 느꼈고, 호텔과 양로원, 병원, 산부인과 클리닉에서는 애로 사항을 청취했다. 지역구에 올 때면 항상 정치적 고향에 온 듯한 느낌이 들었다.

회의는 허심탄회하게 이야기할 수 있느냐에 따라 두 종류로 나뉘었다. 가장 솔직하게 얘기를 나눌 수 있는 회의는 총리청에서 열리는 아침 회의였다. 이 회의의 분위기는 유쾌할 때도 있었고, 한꺼번에 쏟아진 비보 때문에 무척 침울할 때도 있었다. 이 자리에서는 누구도 숨기는 것이 없었다. 중요한 건 현실 상황에 대한 솔직한 평가뿐이었다. 우리는 현실을 냉철하게 분석하며 함께 해결책을 찾아나가거나, 아니면 아직 해결책을 찾지 못했음을 인정했다. 이 또한 해방감을 주는 효과가 있었다. 나는 이 회의를 통해 어떤 문제에 대해 현실감이라는 무기를 장착하고 하루를 시작하는 느낌이 들었다.

또 다른 허심탄회한 회의는 총리실 9층에서 한 달에 한 번 일요일에 정부와 의회, 당에서 내가 가장 신뢰하는 기민당 동지들과 함께 저녁 식사를 하는 자리였다. 우리는 아무런 편견 없이 정치 상황을 분석하고 현안에 대한 대응 방식을 조율했다. 이 자리에서 나는 나의 국제적인 경험과 도전에 대해 보고했다. 일상의 부산함 속에서는 논의되지 않던 문제들이 서서히 테이블 위로 올라오기 시작했다. 이를 통해 나는 어디서 긴장이 싹트고 있고, 누구에게 어떤 도움과 지원이 필요한지 감을 잡았고, 대화 파트너들은 내 진짜 마음과 나를 괴롭히는 고민에 대해 알게 되었다. 이 모임 멤버들은 거의 빠지는 법이 없었고, 여기서 오간 이야기들도 밖으로 새나간 적이 없었다. 그 점에 대해 지금도 감사하는 마음이다.

"주여, 저를 굽어살피소서."

나는 선서문 말미에 이 구절을 집어넣었다. 종교적 차원의 맹세 없이도 선서할 수 있었지만 내게 이건 중요했다. 나는 신이 존재한다고 믿는다. 비록 직접 만지고 느낄 수는 없더라도. 나는 완벽하지 않고 실수를 하는 인간이다. 그 점을 알기에 신앙은 내 삶을 좀더 수월하게 해주었을 뿐 아니라 나 자신을 대단하게 여기지도 않게 했고, 그렇다고 내 능력의 한계를 들먹이며 너무 빨리 포기하게 내버려두지도 않았다. 그나마 내가 내게 주어진 힘으로 시민과 피조물을 책임져야 할 사명을 좀더 쉽게 완수하게 된 데는 신앙의 힘이 컸다. 내 마음 깊은 곳에서는 여전히 선지자 예레미야의 말씀이 울려 퍼지고 있다.

"너희는 성읍의 평안에 힘쓰고 그 성읍이 평안함으로써 너희도 평안해질 것이니."

나는 "주여, 저를 굽어살피소서"라는 말을 공개적으로 선포함으로써 어려운 결정을 내릴 때도 신의 가호를 받고 있다는 느낌을 받았다.

"이 책을 쓰게 된 지금 돌아보니, 나의 총리 재임 시절, 그러니까 임기 첫날과 마지막 날을 제외한 지난 16년 5,860일 동안 매일의 혼란스런 사건들 너머에서 나를 붙들어준 무언가가 있었다는 사실을 알게 돼 기뻐요."

발트해 해변에서 이 책의 다음 장으로 넘어가기 전에 내가 베아테 바우만에게 한 말이었다.

2. 여름 동화

클린스만, 구습을 끊다

첫 신년 연설에서 나는 2006년 여름 독일에서 열리는 월드컵에 대한 기대감을 피력했다. 여자 축구 대표팀이 먼저 시범을 보여 2003년 미국에서 열린 월드컵에서 세계 챔피언이 되었다면 남자 대표팀도 못 할 이유가 없다고 생각했다. 두 달 반 후인 2006년 3월 15일 수요일, 나는 독일축구협회(DFB) 지도부를 총리청으로 초대했다. 선수로서 뿐 아니라 감독으로서도 우승컵을 거머쥐었고 독일의 월드컵 유치에 큰 공을 세운 프란츠 베켄바워, 축구협회 회장 테오 츠반치거, 국가대표팀 단장 올리버 비어호프, 국가대표팀 감독 위르겐 클린스만과 나는 9층에서 저녁 식사를 함께했다.

우리는 준비 상황에 대해 논의했다. 클린스만 감독은 저녁 내내 낙관적인 전망을 내놓으며 과감한 의욕을 내비쳤다. 사실 그럴 만한 상황은 아니었다. 2주 전 피렌체에서 열린 월드컵 첫 공식 평가전에서 이탈리아에 4:1로 맥없이 패했기 때문이다. 당시 전반전에만 무려 세 골이나 먹었다. 그전, 그러니까 2005년 후반기에 열린 국가 대항전도 2승 2무 2패로 신통치 않았다. 특히 두 번의 승리도 절대 강자가 아닌 남아프리카공화국(9월)과 중국(10월)을 상대로 거둔 것이기에 빛이 바랬다. 그 결과 대표팀 전체에 대한 의구심이 일기 시작했다.

그런데 진짜 논란의 핵심은 위르겐 클린스만의 처신이었다. 그는 국가 대항전이 없을 때면 12시간의 비행과 9시간의 시차를 감수하면서까지 짬짬이 시간을 내어 캘리포니아의 가족들 곁으로 날아갔다.

국가대표팀 감독직을 맡은 건 2004년부터였는데, 지금까지는 그와 그의 팀이 독일에서 열리는 월드컵에서 좋은 성적을 거두기 위해 최선을 다하고 있다는 사실을 아무도 의심하지 않았다. 그런데 2006년 3월 독일이 이탈리아에 완패한 후에도(사실 당시에는 이탈리아가 그해 월드컵에서 우승할 세계 최강임을 아직 아무도 알지 못했다) 곧바로 캘리포니아의 가족에게 돌아가는 바람에 국가대표팀 감독직을 맡은 지 얼마 되지 않았음에도 그의 위치는 전례 없이 흔들렸다. 대표팀 감독 자리를 너무 자주 비운다는 것이다.

프란츠 베켄바워, 테오 츠반치거, 대다수 언론, 수백만 명의 축구 팬 할 것 없이 모두 그건 안 된다고 한목소리로 외쳤다. 독일 축구 국가대표팀 감독직을 엄중히 여기고 현 상황을 냉철하게 인식하고 있다면 독일에 거주하면서 하나하나 챙겨야 한다고 했다. 2006년에는 아직 스마트폰이 없었지만 핸드폰과 컴퓨터는 존재했고, 위르겐 클린스만도 그런 기기들로 소통한 것은 맞지만, 실생활과 마찬가지로 축구에서도 개인적인 소통, 즉 대면 소통만큼 나은 방법은 없다는 것이 그들의 주장이었다. 맞는 말이었다. 하지만 원기 회복 방식이 사람마다 다르다는 점도 인정해야 한다. 클린스만에게는 독일과 공간적·시간적 거리감뿐 아니라 9,000킬로미터나 떨어진 캘리포니아 가족들의 품이 필요한 듯했다. 우리는 아직 개인적으로 아는 사이는 아니었지만, 나는 그를 이해할 수 있었다. 특히 그와 그의 팀이 2004년부터 독일 축구 발전을 위해 차근차근 일구어온 과정들이 마음에 들었다. 그런데 이제 와서 그것들을 완전히 의문시하는 것은 잘못이라는 생각이 들었다.

나는 저녁 식사 전에 위르겐 클린스만, 프란츠 베켄바워, 테오 츠반치거, 올리버 비어호프 등이 참석한 가운데 총리실 2층 취재 구역 내 파란색 벽 앞에서도 다음과 같이 말한 바 있었다.

"클린스만 감독님! 당신과 당신의 팀은 구습을 끊고 새로운 방식을 도입했습니다. 결과가 좋으면 인정받을 테고, 나쁘면 비판이 쏟아지겠지요. 그렇다고 흔들려서는 안 됩니다. 내 경험에서 말씀드리자면 어떤 방침에 대해 확신이 있다면 계속 밀고 나가야 합니다. 줏대 없이 흔들려서는 신뢰를 얻을 수 없고, 매일 결정을 바꾸어서는 성공할 수 없습니다."

원래는 이 자리에서 사진 촬영만 할 계획이었다. 그런데 사진 촬영 직전에 뭔가 발언을 해야겠다고 마음먹었다. 클린스만의 캘리포니아행이 일종의 문화 충돌로 번지고 있는 양상이 마음에 들지 않았기 때문이다. 나는 클린스만에게 힘을 실어주고 싶었고, 그 계획은 성공했다.

나중에 9층에서 저녁 식사를 하면서 클린스만은 월드컵에 대한 자신의 계획을 설명하면서 다음과 같은 말을 여러 차례 반복했다.

"평가전에서는 질 수 있지만, 세계 챔피언이 되겠다는 우리의 마음은 변함없습니다."

다른 게스트들의 분위기는 눈에 띄게 편안해졌다. 10시쯤 되자 베켄바워도 긴장감을 푸는 듯했다. 다들 나와의 약속을 앞두고 어느 정도 긴장한 모양이었다. 하긴 한 번도 만난 적이 없는 사이라면 그럴 만도 했다.

베켄바워가 말했다.

"지금도 여기가 예전과 같은지 모르겠군요."

"예전에는 어땠는데요?"

내가 되물었다.

"예전에는 이 시간쯤 되면 총리가 일어나 재떨이를 가져와 다 같이 담배나 시가를 피웠거든요."

베켄바워가 대답했다.

"그래요? 내가 찾아볼게요."

나는 자리에서 일어나 모퉁이를 돌아 작은 부엌으로 들어가서는 재떨이를 찾아 돌아왔다. 베켄바워는 미소를 지으며 시가에 불을 붙였다. 당시에는 아직 천장에 화재경보기가 없던 시절이었다. 있었더라면 아마 어느 시점에선가 울렸을지 모른다. 아무튼 이로써 우리 사이에 친밀감이 생겨났다.

클린스만은 국가대표 감독으로 남았고, 그후 축구 역사뿐 아니라 독일 역사에 여름 동화로 기록될 일이 일어났다.

월드컵 3위

축구 광팬인 토마스 슈테크 정부 대변인은 내 기자회견용 연설문 초안에 내가 처음 들어보는 인용문을 집어넣었다. 1960년대와 1970년대에 리버풀 FC 감독을 맡아 성공 신화를 쓴 빌 샹클리의 말이었다.

"축구는 생사가 걸린 게임입니다. 하지만 이건 사실이 아닙니다. 축구는 그 이상입니다."

나는 이 문장을 읽는 순간 나도 모르게 웃음이 터져 나왔다. 이 말은 내게도 와닿았기 때문이다. 나는 축구를 좋아했다. 축구라는 팀 게임이 요구하는 육체적 능력과 전술적 지능의 조합은 상당히 매력적이었다. 경기장에서 상호작용하는 선수 11명의 움직임을 하나의 목표에 맞춰 조율하고, 정규 시간 90분 동안 혹은 연장전과 승부차기로 갈 경우에는 120분 동안 선수들의 정신을 오직 이 한 가지 목표에만 매진하게 하는 집중력은 게임의 모든 기술적 능력만큼이나 중요했다. 경기장에서 시합을 관람할 때면 나는 가끔 어떤 팀이 운동장에 들어서는 순간 벌써 그 팀이 이날 좋은 성적을 거둘지 아닐지 짐작하곤 했다. 그건 몸짓에서 드러났다. 총리로서 일을 할 때도 마찬가지였다. 연사로 어떤 홀에 들어가면 청중과 내가 교감할 수 있는지, 아니면 그들과 나 사이에 보이지 않는 벽이 존재하는지 처음 몇 초 사이에 느낄 수 있었다.

2006년의 여름은 모든 것이 완벽했다. 날씨는 4주 내내 화창했고,

6월 17일 베를린 대로에는 수많은 축구 팬이 운집했으며, 전국 곳곳에 길거리 응원용 대형 스크린이 설치되었고, 어딜 가나 검은색-빨간색-노란색 독일 국기가 눈에 띄었다. 그것도 독일의 문장인 독수리가 그려진 진중한 국기가 아니라 다양한 모양과 크기로 변주된 가볍고 발랄한 국기들이었다. 이건 자동차 사이드미러와 앞유리에도 달렸고, 모자에도 그려졌으며, 심지어 축구팬들의 얼굴에도 조그맣게 색칠되어 있었다. 그중에는 여성과 소녀 팬도 많았다. 전례 없는 일이었다. 월드컵 슬로건처럼 전 세계가 친구처럼 이 나라를 방문했다. 축구로 하나 된 축구의 여름이었다. 아니, 축구의 여름이라는 말로는 부족했다. 캘리포니아에 가족이 살고 1990년 월드컵과 1996년 유럽 선수권 대회에서 우승한 경험이 있는 슈바벤 출신의 젊은 국가대표 감독을 중심으로 이민 배경이 있든 없든 젊고 거침없는 선수들로 구성된 팀이 마치 마술을 부리듯 이 나라를 열광의 도가니에 빠뜨렸다.

독일 대표팀은 자국 월드컵에서 최종 3위를 차지했다. 그런데 2006년 7월 9일 브란덴부르크 문에 모인 50만 명의 독일인들은 마치 역대 네 번째 우승이라도 달성한 것처럼 클린스만에게 환호했다. 독일은 자국의 3위 성적을 기뻐했다. 『프랑크푸르터 알게마이네 차이퉁』은 이 축하 행렬을 "클린스만과 그의 팀을 위한 사랑의 퍼레이드"라고 보도하면서 대표팀에 대한 환영을 "소름 돋는 축하 행사"로 묘사했다. 위르겐 클린스만은 이 월드컵을 끝으로 국가대표 감독직을 그만두었다. 독일의 숙원은 8년 뒤 클린스만 밑에서 국가대표팀 코치로 일하던 요아힘 '요기' 뢰프가 마침내 풀었다. 그는 독일 국가대표팀 감독을 맡아, 2014년 그 전설적인 준결승전에서 개최국이자 역대 5회 우승국인 브라질을 7:1로 꺾었을 뿐 아니라 유럽 팀 최초로 남미에서 열린 월드컵에서 우승컵을 들어 올리는 가슴 벅찬 감동을 선사했다.

결승전의 짜릿했던 순간은 어제 일처럼 생생히 기억난다. 나는 요아힘 가우크 독일 대통령과 함께 비행기를 타고 리우데자네이루로 향했다. 경기장에서 내 자리는 지우마 호세프 브라질 대통령 옆이었고, 앞줄에는 빅토르 오르반 헝가리 총리가 앉아 있었다. 그는 자국 대표팀이 탈락한 뒤에도 브라질에 열흘 동안 머물면서 많은 경기를 관람했다고 했다. 특히 독일의 결승전 상대인 아르헨티나 경기를 위주로 말이다. 심판이 결승전 시작을 알리는 휘슬을 불기 전 오르반 총리는 나의 흥분된 모습을 보고 웃으면서 농반진반으로 이렇게 말했다.

"오늘 시합에서 한 가지는 분명해요. 당신들은 승리를 장담할 수 없다는 거지요."

우리는 영어로 대화를 나눴는데, 지금 내게 그런 말은 어차피 하나마나 한 소리였다. 나는 이렇게 대꾸했다.

"알았으니까 이제 돌려 앉아 경기나 보시지요. 나도 봐야 하니까."

정규 시간 90분이 지났는데도 스코어는 여전히 0:0이었고, 연장전이 시작되었다. 마리오 괴체가 교체 투입되었고, 마침내 독일이 경기 시간 113분에 한 골을 넣었을 때 나는 너무 기뻐 어쩔 줄 몰라 했다. 오르반이 그런 나를 돌아보더니 소리쳤다.

"진정해요! 이제 안심해도 돼요."

"아뇨, 아직 7분이나 남았어요!"

나도 소리쳐 말했다.

"이대로 계속 갈 거니까 걱정 말아요. 내 말 믿어요."

그의 말이 옳았다.

이후 시상식에 대한 뚜렷한 기억은 없지만, 로커룸에서 선수단과의 만남은 선명하게 기억난다. 요아힘 가우크는 짧은 연설을 했고, 요기 뢰프는 맥주 한 병을 들고 편안하고 행복한 표정으로 서 있었으며, 대표팀 최고의 스트라이커 미로슬라프 클로제는 어린 두 자녀와 함께 있었다. 많은 선수가 정말 기대하지도 않았던 이 성공을 진심으로 기뻐하는 눈치였다. 나는 8년이라는 긴 여정 끝에 개혁에 대한 명확한 소신과 어떤 비판에도 굴하지 않은 정신적 자세가 뛰어난 선수들과 함께 만들어낸 승리라는 생각이 들었다. 2006년에 시작된 이 개혁 프로젝트는 요기 뢰프, 올리버 비어호프, 안드레아스 쾨프케에 의해 결실을 맺었다.

3. G8 정상회의

조지 W. 부시 대통령과의 점심 식사

2007년 6월 6일과 7일 나는 메클렌부르크포어포메른의 발트해 휴양지 하일리겐담에서 G8 정상회의에 참석할 정상들을 기다리고 있었다. 프랑스, 이탈리아, 일본, 캐나다, 미국, 영국, 러시아 정상들과 유럽연합 집행위원장이었다. 1975년에 결성된 이 비공식 회의는 처음엔 6개국에서 출발해서 1976년부터 공통의 가치와 이해관계를 가진 세계의 7대 주요 경제국으로 확대되었고, 1998년부터는 러시아의 참가로 G8이 되었다.

냉전 종식 후 당시 소비에트연방의 마지막 대통령 미하일 고르바초프가 구소련을 대표해서 1991년 6월 런던에서 열린 G7 정상회의에 손님으로 초대를 받았다. 독일은 8개월 전에 평화롭고 자유로운 분위기 속에서 통일을 이루어냈고, 나는 젊은 연방여성청소년부 장관이자 막 선출된 독일 연방하원의원이었다. 독일 통일 이후의 주요 세계 정치 이벤트를 나는 주로 관객으로서만 지켜보았다. 1991년 12월 소련이 붕괴했고, 그와 함께 개혁과 개방의 대명사 고르바초프는 역사의 뒤안길로 사라졌다. 1991년 6월 당시 아직 소비에트연방에 속해 있던 러시아공화국의 대통령에 선출된 보리스 옐친은 1991년 12월 8일 벨라루스와 우크라이나의 국가수반들과 독립국가연합(CIS)을 창설했고, 12월 21일에는 아제르바이잔, 아르메니아, 카자흐스탄, 키르기스스탄, 몰도바, 타지키스탄, 투르크메니스탄, 우즈베키스탄이 그 연합에 추가되었다. 소련 해체 후 보리스 옐친은 독립 러시아공화국의 초대 대통령이 되었고, 1994년부터 공식적인 정상회의에 참가했다. 물론 G7 국가들은 정상회의 전에 별도로 모임을 가졌다.

이 회의는 1998년 영국 버밍엄에서 열린 정상회의에서 러시아가 이 그룹의 여덟 번째 회원국으로 승인되면서 다음 단계로 나아갔다. 그와 함께 세계 7대 경제 대국 모임은 G8이 되었다. 러시아가 경제력 측면에서는 다른 7개국을 따라갈 수 없었음에도 G8이 공통의 가치와 이해관계로 연결될 수 있으리라는 희망의 표현이었다. 사실 1990년대 상반기에 러시아는 살인적인 인플레이션으로 어려움을 겪었고, 1998년에는 국가 재정과 금융 분야에서 심각한 위기에 봉착해 있었다.

보리스 옐친은 1999년 마지막 날 대통령직에서 물러날 때까지 러시아를 대표해 G8 연례 정상회의에 참석했다. 그의 후계자 블라디미르 푸틴은 1999년 8월에 옐친에 의해 러시아연방의 총리로 임명되었고, 그 뒤 옐친이 사임하자 헌법에 따라 새 대통령이 선출될 때까지 대통령 권한 대행직을 맡았다. 그러다 2000년 3월 마침내 러시아연방의 제2대 대통령으로 선출되었다.

6년 후인 2006년, G8 정상회의는 처음으로 러시아에서 7월 15일부터 17일까지 개최되었다. 푸틴은 각국 정상들을 자신의 고향 상트페테르부르크로 초대했다. 연방총리로서 나의 첫 G8 정상회의이기도 했다. 이 회의가 기억에 남는 건 회의가 열린 콘스탄틴 궁전의 아름다움이나 정치적 이슈 때문이 아니라 회의와는 상관없는 부수적인 장면 때문이었다.

오후 회의가 시작되기 전 나는 원형 테이블의 내 자리에 문을 등진 채 앉아 서류를 훑어보고 있었다. 곧 회의가 시작될 예정이었다. 그때 회의장으로 들어오던 부시 대통령이 얼핏 보였다. 그러다 어느 순간 난데없이 뭔가가 내 어깨를 꽉 움켜쥐는 느낌이 들었다. 순간 나는 온갖 상상이 다 들었지만, 그것만은 아니었다. 나는 화들짝 놀라 두 팔을 휘저었다. 옆으로 고개를 돌리자 조지 W. 부시가 장난스러운 미소를 지으며 자기 자리로 걸어가는 것이 보였다. 나는 웃을 수밖에 없었다. 그게 끝이었다. 나로선 더 이상 문제 될 것이 없었다.

그러나 대중의 생각은 그렇지 않았던 모양이다. 회의장 안에는 오후 회의가 시작되기 전에 보도용 스냅 사진을 찍으려고 기자들이 몰려 있었는데, 그 장면이 기자들의 카메라에 정확히 잡혔다. 얼마 후 정부 대변인 울리히 빌헬름이 와서, 부시가 내 어깨를 잡은 행동과 나의 반응이 어떤 파장을 일으키고 있는지 알려주었다. 당시 전 세계적으로, 그게 여성을 우습게 보는 남성 우월주의적인 행동인지를 두고 뜨겁게 논란이 있었다. 나는 정말 한순간도 그런 생각을 해보지 않았다. 내 어깨를 꽉 움켜잡으면서 인사한 사람이 부시 대통령임을 확인하는 순간, 그게 나에게 겁을 주려거나 나를 얕잡아봐서 한 행동이 아니라 진지하고 무미건조한 회의 와중에 잠시 쉬어가는 악의 없는 장난임을 알아차렸다. 부시와 나는 서로 존중하고 좋아하는 사이였다.

우리는 내가 야당 대표로 있던 2005년에 이미 마인츠에서 만난 적이 있었다. 부시의 독일 방문 기간 중이었다. 2006년 1월에는 내가 취임 인사차 워싱턴을 방문했다. 부시 대통령은 남의 눈을 똑바로 바라볼 줄 아는 사람이었고, 내 삶의 이야기에 관심이 많았다. 특히 2006년 7월 부시와 그의 부인 로라가 내 지역구를 방문했을 때 그런 인상을 강하게 받았다. 슈트랄준트에서 회담이 끝나자 나는 두 사람을 저녁에 구동독의 사회주의 시범 마을인 트린빌러스하겐으로 초대했다. 동독에서의 내 삶을 현장에서 직접 느끼게 해주기 위해서였다. 지역 문화센터 건물 안에 있던 '보리수' 레스토랑 주인장은 직접 멧돼지를 잡아 꼬치구이를 해주었다. 우리는 초대받은 이 지역 인사 60여 명과 함께 비어 가든 테이블에 앉아 음식을 즐겼다. 날씨는 화창했고, 부시는 불판 위에서 직접 꼬치를 뒤집었다. 우리는 웃고 떠들었으며, 언어적 장벽을 손짓발짓으로 극복했다. 그는 자학 개그도 할 줄 아는 유쾌하고 누구에게나 친근한 사람이었다. 부시 부부는 답례로 요아힘과 나를 자신들의 텍사스 목장으로 초대하겠다고 약속했다.

1년 뒤, 그러니까 2007년 11월 9일 늦은 오후 요아힘과 나는 댈러스에서 남쪽으로 200킬로미터 떨어진 크로퍼드의 프레리 채플 목장에 도착했다. 조지와 로라 부시가 목장의 헬기 착륙장까지 마중 나왔다. 우리는 부시가 직접 운전하는 흰색 픽업트럭을 타고 게스트하우스로 이동했다. 이어 구릉이 많은 641헥타르 면적의 목장을 둘러보았다. 우리는 경사면에 키 큰 나무가 무성한 작은 협곡을 지나고, 개울 위에 걸쳐진 다리를 건넜다. 부시가 말했다.

"여기서 유일하게 아쉬운 점은 목장을 지날 때 동물들을 전혀 볼 수 없다는 거예요."

"왜요?"

내가 물었다.

"내가 목장을 둘러보기 전에 항상 경호실에서 먼저 한 바퀴 빙 돌면서 동물들을 모두 쫓아버리기 때문이지요."

그가 설명했다.

목장 구경이 끝나자 아늑한 분위기의 본관에서 저녁을 먹었다. 메뉴는 텍사스산 훈제 소고기 등심이었다. 콘돌리자 라이스 미국 국무장관도 함께했다. 저녁 식사 후 부시 주니어는 아버지 부시에게 전화를 걸어 그날의 낙하산 점프 성공을 축하했다. 당시 아버지 부시의 나이가 82세였다는 점을 감안하면 정말 놀라운 노익장이었다.

우리는 정치와 개인사에 대해 이야기를 나눴다. 요아힘과 내가 트린빌러스하겐에서 조지 부시에게 동독에서의 우리 삶에 대해 이야기한 것처럼 그는 이제 대통령이 되기 전의 자기 삶에 대해 이야기했고, 나는 1991년 여름 샌디에이고로 첫 미국 여행을 떠난 이야기를 들려주었다. 당시 요아힘은 그곳에 본사를 둔 바이오심 테크놀로지스에서 일하고 있었는데, 그로 인해 마침내 내가 그토록 고대하던 자유의 땅으로 여행할 기회가 생겼다. 나는 태평양에 깊은 인상을 받았고, 들뜬 마음으로 고래를 구경했다. 나중에는 요아힘과 함께 생애 처음으로 사막 여행을 떠나기도 했다. 그곳으로 가는 도중에 "당신과 당신의 차를 위해 충분한 물을 가져가세요!"라고 적힌 푯말을 보는 순간 마치 낯선 세계로 들어가는 듯한 기분이 들기도 했다.

목장에서의 시간이 순식간에 지나갔다. 매 순간이 가족처럼 친근하고 즐거웠다. 다음 날 아침 우리는 산책을 나갔다. 길가에 작은 흰색 자루들이 눈에 띄었다. 로라가 그 비밀을 풀어주었다.

"이건 우리 초원에서 자라는 야생화 씨앗이에요. 우리가 수확해서 나눠줘요."

우리는 본관으로 돌아와 정치적 이슈에 대해 의견을 주고받았다. 전날 밤 인근의 작은 마을 크로퍼드에서 묵은 내 참모들도 합류했다. 수요일에는 부시 대통령의 경호원들이 우리를 위해 바비큐 파티를 열어주었다. 목장에서 짧은 기자회견을 마친 후 요아힘과 나는 헬리콥터를 타고 80킬로미터쯤 떨어진 로버트 그레이 육군 비행장으로 돌아갔다. 그곳에 우리의 비행기가 대기하고 있었다.

헬리콥터 안에서 조지 부시가 목장에 있는 일곱 개의 개울과 아홉 개의 다리를 입이 마르도록 예찬했던 기억이 난다. 어쩌면 내가 숫자를 헷갈려 개울이 아홉 개, 다리가 일곱 개였을지 모른다. 사실 그건 중요하지 않다. 중요한 건 내 기억 속에 남아 있는 그곳의 풍경이다. 개울과 다리, 그리고 눈 닿는 데까지 펼쳐진 자연은 소박하고 정겹고, 그 자체로 눈부시게 아름다웠다.

그 전해에 조지 W. 부시가 독일에 온 것은 단순히 트린빌러스하겐에서 나를 만나기 위해서가 아니었다. 상트페테르부르크에서 열리는

G8 정상회의에 참석하러 가는 길에 잠시 들른 것이었다. 이런 상황에서 부시와 나는 상트페테르부르크에서 다시 만났고, 부시가 친근감의 표시로 내 어깨를 움켜쥐는 일이 발생했다. 전 세계로 타전된 이 장면은 어떤 일에 대해서 항상 맥락이 중요하다는 사실을 보여주는 좋은 예다. 누가, 언제, 왜 그런 행동을 했는지, 그리고 당사자들 사이에 기본적인 신뢰는 있는지가 중요하다는 말이었다. 그렇지 않다면 그런 상황은 완전히 다르게 느껴질 수 있었다. 부시와 나는 서로 간에 기본적인 신뢰가 있었다. 하지만 그런 신뢰에 바탕한 행동이라도 맥락과 행위 당사자들의 관계를 제외시켜놓고 보면 얼마나 큰 오해를 불러일으킬 수 있는지를 우리는 경험했다.

다시 하일리겐담으로 돌아가자면, 나는 여기서 G8 정상회의에 참석하기 위해 도착한 부시, 푸틴, 그리고 다른 다섯 명의 국가수반을 맞았다. 2007년 6월 7일 본회의가 열리기 전, 나는 오후 1시에 부시와 점심 식사를 함께하기로 약속했다. 장소는 호엔촐레른성의 한 공간이었다. 해양 휴양지 하일리겐담의 그랜드 호텔 켐핀스키 내에 있는 영국 튜더 양식의 건물이었다. 이곳은 게르하르트 슈뢰더 총리 시절에 G8 회의 장소로 선정되었는데, 메클렌부르크포어포메른이 정치적 고향인 나를 기쁘게 하려고 선택했을 리는 만무했다. 더구나 이런 정상회의는 외부와 철저하게 차단막을 치고 극도로 삼엄한 경호하에서 치를 수밖에 없었기에 나로서는 기뻐할 여유가 없었다.

사실 며칠 전부터 언론에서는 정상회의에 반대하는 시위와 회의장 일대 봉쇄를 위한 펜스 설치에 들어간 수백만 유로의 비용, 그리고 정상회의에 반대하는 수천 명의 사람들이 도로를 막고 보안 구역으로 진입하려는 장면들만 끊임없이 보도될 뿐, 여기서 논의되는 실질적인 문제에 관심을 보이는 사람은 거의 없었다. 회의 안건은 무척 다양했고, 수개월 전부터 철저하게 준비되어왔다. 우리가 논의하고 싶었던 주제는 세계경제의 성장을 위한 기본 조건부터 국제 개발원조에 대한 G8의 책임 문제까지 폭넓었다. 심지어 우리는 이를 넘어 전 지구적 이익이 걸린 기후 문제도 다룰 예정이었다. G8은 과연 하일리겐담에서 지구온난화에 대한 추가 조치에 합의할 수 있을까?

2007년 독일은 G8의 의장국일 뿐 아니라 유럽연합 이사회의 상반기 의장국도 맡고 있었다. 지난 3월에 열린 유럽연합 이사회에서 각국 국가원수와 정부 수반들은 국제 기후 협상과 관련해서 유럽연합의 향후 방침을 결정했다. 1997년 일본 교토에서 채택된 교토의정서는 새로운 시간표가 필요한 상황이었다. 왜냐하면 이 의정서는 2004년에 러시아도 비준함으로써 2005년에 마침내 발효되었지만 2012년에 만료될 예정이었기 때문이다. 유럽연합 이사회는 지구 평균 기온 상승을 산업화 이전 대비 최대 섭씨 2도로 제한하는 목표를 제시했고, 다른 선진국들도 똑같은 조치를 취한다는 전제하에서 2050년까지 온실가스 배출량을 1990년 대비 60~80퍼센트 감축하기로 결정했다.

이제 나는 하일리겐담에서 G8이 유럽연합의 결의안을 지지하길 기대했다. 환상과도 같은 기대였지만, 그 방향으로 한 걸음 나아가는 것은 가능하리라 생각했다. 그 정도는 꼭 달성하고 싶었다. 여기서 성공의 열쇠이자 가장 큰 도전은 미국이었다. 부시 대통령은 2001년 3월 취임한 지 불과 2개월 만에 교토의정서에 대한 미국의 동의를 철회했다. 그렇기에 하일리겐담에서 기후 합의를 이끌어낼 여건은 매우 열악했다. 그 때문에 나는 정상회의 몇 주 전인 2007년 4월 직접 워싱턴으로 날아갔다. 이 방문에서 부시와 나는 처음으로 기후 문제에 대해 집중적으로 논의했다. 미 공화당 내의 많은 사람은 인간이 지구온난화에 미치는 영향을 근본적으로 의심하고 있었고, 부시 자신도 미국이 유엔에 대해 국가적 목표를 반드시 달성할 의무가 있다고 생각하지 않았다. 그에 대해 나는 유엔이 크든 작든 모든 국가가 하나의 투표권을 행사하는 국제적인 합의의 장이라는 점을 상세히 설명했다.

하일리겐담에서의 점심 식사에는 나의 외교 담당 보좌관 크리스토프 호이스겐과 미 대통령의 국가안전보장회의 보좌관 스티븐 해들리도 참석했다. 오후 1시 정각에 부시가 유쾌한 표정으로 방에 들어왔다. 우리는 식사를 하면서 영어로 대화를 나누었다. 혹시 몰라 통역사도 대동했다. 독일 측에서는 도로테 칼텐바흐가 통역을 맡았다. 그녀는 이 자리뿐 아니라 내 총리 재임 기간 내내 여러 까다로운 상황에서 나를 도와주었고, 가끔은 내가 다소 엉망으로 구사한 독일어 문장도 훌륭한 영어 문장으로 바꿔주었다.

먼저 말문을 연 나는 쇠뿔도 단김에 뺀다는 심정으로 기후 보호의 어려운 상황 이야기로 바로 치고 들어갔다. 부시는 내 말을 주의 깊게 듣는 듯했다. 그러나 대답은 미룬 채, 우리가 머물고 있는 이 장소에 대한 칭찬부터 시작해서 안보 상황에 대해 묻고는 다른 참가자들, 특히 몇 주 전 자크 시라크의 뒤를 이어 프랑스 대통령에 취임한 니콜라 사르코지에 대한 나의 인상을 물었다. 부시는 쉴 새 없이 수다를 떨면서 변죽을 울렸다. 속절없이 시간만 흘렀다. 훌륭한 음식도 도움이 되지 않았다. 우리 앞에는 60분의 시간밖에 없었다. 최대한으로 잡아도 75분이었다. 부시는 최소한 내가 지난 4월에 미국을 방문한 이후로는 내가 무엇을 원하는지 정확하게 알고 있을 테지만, 최대한 오랫동안 내 말에 대한 직접적인 답변을 피하는 것을 즐기는 듯했다.

시간이 다 되어갈 무렵에야 우리는 내가 그를 점심 식사에 초대한 이유인 기후 문제에 대해 이야기를 나누었다. 나는 부시가 기후 문제 때문에 G8 정상회의가 실패하도록 내버려두지 않으리라는 인상을 받았지만, 다른 한편으론 나와 유럽연합의 기준에 부합하는 결과를 얻으려면 아직 험난한 과정이 남아 있음을 알 수 있었다. 이어진 기자회견에서 우리는 둘 다 자신의 패를 자세히 내보이지 않았다. 나는 울리히 빌헬름 정부 대변인으로부터, 부시 대통령의 참모들이 이번 정상회담에서는 온실가스 감축에 대한 구체적인 목표 설정이 없으리라고 기자들에게 넌지시 통보했다는 이야기를 들었다. 일종의 기대치 관리*였다. 나는 기다려보자고 생각했다.

미국 대통령과의 대화 후 나는 다른 정상들과도 만나 다음 이틀 동안의 안건에 대해 이야기를 나누었다. 2006년 9월에 취임한 아베 신조 일본 총리는 교토의정서에 명시된 국가적 약속을 이행하는 데 어려움을 겪고 있었지만, 2050년까지 온실가스 배출량을 최소한 절반으로 줄이자는 목표에 동의했다. 그건 2006년 2월부터 캐나다 총리직을 맡고 있는 스티븐 하퍼도 마찬가지였다. 블라디미르 푸틴은 러시아가 국가적 약속을 이행하는 데 어려움이 없을 것이라고 판단하고 있었다.

2006년 5월 이탈리아 총리에 재선된 로마노 프로디는 1999년부터 2004년까지 유럽연합 집행위원회 위원장을 역임했는데, 나는 그때부터 그를 알고 있었고 당대표로 선출된 후에도 가끔 그를 방문했다. 그는 토니 블레어 영국 총리나 호세 마누엘 바호주 유럽연합 집행위원장과 마찬가지로 실질적인 성과를 내기 위한 나의 노력을 지지해주었다. 나는 특히 토니 블레어가 조지 부시를 설득하는 일에 적극적으로 나서주기를 바랐다. 그의 임기는 얼마 남지 않은 상태였다. 2007년 6월 27일부터 영국 재무부 장관 고든 브라운과의 정권 교체가 합의되어 있었기 때문이다. 블레어는 다음 부시와의 조찬에서 자신의 외교 수완을 총동원해 기후 보호와 교토의정서 만료 이후의 과정을 진전시키는 데 유의미한 결과가 도출될 수 있도록 최선을 다하

---

* 실망과 갈등을 피하기 위해 타인에 대한 우리의 기대치와 실제 현실 사이의 간극을 인식하고 균형을 맞추는 행위.

겠다고 약속했다.

저녁 식사 직전에 나는 마지막으로 니콜라 사르코지를 만나 대화를 나누었다. 우리는 자매결연 정당인 기민당과 프랑스 대중운동연합(UMP)의 당대표로서 이미 서로 잘 알고 있었다. 5월 16일 그는 취임 직후 베를린으로 날아와 독일-프랑스 우호 관계를 확인해주었다. 이제 나는 그에게 부시와의 대화와 나의 걱정에 대해 이야기했다. 우리는 양쪽 통역사를 두고 대화를 나누었다. 사르코지는 빠른 속도로 말하면서 나를 지지하겠다고 약속했고, 게다가 개인적으로 어설픈 타협은 할 수 없다고 강조했다. 다음 주 일요일 프랑스에서는 의회 선거 1차 투표가 예정되어 있었다. 그는 만족스럽지 못한 결과를 갖고 파리로 돌아가느니 차라리 정상회의를 일찍 끝내고 싶어 했다.

같은 날, G8 정상회의는 각국 수반 및 옵서버가 모두 참석하는 만찬과 함께 공식적으로 시작되었다. 만찬 장소는 하일리겐담에서 약 25킬로미터 떨어진 호엔 루코프 영주 저택이었다. 시위대의 기습적 공격을 고려하면 이건 경호 부대에게 굉장히 부담스러운 일이었다. 이런 행사와 관련한 경찰의 부담을 지금처럼 잘 알고 있었다면 나는 보안 구역 밖에서 그런 만찬을 계획하지 않았을 것이다. 아무튼 그럼에도 다자간 협력이 성공하고 세계화가 정치적으로 지혜롭게 이루어지려면 그런 정상회의가 필요하다고 나는 지금도 믿고 있다.

8인의 회의

공식 회담은 다음 날 10시에 시작되었다. 8개국 정상은 원탁에 둘러앉았고, '셰르파'라고 불리는 각국 경제 보좌관들은 자국의 정상 뒷좌석이나 회담 내용이 중계되는 별도의 방, 즉 청취실에 앉아 있었다. 참가자들에게는 동시통역 서비스가 제공되었고, 덕분에 활발한 의견 교환이 가능했다. 우리는 세계경제 상황에 대한 이야기로 회의를 시작했다. 딱히 쟁점이라고 할 만한 게 없는 상황이라 토론은 당초 계획보다 일찍 끝났다. 이렇게 해서 오전에 벌써 대화는 까다로운 기후 문제로 넘어갔다. 원래는 오후 4시 회의에서 논의될 안건이었다.

내 오른쪽으로 두 자리 건너에 앉아 있던 니콜라 사르코지가 곧 발언권을 잡았고, 전날 저녁에 내게 했던 말을 반복했다. 그러더니 어제와 같은 말로 발언을 마무리했다.

"그렇지 않으면 나는 이 자리를 박차고 나가 프랑스로 돌아갈 겁니다."

회의장에 당혹스런 침묵이 흘렀다. 나는 주최자로서 무언가 화해의 말을 시도했다. 그럼에도 다른 참석자들, 특히 조지 부시는 이게 사르코지 대통령과 내가 미리 짜놓은 각본인지 알아채지 못하는 눈치였다. 그는 천천히 일어나 사르코지 쪽으로 걸어가더니 그 바로 뒤에 서서 나를 똑바로 바라보았다. 자기 자리에서는 그럴 수가 없었다. 어쨌든 그런 각도가 쉽게 나오지 않았다. 내 바로 왼쪽에 앉아 있어서 내가 고개를 돌리지 않는 한 내 눈을 바로 볼 수가 없었기 때문이다. 나는 사르코지의 발언에 대한 내 생각을 드러내는 행동을 일체 하지 않았다. 사르코지를 거들지도 않았고 제지하지도 않았다. 부시는 이게 지금 무슨 상황인지 알고 싶었던 게 분명했다. 그는 사르코지 뒤에 서서 차분하게 말했다.

"이 자리에 계신 다른 분들과 마찬가지로 나도 여기서 우리나라의 입장을 대변하고 있습니다. 나에게 주어진 나름의 여지 안에서 타협할 생각이 있긴 하지만, 유럽 정상들이 무작정 자신들의 입장을 밀어붙인다면 나도 언제든 이 자리를 떠날 수 있습니다. 물론 그럴 뜻은 없지만, 누구에게나 이 회의 석상을 떠날 자유는 있습니다."

통역사들은 부시의 말을 통역할 수 없었다. 그가 자기 자리의 마이크에다 대고 말하지 않는 바람에 그의 말을 들을 수가 없었기 때문이다. 하지만 다들 통역 없이도 그 정도의 영어는 충분히 알아들을 수 있었다. 미국 대통령의 말은 효과가 있었다. 사르코지는 자리를 박차고 나가지 않았고, 부시도 자기 자리로 돌아가 앉았으며, 우리는 논의를 계속했다.

우리는 셰르파들이 점심 휴식 시간에 타협안을 마련하게 하자는 데 합의했다. 그전에 토니 블레어는 조지 부시와의 아침 식사 직후에 미국과 어느 정도 선까지 합의가 가능한지 자신의 느낌을 내게 말해주었다. 이후 나는 조심스럽지만 모종의 결과를 도출할 수 있으리라는 확신을 갖게 되었다. 오후 2시 30분경 합의안 초안을 전달받았다. 거기에는 기후변화 대응이 인류가 직면한 가장 큰 도전 중 하나이고, 최근의 기후변화 보고서를 보면서 세계 기후에 대한 깊은 우려를 갖고 있으며, 향후 기후 보호를 위한 전 지구적 조치와 관련한 협상은 유엔 주도로 이루어져야 하고, 2050년까지 세계적으로 온실가스 배출량을 절반으로 줄이겠다는 유럽연합과 캐나다, 일본의 결정을 G8이 진지하게 검토하겠다는 내용이 담겨 있었다. 문서에는 감축량에 대한 구체적인 수치는 없었지만, 절반 감축을 진지하게 검토하겠다는 발언 자체가 감축을 위한 중요한 진전이었다. 목표는 2050년까지 최소 50퍼센트 감축이었다.

나는 베를린에 남아 관련 보도를 꼼꼼히 챙기던 베아테 바우만에게 전화를 걸었다. 이제 그녀는 외부 일정에 나와 동행하는 경우가 드물었다. 대신 사무실을 지키면서 총리청의 관련 부서들과 나 사이를 상시적으로 연결시켜주었고, 우리의 통제권 밖에서 일어나는 일을 주시하면서 그때그때 적절한 대응책을 마련했다. 그녀는 그게 총리 비서실장의 임무라고 생각했다. 내게는 정말 천군만마 같은 사람이었다. 이제 나는 바우만에게 합의문 초안에 대한 평가를 요청했다. 그녀는 무엇이 받아들여질 만하고 그렇지 않은지에 대해 판단하는 감각이 뛰어났고, 어떤 쪽으로든 그런 생각을 명확하게 말하는 데 주저함이 없었다. 내가 회담 공식어인 영어로 텍스트를 읽어주자 그녀는 탄성을 질렀다.

"이건 빨리 언론에 공개하는 게 좋겠어요. 정말 잘된 일이에요."

그녀는 내게 기운을 북돋아주었다. 실제로도 이 결과는 어느 정도 성공적이라는 평가를 받았다. 그와 함께 마침내 정상회의 반대자들의 시위만이 아니라 G8에서 논의된 회담 내용들도 보도되기 시작했다.

오전 실무 회담과 G8 출신 청소년들과의 만남이 끝나자 이제 정상회의의 필수 항목인 기념 촬영 순서가 다가왔다. 일명 '가족사진'이라 불리는 이 행사는 일반적으로 다소 성가신 의무 조항이었다. 하지만 이번에는 모두가 즐겁게 촬영에 임했다. 이 사진 촬영을 위해 우제돔섬의 헤링스도르프에 있는 유서 깊은 슈트란트코르프 제작업체에서 긴 광주리 모양의 초대형 슈트란트코르프를 제작해주었고, 모든 정상이 그 안에 나란히 앉아 포즈를 취했다.

8년 후인 2015년 7월, 내가 다시 주요 선진국 정상회의를 주관할 차례가 되어 바이에른의 엘마우에서 회의를 개최했을 때 하일리겐담의 기억을 되살려 가족사진 촬영용으로 엄청나게 긴 나무 벤치를 제작하게 했다. 조지 부시의 후임으로 2009년 1월부터 재임 중인 버락 오바마 대통령과 나는 다른 사람들보다 몇 분 먼저 벤치에 도착했다. 그는 등받이에 양팔을 걸친 채 벤치에 편안하게 앉았다. 이 사진은 수없이 인쇄되어 널리 퍼져나갔다.

나는 오바마 앞에 서서 이 벤치가 내 기억 속에서 떠올리게 하는 것이 무엇인지 설명하려고 했다. 그런데 안타깝게도 당시 '슈트란트코르프'라는 단어의 영어 번역어를 몰랐고, 도로테 칼텐바흐도 옆에 없었다. 결국 적절한 용어가 없는 상태에서 나는 두 팔을 점점 넓게 벌려가며 기억 속 물체의 크기를 설명하고자 했다. 오바마는 웃었지만, 내가 설명하고자 했던 것을 한마디도 알아듣지 못했다. 나중에 마침내 그에게 하일리겐담에서 찍은 사진을 보여주었고, 그와 함께 새로운 단어를 하나 배웠다. '위커 비치 체어'(wicker beach chair)였다.

블라디미르 푸틴을 기다리다

저녁 식사 전에 나는 일곱 명의 다른 국가 정상과 식전주를 한잔하고 싶었다. 날씨는 좋았고, 우리는 야외로 나갔다. 기자들은 참가자들 사이의 분위기를 생생하게 전해줄 만한 사진을 찍고 싶어 했다. 그 때문에 우리는 각 참가국의 카메라 팀이 가청 거리 밖에서 사진을 찍도록 허용했다. 카메라맨들은 활기차게 대화를 나누는 장면을 촬영할 수 있게 되어 무척 기뻐했다. 그런데 한 명이 없었다. 블라디미르 푸틴이었다. 우리는 기다리고 또 기다렸다. 내가 참지 못하는 한 가지가 있다면 시간을 지키지 않는 것이었다. 푸틴은 왜 이러는 것일까? 누구에게 뭘 증명하려는 것일까? 아니면 진짜 무슨 문제가 있는 것일까? 나는 겉으론 다른 사람들과 편안하게 수다를 떠는 척했지만, 속으론 화가 치밀었다. 저녁 식사 후에는 옵서버로 참가한 국가들과의 비공식 미팅이 예정되어 있었다. 모든 일정이 한 사람 때문에 미뤄진다면 참으로 불쾌한 일이었다.

나는 그냥 푸틴 빼고 우리끼리 저녁 식사를 하고 다음 일정으로 해상(海上) 다리로 가서 사진을 찍자고 말하려던 참이었다. 그때 마침내 푸틴이 나타났다. 무려 45분 지각이었다.

"어떻게 된 거지요?"

내가 물었다.

"당신 탓이에요. 아니, 더 정확하게는 라데베르거 탓이에요."

정상회의 전에 그는 자신이 좋아하는 라데베르거 맥주를 한 상자 자기 방에 갖다달라고 부탁했다. 1980년대 드레스덴에서 KGB 장교로 근무하던 시절에 즐겨 마시던 맥주라고 했다. 우리는 그의 부탁을 들어주었고, 그는 맥주를 마실 수밖에 없었다고 웃으면서 말했다. 내가 베푼 친절의 대가였다. 그는 이런 식으로 남들의 관심을 한몸에 받는 것을 즐기는 듯했다. 미국 대통령까지 자신을 기다려야 했던 상황이 무척 기뻤던 게 분명했다.

나는 기민당의 야당 시절, 블라디미르 푸틴이 2000년 6월 베를린을 방문했을 때 당대표 자격으로 만난 적이 있었다. 크렘린궁에서 처음 만난 것은 2002년 2월이었다. 이 두 번의 만남에 대한 기억은 남아 있지 않다. 그에 비하면 연방총리 취임 몇 달 뒤 제8차 독일-러시아 정부 간 협의는 훨씬 생생하게 기억난다. 당시 나는 2006년 4월 26일 상당수 각료와 경제계 대표단을 이끌고 시베리아의 톰스크로 날아갔다. 시베리아 여행은 처음이었다. 가끔 일본이나 중국에서 돌아오면서 중간에 잠시 들른 것 말고는 이번 여행이 유일했다. 러시아계 독일인 5,000여 명을 포함해 인구 약 50만 명이 사는 이 도시는 북극해 변방 바다인 카라해로 흘러들어가는 3,650킬로미터 길이의 오브강 지류 톰강 연안에 있었다. 톰스크에서 톰강의 폭은 수백 미터에 이르렀다.

4월은 얼음이 녹는 시기였다. 다음 일정을 위해 다른 장소로 이동하던 중에 나는 운전기사에게 잠시 정차해달라고 부탁했고, 대표단 전원이 차에서 내렸다. 우리는 몇 분 동안 자연의 장관을 감상했다. 얼음이 막 산산이 부서지고 있었다. 그로 인해 상당한 소음이 발생했고, 강을 따라 곳곳에서 갈라지고 부서지는 소리가 났다. 많은 주민이 벤치에 앉아 이 장면을 지켜보고 있었다. 나도 저들과 함께 저러고 싶다는 갈망이 일었다. 시베리아의 큰 강인 오브강, 예니세이강, 레나강에서 배를 타고 하구까지 간다면 얼마나 멋질까? 전에는 알지 못한 욕망이었다. 지금까지는 시베리아 횡단 열차를 타고 모스크바에서 블라디보스토크까지 여행하는 꿈만 꾸었다. 이 두 가지 꿈을 나는 지금까지도 이루지 못하고 있다. 몇 분 후 우리는 톰강과 작별하고 다시 차에 올라 다음 약속 장소로 향했다.

저녁에는 블라디미르 푸틴이 도시 외곽의 한 자연 공원에서 우리를 위해 만찬을 베풀었다. 주빈석에는 우리 둘과 외교 담당 보좌관만 앉았다. 혹시 몰라 옆 테이블에서 통역이 대기하고 있었지만, 푸틴은 독일어로 말했다. 그의 독일어는 나의 러시아어보다 나았다. 나의 러시아어 실력은 동독 시절에 머물러 있었고, 민주적 정치 용어들도 알지 못했다. 그날 저녁 우리는 자국의 입장과 상대국에 대한 생각을 이야기했다. 우리가 과거에 서로 다른 진영에 있었던 건 분명했고, 현재 러시아의 상황에 대한 견해도 서로 달랐다. 나는 러시아에서 민주적 자유가 점점 제한되고 있고, 비정부기구의 활동을 더욱 어렵게 하는 법이 막 시행된 점에 대해 우려를 표했다. 푸틴은 나의 의견을 반박했다.

저녁 식사에서 나는 전통적인 스테이크와 불곰 고기 중 하나를 선택할 수 있었는데, 모험을 하기로 결정했다. 곰 고기의 맛은 무척 좋았고, 강렬했으며, 야생의 느낌이 났다. 전체적으로 무척 특별했다.

다음 날에는 독일과 러시아 기업 대표들이 함께 참여한 포럼이 열렸다. 주제는 노르트스트림 1 파이프라인 건설, 자동차 및 농기계 부문의 협력, 러시아의 세계무역기구(WTO) 가입 관련 협상이었다. 독일과 러시아의 에너지 협력도 주요 관심사로 다루어졌다. 2005년 당시 독일은 천연가스의 41퍼센트와 원유 수요의 32퍼센트를 러시아에서 수입했다. 소련과 구서독의 에너지 공급 체계는 냉전 시대에도 40년 넘게 신뢰를 바탕으로 안정적으로 유지되어왔다. 그런데 지금까지의 일방적인 원료 공급 관계는 상호 의존적인 파트너십 구축을 통해 장기적인 안정성을 확보해야 했다. 이렇게 해서 바스프와 가즈프롬이 시베리아 가스전 유즈노-루스코예의 소수 지분에 참여하기로 원칙적인 합의가 이루어졌다. 이어진 정부 간의 본 협상에서 독일과 러시아의 각 장관들은 양자 간 협의와 공동 프로젝트의 진전 상황을 보고했다. 예를 들면 2005년 4월 푸틴과 슈뢰더가 전략적 파트너십의 일환으로 체결한 독일-러시아 교육 이니셔티브가 그중 하나 였다.

정부 간 협의가 끝나자 푸틴은 나에게 자신의 차를 타고 공항으로 가자고 제안했다. 도중에 전형적인 러시아 목조 주택이 있는 마을들을 가리키며, 저곳에는 돈이 없어서 유혹에 약한 사람들이 살고 있다고 말했다. 우크라이나에도 저런 부류의 사람들이 2004년 가을 미국 정부의 돈에 넘어가 오렌지혁명*에 가담했다고 덧붙였다. 내 기억에 따르면 푸틴은 이렇게 말했다.

"러시아에서는 절대 그런 일이 일어나지 않도록 할 겁니다."

"하지만 동독 시절에 우리가 평화 혁명을 일으킨 게 미국 돈에 넘어가서 그런 걸까요?"

내가 반박했다.

"그건 아니었어요. 우리는 그런 혁명을 원했고, 그 혁명이 우리의 삶을 더 좋게 바꾸었어요. 우크라이나 사람들도 바로 그걸 원했을 거예요."

푸틴은 화제를 바꾸었다.

"미국 헌법과 러시아 헌법의 중요한 차이를 아세요?"

그가 물었다.

나는 그가 무슨 뜻으로 이런 말을 하는지 감을 잡을 수 없었다.

"두 헌법 모두 대통령 임기는 두 번으로 제한되어 있어요."

푸틴이 말을 이어갔다.

"그런데 미국에서는 중간에 한 번 쉬었다 가더라도 총 두 번밖에 대통령을 할 수가 없어요. 하지만 러시아에서는 두 번의 재임 후에도 한 번 쉬었다 가면 다시 대통령이 될 수 있어요."

---

* 2004년 우크라이나 대통령 선거 때 사람들이 야당을 상징하는 오렌지색 옷을 입거나 오렌지색 깃발을 흔들며 여당의 부정 선거를 규탄했고, 그로써 결국 재선거를 치르게 한 시민 혁명.

2006년 시베리아의 봄날, 내가 공항 가는 길에 푸틴에게서 들은 이 몇 마디 말의 메시지는 분명했다. '내후년 두 번의 임기를 마치고 헌법에 따라 후임자에게 대통령직을 물려준 뒤 한 번 쉬고 다시 돌아올 테니 계속 나를 주목하라'는 뜻이었다. 나는 푸틴의 말에 이러쿵저러쿵 토를 달지 않았지만, 그의 진의를 파악할 수 있었다. 공항에 도착하자 푸틴은 내가 타고 갈 비행기 앞에 차를 세우게 했다. 우리는 작별 인사를 했고 나는 베를린으로 돌아갔다.

9개월 후인 2007년 1월 21일, 나는 흑해 연안의 소치에 위치한 블라디미르 푸틴의 별장을 방문했다. 대화 중에 그는 소련의 붕괴를 20세기 최대의 지정학적 재앙으로 지칭했다. 이 입장은 새로운 것이 아니라 2005년 연두교서에서도 이미 공개적으로 밝힌 바 있었다. 그는 이제 입에 거품을 물고 비난을 퍼부었다. 몇 분 동안 2003년 미국의 이라크 전쟁을 욕했고, 폴란드와 체코에 배치될 예정인 미사일 방어 시스템을 포함해 미국이 계획하고 있는 국가미사일방어체제(NMD)를 비난했다. 이 방어 시스템의 부당함을 증명하려고 이란 미사일의 사거리까지 언급했다.

비난의 초점은 조지 W. 부시 대통령이 취임 몇 달 후인 2001년 5월에 발표한 미국의 글로벌 미사일 방어 시스템이었다. 부시는 1983년 로널드 레이건 대통령의 전략방위구상(SDI)과 1999년의 국가미사일방어법을 이어받아 이란과 북한 같은 '불량 국가'를 겨냥한 미사일 방어 체계를 구축하고자 했다. 2001년 9월 11일 이슬람 극단주의자들의 미국 공격 이후 부시 대통령에게 이러한 미사일 방어 시스템의 구축은 더욱 중요해졌다. 그러나 푸틴은 이 시스템이 러시아를 겨냥하고 있다고 주장했다. 나는 그의 말을 끝까지 들었고, 침착함을 유지하려고 애썼다. 그런 다음 부시 대통령과 이 미사일 시스템에 대해 대화를 나누어보라고 권했으며, 20세기 최대 재앙은 독일의 국가사회주의였고 냉전 종식은 내가 전혀 예상하지 못한 방식으로 내 삶을 한 없이 좋게 변화시켰다고 강조했다.

다른 측면에서 푸틴은 소치에서 자신이 의도하는 바를 교묘하게 대중에게 내비쳤다. 필요하다면 자신이 키우는 검은 래브라도종의 개 코니까지 이용했다. 그는 외국 손님이 방문하면 코니를 곁에 둘 때가 많았다. 2006년 1월 나의 첫 공식 방문 이후에는 푸틴도 내가 개를 무서워한다는 사실을 알고 있었다. 1995년 초 우커마르크에서 개에게 물린 사고의 후유증이었다. 크리스토프 호이스겐은 러시아 동료 세르게이 프리초드코에게 이 사실을 알리면서, 나와 함께 있을 때는 푸틴이 개를 곁에 두지 않았으면 한다고 부탁했다. 2006년에는 푸틴도 이 부탁을 존중해주었다. 물론 그러면서도 약간 비열한 행동을 주저하지 않았다. 물지 않는 개라면서 내게 큰 개 인형을 선물한 것이다. 나는 대놓고 인상을 쓸 수는 없어 웃으면서 받았다. 그런데 내가 개 인형을 크리스토프 호이스겐에게 넘기는 바람에 이제는 그가 나 대신 한참 동안 끙끙대며 인형을 들고 다녀야 했다. 독일 의전 담당자가 인계해갈 때까지.

2007년 소치에서 코니는 이제 직접 무대에까지 올랐다. 푸틴과 내가 회담 시작 전에 사진기자와 카메라맨들 앞에서 포즈를 취했을 때 나는 개가 바로 옆에서 얼쩡거렸음에도 개를 무시하려고 안간힘을 썼다. 내가 보기에 푸틴의 표정은 이 상황을 즐기는 듯했다. 곤경에 빠진 사람이 어떻게 반응하는지 보고 싶었던 것일까? 아니면 힘의 과시였을까? 내 머릿속에는 한 가지 생각밖에 없었다.

'침착하자! 사진기자에게 집중하자. 조금만 참으면 다 지나갈 거야!'

실제로 모든 것이 끝났을 때 나는 푸틴에게 이 일에 대해 일절 언급하지 않았고, 대신 내 인생에서 자주 그래왔듯이 영국 귀족의 명언을 되뇌었다.

"설명도 불평도 하지 말라!"

그로부터 5개월 후 하일리겐담에서 푸틴이 우리를 기다리게 했을 때 나는 다시 한번 그렇게 했다. 라데베르거 맥주 일은 잊어버리고 솟구치는 화를 누르면서 모두에게 두 번째 가족사진을 찍으러 해상 다리로 가자고 청했다. 그전에 부시와 푸틴은 오후 회의에 이어 둘 사이에 논란이 많던 미국의 미사일 방어 프로그램에 대한 이야기를 나누었다. 나로서는 두 손 들고 환영할 일이었다. 푸틴은 부시에게 폴란드와 체코에 미사일 방어 시스템을 구축할 계획을 포기하고, 대신 러시아와 협력해서 아제르바이잔의 레이더 기지를 공유하고 튀르키예와 이라크 또는 해상에 방어 미사일을 배치하자고 제안했다. 그러면 자신은 이 시스템이 실제로 러시아가 아닌 불량 국가들을 겨냥한 것이라 믿을 터이고, 미국도 체코와 폴란드에 미사일 기지를 설치할 필요가 없을 거라고 했다. 부시는 이 제안을 검토해보겠다고 답했다. 2년 후, 부시의 후임자 버락 오바마는 취임 첫해인 2009년에 미사일 방어 프로그램을 전체적으로 변경했다. 무엇보다 폴란드에 배치 예정인 시스템을 해상 기반 요격 미사일로 대체하고, 체코에 계획된 레이더 기지는 모두 취소했다.

4. 글로벌 경제 위기

아르미다와 IKB

6주 후, 그러니까 2007년 7월 28일 토요일 오후 7시 25분경이었다. 장소는 잘츠부르크의 펠젠라이트슐레 공연장이었다. 요아힘과 나는 친구 일제와 마르틴 바르텐슈타인과 함께 잘츠부르크 페스티벌에서 요제프 하이든의 오페라 「아르미다」 초연을 들뜬 마음으로 기다리고 있었다. 우리는 이미 홀에 자리를 잡은 상태였다. 잠시 후 조명이 꺼지기 전에 나는 핸드백에서 핸드폰을 꺼내 메시지를 쓱 훑어보았다. 순간 깜짝 놀랐다. 토요일 저녁이었는데도 옌스 바이트만 경제 담당 보좌관이 짧은 문자 메시지를 보낸 것이다.

"IKB에 문제가 생겼습니다. 잠시 통화할 수 있을까요?"

바이트만은 2006년 초부터 총리청의 경제 및 금융 정책실 수석비서관으로 일하고 있었다. 이제 겨우 39세였지만 경력은 화려했다. 국제통화기금의 경제 고문, 경제 발전 진단을 위한 전문가 협의회 사무총장, 독일연방은행 실장 등을 역임했다. 토요일 이 시간에 바이트만이 이런 문자를 보냈다면 중요한 일임에 틀림없었다. 나는 공연 팸플릿을 펼쳐 휴식 시간이 언제인지 확인했다. 8시 50분쯤으로 예상되었다. 나는 재빨리 답장을 보냈다.

"지금은 오페라 공연 중이에요. 9시 조금 전에 전화할게요."

공연이 시작되었다. 그런데도 머릿속으로 계속 이 메시지가 걸렸다. IKB가 뭘까? 약자만 봐서는 도무지 짐작이 가지 않았다.

휴식 시간에 나는 곧장 조용한 곳을 찾아 옌스 바이트만에게 전화를 걸었다.

"무슨 일이에요? IKB가 뭐지요?"

내가 물었다.

그가 설명했다. IKB 도이치 인더스트리뱅크는 뒤셀도르프에 본사가 있고, 1920년대로까지 뿌리가 거슬러 올라가는 금융기관이다. 이 은행은 중소기업에 장기 투자 대출을 제공하는 데 주력하고, 공공개발 프로그램에서 나오는 자금을 고객에게 전달한다. 당시 이 기관의 최대 단일 주주인 연방개발은행, 즉 독일재건은행(KfW)의 실무은행 같은 역할을 한다. KfW는 공법상의 기관으로서 연방정부와 연방주의 주문을 실행에 옮긴다. 이 기관은 중소기업, 프리랜서, 자영업을 육성하고, 무엇보다 인프라 구축과 주택 건설, 환경 보호 등을 대출로 지원한다. 나는 환경부 장관 시절에 이 기관에 대해 알고 있었다.

"그래서 IKB가 지금 어떻게 됐다고요?"

내가 물었다.

"IKB는 2002년에 라인란트 펀딩이라는 이름의 미국 특수 목적 법인을 설립했습니다. 미국 시장에서 서브프라임 부동산 대출 상품, 그러니까 신용 등급이 낮은 대출 상품을 취급하는 법인이었지요. IKB는 이 회사에 총 81억 유로에 달하는 유동성 자금을 보증했습니다."

이 말에 이어 바이트만은 바로 본론으로 들어갔다.

"올 초에 미국의 이 대출 시장은 금리 상승과 부동산 가격 하락으로 위기에 빠졌습니다. 그 결과 특수 목적 회사의 투자 가치는 급격히 떨어졌고, 법인의 자체 손실을 IKB의 보증으로 막아야 할 위험이 생겼습니다. 그런데 IKB는 이런 상황에 대비해 충당금을 충분히 적립해놓지 않았습니다. 따라서 도이체방크는 어제 IKB에 대한 신용 한도를 연장하지 않기로 결정하고 이를 연방금융감독원에 통보했습니다. 결론적으로 IKB는 현재 파산 위기에 놓여 있습니다."

"좋아요, 그럼 이게 우리한테 의미하는 바는 뭐지요?"

내가 물었다.

"슈타인브뤼크는 내일 모든 관련자와 화상 회의를 열어 지불 불능 사태를 막을 수 있는 방법을 논의할 예정입니다. 그러지 않으면 독일 금융시장에서 연쇄 파산 사태가 발생할 수 있습니다. 총리님도 이건 알아야 한다고 생각했습니다. 다른 경로로 알기 전에 말이지요."

바이트만이 결론을 내렸다.

그는 아주 복잡한 문제도 빠르고 정확하고 이해하기 쉽게 설명하는 재능이 있었다. 또한 어떤 상황에서도 냉정함을 잃지 않고, 경제 및 금융 정책적 맥락을 정치적 감각으로 분석하는 능력도 뛰어났다. 이 정보는 재무부 국내 및 국제 금융통화 정책실장인 외르크 아스무센에게 받았는데, 슈타인브뤼크 재무부 장관이 이 정보를 내게 전달하라는 지시를 내렸다고 했다. 바이트만과 나는 어떤 일이 있더라도 금융시장의 연쇄 파산만큼은 반드시 막아야 한다는 데 동의했다.

홀에서 휴식 시간 종료를 알리는 종소리가 울려 퍼졌을 때 나는 바이트만에게 마지막으로 물었다.

"이 문제는 어떻게 해결할 수 있지요?"

"상황이 좋은 누군가가 IKB의 보증을 인수해야 합니다. 그건 아마 KfW의 참여, 즉 연방정부의 간접적인 개입 없이는 불가능할 겁니다. 하지만 민간은행도 참여하는 것이 좋겠지요."

이 말은 금방 이해가 되었다. 금융 시스템의 안정은 국가든 민간은행이든 공통의 관심사일 테니까 말이다.

"내일 회의가 잘됐으면 좋겠네요. 새로운 소식이 있으면 계속 전해줘요."

"네, 그렇게 하겠습니다."

그가 대답했다.

나는 바이트만이 이 문제를 어련히 알아서 잘 처리하겠느냐고 생각했음에도 오페라 2부 공연 내내 그의 말이 머릿속을 떠나지 않았다. 하지만 바이트만이 방금 내게 보고한 내용이 세계를 말 그대로 벼랑 끝으로 몰아넣는 일촉즉발 상황의 첫 번째 도미노 조각에 불과하다는 사실은 당시 내 머릿속에 없었다.

IKB 문제는 KfW를 비롯해 국책은행과 민간은행이 공동으로 위험을 인수함으로써 월요일 증권거래소가 열리기 전에 해결되었다. 돌이켜보면 IKB에 구제금융이 지원된 그 주말이 국제 금융 위기의 시작이었다는 느낌이 든다.

이후 나는 일단 오래전부터 예정되어 있던 일정을 소화했다. 독일 G8 의장국 임기 말에 지크마르 가브리엘 환경부 장관과 함께 그린란드를 방문했고, 이어 중국과 일본을 찾았으며, 아프리카도 처음 방문했다. 여기서는 에티오피아의 수도 아디스아바바에서 멜레스 제나위 총리를 만났고, 아프리카연합(AU) 본부에서 연설을 했다. 남아프리카공화국에서는 넬슨 만델라 전 대통령의 영접을 받았고, 라이베리아에서는 아프리카 유일의 여성 대통령 엘렌 존슨설리프를 만났다. 이어 인도와 조지 부시의 목장으로 날아갔고, 베를린에서 달라이 라마와 사우디 국왕 압둘라를 맞았으며, 2007년 11월 13일에는 프란츠 뮌테페링이 장관직에서 물러나면서 국내 정치적 충격에 대처해야 했다. 나는 정계를 떠나 병든 아내를 돌보기로 마음먹은 그의 결정을 십분 이해하고 존중했지만, 정부로서는 큰 손실이었기에 이를 감당해야 했다. 새 연방노동부 장관으로 당시 사민당 원내 수석 사무국장이던 올라프 숄츠가 임명되었고, 새 부총리에는 프랑크발터 슈타인마이어 외교부 장관이 지명되었다. 그사이 새 정부는 임기 절반, 즉 2년이 지났다. 지금까지의 성적표는 괜찮았다. 국가 재정은 튼튼했고 실업자 수는 감소했다. 그러나 먹구름이 밀려오고 있었다.

3개월 후인 2008년 2월, IKB는 다시 한번 자금 조달에 문제가 생기면서 재차 곤경에 빠졌다. 그런데 이건 IKB만의 문제가 아니었다. 최근 몇 주 사이 금융기관들이 상호간에 제공하는 대출에 대한 이자율이 계속 급등했다. 은행들끼리 서로를 점점 믿지 못한다는 신호였다. 따라서 페르 슈타인브뤼크 재무부 장관은 2008년 2월 15일 정부 성명에서 두 가지 점을 강조했다. 첫째, IKB가 파산하도록 내버려두지 않을 것이고, 둘째, 현 상황은 IKB 사태를 넘어 크게 봐야 한다는 것이다.

"서브프라임 시장 어음을 거래한 모든 신용 기관은 이번 위기의 영향을 받고 있습니다. 나쁜 점은 어느 기관이 어느 정도 영향을 받는지 아무도 정확히 모른다는 사실입니다. 지금까지는 글로벌 금융시장의 혼란이 독일 경제와 국가 재정에 미치는 영향은 관리 가능한 수준입니다. 지금까지는요! 물론 여러 요소를 감안했을 때 앞으로도 그럴 거라고 믿습니다."

슈타인브뤼크는 경고는 했지만 경보를 울리지는 않았다. 내가 볼 때도 아직 국가 비상사태라고 볼 만한 상황은 아니었다. 나는 이스라엘 의회의 초청을 받아 외국 정부 수반으로는 처음으로 이스라엘 의회에서 연설했고, 부쿠레슈티에서 개최된 북대서양조약기구 정상회의에 참석했으며, 아헨에서 유럽 통합에 대한 공로로 국제 샤를마뉴 상을 받았고, 브라질과 페루, 콜롬비아, 멕시코 순방길에 올랐고, 지중해연합 창설을 위해 파리로 갔고, 그후 알제리로 날아갔고, 2008년 7월 24일에는 미국의 한 젊은 상원의원을 만났다. 버락 오바마였다.

2008년 11월 4일에 치러질 미 대통령 선거에 민주당 후보로 출마한 그는 나에게 만남을 요청했을 뿐 아니라 베를린 브란덴부르크 문 앞에서 연설할 계획도 세워두고 있었다. 미국에서 선거전이 시작되었다. 공화당 대통령 후보는 존 매케인 상원의원이었다. 조지 부시는 두 번의 임기를 마쳤기에 다시 출마할 수 없었다. 토마스 드메지에르 총리청장은 수도 베를린에서 열리는 모든 행사의 승인을 공식적으로 담당하는 베를린시에서 브란덴부르크 문 앞에서의 오바마 연설에 우리가 동의했는지 문의해왔다고 내게 보고했다. 그곳은 별 의미가 없는 일개 장소가 아니었고, 오바마는 아직 대통령이 아니라 후보일 뿐이었기 때문이다. 나의 결정은 단호했다.

"아뇨, 동의하지 않습니다. 이걸 허용한다면 장차 어디다 한계선을 그을 수 있겠어요? 입장 바꿔서 다른 나라의 대통령 후보가 워싱턴의 링컨 기념관 앞에서 선거 연설을 해도 될까요? 내가 이 문제에 결정권이 있다고 한다면, 베를린의 다른 곳이라면 괜찮지만 그런 특별한 장소는 안 돼요."

버락 오바마라서가 아니었다. 아니, 그 반대였다. 나는 그가 무척 흥미로웠다. 그에 대해 듣고 읽은 모든 것을 종합해볼 때 탁월한 대통령 후보가 분명했다. 그는 연설로 사람들, 특히 젊은이들을 사로잡았다. 더구나 처음으로 흑인 대통령이 미국을 다스리게 된다는 사실은 상상만으로도 대단한 일이었다. 나는 그의 당선이 미국에서 새로운 공존의 장을 열어줄 거라고 생각했다. 하지만 지금 내가 결정해야 하는 것은 다른 차원의 문제였다. 앞으로 타국의 대통령 선거에 출마하는 모든 괜찮은 후보에게 브란덴부르크 문 앞에서 선거 연설을 할 기회를 주어야 할까? 누구에게는 그것을 허용하지 말아야 할까? 안 될 일이었다. 그건 잘못이었다. 미국 대통령 후보조차 브란덴부르크 문을 선거운동의 장으로 사용하는 것은 허용할 수 없었다. 나는 이 행사를 거절했다는 이유로 여론의 뭇매를 맞았지만 참을 만했다. 결국 오바마는 베를린 전승 기념탑 앞에서 연설했고, 20만 명의 청중이 환호했다.

이런 일이 있고 나니 나는 더더욱 그와의 개인적인 만남이 기다려졌다. 큰 키에 날씬한 남자가 역동적인 걸음걸이로 활짝 웃으며 내 사무실 문을 열고 들어왔다. 우리는 인사를 나눈 다음 자리에 앉았다. 버락 오바마는 매우 침착하게 독일과 미국 관계의 중요성을 강조했다. 우리는 영어로 대화를 나누었다. 나는 그에게 이번 선거에서 승리할 가능성을 어느 정도로 보느냐고 물었다. 그는 나빠 보이지 않는다고 대답했다.

나가는 길에 그가 물었다.

"아이가 있나요?"

"아뇨."

내가 대답했다.

"하지만 내 남편에게 아들이 둘 있어요."

"아내 미셸과 나는 딸이 둘 있어요. 사샤와 말리아. 아이들이 없었더라면 나는 이 모든 걸 해낼 수 없었을 겁니다."

나는 요아힘에 대해 이야기했다.

"남편은 지금도 계속 과학 분야에서 일하고 있지만, 정치인으로서나의 길을 처음부터 지지해줬어요."

오바마가 대선에서 승리한다면 나와 잘 맞을 거라는 확신을 나는이 첫 만남에서부터 갖게 되었다.

글로벌 난기류

몇 주 후인 2008년 9월 초, 미국의 금융 위기는 미 선거운동의 열기가 한창 뜨거운 와중에 일시적인 정점에 달했다. 2007년 9월 6일, 부시 행정부는 모기지 은행 두 곳인 패니매와 프레디 맥을 국유화했다. 두 은행은 미국 부동산 시장에서 약 5조 2,000억 달러를 대출했고, 이러한 무리한 대출로 인해 이제 파산 직전에 이르렀다. 이런 상황에서 국가가 개입했고, 국민의 세금으로 그 피해를 메꾸어야 했다. 민간은행의 경영 실패에 대한 대답은 '대마불사'로 보였다. 국민경제에 미칠 위험이 너무 커서 국가가 대형 은행의 파산을 내버려두지 않는다는 뜻이었다. 이 결정에 대한 사회적 비판이 없지 않았음에도 상황은 진정될 기미를 보이지 않고 오히려 더욱 악화되었다.

다음 타자로 어려움에 빠진 은행은 미국에서 네 번째로 큰 투자 은행인 리먼 브라더스였다. 이 은행의 대출 상품은 전 세계에 퍼져 있었다. 미국 정부는 또다시 은행을 구제해야 하는지 심각한 고민에 직면했다. 경제적 충격은 물론이고 미국 안팎에서 수많은 고객의 돈이 걸린 문제였다. 하지만 본보기를 보이기로 결정하고 구제금융을 거부했다. 만일 국민의 세금으로 은행을 살렸더라면 금융 위기의 향방이 달라졌을까? 그건 지금 돌이켜봐도 단언하기 어렵다. 금융업계도 자체적으로 리먼 브라더스를 지원할 수 없는 입장이라 결국 2008년 9월 14일 일요일 밤에서 월요일 새벽으로 넘어가는 시각에 리먼 브라더스는 파산 신청을 했다. 결과는 태풍급 재앙이었다. 전 세계 주식시장이 요동쳤다.

미 재무부 장관은 헨리 M. 폴슨이었다. 나는 2003년 2월 말 이라크 전쟁 발발 직전에 야당 대표 자격으로 미국을 방문했을 때 그를 처음 만났다. 뉴욕에 있는 그의 사무실에서였다. 미국 금융계에 관심이 많던 나는 폴슨을 흥미로운 대화 파트너로 소개받았다. 당시 그는 투자 은행 골드만삭스의 CEO로서 아직 정계에 진출하지 않은 상태였다. 나는 텔레비전 뉴스에서 금융 위기에 대해 이야기하는 그를 보면서 2003년 우리의 만남을 떠올렸다.

키가 큰 그는 의자에 앉아 연신 앞뒤로 몸을 흔들면서 내게 잇달아 질문을 던졌다. 나는 성실하게 답하려고 애썼다. 그는 유로존 국가들이 왜 매년 신규 부채를 국내총생산의 3퍼센트로, 총 공공부채를 국내총생산의 60퍼센트로 제한하는 안정화 협약으로 스스로를 얽매는지에 특히 관심이 많았다. 나는 인구 고령화가 진행 중인 유럽 대륙에서는 미래 세대에 대한 책임을 고려하면 지속가능한 수준으로 경제 발전을 추진하는 것이 중요하다고 대답했다. 내 말에 그는 비아냥거리는 웃음만 지었다. 또한 주권국가들의 공통 통화를 유지하려면 확고한 안전장치가 필요하다는 나의 설명에도 공감하지 못하는 눈치였다. 오만한 사람이라는 느낌이 들었다. 그런 사람이 이제 금융 위기의 간판으로 등장했다.

리먼 브라더스의 파산으로 전 세계가 혼란에 빠지자 미 정부는 단 하루 만인 2008년 9월 16일(화요일)에 유사 사태의 재발을 막기로 결정했고, 마찬가지로 큰 문제를 안고 있던 미국의 최대 보험사 중 하나인 아메리칸 인터내셔널 그룹을 거의 완전히 국유화해버렸다.

이튿날 2008년 9월 17일 수요일, 나는 연방의회 예산안 심의에 참석했다. 연설 첫머리에서 나는 곧장 금융시장의 위기를 언급하며 이렇게 말했다.

"독일 정부는 현 상황을 면밀히 주시하고 있습니다. 독일 금융계 수장들은 물론이거니와 타국 정부들과도 긴밀하게 소통하고 있습니다. 그 결과 분데스방크(독일연방은행)와 금융감독원, 재무부는 지난 월요일에 벌써 리먼 브라더스 사태와 관련해서 독일 금융기관들의 부채가 다행히 관리 가능한 수준에 있음을 확인했습니다."

이번 사태가 나머지 독일 경제 부문에 미칠 영향에 대해서는 이렇게 덧붙였다.

"그럼에도 독일처럼 세계화의 혜택을 다른 나라들보다 더 많이 누리는 개방경제는 이번 일에서 완전히 자유로울 수 없습니다."

완전히 자유로울 수 없다는 말은 나중에 너무 안일한 평가로 판명되었지만, 당시는 금융 위기가 본격적으로 확산되기 전이라 다른 판단을 내리기에는 아직 너무 일렀다.

이틀 후인 2008년 9월 19일, 미국 정부는 금융 부문에 대한 구제 프로그램을 예고했고, 9월 20일에는 7,000억 달러 규모의 구제금융 프로그램을 확정지었다.

그로부터 일주일이 조금 지난 2008년 9월 28일 일요일, 바이에른 지방선거에서 기사당은 절대 과반을 잃었다. 아마 정상적인 상황이라면 기사당의 부진한 성적에 대한 중앙정부의 책임을 두고 격론이 벌어졌을 것이다. 그러나 지금은 정상적인 상황이 아니었다. 주말에 독일의 또 다른 금융기관인 하이포 리얼 이스테이트 홀딩(HRE)이 위기에 빠졌다. 독일 주요 주가 지수인 DAX에 편입된 대형 은행이었다. HRE를 구해야 했다. 그러려면 총 350억 유로의 자금이 필요했다.

은행 감독 당국과 재무부는 일요일 내내 구제금융비용의 분담을 두고 HRE 및 민간은행들과 회의를 열었다. 저녁 늦게 슈타인브뤼크 재무부 장관에게서 전화가 왔다. HRE 구제금융과 관련해서 민간은행들의 참여를 독려하고 있는데 자기 힘으로는 도저히 더 이상 어찌해볼 수가 없다며, 내가 직접 도이체방크의 이사회 의장인 요제프 아커만과 통화해보는 게 어떻겠냐고 요청했다. 아커만은 독일은행연합회 회장은 아니었지만 금융시장에서 도이체방크의 무게감을 생각하면 각 민간은행의 이해관계를 조율할 수 있을 것 같았다. 그래서 전화를 걸었다. 몇 차례 서로 의견을 주고받았고, 슈타인브뤼크와 재차협의한 끝에 마침내 나는 민간은행이 85억 유로를 보증하는 것으로 아커만과 합의했다. 총 구제금융비용 350억 유로 가운데 나머지 금액 265억 유로는 국가가 떠안기로 했다.

이런 대화들을 나누면서 나는 치미는 화를 참을 수 없었다. 잘못은 정작 은행들이 해놓고, 뒤치다꺼리는 정부보고 하라는 식이었다. 재무부 장관과 나는 은행들이 우리 발밑에 버린 쓰레기를 치우느라 백방으로 쫓아다니며 부탁하고 또 부탁했다. 그날 저녁뿐 아니라 이후 몇 주, 몇 달 동안 나는 계속 스스로를 이렇게 다독여야 했다. 정부로서 우리가 이러는 것은 은행가들을 위해서가 아니라, 은행의 구제가 국민경제에 좋고, 그 결과 예금자 수백만 명의 재산과 수많은 일자리를 지키는 데 도움이 되기 때문이라고 말이다.

그러나 이런 조치로 금융시장이 안정될 거라고 생각했다면 오산이었다. G8 국가들의 중앙은행이 서로 돈을 빌려주고 기준 금리를 낮추기로 합의하고, 미 정부가 구제금융 패키지를 발표하고, 모든 주요 선진국이 어려움에 빠진 은행을 구제했음에도 금융시장의 혼란은 멈추지 않았다. 그들은 국가가 모든 금융기관의 위험을 책임지겠다는 일종의 무제한 보증을 요구하고 나섰다. 주식시장의 혼란이 말하는 바는 분명했다. 만일 국가가 그런 식으로 보증하지 않으면 은행들은 더 이상 서로 돈을 빌려주지 않겠다는 것이다. 이건 세계경제의 붕괴나 다름없었다. 정부가 만일 그들의 요구를 들어준다면 중앙은행뿐 아니라 은행들 자신도 장단기적으로 새로운 곤경에 처할 수 있다는 사실에는 관심이 없었다.

심지어 은행장들은 반격에 나섰다. 애당초 정치인들이 금융 상품에 대한 규제를 느슨하게 푸는 바람에 이런 사달이 났다는 것이다. 안타깝게도 완전히 틀린 말은 아니었다. 2007년 독일의 G8 의장국 시절, 우리는 금융시장의 투명성을 높이려고 규제책을 마련하고자 했으나 결국 합의에 실패했다. 미국과 영국의 반대가 결정적이었다. 그러나 이제 와서 그걸 탓해봐야 무슨 소용이겠는가! 지금 상황에서 전 세계경제의 붕괴를 막을 수 있는 주체는 어차피 정부밖에 없었다.

금융시장의 경우, 시장 참여자들이 윤리적으로 적절한 행동을 하리라는 희망은 순진한 환상으로 드러났다. 1990년 내가 사회적 시장경제에 관한 첫 번째 칼럼을 발표할 때만 해도 시장의 이런 실패는 상상하지 못했다. 나는 납세자의 돈으로 은행의 잘못을 메꾸어야 하는 상황에 내심 극도의 반발심을 느꼈다. 하지만 소용없었다. 일단 금융시장의 신뢰를 회복하는 일에 최선을 다해야 했다.

예금자 보호

2008년 10월 5일에 벌써 그럴 기회가 생겼다. 당대표와 원내대표가 참석하는 연정 위원회가 오후 3시에 예정되어 있었다. 1시부터 나는 토마스 드메지에르와 울리히 빌헬름과 함께 상황실에 앉아 연정 위원회 회의를 준비했다. 1시 반쯤 옌스 바이트만에게서 전화가 왔다. 그는 자신이 지금 슈타인브뤼크 재무부 장관, 그사이 재무부 차관으로 승진한 외르크 아스무센, 악셀 베버 연방은행 총재와 재무부에 함께 있다고 했다.

"연정 회의 전에 슈타인브뤼크 장관과 함께 총리님을 뵈러 가도 될까요?"

그가 물었다.

"물론이죠. 바로 오세요."

내가 대답했다. 더 이상의 말은 필요 없었다. 그의 목소리에서 뭔가 지체할 수 없는 화급한 일이 있음을 느꼈다.

30분 후 그가 슈타인브뤼크와 함께 우리를 찾아왔다. 재무부 장관은 주말에 평소보다 훨씬 많은 고객이 은행 ATM에서 현금을 인출한 사실에 대한 연방은행 총재의 우려를 보고했다.

"베버 총재는 독일의 예금자들에게 정부가 예금의 안전을 보장한다는 신호를 보내야 한다고 조언합니다. 내 생각도 같습니다. 더 늦기 전에 그런 신호를 보내야 합니다. 오늘 당장요! 그것 때문에 찾아왔습니다."

나는 어안이 벙벙해서 물었다.

"국민에게 그런 메시지를 보내면 정반대 결과를 초래하지 않을까요? 불안해하지 않던 사람들까지 불안에 떨지 않겠냐고요."

"물론 그런 일도 100퍼센트 배제할 수 없습니다."

슈타인브뤼크가 대답했다.

"그럼에도 베버의 말이 옳다고 생각합니다."

그는 작년 9월 영국의 노던 록 은행이 겁에 질린 고객들에게 돈을 지급하기 위해 영업시간까지 연장해야 했던 일을 상기시켰다. 당시 앨리스터 달링 영국 재무부 장관이 고객 예금을 국가가 보증한다고 발표한 후에야 간신히 사태가 진정되었다.

"우리도 오늘 그렇게 해야 합니다."

나는 소름이 돋았다.

"'우리'가 누구를 말하는 거지요? 재무부 장관이 발표하겠다는 건가요?"

내가 물었다.

그는 고개를 저었다.

"그것만으로는 충분하지 않습니다. 다들 총리의 의견을 물을 겁니다. 그리되면 어떤 식으로든 총리님께서 답하셔야 합니다. 제 말 뒤에 총리가 똑같은 말을 하게 되면 메시지의 힘은 떨어지고, 원하는 효과를 얻을 수 없습니다. 제 말을 두고 벌써 온갖 말들이 오갈 테니까요."

이 말은 이해가 되었다.

"그럼 우리 둘이 함께 발표합시다. 우리 둘의 발언을 놓고 이러쿵저러쿵 하는 소리가 없도록 말이지요."

내가 대답했다.

울리히 빌헬름은 오후 2시 30분 총리청의 스카이로비로 기자들을 급히 불러 모았다. 그사이 슈타인브뤼크와 나는 발표할 내용을 숙고하고 조율했다. 불안하게 들려서도 안 되고, 알아듣기 어렵게 말해서도 안 되었다. 준비가 끝나자 슈타인브뤼크와 나는 잠시 서로 고개를 끄덕이고는 연방의회가 내려다보이는 8층 스카이로비 창문 근처로 걸어갔다. 우리 둘은 자유롭게 이야기를 나누면서 각자 해야 할 말들을 정리했다.

발언은 내가 먼저 했다. 전날 파리에서 이탈리아, 영국, 프랑스 정부 수반과 내가 참석한 회의에 대한 설명으로 시작했다. 이 회의의 주제는 금융시장에 대한 보다 엄격한 규제였다. 나는 우리가 HRE를 살리기 위해 전력을 다하고 있다고 말하면서, 과거에 무책임한 영업으로 이 위기를 자초한 사람들에게 책임을 묻겠다고 약속했다. 그런 다음 내가 정말 하고 싶었던 말을 했다.

"우리는 예금자들에게 그들의 예금이 안전하다고 확실하게 밝힙니다. 연방정부가 이를 보증합니다."

이어 슈타인브뤼크가 나서서 미리 약속한 대로 좀더 자세한 설명을 내놓았다.

"우리 정부는 이 사태에 대한 공동 책임을 절실히 느끼며, 독일 예금자들이 단 1유로를 잃는 일도 발생하지 않도록 예금을 백 퍼센트 보장한다는 점을 강조하고 싶습니다."

이렇게 우리는 메시지를 명확하게 전달했고, 질문은 받지 않았다.

슈타인브뤼크와 나는 작별 인사를 나누었다. 나는 국내 정책 관련 안건을 통과시킬 연정 회의를 주재했고, 그는 재무부로 돌아가 HRE 회생 작업에 박차를 가했다. 이 작업은 월요일 아침 도쿄 증권거래소가 열리기 전에 성공을 거두었다.

월요일 오후 6시 30분, 우리는 연방의회 소속의 모든 정당 대표와 원내대표들에게 HRE의 상황과 예금 보장을 알렸다. 이후 며칠 동안 정부 대변인 울리히 빌헬름과 재무부 대변인 토르스텐 알비히에게는 예금 보장의 세부 사항과 관련해서 무수한 질문이 쇄도했다. 그러나 어떤 질문이든 항상 정부의 약속은 그 자체로 유효하고 앞으로도 유효하다는 점을 분명히 했다. 이로써 우리의 계획은 성공했다. 뱅크런 사태는 발생하지 않았다. 국민은 우리의 발표를 신뢰하는 듯했다. 나는 이 신뢰야말로 내가 앞으로도 소중히 가꾸고 지켜가야 할 큰 자산이라고 생각했다.

구제금융 프로그램

다음 주 슈타인브뤼크는 IMF와 세계은행 가을 회의에 참석하기 위해 워싱턴으로 날아갔다. 우리는 여러 차례 통화를 했다. HRE의 경우처럼 지금까지의 사례별 조치가 시장에 안심을 주지 못한 것이 분명했기 때문이다. 금융시장 참가자들은 어려움에 처한 모든 은행이 어디서건 구제받을 수 있도록 전반적인 구제금융 패키지가 시행되기를 원했다. 나는 이 문제만큼 자유로운 결정에 속박을 느낀 적은 드물었다. 여기서는 두 개의 악 중에서 더 큰 악을 피해야 한다는 하나의 선택밖에 없었다. 더 큰 악은 경제와 국민에게 헤아릴 수 없는 결과를 초래할 은행의 붕괴였다.

이렇게 해서 며칠 만에 금융시장 안정화 법안이 마련되었다. 이 법안은 최대한 빨리 연방하원과 상원에서 통과되어야 했다. 금융시장 안정화 특별 기금(SoFFin)은 연방 예산 외 특별 자산으로 편성할 예정이었는데, 자본금 1,000억 유로와 최대 4,000억 유로의 보증으로 이루어져 있었다. 그야말로 천문학적인 금액이었다.

2008년 10월 11일 토요일, 니콜라 사르코지 대통령이 나를 샤를 드골 전 프랑스 대통령의 새 기념관 개관식에 초대했다. 장소는 콜롱베레되제글리즈라는 마을이었다. 50년 전 프랑스 총리이던 드골이 콘라트 아데나워를 여기 자신의 별장에서 처음 만나 우정의 악수를 나눴다.

당시 유럽연합 이사회 의장이던 사르코지는 현재의 금융 위기 대응과 관련해서 나와 의견이 무척 달랐기에 이곳으로의 여행은 내게 상징적인 의미가 있었다. 사르코지는 유로존 국가들의 공동 구제금융 패키지를 선호했지만, 나는 이를 거부했다. 대신 서로 조율이 필요하지만 유로존 국가들이 각자 알아서 독자적인 패키지를 마련하는 안을 지지했다. 내가 볼 때 국가마다 상황은 천차만별이었고, 시간적 압박을 고려할 때 조율의 필요성은 무척 커 보였다.

사르코지는 유로존의 경제 정책과 관련해서도 좀더 긴밀한 조율이 이루어지기를 원했다. 나는 이 접근 방식에 동의했지만, 그가 사용한 '경제 정부'라는 용어는 거부했다. 그가 산업체들에 국가적 영향력을 지나치게 행사하고, 우리에게도 그것을 요구할까 염려되었다. 지금의 시각에서 보면 '경제 정부'라는 용어의 거부는 편협한 생각이었다. 아마 지금이었다면 나는 동의했을 것이다. 아무튼 이 문제는 점심을 먹으면서 서로의 입장을 조율할 수 있었다. 이는 퍽 중요했다. 다음 날 사르코지 대통령은 2008년 10월 15~16일에 열릴 유럽연합 이사회 준비를 위해 유로존 정부 수반과 재무부 장관, 장클로드 트리셰 유럽중앙은행 총재를 파리로 초청했기 때문이다.

나는 여기저기 바쁘게 쫓아다니느라 금융시장 안정화 법안을 심의 기간 단축 요구와 함께 하원과 상원에 제출할 예정이라는 사실을 연방의회 의장인 노르베르트 라메르트에게 알리는 걸 깜빡했다. 토요일 오후 프랑스에서 베를린으로 돌아오자 나는 바로 호엔발데로 향했는데, 집에 도착해서야 불현듯 이 사실을 깨달았다. 라메르트에게서 전화가 왔기 때문이다. 그는 나의 계획을 언론 보도로 알게 되었다고 하면서, 이런 식으로 일을 처리하면 의회에서 법안 심의를 어떻게 진행할 생각이냐며 따질 듯이 물었다.

나는 일단 연정 소속의 원내대표들인 폴커 카우더(기민당), 페터 슈트루크(사민당), 페터 람자우어(기사당)를 언급하면서 이들이 곧 의장을 찾아뵙고 법안에 대해 설명할 거라고 말했다. 그런데 말을 하면서 생각해보니 총리인 내가 직접 의장에게 강행군에 가까운 우리의 일정을 설명할 수도 있겠다는 생각이 들었다. 그래서 우리의 계획을 이야기했다. 월요일에는 내각에서, 화요일에는 연정 소속의 교섭단체에서 법안을 가결하고, 수요일에는 의회에서 1차 설명회를, 금요일에는 2차, 3차 설명회를 잇달아 개최하고, 그사이 각 해당 위원회에서 동시에 심의를 진행할 예정이라고 했다. 재정 규모가 워낙 큰 법안인 만큼 정말 까다로운 시도였다. 내 말을 들은 라메르트는 야당 의원들을 설득해서 이 빡빡한 일정을 받아들이도록 하겠다고 약속했다.

그제야 나는 한숨을 돌렸다. 실제로 그는 의회 내 모든 교섭단체의 동의를 얻어냈다.

수요일에 1차 설명회가 개최되었을 때 나는 정부 성명을 발표했다. "예외적인 상황이 발생했습니다. 국가는 과거든 지금이든 금융기관 간의 신뢰를 회복할 수 있는 유일한 기관입니다. 그것도 은행들의 이익이 아니라 국민을 보호하기 위해서 그래야 합니다. 이 조치로 우리는 독일 국민의 피해를 막고 국민의 이익을 증진해야 할 우리의 의무를 다하고자 합니다."

이어 나는 구제금융 패키지에 대해 설명하고, 금융시장에 대한 새로운 국제적인 규제의 틀을 마련할 필요성에 대해 언급했다. 그러고는 재무부 장관과 함께 다음 국제 회의 준비를 위해 전문가 그룹을 소집하겠다고 제안하면서 이 그룹 의장으로 전 연방은행장 한스 티트마이어를 추천했다. 이건 슈타인브뤼크와 사전 조율을 거치지 않은 인사안이었는데, 내 연설 중에 벌써 좌중에서 분노가 터져 나왔다. 나중에야 나는 티트마이어가 HRE에서 감사직을 맡았을 뿐 아니라 1982년 재무부 차관보로 재직할 때 사민/자민당의 연정 파기 문서 작성에 핵심적인 역할을 한 이후 일부 사민당 의원들에게 기피 대상임을 알게 되었다.

나는 몰랐다. 알고 나서는 그날 바로 인사안을 철회했고, 한스 티트마이어도 그 직책을 포기했다. 나는 또 하나 배웠다. 전직 연방은행장이라는 직책이 아무리 대단하고 그럴싸하게 보여도 사전에 조율되지 않고 검증되지 않은 인사안은 절대 제출하지 말아야 한다는 교훈이었다. 결국 전 유럽중앙은행 수석 경제위원 오트마어 이싱이 전문가 그룹의 의장이 되었다.

빠듯한 일정과 구제금융 패키지의 엄청난 금액에도 불구하고 연방의회는 10월 17일 금요일에 법안 심의를 종결했다. 오전 10시 8분 라메르트 의장이 기명 투표 결과를 발표했다.

"총 투표수 576표 중 찬성 476표, 반대 99표, 기권 1표."

그 직후 연방상원도 법안을 통과시켰다. 전날 슈타인브뤼크와 나는 주지사들과 한자리에 모였다. 연방정부와 연방주 간의 비용 분담 문제를 해결하기 위해서였다. 우리는 주정부가 비용의 35퍼센트를 부담하기로 합의했다. 다만 금액의 상한선으로 77억 유로가 책정되었다. 금요일 오후 쾰러 연방대통령이 이 법에 서명했다. 연방정부, 연방하원, 연방상원, 연방대통령 같은 헌법기관은 위기의 순간에 힘을 합쳐 신속하게 행동할 수 있음을 보여주었다. 그런 조국이 나는 자랑스러웠다.

이렇게 해서 2017년 말까지 은행 구제금융 비용으로 총 590억 유로의 세금이 지출될 예정이었다.

일자리

금융시장이 어느 정도 안정을 찾아가자마자 금융 위기가 전 세계적인 실물경제와 일자리에 미친 참혹한 영향은 날이 갈수록 점점 더 뚜렷해졌다. 2008년 10월 중순부터 정당, 단체, 언론 할 것 없이 사회 곳곳에서 경기 부양을 요구하는 목소리가 높아졌다. 국가가 막대한 돈을 퍼부어 금융시장을 지탱했듯이 이제는 다른 경제 부문과 일자리에도 똑같이 지원해야 한다는 주장이었다.

그런데 여기서는 간과된 것이 있었다. 은행에 지원된 자금은 중소기업과 대기업에 도움이 되는, 신용 대출 시장을 정상화하는 돈이기도 했다는 점이다. 게다가 계속 늘어나는 국가부채의 위험을 걱정하는 목소리는 없었다. 나는 내 능력을 보여주려고 한꺼번에 많은 돈을 확 풀어버리는 조치에 반감이 심했다. 특히 지속적인 보조금으로 경제를 지탱해야 할 의무를 국가에 지우고 싶지 않았다. 만약 내가 무언가를 한다면 그건 효과가 빠르면서도 시간적으로 제한된 조치여야 했다. 아무튼 뭔가를 해야 한다는 여론의 압력은 점점 거세졌다. 나도 이제 뭔가를 결정해야 했다.

어느 날 아침 나는 베아테 바우만에게 설명하고 싶은 아이디어가 떠올랐다. 그녀의 직관적인 판단은 내게 중요했다.

"우리 경제의 진정한 자산은 잘 훈련받은 숙련된 기술자예요. 이들이 모두 지금 일자리를 잃는다면 위기가 끝난 뒤에 우리 경제의 경쟁력은 사라질 거예요."

내가 바우만에게 말했다.

"그렇다면 이들을 회사에 묶어둘 필요가 있어요. 경기 침체가 얼마나 갈지 아직은 알 수 없는 상황이기에 정부가 단축 근무 보조금 지급을 연장해서 노동자들에게 봉급을 보전해주는 게 적절한 수단이 되지 않을까요? 어떻게 생각해요?"

"중요한 포인트라고 생각해요. 무엇보다 우리가 은행에만 신속하고 단호한 조치를 취하는 것이 아니라 일자리 구제를 위해서도 그럴 수 있다는 점을 보여줄 테니까요."

"바로 그거예요. 내 생각도 그래요."

내가 대답했다.

용기를 얻은 나는 가능한 한 빨리 올라프 숄츠 노동부 장관과 이 문제를 상의하기로 마음먹었다. 다음 내각회의 후 나는 올라프 숄츠를 따로 불러 내 생각을 전달했다. 순간 그는 기다렸다는 듯이 활짝 웃으며 반가워했다. 기민당 출신이라면 보통 이런 경우 감세안을 제안할 텐데, 그러지 않고 노동시장 정책, 그것도 사람들이 피부로 느낄 수 있고 그들의 불안을 조금이라도 완화하는 정책을 제안한 것에 놀라는 눈치였다. 우리는 불과 몇 분 만에 단축 근무 보조금 지급의 연장을 경기 부양책의 핵심 조치에 포함시키기로 합의했다. 이는 경제 상황 악화로 인해 근무 시간이 줄어든 노동자들에게 급여 일부를 국가가 보전해주는 조치였다. 2008년 11월 5일, 연정위원회는 2009년 1월 1일부터 단축 근무 보조금 지급을 12개월에서 18개월로 연장하기로 결정했다.

하루 전, 미국 대통령 선거에서 버락 오바마가 승리했다. 그는 2009년 1월 20일 임기 시작과 함께 대대적인 경기 부양 프로그램을 예고했다. 그 때문에라도 우리가 지금 결정한 조치가 마지막이 될 수 없음은 분명했다. 오바마의 메가 프로그램이 통과되는 순간, 우리가 지금 무엇을 하든 상관없이 우리에게도 새로운 조치를 취하라는 요구는 더욱 거세질 것이다. 또한 앞으로의 경기 상황은 지금보다 훨씬 더 나빠질 수도 있기에 나로서는 남은 실탄을 다 쓰지 않는 것이 중요했다. 따라서 우리 조치가 현실의 엄중함에 비추어 한참 모자란다는 비난은 당분간 감수하기로 결심했다. 니콜라 사르코지 대통령은 이런 나를 에둘러 비난했다.

"프랑스는 행동하는데, 독일은 생각만 하고 있습니다."

2008년 11월 24일, 나와 그의 아내 카를라 브루니와 셋이서 그의 자택에서 점심을 먹은 후 그가 언론 브리핑에서 했던 말이다. 사르코지는 이 사적인 자리에서 경기 부양을 위해 투자할 때는 더 많은 용기를 내야 한다고 나를 설득했다. 그러나 내가 볼 때 필요한 건 용기가 아니라 타이밍이었다. 나는 아직 때가 오지 않았다고 확신했기에 그의 비꼬는 말을 못 들은 척했다.

그럼에도 나는 일주일 후 실수를 저질렀다. 2008년 12월 1~2일에 열린 기민당 전당대회에서였다. 나는 국민 다수가 경기 부양책에 회의적이거나 심지어 반대한다는 사실을 알고 있었고, 이런 흐름을 완화할 목적으로 연설에서 '슈바벤 주부'의 비유를 들어 수사적으로 표현하고자 했다.

"언제부턴가 갑자기 금융시장이 붕괴 직전에 있다는 이야기가 사방에서 들려오고 그 이유에 대해 이러쿵저러쿵 말이 많습니다. 심지어 스스로도 이해하지 못하면서 투자를 권유했던 사람들조차 그 이유를 말합니다만, 사실 이유는 아주 간단합니다. 여기 바덴뷔르템베르크의 슈투트가르트에 사는 한 슈바벤 주부에게 물어본다면 짧지만 올바른 삶의 지혜를 들을 수 있을 겁니다. 잠시는 몰라도 장기적으로는 분에 넘치는 생활을 할 수 없다는 것이지요. 이게 바로 위기의 핵심입니다."

돌이켜보면 이 말은 지방색이 짙었을 뿐 아니라 생각도 짧았다. 수십만 명이 일자리를 잃을까 봐 걱정하는 상황에서 그들의 심정을 헤아리지 못하고 공개적인 자리에서 국민들에게 뭔가 인상적인 말만 하려고 골몰한 셈이었다. 덧붙이자면, 남의 불행을 이용해서 이익을 얻고자 하고, 필요에 따라 미덕을 만들려는 시도는 별 효과가 없었다. 어쨌든 내 정치 인생의 경험에서 보면 그랬다. 특히 논란의 여지가 많은 사안의 경우, 내 결정을 객관적으로 정당화하거나 사람들을 설득할 수 없다면 아예 그 사안을 단념하는 게 더 나을 수 있었다.

2009년 선거가 점점 다가오고 있었다. 정치인이라면 누구나 의식할 수밖에 없는 일이었다. 2008년 9월, 사민당 지도부는 프랑크발터 슈타인마이어를 총리 후보로 지명했다. 2009년 1월 3일 그는 나에게 편지를 보내 추가 경기 부양책을 제안했다. 이 편지는 자연스럽게 연정 파트너 가운데 누가 주도권을 쥐고 있는지를 보여주는 데 한몫했고, 그 때문에 이튿날 공개되었다. 또 다른 결정의 시간이 다가오고 있었다. 나는 신년사에서 이미 우리가 앞으로 어떤 방향으로 가게 될지 암시한 바 있었다. 목소리가 가장 큰 사람에 따라 결정을 내리지 않고, 일자리를 지키고 창출하는 조치에 집중하겠다고 선언한 것이다.

일단 당내 반대파부터 진압해야 했다. 나는 2009년 1월 9~10일 에르푸르트에서 열린 기민당 전국상임위원회 비공개 회의를 그 기회로 삼았다. 사민당은 독일 자동차산업협회와 마찬가지로 노후 차량 폐차 장려금 제도를 제안했다. 환경친화적인 신차 생산을 촉진하고, 그로써 자동차 산업의 일자리까지 확보할 수 있는 정책이었다. 나는 이 아이디어가 꽤 합리적이라고 생각했다. 하지만 기민/기사 연합의 다수 의원이 반대했다. 회의 둘째 날 기민당 의장단과 조찬 자리에서 나는 이 사안을 끄집어내면서 지지 신호를 보냈다. 아울러 자신의 연방주에 자동차 회사나 부품업체가 있는 주지사들도 이 기업들이 자신들의 지역에 계속 남아 있기를 원할 것이기에 찬성하리라 생각했다.

내 예상은 적중했다. 니더작센의 크리스티안 불프, 노르트라인베스트팔렌의 위르겐 뤼트거스, 헤센의 롤란트 코흐, 자를란트의 페터 뮐러, 바덴뷔르템베르크의 귄터 외팅거, 튀링겐의 디터 알트하우스, 작센의 스타니슬라프 틸리히 주지사 모두 지지 의사를 밝혔다. 나는 이들에게 자기 주 소속의 연방의회 의원들도 노후 차량 폐기 장려금 제도를 받아들이도록 설득해달라고 요청했다. 그들은 그리했고, 그 결과 며칠 후인 2009년 1월 12일 연정 위원회는 두 번째 대규모 경기 부양책을 가결했다.

이 부양책에는 기업을 위한 1,000억 유로 규모의 대출 프로그램, 건강보험 및 실업보험 부담금 인하, 소득세에서 비과세 공제 한도 인상 외에 두 가지 특별 조치가 포함되었다. 첫째, 단축 근무 보조금 제도의 조건이 개선되었다. 고용주는 사회보장기여금의 50퍼센트를 환급받을 수 있었고, 심지어 단축 근무를 자격증 취득 교육과 병행할 경우에는 100퍼센트까지 환급받았다. 둘째, 2000년 이전에 첫차를 구입한 사람은 신차 구매 시 2,500유로의 보조금을 받을 수 있었다. 두 조치 모두 대성공을 거두었고, 위기를 극복하는 데 도움이 되었다.

2009년 4월과 5월 단축 근무 노동자는 150만 명이 넘었고 연말에는 90만 명 가까이 되었는데, 이들 모두 실직의 위험에서 벗어났다. 그밖에 공식적으로 환경 장려금이라 불린 폐차 보조금 제도는 2009년 3월 7일부로 실시되었으나, 신청자가 너무 많은 바람에 4월

7일에 이미 배정된 보조금 규모를 15억 유로에서 50억 유로로 늘려야 했다. 이 금액도 5개월 후인 2009년 9월 2일에 소진되었다. 이로써 6개월 동안 근 200만대의 자동차 교체에 자금이 지원되었다. 1차 경기 부양책까지 포함해서 우리는 국내총생산의 약 3퍼센트에 달하는 돈을 독일 경제에 쏟아부었다. 그러나 정부의 조치는 더 필요했다. 2009년 독일 경제는 5.7퍼센트나 무너져 내렸다. 독일연방공화국 역사상 이런 일은 없었다. 정부로서 우리는 독일이 위기로 들어갈 때보다 더 강하고 더 단단해진 채로 나올 수 있도록 최선을 다했다고 확신했다. 그게 나의 목표였고, 우리는 그것을 달성했다.

위기 기간 내내 우리는 경제 단체 및 노동조합과 정기적으로 서로의 입장을 조율했다. 숱한 밤 총리청 회의실에 모여 당면한 문제를 솔직하게 논의하고 함께 해결책을 모색해나갔다. 나는 이것이야말로 살아 있는 사회적 시장경제라고 느꼈다.

한 회의에서 총리청의 주방 서비스팀이 음식을 갖고 들어왔을 때 내가 참석자들에게 말했다.

"식사 메뉴로 내가 케일을 곁들인 훈제 돼지고기 요리를 시켰습니다."

순간 노동조합 측 참가자 한 명이 말했다.

"벌써 연달아 세 번째입니다."

우리는 웃음을 터뜨렸다. 그는 아마 내가 노조 측 사람들에게 소박한 척하려고 같은 음식을 계속 주문한다고 생각했을지 모른다. 그러나 이유는 단순했다. 총리청 주방에서 이 메뉴를 제안했고, 나도 케일을 곁들인 훈제 돼지고기를 무척 좋아했기에 무의식적으로 항상 손님들에게 이 요리를 내놓게 된 것이다.

G20

은행과 일자리의 긴급한 위기관리도 중요했지만, 세계경제를 요동치게 한 이런 사태의 재발 방지도 꼭 필요했다. 2008년 10월 8일, 나는 조지 부시 대통령과 통화했다. 리먼 브라더스 파산 이후 첫 통화였다. 2008년 9월 29일 하원에서 부결된 미국의 구제금융은 2008년 10월 3일 상하원 모두에서 최종 승인을 받았다. 전화 통화에서 우리는 모든 선진국의 행동을 통일하는 방안에 대해 이야기를 나누었다. 나는 부시 대통령에게 미국 정부가 자체 위기관리 외에 전 세계에 두 가지 신호를 보내야 한다고 제안했다. 첫째는 세계 각국이 공동의 조율된 행동을 통해서만 위기를 극복할 수 있고, 둘째는 다시는 이런 상황이 반복되지 않도록 전 세계적인 예방 조치를 취해야 한다는 점이었다. 세상을 혼란에 빠뜨린 진원지인 미국이 총대를 메야 했다.

조지 부시는 망설였다. 대통령 선거가 한 달도 채 남지 않았고, 자신은 3개월밖에 임기가 남지 않았으며, 후임자는 1월 20일에 취임할 예정이었다. 그럼에도 나는 주장을 굽히지 않았다. 하루하루가 소중했다. 미국의 새 정부가 들어서기까지 마냥 손 놓고 기다리기에는 너무 아까운 시간이었다. 우리는 자유경제 질서를 위태롭게 하는 금융시장의 무절제를 더는 방치할 수 없었다. 이를 위해 G8 국가뿐 아니라 신흥 경제국 정부들도 최대한 빨리 실패로부터 정치적 교훈을 얻어야 했다. 그것도 다 함께 말이다. 그렇다면 현 시점에서 필요한 건 정상급 차원의 국제 회의였다. 부시는 내 말을 숙고해보겠다고 약속했다. 그러다 2008년 10월 14일 재차 통화를 할 때는 좀더 전향적인 태도를 보였다.

다른 유럽 국가들도 나와 비슷한 생각을 갖고 있었다. 특히 니콜라스 사르코지 대통령이 그랬다. 10월 18일 토요일 사르코지와 유럽연합 집행위원장이 캠프 데이비드에서 미국 대통령을 만났는데, 그 직전에 조지 부시는 마침내 미국 주도로 선진국과 일부 신흥 경제국들로 구성된 세계 금융 정상회의를 개최하겠다고 발표했다.

정상회의는 2008년 11월 14~15일 워싱턴에서 열렸다. 미 정부는 이미 재무부 장관급 회담에 참석한 적이 있는 국가들을 초청했다. 20개국으로 이루어진 G20이었다. 이 모임은 1990년대 아시아 금융 위기의 대응책으로 1999년에 창설되었다. 이번 G20 정상회의에는 예외적으로 재무부 장관까지 참석했다. 우리는 전체 회의에서 금융 시장 및 세계경제와 관련해서 근 50개 조항의 행동 계획을 통과시켰다. 조세 피난처에 대한 논의가 특히 치열했던 것으로 기억난다. 정상회의의 핵심 결의안은 무척 중요한 내용을 담고 있었다. 모든 금융 시장과 모든 금융 상품, 모든 금융시장 참여자는 규제나 적절한 감독을 받아야 한다는 것이다. 이는 글로벌 금융 시스템 개혁의 출발점이었다.

같은 형식의 차기 정상회담은 고든 브라운 영국 총리의 초청으로 2009년 4월 1일과 2일 런던에서 열렸고, 부시의 후임자 버락 오바마는 2009년 가을에 다시 한번 미국에서 3차 정상회담을 개최했다. 이 회의는 2009년 9월 24일과 25일 피츠버그에서 열렸다. 여기서 유럽 국가들은 은행원들의 보너스가 앞으로는 성과에 따라서만 지급되는 규정을 만드는 데 성공했다. 이를 통해 우리는 재앙적 경영으로 엄청난 피해를 입힌 은행가는 도망치고, 그들의 상품을 구매한 사람들만 남아 보상을 받기 위해 갖은 애를 쓰거나 수백만 명이 일자리를 잃는 사태를 막고자 했다. 그해 봄 전 세계는 1930년대 이후 최악의 경제 침체를 경험했다. 그렇기에 우리는 경제가 다시 살아날 때까지 국가별로 경기 부양 프로그램을 계속 추진하기로 합의했다.

G20은 국제 경제협력을 위한 결정적인 포럼이 되었다. 이후 이 그룹은 1년에 한 번씩 모였다. 신흥 경제국의 영향력은 국제통화기금 개혁안과 세계은행에서 개별 투표의 비중을 높이는 결의안이 통과되면서 강화되었다. G20은 보호무역주의에 맞서 싸우고, 2009년 12월 코펜하겐 기후회의에서 협정문이 체결되도록 노력하기로 합의했다. 이로써 새로운 형식의 국제회의가 탄생했다.

2009년 9월 25일 금요일, 페르 슈타인브뤼크와 내가 피츠버그의 데이비드 로렌스 컨벤션센터에서 열린 정상회의를 마치고 공항으로 가기 위해 에스컬레이터로 내려갈 때 그가 말했다.

"이번 컨퍼런스가 우리가 함께한 마지막 컨퍼런스일 것 같습니다. 그동안 즐거웠습니다."

"네, 나도 함께해서 즐거웠어요."

내가 대답했다.

"우린 지난 한 해 우리가 예상했던 것보다 더 많은 일을 함께 경험했지요."

나는 예금자 보호 정책을 발표할 때 우리 둘이 함께 언론 앞에 섰던 기억이 났다. 하지만 이게 우리가 함께 참석한 마지막 컨퍼런스가 될 것 같다는 그의 말에는 답하지 않았다. 이번 일요일이 총선이었다. 여론조사에 따르면 기민/기사 연합은 슈타인브뤼크가 속한 사민당을 훨씬 앞질렀고, 자민당도 10퍼센트가 넘는 지지율을 기록하고 있었다. 이번에는 기민/기사 연합과 자민당만으로 연정이 충분할 것 같았다. 5년 후인 2014년 7월 17일 나의 60회 생일에 페르 슈타인브뤼크는 피츠버그의 회의 테이블에 붙어 있던 내 명찰을 선물로 주었다. 5년 전의 회의에서 그가 기념으로 가져간 명찰이었다. 가슴이 뭉클했다. 나는 지금도 그 명찰을 갖고 있다.

5. 유로화 위기

꿈의 연정

2009년 9월 27일, 페르 슈타인브뤼크가 우려한 상황이 전개되었다. 연방의회 선거에서 사민당은 23퍼센트의 득표율에 그쳤고, 반면에 자민당은 14.6퍼센트라는 놀라운 득표율을 기록했다. 기민/기사 연합은 4년 전보다 1.4퍼센트포인트 낮은 33.8퍼센트를 얻었다. 연합은 이제 사민당뿐 아니라 자민당과도 연정을 구성할 수 있게 되었음에도 당내 분위기는 좋지 않았다. 2005년보다 떨어진 득표율이 문제였다. 내가 내 지역구에서 지난번보다 8퍼센트 높은 49.3퍼센트의 득표율로 당선된 것은 나 말고 베를린의 누구도 관심을 보이지 않는 듯했다.

기민/기사 연합의 많은 사람은 자민당의 도약이 좀더 급진적인 사회 개혁과 경제 정책에 대한 국민들의 열망을 반영하고 있다고 생각했다. 그러나 자민당의 표 가운데에는 대연정을 종식시키면서도 나를 계속 총리 자리에 앉혀두고 싶어서 이 당을 찍은 표가 일부 포함되어 있다는 사실은 그들의 머릿속에 없었다. 이제 연방의회에서 자민당 의석수는 61명에서 93명으로 대폭 늘어났고, 이들은 자신들의 선거 구호를 실행할 채비를 하고 있었다. 그들의 선거 구호는 이랬다.

"독일은 정책 변화가 필요하고, 자민당은 정책 변화를 원한다."

자민당이 마지막으로 정부에 참여한 것은 11년 전이었다. 그들은 야당의 처지로 글로벌 금융 위기를 겪으면서 당시 우리 정부를 때로는 거세게 비판하기도 했다.

그럼에도 자민당 대표 기도 베스터벨레, 기사당 대표 호르스트 제호퍼, 그리고 내가 새 정부 구성을 위해 처음 모였을 때 분위기는 화기애애했다. 우리는 연정 협상을 신속하게 마무리 짓기로 마음먹었다. 새 정부는 제17대 독일 연방의회 개회 다음 날인 2009년 10월 28일에 출범할 예정이었다. 우리는 독일도 빠르게 행동할 수 있음을 보여주고 싶었다. 2009년 10월 29~30일 브뤼셀에서 열릴 유럽연합 이사회 가을 회의가 바로 코앞이었다.

베스터벨레와 나는 이 회의에 함께 참석하고 싶었다. 그는 한스디트리히 겐셔 외교부 장관의 전통을 이어 새 정부의 부총리가 되기로 결심한 상태였다. 게다가 11월 9일은 베를린 장벽이 무너진 지 20주년이 되는 날로서 베를린에서는 겟세마네 교회, 옛 국경 검문소의 뵈제브뤼케 다리, 브란덴부르크 문에서 기념행사가 계획되어 있었다. 특히 이 기념일과 관련해서 나는 아주 특별한 초청을 받은 상태였다. 2009년 11월 3일 워싱턴에서 미국 상하원을 상대로 동시에 연설하기로 한 것이다. 이제껏 어떤 독일 총리도 누리지 못한 영예였다. 콘라트 아데나워도 1957년 상하원 합동 연설은 하지 못했고, 따로따로 이어서 연설한 적만 있었다. 아무튼 이 모든 예정된 일정을 치르려면 일단 연정 협정문에 서명부터 해야 했다.

이미 가결된 경기 부양책에도 불구하고 글로벌 금융 위기의 여파는 독일에 깊은 흔적을 남겼다. 생산은 잔뜩 위축되었다. 경기 부양책의 자금은 대부분 부채로 조달되었다. 그 때문에 2009년 6월, 대연정은 당초 계획보다 800억 유로가 많은 860억 유로의 신규 차입을 전제로 2010년도 예산안을 짰다. 그와 동시에 당시 야당이던 자민당의 지원을 받아 기본법에 부채 상한선을 집어넣었고, 이 규정은 2011년 초에 발효되었다.

자민당은 자신들이 선거전에서 내세운 공약을 들고 연정 협상에 나왔다. 소득세에 대한 광범한 구간별 차등 감세 계획이었다. 이 계획이 받아들여진다면 최소 350억 유로 정도의 세수 감소를 예상해야 했다. 자민당은 선거 공약을 짤 때 금융 위기를 고려하지 않은 게 분명했다. 기민당과 기사당도 정부 공약에서 재정 여건에 맞는 일부 세금 감면에 찬성했지만, 규모와 시기는 열어두었다. 그러나 베스터벨레는 어떤 경우에도 자신의 약속을 취소할 생각이 없었고, 어떤 대가를 치르더라도 자신의 공약을 밀어붙이려 했다. 선거 이후 그의 정당은 힘이 장사였다. 거칠 것이 없었다. 기민당과 기사당에도 자민당 입장을 지지하는 일부 세력이 있었다.

나는 베스터벨레에게 말했다. 과거에 우리는 다른 어려운 문제에서도 공동의 길을 찾아냈다. 가령 2004년 연방대통령 후보로 호르스트 쾰러를 지명할 때 그랬다. 연방공화국 역사상 정치인이 대통령에 선출되지 않은 건 그때가 처음이었다. 우리는 당시 IMF 총재를 역임한 쾰러를 낙점했다. 글로벌 시대에 맞게 세계의 개방을 지지한다는 이유에서 말이다. 그러나 기도 베스터벨레는 양보할 생각이 없어 보였다. 그에게는 감세가 향후 4년 동안 가장 중요한 이슈인 듯했다. 반면 나는 2008년 9월 이후 금융 위기로 인해 예산으로 짜놓은 계획이 모두 수포로 돌아가는 경험을 했기에 불확실한 경제 상황에서는 이런 광범한 공약의 강행은 모험이라고 생각했다. 그러나 결실 없는 숱한 토론 끝에 마침내 그와 싸워 괜한 힘을 빼느니 차라리 언젠가는 그도 현실의 엄중함을 깨닫게 될 날이 올 거라 믿으면서 더 이상 싸우지 않기로 마음먹었다. 이렇게 해서 기민/기사 연합은 총 240억 유로에 달하는 소득세 구간별 차등 감세에 합의했다.

4주간의 연정 협상은 끝이 없어 보였다. 우리가 항상 '꿈의 연정'이라고 불렀던 이 연정 협상은 힘들게 질질 끌기만 했다. 4년 동안 각각 여당과 야당으로 나뉘어져 있으면서 우리는 생각보다 정치적으로 더 멀어져 있었다. 그럼에도 계획대로 협상을 마무리했다. 연방의회는 2009년 10월 28일 나를 재차 총리로 선출했고, 나는 오후에 취임 선서와 함께 업무를 개시했다. 신임 재무부 장관에는 볼프강 쇼이블 레가, 신임 총리청장에는 로날트 포팔라가 임명되었다. 전임 총리청 장 토마스 드메지에르는 내무부 장관으로 자리를 바꾸었다.

다음 달은 미국 및 유럽의 역사에서 영광스러운 순간들과 개인적 으로 함께했다. 2009년 11월 3일 나는 워싱턴에서 미 상하원 의원들 로부터 열렬한 환영을 받았다. 의회 연설에서는 제2차 세계대전 이 후 미국의 지원에 감사를 표했고, 군인과 외교관, 조력자의 신분으로 독일에 거주하면서 독일 주재 미국 대사와 같은 역할을 했던 1,600만 명의 미국인을 부각시켰다. 그들은 우리 민족을 이어주는 견고한 연 결 고리였다. 이어 나는 21세기에 우리가 허물고 뛰어넘어야 할 벽에 대해 간략하게 설명했다. 또한 2001년 9월 11일 테러 공격 이후에 벌 어진 테러와의 전쟁을 언급했고, 새로 출범한 G20 정상회의를 포함 해 작년의 금융 위기 이후 새로 생겨난 금융시장의 글로벌 질서를 거 론했으며, 인간이 야기한 기후변화와의 싸움을 전 세계적인 과제로 인식할 것을 촉구했다. 연설 말미에서는 필라델피아 자유의 종과 마 찬가지로, 자유란 매일 새롭게 쟁취하고 지켜야 한다는 사실을 상징 하는 베를린 자유의 종에 대해 영어로 이야기했다.

1989년 11월 9일의 장벽 붕괴부터 현재까지의 역사를 축하하는 행사도 베를린에서 다양하게 열렸다. 나는 겟세마네 교회의 기념 예 배에 참석했고, 미하일 고르바초프, 레흐 바웬사, 그리고 볼프 비어 만, 마리아네 비르틀러, 라이너 에펠만, 요아힘 가우크, 마르쿠스 메 켈 같은 야당 인사들과 함께 옛 국경 검문소의 뵈제브뤼케 다리를 건 넜으며, 저녁에는 브란덴부르크 문에서 축하 행사를 함께 즐겼다. 버 락 오바마 대통령은 영상 메시지를 보냈다. 힐러리 클린턴 미 국무장 관, 드미트리 메드베데프, 니콜라 사르코지, 고든 브라운, 호르스트 쾰러는 나와 함께 서쪽에서 동쪽으로 이 문을 통과했고, 유럽연합의 모든 국가원수 및 정부 수반이 초청되었고, 베를린 필하모니 오케스트라와 국립 오페라 합창단이 다니엘 바렌보임의 지휘 아래 바그너와 베토벤, 쇤베르크의 작품을 연주하고 노래했으며, 플라시도 도밍고가 파울 린케의 「베를린의 공기」를 불렀다. 과거를 음미하기에 더없이 좋은 노래였다. 나는 눈시울이 붉어졌다. 1989년 11월 9일에 태어난 청년들이 이제 자신들의 스무 번째 생일을 축하했다. 그러나 이런 환호와 열광의 이면에는 해결해야 할 새로운 문제들이 산적해 있었다. 전날 저녁 아들론 호텔의 한 컨퍼런스에서 헨리 키신저가 했던 말이 떠올랐다.

"문제에 대한 모든 해결책에는 항상 새로운 난제로 들어가는 입장권이 함께 제공됩니다."

솔베이 도서관

3개월 후 2010년 2월 11일 목요일이었다. 헤르만 반롬푀이는 유럽연합 소속의 정상들을 유럽연합 이사회 특별 회의에 초청했다. 벨기에 총리를 지낸 그는 2009년 12월 1일 리스본 조약의 발효와 함께 초대 유럽연합 이사회 상임의장이 되었다. 이 조약은 2007년 상반기 독일 의장국 시절에 기초가 마련되었고, 이어 포르투갈 의장국 시절인 2007년 12월에 리스본에서 체결되었다. 리스본 조약은 2005년 봄 프랑스와 네덜란드의 비준 실패로 무효화된 2004년 유럽 헌법 조약의 대체물이었다.

헌법 조약의 핵심적인 부분은 리스본 조약에도 그대로 반영되었다. 여기에는 유럽 이사회의 새로운 업무 방식도 포함되었다. 이제부터는 유럽의 국가원수 또는 정부 수반, 그리고 집행위원장만 이사회 멤버가 되었고, 예전처럼 유럽 정상들이 6개월씩 돌아가면서 의장직을 맡는 대신 상임의장 한 사람이 이사회를 이끌었다. 이사회 회의에는 유럽연합 외교 및 안보 정책 고위대표이자 집행위원회 부위원장은 참석했지만, 유럽 정상들의 외무장관과 참모들은 참석할 수 없었다.

헤르만 반롬푀이 상임의장은 정상들의 친목을 강화하고 유럽연합의 기본적인 목표를 논의하기 위해 이 회의에 우리를 초대했다. 특히 글로벌 금융 위기 이후 유럽의 경쟁력을 강화하기 위한 리스본 전략의 향후 방향에 관한 논의가 주요 관심사였다. 회의의 비공식적인 성격을 강조하려고 평소처럼 삭막한 이사회 건물이 아닌 인근의 웅장한 솔베이 도서관이 회의 개최지로 선정되었다. 벨기에의 산업가 에르네스트 솔베이의 이름을 딴 건물인데, 20세기 초에 그의 주문으로 지어졌다고 한다.

그런데 회의 분위기는 원래 계획과 다르게 흘러갔다. 전날 12시 30분경 니콜라 사르코지가 나에게 전화했다. 그는 그리스의 재정 상황을 우려하면서 다음 날 아침 솔베이 도서관에서 열릴 공식 회의 전에 이사회 본부에서 헤르만 반롬푀이와 따로 만나 이 문제를 논의하자고 했다. 이 자리엔 장클로드 트리셰 유럽중앙은행 총재도 참석할 예정이었다. 그전에 나는 유럽연합 정책 보좌관 우베 코르제피우스로부터 유럽연합 집행위원회가 그리스 정부와 예산 문제를 상의중이라는 사실을 보고받았다.

2009년 10월에 취임한 게오르기오스 파판드레우 그리스 총리는 새 정부 출범 직후 국가의 재정 상태를 점검한 뒤 그리스 예산 적자가 봄에 발표한 것처럼 국내총생산의 3.7퍼센트가 아니라 12.7퍼센트라는 사실을 국민에게 알렸다. 이로 인해 그리스 국채 금리는 가파르게 올랐다. 2009년 말 파판드레우는 도미니크 스트로스칸 IMF 총재에게 도움을 청했다. 그러나 그는 그리스가 유로존 국가라는 이유로 자신의 소관 사항이 아니라고 하면서 유럽연합 집행위원회에 도움을 청해보라고 했다. 집행위는 그리스에 2010년 재정 적자를 4퍼센트포인트 줄일 것을 요구했다. 파판드레우 총리는 원칙적으로 이에 동의했지만 이 목표를 어떻게 달성할지 계획은 제시하지 않았다.

나는 사르코지와의 전화 통화에서, 다음 날 우리가 만나 그리스를 위해 무엇을 할 수 있는지 모르겠다고 말했다. 명확한 목표 없이 만나는 것은 불확실성만 더 키울 수 있기에 비생산적이라고 생각했다. 하지만 사르코지는 자신의 뜻을 굽히지 않았고, 바호주 집행위원장과 반롬푀이 상임의장도 자신과 의견이 같다고 했다. 그가 정확히 무슨 생각을 하고 있는지는 나로선 명확하지 않았다. 나는 일단 내일 만남의 가능성을 열어둔 채 두 사람에게 먼저 연락해보겠다고 했다.

그날 오후 일단 파판드레우 총리에게 전화를 걸었다. 그는 자국의 상황에 우려를 표하면서도 지금 바로 긴급한 조치가 필요하다는 인상을 풍기지는 않았다. 그러나 초저녁에 바호주와 반롬푀이와 통화한 결과 두 사람의 의견이 사르코지와 같다는 사실이 확인되었다. 결국 나는 이 사태가 나와 독일에 어떤 영향을 끼칠지 아직 모르는 상태에서 다음 날 대책 모임에 참석하기로 했다.

이튿날 아침 나는 브뤼셀로 날아갔다. 10시 직전에 공항에 착륙하자마자 이사회 본부로 향했다. 미팅 장소는 반롬푀이의 회의실이었다. 내가 들어서자 반롬푀이와 바호주, 파판드레우, 사르코지, 트리셰는 벌써 와 있었다. 우린 각자 참모 한 명과 통역사만 대동할 수 있었다. 나는 우베 코르제피우스 보좌관 및 도로테 칼텐바흐 통역사와 동행했고, 함께 온 옌스 바이트만과 울리히 빌헬름은 옆방에서 기다렸다. 우린 가능한 범위 내에서 영어로 대화를 나누었다. 각자 테이블 앞에는 훌륭한 벨기에 에스프레소와 물이 한 잔씩 놓여 있었다. 내 기억으로는 반롬푀이가 트리셰에게 먼저 발언하라고 부탁했다. 유럽 중앙은행 총재는 그리스 국채 금리가 지속적으로 상승하고 있다고 설명했다. 이는 그리스가 곧 시장에서 더 이상 자금을 조달할 수 없음을 뜻했다. 소위 스프레드(가산 금리), 즉 만기가 같은 그리스 국채와 독일 국채의 구매 시 금리 차이는 이미 4퍼센트에 달했다. 트리셰는 이렇게 말을 끝맺었다.

"그렇다면 그리스는 봄에도 자본시장에서 자금을 조달할 수 있다는 보장이 없기에 도와야 한다면 지금 도와야 합니다."

전날과 마찬가지로 나는 어떻게 도와야 할지 방법을 알 수 없었지만, 일단 계속 경청했다. 바호주는 트리셰의 의견에 공감한다고 했고, 사르코지도 같은 견해를 표했다. 심지어 프랑스 대통령은 집행위원회가 그리스에 요구한 긴축 재정을 언급하며 격분해서 소리쳤다.

"GDP의 4퍼센트포인트를 긴축하게 되면 거리에서 폭동이 일어나는 건 시간문제예요! 지금의 경제 위기에서 우리에게 필요한 건 긴축이 아니라 정부 지출의 확대예요! 그리스를 도와야 합니다!"

"대체 어떻게 돕자는 거지요?"

내가 물었다.

트리셰가 대답했다.

"그리스에 필요한 건 돈입니다."

이로써 문제의 핵심에 도달했다. 그리스에 돈을 지원하자는 것이다. 나와 파판드레우를 제외하고는 모두 고개를 끄덕였다. 그러나 독일이 유럽 통화동맹에 가입할 때 가장 중요한 조건 중의 하나가 바로 구제금융 금지 조항이었다. 모든 나라는 자국의 부채를 각자 책임진다는 것이었다. 이는 유럽연합 조약에 명시되어 있었고, 이 방에 있는 사람들도 모두 그걸 알고 있었지만 아무도 신경 쓰지 않는 눈치였다.

나는 일단 유화적인 제스처를 취했다.

"당연히 나도 돕고 싶습니다. 우린 모두 유로존의 일원이니까요."

하지만 곧바로 이렇게 덧붙였다.

"그렇다고 돈은 절대 내놓을 수 없습니다."

나는 파판드레우가 아직 아무 말도 하지 않았다는 사실을 깨닫고 그에게 단도직입적으로 물었다.

"그리스가 진짜 원하는 게 뭐지요?"

그는 원하는 건 없다고 하면서도 현재 그리스의 상황이 무척 심각하다는 말만 했다.

트리셰는 점점 더 격하게 그리스를 도와야 한다고 주장했다. 그러지 않으면 부채가 많은 다른 유로존 국가들도 위험에 처할 수 있다는 것이다. 바호주도 그 의견에 동의했다. 자신의 모국인 포르투갈의 상황을 너무 잘 알고 있었기 때문이다. 나는 이제 독일어로 이야기하면서 도로테 칼텐바흐에게 내 말을 영어로 번역해달라고 부탁했다. 내뜻을 정확하게 전달하고 싶었다.

"나는 돈을 줄 수 없습니다. 조약을 위반할 수는 없기 때문이지요. 우리의 헌법재판소도 이 점을 명확히 했습니다. 리스본 조약의 구제 금융 금지 조항은 유효합니다. 나는 두 눈을 멀쩡히 뜬 채로 법을 위반할 수 없습니다."

나는 내 의지를 분명히 밝혔다. 그러면서 속으로는 이런 생각을 했다.

'여기 있는 모든 사람은 나한테 뭔가를 원하고 있어. 왜 아무도 그리스에 긴축 재정 프로그램을 짜라고 압력을 넣지 않는 걸까?'

"GDP의 4퍼센트포인트 긴축 재정 계획안은 집행위원회에 언제 제출할 생각입니까?"

내가 파판드레우에게 물었다.

"지금 가장 중요한 건 금융시장이 당신들에게 다시 신뢰를 보낼 수 있을 만한 신호를 보내는 겁니다."

파판드레우는 시간이 필요하다고 대답했다. 나는 그의 반응이 놀라웠다. 한편으로는 무언가를 해야 한다는 압박감에 시달리지만, 다른 한편으로는 시간은 내 편이라는 듯 세상 편한 사람 같았다. 우리는 열띤 대화를 나누었다. 영어와 프랑스어, 독일어가 뒤엉켰다. 통역사들이 따라가기 힘들 정도였다. 나는 뒤에 앉아 있던 코르제피우스를 돌아보았고, 그의 표정을 보는 순간 이제부터 아무 말도 하지 않는 게 옳다는 결론을 내렸다. 이렇게 두 시간이 하염없이 흘렀다. 마침내 헤르만 반롬푀이가 나섰다. 모든 논거가 최소한 한 번 이상은 상세히 언급되었고, 이후엔 계속 도돌이표만 그리고 있다는 인상을 받았던 게 분명했다.

"이 상황에서 우리는 언론에 서면으로 결과를 알리지 않고는 이 방을 나갈 수 없습니다. 이제 그 작업에 돌입해야 합니다."

그는 차분하게 설명하면서 다른 정상들이 아침부터 솔베이 도서관에서 우리를 기다리고 있다는 사실도 상기시켰다. 반롬푀이의 말은 전적으로 옳았다. 이 상황에서 나는 갑론을박만 벌이는 토론을 정리하는, 그것도 평화롭게 정리하는 그의 탁월한 능력을 처음 알게 되었고 높이 평가했다. 이 능력은 이사회 상임의장 5년의 임기 동안 그의 트레이드마크가 되었다.

우리는 모든 유로존 회원국이 유로존의 경제 및 금융 안정에 공동 책임이 있다는 점을 확인하고 다섯 가지 사항에 합의했다. 첫째, 우리는 그리스에 부채 감축 의무를 성실히 수행할 것을 요구한다. 둘째, 우리는 유럽 경제 및 재무장관 이사회에 그리스가 제시한 재정 적자 감축 조치를 앞으로 5일 안에 승인해줄 것을 요청한다. 이사회는 정확히 닷새 후, 그러니까 2010년 2월 16일에 열릴 예정이었다. 셋째, 집행위원회는 유럽중앙은행과 함께 그리스의 조치 이행을 면밀히 모니터링하고, 그 과정에서 IMF의 경험을 참고해야 한다. 내게는 국제통화기금을 끌어들이는 것이 중요했다. 그들은 경험이 풍부할 뿐 아니라 유럽 기관들보다 더 공정하게 그리스의 제안을 평가할 수 있을 듯했다. 유럽 기관들은 그리스에 대해 너무 관대한 평가를 내리지 않을까 걱정되었기 때문이다. 넷째, 유로존 전체의 안정성이 위태로워질 경우 유로존 회원국들은 다 함께 강력한 조치를 취해나간다. 다섯째, 그리스는 아직 재정 지원 요청을 하지 않았다. 이것으로 성명서 작성은 마무리되었고, 나도 이 정도 내용에는 서명할 수 있었다. 헤르만 반롬푀이는 우리 싸움닭들 사이의 이견을 걸러내고 다들 동의할 수 있는 지점들만 간추려내는 재주를 발휘했다.

나중에야 밝혀진 사실이지만, 이로써 우리는 그날 오전에 이미 유로화를 지키기 위한 지침을 문서로 천명한 셈이었다. 즉, 각 회원국은 자국 내에서 필요한 조치를 취해야 하고, 이 조치들은 유럽연합 집행위원회와 유럽중앙은행, 국제통화기금이 평가한다는 내용이었다. 훗날 이 세 기관은 삼두마차로 불렸다. 또한 누구도 다른 회원국의 부채를 떠안지 않지만, 모든 회원국은 유로존 전체의 안정을 함께 지켜나가야 한다는 점도 주요 지침으로 천명되었다. 울티마 라티오 (ultima ratio), 즉 최후 수단으로서의 공동 행동이었다. 이런 원칙하에서는 나도 움직일 수 있었다. 독일 헌법재판소도 독일의 통화동맹 가입을 유로존의 안정성과 연계시켰기 때문이다. 다시 말해 독일 역시 다른 나라의 빚을 떠안지 않는 상태에서 유로존의 안정을 위해 최선을 다해야 한다는 뜻이었다. 이 성명서는 모두가 함께 갈 수 있는 길을 열어주었고, 동시에 미래 발전을 위해 충분한 여지를 남겨두었다. 이야말로 외교의 백미였다. 나는 감격했다.

마침내 우리는 다른 정상들이 기다리는 유서 깊은 솔베이 도서관의 거대한 회의장에 도착했다. 이미 상당히 늦은 상태였다. 사람들의 분위기는 좋지 않았다. 헤르만 반롬푀이가 앞서 소모임에서 논의한 내용을 다른 정상들에게 설명했다. 모두 동의했다. 이제 우리는 이번 특별 회의의 본 주제인 리스본 전략의 향후 방향, 즉 유럽연합의 경쟁력 제고에 관한 문제를 간략히 논의했다. 미국에서 시작된 글로벌 금융 위기 이후 유로화에 문제가 생겼다. 올바른 방향이었지만 우리가 채택한 광범한 경기 부양 프로그램도 여기에 책임이 있었다. 일부 유로존 국가에서 국가 부채 위기가 발생했기 때문이다. 사르코지 대통령과 나는 이사회 회의 후 함께 기자회견장에 서기로 결정했다. 우리가 비록 치열하게 싸웠지만 헤르만 반롬푀이의 도움으로 다시 의견을 하나로 모을 수 있었다는 점을 언론에 알려야 했다. 이건 대외적으로 중요한 메시지였다.

이타카로 가는 길

베를린으로 돌아온 후 나는 정부와 연정 파트너에게 이 문제를 설명해야 했다. 정부 출범 후 4개월이 채 지나지 않았음에도 연정 협상에서는 전혀 언급되지 않았던 사안이 이제 주요 의제로 떠올랐다. 내가 그리스의 어려운 상황을 보고하자 의원들 사이에선 회의론이 팽배했다. 헬무트 콜이 유로화를 도입할 당시의 원초적 불안이 되살아난 것이다. 당시에 이미 유로화가 마르크화만큼 안정적이지 않을 거라고 예상한 사람이 많았다. 그리스를 도와야 한다고 생각하는 사람은 극소수였다. 볼프강 쇼이블레 재무부 장관과 나뿐 아니라 전체 의원들이 볼 때도 그리스를 위한 유일한 해결책은 기껏해야 나중에 이자를 붙여 상환해야 하는 IMF 대출과 연계한 양자 간 대출뿐이었다. 우리는 유럽연합이 한 국가의 재정 적자에 대해 다시는 잘못된 발언을 내지 않도록 단단히 못 박아야 했다. 또한 일부 유로존 회원국의 경쟁력 향상도 필요했다. 우리의 원칙은 확고했다. 도움은 주되, 해당 국가의 장기적인 경제력 향상을 위한 실질적인 조치가 사전에 있어야 한다는 것이다. 문제는 미봉책으로 덮어선 안 되고 뿌리부터 근본적으로 해결되어야 했다.

2010년 3월 25~26일 유럽연합 이사회가 열릴 때까지도 그리스는 여전히 긴축과 구조 개혁을 위한 만족할 만한 방안을 제시하지 않았다. 따라서 나는 2010년 3월 25일 정부 성명에서 이렇게 말했다.

"신속하게 돕는 사람이 반드시 좋은 유럽인은 아닙니다. 좋은 유럽인은 유럽 조약과 각국의 국내법을 존중하고 유로존의 안정성을 해치지 않는 방식으로 돕는 사람입니다."

전날 저녁 나는 스트로스칸 IMF 총재와 통화했다. 그는 그리스 구제 프로그램에 동참할 뜻이 있음을 내비쳤다. 이어 나는 사르코지에게 전화를 걸었다. 우리는 그리스 사태의 해결을 위해 IMF의 동참을 바탕으로 모든 유로존 회원국의 양자 간 대출 원칙에 동의했고, 이는 2010년 3월 25~26일 유럽연합 이사회에서 가결되었다.

2주 후인 2010년 4월 11일 유로그룹, 즉 유로화를 통화로 사용하는 국가들의 재무부 장관 회의에서 그리스를 위한 세부 프로그램이 채택되었다. 유로존 국가들은 300억 유로 규모의 양자 간 대출을, IMF는 150억 유로 규모의 차관을 제공하기로 한 것이다. 유일한 난제는 그리스가 아직 재정 지원을 요청하지 않았다는 점이다.

이런 상황은 2010년 4월 23일에 바뀌었다. 이날 그리스의 재정 적자가 15퍼센트를 넘을 거라는 전망이 발표되었다. 이후 국제 금융시장에서 그리스에 대한 가산 금리는 계속 올라갔고, 급기야 그리스는 금융시장에 대한 접근 가능성까지 아예 차단될 위기에 처했다. 당시 파판드레우 총리는 수도 아테네가 아닌 튀르키예 해안 인근의 작은 섬 카스텔로리조에 머물고 있었다. 이제는 자국 상황에 대해 공식 성명서를 발표할 수밖에 없는 상황이었다. 햇볕이 찬란하게 내리쬐는 그림 같은 항구를 배경으로 그는 이제 유로그룹과 국제통화기금에 원조 요청을 할 거라고 발표했다. 아울러 그리스 국민들에게 어려운 시기에 대비하라고 당부하면서 새로운 오디세이를 불쑥 언급하더니 다음과 같은 극적인 말로 마무리했다.

"우리는 이타카로 가는 길을 알고 있고, 항로도 이미 정해놓았습니다."

그는 자국 상황을 트로이 전쟁 이후 10년 동안 표류하면서 동료들을 모두 잃고 고향 이타카섬에 거지꼴로 돌아온 오디세우스에 비유했다.

삼두마차가 그리스에 대한 첫 번째 구제금융 조건에 합의하기까지는 시간이 좀 걸렸다. 그건 2010년 5월 초에야 성사되었다. 2010년 5월 5일 수요일, 나는 연방의회에서 이 구제금융 프로그램과 관련해서 정부 성명을 발표했다.

"유로존의 재정 안정을 위해서는 그리스에 대한 구제안을 통과시키는 것 말고는 대안이 없습니다. 행동에 나서야만 우리의 통화를 보호할 수 있습니다."

그러고는 잠시 후 이렇게 덧붙였다.

"유럽중앙은행과 집행위원회도 오직 즉각적인 지원만이 유로 전체 지역의 금융 안정화를 보장하는 최후의 수단임을 분명히 밝혔습니다."

나는 1년여 전인 2009년 2월 18일 HRE 은행에 대한 내각의 국유화 결정을 설명할 때도 지금과 비슷하게 대안이 없는 최후의 수단이라는 논리를 폈다. 그때 선택된 최후의 수단은 주주들의 재산권 몰수였다. 당시 나는 이렇게 말했다.

"우리는 이 문제를 신중하게 검토했고, 이것 말고 다른 대안은 없다고 판단했습니다."

두 경우 다 나는 단순히 유로존의 한 은행이나 한 국가의 붕괴를 막기 위해서가 아니라 그보다 훨씬 더 큰 목표를 위해 그런 결정을 내릴 수밖에 없었다고 말했다. 우리의 공통 통화를 지키고, 국민의 예금을 보호하고, 실물경제의 전제 조건인 신용경제를 되살리고, 그를 통해 수백만 개의 일자리를 지키려는 목표였다. 이러한 배경 아래에서만 우리의 결정은 이해될 수 있었고, 이러한 배경 아래에서만 그게 대안 없는 최후의 수단으로서 불가피한 결정이었음이 납득될 수 있었다. 물론 우리의 사회적 시장경제에서 그런 결정은 경제적으로나 사회정치적으로나 법적으로 상당히 위험했다. 우리 역시 그 점을 정확하게 인식하고 있음을 정부 성명을 통해 분명히 보여주어야 했다. 무엇보다 헌법재판소를 향해서 말이다.

내가 정말 옳았을까? 혹시 우리가 미처 모르고 있던 대안은 없었을까? 물론 인생에는 항상 대안이 있기 마련이다. 극단적으로 말하면, 옥상에서 뛰어내리는 것조차 삶의 대안이 될 수 있다. 그와 마찬가지로 IKB와 HRE 은행의 붕괴도, 유로화의 종말도 대안이 될 수 있었다. 하지만 그건 독일처럼 유럽 대륙의 중심이자 인구 8,000만 명이 넘는 경제 대국에서는 진지하게 고려할 만한 대안이 아니라고 나는 확신했다.

2009년처럼 2010년에도 나는 "대안이 없다"라는 용어를 선택했다는 이유로 혹독한 비판을 받았다. 심지어 논평자들은 내 행동이 권위주의적이라고 몰아붙였다. 내가 사안을 자세히 설명하는 대신 모든 반대 의견에 귀 닫고 '죽지 않으려면 먹어라'는 식으로 밀어붙였다는 것이다. 그러나 내 의도는 정반대였다. 다른 결정이 가져올 엄청난 파장을 알기에 그런 표현을 썼을 뿐이다. 다만 이제부터는 내 의도를 정확하게 전달하기 위해 연방정부 결정에 대해 '합리적인' 대안이 없다는 말로 표현을 바꾸었다. 사실 합리적 대안이 없었던 건 너무나 분명했다.

2010년 5월 7일 금요일, 연방의회에서 그리스 원조 법안에 대한 2차, 3차 심의가 열렸다. 그리스는 3년 동안 양자 간 대출로 최대 800억 유로를 지원받고, 추가로 IMF로부터 300억 유로를 대출받기로 했다. 이중 독일의 분담금은 총 224억 유로에 달했다. 그 대가로 독일은 혹독한 예산 삭감과 구조 개혁을 실시해야 했다. 나는 연립정부 의원들의 과반수 동의를 얻기 위해 많은 노력을 기울였다. 우리 당 의원들을 설득할 목적으로 그리스 지원 같은 일이 앞으로 다시는 없을 거라고 약속했지만, 곧 밝혀졌듯이 이 약속은 지킬 수 없는 말이 되고 말았다. 이틀 후인 2010년 5월 9일에는 노르트라인베스트팔렌에서 지방선거가 예정되어 있었다. 그로 인해 의회 분위기는 더욱 격앙되었다. 야당은 내가 여론의 반발이 두려워 선거 전에 그리스 구제금융을 확정 짓지 않으려 한다고 쏘아붙였다. 말도 안 되는 소리였다. 유럽의 상황은 내가 그런 생각을 할 정도로 한가하지 않았다. 게다가 그리스가 설득력 있는 개혁 프로그램을 제시하기 전까지는 돕고 싶지 않은 게 내 솔직한 심정이었다.

그런데 문제는 그리스만이 아니었다. 금요일에 연방의회에서 그리스 원조 법안을 두고 토론을 벌이고 있는데, 총리실로부터 사르코지 대통령이 급히 통화를 원한다는 전갈이 왔다. 지금은 총리가 의회에서 법안 토의 중이라는 말도 통하지 않았다. 나는 본회의장을 나와 의사당 내에 있는 총리 사무실로 가서 사르코지 대통령과 전화 연결을 했다. 사르코지는 매우 흥분한 목소리로 포르투갈과 스페인 국채의 가산 금리 상승과 유로존 전체의 전염 위험성, 그리고 주식시장의 혼란에 대해 이야기했다. 금융시장 일각에서는 유로화를 상대로 투기가 벌어지고 있었다. 사르코지 대통령은 독일의 주저함도 이런 사태에 한몫했다고 지적했다. 그는 저녁에 브뤼셀에서 열릴 예정인 유로존 회원국 회의에서 그리스 구제금융 프로그램만 통과시킬 것이 아니라 유로화의 안정을 위해 유럽 통화동맹 전체가 나서서 모든 것을 다하겠다는 결의를 보여주자고 했다. 물론 정확하게 무엇을 하자는 것인지는 알 수 없었다. 나는 금융시장의 혼란을 더 이상 악화시키지 않기 위해서라도 이날 오후 독일 연방의회에서 그리스 구제금융 법안의 통과가 급선무라고 대답했다.

통화 후 나는 본회의장으로 돌아가 토론을 계속 지켜보면서 생각에 잠겼다. 저녁에 브뤼셀에서도 이런 상황은 지속될 것이고, 유로화 위기가 아직 끝나지 않았다는 사실만큼은 분명했다. 다만 이 시점에서 우리가 정확히 무엇을 해야 할지는 분명하지 않았다. 나는 투표 전에 의원들에게 딱히 전달할 말이 없었다. 반드시 전달해야 할 카드도 손에 쥐고 있지 않았다. 그럼에도 나중에 일부 의원, 특히 야당 의원들은 내가 그날 의회에 중요한 정보를 숨겼다고 비난했다. 그건 사실이 아니었다. 그날 오전 연방의회에서 구제금융 법안이 통과된 사실조차 같은 날 저녁에 브뤼셀에서는 거의 부수적인 사안으로 취급될 정도로 상황은 급박하게 돌아갔다.

유로화가 실패하면 유럽도 실패한다

브뤼셀에서 열린 유로존 국가 정상회의는 오후 6시 15분경 몇몇 국가만 참석한 예비회담으로 시작했다. 개별 국가에 대한 양자 간 대출로는 투기 확산을 막을 수 없다는 사실이 분명해졌다. 금융 위기 때와 마찬가지로 이제는 문제를 총체적으로 통제하는 데 도움이 될 일종의 보편적 조치가 필요했다. 어려움에 처한 모든 국가에 어떤 식으로든 지원이 이루어질 거라는 신호여야 했다. 하지만 그게 구체적으로 어떤 형태를 띨지에 대해서는 누구도 말할 수 없었다. 우리는 신속하게 행동에 나서야 한다는 데만 동의했다. 월요일 아침 아시아에서 증권거래소가 문을 열 때까지는 시장에 명확한 신호를 주어야 했다.

우리는 2010년 5월 9일 일요일 초저녁에 브뤼셀에서 재무부 장관 회의를 열어 세부 사항 논의를 맡기기로 약속했다. 그러나 나는 연정의 상황을 잘 알고 있었고, 또 다른 구제금융 조치를 강구하기가 얼마나 어려운지도 알고 있었다. 볼프강 쇼이블레에게만 맡길 수는 없었다. 내가 직접 나서야 했다. 일요일 오후까지는 그의 손에 정확한 협상 카드를 쥐어주어야 했다. 시간이 많지 않았다. 나는 스스로에게 물었다.

'해낼 수 있을까?'

오늘은 브뤼셀에서 자정이 넘어서야 돌아올 테고, 다음 날 아침에는 노르트라인베스트팔렌 지방선거를 앞두고 파더보른에서 마지막 연설을 해야 했으며, 정오에는 스티븐 하퍼 캐나다 총리를 맞아야 했다. 캐나다는 G8 의장국이었다. 게다가 오후에는 모스크바로 날아가 메드베데프 러시아 대통령의 초청으로 일요일 오전에 제2차 세계대전 종전 65주년 기념 군사 퍼레이드에 참석해야 했다. 일요일에 베를린에서 돌아오면 재무부 장관들은 벌써 브뤼셀에서 만나고 있을 것이다. 이 모든 일정을 고려하면 나는 차분하게 숙고할 시간이 없었고, 설사 문제 해결을 위한 아이디어가 떠오른다고 해도 제때 쇼이블레에게 알릴 수도 없을 것 같았다.

나는 바이트만과 코르제피우스와 이 문제를 토의하고 새로운 해결책을 모색할 시간이 필요했다. 모스크바 방문의 취소는 불가능했다. 유일한 해결책은 어차피 함께 여행하는 울리히 빌헬름과 크리스토프 호이스겐 외에 모스크바로 두 사람을 더 데리고 가는 수밖에 없었다. 그리되면 오고가는 비행기 안과 모스크바 숙소에서 논의할 시간이 있었다. 브뤼셀에서 베를린으로 돌아오는 비행기에서 나는 이런 생각을 털어놓았고 두 사람은 즉각 동의했다. 모스크바 일정을 짜는 지모네 레만츠비너에게도 이 사실을 알렸다.

우리는 2010년 5월 8일 토요일 오후 4시 30분에 출발해서 9시 30분 경에 우리의 숙소인 모스크바 발츠슈그 켐핀스키 호텔에 도착했다. 소련 붕괴 후에 지어 1992년에 문을 연 최초의 5성급 호텔이었다. 우리는 저녁을 먹으러 레스토랑에 갔다. 지모네 레만츠비너가 테이블을 예약해두었다. 창 너머로 모스크바강과 불 켜진 성 바실리 대성당, 크렘린궁의 전경이 보였다. 우리는 비프 스트로가노프를 주문한 뒤 비행기 안에서 시작한 대화를 이어갔다. 일단 이 사안을 다양한 시각으로 바라보았다. 어느 나라가 위험에 처해 있고, 위기는 얼마나 지속될까? 금융 위기 당시 우리의 조치들에서 배울 수 있는 점은 없을까? 우리는 머리를 싸맸다. 그러다 결론을 내리지 못하고 각자 방으로 돌아갔다. 해결책은 보이지 않았다.

다음 날 아침 7시 30분 우리는 아침 식사를 위해 다시 만났다. 나는 도무지 실마리가 보이지 않아 낙담한 표정으로 테이블에 앉았다. 먼저 도착해 있던 바이트만이 우리에게 인사를 하고 나서 말했다.

"밤새 다시 한번 생각해봤습니다."

그가 설명했다. 투기 취약 국가인 그리스, 포르투갈, 스페인, 이탈리아가 앞으로 2년간 연장해야 할 국채 총액을 계산해봤는데, 정확히 이 금액을 커버할 수 있는 구제금융을 마련하는 게 중요할 듯하다. 액수는 총 7,500억 유로 정도로 추정된다. 물론 구제금융은 아무 대가 없이 그냥 주는 것이 아니라 먼저 해당 국가들이 자체 내의 개혁안을 제출해야 한다고 했다. 그제야 내 얼굴에 미소가 번졌다. 해결책이 될 수 있을 것 같았다. 우베 코르제피우스가 말했다.

"옌스, 논리적으로 들려요."

우리는 바이트만의 제안을 유럽의 주요 인사들, 특히 쇼이블레 재무부 장관과 상의해보기로 빠르게 합의했다. 나는 트리셰에게 먼저 전화를 걸어 동의 여부를 물어보라고 했다. 크렘린궁에 가기 전에 벌써 트리셰에게서 긍정적인 답변이 돌아왔다. 이로써 나는 쇼이블레에게 전화할 시간이 생겼다. 그도 7,500억 유로라는 천문학적인 액수에 잠시 한숨을 내쉬기는 했지만 이 제안을 수긍했다.

내가 크렘린궁에서 군사 퍼레이드를 참관하는 동안 바이트만과 코르제피우스는 자신들의 프랑스 동료, 당시 유로그룹 의장이던 장클로드 융커의 참모들, 그리고 바호주, 반롬푀이와 차례로 전화 통화를 했다. 모스크바에서 베를린으로 돌아오는 비행기 안에서 두 사람은 우리 계획이 곳곳에서 호평을 받고 있다고 보고했다. 오후에 베를린에 도착하자 나는 재무부 장관 회의가 시작되기 전에 니콜라 사르코지에게 전화를 걸어 우리 제안에 대해 직접 이야기했다. 그는 상당히 놀라는 눈치였다. 지금까지 인색하게 굴던 독일이 이번엔 통 크게 나온다고 생각했는지 반색을 하면서 프랑스 재무부 장관도 회담에서 쇼이블레를 지원할 거라고 약속했다.

그런데 얼마 뒤 바이트만에게 전화가 와서 쇼이블레가 브뤼셀의 병원으로 실려 갔다고 보고했다. 갑자기 실신했다는 것이다. 바이트만은 이 소식을 외르크 아스무센에게 들었는데, 곧이어 쇼이블레가 생명에는 지장이 없지만 그날 밤은 병원에서 지내야 한다는 이야기가 전해져왔다. 날벼락이었다. 이제 누가 독일을 대표해 협상에 나서야 할까? 아스무센이 할 수는 없었다. 나는 쇼이블레를 대신할 정치인이 필요했다. 잠시 생각에 잠겼다. 가능한 후보는 단 한 명뿐이었다. 토마스 드메지에르 내무부 장관이었다. 그는 글로벌 금융 위기 당시 내게 큰 힘이 되어주었다. 그에 대한 나의 믿음은 절대적이었다. 나는 나의 전략과 브뤼셀에서 협상할 내용을 기도 베스터벨레와 자민당 출신의 경제장관 라이너 브뤼더레와도 상의했다. 독일 정부의 직무 대행 규칙에 따르면 사실 쇼이블레를 대신할 사람은 경제장관이었는데, 내가 자신에게 브뤼셀 협상을 부탁하지 않자 그는 큰 실망감을 보였다. 나는 그의 불쾌감을 이해하면서도 내 결정이 올바르다고 확신했다. 특수한 상황에서는 특수한 조치가 필요했고, 지금이 그랬다. 협상 내용에 대해서는 둘 다 우리의 지침에 동의했다.

일요일 오후 6시경 노르트라인베스트팔렌 지방선거에서 기민당, 즉 위르겐 뤼트거스 주지사의 패배가 확실해지자 기민당과 자민당 모두 큰 타격을 받았다. 이 연방주에서는 지금까지 두 당이 연립정부를 구성해왔기 때문이다. 이번 선거 결과로 우리 연정 역시 연방상원에서 다수당의 지위를 잃었다. 그와 함께 2009년 10월 연정 협상에서 치열한 논쟁 끝에 결국 합의한 대규모 세제 개혁안의 상원 통과는 물 건너갔다.

선거일 저녁이면 늘 그렇듯 나는 총리청 9층에서 최측근들과 모임을 가졌다. 그러나 대부분의 시간을 거실 옆의 분장실이나 8층 총리실에서 드메지에르와 통화하느라 보냈다. 그 바람에 총리실 뒷계단을 계속 오르내렸다. 구제금융 패키지의 규모에 대한 협상은 빠르게 타결되었다. 문제는 항상 그래 왔듯이 금융 지원 조건이었다. 독일, 네덜란드, 핀란드 같은 몇몇 국가는 지원금을 받기 위한 조건을 분명히 정하기를 원했다. 수혜국들이 취해야 할 조치들을 명기하자는 말이었다. 그러나 다른 나라들은 그걸 별로 중요시하지 않았다. 여기서도 관건은 그리스 구제금융 때와 마찬가지로 긴축과 구조 개혁(예를 들어 노동시장의 구조 개혁)이었다.

자정이 지나 이탈리아의 실비오 베를루스코니 총리가 내 핸드폰으로 전화를 걸어 금융 지원 조건을 완화하는 데 동의해달라고 요청했다. 이탈리아 재무부 장관이 드메지에르에게 같은 부탁을 했는데 통하지 않았던 모양이다. 나도 단호한 태도를 보였다.

독일 시간으로 새벽 2시 도쿄 증시가 개장한 직후 7,500억 유로 규모의 구제금융 패키지가 확정되었다. 4,400억 유로는 유로존 회원국들의 양자 간 대출과 보증으로 마련하기로 했고, 그중에서 독일 분담금은 1,230억 유로였다. 이를 위해 특수 목적 기관인 유럽재정안정화기금(EFSF)을 설립해서 특정 조건하에서 유로존 국가들에 긴급 대출을 제공하기로 했다. 집행위원회는 600억 달러를 준비했고, IMF는 최대 2,500억 유로를 부담할 예정이었다.

다음 날 아침 지방선거가 끝난 월요일이면 늘 그랬듯이 콘라트 아데나워 하우스에서 기민당 의장단 및 전국상임위원회 회의가 열렸다. 회의 시작 전 나는 총리청에서 간밤에 브뤼셀에서 있었던 결정을 언론에 설명했다. 오후 3시에는 연방의회 소속의 당대표 및 원내대표들에게도 이 사실을 알렸다.

9일 후인 2010년 5월 19일 연방의회에서 유럽재정안정화기금에 관한 1차 설명회가 열렸다. 나는 정부 성명에서 지금의 상황을 역사적인 위기로 규정했다.

"현재의 유로 위기는 1957년 로마 조약 체결 이후 유럽이 수십 년 만에 직면한 최대의 시험대입니다."

그런 다음 우리 결정의 의미를 이렇게 설명했다.

"통화동맹은 운명 공동체입니다. 따라서 유럽의 이상을 보존하고 증명하는 데 통화동맹의 핵심 가치가 있다고 할 것입니다. 이는 우리의 역사적 책무입니다. 유로화가 실패하면 유럽도 실패하기 때문입니다."

이어 나는 우리가 법적으로 필요했고, 정치적으로는 타당하게 막아야 했던 부분을 언급했다.

"구체적으로 말하자면, 개별 회원국이 스스로 책임져야 할 부분을 모든 회원국이 직접적이고 구속력 있는 보증으로 함께 책임져야 하는 초국가적 연합으로 갈 위험이 있었습니다."

나는 이에 대한 우리 정부의 태도를 설명했다.

"누군가는 우리를 보고 너무 망설인다거나 너무 느리다고 비판하지만, 신사 숙녀 여러분, 이렇게 해서라도 올바른 결정이 내려진다면 그런 비판은 얼마든지 감수할 수 있습니다."

마지막으로 나는 우리 결정의 원칙과 그 근거를 설명하고 유로존 내의 필요한 개혁을 지적했다. 여러 회원국의 재정 내실화, 안정 및 성장 협약의 개혁, 질서 있는 국가파산 방안, 유럽연합 차원의 금융 감독, 은행 청산 및 구조 조정 방안, 금융시장에 대한 과세 방안 같은 것들이었다.

2010년 5월 21일 연방의회는 유럽재정안정화기금 법안(EFSF)을 2차, 3차 심의 끝에 통과시켰고, 이로써 독일 정부는 2010년 6월 7일 EFSF 기본 협정에 서명할 수 있었다. 이 협정의 기한은 2013년 말까지로 정해졌다.

EFSF의 긴급 대출 제도가 시행되었다. 아일랜드와 포르투갈은 이

제도를 이용했고, 스페인도 2012년 여름 자국 금융기관들에 대한 자금 지원을 위해 대출을 신청했다. 2011년 가을에는 EFSF의 대출 여력이 한층 증가하여 계획된 4,400억 유로의 대출을 최고 신용 등급으로 제공할 수 있게 되었다. 그리스 역시 EFSF의 혜택을 받았고, 2012년 12월에는 이 기금에서 2차 지원까지 받았다. 물론 여기까지 가는 길은 험난했다. 독일은 그리스의 채권자들도 채무 삭감으로 비용을 분담할 것을 요구했다. 사르코지와 트리셰는 이러한 삭감 조치로 유로존에 대한 투자자들의 신뢰가 장기적으로 떨어질 것을 우려했지만, 결국 채권자들의 자발적 삭감에 합의했고, 2012년 봄에 최종 타결되었다.

그사이 파판드레우 그리스 총리는 자국 내의 개혁 이행에 큰 어려움을 겪었다. 고심 끝에 2011년 10월 국민투표로 긴축안에 대한 국민의 의견을 묻기로 결정했지만, 2011년 11월 3~4일 프랑스 칸에서 열린 G20 정상회의에서 바호주, 반롬푀이, 사르코지, 그리고 내가 그리스의 자체 개혁이 불가피하다는 점을 다시 한번 못 박자 곧바로 계획을 철회했다. 얼마 뒤 그의 사임과 함께 과도정부가 출범했고, 총선을 거쳐 2012년 6월 안도니스 사마라스가 그리스 새 정부 수반으로 선출되었다.

바주카포를 찾아서

유로 위기가 한창이던 2010년 8월, 슈테펜 자이베르트가 울리히 빌헬름의 후임으로 정부 대변인에 임명되었다. 처음에 나는 제2독일 공영방송(ZDF)의 저명한 저널리스트이자 진행자인 그가 정치적 혼란기에 진영을 바꾸어 정계에 입문할 준비가 되어 있다는 사실이 믿기지 않았지만, 새 직책이 그에게 얼마나 잘 맞는지 곧 깨달았고 이후 10년 넘게 그와 함께 일하게 된 것을 큰 기쁨으로 여겼다. 슈테펜 자이베르트는 독일연방공화국 역사상 최장수 정부 대변인이 되었다.

2010년 가을, 독일 정부는 2013년 말에 종료될 예정인 EFSF 이후의 시간에 대한 준비에 들어갔다. 장기적인 위기관리 기구의 도입이 그것이었다. 이 기구는 2010년 12월 유럽연합 이사회에서 가결되었고, 독일은 이를 위해 리스본 조약의 보완을 조건으로 내걸었다. 따라서 유럽연합의 기능에 관한 조약(TFEU) 136조에, 유로화 지역의 안정성을 위해 엄격한 조건하에서 안정화 기구를 설치·운영할 수 있다는 항목이 새로 추가되었다. 이렇게 해서 유로안정화기구(ESM)가 탄생했다. 회원국들의 자기 자본으로 운영되고 일정한 조건하에서 대출과 보증을 제공하는 무기한 국가 간 기구였다. 2012년 6월 말, 연방의회는 ESM 설립에 관한 조약을 통과시켰고, 조약은 2012년 9월에 발효되었다. 우리는 매 단계마다 헌법재판소에 제소되는 과정을 거쳐야 했음에도 결국 또 하나의 장애물을 넘었다. 연방정부는 원칙적으로 승소했지만, 헌재는 앞으로의 결정 과정에서 의회의 역할을 강화했다.

2011년 6월, 나의 유럽연합 정책 보좌관 우베 코르제피우스가 브뤼셀로 자리를 옮겼다. 거기서 이사회 사무총장으로 2015년 6월까지 일하다가 베를린의 원직으로 복귀했다. 그가 없는 동안에는 유럽국 부국장 니콜라우스 마이어란트루트가 이 부서를 책임지면서 유럽 정책을 보좌했다. 2002년부터 2003년까지 발레리 지스카르 데스탱 전 프랑스 대통령의 헌법 개정단 대변인으로 일하는 등 유럽 정책에 대한 폭넓은 경험을 가진 인물이었다. 마이어란트루트는 2015년에 주프랑스 독일 대사가 되었다. 2011년에는 총리청의 경제 및 금융 정책 부서에도 변화가 있었다. 5월에 옌스 바이트만이 독일연방은행 총재가 되면서 당시 베를린의 유럽경영기술대학원 원장이던 라르스 헨드릭 뢸러가 그 자리를 이어받았고, 7월에는 그 부서의 수장이 되었다. 과학자 출신인 그는 총리청에서 정치 업무에 대한 열정을 빠르게 키워나갔고, 나는 어떤 상황에서도 항상 그를 믿을 수 있었다.

2011년 9월 1일 베를린에서 열린 페드루 파수스 코엘류 포르투갈 총리와의 기자회견에서 나는 독일 연방의회와 유럽의 다른 모든 의회가 중요한 결정을 내릴 때마다 사전에 표결을 해야 한다면 구제금융 패키지의 위력이 떨어질까 염려되지 않는지 질문을 받았다. 나는 대답했다.

"우리는 민주주의에서 살고 있고, 그런 체제하에서 살고 있어 기쁩니다. 우리 민주주의는 의회민주주의입니다. 그렇기에 예산안은 의회의 핵심 권리입니다. 이런 점에서 우리는 의회의 결정이 시장과 보조를 맞추는 방식으로, 그러니까 시장에 적절한 신호를 보내는 방식으로 내려질 수 있게 그 길을 찾아나갈 것입니다."

나는 이 발언으로 경제에 대한 정치의 우위권을 설명하고 아울러 우리의 정치가 효과적으로 작동해야 한다는 점을 말하려고 했을 뿐인데도 심각한 정치적 곤경에 빠졌다. 사실 우리가 지난 4년 동안 금융 위기와 유로화 위기에서 했던 게 뭔가? 정치를 위한 정치였던가? 아니면 주식시장과 경제의 붕괴를 막고 사람들의 일자리를 지키고 국민들의 예금을 보호하기 위한 실질적인 조치였던가? 답은 명백하지 않은가? 그럼에도 지난 2년 동안 정부 일에서 완전히 손을 떼고 야당으로 돌아간 사민당은 "시장과 보조를 맞추는"이라는 말만 딱 떼어내어 "민주주의"라는 말과 연결시키더니 나의 정책을 "시장 추종적 민주주의"로 변질시켜버렸다. 그들의 공격은 거셌다. 총리는 원래 정치보다 시장을 우위에 두는 사람이고, 이제야 본색을 드러내어 시장 예속성을 여실히 보여주고 있다는 것이다. 심지어 내가 실제로 한 번도 사용한 적이 없는 "시장 추종적 민주주의"라는 말은 2011년도 올해의 나쁜 말로 뽑힐 뻔했다. 이건 내가 지금껏 생각해오던 정치적 경쟁과는 아무 상관이 없는 일이었다.

우리 모두는 지난 4년 동안 시장에서 투기꾼들의 강력한 압력에 시달리면서도 그에 맞서 싸웠다. 투자 가치가 있다는 확신이 없으면 더는 투자하지 않는 시장 참여자들을 상대로 정치적으로 합당한 결정을 내리는 것이 얼마나 어려운 일인지 나는 거의 매일 경험했다. 물론 그런 현실을 고려하면 내가 뜻을 꺾고 그리스와 포르투갈, 스페인, 이탈리아에 강력한 긴축 조치와 경제 개혁을 요구하지 않는 편이 더 낫지 않았을까 하는 의문도 제기될 수 있다. 이들 국가, 특히 그리스에서 나의 평판은 그야말로 바닥으로 떨어졌다. 개혁으로 직격탄을 맞은 사람들은 주로 저소득층이었다. 그건 의심할 여지가 없었다. 하지만 내가 만약 위기에 처한 국가들에 긴축과 경쟁력 향상을 요구하지 않았다면 내 당과 연정에서 과반수를 확보할 수 없었음은 물론이거니와 그건 내 신념과도 맞지 않았다.

내 신념은 확고했다. 우리는 공통 통화를 원했다. 그러면서도 유로존 국가들은 리스본 조약에 명시된 대로 각자 자기만의 재정 정책과 경제 정책, 사회 정책을 추진해나갔다. 그렇다면 함께 정한 규칙을 모두가 준수할 거라는 서로에 대한 믿음이 있어야 했다. 내가 주안점을 뒀던 것도 바로 이 점이었다. 그러려면 시간이 필요했다. 다른 대안은 조건 없는 보증이었고, 이는 점진적으로 유로존의 부채에 대한 공동 책임으로 이어졌을 것이다. 그리되면 나는 법적인 문제와 별도로 유로화의 신용이 조만간 추락하게 될 거라고 확신했다. 달리 표현하자면, 내 해결 방안보다 유로화가 더 위험한 상황에 빠질 거라고 믿었다. 그건 독일연방공화국 총리로서 받아들일 수 있는 합리적 대안이 아니었다. 또한 내가 2005년 11월 22일과 2009년 10월 28일에 취임 선서를 하면서 마음에 새긴 총리직의 본분과도 맞지 않았다.

2010년 6월 유럽연합 이사회는 '경제 정책 조정을 위한 유럽 학기제' 도입에 합의했고, 2010년 가을 유럽 경제 및 재무장관 이사회(ECOFIN)가 그를 위한 전제 조건을 공식적으로 제정했다. 유럽 학기를 통해 유럽연합 집행위원회는 각국의 예산안과 개혁안을 각국의회 통과 전에 검토할 수 있게 되었다. 첫 유럽 학기는 2011년에 실시되었다. 2011년 2월 독일과 프랑스는 이를 보완하기 위해 '경제 경쟁력을 위한 협정'을 발표했는데, 여기에는 독일 측 표현으로는 경제 정책의 공조 강화, 프랑스 측 표현으로는 경제 거버넌스에 대한 양국의 공동 아이디어가 담겨 있었다. 이 협정은 3월에 유럽연합 이사회에서 '유로 플러스 협정'으로 채택되었다. 그럼에도 유로화 위기로 특히 심한 타격을 입은 국가들의 가산 금리는 계속 상승했다. 금융시장 참여자들은 우리가 마련한 구제금융 패키지보다 더 많은 것을 요구했다. 그들은 무제한의 힘을 가진 기구를 원했고, 비상시에는 유럽중앙은행에 대한 정치적 개입이 보장되기를 바랐다.

유럽중앙은행은 통화 정책을 담당했고, 그 틀 안에서 이미 많은 일을 하고 있었다. 정치적 지침과는 무관하게 말이다. 그밖에 각국의 재정 정책은 개별 국가 소관이었다. 통화 정책과 재정 정책의 분리는 통화동맹의 핵심이었다. 나는 어떤 상황에서도 유럽중앙은행의 독립성을 해쳐서는 안 된다고 생각했다.

그런데 이 독립성이 위태로워졌다. 2011년 11월 3~4일 칸에서 열린 G20 정상회의에서 사르코지, 베를루스코니, 바호주, 오바마를 비롯해 거의 모두가 나를 압박했다. 그들이 말하는 건 하나였다.

"우리에게는 바주카포가 필요해!"

대전차로켓포처럼 강력한 조치가 취해져야 한다는 말이었다. 나는 정말 이를 악물고 버텼다. 유럽중앙은행 이사회 독일 대표인 옌스 바이트만 분데스방크 총재조차 내게 칸으로 편지를 보내 그만 양보하라고 권고했다.

그로부터 6개월이 지난 2012년 6월 멕시코 로스 카보스에서 열린 G20 회의에서도 나에 대한 설득은 계속 이어졌다. 정상회의 주최자인 펠리페 칼데론 대통령과 나는 사실 친구였다. 하지만 그도 내가 왜 그렇게 유럽중앙은행의 독립성에 집착하는지 이해할 수 없다고 했다. 그가 볼 때 발권은행은 다른 기능을 갖고 있다는 것이다. 정상들만의 저녁 회의에서 그는 비유까지 들어가며 자신의 신념을 다시 한번 설명하고자 했다.

"앙겔라, 학교 운동장에서 여자아이가 좀더 나이가 많은 남자아이들한테 공격을 받고 있다고 상상해봐요. 그 여자애한테는 오빠가 있어요. 그러면 어쩌겠어요? 오빠한테 도움을 청하는 게 당연하지 않겠어요?"

여기서 여자아이는 국가였고 오빠는 유럽중앙은행이었다. 그는 자신이 적절한 비유로 나를 설득했다고 확신하는지 득의양양한 표정으로 나를 다정하게 바라보았다.

그러나 나는 다정하면서도 진지한 표정으로 말했다.

"그럴 순 없어요, 오빠한테 부탁해선 안 되지요. 나 혼자 해결해야 해요."

내 주위에 앉아 있던 거의 모든 사람이 내 이성을 의심하거나 아니면 독일인들은 참으로 이상한 인간들이라고 생각하는 듯했다. 하지만 내가 그들의 바람대로 유럽중앙은행에 정치적 개입을 허용했다면 바로 그 순간 독일 헌법재판소에 제소당할 게 분명했다. 나는 그게 결과적으로 유로화에도 좋지 않고 유럽연합에도 좋지 않다는 사실을 잘 알고 있었다.

2001년 말 마리오 드라기가 장클로드 트리셰의 뒤를 이어 유럽중앙은행 총재로 취임했다. 2012년 7월 26일 런던의 글로벌 투자 컨퍼런스에서 그는 이렇게 말했다.

"유럽중앙은행은 우리에게 주어진 권한 내에서 유로화 유지에 필요한 모든 조치를 취할 준비가 되어 있습니다. 저를 믿으십시오. 무슨 일이 있어도 충분합니다."

9월에 유럽중앙은행은 이른바 '전면적 통화 거래'(OMT)를 가결했다. 이제는 이 수단으로 유로존 국가의 단기채권 무제한 매입이 가능해졌다. 이 조치에 대해 독일 헌법재판소에 소송이 제기되었다. 헌재는 이 사건을 유럽사법재판소로 회부했고, 유럽사법재판소는 이 조치가 유럽연합 조약들과 합치한다는 판결을 내놓았다. 독일 헌법재판소는 일부 세부 사항을 제외하고 유럽사법재판소의 견해에 동의했다.

드라기 총재가 이 조치를 발표하기 전에 나와 통화했다는 소문이 반복적으로 나돌았지만 그건 사실이 아니다. 그의 발표는 유럽중앙은행 총재로서 내린 독립적인 결정이었다. 그는 2012년 여름에 우리 정치인들이 유로화 안정을 위해 할 수 있는 모든 조치를 취했다는 사실을 알고 있었고, 이제 거기다 유럽중앙은행의 조치를 한 가지 더 추가했다. 이로써 유럽연합은 유로화 안정을 위한 바주카포를 갖게 되었고, 그때부터 가산 금리는 꾸준히 하락했다.

칼날 위에 선 그리스

2013년 초, '독일을 위한 대안당'(AfD)이라는 이름의 새로운 정당이 문을 열었다. 내가 금융 위기 및 유로화 위기 당시에 사용했던 '대안 없음'이라는 단어가 이 당의 작명에 영향을 미친 게 분명했다. 창당 발기인들은 유로화를 안정시키려는 우리 정부의 정책을 거부했다. 반면에 나는 우리의 유로화 구조 노력이 성공을 거두었다고 자부했다.

"유로화가 실패하면 유럽도 실패한다"라는 구호는 헛되지 않았다. 신당은 2013년 9월 22일 총선에 출사표를 던졌지만, 4.7퍼센트의 득표율로 연방의회 진입에 실패했다. 5퍼센트 진입 장벽에 살짝 못 미치는 차이였다. 그에 반해 기민당과 기사당은 41.5퍼센트라는 높은 득표율을 기록했다. 유로화 구제 조치를 둘러싼 온갖 격한 논란에도 불구하고 거둔 훌륭한 성적이었다. 반면에 우리의 연정 파트너인 자민당은 4.8퍼센트를 얻어 독일연방공화국 역사상 처음으로 의회 진입에 실패했다. 참으로 유감스러운 일이었다. 물론 자민당이 선거기간 중에 유로화 구제 정책과 제대로 화합하지 못했고, 또 그걸 직접 표출했다는 점을 고려하면 전혀 뜻밖의 결과라고 볼 수는 없었다. 공동으로 집권한 정당이 정부 정책에 대해 여당이면서 동시에 야당이고자 하는 어정쩡한 태도가 성공하는 경우는 드물었다. 이건 자민당에만 해당되는 이야기가 아니라 일반적인 정치 경험이 그랬다.

2013년 12월 17일, 나는 세 번째로 총리에 선출되어 다시 한번 대연정 정부를 이끌었다. 사민당 당대표 지크마르 가브리엘이 부총리 겸 경제장관이 되었고, 볼프강 쇼이블레는 재무부 장관직을 지켰다.

그로부터 1년 반이 지난 2015년 1월 26일, 그리스 조기 총선에서 알렉시스 치프라스가 총리에 당선되면서 정권이 바뀌었다. 그는 독일 좌파당의 자매 정당인 시리자(급진좌파연합) 당수로서 우파 민족주의 정당인 그리스독립당(ANEL)과 이례적으로 연립정부를 구성했다. 그의 승리는 유로화 구제 프로그램에 대한 많은 그리스인의 분노가 있었기에 가능했다. 치프라스는 선거전에서 그리스를 삼두마차의 굴레에서 해방시키겠다고 약속했다. 그의 전임자 안도니스 사마라스는 정권을 잃음으로써 2차 구제금융에서 합의한 개혁을 완전히 이행할 수 없었다. 치프라스 취임 후 유로그룹은 구제금융 프로그램을 2015년 6월 말까지 4개월 더 연장했다.

2015년 3월 23일 월요일 오후 5시경, 치프라스가 취임 인사차 나를 방문했다. 나는 그가 어떤 인물인지 궁금했고, 그에 대해 좀더 자세히 알고 싶었다. 나이는 나보다 스무 살 어렸다. 우리는 지금껏 통역을 통해 두 번 전화 통화를 했고, 브뤼셀 유럽연합 이사회에서 두 차례 잠깐 만난 적이 있었다. 좋은 인상을 받았다는 느낌만 있을 뿐 더 이상 아는 것은 없었다. 첫 만남에서 그가 영어를 잘한다는 사실을 알았다. 이제 나는 총리청 영예의 뜰 입구에서 그를 기다렸다. 의장대 사열로 그를 맞이하기 위해서였다.

그의 도착은 지연되었다. 그가 총리청 앞에서 차에서 내려 독일 좌파당 시위대와 반갑게 인사를 나누느라 시간이 지체되었기 때문이다. "국제 연대 만세!"라는 함성이 멀리서 내 귀에까지 들려왔다. 나는 그가 그곳에 너무 오래 머물지 않기만 바랐다. 그로 인해 이 방문의 분위기가 시작도 전에 깨질 우려가 있었다. 하지만 곧 차량이 도착하더니 그가 호감 가는 상냥한 미소를 지으며 차에서 내렸다. 나는 인사를 건네고는 그와 시위대의 만남을 짧게 언급했다. 그는 살짝 미안해하면서도 정치인이라면 지지자들을 결코 외면해서는 안 되는 법이라고 자신감 있게 대답했다. 나도 동의의 뜻으로 미소를 지었다. 수많은 사진기자가 우리에게 카메라를 들이댔다. 우리의 태도 하나하나가 세간의 주목을 받고 있었다.

의장대 사열이 끝나자 우리는 단독 회담을 위해 각자 통역사를 대동하고 내 사무실로 향했다. 회의 테이블에 앉자 나는 다시 한번 환영 인사를 건네며 우리 두 사람에 대한 언론의 지대한 관심을 이야기했다. 그는 그런 관심이 반가운 듯했다. 나는 우리 둘 다 긍정적인 메시지로 바깥세상을 놀라게 할 준비가 되어 있다는 느낌을 받았다.

기억에 따르면 나는 치프라스와의 대화에서 그리스가 유로존에 남아야 한다는 점을 강조했다. 그러려면 우리 둘의 노력이 필요했다. 2012년 여름, 나는 그리스의 유로존 탈퇴를 원하는 사람들의 주장을 두고 오랫동안 고민한 바 있었다. 그들은 나를 설득하지 못했다. 이후 내 입장은 분명했다. 그리스는 유로존의 일원으로 남아야 한다는 것이다. 한 국가의 통화동맹 퇴출은 예측할 수 없는 결과를 초래할 수 있었다. 한 국가가 퇴출되면 다음 국가에 대한 압박은 점점 거세질 수밖에 없었다. 게다가 유로화는 단순한 통화 이상의 의미가 있었고, 그리스는 민주주의의 요람이었다.

그럼에도 나는 치프라스에게 그리스의 유로존 잔류에 조건이 있다는 점을 지적했고, 독일과 그리스가 지난 몇 년간 함께한 양국 간 프로젝트를 계속 추진하고 싶다는 뜻을 분명히 밝혔다. 예를 들어 독일과 그리스 도시들의 자매결연, 지자체 차원의 독일-그리스 관계망 구축, 독일 내 그리스 청소년들을 위한 교육 프로그램 강화, 투자 지원, 독일과 그리스 상공회의소의 교류 활성화였다. 나는 치프라스가 이전 정부가 해온 많은 일에 회의적이라고 알고 있었지만, 그는 이 프로젝트들을 잘 검토해서 판단하겠다고 약속했다.

약 30분 후 총리실을 나와 비서실장과 유럽 및 경제 정책 보좌관, 정부 대변인이 함께 참석하는 공식 회담을 위해 회의실로 이동하는 동안 우리는 각자의 정계 입문 과정에 대해 대화를 나누었다. 그는 자신의 가족에 대해 이야기했고 나는 요아힘과 그의 아들들에 대해 이야기했다. 알렉시스 치프라스는 국제적 협력에 확실히 열려 있고, 자신이 모르는 영역으로는 천천히 신중하게 발을 들여놓으려는 사람이라는 인상을 풍겼다. 이런 접근 방식은 나도 무척 친숙했기에 공감이 갔다.

공식 회담과 이어진 만찬에서 우리는 그리스 새 정부가 선거 공약을 어기지 않으면서도 삼두마차의 요구 사항을 이행할 수 있는 방안을 함께 찾으려 했다. 마치 답이 없는 과제 같았다. 만찬 전에 기자회견이 있었다. 치프라스와 나는 상호 소통의 예술이 만들어낸 작은 결과물을 선보였다. 목소리엔 친근함과 상냥함이 담겨 있었다. 우리 둘 중 누구도 이전에 합의했던 말을 번복하지 않았다. 의견 차이는 컸지만, 바늘구멍처럼 작은 해결 실마리를 찾으려는 의지 역시 그만큼 컸다.

몇 주가 흘러도 그리스는 삼두마차의 협상에서 실질적인 진전을 이루어내지 못했다. 우리의 직접적인 대면도 별 도움이 되지 못했다. 2012년 5월 선거에서 승리한 프랑수아 올랑드 프랑스 대통령과 나는 긴밀하게 연락을 주고받으며 조율했다. 6월이 되었다. 유로그룹과 삼두마차는 여전히 해결책을 찾지 못했다. 2차 구제금융 프로그램 만료를 8일 앞둔 2015년 6월 22일, 유로존 국가 정상들의 특별 이사회가 열렸다. 그사이 2007년부터 2014년까지 폴란드 총리를 지낸 도날트 투스크가 헤르만 반롬푀이의 뒤를 이어 유럽연합 이사회 의장에 취임했다. 특별 이사회에서도 해결책은 도출되지 않았다. 우리는 유로그룹 재무부 장관들에게 계속 노력해달라고 요청했지만, 별무신통이었다. 결국 2015년 6월 25일과 26일 각국 정상들이 다시 모였다. 유럽연합 이사회 정례 회의였다. 투스크, 바호주, 올랑드, 그리고 나는 공식 의사일정에서 벗어나 치프라스와 따로 협상을 벌였다. 그러다 다음 날 아침이 되어서야 가까스로 차기 구제금융 프로그램의 핵심 사항에 대한 합의가 이루어졌다.

둘째 날 아침 이사회가 열렸을 때 투스크가 밤새 협상한 결과를 발표했다.

치프라스는 침묵했다.

이상한 느낌이 들었다. 나는 자리에서 일어나 그에게 다가가 조용히 말했다.

"알렉세이, 왜 말이 없어요? 말 안 할 거예요?"

그가 대답했다.

"무슨 말을 해요. 도날트가 다 설명했는데."

내가 의아한 표정으로 물었다.

"이제 어떡하시려고요?"

그는 침착하게 말했다.

"이제 내 나라로 돌아가 우리가 어떻게 해야 할지 내각에서 논의해봐야지요."

나는 어안이 벙벙해서 재빨리 테이블을 돌아 올랑드에게 걸어갔다. 그도 놀란 눈치였다. 우리 둘은 남들도 마찬가지지만 치프라스가 간밤의 협상 결과를 받아들였다고 생각했다. 투스크 의장도 같은 취지로 말했었다.

나는 다시 치프라스에게 돌아가 물었다.

"그래서 논의에서 어떤 결과가 나올 것 같아요?"

"모르지요."

그가 대답했다.

"언제 알 수 있을 것 같아요?"

내가 물었다.

"오늘 초저녁이면 결과가 나오겠지요. 그때 얘기할게요."

올랑드와 나는 그와 셋이서 통화하기로 약속했다.

유럽연합 이사회가 끝난 후 나는 베를린으로 날아가 곧장 호엔발데로 이동했고, 거기서 통화했다. 치프라스는 이사회 합의안을 국민투표에 붙이기로 했다는 내각회의 결과를 올랑드와 나에게 알렸다. 이처럼 중대한 사안은 국민의 결정에 맡겨야 한다는 것이다. 그는 오늘 저녁 텔레비전 연설을 통해 이 사실을 발표할 거라고 했다. 여기까지는 괜찮다는 생각이 들었다. 이어 나는 국민들에게 바라는 정부의 권고안이 무엇이냐고 물었다.

"당연히 부결이지요."

그가 간명하게 대답했다.

내 정치 인생에서 지금까지 통화했던 전화 가운데 어쩌면 가장 깜짝 놀란 순간이었을 것이다. 올랑드와 나는 잠시 할 말을 잃었다. 우리는 재빨리 통화를 끝냈다. 세상일은 어차피 순리대로 가게 되어 있었다. 거기서 내가 할 일은 더 이상 없었다.

다음 날 그리스 의회는 2015년 7월 5일 국민투표를 실시하기로 결정했다. 유로그룹은 그리스 구제금융 프로그램 연장에 대한 합의 가능성이 없는 한 연장안을 거부하기로 했다. 그리스에서는 뱅크런 사태를 막기 위해 자본거래 통제가 실시되었다. 그에 따라 시민은 일인 당 하루에 60유로만 인출할 수 있었다. 독일에서는 상상도 할 수 없는 일이었다.

2015년 7월 5일, 350만 명의 그리스인이 '반대'에 투표했다. 비율로 따지면, 약 60퍼센트의 전체 투표율에서 61.3퍼센트를 차지했다. 하루 후 나는 올랑드 대통령과 다음 단계를 논의하기 위해 파리로 날아갔다. 우리는 그리스에만 이 프로그램에 반대할 민주적 결정권이 있는 것이 아니라 독일과 프랑스도 의회에서 이 프로그램을 가결한 민주주의 국가라는 데 동의했다. 그럼에도 우리는 그리스를 유로존에 잔류시키기 위해 할 수 있는 모든 일을 하고자 했다.

하루 뒤인 2015년 7월 7일, 브뤼셀에서 유로존 정상회의가 열렸다. 여기서 구체적인 결과는 나오지 않았다. 볼프강 쇼이블레는 지금 상황에선 그리스의 일시적 유로존 탈퇴가 모두에게 더 나은 해결책이 될 수 있다고 나에게 설명했다. 반면에 나는 그리스의 유로존 잔류를 지지하는 입장이었다. 유로는 통화 이상의 의미가 있었고, 유럽 통합 과정의 불가역성을 상징했으며, 그리스는 이 전체의 일부였기 때문이다.

2015년 7월 12일 유로존 정상들이 다시 모여 이사회를 열었다. 우리는 그리스와 함께 해결책을 찾기 위해 마지막 시도를 하고 싶었다. 나는 쇼이블레에게 브뤼셀로 동행해달라고 부탁했다. 협상의 매 단계마다 그와 조율하고 싶었기 때문이다. 투스크, 바호주, 올랑드, 그리고 나는 치프라스와 협상을 시작했다. 각자의 최측근 참모도 함께 했다. 2011년 7월부터 IMF 총재를 맡고 있던 크리스틴 라가르드 전 프랑스 재무부 장관도 오전에 동석했다. 이번 협상에서 그리스 대표들은 상당히 적극적인 의지를 보였다. 정말 중요한 순간이라고 판단했는지 치프라스는 대표단에 뛰어난 은행 전문가들도 포함시켰다. 국민투표는 이미 지난 일이었다. 오전에 우리는 유로안정화기구

(ESM)에서 돈을 대는 3차 구제금융 프로그램의 핵심 사항에 합의했다. 이 프로그램의 세부 사항에 대한 협상이 진행되는 동안 유럽연합 집행위원회는 향후 그리스의 행위 능력을 제고하기 위해 브리지론을 제공하기로 했다.

2015년 8월 19일 독일 연방의회는 새로운 그리스 지원 프로그램을 가결했다. 앞서 쇼이블레 재무부 장관은 정부 성명에서 최대 860억 유로에 이르는 ESM의 지원 규모를 승인해달라고 요청했다. 그러면서 IMF의 추가 지원을 조건으로 달았다. 유럽재정안정화기금(EFSF)의 2차 프로그램에 대한 IMF의 지원은 2016년까지 진행될 예정이었다. 협상에서 IMF가 3차 프로그램에도 참여할지는 아직 결정되지 않았는데, 2017년 7월에야 IMF는 이에 대한 긍정적인 결정을 내렸다. 그러나 더 이상 돈은 내놓지 않았다. 그리스에 대한 ESM 프로그램은 2018년 8월에 종료되었다. EFSF 대출 기한은 32년 6개월에서 42년 6개월로 재차 연장되었다. 상환 시점도 2023년이 아니라 2033년에야 시작될 예정이었다. 이제 그리스도 구조되었다.

2019년 1월 10일, 나는 알렉시스 치프라스와 저녁 식사를 함께했다. 피레우스항의 생선 레스토랑이었다. 우리는 2015년 7월의 상황을 떠올리며 이야기를 나누었다. 나는 그리스의 유로존 잔류가 정말 칼날 위에 서 있었다고 말했다. 그러자 치프라스는 당시 새 정부 입장에선 가증스런 삼두마차에서 벗어나려고 정말 할 수 있는 모든 것을 다했음을 국민들에게 납득시키는 게 중요했다고 설명했다. 그런데 다른 회원국들이 이에 동의하지 않자 유로화에 대한 그리스인들의 태도가 수면 위로 명확하게 떠올랐다. 대다수 그리스인은 구제금융 프로그램은 거부했지만, 유로화를 자국 통화로 계속 유지하는 건 원했던 것이다. 이는 2015년 9월 조기 선거에서 치프라스 총리가 재선에 성공함으로써 입증되었다. 유로화의 힘은 생각보다 강했다.

6. 우크라이나와 조지아의 나토 가입?

우크라이나 공격

2022년 2월 24일 목요일, 이날은 냉전 종식 이후 유럽 역사에서 하나의 전환점이 되었다. 몇 달, 몇 주, 며칠 전부터 가능성으로만 강하게 제기되던 일이 결국 현실이 되었다. 푸틴 러시아 대통령은 자신의 군대에 지상과 해상, 공중으로 우크라이나를 공격하라는 명령을 내렸다.

그는 이를 특별 군사 작전이라고 불렀다. 이는 1991년 12월 1일 국민투표에서 90퍼센트의 찬성으로 독립을 선택한 우크라이나를 겨냥한 공격이었다. 또한 1994년 12월 5일 유럽안보협력회의(CSCE)의 일환으로 부다페스트 각서를 통해 소련 시절부터 자국 내에 남아 있던 핵무기를 포기하기로 약속한 나라를 향한 공격이었다. 우크라이나는 이 약속의 대가로 미국, 영국, 러시아로부터 영토 안정과 독립적 주권을 보장받았다.

푸틴의 우크라이나 침공은 이 나라의 초대 대통령 레오니트 쿠치마가 1997년 5월 31일 키이우에서 러시아 초대 대통령 보리스 옐친과 우호 조약을 맺은 국가에 대한 공격이었다. 이 조약에는 우크라이나의 영토 보전에 대한 약속이 재차 천명되어 있었다.

게다가 러시아 흑해 함대가 우크라이나 크림반도의 세바스토폴에 향후 20년간 주둔한다는 합의도 이 조약을 통해 이루어졌다. 그나흘 전에는 파리에서 러시아와 나토의 관계를 새로운 토대 위에 세울 나토-러시아 창설법*이 조인되었다. 푸틴의 우크라이나 전쟁은

2004년 11월 대통령 선거에서 야당이 부정선거를 이유로 결과를 뒤집기 위해 싸웠던 나라에 대한 공격이었다. 시위대의 물결은 당시 야당 후보 빅토르 유셴코의 선거 상징 색인 오렌지색을 따서 '오렌지혁명'이라 불렀다. 결국 2004년 12월 26일에 치러진 재선거에서 그는 경쟁자인 빅토르 야누코비치 총리를 누르고 승리를 거두었다.

푸틴의 침공은 늦어도 오렌지혁명 이후에는 나토에 가입할 열망을 더욱 분명히 드러낸 나라에 대한 공격이었다. 1999년 3월에는 폴란드와 체코, 헝가리가, 2004년 3월에는 에스토니아와 라트비아, 리투아니아, 루마니아, 불가리아, 슬로베니아, 슬로바키아가 나토 회원국이 된 것처럼 말이다. 또한 푸틴의 전쟁은 2008년 부쿠레슈티에서 열린 나토 정상회의에서 나토 가입의 전 단계인 '회원국 행동 계획'(MAP) 절차가 수용되기를 희망한 나라에 대한 공격이었다. 당시 프랑스와 독일, 그러니까 니콜라 사르코지 대통령과 나는 우크라이나를 이 계획에 포함시키는 걸 거부했다. 2014년 러시아의 크림반도 공격에 이은 2022년 2월 24일 푸틴의 이른바 특별 군사 작전은 우크라이나 전역에 대한 또 다른 침략에 불과했고, 이는 러시아가 독립국가의 영토 보전과 주권을 침해하고 국제법을 노골적으로 위반한 행위였다.

전쟁 발발 6주가 채 지나지 않은 2022년 4월 초, 우크라이나군은 러시아 침략군을 몰아내고 수도인 키이우의 교외 지역을 해방시키는 데 성공했다. 그러나 이어 그들이 목격한 장면은 부차 학살의 현장이었다. 러시아군은 전쟁 초기에 학살을 자행했다. 수백 구의 시신이 발견되었는데, 대부분이 민간인이었다. 정황상 많은 희생자가 먼저 고문을 당한 후 살해된 것으로 보였다. 볼로디미르 젤렌스키 우크라

---

* 나토와 러시아가 서로 적으로 여기지 않고 국경 근처에 대규모 군대와 무기를 배치하지 않는다고 약속한 조약.

이나 대통령은 3일 일요일 저녁 영상 메시지로 국민들에게, 2008년 나토 국가들이 우크라이나의 나토 가입을 거부한 것은 러시아에 대한 "일부 정치인들의 터무니없는 공포" 때문이었다고 말했다. 그러고는 이렇게 덧붙였다.

"나는 메르켈 총리와 사르코지 대통령을 이 땅에 초청합니다. 부차에 가서 지난 14년 동안 러시아에 대한 양보 정책이 어떤 결과를 가져왔는지 똑똑히 보라고 말입니다."

당시 나는 더 이상 총리가 아닌 민간인 신분으로 친구들과 이탈리아를 여행 중이었고, 피렌체와 로마에서 박물관과 교회를 돌아다니고 있었다. 몇 달 전 재임 중일 때 이미 계획한 여행이기도 했고, 퇴임 후 발트해와 우커마르크 집에서 휴식을 취하다가 처음으로 떠난 휴가이기도 했다. 왕성하게 정치 활동을 하는 동안에는 여름이나 부활절, 크리스마스 휴가가 아니면 일 년 중 어느 시기도 일주일 동안 문화 탐방 여행을 떠날 수 없었다. 파파라치들이 찍은, 피렌체 거리의 내 사진들은 부차 학살 사진 및 젤렌스키의 방송 영상과 대립되게 편집되었다.

나는 내 사무실에 연락해서, 우크라이나 편에 서서 러시아의 야만과 전쟁을 종식시키기 위한 독일 정부와 국제사회의 노력에 "전폭적인 지지"를 표명하는 성명서를 발표해달라고 요청했다. 그러면서 "앙겔라 메르켈 전 독일 총리는 2008년 부쿠레슈티 나토 정상회의에서 내렸던 자신의 결정을 여전히 지지한다"는 입장도 명확히 밝혀달라고 했다. 그 입장은 지금도 변함이 없다. 이유는 무엇일까?

부쿠레슈티 나토 정상회의

부쿠레슈티 정상회의는 우크라이나와 조지아의 나토 가입 여부를 결정하는 자리가 아니었다. 그보다는 양국에 회원국 행동 계획(MAP)을 작성하도록 해서 나토 가입의 마지막 절차인 MAP 지위를

획득하게 할지를 논의하는 자리였다. 우크라이나와 조지아는 이미
이 지위를 요청한 상태였다. 물론 부쿠레슈티에서 이 지위가 부여되
었다고 해서 회원 가입이 최종 확정되는 것은 아니었지만, 그럼에도
두 나라의 나토 가입은 정치적으로 이미 돌이킬 수 없는 약속이 되었
을 것이다. 그런 결정은 아마 1999년과 2004년에 이어 나토의 세 번
째 확대 단계로 나아가는 서곡이 되었을 것이다.

　나는 중부 및 동유럽 국가들이 냉전 종식 후 서방 공동체의 일원이
되기 위해 가능한 한 빨리 나토에 가입하고자 하는 열망을 충분히 이
해할 수 있었다. 러시아는 이들 국가가 원하는 자유와 자결권, 번영을
줄 수 없었다. 톰스크에서 공항으로 가는 차 안에서 푸틴이 말했듯이
이들 국가가 번영을 매력적이라고 여기지 않았다면 미국의 돈에 유
혹될 필요가 없었다. 번영을 원했던 건 1953년과 1989년에 공산주의
정권에 반대하는 대중 봉기를 일으켰던 동독의 우리도 마찬가지였
다. 1776년 미국 독립선언문에 훌륭하게 표현된 '행복 추구'는 언제
어디에 살든 모든 인간에게 중요했다.

　하지만 다른 한편으로 나토와 회원국들은 동맹이 확대될 때마다
동맹에 미치는 영향, 즉 동맹의 안보, 안정성, 기능에 미치는 영향을
검토하지 않을 수 없었다. 새로운 회원국의 가입은 해당 회원국의 안
보뿐 아니라 나토의 안보도 강화해야 했다. 그렇기에 해당국의 군사
적 능력 외에 국내 상황도 고려하는 가입 기준이 존재했다. 이는 당연
히 우크라이나와 조지아에도 해당되었다.

　당시 러시아 흑해 함대는 우크라이나 영토인 크림반도에 주둔하
고 있었고, 우크라이나와 러시아 사이의 관련 조약은 2017년까지 유
효했다. 지금껏 나토 후보국 가운데 러시아군과 이렇게 복잡하게 얽
힌 국가는 없었다. 게다가 당시 우크라이나에서는 나토 가입을 지지
하는 국민이 소수였다. 한마디로 국론 분열이 심각한 상황이었다. 조
지아는 남오세티야와 압하지야 지역에서 해결되지 않은 영토 분쟁

이 있었고, 이는 나토의 원칙에 따르면 가입을 허락하지 못할 중요한 이유였다. 따라서 양국의 상황은 이미 나토에 가입한 중부 및 동유럽 국가들의 상황과는 크게 달랐다.

물론 나토 외부의 제3국에는 후보국에 대한 거부권이 없었다. 그건 러시아도 마찬가지였다. 제삼자의 거부권은 1990년 11월 유럽안보협력회의에서 유럽 32개국과 미국, 캐나다가 '파리 헌장'으로 합의한 동맹 선택의 자유 원칙에 위배되었다. 반대로 한 국가가 가입을 요청한다고 해서 자동으로 가입이 이루어지지도 않았다.

나는 푸틴의 시각을 분석하지 않은 채로 우크라이나와 조지아의 MAP 지위를 논의하는 것은 매우 경솔하고 무책임한 행동이라고 생각했다. 푸틴은 2000년 러시아 대통령이 된 이후 국제 무대에서 러시아를 미국은 물론이거니와 다른 누구도 무시할 수 없는 존재로 만들기 위해 갖은 노력을 다했다. 또한 자국에서든 타국에서든 민주주의를 구축하고 원활한 경제를 통해 모두의 번영을 이루는 일에는 관심이 없었다. 오히려 미국이 냉전의 승리자로 부각된 사실에 반발하는 데만 집중했다. 그는 냉전 종식 후에도 러시아가 다극화된 세계에서 하나의 독보적인 극으로 남기를 원했다. 이 목표를 달성하기 위해 그가 무엇보다 의존한 것은 자신이 비밀 정보부에서 활동하면서 얻은 경험이었다.

부쿠레슈티 나토 정상회의가 열리기 1년 전인 2007년 2월 10일, 나는 뮌헨 안보회의 개막 연설에서 뒷벽에 적힌 '대화를 통한 평화'라는 구호에 걸맞게 전 지구적 위기를 극복하기 위한 우리의 협력에 대해 이야기했고, 모든 의견 차이에도 불구하고 러시아와의 지속적인 대화를 촉구했다. 다음은 푸틴 차례였다. 그는 일극 체제의 세계를 언급하면서 이렇게 물었다.

"일극 체제라는 것이 대체 무엇입니까? 이 용어에 어떤 수사를 갖다 붙이든 결국 현실적으로 의미하는 것은 한 가지입니다. 단 하나의 권력 중심, 힘의 중심, 의사 결정의 중심이 있다는 말입니다. 이건 단한 명의 주인과 단 한 명의 주권자만 있는 세계입니다."

잠시 후 그는 그런 나라의 실명까지 거론했다.

"우리는 국제법의 기본 원칙이 점점 무시되는 상황을 목격하고 있습니다. 더 나아가 한 나라의 특정 규범, 그러니까 미국이라는 나라의 법체계가 국경을 넘어 세상을 뒤덮고 있습니다. 경제, 정치, 사회 영역 할 것 없이 다른 국가들을 덮어씌우려고 하고 있다는 말입니다."

푸틴의 기준점은 오직 미국이었다. 그는 구소련이 미국과 함께 초강대국으로서 세계를 호령하던 냉전 시절과 같은 러시아의 지위를 꿈꾸고 있었다. 푸틴은 "무제한에 가까운 과도한 무력 사용"이라는 표현으로 넌지시 이라크 전쟁을 비난하더니 미국이 유럽에서 계획하고 있는 미사일 방어 시스템에 의문을 제기했고, 유엔의 위임 없이 나토가 세르비아에서 직접 임무를 수행하는 상황을 암시하며 유엔이 유럽연합과 나토로 대체되어서는 안 된다고 밝혔으며, 나토 확장은 러시아에 대한 도발적인 요소임을 분명히 못 박았다. 그러고는 다음과 같은 말로 마무리했다.

"러시아는 천년의 역사를 가진 나라로서 거의 언제나 독립적인 외교 정책을 추진할 특권을 누려왔습니다. 우리는 오늘날에도 이 전통을 바꾸지 않을 생각입니다. 우리는 그사이 세계가 어떻게 변했는지 명확히 인식하고 있으며, 우리 자신의 가능성과 잠재력도 현실적으로 냉정하게 평가하고 있습니다. 물론 우리는 책임감 있고 독립적인 파트너들과 함께 선택된 소수만이 아니라 모두에게 안보와 번영이 보장되는 정의롭고 민주적인 세상을 만들어나가는 데 협력할 것입니다."

나는 맨 앞줄에 앉아 있었다. 왼쪽은 푸틴 대통령 자리로 비어 있었고, 내 오른쪽에는 빅토르 유셴코 우크라이나 대통령이 앉아 있었다. 통로 건너편 왼쪽에는 미국 국방부 장관 로버트 게이츠와 미국 하원

의원, 상원의원들이 자리했다. 나는 푸틴이 연설하는 모습을 가까이에서 지켜볼 수 있었다. 그는 빠르게 말했다. 어떤 때는 원고에 구애받지 않고 자유롭게 말했다. 한 자 한 자 자신이 직접 쓰지는 않았더라도 대부분 본인이 쓴 게 분명했다.

나는 무엇보다 그의 독선에 화가 치밀었다. 그는 나고르노카라바흐, 몰도바, 조지아처럼 자기 나라 바로 코앞의 미해결 분쟁에 대해서는 한마디도 하지 않았고, 세르비아에 대한 나토의 개입은 비판하면서도 구유고슬라비아 해체 당시 세르비아가 저지른 잔학 행위에는 일언반구도 없었으며, 러시아 자체 내의 상황에 대해서도 일절 입을 열지 않았다.

물론 그의 말 가운데 완전히 틀렸다고 볼 수 없는 지점들도 있었다. 이라크 전쟁에 대한 비판은 일리가 있었다. 주지의 사실대로 이라크에 화학무기가 존재한다는 증거는 전혀 나오지 않았기 때문이다. 나는 1990년 나토와 바르샤바조약기구가 유럽 내 중화기의 상한선을 설정하기 위해 맺은 유럽재래식무기감축조약(CFE)이 이행되지 않았다는 사실도 원망스러웠다. 바르샤바조약기구의 해체와 소련의 붕괴, 동유럽 국가들의 나토 가입 후에는 이 조약의 이행이 절실했다. 러시아와 특히 미국 사이에 체결된 조약(A-CFE)의 비준을 둘러싼 분쟁은 러시아군 감시단의 조지아 주둔으로 촉발되었다. 나는 이런 이유로 이 조약이 실현되지 못한 것이 못내 아쉬웠다. 그렇다고 내가 바꿀 수 있는 문제가 아니었다. 내가 취임하기 전에 이미 모든 게 정해져 있었기 때문이다.

뮌헨에서 푸틴은 내가 아는 그대로 항상 남들한테 무시받지 않으려고 애쓰고, 자신의 개로 은근히 상대와 파워 게임을 즐기고, 남들을 기다리게 함으로써 자신의 존재감을 부각시켰다. 이런 행동이 유치하거나 졸렬하다고 고개를 절레절레 저을 수는 있었지만, 그렇다고 러시아를 지도에서 지울 수는 없었다.

만일 우크라이나와 조지아가 MAP 지위를 받았다면 어떻게 됐을까? 분명 나토로 가는 길이긴 했지만 아직 나토 조약 5조의 안전보장을 요구할 수 없었던 시기였을 텐데, 그렇다면 과연 그들의 운명이 바뀌었을까?

나는 MAP 지위가 우크라이나와 조지아를 푸틴의 침략으로부터 지켜줄 거라는 가정을 착각으로 여겼다. 다시 말해, 푸틴이 이 사태를 군말 없이 받아들일 정도로 그 지위가 억제력이 있다고 생각하지 않았다. 게다가 당시 나토 회원국들이 물자와 병력을 동원해서 군사적으로 대응하고 개입할 수 있었을까? 내가 총리로서 독일 연방의회에 독일군의 그런 임무에 동의를 요청했다면 과반수 찬성을 얻을 수 있었을까? 2008년에? 만일 의회의 동의를 받았다면 어떤 일이 벌어졌을까? 그리고 만일 동의를 받지 못했다면 우크라이나와 조지아뿐 아니라 나토에 어떤 결과가 초래되었을까? 그전에 동구권 국가들로 나토가 확대될 때마다 해당국이 MAP 지위를 얻어 동맹의 일원이 되기까지는 최소 5년이 걸렸다. 푸틴이 우크라이나와 조지아의 MAP 지위 획득에서부터 나토 가입 때까지의 시간을 그냥 손 놓고 흘려보냈을 거라는 가정은 단순한 희망 사항이자 희망의 원칙에 기반한 정치일 뿐이다.

이 모든 이유에서 나는 우크라이나와 조지아의 MAP 지위에 동의할 수 없다고 생각했으며, 이런 확신을 갖고 2008년 4월 2일 프랑크발터 슈타인마이어 외교부 장관 및 참모들과 함께 부쿠레슈티 나토 정상회의에 참석하기 위해 베를린 테겔 공항의 군사 보안 구역에서 A310 공군 항공기에 탑승했다.

기내에서 우리 두 사람은 부쿠레슈티에서 예상되는 일들에 대해 논의했다. 나토 가입을 원하는 또 다른 두 국가, 즉 크로아티아와 알바니아가 현재 26개 회원국들로부터 공식 초청을 받은 것에 대해서는 아무 논란이 없었다. 하지만 세 번째 가입 후보국인 구유고슬라비아의 마케도니아 공화국을 초청하는 문제는 그리스의 반대가 심했다. 이유는 국가 이름 때문이었다. 나는 정상회담 회의 전에 주요 정상들을 만나 창의적인 해법을 찾으려고 거듭 노력했지만 그리스의 입장은 단호했다. 그리스는 자국 내에 같은 이름의 지명이 존재한다는 이유로 마케도니아라는 국명을 절대 허용할 수 없다고 고집했다. 결국 이 문제는 10년 후, 알렉시스 치프라스 그리스 총리와 조란 자에프 마케도니아 총리의 용단으로 해결되었다. 2018년 두 사람은 북마케도니아라는 명칭에 합의한 것이다.

조지아와 우크라이나의 MAP 지위 문제와 관련해서 슈타인마이어 외교부 장관과 나의 의견은 일치했다. 나는 지난 몇 달 동안 내각뿐 아니라 사르코지 프랑스 대통령과도 이 문제를 긴밀히 조율했다. 다른 서유럽 국가들도 우리 견해에 공감했다. 반면 대부분의 중부 및 동유럽 국가들은 부쿠레슈티 정상회담에서 우크라이나와 조지아에 MAP 지위를 부여하자는 미국 노선을 지지했다.

조지 W. 부시는 나의 이런 부정적인 입장을 잘 알고 있었고, 2007년 이후 그의 목장을 방문했을 때도 그렇고 그후 전화 통화를 하면서도 우리는 이 문제를 여러 차례 논의했다. 그럼에도 그는 정상회담 전날 키이우를 방문해서는 빅토르 유셴코 우크라이나 대통령과 율리야 티모셴코 총리에게, 자신이 부쿠레슈티에서 우크라이나와 조지아의 MAP 지위에 대한 합의를 이끌어내겠다는 뜻을 재삼 확인시켜주었다. 그러나 이러한 결정은 나토 회원국들의 만장일치가 있어야만 가능했다. 두 대의 기차가 서로를 향해 돌진하는 상황이었다. 공개 무대에서 미합중국 대통령과 정면으로 부딪치는 것은 결코 호락호락한 문제가 아니었다. 그는 내가 자신의 압력에 굴복할 거라고 생각했을까?

나는 2003년 이라크 군사 개입을 둘러싸고 벌어진 나토의 분열과 그것이 유럽연합의 협력에 미친 영향에 대한 끔찍한 기억을 아직도 갖고 있었다. 이후 유럽연합이 다시 건설적인 협력을 이루어내는 데는 오랜 시간이 걸렸다. 그러나 미국과 중부 및 동유럽의 상당수 국가들은 우크라이나와 조지아의 나토 가입에 대한 우리의 반대 목소리에 전혀 귀를 기울이지 않았다. 그리되면 러시아에 거부권을 줄 수 있다는 논리를 내세워 우리의 의견을 묵살해버렸다. 이는 사안의 장단점에 대한 신중한 검토를 가로막는 일방적인 주장이었다.

슈타인마이어와 나는 우리 앞에 힘든 시간이 기다리고 있음을 직감했다. 우리는 현지 시각으로 오후 5시 직전에 부쿠레슈티에 도착했다. 나는 크리스토프 호이스겐과 함께 곧장 정상들의 만찬장으로 향했다. 전 왕궁이자 지금은 대통령궁으로 사용되는 코트로체니 궁전이었다. 슈타인마이어는 외교부 장관들의 만찬이 열리는 국회의사당으로 갔다. 6시경 트라이안 버세스쿠 루마니아 대통령과 야프 더 호프 스헤퍼르 나토 사무총장이 나를 맞았다. 26개국 정상들이 하나하나 도착하는 동안 우리는 만찬이 열릴 우니리 홀의 대기실에 모였다. 나는 참석자들과 잠시 이야기를 나누었다. 우리 사이의 의견 불일치로 인해 약간의 긴장감이 감돌았다. 니콜라 사르코지 대통령이 도착하자 우리는 둘만의 짧은 대화를 나누었다.

"어제 조지의 키이우 방문에 대해 어떻게 생각해요? 이번 회담이 어떻게 끝날 것 같아요?"

내가 물었다.

"그도 알고 있겠지요."

사르코지가 대답했다.

"우리가 동의하지 않는다는 걸."

"그렇긴 하지요. 사실 난 이런 논쟁을 좋아하지 않지만, 이번에는 필요하다고 봐요. 어떻게 끝날지는 모르겠지만."

내가 말했다.

우리 두 사람은 내가 만찬 연설에서 동맹 60주년 기념으로, 이듬해에 각국 정상들을 독일 켈과 프랑스 스트라스부르로 초청하겠다는 의사를 밝히기로 합의했다. 정상회담의 공동 주최를 통해 1949년 창설 이래 나토가 결정적으로 기여한 유럽의 행복한 평화를 참석자들에게 새삼 떠올리게 하고 싶었다. 모든 정상이 라인강 변의 두 도시를 잇는 유럽 다리를 함께 걷는 장면은 평화로운 협력의 가시적인 상징이 될 것이다.

만찬이 시작되었다. 홀 천장에는 대형 크리스털 샹들리에가 매달려 있었다. 주최자와 나토 사무총장의 환영사에 이어 모든 참가자가 돌아가면서 발언할 수 있는 '투르 드 타블'(tour de table) 시간이 찾아왔다. 다른 많은 정상과 마찬가지로 나도 비교적 일찍 발언을 신청했다. 내가 호명되기까지는 시간이 좀 걸렸다. 앞선 사람들의 발언을 듣다 보니 논쟁적인 토론을 피하고 싶은 분위기가 역력했다. 다툼이 예상되는 문제는 막후에서 해결되길 기대하는 사람이 많았다. 더호프 스헤퍼르에게 발언권을 받았을 때 나는 아프가니스탄에서 나토의 임무에 대해 먼저 이야기했다. 다음 날 하미드 카르자이 아프가니스탄 대통령과의 별도 회담이 예정되어 있었다. 나는 우크라이나와 조지아의 MAP 지위에 반대 입장을 분명히 했고, 니콜라 사르코지 대통령도 연설에서 내 주장에 힘을 실었다.

부쿠레슈티의 그날 밤에는 격렬한 논쟁이 벌어지지 않았다. 하지만 해결의 실마리도 보이지 않았다. 오히려 이튿날 이 문제가 과연 해결될지, 해결된다면 어떤 방식으로 해결될지 긴장감만 높아지는 분위기였다.

나토의 최고 의결 기관인 북대서양조약기구 이사회의 중요한 실무 회의가 다음 날 오전 8시 55분 개회식에 이어 시작되었다. 이 회의에는 각국 정상과 외교부 장관, 국방부 장관을 비롯해 각 대표단마다 다섯 명이 더 참석했다. 정상들은 모두가 도착할 때까지 별도의 방에서 기다렸다. 나는 일찍 도착했다.

조지 W. 부시가 내게 다가와 말했다.

"굿모닝, 앙겔라. 우린 아직 해결해야 할 문제가 남았지요? 콘디와 얘기해보는 건 어때요?"

콘돌리자 라이스 국무장관을 지칭하는 말이었다. 나도 그녀와 잘 아는 사이였지만, 일국의 정상이 타국의 외교부 장관과 협상하는 것은 관례에 맞지 않았다. 평소 같았으면 당연히 거절했을 테지만, 미합중국 대통령의 제안이었다. 나는 예외를 두기로 했다. 부시는 내가 조지아와 우크라이나의 MAP 지위에 완강하게 반대한다는 사실을 알고 있었고, 그럼에도 어떻게든 타협점을 마련해야 할 시점이 점점 다가오고 있다고 느낀 듯했다. 나와의 직접적인 충돌을 원하지 않는 게 분명했다. 그래서 나는 그러겠다고 대답했다. 나 역시 그와의 떠들썩한 대결은 피하고 싶었다. 부시는 안도하는 표정으로 자리를 떴다.

실무 회의 장소는 국회의사당의 거대한 홀이었다. 1980년대에 니콜라에 차우셰스쿠 대통령의 아이디어로 지어진 건물이었다. 1989년 12월 25일, 차우셰스쿠는 군사법원에서 사형 선고를 받고 같은 날 처형당했다. 이제 나토 회원국의 정상들이 이 궁전에서 회의를 하고 있다는 사실은 부자유와 독재에 대한 자유와 민주주의의 승리를 보여주는 상징이기도 했다. 우리는 대표단마다 두 자리씩 배정받은 대형 테이블에 둘러앉았는데, 내 왼쪽에는 프랑크발터 슈타인마이어가 앉았고, 나머지 참모들은 우리 뒤에 앉았다. 니콜라 사르코지 대통령은 내 오른쪽에 앉았다. 자리는 국가명의 알파벳순으로 배치되었는데, 프랑스와 독일의 영어식 이름에 따른 배치였다. 부시는 내 맞은편에 앉았다.

내 발언이 시작되자 아직 발언 순서가 안 된 부시는 주의 깊게 들었다. 나도 가끔 그에게 눈길을 주며 말했다. 나는 우크라이나와 조지아의 나토 가입을 절대 원치 않는다는 인상을 주지 않으려고 이렇게 말했다.

"이 두 나라도 언젠가 나토 회원국이 되는 날이 올 것입니다."

이 대목에서 부시는 메모를 했다. 내 발언이 끝나자 그는 자신의 참모에게 종이를 한 장 내밀더니 내 뒤에 앉아 있던 크리스토프 호이스겐에게 갖다 주라고 했다. 종이에는 내 말이 영어로 적혀 있었다.

"One day they will become members of NATO."

내 발언이 끝나자 호이스겐이 나에게 다가와 미국 대통령의 메시지를 전달했다. 아까 내가 했던 말을 정상회담 결의안에 포함시켜도 되겠느냐는 것이다. 나는 슈타인마이어와 사르코지 대통령과 잠시 상의한 후, 우크라이나와 조지아의 MAP 지위에 대한 요구를 포기한다는 전제하에 가능하다고 답했다. 호이스겐은 이 사실을 미국 동료에게 전달했고, 그는 다시 자신의 대통령에게 보고했다. 부시는 국무장관과 잠시 이야기를 나누었다. 이어 라이스 국무장관이 호이스겐에게 마치 벽처럼 홀을 둘로 나눠놓은 두툼한 커튼 뒤로 가서 잠시 둘이서만 이야기를 나누자고 했다.

잠시 후 호이스겐이 돌아와 슈타인마이어와 나에게, 라이스가 계속 우크라이나와 조지아의 MAP 지위만 고집하고 있다고 보고했다. 나는 좀 짜증이 나서 호이스겐에게, MAP 지위에 대한 우리의 기존 입장을 바꿀 생각이 없다는 점을 미국인들에게 단단히 주지시키라고 당부했다. 그리고는 미국 대표단의 일원이 폴란드 대표단의 일원과 대화하는 모습을 지켜보았다. 레흐 카친스키 폴란드 대통령은 동유럽 회원국들의 대변인 같은 존재였다. 폴란드 대표단의 표정을 보아하니 불만이 가득해 보였다. 그럼에도 나는 호이스겐에게, 혹시 모르는 일이니 내가 아까 말한 그 발언을 토대로 타협안을 작성해보라고 했다. 약 30분 후, 그는 프랑스인 동료와 함께 작성한 몇 가지 제안이 담긴 종이를 내밀었다. 핵심 내용은 조지아와 우크라이나가 미래

언젠가 나토 회원국이 될 거라는 나의 발언이었다. 니콜라 사르코지 대통령도 이 문장에 동의했다. 시간이 촉박했다. 또 다른 가입 후보국인 알바니아와 크로아티아에 대한 다음 회의가 오전 11시 35분에 시작될 예정이었고, 사무총장의 기자회견도 오후 12시 35분으로 정해져 있었다.

참석자들의 발언이 모두 끝나자 회의는 잠시 중단되었다. 더호프스헤퍼르는 각국 정상과 나라별로 한 명의 참모만 남고 나머지는 회의장을 나가달라고 요청했다. 나는 크리스토프 호이스겐에게 남으라고 했다. 대부분의 참석자들이 방을 나가는 동안 협상 테이블에서 좀 떨어진 곳에 한 무리의 사람이 모여 있는 것이 보였다. 자세히 살펴보니 동유럽 정상들이었다. 중앙 의자에는 카친스키 폴란드 대통령이 앉아 있었고, 그를 둘러싸고 리투아니아의 발다스 아담쿠스, 라트비아의 발디스 자틀레르스, 에스토니아의 토마스 헨드리크 일베스, 그리고 주최국의 트라이안 버세스쿠 대통령 등 몇몇이 서 있었다. 니콜라 사르코지는 잠시 자리를 비우고 없었다. 나는 저 그룹으로 가기로 마음먹었다. 더 이상 균열이 깊어지는 건 원하지 않았다. 협상 테이블에는 이제 부시 대통령 한 사람만 남았다. 그는 무슨 일이 벌어질지 지켜보고 있었다.

레흐 카친스키는 다가오는 나를 보더니 즉시 일어나 자리를 양보했다. 이런 격한 대립 속에서도 그는 폴란드의 오랜 예의범절을 잊지 않았다. 내가 예전에 폴란드 친구들을 통해 알게 된 폴란드 매너였다. 나는 감사한 마음으로 자리에 앉았다. 이로써 갑자기 내가 이 자리의 중심에 섰다. 우리는 영어로 대화했고, 통역사도 근처에 있었다. 나는 다시 한번 내 입장을 설명하면서 이렇게 덧붙였다.

"우리의 합의 불발만큼 나토 반대자들, 특히 푸틴 러시아 대통령에게 더 큰 선물은 없을 것입니다."

푸틴은 다음 날 나토-러시아 이사회에 참석할 예정이었다.

"우리가 몇 날 며칠을 여기 앉아 회의한다고 해도 나토 가입에 대한 내 기본 입장은 바뀌지 않을 겁니다. 나는 우크라이나와 조지아의 MAP 지위 부여에 동의하지 않습니다."

나는 회의에서 했던 말을 반복했다. 우리는 30분 족히 이 문제를 논의했다. 나중에는 콘돌리자 라이스까지 합류했고, 토론은 처음부터 다시 시작되었다. 우리는 같은 자리만 맴돌았다. 마침내 레흐 카친스키가 내 문장에서 '언젠가'라는 단어를 빼자고 제안했다. 이 정도는 받아들일 수 있었다. 이제 일은 아주 빠르게 진행되었다. 우리 유럽인들은 합의에 이르렀고, 콘돌리자 라이스는 협상 테이블에 앉아 있던 대통령에게 가서 잠시 이야기를 나누더니 곧 다시 돌아와 부시의 찬성 의사를 전달했다. 이 사실은 사무총장에게 통보되었고, 중단된 회의는 재개되어 무사히 끝났다.

우크라이나와 조지아에 MAP 지위는 부여되지 않았지만, 그렇다고 이라크 전쟁 때처럼 동맹 간의 균열은 발생하지 않았다. 그것만큼은 반드시 막고 싶었다. 장차 우크라이나와 조지아의 나토 가입 전망에 대해 모종의 확답을 주는 식으로 양보를 해서라도 말이다. 모든 타협이 그렇듯 설사 대가가 따르더라도 타협은 필요했다. 조지아와 우크라이나의 입장에서 보면, MAP 지위 취득 실패는 그들의 희망에 찬물을 끼얹은 일이었다. 반면에 푸틴 입장에서는 나토가 장차 두 나라의 가입을 확약했다는 사실은 러시아에 대한 도전이자 선전포고였다. 자세히 기억나지 않는 또 다른 맥락에서 그는 나중에 내게 이런 말을 했다.

"당신이 총리를 천년만년 할 수는 없어요. 당신이 내려오면 두 나라는 나토 회원국이 될 겁니다. 나는 그걸 막을 거고요."

그때 나는 이런 생각을 했다.

'당신도 대통령을 천년만년 할 수는 없어.'

그럼에도 장차 러시아와의 긴장이 더욱 고조되리라는 걱정은 조금도 줄어들지 않았다. 예정보다 조금 늦은 오후 2시경, 프랑스 대통령과 나는 함께 언론 앞에 서서 결과를 발표했다. 이 복잡한 상황에서 우리는 서로를 믿을 수 있었다. 그건 프랑크발터 슈타인마이어와 나의 협력 관계도 마찬가지였다.

정상회담 마지막 날인 다음 날 오전 8시 40분 나토-우크라이나 위원회 회의가 열렸다. 유셴코 우크라이나 대통령은 당연히 실망스러운 결과였을 텐데도 기조연설에서 불만을 드러내지 않았다. 그는 우크라이나의 독립을 되돌릴 수 없는 상태로 만들기 위해 나토라는 집단 안보 체제에 들어가길 원했다. 2004년 9월 대통령 선거 당시 다이옥신에 중독되었을 때* 러시아의 위험성을 직접 몸으로 경험한 사람으로서는 당연한 소망이었을 것이다.

나토-러시아 이사회는 11시에 개최될 예정이었다. 푸틴은 다시 한 번 우리를 기다리게 했다. 2002년 로마 회의 이후 나토 정상회의의 첫 참석이었다. 그사이 2003년 3월에는 이라크 전쟁이 발발했고, 2007년 말 나토 회원국들이 유럽재래식무기감축조약(CFE)의 비준에 실패하자 러시아는 이 조약의 효력을 중지시켰으며, 2008년 초에는 코소보가 독립을 선포했다. 다른 나토 국가들과 달리 러시아는 코소보 독립을 국제법적으로 인정하지 않았다. 아무튼 이 회의는 푸틴이 당분간 대통령으로서 국제 무대에 등장하는 마지막 회의이기도 했다. 그의 후임자인 드미트리 메드베데프가 이미 대통령에 당선되어 2008년 5월 7일에 취임할 예정이었기 때문이다. 푸틴은 1999년 8월부터 10개월 동안 보리스 옐친의 지명으로 러시아 총리를 지내다가 2000년에 마침내 대통령직을 인수했듯이, 이번에도 일단 향후 4년

---

* 유셴코 우크라이나 대통령은 대선 야당 후보 시절 우크라이나 전 보안국 고위 인사와 식사 후 원인 모를 질병에 걸렸는데, 나중에 다이옥신 중독으로 밝혀졌다. 러시아의 독살설이 퍼졌지만, 지금도 정확한 것은 알려져 있지 않다.

간 메드베데프의 총리로 일하기로 되어 있었다. 다음 날에는 조지 W. 부시가 러시아 소치로 가서 푸틴을 만나는 일정이 잡혀 있었다. 모든 실질적인 차이에도 불구하고 당시에는 미국과 러시아 사이에 서로 대화를 지속하려는 의지가 남아 있었다.

푸틴이 마침내 도착했다. 그의 연설은 내가 여러 회담에서 익히 알던 것보다 한결 덜 충동적이었다. 그럼에도 몇 마디 상냥한 인사말을 내놓고 곧장 본론으로 치고 들어가더니 자기 눈에 비판적으로 보이는 점들을 조목조목 지적했다. 나중에 언론 앞에서도 똑같이 언급한 그 지점들은 "나토의 지속적인 확장, 신규 회원국 영토 내 군사 시설 구축, CFE의 위기, 코소보 사태, 미국의 유럽 내 전략 미사일 방어망 배치 계획"이었다. 비교적 정중한 어조였지만, 발언 내용은 1년 전 뮌헨 안보회의에서 했던 발언과 놀라울 정도로 유사했다. 그렇다면 당시도 그랬지만 이날도 그냥 기분 내키는 대로 던진 말이 아니었다. 이건 분명한 소신이었다.

4개월 후인 2008년 7월, 남오세티야 민병대와 조지아군 사이에 전투가 벌어졌다. 2008년 8월 8일 밤, 조지아는 남오세티야의 무력 장악을 시도했다. 이 과정에서 독립국가연합에서 파견한 것으로 추정되는 평화유지군 소속의 군인들이 사망하자 러시아군은 이때를 놓치지 않고 조지아군에 대한 공격을 개시하며 조지아의 심장부로 진격했다. 러시아는 러시아 소수 민족 보호를 명분으로 내세워 개입을 정당화했다. 조지아는 미국에 직접적인 군사 지원을 요청했다. 그러나 미국은 러시아와의 직접적인 군사 대결을 피하기 위해 지원 요청을 거부했다.

2008년 하반기 유럽연합 의장국은 프랑스였다. 그 때문에 사르코지 대통령은 메드베데프 및 푸틴과의 회담을 통해 평화안을 중재했다. 조지아는 8월 15일에 서명했다. 같은 날 나는 사르코지 대통령과의 사전 협의하에 소치로 메드베데프 대통령을 찾아가 평화안 서명을 촉구했다. 8월 16일 러시아도 이 계획에 서명했다.

하루 뒤 나는 미하일 사카슈빌리 대통령의 입장을 듣기 위해 트빌리시로 날아갔다. 2004년 초 조지아의 장미혁명 이후 예두아르트 셰바르드나제의 뒤를 이어 대통령에 선출된 인물이었다. 나는 한편으론 그의 개혁 열정에 감탄했지만, 다른 한편으론 러시아에 대한 그의 대응이 너무 강경하다고 생각했다. 러시아는 조지아와의 분쟁을 도발했고, 유럽과 아시아의 경계에 위치한 이 코카서스 산악 지대 국가가 외부 공격에 얼마나 취약한지를 만천하에 보여주었다. 전투가 끝난 후 러시아군은 유럽연합이 중재한 평화안을 무시하고 남오세티아에 남았다. 유럽연합에게서 위임받은 감시단은 이 지역에 대한 접근을 거부당했다. 10년 후인 2018년 8월, 나는 조지아와 남오세티야 사이에 쳐진 철조망을 보고 그 암울한 상황에 마음이 무거웠다. 분쟁은 끝난 게 아니라 고착화되었다.

나는 복잡한 심정으로 부쿠레슈티에서 독일로 돌아갔다. 큰 충돌은 피했지만, 동시에 우리 나토에 러시아를 다룰 공통 전략이 없음이 명확히 드러났다. 중부 및 동부 유럽인들은 러시아와의 관계 개선에 힘을 쏟을 마음이 별로 없어 보였다. 그들은 러시아가 그저 사라지기를, 이 세상에 존재하지 않기를 바라는 듯했다. 그들을 나무랄 수는 없었다. 그들은 오랫동안 소련의 지배 아래서 고통받았고, 1990년 이후 서독과 자유의 원칙하에 평화롭게 통일한 동독과 같은 행운을 누리지 못했으며, 북대서양조약기구라는 집단 안보 체제로 보호받지 못했던 사람들이 아닌가!

그러나 고도의 핵무기 체제로 무장한 러시아는 실존했다. 예나 지금이나 그들을 빼놓고는 지정학적 측면을 이야기할 수 없었다. 특히 미국, 프랑스, 영국, 중국과 함께 거부권을 갖고 세계 주요 문제를 결정하는 유엔 안보리 상임이사국 5개국 중 하나라는 이유만으로도 그들의 존재는 세계 정치에서 하나의 중요한 상수였다.

러시아의 세계적 중요성에 대한 이런 언급이, 부차 학살을 공개한 후 볼로디미르 젤렌스키가 2022년 4월 3일 국민에게 보낸 영상 메시지에서 지적한 러시아에 대한 "터무니없는 공포"의 표현일까? 아니었다. 그건 우크라이나와 조지아의 MAP 지위 획득 이후에도 정식 회원국이 되기까지 수년이 걸리는데, 그사이에 러시아에 미칠 억지력에 대한 다른 평가의 표현이었다.

7. 우크라이나의 평화와 자결권

동방파트너십

우크라이나와 조지아의 MAP 지위에 대한 부정적인 입장과 달리 나는 두 나라뿐 아니라 다른 구소련 공화국들도 관심이 있다면 유럽연합 쪽으로 더 다가오려는 노력에 찬성했다. 유럽 공동체는 1994년에 이미 러시아와 파트너십을 구축하는 협정을 체결했고, 이것은 1997년에 발효되었다. 이를 통해 무역 정책상의 협력과 자유무역지대 설립이 선포되었고, 사회 정책과 직업 훈련, 과학, 기술, 교통 같은 분야에서의 협력 및 정치적 대화가 적시되었다. 유럽 공동체는 다른 구소련 공화국들과도 유사한 협정을 체결했다.

2004년 유럽연합 집행위원회는 폴란드, 에스토니아, 키프로스, 체코, 헝가리, 리투아니아, 슬로바키아, 슬로베니아, 몰타, 라트비아 10개국을 새 회원국으로 받아들인 조치와 함께 이른바 '유럽 이웃 국가 정책'을 제시함으로써 동부와 남부 이웃 국가들과의 협력을 새로운 차원으로 끌어올렸다. 유럽연합에 가입하지 않고도 협력을 강화할 수 있는 기회를 제공한 것이다. 나는 이 접근법이 옳다고 생각했다.

이를 토대로 2008년 7월 13일 파리에서 남부 인접 국가들을 대상으로 지중해연합이 설립되었다. 여기엔 유럽연합의 27개 회원국과 지중해 주변의 16개 국가가 포함되었다.

동부의 인접 국가들 가운데 아르메니아, 아제르바이잔, 벨라루스, 조지아, 몰도바, 우크라이나도 유럽연합의 이웃 국가 정책에 참여하기를 원했다. 러시아는 그렇지 않았다. 독일을 비롯한 많은 유럽연합 회원국이 러시아의 참여를 지지했는데도 말이다. 푸틴 대통령은 자국이 다른 구소련 공화국들 중 하나로 취급받기를 원하지 않았다. 오히려 발트해 연안 국가들의 유럽연합 가입이 줄을 잇자 다른 구소련 공화국들의 유럽연합에 대한 접근을 차단하고자 안간힘을 썼다.

푸틴은 유럽연합의 이웃 국가 정책을 러시아 주도로 유라시아 동맹 체제를 구축하려는 자신의 노력을 저지하려는 서방의 시도로 여겼다. 이건 2000년에 결성되어 2001년에 발효된 유라시아경제연합을 말하는데, 푸틴은 이를 통해 유럽과 아시아에 있는 구소련 후계 국가들의 경제동맹을 강화하고, 나중에는 관세동맹으로까지 발전시켜 나갈 생각이었다. 그는 1994년에 유럽연합과 러시아가 합의한 자유무역지대에 대한 흥미를 잃었다. 대신 이것을 구소련 공화국들이 러시아를 선택할 것인지, 아니면 서방세계와 손을 잡을 것인지의 문제로만 보았다. 이들 국가가 유럽연합 같은 경제적으로 번성하고 정치적으로 자유로운 동맹과의 긴밀한 협력을 매력적으로 여긴다는 사실은 안중에도 없었다.

2008년 8월 러시아의 조지아 침공 이후 독일을 비롯한 유럽연합 회원국들 사이에서는 러시아를 빼고 행동하거나 혹은 러시아에 대항하려는 의지가 점점 커져갔다. 이렇게 해서 2009년 5월 7일 체코의 유럽연합 이사회 의장국 시절 프라하에서 아제르바이잔, 아르메니아, 조지아, 몰도바, 벨라루스, 우크라이나가 참여한 이른바 '동방(동유럽)파트너십' 창립 정상회의가 열렸다. 이는 10개월 전의 지중해연합에 이어 유럽 이웃 국가 정책의 제2막에 해당했다. 동방파트너십은 참가국들의 민주적 구조와 사회적 접촉의 강화, 비자 발급 간소화, 국경 안보 및 에너지 안보의 증진에 중점을 두었다. 그뿐이 아니었다. 참가국들은 유럽연합과 개별적으로 자유무역협정을 비롯해 다른 협정도 자유롭게 체결할 수 있었다.

이건 단순해 보이지만 현실에선 상당히 복잡한 문제였다. 구소련 공화국들과 유럽연합의 협정 체결 차단이 전략적 관심사였던 푸틴은 전통적으로 긴밀한 경제협력 관계의 파탄을 무기로 이들 국가를 위협했다. 이를테면 기존의 무역 특혜를 폐지하고 관세를 부과하겠다는 것이다. 이런 식으로 그는 이들 국가에 러시아와 협력할지, 아니면 유럽연합과 협력할지 선택을 강요했다. 구소련 국가들로서는 해결하기 어려운 딜레마였다. 자국에 석유와 가스가 매장되어 있는 아제르바이잔은 처음부터 유럽연합과의 협정에 관심을 보이지 않았고, 벨라루스도 러시아 및 카자흐스탄과의 관세동맹에 가입해 있어서 유럽연합과의 협정 체결에 별 관심이 없었다. 아르메니아의 세르지 사르키샨 대통령은 처음엔 원칙적인 관심을 표명했지만, 2013년 9월 푸틴 대통령을 만난 뒤로는 한발 물러서더니 이제는 오히려 러시아의 관세동맹에 가입하겠다고 나섰다. 자국의 지정학적 상황이나 아제르바이잔 및 튀르키예와의 갈등을 고려하면 다른 선택의 여지가 없는 듯했다. 게다가 경제적으로도 거의 전적으로 러시아에 의존해야 하는 상황이었다. 그렇기에 몰도바의 유리 레앙카 총리가 러시아의 거센 반발에도 불구하고 유럽연합과 협정을 맺기로 결정한 것은 더더욱 주목할 만했다.

2011년 동방파트너십 국가들 가운데 유럽연합과 협정을 가장 먼저 마무리 지은 나라는 우크라이나였다. 그전에 이 나라에서는 정권 교체가 이루어졌다. 2010년 대통령 선거 1차 투표에서 현직 대통령 빅토르 유셴코는 5.5퍼센트의 득표율로 탈락했다. 2010년 2월 이어진 결선 투표에서는 빅토르 야누코비치가 율리야 티모셴코를 누르고 승리했다. 율리야 티모셴코는 2005년에 유셴코에 의해 총리직에서 해임된 인물이었다. 이로써 오렌지혁명의 두 상징적인 인물은 완전히 갈라섰다. 나는 율리야 티모셴코를 유럽국민당에서 함께 일할 때부터 알고 있었다. 그녀의 소속 정당 전(全)우크라이나연합 '조국'

은 2008년부터 유럽국민당에서 참관인 자격으로 활동했다. 나는 그녀를 경험 많고, 에너지 넘치고, 말 잘하고, 논쟁을 즐기는 인물로 기억하고 있었다. 그녀는 둥글게 땋은 헤어스타일로 특히 유명했다.

티모셴코는 우크라이나의 유럽 진출에 공을 들였고, 자국 내의 정치 시스템에서 불법과 합법의 경계까지 넘나드는 노련한 인물이었다. 2011년 8월, 그녀는 2009년에 러시아와의 천연가스 공급 계약 체결 과정에서 우크라이나에 손해를 끼쳤다는 혐의로 체포되었다. 유럽연합은 이 체포의 정치적 배경을 배제할 수 없었기에 우크라이나와 유럽연합 간의 협정 체결을 무기한 중단했다. 그렇지 않아도 경제적 어려움을 겪던 우크라이나로서는 이 조치로 타격을 입었다. 우크라이나는 IMF 차관이 필요했고, IMF는 그 대가로 고통스러운 개혁을 요구했다.

푸틴은 이 나라를 상대로 채찍과 당근 놀이를 했다. 그사이 재차 러시아 대통령직에 오른 그는 높은 관세로 야누코비치를 위협하면서도 동시에 낮은 가스 가격과 광범한 재정 지원책을 제시했다. 야누코비치는 갈팡질팡했다. 2013년 8월부터 우크라이나는 유라시아 경제연합에 참관인 신분으로 참여했다. 그러면서도 유럽연합에는 2017년까지 1,600억 유로 규모의 천문학적인 지원을 요청했고, 동시에 러시아, 우크라이나, 유럽연합의 3자 회담을 제안했다. 바호주 유럽연합 집행위원장은 유럽연합의 동의 없이 단독으로 행동할 수 있는 개별 국가의 주권을 이유로 이 제안을 거부했다. 나는 이걸 실수로 여겼다. 해볼 만한 시도였기 때문이다. 나중에 유럽연합 집행위원회는 기존 입장을 바꾸어 러시아와의 가스 수송 계약 체결 과정에서 우크라이나에 많은 도움을 주었다.

야누코비치는 결단을 내려야 했고, 결국 그렇게 했다. 2013년 11월 28~29일 리투아니아 수도 빌뉴스에서 열린 동방파트너십 정상회의를 며칠 앞두고 우크라이나 의회는 율리야 티모셴코 석방 동의안을 부결시켰고, 그로써 유럽연합과의 협정 체결 준비도 중단되었다. 대신 야누코비치 대통령은 관련 부처들에 러시아와 관세동맹 국가들, 그리고 독립국가연합 국가들과의 대화에 나서라고 지시했다. 그와 함께 우크라이나가 유럽연합에 다가서려는 노력은 중지되었다. 이는 우크라이나 외부의 많은 사람에게 의외의 결과로 비쳤다. 다들 현실이 아닌 그랬으면 좋겠다는 희망에 기대어 생각했기 때문이다. 나는 특히 정상회의 주최국인 리투아니아의 달리아 그리바우스카이테 대통령에게 미안한 마음이 들었다. 우크라이나의 협정 서명을 위해 만반의 준비를 하고 있었을 텐데 실망이 오죽 크겠는가? 예전에 유럽연합 예산위원회 위원으로 성공적으로 활동했던 그녀가 자국 내의 정상회의도 성공적으로 끝냈다면 얼마나 좋았을까!

2013년 11월 28일 목요일, 나는 저녁 7시 10분경 리투아니아 대공궁전에 도착했다. 유럽연합 정상들의 비공식 회의와 만찬이 예정되어 있었다. 분위기는 착 가라앉아 있었다. 회의장 밖에서는 곳곳에서 격한 토론이 벌어졌다. 우크라이나 야당 인사들도 상당수 이곳을 찾았다. 그중에는 전 세계 복싱 챔피언이자 현재 우크라이나민주개혁연합(UDAR)을 이끄는 비탈리 클리치코도 있었다. 나는 몰도바와 조지아 사람들에게도 미안했다. 이번 회의에서는 그들과 유럽연합의 협정문 조인식이 열릴 예정이었지만, 그간의 노력에 주목하는 사람은 아무도 없었다. 재차 확인된 사실이지만, 부정적인 헤드라인은 언제나 긍정적인 헤드라인을 압도하는 법이었다.

다음 날 아침 8시 15분, 나는 내가 묵고 있는 그랜드 호텔 켐핀스키에서 빅토르 야누코비치를 만나 약 40분간 대화를 나누었다. 인사 후 내가 물었다.

"빅토르, 당신의 유턴을 어떻게 이해해야 하지요? 도저히 이해가 안 돼요. 협정문에 서명할 거라고 직접 말씀하셨잖아요. 정작 때가 되니까 발을 빼는 건가요?"

내 앞에 앉아 있던 건장한 체구의 남자는 안절부절못했다. 우리는 통역사를 통해 이야기했다.

야누코비치는 대답했다.

"조금만 시간을 주세요. 지금은 어쩔 수가 없어요. 서두른다고 될 일이 아니에요. 언젠가는 분명 서명할 겁니다."

내가 뭐라고 답해야 할까? 불안감이 그의 몸 전체에서 뿜어져 나오는 듯했다. 자신이 진퇴양난에 빠졌음을 스스로도 알고 있는 것 같았다. 이런 상황에서 그에게 서명하라고 설득하는 건 무의미했다. 시간을 더 달라는 그의 호소도 단순한 수사로밖에 들리지 않았다. 푸틴이 겁을 줘서 우크라이나를 자기편으로 끌어들인 게 분명했다. 당분간은 말이다.

우리는 작별 인사를 나누고는 각자 차를 타고 리텍스포(LITEXPO) 컨벤션센터로 향했다. 여기서 공식 정상회의가 열렸고, 조지아 및 몰도바와 유럽연합의 협정문 조인식이 거행되었다.

마이단 시위

2013년 11월 야누코비치가 유럽연합과의 화친 정책을 중단한 그날, 수도 키이우의 중앙 광장인 마이단과 전국의 다른 도시들에서 시위가 시작되었다. 정치적 변화를 원하는 사람들이 날마다 거리로 뛰쳐나왔다. 정부가 폭력을 사용하자 시위대 수는 수십만 명으로 불어났다. 나는 이 모든 과정을 공감과 우려의 심정으로 지켜보았다.

3개월 후인 2014년 2월 22일 토요일, 여느 때 아침과 마찬가지로 나는 호엔발데의 집에서 뉴스를 시청하고 있는데 어느 순간 숨이 멎었다. 야누코비치는 전날 키이우를 떠났고, 시위대 가운데 자칭 자위대라는 사람들이 의회와 정부 청사, 대통령궁을 접수한 뒤 경찰관들에게도 '마이단 운동'에 동참해달라고 요청했다. 나는 지난 18시간 동안 무슨 일이 있었는지 이해하기 어려웠다. 왜냐하면 금요일 오후

정부 대표 야누코비치와 야당 대표 비탈리 클리치코, 전(全)우크라이나연합 '스보보다' 당대표 올레 티아니보크, 전(全)우크라이나연합 '조국' 당대표 아르세니 야체누크가 우크라이나 정치 발전을 위한 6개 조항에 합의했기 때문이다.

이 합의문에는 무엇보다 야당 요구대로 2004년도 헌법을 재도입해서 2014년 9월까지 개정하고, 열흘 이내에 여야를 아우르는 국민 통합 정부를 구성하고, 새 선거법을 통과시켜 유럽안보협력기구의 규정에 따라 2014년 12월까지 조기 대통령 선거를 실시한다는 내용이 담겨 있었다. 이 자리엔 프랑크발터 슈타인마이어 독일 외교부 장관과 라도스와프 시코르스키 폴란드 외교부 장관도 참석했다. 로랑 파비우스 프랑스 외교부 장관도 함께 갔으나 사정이 있어 먼저 떠났다. 아무튼 두 외교부 장관은 유럽연합과의 협의를 거친 뒤 목요일에 키이우로 가서 마이단 폭력 사태를 종식시키기 위해 야누코비치와 회담을 가졌다. 야당 발표에 따르면 이 회담 전까지 약 100명이 총에 맞아 숨졌다고 한다. 야누코비치와 야당 대표들의 밤샘 회담은 금요일 아침까지 계속되었다.

나는 슈타인마이어와 계속 연락을 주고받았고, 푸틴과도 여러 차례 통화하면서 협상이 성공적으로 마무리될 수 있도록 힘써달라고 부탁했다. 푸틴은 자국 대표를 보내겠다고 했다. 그런데 내가 부탁한 라브로프 외교부 장관이 아니라 러시아 의회의 인권위원회 대표 블라디미르 루킨을 보냈다. 그가 협상장에 도착하자 야누코비치는 러시아도 합의를 원한다는 사실을 분명히 깨달았다. 우크라이나 대통령은 움직여야 했고, 실제로 그렇게 했다. 그런데 슈타인마이어와 시코르스키, 그리고 세 야당 대표가 금요일 오전, 그러니까 6개 조항의 합의문 서명 전에 시위대 대표(마이단 운동 본부 대표) 30여 명에게 협상 결과를 발표했을 때 거센 비판이 일었다.

마이단 운동 본부의 일부 대의원은 정부와의 합의안을 거부했다.

하지만 마지막까지 반대표를 던진 사람은 단 두 명에 불과했다. 이후 서명식이 대통령 관저에서 진행되었다. 오바마 미국 대통령도 푸틴과의 전화 통화에서 합의문의 신속한 이행에 찬성했다. 그런데 얼마 지나지 않아 마이단 운동 본부에서 이 합의를 인정하지 않고 야누코비치의 즉각 퇴진을 요구하는 목소리가 높아졌다. 그날 저녁 야당 서명자 세 명은 마이단 광장에서 야유를 받았다. 군중은 야누코비치가 다음 날인 2014년 2월 22일 오전 10시까지 퇴진해야 한다는 한 운동가의 최후통첩에 동의했다. 이 소식이 전해지자 야누코비치는 그날 밤 바로 도시를 떠났다.

키이우의 상황은 급박하게 돌아갔다. 나는 크리스토프 호이스겐에게 계속 새로운 소식을 전해달라고 부탁했다. 정오경에 의회는 율리야 티모셴코 석방 결의안을 가결했다. 그녀는 나중에, 그러니까 6월에 대법원에서 무죄 판결을 받았다. 티모셴코의 측근인 올렉산드르 투르치노우가 새 국회의장에 선출되었다. 오후에 의회는 야누코비치 대통령 퇴진에 찬성했다. 러시아로 도망친 그는 이번 사태를 야당의 쿠데타로 규정하며 비난했다. 그러면서 자신을 여전히 합법적인 대통령으로 여겼다. 다음 날 2014년 2월 23일 일요일, 올렉산드르 투르치노우가 임시 대통령에 선출되었다. 대통령 선거는 5월 25일로 정해졌다. 그날 저녁 투르치노우는 대국민 담화에서 국가파산의 위험을 알렸다.

2014년 2월 21일의 6개 조항 합의문은 종잇조각이 되었다. 나는 푸틴이 이 사태에 반응할 거라고 믿어 의심치 않았다. 그는 우크라이나가 스스로 결정을 내리도록 그냥 지켜만 볼 사람이 아니었다. 나는 그렇게 확신했다. 다만 그가 정확히 어떤 반응을 보일지는 나로서도 알 수 없었다.

크림반도 합병

2014년 2월 23일 일요일, 드미트리 메드베데프 러시아 총리는 주 우크라이나 러시아 대사를 본국으로 소환했다. 2008년부터 2012년까지 잠시 대통령직에 앉았던 그는 이후 바로 푸틴에게 자리를 돌려주고는 본래의 2인자 자리로 돌아갔다. 대사 소환의 이유와 러시아 군사 개입의 구실은 분명했다. 러시아계 우크라이나 시민들의 생명이 위협받고 있다는 것이었다. 국제사회에 빠르게 알람이 울렸고, 미국은 러시아의 우크라이나 군사 개입에 경고했다.

닷새 후인 2월 28일, 나는 전날 우크라이나 의회에서 과도정부 총리로 선출된 아르세니 야체누크와 통화하면서 어려운 시기에 어려운 임무를 맡은 그에게 강력한 지지 의사를 표했다. 이 통화에 대한 언론 보도 자료에서는 우크라이나의 영토 보전을 강조했다. 왜냐하면 같은 날, 국적 표시도 없는 녹색 제복을 입은 무장 군인들이 크림반도를 접수하기 시작했기 때문이다. 나의 머릿속에서는 세바스토폴에 주둔하고 있던 러시아 흑해 함대가 떠올랐다. 4년 전인 2010년 4월, 당시 러시아 대통령 메드베데프와 우크라이나 대통령 야누코비치는 러시아-우크라이나 간의 함대 주둔 조약을 25년 더 연장했다. 이렇게 해서 원래는 2017년에 만료되어야 할 조약이 2042년까지 연장되었다. 당시 우크라이나 야당은 극렬히 반대했다. 당시 우크라이나 의회에서는 이 조약의 가결을 두고 연막탄까지 터지는 난투극이 벌어졌다.

이튿날 2014년 3월 1일 토요일, 내가 푸틴과의 통화에서 국적 불명의 녹색 제복을 입은 무장 군인들이 러시아군이 아니냐고 다그쳤을 때 그는 부인했다. 곧 분명하게 드러날 텐데도 보란 듯이 내게 거짓말을 했다. 지금까지 우리의 대화에서 한 번도 없었던 일이었다. 그렇다고 그와의 접촉을 완전히 끊을 수는 없었다. 현실을 고려하면 그건 선택지가 아니었다. 그럼에도 이제부터 우리의 관계는 새로운 국면으로 접어들었다. 이후 독일-러시아 정부 간 협의, 수도에서의 실무 회담과 여러 도시의 방문, 푸틴과 나의 페테르부르크 양자 간 대담은 더 이상 열리지 않았다.

2014년 3월 6일, 야체누크 총리가 주최한 유럽연합 특별 이사회에서 우리 정상들은 러시아의 우크라이나 영토 보전 위반 행위를 강력히 규탄했다. 동시에 유럽연합은 러시아 및 우크라이나와의 양자 대화 및 광범한 다자간 대화로 폭력 사태를 종식시킬 해결책을 찾겠다고 제안했다.

그러나 푸틴은 계속 사실을 만들어냈다. 2014년 3월 16일 진정한 국민투표를 우롱하는 한 투표에서 크림반도 주민의 압도적 다수가 투표용지에 적힌 대로, "러시아 연방 주권자의 권리로 러시아와의 재통합"에 찬성했다고 선포했다. 이로써 러시아는 크림반도를 합병했다. 소련 시절 우크라이나가 자국 내에 있던 핵무기를 포기하는 대가로 영토 보전을 약속받았던 1994년의 부다페스트 각서가 한낱 종잇조각이 되는 순간이었다. 푸틴은 모든 국제 규칙을 무시하면서 자기만의 세계 속에서 살고 있었다.

크림반도에서 사이비 국민투표가 실시된 지 닷새 후, 유럽연합 정상들과 야체누크 우크라이나 총리는 빌뉴스 동방파트너십 정상회의에선 합의에 이르지 못했던 유럽연합-우크라이나 협정의 정치적 부문에 서명했다. 게다가 유럽연합 회원국들은 러시아에 대한 첫 번째 제재를 채택했고, 러시아와의 다음 회의를 취소했으며, 러시아가 우크라이나를 계속 불안정 상태에 빠뜨릴 경우 추가 제재안을 마련할 것을 집행위원회에 촉구했다. 2014년 3월 21일 빈에서 열린, 러시아와 우크라이나까지 포함한 유럽안보협력기구 57개국 이사회에서는 특별 감시단(SMM)의 우크라이나 파견이 의결되었다. 100명의 민간인으로 이루어진 감시단은 우크라이나 10개 지역에 골고루 배치될 예정이었다. 이들은 특정 사건 발생 시 공정하게 사실을 규명해서 보고할 임무를 맡았다. 디디에 부르칼테르 유럽안보협력기구 의장은 스위스 외교관 하이디 탈리아비니를 분쟁 지역의 평화로운 해결을 위한 특사로 임명했다. 2008년 8월에 이미 유럽연합의 주문으로 조지아 분쟁을 조사했던 국제독립조사위원회를 이끈 경험이 있는 사람이었다. 나중에 우크라이나 동부 탄광 지대인 돈바스에서 안보 상황이 긴박해지면서 폭력적인 분쟁으로까지 번지자 특별 감시단은 500명으로 증원되었다.

G8 정상들도 조치에 나섰다. 미국, 캐나다, 프랑스, 영국, 이탈리아, 일본, 독일과 유럽연합은 다가오는 소치 G8 정상회의 참석을 거부했다. 대신 7명의 정상들은 러시아를 배제한 채 3월 24~25일 헤이그 제3차 핵안보정상회의에서 만나 공동 성명을 발표했다.

"우리 그룹은 공동의 신념과 공동의 책임 때문에 함께 모였다. 최근 몇 주 동안 러시아의 행동은 이에 부합하지 않는다. 이러한 상황에서 우리는 소치에서 열릴 예정인 정상회의에 참여하지 않을 것이다. 러시아가 노선을 바꾸어 G8이 의미 있는 대화를 나눌 수 있는 환경이 다시 조성될 때까지 우리는 G8 정상회의 참여를 중단한다."

대신 우리는 1998년 이후 처음으로 2014년 6월 4~5일에 브뤼셀에서 주요 7개국(G7) 회의를 열기로 했다.

2014년 5월 2일, 나는 버락 오바마 대통령과 우크라이나 상황을 논의하려고 워싱턴으로 날아갔다. 그의 분석은 정확하고 훌륭했다. 우리는 우크라이나를 돕기로 뜻을 모았고, 그 일환으로 러시아에 대한 추가 제재안을 마련하기로 합의했다. 오바마 행정부와 유럽연합은 제재안 채택에서부터 긴밀히 조율하기로 했다. 동시에 우리는 외교적 노력도 중단하고 싶지 않았다. 나는 미 의회 관계자들과도 대화했다. 일부 상원의원은 독일과 러시아의 밀접한 경제 관계 때문에 내가 러시아의 추가 경제 제재안에 브레이크를 걸지 않을까 의심했다. 터무니없는 생각이었다. 나는 오히려 다른 유럽 국가들에 너무 겁먹거나 소심하게 행동하지 말라고 여러 차례 독려했다.

돈바스에 있던 친러시아 분리주의자들은 러시아의 지원을 받아 루한스크와 도네츠크의 일부 지역을 병합했다. 그들은 4월에 이미 도네츠크 인민공화국과 루한스크 인민공화국 건립을 선포했고, 여기서도 이른바 국민투표 실시를 공포했다. 그들의 발표에 따르면, 2014년 5월 11일 대다수 국민이 스스로 인민공화국이라고 칭하는 나라의 독립에 찬성표를 던졌다고 한다.

나는 우울했다. 우크라이나의 러시아계 주민들은 푸틴에게 중요한 권력 요소였는데, 그는 우크라이나의 독자 노선으로 인해 이 요소를 빼앗겼다고 보았다. 따라서 우크라이나를 자신의 통제하에 두지 못한다면 독자 노선을 후회할 정도로 이 나라의 삶을 정치적·경제적으로 피폐하게 만들 생각이었다. 규칙 파괴자가 칼을 휘두르는 상황이었다. 이건 제지해야 했다.

노르망디 형식

2014년 5월 7일, 나는 2주 반 후에 치러질 우크라이나 대통령 선거에서 가장 유력한 후보인 페트로 포로셴코를 총리청에서 맞았다. 1965년 우크라이나 남부 볼흐라드에서 태어난 그는 러시아어를 유창하게 구사했고, 소비에트 시절 키이우에서 국제 관계와 국제법을 공부했다. 1990년대 초부터는 자기만의 경제 제국 건설에 착수해서 거대 제과 회사 로셴과 라디오 방송국 및 TV 채널을 보유했다. 로셴 공장은 러시아에도 있었다. 포로셴코는 경제인이면서 동시에 정치 경험이 많은 인물이었다. 1990년대 말부터 한동안 국회의원을 지냈고, 유셴코와 야누코비치 대통령 밑에서 외교부 장관과 경제부 장관을 역임했다. 2013년 말부터는 마이단 시위에 가담했다. 2014년 3월 29일, 비탈리 클리치코는 전우크라이나연합 '조국'의 전당대회에서 그를 대통령 후보로 지명했다.

크고 건장한 체격에 눈빛이 형형한 남자가 내 집무실로 들어왔다. 주독 우크라이나 대사 파울로 클림킨이 그를 동행했다. 나는 크리스토프 호이스겐 및 통역사와 함께 그를 맞았다. 우리는 회의 테이블에 앉아 우크라이나 상황에 대해 이야기를 나누었다. 포로셴코는 우크라이나가 유럽을 향해 나아가야 한다고 설명하면서 지금까지의 지원에 감사를 표했다. 그밖에 곧 열릴 연합군 노르망디 상륙작전 70주년 기념행사를 언급했다. 프랑수아 올랑드 프랑스 대통령은 2014년 6월 6일 이 행사에 20여 명이 넘는 정상들을 초청했는데, 거기엔 푸틴도 포함되어 있었다. 포로셴코가 이런 제안을 했다.

"나도 기념식에 초대된다면 푸틴 대통령과 직접 대면할 기회가 있을 겁니다."

나는 그가 자신감이 넘치는 사람이라는 생각이 들었다. 대통령 선거 1차 투표는 유럽 선거일인 5월 25일에 실시될 예정이었고, 어쩌면 결선 투표까지 갈 수도 있었다. 그런데도 포로셴코는 승리를 확신하고 그런 제안을 한 것이다. 특히 다음 말은 퍽 인상적이었다.

"우크라이나 군인들도 러시아 군인들과 마찬가지로 제2차 세계대전에서 싸우다 죽었습니다."

나는 그의 의견에 동의하면서 프랑스 대통령과 상의해보겠다고 약속했다.

이틀 후 그럴 기회가 왔다. 올랑드가 5월 9~10일에 내 지역구인 뤼겐섬과 슈트랄준트를 방문했다. 그는 포로셴코를 노르망디로 초청해서 푸틴과 만나게 하자는 내 제안을 흔쾌히 받아들였다. 이후 며칠 동안 올랑드와 나는 이 계획을 푸틴에게도 전화로 알렸다. 2014년 5월 25일 포로셴코가 실제로 1차 투표에서 54퍼센트가 넘는 득표율로 대통령에 당선되자 2014년 6월 6일 노르망디 기념식에서 우리 네 사람의 만남에 걸림돌이 되는 것은 더 이상 없었다.

오전 10시 45분 노르망디의 해양 휴양지 도빌 공항에 비행기가 착륙하자 나는 푸틴을 만나러 인근 호텔로 이동했다. 각자 참모 2명을 대동한 만남이었는데, 2013년 9월 5~6일 상트페테르부르크 G20 정상회의 이후 첫 둘만의 자리였다. 이번 G20 정상회의는 시리아 화학 무기 프로그램 때문에 참석자들 사이에 긴장감이 돌았지만, 내게는 마치 다른 세상처럼 느껴졌다. 우린 서로 쿨하게 인사했다. 갈등을 겪고 있지만 같은 좌표계에 살고 있기에 서로를 찾을 수밖에 없는 두 사람의 만남이었다. 우리는 적이었다.

나는 그와 모든 문제를 논의할 생각이 없었다. 그보다는 두 가지 구체적인 목표만 있었다. 첫째, 푸틴에게 포로셴코를 우크라이나의 합법적인 대통령으로 인정하라고 설득하는 것이었다. 이와 관련해서는 명확한 답을 얻지 못했지만, 우크라이나 주재 러시아 대사가 다음 날 대통령 취임식에 참석하겠다는 뜻을 밝힌 것은 긍정적인 신호로 받아들여졌다. 둘째, 나는 우크라이나 휴전과 관련해서 회담 형식을 만들고 싶었다. 노르망디에서 열린 4자 회담이 그 시작이 될 수 있었다. 푸틴은 이 아이디어를 거부하지 않았다. 약 한 시간 후, 우리는 헤어져 각자 차량을 타고 40킬로미터 떨어진 베누빌성으로 출발했다. 여기서 오후 1시에 프랑스 대통령의 초청으로 정상들의 오찬이 열릴 예정이었다.

올랑드는 모든 참가자를 완벽한 격식에 맞게 맞으면서도 의전상의 노련한 기술을 발휘해 점심 식사 전에 우리 넷이서 이야기할 수 있도록 따로 10분의 시간을 마련했다. 우리는 작은 방으로 자리를 옮겼다. 분위기는 긴장감이 감돌았다. 올랑드와 나는 푸틴과 포로셴코 두 사람이 주로 대화를 나누길 바랐다. 우리의 역할은 두 사람의 대화가 너무 과열됐다 싶으면 잠시 개입해서 다시 올바른 방향으로 이끄는 것뿐이라고 생각했다. 이 작전은 꽤 잘 먹혔다. 말을 많이 한 쪽은 포로셴코였다. 대화가 끝났을 때 다음 만남에 대한 구체적인 약속은 잡지 못했지만, 대화를 계속 이어가고자 하는 뜻은 서로 확인했다. 이렇게 해서 노르망디 회담 형식이 탄생했다. 이 만남을 국가 정상과 외교 정책 보좌관, 외교부 장관, 외교부 차관 차원에서 우크라이나 휴전을 이루어내기 위한 모든 향후 노력의 토대로 삼기로 한 것이다.

이어진 오찬에서 프랑스 대통령과 손님들은 말굽 모양의 테이블에 다닥다닥 붙어 앉았다. 내 자리는 홀의 창가 쪽이어서 양쪽을 잇는 테이블이 한눈에 보였다. 주최자인 프랑수아 올랑드 대통령 왼쪽에는 영국의 엘리자베스 2세와 버락 오바마 대통령이, 오른쪽에는 덴마크의 마르그레테 2세와 블라디미르 푸틴 대통령이 앉았다. 나는 감동과 걱정이 동시에 밀려들었다. 다들 나란히 앉았지만, 유럽에는 다시 한번 균열이 생기고 있었다.

본 행사에 해당하는 추모식은 오후에 우이스트레암 해변에서 열렸다. 추모식 중에 나는 무엇보다 참전 용사들에게 깊은 인상을 받았다. 끔찍한 일을 겪었지만 우리 독일인들과 공동의 미래를 바라볼 준비가 된 사람들이었다. 나는 오래전인 1992년 8월에 요아힘과 함께 이 지역을 방문한 적이 있었다. 프랑스의 독문학자이자 정치학자인 앙리 메누디에가 1944년 연합군의 노르망디 상륙 현장으로 우리를 초대한 자리였다. 메누디에와는 내가 청소년부 장관 시절 알게 된 사이였는데, 그는 독일-프랑스 청소년 교류 협회 일에 깊이 관여하고 있었다. 당시 우리는 하얀 십자가가 끝없이 펼쳐진 군인 묘역을 함께 걸었다. 십자가 하나하나는 너무나 짧은 삶의 상징이었다. 잊을 수 없는 기억이었다. 나는 이 늙은 군인들을 보면서 다시 그때 일이 기억났다. 이들은 살아남았지만 수많은 전우는 살아남지 못했다.

추모식이 끝나자 나는 거기서 몇 킬로미터밖에 떨어지지 않은 랑빌로 가서 영연방 전사자 묘역에 화환을 두 개 놓았다. 하나는 영예의 전사자 묘지에, 하나는 독일군 무명 병사들의 묘지에. 파비우스 프랑스 외교부 장관이 나를 동행했다. 나는 과거에 대한 생각과 현재의 대화를 떠올리며 집으로 가는 길에 올랐다.

페트로 포로셴코의 평화안

페트로 포로셴코는 취임 2주 후인 2014년 6월 20일 평화안을 제시했다. 푸틴에게는 전날 저녁에 이 평화안의 내용을 알렸다. 15개 조항으로 이루어진 이 안의 핵심은 러시아와 우크라이나 용병 부대의 철수, 분리주의자 무장해제 및 그들에 대한 사면 기준 마련, 우크라이나-러시아 국경에 완충지대 조성, 헌법 개정을 통한 권력 분산, 총선 및 지방선거의 조기 실시였다. 또한 포로셴코는 6월 20일에 일방적으로 일주일간 휴전을 선언했다. 그러나 자칭 도네츠크 공화국의 수반이라고 하는 데니스 푸실린은 휴전을 거부했다. 전투는 계속되었다. 포로셴코는 하이디 탈리아비니 유럽안보협력기구 특사에게 자신의 평화안을 토대로 분리주의자들과 세부 협상을 벌일 수 있도록 자리를 마련해달라고 요청했다. 이렇게 해서 2014년 6월 8일 탈리아비니 특사를 비롯해 우크라이나와 러시아 대표가 각각 한 명씩 참석하는 3자 접촉 그룹이 만들어졌다. 정치적 상부 구조에 해당하는 노르망디 형식에 입각한 모임이었다.

다른 한편 포로셴코는 우크라이나와 유럽연합의 관계를 강화하기 위한 노력을 계속했다. 2014년 6월 27일 우크라이나는 브뤼셀에서 정치 부문에 이어 경제 부문에서도 유럽연합과 협정을 체결했다. 빌뉴스에서 열린 동방파트너십 정상회의 이후 7개월이 지난 시점이었다.

그로부터 3주가 지난 2014년 7월 17일이었다. 오후에는 추정만 되던 일이 저녁에 확실시되었다. 이날 우크라이나 현지 시각으로 오후 4시 20분부터 4시 25분 사이 우크라이나 동부에서 보잉 777-200ER 항공기가 추락했다. 여러 정황상 사고가 아니었다. 암스테르담에서

쿠알라룸푸르로 향하던 말레이시아 항공 MH17편이 분리주의자들에 의해 격추된 것으로 추정되었다. 독일인 4명을 포함해 탑승자 298명 전원이 사망했다. 나는 이 추락에 대한 첫 보도를 오후에 접했다. 당시 나는 기민당이 마련한 일련의 행사 중 하나로 콘라트 아데나워 하우스에서 역사학자 위르겐 오스터하멜과 함께 '베를린 대담'을 준비하고 있었다. 『대변혁』을 쓴 오스터하멜을 직접 초청해 19세기 세계사에 관한 이야기를 들어볼 생각이었다. 이건 전적으로 내가 원해서 마련된 자리였다. 그날이 내 예순 번째 생일이었기 때문이다. 대담 후 조촐한 리셉션이 있었고, 이후 나는 집으로 돌아갔다. 그때 사고 소식을 접했다. 믿을 수 없었다. 끔찍한 일이었다.

다음 날 아침 나는 마르크 뤼터 네덜란드 총리에게 전화를 걸어 우리의 연대를 약속했다. 비행기가 분리주의자들에 의해 격추되었을 거라는 의혹은 점점 더 짙어졌다.

여름 동안 우크라이나군은 서서히 분리주의 민병대를 밀어내는 데 성공했다. 그러자 푸틴은 분리주의자들이 점령한 지역으로 러시아군의 진격을 명령했다. 그들은 전투에 적극 개입했다. 그로 인해 우크라이나는 재차 궁지에 몰리면서 휴전을 성사시키려는 노력은 더욱 절실해졌다. 나는 분쟁의 군사적 해결, 즉 러시아군에 대한 우크라이나의 군사적 승리가 환상이라고 생각했다. 그 때문에 우크라이나 독립기념일 하루 전인 8월 23일 키이우에서 포로셴코와 야체누크를 만난 뒤, 대화와 외교 없이는 해결책도 없다는 사실을 공개적으로 밝혔다(이런 내용을 밝힌 게 처음은 아니었다). 물론 그렇다고 우크라이나가 타국의 침략을 받았을 때 방어하지 말아야 한다는 뜻은 아니었다. 중요한 건 외교적 해법이고, 여기서도 다른 분쟁 지역처럼 그런 해법을 찾을 수 있다는 점을 강조했다.

나는 심지어 군사적 해결책은 없다는 말까지 했다. 얼마 뒤, 과도정부 대통령직을 잠시 맡았다가 다시 국회의장직에 복귀한 올렉산드

로 투르치노우는 이런 논평을 내놓았다. 외교가 성공한다면야 너무
나 좋은 일이지만, "현재 이 전쟁을 끝낼 수 있는 것은 우크라이나 군
대뿐입니다".

포로셴코는 자신의 평화안 때문에 국내에서 상당한 정치적 압력
에 시달렸다. 그럼에도 그는 2014년 8월 26일 민스크에서 열린 유라
시아경제연합 회의에서도 평화안을 계속 밀어붙였다. 이 회의에는
캐서린 애슈턴 유럽연합 외교안보정책 고위대표가 이끄는 유럽연합
대표단도 참석했다. 결국 3자 접촉 그룹과 분리주의자들이 점령한
도네츠크 및 루한스크의 두 대표는 2014년 9월 5일 민스크에서 협의
결과를 문서로 요약한 '민스크 의정서'에 서명했고, 의정서 이행에
관한 '민스크 각서'도 2014년 9월 19일에 체결했다. 포로셴코 평화
안의 핵심 요소는 이 각서에 반영되었고, 일련의 단계로 명시되었다.
1단계는 휴전과 함께 전선에서 중화기와 병력의 철수였다. 이 합의
에 이르게 된 데에는 하이디 탈리아비니의 역할이 컸다. 그러나 이조
차 실질적인 상황 개선에는 도움이 되지 못했다. 휴전은 지켜지지 않
았고, 재협상이 반복되다가 다시 깨졌다. 심지어 유럽안보협력기구
감시단도 총격을 받았다.

우크라이나는 경제 상황도 무척 어려워졌다. IMF는 과감한 개혁
을 요구했고, 이는 물가 상승으로 이어졌다. 이로 인해 국민들 사이에
서는 정부에 대한 불신이 커졌다. 결국 2015년 1월 8일 나는 재선에
성공한 뒤 취임 인사차 베를린을 방문한 아르세니 야체누크 총리에
게 5억 유로의 차관을 약속했다. 중요한 기여이기는 했지만, 우크라
이나가 처한 전반적인 상황을 고려하면 언 발에 오줌 누기였다.

민스크 마라톤협상
새해는 프랑스의 악몽으로 시작했다. 2015년 1월 7일 수요일, 이슬
람 테러리스트들이 풍자 잡지 『샤를리 에브도』 편집실에 난입해 총

기를 난사했다. 이 사건으로 12명이 사망하고 많은 사람이 부상을 입었다. 그날 나는 런던에서 데이비드 캐머런 영국 총리를 만나는 중이었다. 테러 소식을 접하고 우리가 얼마나 놀랐는지는 지금도 생생하게 기억난다. 우리는 즉시 프랑수아 올랑드 대통령에게 전화를 걸어 애도를 표했다. 민주주의의 가장 소중한 가치 중 하나인 언론과 표현의 자유에 대한 이번 공격은 그 잔인함 면에서 모두에게 크나큰 충격을 주었다.

다음 이틀 동안 테러리스트들이 도주하는 과정에서 추가 살인이 연이어 발생했다. 금요일에 프랑스 경찰이 범인 3명을 사살할 때까지 총 17명이 목숨을 잃었다. 나는 악몽이 마침내 끝났다는 사실에 안도했다. 그리고 일요일에 파리에서 테러 희생자들을 위한 추모 행진이 열린다는 소식을 듣고 올랑드 대통령에게 다시 전화를 걸었다. 나도 참여하고 싶다고 했다. 내가 먼저 초청해달라고 부탁한 것은 이번이 처음이었다. 프랑스와 가까워지고 싶었고, 프랑스의 아픔을 나누고 싶었다. 올랑드는 고마워하면서도 처음엔 내가 꼭 올 필요는 없다고 했다. 그래도 내가 뜻을 굽히지 않자 마침내 그도 동의했다.

그다음에 일어난 일은 지금 생각해도 전율이 인다. 내가 파리에 간다는 소식이 알려지자 유럽의 다른 정부 수반들도 파리로 오겠다고 속속 발표했다. 나중에는 마르틴 슐츠, 장클로드 융커, 도날트 투스크 같은 유럽연합 수뇌부도 동참했다. 2015년 1월 11일 수요일 오후 1시, 세계 각지에서 온 50명에 가까운 각국 원수 및 정부 수반이 파리 시내에 모였다. 그중에는 베냐민 네타냐후 이스라엘 총리, 압둘라 2세 요르단 국왕, 이브라힘 부바카르 케이타 말리 대통령, 아흐메트 다우토을루 튀르키예 총리, 마흐무드 압바스 팔레스타인 대통령도 있었다. 우리는 좁은 도로에서 행진을 시작했고, 나중에는 150만 명의 프랑스 시민과 합류해서 함께 길을 걸었다. 우리의 자유로운 삶을 결코 빼앗기지 않겠다는 공동의 다짐이었다. 곳곳에서 사람들이 창밖으로 몸을 내밀며 우리를 반겨주었다. 잠시 동안이지만 우리는 모두 무척 가까워졌다.

그밖의 많은 점은 암울했다. 우크라이나 동부 돈바스 상황은 매일 악화되었다. 분리주의자들은 러시아군과 함께 휴전선 너머에서 목표물을 타격했다. 도네츠크와 루한스크 사이의 교통 요충지인 데발체베의 상황은 특히 아슬아슬했다. 수천 명의 우크라이나 군인들이 포위될 위기에 처했다. 민스크 의정서는 휴지조각이나 다름없었다. 미국에서는 우크라이나에 무기를 제공해야 한다는 목소리가 점점 커져나갔다. 돈바스의 인도주의적 상황도 나날이 심각해졌다. 우리는 점점 더 많은 지역이 점령되는 상황을 더는 묵과할 수 없었다.

2015년 1월 28일, 올랑드와 나는 포로셴코 및 푸틴과 연이어 전화통화를 했다. 그러나 각자 상대방에 대한 비난 외에 다른 새로운 내용은 전혀 들을 수 없었다. 통화 후 올랑드와 나는 다시 한번 우리끼리만 대화를 나누었다. 노르망디에서처럼 우리 넷의 직접적인 대면만이 도움이 될 수 있다는 것이 우리의 결론이었다. 그러나 여기엔 위험요소도 컸다. 만남 이후에도 진전이 없다면 노르망디 형식 자체가 이빨 빠진 호랑이가 될 수 있었다. 나는 크리스토프 호이스겐과 상의했다. 그 결과 모든 위험에도 불구하고 반대보다는 찬성할 이유가 더 많다는 판단이 내려졌다. 어떻게든 시도는 해봐야 했다. 그러지 않으면 협상으로 폭력을 종식하기 위해 인간으로서 할 수 있는 모든 일을 하지 않았다는 자책감이 들 것 같았다.

시간이 촉박했다. 일정표를 보니 2월 7일에 조 바이든 미국 부통령과 포로셴코 우크라이나 대통령도 참석하는 연례 뮌헨 안보회의가 예정되어 있었다. 2월 9일에는 워싱턴에서 버락 오바마 대통령을 만나기로 했고, 이어 오타와로 날아가 스티븐 하퍼 캐나다 총리를 만나야 했다. 그해에 독일이 G7 의장국을 맡고 있었기에 두 정상과 G7 의제에 관해 논의하고 싶었다. 당연히 우크라이나 상황도 의제에 포함되었다. 그주 목요일인 2015년 2월 12일에는 유럽연합 이사회 비공식 회의가 잡혀 있었다. 일정을 죽 훑어보니 그 날짜까지는 우크라이나에서 실질적인 진전을 이루려는 시도를 해야 했다.

나는 1월 30일 올랑드와 재차 상의했다. 당시 유럽의회 의장이던 마르틴 슐츠의 초대로 주엠 이즈웨 레스토랑에서 함께 저녁 식사를 하던 자리였다. 마침내 올랑드와 나는 2015년 2월 5일 키이우로, 다음 날에는 모스크바로 날아가기로 결정했다. 4자 회담은 유럽연합 이사회 전날인 2월 11일에 가능해 보였다. 우리는 푸틴과 일정을 조율하기로 합의했다. 사전에 나는 포로셴코에게 4자 회담에 대한 의견을 물어보았는데, 그는 즉시 동의했다. 그로선 밑져야 본전이었다. 그러나 푸틴은 망설였다. 그의 입장에서는 그럴 만했다. 시간을 끌수록 최대한 많은 것을 군사적으로 얻을 수 있었기 때문이다. 게다가 4자 회담에 동의하는 순간 어떤 식으로든 결과를 도출할 수밖에 없다는 사실을 분명히 알고 있었다. 그는 회담을 최대한 늦추고 싶어 했지만, 그렇다고 준비 과정을 막지는 않았다.

회담 장소는 재차 민스크로 결정되었다. 이곳은 2014년 9월 포로셴코가 자신의 평화안을 토대로 민스크 의정서를 협상했던 장소로서, 이제 그 이행 문제를 다루기엔 안성맞춤이었다. 게다가 민스크는 중립 지대였다. 우리가 정말로 모종의 합의에 도달하려면 노르망디 형식으로 협상해야 할 뿐 아니라 3자 접촉 그룹과 분리주의 지도자들도 합의 문서에 함께 서명해야 했다. 그런데 이들의 유럽연합 입국은 원천적으로 막혀 있었다. 포로셴코는 자칭 도네츠크와 루한스크 인민공화국이라고 선포한 나라의 지도자인 알렉산드르 자하르첸코 및 이고리 플로트니츠키와의 직접적인 대화를 거부했다. 이해할 수 있었다. 그건 분리주의자들을 인정하는 꼴이었다. 또한 러시아는 분리주의자들과 아무 관련이 없는 것처럼 보이고 싶어 했다. 그렇다면 민스크만큼 관련국들에 적합한 장소는 없어 보였다.

2015년 2월 5일, 올랑드와 나는 키이우로 날아갔다. 거기서 우리는 오후 6시에 대통령 관저에서 포로셴코를 만났다. 우리 참모들은 이미 전날 비행기를 타고 이리로 와서 우리가 여기서 논의할 문서를 준비해두었다. 우리로선 우크라이나 측과 사전 합의하지 않은 내용을 푸틴과 협상할 수는 없었다.

의무적인 사진 촬영이 끝나고 협의가 시작되었다. 우리 세 사람 외에 나의 외교 정책 보좌관 크리스토프 호이스겐, 올랑드의 외교 정책 보좌관 자크 오디베르, 그리고 우크라이나 외교부 장관 파울로 클림킨도 자리를 함께했다. 토론은 원칙적인 문제에서 시작해서 다가오는 협상 내용으로 넘어갔다. 또한 데발체베의 우크라이나 군인들이 벌써 포위되었는지에 대한 질문도 나왔다. 포로셴코는 그렇지 않다고 대답했다. 하지만 절망적인 상황인 건 맞았다. 회의 중에 끊임없이 우크라이나 참모들이 그에게 쪽지를 건네주었다. 거기엔 전사한 병사들의 비보가 적혀 있었는데, 그는 우리에게 떨리는 목소리로 읽어주었다.

잠시 후 우리는 협상 문안을 준비한 참모들이 모인 옆방으로 자리를 옮겼다. 그러고는 함께 문안을 검토했다. 문구 하나하나마다 러시아 분리주의자들이 오해할 만한 소지가 있었다. 우크라이나인들은 몇 달 전 민스크 의정서를 작성하는 과정에서도 이미 그걸 충분히 경험한 바 있었다. 우리는 그들의 한계선과 타협 가능성에 대해서도 이야기했다. 푸틴과의 대화에서 중요한 부분이었다. 조항이 하나씩 확정될 때마다 우크라이나인들의 입에서 불평불만이 연신 터져 나왔다. 그들의 심정은 충분히 이해가 갔다. 그럼에도 올랑드와 나는 적당한 분업을 통해 문제의 본질에서 벗어나지 않게 하려고 계속 애썼다. 밤 9시 30분쯤, 우리는 러시아 측과의 협상에 토대로 쓰일 문서 작성을 끝냈다. 동시에 우리에게 협상의 여지가 있음도 알게 되었다.

이 정도면 만족스러웠다.

야체누크 총리도 참석한 저녁 식사를 간단하게 마친 뒤 우리는 현지 시각으로 밤 11시에 작별 인사를 나누고, 나는 베를린으로, 올랑드는 파리로 돌아갔다. 우리 참모들은 키이우에 남아 있다가 다음 날 아침에 바로 모스크바로 이동할 예정이었다. 그전에 그들은 하이디 탈리아비니에게 브리핑을 했다. 비행기 안에서 나는 협상할 내용을 머릿속으로 다시 한번 검토했다. 우크라이나 측의 핵심은 두 가지였다. 휴전과 자국 국경으로의 접근 보장이었다. 앞으로의 길은 험난할 게 분명했다. 나는 자정에 베를린 테겔 공항에 도착해서 바로 집으로 향했다. 때는 벌써 2015년 2월 6일이었다.

오후 1시 30분 나는 모스크바로 출발했다. 브누코보 공항에 도착하니 오후 5시 50분이었다. 곧이어 도착한 올랑드를 공항 영접실에서 만났다. 호이스겐과 오디베르는 우리에게 푸틴 참모진과의 협상 상황을 보고하려고 공항에 나와 있었다. 나는 출국 전에 벌써 호이스겐의 전화 보고로, 우크라이나 측과 우리가 마련한 협상안을 러시아가 거부했다는 사실을 알고 있었다. 대신 그들은 자신들이 작성한 문건을 내밀었다. 틈만 나면 고춧가루를 뿌리는 인간들이었다.

나는 호이스겐에게 두 문건을 하나로 묶어보자고 제안했다. 그로 인해 또 아까운 시간이 흘러갔다. 게다가 러시아 측은 이날 저녁에 우크라이나를 배제한 채 우리끼리만 휴전을 선포하자고 요구했다. 호이스겐과 오디베르는 당연히 이를 거절했다. 그러자 러시아의 협상 대표이자 푸틴의 최측근인 블라디슬라프 수르코프는 서방의 두 외교부 장관이 전쟁으로 인한 사람들의 고통을 나 몰라라 한다며 비꼬았다. 호이스겐과 오디베르는 이런 냉소적인 말에도 아랑곳하지 않고 러시아의 제안에 전혀 응하지 않았다. 올랑드와 나는 키이우에서와 마찬가지로 단순히 사진 촬영만 하고 언론에는 나서지 않기로 결정했다. 공항에서 우리를 맞은 러시아 의전팀은 우리에게 출발을 재촉했다.

크렘린궁에서 푸틴은 1991년 이후 러시아가 겪었다고 생각하는 수많은 굴욕을 상세하게 늘어놓으며 연설을 시작했다. 올랑드와 나는 침묵이 결코 동의를 뜻하지는 않는다는 말 외에 다른 반박을 자제했다. 우리에겐 구체적인 임무가 있었고, 다른 일로 괜히 주의를 분산시키고 싶지 않았다. 다만 우리 세 사람만 기자회견을 하는 일은 없을 것이며, 휴전도 선언하지 않을 것임을 다시 한번 분명히 했다.

이어 많은 사람이 참여하는 대규모 회의가 시작되었다. 푸틴은 마침내 문건 작성에 동의했고, 각 조항과 관련해서 자신의 의견을 피력했다. 오랜 공방 끝에 우리는 하나의 문건을 구두로 합의했다. 거기엔 몇 군데 대괄호가 쳐진 항목들이 있었는데, 합의가 이루어지지 않은 지점들이었다. 당연히 선거, 우크라이나 일부 지역의 특수 지위, 우크라이나-러시아 국경의 접근 보장 같은 굉장히 민감한 부분들이었다. 푸틴은 우리가 저녁 식사를 하는 동안 수르코프에게 합의된 내용을 문서로 정리하게 하자고 제안했다. 이 작업에 호이스겐과 오디베르를 동참시키자는 우리의 요청은 거부당했다. 우리가 러시아 측이 단독으로 작성한 문건을 결코 받아들이지 않으리라는 예상하에 펼치는 지연전술이었다.

저녁 식사 전에 푸틴은 세 가지 선물을 가져와 우리에게 나눠주었다. 19세기 말에 출간된 러시아어-독일어, 러시아어-프랑스어, 러시아어-영어 고대 군사학 사전이었다. 나는 월요일에 워싱턴으로 버락 오바마를 방문할 예정이었는데, 그걸 알고 있던 푸틴은 러시아어-영어 사전을 오바마에게 전해달라고 부탁했다. 지금 자신이 비록 우리를 만나고 있지만 실은 미국만 대등한 협상 파트너로 보고 있다는 사실을 넌지시 암시했다. 나는 선물의 진정성을 더하기 위해 헌사를 써달라고 청했다. 그가 헌사를 쓰는 동안 나는 다시 한번 분명히 깨달았다. 푸틴은 러시아를 '지역 강대국'이 아닌 미국과 대등한 국가로 만들기 위해서라면 못할 것이 없는 사람임을. '지역 강대국'이라는 말은 오바마가 1년 전쯤인 2014년 3월 25일 헤이그 핵안보정상회의가 끝난 뒤 마르크 뤼터 네덜란드 총리와의 공동 기자회견에서, 러시아가 미국의 가장 큰 지정학적 적이냐는 질문에 답하면서 이 나라를 지칭해서 쓴 표현이었다. 나는 이 표현이 따로 떼어놓고 보면 적절치 못하다고 생각했지만, 내용상으로 보면 오바마의 평가에 동의할 수 있었다. 러시아가 지역에서 수많은 이웃 국가의 위협이고 러시아의 행동이 문제이기는 하지만, 미국의 국가 안보에 가장 큰 위협은 아니라는 그의 설명이 옳았기 때문이다. 그건 지리적으로 봐도 명백했다.

푸틴은 올랑드와 나에게 책 선물을 주고 나서 우리를 저녁 식사 자리로 초대했다. 음식은 신속하게 차려졌다. 식사 후 푸틴은 소치로 이동해야 했기 때문이다. 마침내 수르코프가 수정한 문건을 갖고 돌아왔다. 우려했던 대로 우리가 받아들일 수 없는 내용이었다. 올랑드와 나는 우리 참모들이 모스크바에 남아, 돌아오는 수요일에 예정된 민스크 회동을 위해 수르코프와 함께 공동의 문건을 작성하게 하자고 강력히 주장했다. 처음에는 망설이던 푸틴도 동의했다.

호이스겐은 나와 함께 뮌헨으로 가기로 했고, 총리청의 나머지 직원들과 오디베르는 모스크바에 남았다. 푸틴은 어차피 같은 길이라며 나와 올랑드에게 공항까지 데려다주겠다고 했다. 우리는 수락했다. 차 안에서 그는 러시아 경제 상황에 대해 이야기했다. 긴박한 정치 상황을 고려하면 차 안에서의 대화는 기괴하기 짝이 없었다. 그럼에도 나는 이것을 러시아 및 우크라이나와의 협상에서 내가 달성하고자 하는 것과 따로 분리해서 생각하기로 했다.

공항에서 우리는 작별 인사를 나누었고, 나는 안보회의에 참석하기 위해 뮌헨으로 날아갔다. 항공기 동체의 얼음 제거 작업이 끝나기를 기다리는 동안 나는 포로셴코에게 전화를 걸어 회의 결과를 알렸다. 뮌헨에는 밤중에 도착했다. 이튿날 아침 나는 슈타인마이어 외교부 장관에게 모스크바 회담에 대해 이야기했다. 마르쿠스 에데러 외교부 차관은 모스크바에 우리와 함께 갔다. 이어 나는 안보회의에서 연설을 했다. 그후 슈타인마이어와 나는 포로셴코, 클림킨 우크라이나 외교부 장관, 조 바이든 미국 부통령, 존 케리 미국 국무부 장관을 만나 회담 경과 및 현 상황에 대한 우리의 평가를 이야기했다.

토요일에 우리 참모들은 러시아 측과 대괄호 항목이 수두룩한 공동 문건의 타결에 성공했다. 월요일에 나는 계획대로 워싱턴과 오타와를 방문했다. 워싱턴에서는 오바마 대통령에게 푸틴의 선물을 전달하면서 올랑드와 나의 접근 방식을 이야기했다. 우리는 협상으로 상황을 진정시키는 게 충분히 시도해볼 만한 가치가 있다는 데 동의했다.

나는 오바마에게 수요일 민스크 회담이 열리기 전에 포로셴코와 푸틴 두 사람에게 전화를 걸어달라고 요청했다. 그는 그러겠다고 약속했다. 미국 대통령의 전화 한 통은 힘이 있었다. 더구나 대서양 양안 간의 단결을 과시하는 것도 중요했다. 특히 푸틴의 선물 이후 나는 그게 성공의 열쇠라는 생각이 들었다. 그러나 오바마는 민스크 협상이 실패할 경우 우크라이나에 최소한 방어용 무기라도 제공할 거라는 점을 분명히 했다. 나는 그런 식의 무기 제공이 군사적 수단으로는 성공할 가능성이 전혀 없음에도 오직 군사적 해결책만 고집하는 우크라이나 정부 내의 매파에 힘을 실어줄 수도 있다고 우려를 표했다. 하지만 다른 한편으로는 우크라이나 국민을 러시아의 폭력에 무방비 상태로 내버려둘 수 없다는 점도 이해했다. 딜레마였다.

그사이 2월 10일 화요일이 되었다. 노르망디 형식의 참가자들은 민스크로 이동했다. 3자 접촉 그룹과 분리주의 지도자들도 마찬가지였다. 결정의 시점이 시시각각 다가왔다. 벨라루스 의전팀은 모든 참가자를 같은 호텔의 같은 층에 배정했다. 모스크바의 압력 없이 이루어진 일이라고는 보기 어려웠다. 목적은 하나였다. 우크라이나 측과 분리주의자들의 직접적인 접촉을 강제하겠다는 뜻이었다. 프랑스와 독일, 우크라이나 측은 강력하게 항의했고, 결국 접촉 그룹과 분리주의자들은 다른 호텔로 옮겼다. 그 뒤에야 4자 회담을 위한 준비 작업이 시작될 수 있었다. 2월 11일 아침, 푸틴도 마침내 참석을 확정지었다. 며칠 동안 결정을 미뤄왔지만 더는 지체할 수 없었다.

그날 오전 나는 1월 31일 서거한 리하르트 폰 바이츠제커 전 독일 대통령의 국장에 참석한 후 슈타인마이어 외교부 장관과 함께 민스크로 날아갔다. 회담은 오후 6시 30분 '독립의 궁전'에서 시작되었다. 우리는 알렉산드르 루카셴코 벨라루스 대통령이 우리 모두를 위해 마련한 성대한 만찬을 완곡하게 거절했다. 우리에게는 다른 할일이 있었다.

동시통역이 가능한 회의장에서 열린 첫 대화에서 우리는 회의의 기반이 될 공동 문건을 확인했고, 쉽게 합의할 수 있는 지점들을 분명히 했다. 예를 들면 다양한 종류의 중화기 철수 같은 문제였다. 다음 차례는 미해결 문제들의 결정이었다. 포로셴코, 푸틴, 올랑드, 나, 우리의 외교부 장관과 최측근, 그리고 통역사들은 내 기억으론 모서리마다 문이 달린 팔각형의 커다란 방으로 들어갔다. 중앙에는 거대한 원탁이 있었고, 옆 벽에는 작은 테이블과 다양한 좌석이 비치되어 있었다. 문들 중 하나는 아담한 회의실과 연결되어 있었는데, 포로셴코와 푸틴, 올랑드, 나는 이따금 이 공간으로 자리를 옮겼다. 다른 문들은 30분마다 열렸다. 서빙 유니폼을 입은 비슷한 체구의 키 큰 여성들이 갓 끓인 차를 쟁반에 올려놓고 꼿꼿한 걸음걸이로 동시에 회의실에 들어왔다. 중앙 테이블에는 음식은 물론이고 무알코올 및 알코올 음료가 잔뜩 준비되어 있었다.

우리는 총 17시간 가까이 협상을 진행했고, 그중 12시간 정도를 이 공간에서 보냈다. 우리는 날카로운 언쟁에서부터 체념적인 침묵에 이르기까지 상상할 수 있는 모든 기분 변화를 겪었다. 올랑드와 나는 포로셴코와 우리 사이에 종이 한 장 차이의 이견도 없음을 드러내고자 애썼다. 푸틴은 우크라이나의 삶을 어렵게 만들기 위해서라면 뭐든 다 할 것 같았다. 그의 요구는 너무 무리했다. 여기서 합의하지 않으면 상황이 더 악화될 것이라는 확신이 없었다면 올랑드와 나는 협상장을 걷어차고 나갔을 것이다. 아침 무렵에야 우리는 마침내 모든 항목을 가능한 선 안에서 합의할 수 있었다.

이제 휴전 시점을 정해야 했다. 푸틴은 밤샘 협상 중 포로셴코에게 데발체베에서 군대를 철수하라고 여러 차례 요구했다. 포로셴코는 그곳 병사들의 상황이 참담하다는 사실을 알고 있음에도 이를 거부했다. 나는 그런 그를 충분히 이해할 수 있었다. 푸틴은 열흘 후에 휴전이 시작되기를 원했다. 말도 안 되는 소리였다. 이걸 보면 그의 주장만큼 러시아의 군사적 우위가 뚜렷하지 않은 게 분명했다. 결국 우리는 협상 종료 48시간 후, 그러니까 키이우 시각으로 토요일 8시에 휴전을 개시하기로 합의했다. 수르코프는 이 합의문을 들고 3자 접촉 그룹과 분리주의자들에게로 갔다. 그들의 서명을 받기 위해서였다. 금방 끝날 거라고 했는데 시간이 걸렸다. 분리주의자들의 요구 사항이 있었기 때문이다. 마침내 우리는 그들의 요구대로 휴전을 토요일 자정까지 16시간 연기하기로 했다. 푸틴이 데발체베를 반드시 정복하기로 결심했다는 뜻이었는데, 그건 나중에 사실로 확인되었다.

2월 12일 밤 12시경에 회의가 끝났다. 시간이 없었다. 올랑드와 나는 유럽연합 이사회 비공식 회의에 참석하기 위해 곧장 브뤼셀로 향했다. 우리는 여기서 이 합의문의 내용을 설명할 예정이었다. 푸틴은 올랑드와 나의 제안에 따라 이 문건(향후 '민스크 2'로 불림)을 우리가 2014년 9월 공동으로 작성한 민스크 의정서 및 민스크 각서(향후 '민스크 1'로 불림)와 함께 유엔 안보리에 결의안 초안으로 제출할 용의가 있다고 밝혔다. 우리는 이 문건들에 최대한 많은 구속력을 부여하고 싶었다. 우리 네 사람의 공동 기자회견은 열리지 않았다. 대신 푸틴과 포로셴코는 따로따로 기자회견을 열었고, 올랑드와 나는 둘이서만 기자들 앞에서 우리의 입장을 밝혔다.

우리는 한 단계 진전을 이루어냈지만, 근본적인 문제는 전혀 해결되지 않았다. 포로셴코는 모든 것에 동의했다. 군사적으로 수세에 있었고, 더 이상 영토를 잃고 싶지 않았기 때문이다. 그럼에도 올랑드와 나는 그에게 키이우로 바로 날아가 2014년 9월에 작성된 그의 평화안을 기반으로 나온 이 결과물을 정부와 의회에 설명하라고 했지만, 그는 우리 조언을 따르지 않았다. 이로써 합의문에 대한 해석권은 전적으로 그의 국내 정치적 반대파에게 넘어갔다. 나는 그런 그를 이해할 수 없었다. 대신 그는 우리와 마찬가지로 브뤼셀로 날아가 유럽연합 비공식 이사회에서 이 결과에 대한 자신의 입장을 표명하고 동조 의견을 기대했다. 그런 다음에야 자국으로 돌아갔다. 유럽연합 이사회는 이 협정을 환영하면서도 동시에 이미 준비된 추가 제재안을 가결했다. 러시아가 합의된 내용을 이행하도록 압박을 가하고 싶었기 때문이다.

2월 13일 러시아는 약속한 대로 민스크의 여러 문건을 묶어 유엔 안전보장이사회에 제출했고, 이 초안은 2015년 2월 17일 만장일치로 안보리 결의안 2202호(2015)로 채택되었다.

나는 민스크 협상의 결과가 이행될 수 있도록 모든 노력을 아끼지 않기로 굳게 마음먹었다. 이 결과물은 작금의 상황에서 러시아군의 추가 진격을 막고 우크라이나가 도네츠크와 루한스크 지역에서 자국의 영토를 단계적으로 회복할, 그나마 신뢰할 수 있는 유일한 방법이었다. 그러나 나는 이 문제로 임기가 끝날 때까지도 골머리를 썩였다.

냉전의 바람

크림반도 병합은 우크라이나뿐 아니라 유럽 전역의 안보 상황도 급격히 바꾸어놓았다. 1990년대 초에 우리가 피하고자 했던 일이 이제 현실이 되었다. 유럽 대륙에 다시 분계선이 그어진 것이다. 나토 회원국들에 대한 러시아의 위협은 더 이상 배제할 수 없는 일이 되었다. 우크라이나와 러시아의 갈등을 외교적으로 해결하려는 모든 시도와 더불어 이제 동맹은 지금껏 없었던 새로운 상황에 군사적으로도 대비해야 했다.

2014년 9월 4~5일 웨일스 뉴포트에서 열린 나토 정상회의에서 관련 논의가 이루어졌다. 지난 수년간 나토는 주로 구유고슬라비아, 아프가니스탄, 리비아 같은 지역의 해외 임무에만 치중해왔는데, 이제는 동맹 지역 내에서 러시아의 가시적인 위협을 고려할 때 북대서양조약 제5조에 명시된 상호 방위 의무가 중심에 섰다. 냉전 종식 후에는 상호 방위 계획이 대부분 뒷전으로 밀려났다. 그러나 상황이 바뀌었다. 이번 정상회의에서는 유럽 대륙 내의 신속한 군사 대응을 위한 조치(준비행동계획)가 가결되었다. 특히 폴란드, 에스토니아, 라트비아, 리투아니아 같은 나토의 동쪽 면에 있는 국가들이 대상이었다. 또한 어디든 최대한 빠른 투입이 가능한 극초신속대응군(VJTF)도 창설되었다. 그밖에 회원국들은 10년 내에 국방비 지출을 GDP의 2퍼센트 수준으로 끌어올리겠다고 약속했다. 2014년 독일의 국방비 지출은 GDP의 1.15퍼센트 수준이었다. 아직 갈 길이 멀었다. 그럼에도 우리는 변화된 환경에 대비해야 한다는 사실을 분명히 알고 있었다. 그 때문에 정상회의를 앞두고 우리 연방정부는 국방비 인상과 관련한 나토 제안을 승인했다.

그러나 국방비 지출 문제는 내가 퇴임할 때까지도 정치적 불화의 씨앗으로 남았다. 기민당과 기사당만 2퍼센트 목표에 대한 의지가 확고했다. 다른 정당들은 이 목표에 신중한 태도를 보이거나, 아니면 정치적으로 무리한 요구로 여겼다. 그럼에도 2015년부터 국방비 지출이 점진적으로 늘어났다. 타협이 있었기에 가능한 일이었다. 대연정에서 경제협력개발부 예산을 국방비 인상액만큼 늘리기로 합의한 것이다. 이는 한편으로 잘된 일이었다. 우리는 개발원조금을 GDP의 0.7퍼센트로 늘리겠다는 약속을 번번이 지키지 못하고 있었기 때문이다. 개발원조금은 2014년에는 0.4퍼센트였고, 2021년에야 이런 연동 방식 덕분에 다행히 0.8퍼센트가 되었다. 다른 한편으론 개발원조금의 인상 때문에 국방 예산의 성장세는 둔화되었다. 2021년도 예산에서 국방비는 1.33퍼센트에 불과했다. 기민/기사 연합은 약속한 10년이 끝나기 전까지 2퍼센트 목표가 달성되기를 희망했다.

2016년 7월 8~9일 바르샤바에서 열린 나토 정상회의는 폴란드와 발트해 연안 국가들에 다국적 전투단을 배치하기로 결정했다. 독일은 2017년 리투아니아에서 이 전투단의 지휘를 맡았다. 병력은 6개월 단위로 교체되었다. 나토-러시아 창설법에 따르면 신규 회원국에 나토군의 지속적인 주둔은 금지되어 있었기 때문이다. 나는 러시아와의 긴장에도 불구하고 이 법의 준수가 중요하다고 생각했다.
유럽 대륙에는 다시 한번 냉전의 바람이 불고 있었다. 예전과 마찬가지로 크림반도가 병합된 지금도 우리는 두 가지 방식으로 대응했다. 외교와 국방력 강화는 둘 다 놓칠 수 없었다.

8. "우리는 해낸다"

유럽의 관문에서

2015년 4월 18일 토요일에서 일요일로 넘어가는 밤이었다. 난민들을 빼곡히 태우고 리비아에서 이탈리아로 향하던 보트가 지중해에서 전복되었다. 이 사고로 수백 명이 목숨을 잃었다. 일요일은 요아힘의 66번째 생일이었다. 호엔발데에서 한가하게 시간을 보내고 있는데, 오후에 이탈리아의 마테오 렌치 총리가 내 핸드폰으로 전화해서 난민선 전복 사고를 거론하며 최대한 빨리 유럽연합 특별 이사회를 열어야 한다고 재촉했다. 그러면서 나의 지지를 부탁했다. 생일 분위기는 이미 물 건너가버렸다.

"정말 비극적인 일인 건 분명하지만, 우리가 만난다면 이 일과 관련해서 뭔가 구체적으로 결정을 내릴 게 있어야 하잖아요!"

내가 의구심을 표했다.

"그거야 알 수 없지만, 일단 만나야 해요."

그는 물러서지 않았다.

"도날트 투스크한테도 벌써 얘기했어요. 이건 이탈리아만의 문제가 아니라 유럽 전체의 문제라고요! 이런 상황에 나 혼자 내버려둬선 안 돼요."

렌치 총리의 말이 맞았다. 무엇보다 자국 앞바다에서 이런 참사가 일어난 게 처음이 아니었기 때문이다. 1년 반 전인 2013년 10월, 이탈리아는 지중해에서 두 번의 난민선 사고로 수백 명이 죽자 '마레 노스트룸'(우리의 바다) 작전을 개시했다. 이탈리아 해군과 해안경비대가 해상에서 조난당한 난민을 구조하고, 난민 장사꾼들을 검거하는 작전이었다. 마레 노스트룸 작전은 2014년 10월에 종료되었다. 대신 유럽 내무부 장관들은 유럽 외곽 국경을 지키기 위해 2004년에 설립된 유럽국경해안경비대 '프론텍스'에 트리톤 작전을 맡기기로 결정했다. 그러나 이 작전도 2015년 4월 18일 밤의 참사를 막지 못했다.

전화 통화에서 이탈리아를 홀로 내버려두지 말라는 렌치의 호소는 유럽연합 공동 망명 시스템의 아픈 부분을 건드렸다. 이 시스템은 1990년 6월 15일 유럽공동체 소속의 12개 회원국이 더블린에서 채택한 더블린 협약에 그 뿌리가 있었다. 그로부터 13년 후인 2003년 3월, 더블린 II 규약의 형태로 첫 번째 후속 규정이 발효되었고, 몇 달 뒤에는 더블린 III 규약과 함께 두 번째 규정이 발효되었다. 이 규정은 유럽연합 회원국뿐 아니라 노르웨이, 아이슬란드, 스위스, 리히텐슈타인에도 적용되었으며, 어떤 나라가 제3국 시민이나 무국적자의 망명 절차를 담당할지 결정했다.

핵심 내용은 이랬다. 몇 가지 예외를 제외하면 망명 신청에 관한 심사는 원칙적으로 망명 신청자가 처음 입국한 국가, 즉 대부분의 경우 유럽연합의 외곽 국경에 해당하는 국가에서 책임져야 한다는 것이다. 현 상황, 그러니까 지중해를 통한 망명 루트를 고려하면 대부분 그리스, 이탈리아, 스페인 같은 지중해 연안 국가들이었다. 따라서 독일을 비롯해 다른 국가들은 더블린 III 규약에 따라 그런 부담이 전혀 없었다. 지리적으로 유럽의 중심에 위치한 독일은 솅겐 지역, 즉 국가 간의 통행에 제한이 없는 내수 시장의 장점을 활용할 수 있었을 뿐 아니라 유럽연합의 외곽 국경에서 일어나는 일에 대해 걱정할 필요도 없었다. 우리는 외곽 국경에서 무슨 일이 일어나든 우리끼리 편안하게 지낼 수 있었다. 2015년 4월 18일에서 19일 밤중에 이탈리아 해안에서 일어난 참사도 지중해 인접 국가들의 소관이었다. 다시 말해 이번 경우에는 이탈리아 소관이었다. 그런데 국제법적으로는 그게 맞을지 몰라도 정치적으로나 인도주의적 측면에서는 그냥 이대로 방치할 문제가 아니었다.

렌치의 바람은 이루어졌다. 지중해에서 재난이 발생하고 내가 렌치와 통화한 지 나흘이 지난 2015년 4월 23일, 유럽 정상들이 브뤼셀에 모였다. 이사회 특별 회의였다. 무엇보다 이탈리아를 홀로 내버려두지 않고, 유럽 관문에서 발생한 사망자 사고를 외면하지 않겠다는 의지를 상징적으로 보여주는 자리였다. 이사회는 해상에서 조난당한 사람들의 구조 시스템을 개선하고, 난민 장사꾼들을 지금보다 더 철저하게 색출하고, 삶의 터전을 찾아 유럽으로 도망치는 사람들의 출신 국가 및 환승 국가와의 협력을 강화하고, 유럽 내 난민 수용을 보다 공정하게 구축하기로 합의했다.

그러나 이사회의 결정은 사태의 근본적인 문제를 해결할 수 있는 방안이 아니었다. 외곽 국경에서 이탈리아의 망명 절차 부담이 가중되자 점점 더 많은 사람이 무작정 북쪽으로 향하기 시작했다. 그와 함께 이것이 유럽 전역에 굉장히 파장이 큰 문제라는 사실이 점점 분명해졌다. 독일까지 포함해서 말이다. 독일에서는 몇 년 동안 신규 망명 신청 건수가 꾸준히 증가했다. 2012년에는 6만 4,539건이었던 것이 2013년에는 10만 9,580건, 2014년에는 17만 3,072건으로 불어났다. 한편으로는 2009년 12월 구유고슬로비아 공화국인 북마케도니아, 몬테네그로, 세르비아에 대해, 1년 후에는 알바니아, 보스니아헤르체고비나에 대해 비자 의무가 폐지되면서 서부 발칸 국가들로부터 망명 신청자가 몰린 탓이 컸다. 그러나 망명 허용 비율은 1퍼센트에 훨씬 못 미쳤다. 이후 이들의 출신 국가가 안전한 국가로 분류되고 그 국적자들에게 합법적인 취업 기회가 보장되면서 이들의 망명 신청 건수는 빠르게 감소했다.

다른 한편으로는 유럽의 관문에서 점점 더 많은 사람이 유럽으로 탈출을 시도했다. 2010년 말, 튀니지에서 독재자 제인 엘아비디네 벤 알리 대통령에 반대하는 시민 봉기와 함께 이른바 아랍의 봄이 시작되었다. 시위는 리비아와 시리아 등지로 확산되었다. 2011년 여름 리비아의 혁명 지도자 무아마르 알 카다피가 실각하면서 리비아가 붕괴했다. 난민 장사꾼들로서는 에리트레아와 소말리아 같은 아프리카 국가들에서 점점 늘어나는 난민들을 리비아 해안에서 유럽으로 건네주는 일이 한결 간편해졌다. 2011년 시리아 독재자 바샤르 알아사드 대통령에 반대하는 봉기로 시작된 시리아 내전의 여파는 훨씬 더 컸다. 수백만 명의 시리아인이 고향을 떠나 레바논과 요르단으로 떠났고, 그중 300만 명 이상이 튀르키예로 갔다. 처음에는 곧 고향으로 돌아갈 수 있으리라는 희망이 있었지만, 2014년부터는 이런 희망이 사라지고 점점 더 많은 사람이 튀르키예에서 에게해와 그리스를 거쳐 북유럽으로 가려고 했다.

나는 2015년 봄 유럽연합 이사회에서 알렉시스 치프라스 그리스 총리가 내게 했던 말이 지금도 또렷이 기억난다. 튀르키예에서 출발해서 그리스 섬들에 도착한 난민들, 특히 시리아와 아프가니스탄, 이라크 출신의 난민들 수가 매달 두 배 가까이 증가하고 있다는 것이다. 당시 나는 그 얘기를 걱정스럽게 들으면서 이런 발전 양상이 그리스에만 영향을 주지 않으리라고 예감했다.

2015년 5월 6일, 토마스 드메지에르 내무부 장관은 올해 말까지 독일에서 전년보다 두 배 넘게 많은 40만 명이 망명을 신청할 것으로 추정된다고 발표했다. 그러나 매달 수치가 예상보다 더 늘어나면서 여름에는 추정치를 더 높여야 했다.

2015년 6월 18일, 매년 여름 열리는 정기 주지사 회의(MPK)가 개최되었다. 나도 당연히 참석했다. 우리는 다양한 주제의 많은 안건을 논의했지만, 여기서도 중심 의제는 현 상황과 관련한 망명 및 난민 정책이었다. 논의 결과 우리는 망명 신청을 더 빨리 진행하고, 거부된 신청자를 더 단호하게 본국으로 돌려보내고, 승인된 신청자에게는 더 나은 사회적 통합 프로그램을 제공하기로 합의했다. 주지사 회의(MPK)가 끝났을 때 나는 당시 브란덴부르크 주지사이자 MPK 의장이던 디트마르 보이트케(사민당)와 작센안할트 주지사 라이너 하젤로프(기민당)와 공동으로 기자회견을 하면서, 난민 문제에 적극적인 관심을 보이고 전쟁과 테러를 피해 탈출한 사람들을 위해 헌신하는 모든 사람에게 감사를 표했다. 그와 함께 연방정부와 주정부는 보호받을 자격을 갖춘 사람과 그런 자격이 없어 독일에 머무를 수 없는 사람을 엄격하게 구분하고 있다는 점을 강조했다.

일주일 후 유럽연합 이사회 정례 회의에서도 난민과 이주에 대한 주제는 4월 특별 이사회에 이어 다시 한번 큰 주목을 받았다. 2015년 6월 26일 기자회견에서 나는 무엇보다 6만 명의 난민이 자유의사에 따라 유럽연합 회원국들로 분산될 거라고 보고했다. 그중 4만 명은 지중해를 통해 이탈리아나 그리스에 도착한 사람들이고, 나머지 2만 명은 유럽연합이 유엔난민고등판무관실(UNHCR)과의 협의하에 내전 지역에서 직접 받아들인 사람들이었다. 기자회견이 끝나자 한 기자가 장클로드 융커 유럽연합 집행위원장과 도날트 투스크 유럽연합 이사회 상임의장 사이에 이견이 있었는지 물었다. 나는 답변에서 그 부분에 대해 직접적으로 언급하지는 않았다. 다만 이 질문은 우리 앞에 놓인 과제의 중요성을 강조할 기회가 되었다. 나는 바로 그 부분을 언급했다.

"전반적으로 매우 열띤 토론이 있었습니다. 주제가 주제이니만큼 그런 열띤 토론은 꼭 필요하다고 생각합니다. 난민 문제만큼 우리에게 큰 도전은 없기 때문입니다. 어쨌든 내가 지금껏 보아온 유럽연합과 관련한 문제에서는 말입니다. 우리는 금융 위기에서부터 경제 위기, 유로화 위기에 이르기까지 이미 많은 도전을 극복해왔습니다. 하지만 지금 우리 눈앞에는 다시 거대한 과제가 놓여 있습니다. 유럽이 이 과제를 감당할 수 있을지는 이 자리에서 결정될 것입니다. 우리가 이 문제를 훌륭하게 해결하고, 그로써 위기에서 빠져나올 때는 더 강해져 있을 가능성이 분명히 존재합니다. 이를 위해서는 무엇보다 매우 열띤 논의가 필요합니다."

나는 우리가 겪은 금융 및 경제 위기보다 더 중요한 것은 이제 우리에게 유럽의 가치를 함께 실현할 의지와 능력이 있는지를 전 세계에 보여주는 것이라고 확신했다.

그로부터 3주가 채 지나지 않은 2015년 7월 15일 수요일, 나 자신이 시험대에 서는 일이 발생했다. 초등학교와 지체장애인 지원 센터가 함께 입주해 있는 로스토크의 파울 프리드리히 셸 학교 복합관 강당에서 29명의 청소년과 함께 시민과의 대화를 진행하는 자리였다. 시민들과 직접 대화할 수 있는 기회라는 점에서 내가 무척 소중히 여기는 행사였다. 시민과의 대화는 2009년부터 총리청 정책기획 및 특별과제실장 에바 크리스티안젠이 개발해서 2011년과 2012년에 처음 실시했다. 2013년 총선 후 기민/기사 연합과 사민당은 연정 협정문에서 이 구상을 내용적으로 보다 심화하고, '독일에서 잘살기'라는 주제로 추진하는 시민과의 대화를 토대로 이른바 지표 시스템을 개발하기로 합의했다. 보통 번영의 지표로 간주되는 국내총생산에다 건강, 안전, 환경 같은 영역을 포괄하는 웰빙 지표를 보완하는 것이 목표였다.

로스토크에서의 대화는 오후 1시 15분에 시작했다. 90분으로 예정된 대화의 중반쯤에 당시 열네 살이던 렘 사빌이 발언권을 얻었다. 그녀는 레바논에서 독일로 왔지만 아직도 영주권 없이 살고 있는 자신의 가족에 대해 이야기했다. 나는 렘의 말에서 내가 자신의 상황을 바꿔줬으면 하는 마음을 읽을 수 있었다. 그러나 내 이성은 말했다. 내가 렘의 안타까운 이야기를 직접 들었다는 이유만으로 법적으로 감당할 수 없는 말로 렘에게 괜한 희망을 주는 듯한 인상을 풍겨서는 안 된다고 말이다. 내 말이 이어지는 동안 소녀는 울기 시작했다. 나는 렘을 진정시키려고 다가갔고, 허리를 굽혀 살짝 쓰다듬으며 말했다.

"괜찮아, 렘, 잘 이야기했어."

순간 토론에 참석한 한 여성 패널이 와락 울음을 터뜨렸고, 다른 젊은 패널도 따라 울기 시작했다. 순식간에 벌어진 일이었다. 나는 뭔가 좋지 않은 일이 발생했음을 직감했고, 실제로 나중에 이 일로 곤혹을 치르기도 했다. 그렇게 냉정하게 잘라 말하지 말았어야 했다. 다른 말로도 얼마든지 좋게 이야기할 수 있었다.

'네 이야기 잘 들었어. 이 모든 얘기를 나중에 편지로 써서 보내줘. 그럼 내가 다시 한번 자세히 살펴보고 답장할게.'

이랬다면 한편으로는 구체적인 상황도 모르면서 괜한 희망을 줘서는 안 된다는 원칙을 지킬 수 있었을 테고, 다른 한편으로는 독일이 전 세계 모든 사람을 받아들일 수는 없고 내전 중인 나라를 탈출하거나 정치적으로 박해받는 사람을 우선적으로 받아들일 수밖에 없다는 사실을 소녀에게 재차 반복할 필요도 없었을 것이다. 렘의 가족이 살았던 레바논은 시리아와 달리 내전 지역으로 간주되지 않았다.

행사 후 국내외에서 나를 향해 분노의 폭풍이 휘몰아쳤다. 내가 미숙하고 냉정하고 공감 능력이 떨어지게 행동했다는 것이다. 심지어 #메르켈쓰다듬이라는 해시태그까지 등장했다. 한 달 반이 지난 8월 31일 연례 여름 기자회견에서도 이와 관련한 질문이 나왔다. "이 스캔들을 직면한" 기분이 어떠냐는 것이다.

"매우 격한 반응을 받아들이는 것도 내 일의 하나라고 생각합니다."

나는 이렇게 대답하며 그 사안에 대한 내 입장을 다시 반복했다.

그러나 이 기자회견이 기억에 남는 건 그 발언이 아니라 다른 한 문장 때문이었다.

여름 기자회견

여름 기자회견은 보통 7월 중순이나 말에 열렸지만, 2015년에는 7월 17일 독일 연방의회에서 3차 그리스 구제금융 프로그램에 관한 표결이 이루어질 예정이었기에 8월 31일로 연기되었다.

8월 19일, 토마스 드메지에르는 연방이민난민청(BAMF)이 지난 5월에 추정한 2015년도 망명 신청 건수를 이제 배로 증가한 80만 건으로 전망하고 있다고 발표했다.

8월 21일과 22일, 작센의 하이데나우에서 난민 수용 시설에 대한 심각한 인종차별성 공격이 발생했다. 예전에는 가정용 건축용품을 판매하던 건물인데, 난민들은 처음 입주할 때도 경찰의 보호를 받으며 그리로 들어갔다.

8월 24일, 사민당 당대표 겸 부총리 지크마르 가브리엘은 이 도시를 방문한 자리에서 난민 반대 시위대를 가리켜 '폭도'와 '무뢰배'로 지칭했다.

8월 25일, 난민청은 온라인 서비스 트위터에 이렇게 발표했다. "현재 시리아 국적자에 대한 더블린 절차는 정상적으로 진행되지 못하고 있습니다."

나는 이 말을 난민청이 안고 있는 과도한 업무 부담의 표현으로 이해했다. 그들은 수많은 망명 신청을 더 이상 정상적으로 처리할 수 없었고, 대신 서면 절차를 통해 시리아 난민들의 신분증 진위 여부만 확인하는 데 집중하고 있었다.

8월 26일 작센의 글라스휘테 방문은 오래전에 잡힌 일정이었다. 그곳의 시계 제조사 신축 공장 개관식에 참석하는 일정이었는데, 이 기업은 통일 이후 동독의 성공 사례 중 하나였다. 글라스휘테는 하이데나우에서 불과 20킬로미터밖에 떨어져 있지 않았기에 나는 당일 즉석에서 그리로 이동해 공격받은 난민 시설을 방문하기로 결정했다. 현장에서는 스타니슬라프 틸리히 작센 주지사(기민당), 위르겐

오피츠 하이데나우 시장(기민당), 그리고 독일 적십자사 총재 루돌프 자이터스가 나를 맞았다. 내가 도착하자 우리는 곧장 난민 숙소로 들어갔다. 취재기자와 사진기자의 동행은 일절 허용하지 않았다. 그곳에 수용된 사람들 가운데 상당수는 내가 누군지 모르는 눈치였다. 나는 몇 명에게 다가가 말을 걸었다. 내가 좋은 마음으로 여기 왔다는 걸 알아차렸는지, 그들도 마음을 열고 어디 출신이고 어떤 경로로 탈출했는지 이야기했다. 대부분 그리스를 비롯한 발칸 경로를 통해 들어왔다고 했다. 그들은 지치고 불안해 보였지만, 건물 안에 있으면 안전하다고 믿는 듯했다.

45분쯤 뒤 나는 난민 숙소에서 나와 기자들 앞에서 짧은 성명서를 발표했다.

"현재 이곳에는 600명 가까운 사람들이 묵고 있고, 나는 그중 많은 사람을 만났습니다. 그 과정에서 나는 우리 법에 보장된 사실, 즉 정치적 박해를 받거나 내전으로 고통 받는 사람은 누구나 공정한 대우를 받을 권리가 있고, 망명 신청을 하거나 전쟁 난민으로 인정받을 권리가 있다는 사실이야말로 지극히 인간적임을 새삼 깨달았습니다."

그런데 나는 나 자신과 내가 하고 싶은 말에 너무 집중한 나머지 길가에서 귀청을 찢을 듯이 내지르는 시위자들의 고함 소리를 거의 듣지 못했다. 그건 나중에 내 방문을 전한 뉴스 보도를 통해 알았다.

하루 뒤인 8월 27일, 나는 빈에서 열린 제2차 서발칸 회의에 참석했다. 작년의 제1차 회의 주최자는 나였다. 이 행사에서 나는 오스트리아 총리 베르너 파이만 옆에 앉았다. 회의는 11시에 시작되었다. 우리가 막 서부 발칸반도의 환승 국가들이 수많은 난민으로 인해 상당한 타격을 입고 있다는 얘기를 하고 있는데, 파이만이 자신의 핸드폰을 내밀며 방금 들어온 메시지를 보여주었다. 오스트리아 고속도로 주차장의 한 밀폐된 화물차 짐칸에서 난민 수십 명이 질식한 채로 발견되었다는 내용이었다. 나중에 밝혀진 바로는 아프가니스탄, 이라크, 이란, 시리아 출신의 난민 71명이었는데, 오스트리아와 독일에 들어가기 위해 난민 장사꾼들에게 운명을 맡긴 사람들이었다. 파이만과 나는 서로의 눈을 바라보았다.

"정말 끔찍해요."

내가 속삭였다. 이 메시지는 우리가 그전에 단순히 숫자로만 이야기하던 것이 실은 인간과 그 인간의 운명이었음을 충격적인 방식으로 보여주었다.

나흘 후인 8월 31일 월요일이었다. 나는 오전에 총리실에 앉아 오후 1시 30분에 예정된 여름 기자회견에서 어떤 말로 시작할지 고심하고 있었다. 정부 대변인 슈테펜 자이베르트와 에바 크리스티안젠이 나를 위해 미리 작성해둔 핵심 사항을 살펴보았다. 서두에서는 난민 정책에 초점을 맞추기로 사전에 합의해두었다. 이어질 질의응답 시간에서는 어차피 90분 동안 온갖 대내외 문제에 대한 질문이 쏟아질 것이다. 그렇다면 모두발언에서 내가 하고 싶은 얘기를 해야 했다.

문득 나는 환멸이 들면서 이런 생각을 했다.

'한 가지 문제를 해결했더니 이전 정부에서 비롯된 또 다른 문제가 떡하니 나타났네.'

예를 들어 유로화는 통화동맹과 관련한 기준을 회원국들에 실질적으로 강요하지 않은 채로 일단 도입부터 되었고, 그 바람에 오늘날 우리는 그 결정의 허점을 뒤늦게 메꿔야 했다. 셍겐 협정도 마찬가지였다. 처음에는 엄격한 예외 조항을 제외하면 모든 회원국 간의 국경 통제를 실질적으로 폐지한 이 협정에 다들 뛸 듯이 기뻐했다. 그러나 이제 난민의 급증으로 셍겐 협정은 과거 어느 때보다 큰 압박을 받고 있었다.

나는 기자회견용 자료를 들고 베아테 바우만의 사무실을 찾아갔다. 그녀와 함께 개별 항목을 하나하나 검토하기 위해서였다. 나는 회의용 원탁에 앉았다. 책상에서 서류를 보고 있던 바우만도 내게 건너와 앉았다.

"이제 막 그리스 문제가 끝나고 한숨 돌리나 했더니 또 다른 큰 문제가 닥쳤네요."

나는 답답한 심정으로 이렇게 말했다.

"하지만 상관없어요! 어떻게든 해낼 테니까. 다른 문제도 늘 그래 왔잖아요!"

내 말을 주의 깊게 듣고 있던 바우만이 말했다.

"맞아요. 방금 말씀하신 걸 기자회견에서 말씀하세요."

나는 그녀를 바라보며 생각했다.

'그래, 가끔은 간단한 메시지가 울림이 커. 바우만의 말이 맞아. 나는 이 메시지로 국민에게 용기를 줄 수 있을 뿐 아니라 내가 이 과제의 중요성을 깨닫고 있다는 것도 보여줄 수 있어. 그렇지 않다면 애초에 이렇게 말할 필요가 없겠지.'

나는 가장 중요한 표현을 연설문에 손으로 직접 써넣었다.

"고마워요, 이따 봐요."

나는 작별 인사를 하고 사무실로 돌아갔다.

기자회견에서 나는 나의 기본 생각을 밝혔다. 하이데나우 사건을 되돌아보며 먼저 일단 인간의 존엄성을 불가침으로 규정한 독일 기본법 제1조의 의미를 강조했다.

"독일 국민이든 아니든, 출신 국가가 어디고 왜 우리에게 왔든, 망명 신청의 결과가 어떻게 되든 상관없이 우리는 모든 개인의 존엄성을 존중합니다. 그리고 타인을 모욕하고 공격하고, 그들의 숙소에 불을 지르거나 폭력을 행사하는 사람들을 우리는 법치국가의 모든 엄정한 수단으로 맞설 것입니다. 또한 거리에서 시위하며 증오의 구호를 외치는 사람들과도 맞서 싸울 것입니다. 타인의 존엄성에 위해를 가하는 사람들에 대한 관용은 없습니다."

이어 나는 연방정부가 그런 계획의 연장선상에서 마련한 수많은 조치와 7월에 이미 장관들과 합의한 조치들을 설명했다. 국가적 차원에서 가장 중요한 조치는 망명 신청 처리 과정의 신속화, 거부된 망명 신청자의 빠른 본국 송환, 지자체에 대한 지원, 연방정부와 주정부, 지자체 간의 공정한 비용 분담, 망명자들에 대한 사회 통합 제도의 개선, 장기 임대주택 제공 및 노동시장 접근의 허용이었다. 나는 유럽 내에서 난민의 공정한 분배 및 난민 발생 원인과 관련해서는 국제적 차원의 대처를 강조했다. 그전에 내가 특히 힘주어 말했던 부분은 이랬다.

"단언컨대 독일은 강한 나라입니다. 우리를 이 일로 끌어들인 동인은 분명합니다. 우리는 많은 것을 해냈고, 지금도 해내고 있습니다! 우리는 해냅니다. 우리를 가로막는 것이 무엇이든 극복하고 해결할 수 있습니다. 연방정부는 주정부 및 지방자치단체와 함께 우리에게 주어진 모든 힘을 다해 이를 해내도록 노력할 것입니다."

당시 누군가 혹시 나에게 "우리는 해낸다"라는 진부한 표현이 나중에 몇 주, 몇 달, 혹은 몇 년 동안 사람들에게 비난받을 수도 있을 텐데 걱정되지 않느냐고 말했다면 나는 눈을 동그랗게 뜨고 이렇게 되물었을 것이다.

'왜요? 내가 그렇게 말하면 혹시 남들이 전 세계 난민을 모두 독일로 데려올 생각이냐며 오해할 수도 있을 테니 그런 말을 해서는 안 된다는 말인가요?'

나는 그런 생각을 하지 않았다. 다만 지금껏 살아오면서 여러 다양한 버전으로 우리가 이런저런 일을 할 수 있다는 말을 얼마나 자주 했는지 모른다. 물론 2015년 8월 31일, 나는 그 말만으로 지금 우리가 당면한 문제를 해결할 수 없음을 잘 알고 있었다. 당연히 협력과 지원이 필요했다. 하지만 그 말은 독일에 나처럼 생각하고 느끼고, 또 그런 말에서 용기를 얻는 사람이 충분히 많으리라는 깊은 믿음의 표현이었다. 그 믿음은 나를 실망시키지 않았다.

결정

나는 2015년 9월 4일 금요일이 유럽 역사에 기록될 날이 되리라고 는 아침에 일어날 때까지만 해도 전혀 예상하지 못했다. 물론 9월 3일 과 6일, 7일도 그런 날이 되기에 충분했다. 매일 수천 명의 난민이 서 발칸반도를 거쳐 서유럽으로 넘어오고 있었다. 이런 상황에서 유럽 은 행동 지침을 정해야 했다. 나는 그런 날이 무척 빨리 오리라 믿어 의심치 않았다.

빅토르 오르반 헝가리 총리는 유럽에 도착하는 난민을 공정하게 분배하는 나라별 할당제에 대해 그전부터 반대 의사를 분명히 했다. 2015년 6월에는 그 일환으로 세르비아와의 유럽연합 외곽 국경에 170킬로미터 길이의 펜스를 설치하기 시작했다. 그리스-튀르키예, 불가리아-튀르키예 국경에도 비슷한 시설이 생겨났다.

난민들은 빠르게 반응했다. 기존의 튀르키예 탈출 경로를 육로에 서 해상으로 바꾸어, 일단 그리스 에게해 섬들로 갔다가 거기서 유럽 연합 국가인 크로아티아와 슬로베니아를 거쳐 다시 오스트리아와 독 일로 이동했다. 나는 며칠 전부터 헝가리 기차로 우르르 몰려가거나 부다페스트 기차역에 빼곡히 앉아 있는 난민들의 모습을 TV로 반복 해서 보았다. 헝가리 당국은 어떤 땐 난민들에게 오스트리아나 독일 행 기차표 구입을 허용하고, 어떤 땐 기차를 멈추고 유효한 승차표가 있는데도 난민들을 기차에서 끌어내 임시 숙소로 데려가기도 했다. 난민들이 온몸으로 강력히 저항하면 경찰은 잠시 물러났다.

이런 장면들을 보면서 나는 1989년 프라하 주재 서독 대사관에서 서독으로의 입국을 허용해달라고 요청하던 동독 난민들의 모습이 떠올랐다. 그렇다면 부다페스트 난민들의 독일 입국도 허용해야 할 까? 하지만 곧 반대 생각이 솟구쳤다.

'그다음에 어쩌려고?'

더블린 III 규약에는 난민이 어떤 유럽연합 회원국에 먼저 도착하더라도 다른 회원국이 난민들의 망명 절차를 대신 떠맡겠다고 할 수 있는 자기인수권이 있었다. 하지만 이것만으로는 지속가능한 해결책이 될 수 없었다. 다른 한편, 나는 지금껏 정치를 해오면서 수많은 연설을 통해, 인간의 존엄은 불가침하고 이는 기본법상으로 우리 독일인에게만 해당되는 것이 아니라 모든 사람에게 해당된다고 말해왔다. 그렇다면 결론은 분명했다. 법적으로 유럽에 체류할 수 있느냐 없느냐와 상관없이 모든 사람은 독일과 유럽에서 인도적인 대우를 받을 권리가 있었다. 나는 이런 생각을 실현하기 위해 계속 나아가기로 마음먹었다. 게다가 독일 없이는 현 상황을 통제할 수 없음이 분명해졌다.

2015년 9월 4일 금요일, 나는 베를린 외부에서 몇 가지 일정이 있었다. 우선 바이에른의 부흐 암 에를바흐 초중등 통합학교에서 운영하는 MINT 정비소를 방문했다. 수학, 컴퓨터공학, 자연과학, 기술(MINT)에 대한 학생들의 관심을 장려하기 위한 정책의 일환이었다. 그다음엔 뮌헨 공과대학의 혁신 및 스타트업 센터를 찾았다. 마찬가지로 MINT 부문에 대한 나의 관심을 보여주기 위해서였다. 여기서 나는 노르트라인베스트팔렌으로 날아갔다. 에센 시장 선거에 출마한 기민당 후보 토마스 쿠펜을 지원할 생각이었다. 그는 나중에 승리를 거두었다. 아무튼 선거운동의 일환으로 열린 이 행사에서 나는 소수의 시리아 난민을 소개받았고, 그들은 독일이 자신들을 받아줘서 고맙다는 인사를 전했다.

에센에서는 헬리콥터를 타고 쾰른으로 이동했고, 오후 7시 반쯤 노르트라인베스트팔렌 기민당 창당 70주년 기념식에서 연설을 했다. 여기서는 헨리테 레커를 만났다. 무소속이면서 기민당과 녹색당의 지원으로 시장 후보에 나서 나중에 쾰른 시장이 된 사람이었다. 나는 모든 일정을 총리 비서실 차장 베른하르트 코치와 동행했다. 그건 아침에 출발하기 전에 결정했다. 일정 중에도 총리청과 바로 연락을 주고받을 수 있는 담당자가 곁에 있는 것이 여러모로 도움이 되었기 때문이다. 이런 방식은 과거 다른 상황에서도 이미 그 효능이 입증된 바 있었다.

연설이 끝났을 때 베른하르트 코치가 다가와 오스트리아 총리가 나와 통화를 원한다고 전했다. 총리청 상황실에서 온 연락이라고 했다. 이 전화 때문에 코치가 나를 연설 중에 무대에서 끌어내리지 않고 8시경으로 통화를 미룬 것은 당연히 잘한 일이었다. 이제 나는 남들의 이목을 끌지 않는 상태에서 파이만 총리와 통화할 수 있었다. 전화 전에 나는 내 아이패드로 부다페스트에서 고속도로를 따라 헝가리-오스트리아 국경으로 걸어가는 수많은 난민 행렬을 보았다. 마침내 결정의 시간이 됐다는 느낌이 들었다. 고속도로에서의 무고한 죽음을 방치하지 않으려면 유럽은 무언가 조치를 취해야 했다.

전화 통화에서 파이만은 난민들이 고속도로를 따라 이동하고 있다고 설명하면서 독일과 오스트리아가 이들을 분담할 수 있는지 물었다. 자기가 반을 책임질 테니, 내가 반을 책임질 수 있겠냐는 것이다. 파이만은 당연히 이 결정을 혼자 내릴 수 없었다. 이제 책임이 내게로 넘어왔고, 나는 책임을 떠안기로 결심했다. 인도주의적인 비상 상황이었다.

결정을 내리려면 세 사람의 의견을 들어야 했다. 제일 먼저 룩셈부르크 유럽연합 외교부 장관 회의에 참석 중인 프랑크발터 슈타인마이어 외교부 장관에게 연락해서, 이런 인도주의적 비상 상황에서 내가 난민의 독일 입국을 허용할 결정을 내릴 수 있는지 법률 검토를 요청했다. 또한 연정의 두 당 지도자인 지크마르 가브리엘(사민당)과 호르스트 제호퍼(기사당. 바이에른 주지사)와도 이 문제를 상의해야 했다. 가브리엘은 이의를 제기하지 않았다. 그런데 제호퍼는 연락이 닿지 않았다. 총리청장 페터 알트마이어와 바이에른 주지사 비서실장 카롤리나 게른바우어에게도 연락해보고, 총리청 상황실과 경찰청 경호국에까지 도움을 청하고, 밤 10시 33분에는 개인적으로 문자 메시지까지 재차 보냈지만 그와 연락할 길이 없었다.

밤 9시 45분경 베를린으로 돌아온 나는 바로 호엔발트로 가서 나머지 필요한 통화를 했다. 슈타인마이어는 전문가들의 법률 검토에 따르면 내게 그런 권한이 있다는 사실을 알려주었다. 그사이 빅토르 오르반 헝가리 총리는 난민들을 헝가리-오스트리아 국경으로 데려갈 버스를 준비시켰다. 그런데 여기서도 그는 자국 국경이 결정적인 요소라는 점을 명확히 보여주고자 했다. 어떤 헝가리 버스도 국경을 넘지 못하게 하면서 난민들을 국경 너머에서 오스트리아 버스로 갈아타게 한 것이다. 그날 저녁 오르반과의 모든 접촉은 파이만을 통해 이루어졌다. 오르반과 나는 이 문제에서 견해가 완전히 달랐다.

밤 10시 45분경 나는 마침내 호르스트 제호퍼와의 통화 가능성에 대한 기대를 버렸다. 이대로 마냥 기다리기만 하다가는 다음 단계로 나아갈 수 없었다. 그날 밤에 해결되어야 할 법적·행정적 문제가 해결되자 독일과 오스트리아는 자정 직후 페이스북 게시물을 통해 난민들이 오스트리아와 독일로 입국할 수 있다고 발표했다. 우리가 발표 경로를 이런 식으로 선택한 이유는 난민들이 페이스북을 통해 정보를 얻을 거라고 가정했기 때문이다. 그 역시 완료되자 나는 지난 몇 시간 동안 얼마나 긴장을 했는지 그제야 깨달았다. 결국 어느 순간 나도 모르게 푹 쓰러져 잠이 들었다.

제5부

독일에 봉사하다 II

2015년 9월 5일 - 2021년 12월 8일

1. 다정한 얼굴

"그건 내 나라가 아니다"

숨 막히는 주말이었다. 헝가리에서 오스트리아를 거쳐 독일로 온 수천 명의 난민이 뮌헨 중앙역을 비롯해 독일의 다른 기차역들에 내리는 순간 수백 명의 독일인이 두 팔 벌려 환영했다. 자원봉사자들은 피난처를 찾아온 사람들을 박수와 환호로 맞으며 과자를 나눠주고 먹을거리를 제공했다. 이들은 "난민들을 향한 이런 한 치의 망설임 없는 환대를 통해 우리 스스로 한층 자랑스러워할 독일의 모습"을 보여주었다. 이건 그다음 주 월요일, 총리청에서 지크마르가브리엘 경제부 장관과 공동으로 언론 성명을 발표하면서 내가 한 말이었다. 2015년 9월 4~5일의 결정 이후 첫 공식 석상이었다. 물론 엄밀히 말하면 첫 공식 석상은 오래전에 예정되어 있던 기민/기사 연합과 사민당의 전날 연정위원회였다. 가브리엘과 내가 그 자리에서 우리의 결정을 알렸으니까 말이다.

호르스트 제호퍼는 장례식 참석으로 이 회의에 참석하지 못했다. 나는 토요일 아침에야 마침내 그와 통화할 수 있었다. 그는 내 결정이 되돌릴 수 없는 실수라고 분명히 못 박았다. 나는 그와 생각이 다르다고 말했다. 그와의 통화 분위기는 내가 처음 예상한 대로 사뭇 무거웠다. 그럼에도 일요일의 연정위원회 논의는 건설적이었다.

그 결정들이 중요했던 건 의심할 여지가 없었지만, 지크마르 가브리엘과 함께 총리청의 파란색 기자회견실 벽 앞에 서던 순간 내 가슴속에서는 독일 국민들과 함께 나누고 싶은 한 가지 감정이 벅차올랐다. 감사함이었다. 결정의 날 밤부터 난민 지원에 적극 나서준 자원봉사자들뿐 아니라 그전 몇 주, 아니 몇 달 전부터 난민 지원에 도움을 준 모든 사람에 대한 감사함이었다. 또한 난민들을 보살피는 데 애써준 지방자치단체와 중앙 행정 당국, 철도청, 독일 연방군의 모든 종사자에게도 감사했다. 이들은 결정이 내려진 날부터 긴밀한 협조 체제 아래 헌신적으로 일했다. 이로써 일주일 전 연례 기자회견에서 밝힌 내 말이 사실임을 우리 모두가 증명해냈다.

"독일은 강한 나라이고, 우리는 해낸다."

이러한 지원이 없었다면 나는 분명 며칠, 몇 주, 몇 달을 버티지 못했을 것이다. 이 일의 국가적·유럽적·국제적 규모를 고려하면 우리에게 주어진 과제는 공동의 노력으로만 해결할 수 있었다. 나는 그걸 알고 있었고, 그걸 믿었으며, 그 믿음은 나를 배신하지 않았다.

이틀 후인 2015년 9월 9일 수요일, 나는 연방의회에서 예산안 관련 연설을 하면서도 이 점을 분명히 밝혔다. 난민 정책에서 나를 이끈 핵심 지점이었다. 당시 토론 중에 가브리엘 부총리가 옷깃에 "난민 웰컴"이라고 쓴 배지를 달고 정부석에 앉아 있던 모습이 지금도 눈에 선하다. 그도 '환영 문화'라는 단어 속에 표현된 감정으로 충만해 있었던 게 분명했다. 이 감정은 정부와 야당의 온갖 차이에도 불구하고 그날 의회 토론의 분위기를 결정했다.

그러나 그 감정에만 빠져 있을 수는 없었다. 우리 앞에는 엄청난 도전이 기다리고 있었다. 따라서 나는 예산안 연설에서 지난 주말의 그 사건을 좀더 큰 차원에서 설명하려고 2015년 9월 4~5일 이후에는 가장 큰 걱정거리라고 할 수 없었던 사건들로 시야를 넓혔다.

"시리아 내전이든, 이라크 북부의 이슬람 테러든, 에리트레아나 소말리아의 정치 시스템이든 이 모든 지정학적 상황은 하루아침에 바뀌지 않을 것입니다. 우리는 국내 정책과 개발 지원 정책, 대외 정책이 서로 얼마나 밀접하게 연결되어 있는지를 이번 일로 선명하게 느꼈습니다. 세계화 흐름 속에서 우리는 어느 날 문득 깨닫게 되었습니다. 유럽 국경을 넘어 대외 정책과 개발 지원 정책 면에서 우리가 무언가를 하지 않으면 국내 정책에서도 심각한 결과가 초래될 수 있다는 사실을 말입니다."

기민/기사 연합의 원내대표 폴커 카우더와 기사당 지역연합회 회장 게르다 하셀펠트 역시 나와 의견이 같았다. 특히 폴커 카우더는 소속 의원들의 반발에도 불구하고 2018년 가을 원내대표직을 내려놓을 때까지 난민 정책에서 나의 가장 강력한 우군 역할을 했다. 개신교도인 그에게 기독교민주당(CDU)이라는 이름의 첫 글자 C는 독일에 도착한 난민들을 인간 존엄의 원칙에 맞게 대우하라는 의무이자 소명과 다름없었다. 나는 지금도 그런 그에게 감사하고 있다.

다음 날 오전, 그러니까 2015년 9월 10일 목요일, 나는 연방이민난민청 지부와 베를린 슈판다우에 있는 노동자복지관 난민 수용 시설을 방문했다. 두 일정을 마치고 건물 밖에서 짧게 언론 성명을 발표한 뒤에는 주변에 서 있는 사람들에게로 다가갔다. 아무 인사 없이 형식적으로 후딱 방문을 마치고 싶지는 않았기 때문이다. 그중 한 사람(나중에 알고 보니 시리아에서 온 난민이었다)이 내게 와서 휴대전화를 공중으로 들더니 "셀카"라고 말했다. 순간 나는 이 사진이 나중에 어떤 파장을 불러일으킬지 전혀 예상하지 못한 채 이렇게만 생각했다.

'안 될 이유가 있어?'

이후 셀카 사진은 전 세계로 퍼져나갔다. 이 사진이 유명해진 데에는 현장에서 내 방문을 취재하던 사진기자들이 그 장면을 찍은 탓도 있었다. 그날 나는 셀카를 여러 장 찍게 했다. 지금까지도 나는 도무지 이해가 안 된다. 사진 속의 다정한 내 얼굴을 어떻게 분쟁 지역의 모든 사람에게 고향을 떠나 독일로 오라고 손짓하는 것 같다고 해석할 수 있을까? 그럼 반대로, 내가 얼굴을 찡그리고 있었다면 그들이 독일로 오는 걸 막을 수 있다는 뜻일까? 독일과 유럽이 세상의 많은 사람에게 희망과 동경의 땅이 아니라고 찡그리면서 이야기했어야 한다는 말일까? 그때나 지금이나 나는 자기 고향을 쉽게 떠나는 사람은 없다고 확신한다. 독일에서 망명자로 인정받을 가능성이 없음에도 오직 자기 나라에서는 경제적·사회적으로 희망이 없다는 이유만으로 고향을 떠나는 사람은 없다는 말이다.

셀카를 찍은 후 나는 다음 일정을 위해 베를린 프리드리히스하인 크로이츠베르크로 이동했다. 그곳의 페르디난트 프라일리그라트 학교에서 열리는 '환영 수업'*을 참관하기 위해서였다.

"메르켈 총리님께서는 방금 9월 5일 밤의 그 결정이 옳은 결정이라고 다시 한번 강조하셨습니다. 하지만 총리님께서 너무 과도한 난민 수용 의지가 담긴 정치적 신호를 여러 차례 보냄으로써 결과적으로 더 많은 난민이 독일로 오도록 부추겨 난민 유입을 실제로 확산시켰다는 비난을 당내와 언론에서 자주 받고 계십니다. 이 비난에 대해 어떻게 생각하십니까?"

닷새 후인 2015년 9월 15일 화요일, 내가 총리청에서 베르너 파이만 오스트리아 총리와 회담을 마치고 공동으로 진행한 기자회견에서 한 기자가 던진 질문이었다. 그 결정의 밤 이후 파이만 총리와는 처음으로 직접 대면한 자리였다. 기자가 말하는 동안 나는 답하기 쉬운 질문이라고 생각하고 이렇게 쏟아냈다.

"단언컨대, 나는 무엇보다 얼마 전 하이데나우에서 있었던 난민 숙소 공격 사건 이후 우리의 선량한 시민들을 대변하는 진정한 독일인의 얼굴을 보여주는 것이 중요하다고 생각합니다. 상기시켜드리자면, 전 세계에 돌아다니는 사진은 내가 하이데나우의 난민 숙소를 방문했을 때 찍은 사진이 아닙니다. 그때는 사진기자들이 동행하지 않

* 이주민 및 난민 자녀들을 대상으로 실시되는 독일어 습득 준비 과정.

았습니다. 전 세계에 퍼진 사진은 그 결정이 내려진 다음 날 아침 뮌헨과 다른 지역들에서 당연하다는 듯이 난민들을 도와주러 기차역으로 나온 수천 명의 시민 사진이었습니다. 그때 전 세계는 말했습니다. 마음속에서 우러난 정말 아름다운 모습이라고. 솔직히 말씀드리자면, 그런 비상 상황에서 다정한 얼굴을 보여준 것에 대해 사과해야 한다면 그건 내 나라가 아닙니다."

이어 나는 이 대답을 다시 정치적인 차원으로 끌어올릴 몇 문장을 덧붙였다. 대답을 하면서 내가 너무 개인적인 차원으로 얘기하는 게 아닌가 하는 느낌이 들었기 때문이다. 물론 그러면서도 기자회견 내내 내 말이 어떻게 받아들여질지 궁금했다. 2015년 8월 31일 여름 기자회견을 준비하면서 내가 미리 숙고하고 적어둔 "우리는 해낸다"라는 생각과 달리, 파이만과의 기자회견에서 나온 문장들은 즉흥적으로 튀어나온 말이었기 때문이다.

기자의 질문은 내 신경을 건드렸다. 특히 "난민 유입을 실제로 확산시켰다"는 말에 거부감이 일었다. 내게 중요한 것은 '난민 무리'가 아니라 '개개인의 사람'이었다. 1990년에 정치에 입문한 이유도 사람, 즉 개인에 대한 관심 때문이었다. 무리나 익명의 대중이 아닌 사람 그 자체 말이다. 나의 나라는 예전부터 죽 그런 개인을 바라보는 나라였다. 설사 개인들의 소망이 모두 이루어질 수는 없다고 하더라도 말이다.

몇 가지 질문이 더 이어진 후 기자회견은 끝났다. 파이만과 나는 단상에서 내려와 함께 사진 포즈를 취한 후 엘리베이터를 타고 총리청 1층으로 내려갔다. 영예의 뜰로 나가는 길에 그가 말했다.

"컨디션이 아주 좋아 보였어요."

나는 맞다고 생각하면서 속으로 미소를 머금었다.

파이만과 작별 인사를 나누고 나는 슈테펜 자이베르트와 함께 엘리베이터를 타고 8층으로 올라갔다. 우리는 내 사무실로 바로 가지 않고 베아테 바우만의 사무실에 들렀다.

"기자회견 봤어요?"

내가 물었다.

책상에 앉아 있던 바우만이 우리를 향해 고개를 돌리더니 말했다.

"봤어요. 아주 멋졌어요."

그런데 "그건 내 나라가 아니다"라는 말은 왜곡해서 인용될 때가 많았다. 내가 말하지 않은 단어까지 추가해서 말이다. "그건 더 이상 내 나라가 아니다." 그러니까 독일이 더 이상 내 기대에 맞지 않으면 내가 독일을 떠날 수도 있다는 뜻으로 해석되었다. 말도 안 되는 소리였지만, 나는 이런 억측을 5년 뒤 다른 방식으로 다시 만났다. 2020년 12월 말 한 기자가 『벨트 암 존타크』지의 기사에서 내가 베르너 파이만과의 공동 기자회견에서 했던 말을 상기하며 이렇게 썼다.

"그녀는 전임자들 누구도 하지 않았던 걸 했다. 자신이 두 번째로 높은 종복으로 일하는 공화국과 잠시 거리를 둔 것이다. 순간 그녀가 타고난 독일인이 아니라 습득된 독일인이자 유럽인이라는 생각이 퍼뜩 스쳐 지나갔다."

10개월 후인 2021년 10월 3일, 나는 통일 기념식에서 이 기사를 인용하며 다음과 같이 물었다. 통일 기념식 연설로는 연방총리로서의 마지막 연설이었다.

"독일인과 유럽인에 두 종류가 있나요? 하나는 오리지널이고, 다른 하나는 매일 자신의 정체성을 증명해야 하고, 기자회견의 말 한마디 때문에 오리지널에서 탈락할 수도 있는 습득된 독일인이 있나요? 내가 정말 내 조국과 거리를 두었나요?"

아니었다. 정반대였다. 나는 우리나라를 강하게 만드는 일에 매진하고자 했고, 어떠한 상황에서도 개별 인간들을 공정하게 대우해야 한다는 사실을 잊어선 안 된다는 점을 호소하고 싶었다. 나는 '내 나라'가 그런 나라이기를 원했고 지금도 원하고 있다. 2015년 8월 31일과 9월 15일의 기자회견뿐만 아니라 내 정치 인생 전체에서 말이다.

그러나 무언가 큰 충돌이 생길 때마다 나는 동독 출신이라는 나의 이력이 나에게 창끝을 겨누는 일을 반복적으로 경험했다. 난민 정책에서만 그런 것이 아니었다. 1990년대 초에 있었던 사유재산 문제나 형법 218조 개정에 관한 논의에서도 그랬다. 이런 논쟁에서 내 논거는 갑자기 하찮게 취급받았다. 그들은 고개를 절레절레 흔들며 자기들끼리 이렇게 말하곤 했다.

'메르켈은 대체 어떻게 그런 생각을 할 수 있지? 동독 출신이기 때문에 우리의 가치를 제대로 이해하지 못하는 게 분명해!'

해외에서의 경험, 특히 미국에서의 경험은 완전히 달랐다. 그곳 사람들은 동독에서 나의 삶과 통일 독일의 자유에 대해 너무나 분명하고도 편견 없는 관심을 보냈다. 접시를 닦다가 백만장자가 된 것은 아니지만 독재에서 민주주의로 넘어가 최초로 일국의 최고 여성 정치 지도자가 된 것을 마치 아메리칸드림의 실현으로 보는 듯한 인상을 받았다. "네, 우리는 할 수 있습니다"라는 말과 함께 2009년 흑인 최초로 백악관에 입성한 오바마 대통령이 2011년 6월 7일 나에게 '대통령 자유 훈장'을 수여할 때도 비슷한 느낌을 받았다. 나는 지금도 백악관 로즈가든에서 열린 축하 만찬 중의 그 순간이 또렷이 기억난다. 당시엔 동독에서 시민 운동가로 활동했던 프레야 클리어도 동행했는데, 나는 수락 연설에서 버락 오바마 대통령이 수여한 자유 훈장을 그녀를 비롯해 1989년에 장벽을 무너뜨린 모든 이에게 바쳤다.

해법 찾기

나는 비정부기구의 대표나 난민 지원에 힘쓰는 자원봉사자가 아니라 정치인이었고, 독일연방공화국 총리였다. 사람들이 내게 기대하는 것은 단순히 2015년 9월 4~5일과 같은 인도주의적 비상 상황에서의 결정만이 아니었다. 나와 우리 정부는 유럽연합 역사상 가장 큰 도전에 속하는 이 문제에 대해 광범하고 미래 지향적인 해결책을 제시해야 할 의무가 있었다. 9월 4~5일과 같은 인도주의적 예외 상황이 반복되어서는 안 됐다. 내가 당시의 결정을 나중에 잘못이라고 판단해서가 아니었다. 아니, 그 반대였다. 그런 결정이 필요했다는 사실 자체가 보여주는 것은 분명했다. 이전의 유럽 정책이 실패했다는 뜻이었다. 그렇다면 유럽과 난민 모두에게 이익이 되는 해결책을 찾아야 했다. 더 이상 그들의 목숨을 파렴치한 난민 장사꾼들에게 맡길 수는 없었다.

9월 13일 일요일, 토마스 드메지에르 내무부 장관은 오후 5시 30분 급히 기자회견을 열어 독일이 몇 분 전부터 모든 국경, 특히 오스트리아와의 국경에서 당분간 통제를 재개한다는 사실을 국민에게 알렸다. 그전에 하루 종일 여기저기 쫓아다니며 연방내무부 전문가들, 나, 연방정부, 주정부 내무장관들과 조율하고 오스트리아와도 협의를 거친 결정이었다. 나는 우리를 찾아온 모든 사람이 더블린 규정에 명시된 대로 계속 합법적으로 망명 절차를 밟을 수 있도록 망명 신청자들을 거부해서는 안 된다는 원칙에 따라 그 결정에 동의했다.

'독일 국경에서 망명 신청자들에 대한 거부가 없었다.'

9월 4일에서 5일로 넘어가는 밤에 내가 오스트리아와의 국경을 '개방했다'(그들의 표현이다)며 나를 비난한 사람들과의 진짜 논쟁은 바로 이 지점에서 불붙었다. 그러나 이 주장은 당시 셰겐 지역 내에서는 국경이 어떤 통제도 없이 상시적으로 개방되어 있었다는 점만으로도 이미 거짓이었다. 또한 국경을 다시 '걸어 잠갔으면' 난민의 독일 입국을 쉽게 막을 수 있었을 거라는 주장도 억측에 불과했다. 그 때문에 토마스 드메지에르는 기자회견에서 우리의 결정을 올바른 맥락에서 설명하는 것이 중요했다.

"임시로 국경 통제를 도입한다고 해서 모든 문제가 해결되지는 않는다는 사실은 우리도 잘 알고 있습니다. 그럼에도 이런 결정을 내리게 된 데는 우리 국경에서 일정 정도 질서와 시간이 필요해서입니다."

유럽의 외곽 국경에서 통제가 제대로 이루어지지 않는 상황을 고려하면 독일의 내부 국경을 일시적으로 폐쇄할 필요가 있었다는 것이다.

당시 나는 이와 관련해서 또 다른 어처구니없는 일을 경험했다. 2015년 10월 초 정치 토크쇼 「아네 빌」에 출연해서, 3,000킬로미터에 달하는 독일 국경을 그냥 쉽게 폐쇄해버릴 수는 없다고 말했는데, 이 말은 마치 내가 국경을 지킬 뜻이 없는 것처럼 계속 악의적으로 해석되었다.

토마스 드메지에르는 기자회견에서 이렇게 덧붙였다.

"물론 근본적인 조치는 점점 더 많은 사람이 난민 캠프나 시리아, 이라크를 스스로 떠나는 일이 없도록 위기 지역 현장에서 도움을 제공하는 것입니다."

이로써 그는 독일과 유럽의 국경 너머로 시야를 넓혀, 지금 우리에게 닥친 도전이 얼마나 큰지를 보여주었다. 왜냐하면 일부 국가의 해법만으로는 인도주의적 의무를 계속 수행하고 난민들이 유럽과 독일로 유입되는 상황을 질서 있게 통제하고, 그로써 난민 수를 지속가능한 수준으로 줄일 수 없었기 때문이다. 또한 개별 국가의 해법만으로는 유럽 협력의 핵심 기둥인 셍겐 지역 내에서의 자유로운 이동이 무너질 수밖에 없었다. 이런 생각이 내 행동의 근간을 이루고 있었다.

나는 퇴임 때까지 이 원칙에 입각해서 난민 정책을 폈다. 일일이 열거하자면, 기민/기사 연합의 회의, 연정위원회, 내각회의, 주지사 회의, 지자체 핵심 단체들과의 회의, 교회나 자선 단체와 경제 단체 들과의 협의, 유럽연합 이사회 공식 및 비공식 회의, 튀르키예와 아프리카 국가, 아프리카연합과의 양자 및 유럽연합 간 정상회담, 유엔난민기구(UNHCR)와 국제 이민 단체들과의 협의에서 그 원칙을 지켰다. 또한 2016년 2월 런던에서 독일, 영국, 노르웨이, 쿠웨이트가 조직한 시리아 회의 같은 국제 행사, 2016년 9월 오바마 대통령이 주최한 난민 문제 정상회담에서도 그랬다. 이렇듯 내 행동의 근간이 된 이 원칙이 우리 국가를 넘어 유럽과 국제사회 차원에서 서로 연결된 접근법을 이끈 핵심 원칙이었다.

일단 우리는 망명 절차의 속도를 획기적으로 높이려고 연방이민난민청에 수천 개의 일자리를 추가로 만들어야 했고, 이를 위해 연방고용청장 프랑크위르겐 바이제에게 당분간 난민청장직을 같이 맡겼다. 또한 망명 신청자의 등록과 분배, 숙소 문제에서 연방주와 지자체를 돈과 연방군으로 지원했다. 코소보, 알바니아, 몬테네그로, 모로코, 알제리, 튀니지는 안전한 출신 국가로 분류되었다. 그밖에 앞으로는 망명 신청자들에게 현금보다 현물을 더 많이 제공하기로 했다. 우리는 난민법상 난민 지위를 얻지 못하고 일시적 보호 조치만 받는 사람들의 가족 재결합 조치를 잠정 중단했고, 대신 자진 귀환과 난민 불인정자의 출신국 송환 조치를 강화하기로 결정했다. 게다가 인정된 망명 신청자들에 대한 고용을 촉진하고, 통합 과정 및 어학 코스의 세부 사항을 규정한 사회통합법을 가결할 예정이었다.

반면에 연대의 기치 아래 유럽 내에서 난민을 배분하려던 나의 시도는 결국 실패하고 말았다. 물론 유럽 내무부 장관들은 해당 결의안을 거듭 과반수 찬성으로 통과시키기는 했다. 예를 들어 2015년 6월에는 난민 6만 명을 분산 수용하기로 합의했고, 9월에는 그 수를 12만명으로 배가하기로 결정했다. 전문 용어로는 이주와 재정착이었다. 그런데 이런 결정들은 그저 글자가 인쇄된 종잇조각에 지나지 않았다. 유럽연합 집행위원회 추산에 따르면 2018년 말까지 그리스에 도착한 난민 가운데 실제로 정착한 사람은 2만 1,999명에 불과했고, 그중 독일이 5,391명을 수용했다. 이탈리아로 유럽 땅을 밟은 난민은 1만 2,708명이었는데, 그중 독일이 5,446명을 받아들였다.

난민을 수용하기로 원칙을 세운 국가들은 매일 도착하는 난민을 돌보느라 눈코 뜰 새 없었고, 다른 국가들은 가능한 한 적은 수의 난민을 받아들이려고 애쓰면서 약속 이행을 차일피일 미루었다. 이런 상황이다 보니 더블린 III 규약을 개정하려는 온갖 노력도 물거품이 되고 말았다. 유럽공동체가 한때 표방했던 연대의 정신과 공통의 가치는 난민을 수용하고 배분하는 과정에서는 눈을 씻고 찾아봐도 없었다. 암울한 상황이었지만, 그렇다고 여기서 포기할 수는 없었다.

난민 발생 원인 및 밀입국 범죄 대처와 관련해서는 상황이 달랐다. 유럽연합의 외곽 국경 보호는 이른바 '핫스폿'이라 불리는, 난민 출현 자동 인식 시스템을 통해 한결 강화되었다. 또한 나토 상설 해상 태스크포스 덕분에 에게해에서 그리스 및 튀르키예의 해안경비대와 유럽 국경수비대 프론텍스 간의 정보교환도 상당히 개선되었다. 이는 내 난민 정책의 든든한 응원군이던 우르줄라 폰 데어 라이엔 국방부 장관의 덕이 컸다. 나토군은 에게해에서 밀입국 조직을 보다 효과적으로 퇴치하는 데 도움이 될 실시간 종합 정보도 제공했다. 독일 해군이 이 임무에 투입되었다. 또한 튀르키예와 그리스도 여기에 함께 참여한 점은 주목할 만했다. 두 나라 사이에는 에게해의 섬들과 관련해서 오래전부터 영토 분쟁이 있었기 때문이다.

2015년 여름부터 나는 난민 정책에서 유럽연합과 튀르키예의 협력을 새로운 차원으로 끌어올리는 데 주력했다. 2011년 시리아에서 전쟁이 시작된 후 튀르키예는 튀르키예-시리아 국경과 내륙의 다른 많은 지역에서 200만 명에 가까운 난민을 수용했다. 그 때문에 이 나라는 오래전부터 상당한 부담에 시달렸음에도 유럽은 그것을 알아주지 않았고 별로 알려고도 하지 않았다. 그렇다면 이제 바뀌어야 했다. 예를 들어 유럽연합이 튀르키예의 현장 난민 프로젝트에 재정을 지원하고, 난민을 위한 의료 서비스 개선을 돕고, 튀르키예를 설득해서 난민들에게 취업 허가를 내주고 교육 기회를 제공하고, 그래서 그들이 이 나라에 정착할 수 있도록 함으로써 말이다. 이는 우리의 난민 정책에서 가장 중요한 포인트였다. 유럽연합의 외곽 국경에서 난민들의 유입을 원천적으로 차단할 수 있었기 때문이다. 게다가 이는 난민을 포함한 모두의 이익에 부합하는 일이었다. 난민들 입장에서는, 양심 없는 난민 장사꾼들에게 돈은 돈대로 주고 해상에서 비참하게 익사하는 사고를 당하지 않아도 되었기 때문이다.

이러한 생각을 토대로 나는 유럽 차원에서 튀르키예와 공동의 대처 방안을 강구할 회담을 추진했다. 이게 왜 중요한지는 지난 '여름 기자회견'에서 이미 밝힌 바 있었다. 당시 튀르키예 기자는 내가 튀르키예에 기대하는 것이 무엇인지 물었다.

"한 국가가 난민을 통과시키고, 다음 국가인 그리스가 다시 난민을 통과시키고, 이어 난민들이 서발칸 국가들을 지나고, 이때 한 국가가 울타리를 세우고, 난민들이 다시 그 울타리를 넘는 상황은 합법적이지도 바람직하지도 않습니다. 그렇기에 우리는 튀르키예와 깊은 신뢰를 바탕으로 매우 우호적이고 동지적인 관점에서 이 문제를 함께 해결해나갈 방안을 논의할 생각입니다."

이러한 접근 방식을 실행에 옮기는 데는 당시 총리청 장관이면서 2015년 10월 7일부터 연방정부의 난민 조정관에 임명된 페터 알트마이어의 도움이 없었다면 불가능했다. 그는 이 직책과 함께 같은 날 총리청 내에 설치된 난민정책실의 정치적 책임을 맡았다. 이걸 두고 언론에서는 토마스 드메지에르 내무부 장관에 대한 패싱 논란이 일면서 나에 대한 비판도 함께 제기되었다. 잘못된 평가였다. 이 사안의 중대성을 감안하면 이건 총리의 핵심 관심 사항으로서 총리청 장관이 관장하는 게 맞았다.

어쨌든 이렇게 해서 페터 알트마이어와 나는 경찰과 기타 안보 당국의 조치를 넘어 유럽 및 국제 난민 정책을 전부 한곳으로 모을 수 있었다. 게다가 드메지에르 내무부 장관과 함께 난민 정책의 의사 결정 과정도 더욱 효율적으로 바꾸었다. 난민정책실 내에서 연방내무부 상황조정실과의 협력 작업은 얀 헤커에게 맡겼다. 페터 알트마이어가 추천한 사람인데, 1967년생의 법학 박사학위 소지자로서 1999년 말부터 2011년까지 연방내무부에서 근무했고, 그와 병행해서 교수 학위 논문을 썼다. 2011년부터는 연방행정법원에서 판사로 재직하다가 2015년 10월 8일 총리청에 합류했다. 2017년 총선 후에는 유엔 주재 독일 대사로 자리를 옮긴 크리스토프 호이스겐의 후임으로 나의 외교 및 안보 정책 보좌관이 되었다. 내가 퇴임하기 직전인 2021년 말, 얀 헤커는 주중 독일 대사에 임명되었는데 얼마 지나지 않아 갑자기 그곳에서 사망했다. 당시 54세였다. 이 책을 쓰면서 그와 다시 이야기를 나눌 수 있으면 얼마나 좋을까 하는 생각이 든다.

2015년 9월 23일 유럽연합 이사회 비공식 회의에서 유럽 정상들은 튀르키예는 물론이고 레바논 및 요르단과도 대화를 강화하기로 결정했다. 특히 시리아 난민을 많이 수용한 두 나라였다. 이틀 후 나는 뉴욕에서 열리는 지속가능발전을 위한 유엔 정상회의에 참석하려고 비행기를 탔다. 이 회의에서는 레제프 타이이프 에르도안 튀르키예 대통령을 따로 만나, 독일-튀르키예 실무 위원회 설립과 11월에 몰타 발레타에서 열릴 유럽연합-아프리카 정상회의 준비에 관해 논의했다. 아프리카에서 지중해를 거쳐 유럽으로 들어가려는 사람도 여전히 많다는 사실을 잊어선 안 되었다.

2015년 10월 5일, 장클로드 융커 유럽연합 집행위원장과 도날트 투스크 유럽연합 이사회 상임의장은 브뤼셀에서 튀르키예 대통령과 만나 난민 정책의 공동 대처를 위한 유럽연합-튀르키예 행동 계획을 수립하기로 합의했다. 유럽연합 집행위원회가 제출한 초안은 2015년 10월 15일 유럽연합 이사회에서 가결되었다. 사흘 후 나는 에르도안 대통령과 아흐메트 다우토을루 튀르키예 총리와의 회담을 위해 이스탄불로 날아갔다. 우리는 행동 계획을 신속하게 이행하기로 합의했고, 난민 정책에 대한 협력의 대가로 튀르키예 국민의 무비자 입국에 관한 독일-튀르키예 양자 간 협의를 열기로 했다. 이는 에르도안에게 무척 중요한 사안이었다.

나의 이스탄불 방문은 혹독한 비판을 받았다. 무엇보다 의자 때문이었다. 구체적으로 말하면 에르도안과 내가 앉은 두 개의 황금 왕좌 때문이었다. 우리는 기자들이 사진을 찍을 때뿐만 아니라 대화를 나눌 때도 이 의자에 앉아 있었다. 나는 이런 의자가 영 불편했지만, 외적인 데는 신경 쓰지 말고 오직 내가 달성하고자 하는 목표에만 집중하자고 다짐했다. 하지만 '천 마디 말보다 사진 한 장이 더 힘이 세다'는 말처럼 나는 한순간에 조소의 대상으로 전락해버렸다. 난민 유입을 막을 협정 타결을 위해 내가 왕좌에 앉은 튀르키예 대통령 앞에서 굽실거렸을 뿐 아니라 여차했으면 바닥에까지 엎드릴 기세였다는 것이다. 설상가상으로 내 방문이 튀르키예의 의회 선거 2주 전에 이루어졌다는 이유로 에르도안이 이끄는 정의개발당(AKP)의 선거운동을 도왔다는 비난까지 받았다.

나는 이런 비판들이 부당하고, 부분적으로는 솔직하지 못하다고 생각했다. 한편으로 좌파 우파 할 것 없이 한결같이 말했다. 내가 모든 능력을 동원해 에게해, 그리스, 발칸 경로, 오스트리아를 거쳐 북유럽에까지 이르는 난민 행렬을 통제함으로써 난민의 수를 대폭 줄여야 한다고 말이다. 그러면서도 다른 한편으로는 이렇게 말했다. 앙카라의 독재자와는 협상해선 안 되고, 불가피하게 그래야 한다면 튀르키예 총선과 겹치지 않는 시기에 방문했어야 한다고 말이다. 상투적인 비판이었다.

지도를 펼쳐놓고 에게해에서의 현실만 생각해봐도 금방 답이 나온다. 현재 상황의 정리와 통제는 오직 튀르키예와 함께해야만 가능했고, 그건 더 이상 미룰 수 없을 만큼 급박했다. 다른 모든 건 환상이었고, 나는 그런 환상에 매달릴 시간이 없었다. 해상에서 난민 장사꾼들에 대해 아무리 엄격한 조치를 취한들, 내부 국경에서 아무리 집중적으로 통제하고 수색한들, 아무리 높고 긴 장벽을 세운들, 일부 사람이 믿는 것처럼 튀르키예를 통해 유럽연합으로 들어오는 사람들의 수를 지속가능한 수준으로 꾸준히 줄이는 것은 불가능했고, 그와 함께 에게해에서의 비참한 죽음은 막을 수 없었다. 방법은 오직 유럽연합과 튀르키예 간의 합의뿐이었다. 매일 수천 명이 튀르키예에서 그리스를 거쳐 속속 도착하는 한, 일부 유럽 국가가 강력히 요구하듯 난민들의 발칸 경로에 해당하는 국경을 폐쇄하려는 슬로베니아와 크로아티아, 세르비아, 북마케도니아의 노력도 장기적인 해결책이라기보다 단기적인 미봉책에 지나지 않았다.

유럽이 이 문제를 진정으로 해결하고자 한다면 발칸 경로로 이동하는 많은 난민의 가장 중요한 경유지인 튀르키예가 문제 해결의 열쇠를 쥐고 있었다. 그렇기에 나는 이 나라 대통령과 협상을 벌였다. 내가 경험한 바로 에르도안은 국내에서 난민 정책뿐 아니라 정치 전반을 마음대로 주무를 수 있는 정치인이었다. 우리 사이에 의견이 일치하면 그는 매우 친절하게 굴면서 나를 "친애하는 친구"라 부르기도 했다. 그러다 의견 차이가 발생하면 하염없이 이러쿵저러쿵 반박을 늘어놓았다. 그러다 보니 시간이 상당히 오래 걸렸다. 내 관찰에 따르면 그게 독재 성향을 가진 정치인의 전형적인 특징이었다. 그들에게는 시간이 한없이 많았다. 통역도 동시통역이 아니라 순차적으로 이루어졌다.

유럽연합-튀르키예 행동 계획의 이행에 관한 추가 협상은 에르도안 총리가 아닌 아흐메트 다우토을루 튀르키예 총리와 진행했다. 논의는 주로 2015년 11월 29일 유럽연합-튀르키예 정상회담 전의 전화 통화와 정상회담 중에 별도 회의실에서 이루어졌는데, 이 정상회담에서 마침내 유럽연합-튀르키예 행동 계획이 최종 가결되었다. 그대가로 튀르키예에는 30억 유로의 재정 지원이 이루어졌다. 무엇보다 난민 아동들을 위한 학교 건설이 명목이었다. 이 돈을 받은 튀르키예는 시리아인들에게 취업 허가를 내주고, 일부 이웃 국가에 대해 비자 의무 제도를 도입하고, 국경 보호를 강화하기로 약속했다.

이러한 조치들의 효과는 빠르게 나타나기 시작했다. 2015년 11월 독일에 도착한 난민 수가 하루 평균 7,000여 명이었다면 2016년 1월에는 3,000여 명으로 대폭 줄었다. 나는 이 수치도 지속가능한 수준이라고 말하기에는 여전히 너무 높다고 생각했기에 기존의 조치를 좀더 강화하기로 마음먹었다. 이를 위해 2016년 1월 크리스마스 휴가가 끝난 뒤 다우토을루 총리에게 다시 연락을 취했다. 외무장관으로 일하다가 2014년부터 총리에 오른 그는 역사 전공자로서 영어에 능통하고 독일어도 어느 정도 구사할 줄 아는 세련되고 박식한 사람이었다. 2016년 1월 22일 독일-튀르키예 정부 간 협의에서 우리는 유럽연합-튀르키예 행동 계획의 목표를 거듭 강조했다.

유럽연합-튀르키예 회담이 2016년 3월 7일 브뤼셀에서 또 한 차례 예정되어 있었다. 당시 유럽연합 이사회 의장국은 네덜란드가 맡고 있었다. 나는 회담 전날 오후 9시 브뤼셀 주재 튀르키예 상설 대표부로 향했다. 튀르키예 총리가 마르크 뤼터 네덜란드 총리와 나를 이리로 초대했다. 이 자리에서 다우토을루 총리는 이른바 '1:1 매칭 방식'을 제안했다. 그리스 섬들에 불법으로 도착한 난민은 그리스-튀르키예 송환 협정에 따라 튀르키예로 돌려보내고, 그에 상응해서 유럽연합은 돌아온 시리아 난민 한 사람당 다른 시리아 난민 한 명을 합법적으로 튀르키예에서 받아들이자는 것이다. 이건 불법 이주의 차단에만 도움이 되는 것이 아니라 합법적인 이주 할당제를 활성화할 대담하고도 선구적인 제안이었다. 뤼터와 나는 즉시 지지 의사를 밝혔고, 다음 날 유럽연합-튀르키예 회담에서 이 제안을 밀었다.

그의 제안은 튀르키예에 거주하는 난민들에게 고향 근처에서 생활할 전망을 제공하고 그로써 난민 발생 원인의 제거에 도움이 될 의료·영양·교육·인프라 프로젝트와 연계되어 2016년 3월 18일 유럽

이사회에서 유럽연합-튀르키예 선언으로 채택되었다. 이행 시점은 2016년 4월 4일로 정해졌다. 이후 유럽연합-튀르키예 협정이라고 불린 이 선언과 함께 유럽연합은 2018년 말까지 튀르키예에 30억 유로를 추가 지원하기로 약속했다. 또한 전제 조건이 충족될 경우 튀르키예가 원하는 비자 면제를 추진하고, 유럽연합 가입 절차와 관련해서 새로운 가능성을 검토하겠다는 약속도 덧붙였다. 그 결과 발칸 경로로 북유럽과 독일에 도착한 난민 수는 2015년 10월에 비해 95퍼센트나 감소했다.

2016년 3월 18일은 내게 유럽 난민 정책에서 중요한 날로만 기억되는 게 아니라 당일 아침 쾰른에서 기도 베스터벨레가 백혈병으로 사망했다는 소식을 접한 날이기도 했다. 그에게 지난 2년은 호전과 악화가 끊임없이 반복되던 시간이었다. 나는 그의 상태가 심각하다는 사실을 알고 있었음에도 막상 그의 마지막 소식을 접했을 때의 충격은 이루 말할 수 없었다. 1년 반 전인 2014년 9월 쾰른에서 함께 점심을 먹던 중에 기도 베스터벨레가 의사에게서 전화를 받던 순간이 떠올랐다. 의사는 새로운 조혈모세포 기증자를 찾았다는 소식을 전해주었다. 적합 판정을 받았던 첫 번째 기증자는 그전에 기증 의사를 철회한 상태였다. 베스터벨레가 의사에게 희망적인 메시지를 받던 순간 나는 내가 평소에 알고 있던, 다감하면서도 사려 깊고 결단력 있고 자신감 넘치는 기도의 모습을 다시 경험했다. 나는 브뤼셀에서 회담 마무리 기자회견을 시작하면서도 그런 말로 기도 베스터벨레를 먼저 기렸다. 이어 유럽연합 이사회 결과를 발표했다.

난민 정책의 전 기간 동안 나는 장클로드 융커 유럽연합 집행위원장으로부터 정말 말로는 감사의 표현이 부족할 정도로 큰 지지를 받았다. 그는 2015년 9월 9일에 이미 '유럽연합 현황 연설'에서 "뮌헨 기차역에 나와 난민들을 뜨거운 박수로 환영한 사람들이 바로 유럽"

이라고 말함으로써 자신의 입장을 분명히 했다. 또한 유럽연합-튀르키예 협정을 지지했고, 서발칸 국가들의 인도주의적 상황 개선에 힘썼으며, 아프리카와의 협력을 필두로 다양한 국제 협력을 촉진했다. 이런 협력의 일환으로 우리는 2015년 11월 11일과 12일 몰타의 수도 발레타에서 열린 유럽연합-아프리카 정상회의에서 유럽연합 집행위원회와 다른 국가들의 기부금으로 18억 유로 규모의 아프리카를 위한 유럽연합긴급신탁기금을 조성하기로 결정했다. 이 돈으로 현지에서의 난민 발생 원인에 대처하고, 유럽연합으로의 합법적 이주 절차를 지원할 생각이었다.

내 퇴임 전까지 향후 6년 동안 우리는 아프리카 국가들과 이주 파트너십을 맺었다. 첫 대상 국가는 에티오피아, 말리, 나이지리아, 세네갈이었다. 모두 지중해를 통해 유럽에 도착하는 많은 난민의 출신국이자 경유지였다. 그밖에 우리는 독일-이집트 간 이주 협력에 관한 협약을 체결했고, 난민 경유지인 니제르와는 양자 간 협력을 강화했으며, 리비아와는 특별한 방식으로 협력 강화 방안을 논의했다. 2017년 11월 29~30일 코트디부아르의 수도 아비장에서 열린 유럽연합-아프리카 정상회의에서 나는 유럽연합긴급신탁기금의 독일 기여금을 1억 유로 증액했고, 그중 3,000만 유로는 리비아의 국제이주기구에 배정했다. 게다가 독일은 리비아 유엔난민기구 지원을 위해 2,000만 유로를 추가로 더 내놓았다.

아비장에서 열린 정상회의는 리비아 난민 수용소의 비참한 상황을 보여주는 동영상이 언론에 공개되면서 분위기가 사뭇 무거웠다. 회의에 참석한 아프리카 국가 정상들은 리비아로 탈출했다가 그곳에 붙잡힌 자국민을 송환하기로 신속하게 결정 내렸다. 1년 후인 2018년 12월 10일, 164개국 대표들은 모로코의 옛 수도 마라케시에서 안전하고 질서 있는 정기적 이주를 위한 글로벌 협정을 맺었고, 유엔 총회는 2018년 12월 19일 이 협정을 채택했다. 독일을 포함한 152개국이 찬성, 5개국이 반대, 12개국이 기권했다.

정리하자면 이렇다.

첫째, 다른 사람도 아니고, 2015년 9월 4~5일의 내 결정을 지지하고 난민 지원에도 직접 발 벗고 나서준 사람들 중 상당수가 유럽연합-튀르키예 협정을 비판했다. 그들은 이 협정을 '거래'라고 불렀다. 때로는 더러운 거래라는 의미로 말이다. 그러나 나는 '거래'라는 단어를 입에 올린 적이 없고 그런 뜻으로 거래를 한 적도 없다. 그건 국제 협상의 타당한 결과일 뿐 그 이상 그 이하도 아니다. 아프리카 국가들과의 합의도 마찬가지다. 그게 아니면 다른 합리적 대안이 있었던가? 민주주의와 법치에 대한 생각이 우리와 같지 않다고 해서 그런 국가들과의 협상 자체를 거부한다면 아무것도 이룰 수 없다는 것이 그때나 지금이나 나의 변함없는 소신이다.

둘째, 유럽은 외곽 국경을 보호해야 했고 앞으로도 보호해야 한다. 이를 위해 나는 임기 동안 후임 정부의 기반이 될 여러 조치를 내놓았다. 그와 함께 유럽 국경 및 해안 경비대 프론텍스의 작전 능력이 강화되었고, 리비아 당국과의 협력이 진일보했으며, 외곽 국경에 도착하는 난민들에 대한 등록 시스템도 개선되었다. 아울러 독일과 유럽은 엄정한 조치를 취하면 세계 다른 지역의 사람들이 유럽으로 오지 못하게 막을 수 있다는 생각을 버려야 한다. 그건 성공하지 못한다. 사람들은 부와 자유를 찾아 떠나기 마련이고, 그런 면에서 독일과 유럽은 동경의 땅이다. 난민 장사꾼과 불법 이주민과의 싸움은 합법적 이주를 위한 할당제 도입과 연계해야만 성공할 수 있다.

셋째, 고향을 쉽게 떠나는 사람은 없다. 그건 경제적 희망이 없다는 이유로 고향을 떠나는 사람도 마찬가지다. 하지만 독일 망명법은 고향을 떠난 사람이라고 해서 무작정 다 받아주지는 않고, 정치적 박해와 전쟁을 피해 도망친 사람만 보호 대상으로 삼는다. 독일에 머물 수 없는 사람은 떠나야 하고, 국가는 이를 집행할 의무가 있다.

넷째, 독일은 이민 국가다. 인구 추세와 연결된 장기적인 전문 인력 부족을 고려하면 정기적인 이민은 불가피하다. 대연정이 오랜 논의 끝에 2019년 비유럽연합 국가의 전문 인력을 신속히 받아들이는 이민법을 통과시켰을 때도 그 점이 고려되었다.

독일에서의 이슬람 테러

2016년 7월 18일 월요일 저녁이었다. 뷔르츠부르크로 가는 교외선 열차 안에서 한 남자가 다섯 명의 승객에게 도끼와 칼을 휘둘렀다. 그중 네 명이 중상을 입었다. 열차가 긴급 제동으로 멈추자 범인은 즉시 도주했고, 그 과정에서 또 한 사람이 다쳤다. 마침 근처에 있던 경찰 특공대가 범인을 발견했고, 남자가 경찰까지 공격하려 하자 사살했다.

조사 결과 범인은 2015년 6월 신분증이 없는 상태로 헝가리와 오스트리아를 거쳐 독일에 들어온 것으로 밝혀졌다. 독일에서는 동반자가 없는 미성년 아프가니스탄 난민으로 등록했고, 2015년 12월에 망명을 신청했다. 절차가 진행되는 동안에는 독일에 머물 수 있었고, 망명 절차법에 따라 임시 체류 허가증도 받았다. 2016년 7월 1일부터는 뷔르츠부르크의 한 위탁 가정에서 생활하며 한 빵 가게에서 실습 과정을 마쳤다. 그는 당국에 실제 나이와 출신지를 속였을 가능성이 높았다. 게다가 수사를 통해 당시 이라크와 시리아의 대부분을 지배하던 테러 조직 '이슬람국가'(IS)와의 관련성이 드러났다. 공격 다음 날 IS가 공개한 자백 동영상도 검찰에 의해 진본으로 확인되었다.

2016년 7월 24일 일요일 늦은 저녁이었다. 바이에른주 안스바흐의 와인바 앞에서 한 남자가 배낭에 숨겨둔 폭발물이 터졌다. 이 폭발로 15명이 부상을 입었고, 그중 일부는 중상이었다. 테러범 자신도 폭발로 인한 부상으로 얼마 뒤 목숨을 잃었다. 경찰과 검찰의 조사 결과,

범인은 시리아 출신으로 2013년 7월 튀르키예를 거쳐 불가리아에 입국한 뒤 망명을 신청한 것으로 밝혀졌다. 그러다 2014년 초 불가리아를 떠나 처음엔 오스트리아로 들어갔고, 거기서 또 망명 신청서를 제출했다. 그런 다음 곧 독일로 향했다. 2014년 8월 독일에서도 망명을 신청했지만 앞서 불가리아와 오스트리아에서 신청한 망명 건 때문에 거부당했다. 2015년 이 남자는 불가리아로 추방되어야 했지만, 자해로 인해 정신과 치료를 받으면서 추방을 면했다. 범행 시점에는 안스바흐의 난민 숙소에서 지내고 있었다. 조사 결과 이 테러 역시 IS와 연계된 것으로 밝혀졌다.

2016년 12월 19일 월요일이었다. 오후 8시 15분경 나는 2013년부터 이민난민통합부 정무차관을 맡고 있던 아이단 외조쿠즈를 총리청 로비에서 만났다. '이주민 사회의 청소년'이라는 주제로 열리는 한 행사에서 나는 짧은 연설을 할 예정이었다. 그날 오후에는 청소년들이 다양한 워킹그룹으로 나뉘어 통합과 어학 코스의 중요성에 대해 의견을 나누었고, 외조쿠즈 정무차관과도 토론을 벌였다. 그녀는 독일에 첫발을 내딛는 과정에서 다른 청소년들에게 도움을 준 일부 청소년에게 통합 메달을 수여했다. 남쪽 계단으로 걸어가던 중에 그녀가 나에게 나직이 말했다.

"방금 SMS를 받았는데, 브라이트샤이트 광장의 크리스마스 마켓에서 끔찍한 일이 일어났다고 합니다."

나는 행사 바로 직전에 다른 일정이 있어서 이 사실을 미처 보고받지 못한 상태였다. 소식을 듣고 머릿속에 경보가 울렸지만, 그럼에도 예정대로 연설을 하고, 행사 중에는 속속 들어오는 소식을 핸드폰으로 확인하지 않기로 마음먹었다. 내 주위에는 나의 일거수일투족을 지켜보는 기자들이 있었기 때문이다. 마침내 30분 뒤 행사가 끝나자 나는 엘리베이터를 타고 8층 총리실로 올라갔다.

총리청 상황실에서는 새로운 소식이 들어오는 대로 페터 알트마이어와 나에게 보고했다. 우리는 토마스 드메지에르 내무부 장관과 연락을 취했고, 나는 미하엘 뮐러 베를린 시장과도 통화했다. 몇 분 뒤 참사의 전모가 밝혀졌다. 한 남자가 베를린 브라이트샤이트 광장의 크리스마스 마켓에서 대형 화물차를 몰고 군중 속으로 돌진했으며, 이 사고로 12명이 사망하고 수십 명이 다쳤으며 그중에는 일부 생명이 위독한 사람도 있다고 했다. 범행 몇 시간 전 베를린에서 한 폴란드 운송 회사의 화물차를 몰던 폴란드 운전자를 사살하고 차를 탈취한 테러범은 일단 도주했다. 얼마 뒤 IS 소속의 한 조직은 이게 자신들의 소행이라고 발표했다.

나는 이 참사에 대한 총리 성명을 언제 발표할지 고민했다. 독일에서 발생한 최악의 이슬람 테러에 대해 어떤 식으로든 입장을 표명해야 하고, 장소가 총리청의 기자회견장이어야 한다는 데는 의문의 여지가 없었다. 나는 다음 날까지 기다리기로 결정했다. 격식을 갖춘 자리에서 차분하게 내 의견을 이야기하고 싶었다.

11시 언론 앞에 섰을 때 나는 무엇보다 다음 내용을 힘주어 말했다.

"독일에서 보호와 망명을 요청한 사람이 이 범죄를 저지른 것으로 확인된다면 우리 모두는 정말 견디기 어려울 것입니다. 이는 매일 최일선에서 난민을 돕는 수많은 독일인과 우리의 보호가 정말 필요하고 독일 사회에 녹아들려고 애쓰는 수많은 이주민에게 특히 혐오스러운 일입니다."

성명서 말미에는 악에 대한 공포로 우리가 마비되어서는 안 된다는 점도 강조했다.

"비록 지금 당장은 어렵더라도 우리는 우리 자신이 이 땅에서 원하는 삶, 즉 열린 자세로 자유롭게 공존하는 삶을 위해 다시 힘을 내게 될 것입니다."

나는 연방대통령과 연방내무부 장관, 베를린 시장과 지속적으로 연락을 취했고, 오전 11시 30분에는 안보 내각회의를 개최했다. 오후에는 브라이트샤이트 광장을 찾아 애도를 표했고, 오후 6시에는 카이저 빌헬름 기념 교회에서 열린 추모 예배에 참석했다.

그사이 테러범의 신원이 밝혀졌다. 독일에 거주하는 망명 신청자가 테러범이라는 의혹이 사실로 확인되었다. 범인은 1992년 튀니지에서 태어난 아니스 암리였다. 2011년 난민 브로커의 도움으로 이탈리아로 건너가 망명을 신청했고, 그러다 어떤 일로 구금형을 선고받는 바람에 2015년 3월 이후 고국인 튀니지로 추방될 예정이었다. 그런데 이 조치는 즉시 실행될 수 없어서 암리는 이탈리아 당국의 감시를 받던 중에 종적을 감추었다. 이후 이슬람 극단주의 추종자로 간주되었음에도 아무런 제지 없이 스위스로 도주했고, 여기서 다시 2015년 7월 독일로 건너와 망명을 신청했다. 독일 당국은 그가 이탈리아에서 구금형을 선고받은 극단적 이슬람주의자로서 튀니지로 추방될 예정이었다는 사실을 파악하지 못했다. 가명을 사용했기 때문이다. 암리는 독일에 머무는 동안에도 여러 차례 신분을 바꾸었지만, 얼마 지나지 않아 이슬람주의자들과의 접촉으로 인해 당국의 눈에 띄었다.

2016년 12월 22일 목요일, 나는 토마스 드메지에르 내무부 장관, 하이코 마스 법무부 장관과 함께 베를린 트레프토의 연방형사청(BKA) 지청을 방문했다. 우리는 수사 현황을 보고받고, 홀거 뮌히 형사청장에게 이 사건으로 애쓰는 모든 직원의 수고에 감사를 전했다.

사실 요아힘과 나는 스위스로 크리스마스 휴가를 떠날 예정이었지만 취소했다. 2016년 12월 23일 금요일 오전이었다. 호엔발데에서 크리스마스 휴가를 보내기 위해 장을 보러 슈퍼마켓으로 가는 길에 크리스토프 호이스겐에게 연락이 왔다. 파올로 젠틸로니 이탈리아 총리가 지금 급히 통화하고 싶다고 했다. 나는 좀 의아했다. 얼마 전에도 통화했기 때문이다. 나는 뭔가 착각이 있는 게 아닌지 확인해보라고 했다. 아니었다. 젠틸로니는 꼭 통화해야 할 일이 있다고 했다. 몇 분 후 나는 이유를 알았다. 전날 밤 밀라노에서 아니스 암리가 경찰과 총격전을 벌이다 사살된 것이다. 나는 즉시 사무실로 향했다. 이 일을 직접 국민에게 알리고 싶었다. 이렇게 해서 나는 오후 3시 총리청의 파란색 기자회견장 벽 앞에 서서 이탈리아 경찰의 노고에 감사를 전했고, 총격전 과정에서 부상을 입은 경찰관의 빠른 쾌유를 빌었다.

2017년 3월, 연방정부는 전 라인란트팔츠 주지사 쿠르트 베크를 테러 희생자 및 유가족 대책위원장에 임명했다. 2017년 12월과 2018년 10월에 나는 테러로 부상당한 사람들과 희생자 가족들을 만났다. 그들과의 대화는 내 임기에서 가장 가슴 아픈 시간 중 하나였다.

아니스 암리 사건은 수년간 큰 파장을 불러일으켰다. 독일 정보기관의 감독 기관인 연방의회 통제위원회, 연방의회 조사위원회, 노르트라인베스트팔렌주와 베를린주의 조사위원회, 그리고 베를린 상원이 임명한 특별 조사관은 범행 발생 이전뿐 아니라 수사 과정상의 실수와 과오도 밝히고자 심혈을 기울였다.

테러 발생 5년 후, 13번째 사망자가 발생했다는 사실이 보도되었다. 테러 당일 저녁 응급 구조대원으로서 심각한 부상을 입은 남자는 2021년 10월에 결국 숨을 거두었다.

이슬람 테러의 위험은 여전히 남아 있었다. 국가의 임무는 부당한 세력에 공권력의 강력한 의지를 보여주고 시민들을 지키는 일이었다. 이런 소명이 나를 이끌었고, 민주주의와 법치국가의 가치가 테러리즘보다 더 강하다는 확신이 나를 일으켜 세웠다.

불신과 신뢰
2015년 11월 20일 오전, 나는 내 지역구에서 열린 멋진 행사에 참석했다. 유럽우주국 소속의 우주비행사 알렉산더 게르스트를 초청한 자리였다. 그와 나의 인연은 해바라기로 맺어졌다. 그는 우주로 함께 여행한 해바라기 씨앗을 내게 선물했고, 나는 그것을 정원에 심어 키웠다. 그렇게 키운 해바라기 씨앗을 다시 그에게 선물했고, 그는 그것으로 다시 해바라기를 키웠다. 슈트랄준트의 대강당 포겔장할레에서 알렉산더 게르스트는 2014년 5월부터 11월까지 국제우주정거장 ISS에 머물렀던 이야기를 학생 1,200명에게 생생하게 들려주었고, 우주에서 찍은 사진을 보여주었다. 아이들은 그의 말 한마디 한마디에 귀를 쫑긋 세웠다.

행사가 끝나고 나는 뮌헨으로 출발했다. 오후 5시 15분에 기사당 전당대회장에 도착해야 했다. 도중에 통신사 보도를 읽었다. 오후 2시 36분 독일통신사(dpa) 기사에는 이렇게 적혀 있었다.

"기사당 대표 호르스트 제호퍼는 앙겔라 메르켈 총리(기민당)에게 난민 정책의 노선 수정을 강력히 요구했다. 그는 뮌헨 기사당 전당대회에서 예정된 메르켈의 초청 연설 몇 시간 전에 이렇게 말했다. '아무리 둘러봐도 한도와 상한선이 없어요.' 만일 전당대회에서 메르켈과 이견이 있을 경우 '나는 나중에 이걸 문제 삼아 계속 논의가 필요하다는 점을 분명히 얘기할 겁니다.'"

또 시작이다 싶었다. 기민당과 기사당이 공동의 조치로 이주를 질서 있게 정리하고 통제함으로써 독일로 들어오는 사람들의 수를 감소시키자고 합의한 게 불과 얼마 전(11월 1일)의 일이었다. 당시 우리는 '감소'라는 단어를 명시함으로써 우리 사이에 분쟁의 씨앗이 된 '한도' 및 '상한선' 문제를 해결할 접점을 찾았다고 생각했다. '감소'라는 단어는 내가 거부한 경직된 접근 방식을 피할 수 있었을 뿐 아니라 실행 과정에서 필요한 유연성도 담고 있어서 우리의 공동 목표를 합리적으로 강조하고 있다고 생각했다. 이로써 분쟁은 해결된 듯했다. 하지만 이제 기사당 전당대회장에서 공개적으로 다시 불이 붙을

게 분명했다. 나도 지쳤다. 당시 내가 열심히 준비했고 여론에서도 회자되던, 11월 29일로 예정된 유럽연합-튀르키예 정상회담에는 관심이 없는 듯했다.

사실 상한선 논란을 불러일으킨 건 나 자신이었다. 물론 나는 당시 정반대의 의미로 그 이야기를 했고, 그게 내 퇴임 때까지 골머리를 썩일 줄은 꿈에도 몰랐다. 2015년 9월 11일 『라이니셰 포스트』와의 인터뷰에서 독일이 얼마나 많은 난민을 받아들일 수 있느냐는 질문에 이렇게 답했다.

"그냥 간단하게 숫자로 답할 수 있는 문제가 아닙니다. 정치적 박해로 난민을 신청하는 사람들의 기본권에는 상한선이 없습니다. 그건 내전의 지옥을 피해 우리에게 온 난민도 마찬가지입니다. 그런데 안전한 국가, 예를 들어 발칸반도에서도 더 나은 삶을 찾아 우리에게 오는 사람들이 있습니다. 그들의 입장에서는 이해할 수 있는 욕구지요. 하지만 이런 사람들은 대부분 망명이 허락되지 않습니다. 망명할 이유를 인정받을 수 없기 때문이지요. 그럴 경우 빨리 자신들의 나라로 돌려보내야 합니다. 망명 절차가 신속하게 이루어져야 하는 것도 그 때문이지요. 다만 발칸반도에서 온 일부 사람에게는 합법적인 이주 가능성을 열어놓고 싶습니다. 여기서 일자리를 얻었다는 걸 입증할 수 있을 경우에 말이지요."

나는 뮌헨으로 날아가 기사당 전당대회에서 별로 내키지 않는 심정으로 짧게 연설했다. 이어 무대에 계속 서 있었다. 보통은 이럴 때 주최 측 대표가 나와 몇 마디 감사의 말과 함께 초대 손님을 보내주는 법이었다. 그러나 이번에는 달랐다. 호르스트 제호퍼는 나를 세워놓고 자기가 하고 싶은 이야기를 길게 늘어놓았다. 우선 11월 22일로 취임 10주년을 맞는 나에게 축하 인사를 건넸다. 이어 토마스 드메지에르와 바이에른 내무부 장관 요아힘 헤르만의 협력을 칭찬하며 11월 초에 내려진 결정의 중요성을 강조했다. 그러더니 곧장 본론으로 넘어갔다. 자신이 볼 때 상한선 설정은 포기할 수 없다는 것이다.

"입장은 명확해야 합니다. 그 때문에 이렇게만 말씀드리겠습니다. 우리는 다시 만나야 한다고요."

이후에도 그의 말은 몇 분 동안 계속 이어졌다. 나는 생각했다.

'넌 지금 기민당 대표로 이 자리에 서 있는 거야. 저런 말에 신경 쓰지 마, 얼마든지 견딜 수 있어. 하지만 다른 한편으로 넌 독일연방공화국 총리이기도 해. 브뤼셀에서, 튀르키예에서 이걸 보면 뭐라고 할까? 지금 너한테 어떤 선택지가 있지? 계속 저런 식으로 나올 거면 그냥 가버려야 할까?'

하지만 먼저 자리를 박차고 나가는 사람이 지는 법이었다. 나는 이렇게 생각하며 마침내 스스로를 다독였다.

'이 또한 지나가리라.'

어느 순간 행사는 정말 끝났다. 나는 의무적으로 꽃다발을 받고는 나와 동행한 기민당 대표 비서실장인 죄렌 카블리츠퀸에게 바로 넘겼다. 이대로 대회장을 나가 집으로 돌아가고 싶은 마음밖에 없었다. 호르스트 제호퍼와 나는 2015년 8월 31일 "우리는 해냅니다!"라는 주제의 여름 기자회견 이후, 혹은 늦어도 2015년 9월 4~5일의 내 결정 이후에는 멀어졌고, 이때는 그 거리감이 절정에 이르렀다.

앞서 언급했듯이 갈등의 골은 기민당과 기사당에만 국한된 얘기가 아니라 기민당 내부에서도 항상 있어왔다. 나의 난민 정책은 우리 당에서 논란의 여지가 없을 정도로 확고한 지지를 받지는 않았다. 물론 지지자도 많았다. 특히 노르트라인베스트팔렌주의 기민당 위원장이자 나중에 이 주의 주지사가 된 아르민 라셰트 같은 사람은 당내뿐 아니라 공개석상에서도 나에 대한 확고한 지지 의사를 밝혔다. 하지만 이런 든든한 지원군 외에 내가 이 거대한 과제와 관련해서 "우리는 해냅니다!"고 반복적으로 말한 것을 이해하지 못하는 사람들도 분명 존재했다. 게다가 꼭 그런 사람은 아니더라도 최소한 내가 상황을 과소평가하고 있다고 걱정하거나 나의 해결책이 정말 성공할 수 있을지 의심하는 사람도 있었다. 아울러 기민당과 기사당 사이의 평화를 바라는 열망도 분명히 느껴졌다. 우리 당의 적지 않은 사람들이 제호퍼를 비롯한 기사당의 전반적인 태도나 어조를 못마땅하게 여기면서도 한도와 상한선을 둘러싼 두 당 사이의 분쟁을 지켜보는 것을 점점 힘들어했다. 그렇기에 나는 기민당 내에서부터 나의 난민 정책과 그 토대가 되는 원칙과 정신을 지키기 위해 싸워야 했다.

기사당 전당대회 3주 후인 2015년 12월 14~15일 카를스루에에서 열린 기민당 전당대회에서 주요 관심사는 나의 연설과 동의안 제출이었다. 동의안 초안 작성을 위해 나는 페터 알트마이어, 토마스 드메지에르, 페터 타우버 기민당 사무총장, 그리고 기민/기사 연합 원내부대표이자 국내 및 법률 정책 전문가 토마스 슈트로블과 미리 만나 머리를 맞댔다. 전당대회 전날에는 의장단과 전국상임위원회가 모여 주요 안건의 경우 자주 그러하듯이 동의안 초안에 대한 수정 및 구체화 작업을 했다. 이 일엔 기민당의 두 부대표 율리아 클뢰크너와 폴커 부피어의 역할이 컸다. 초안은 '테러와 안보, 탈출과 통합에 관한 카를스루에 선언'이라는 이름으로 전당대회에 최종 제출되었다. 거기엔 무엇보다 다음과 같이 명시되어 있었다.

"우리는 효과적인 조치를 통해 망명 신청자와 난민의 유입을 눈에 띄게 줄이기로 결정했다. 지금과 같은 유입이 계속될 경우 독일과 같은 나라에서도 장기적으로 국가와 사회에 과중한 부담이 될 것이기 때문이다."

나는 이번 전당대회에서 동의안 외에 내 연설도 무척 중요하다는 사실을 잘 알고 있었다. 형식적으로는 이 연설을 통해 전국상임위원회가 채택한 카를스루에 선언을 제출할 예정이었지만, 실제로는 기민/기사 연합은 물론이고 온 나라를 통째로 뒤흔든 사건이 몇 개월 지난 시점에서 기민당 전당대회 대의원들 앞에서 내 정책에 대한 지지를 호소하기에 이보다 더 좋은 기회는 없어 보였다. 나는 2015년 9월 4일에서 5일로 넘어가는 밤에 부다페스트에서 온 사람들의 입국을 허용한 이유부터 다시 한번 설명했다. 카를스루에에서도 말했듯이 그건 인도주의적 명령이었다. 오늘날의 관점에서 보면 당시 그 결정이 왜 그렇게 논란이 되었는지 이해하기 어려울 정도다. 지금은 많은 사람이 그날 밤 내가 다른 결정을 내릴 수 없었음을 십분 이해한다.

전당대회 연설에서는 단순히 과거를 돌아보는 데만 그치지 않아야 했다. 또한 연방정부가 난민 정책에서 지금껏 결정을 내렸거나 추진 중인 조치들을 단순히 보고만 하고 싶지도 않았다. 대신 많은 사람이 나의 접근 방식에 대해 갖고 있는 회의론의 핵심을 건드리고 싶었다. 그래서 나는 때가 되었을 때 말을 돌리지 않고 곧장 본론으로 치고 들어갔다.

"하지만 친애하는 동지 여러분, 솔직히 말해 난민 문제에 대한 회의론 뒤에는 더 많은 것이 숨어 있습니다. 또한 회의론 뒤에는 이런 질문들도 숨어 있습니다. 혹시 모든 게 바뀌지 않을까? 우리는 정말 무언가가 바뀌길 원할까? 얼마만큼의 변화가 좋고, 언제부터 변화가 부담이 될까? 그걸 어떻게 판단할 수 있을까? 아니, 판단이 가능하기는 할까? 우리의 생활 방식은 아랍 세계와 무슬림 국가 출신의 많은 사람에게 어떤 영향을 미칠까? 또한 그들의 문화적 색채는 우리에게 어떤 영향을 미칠까? 우리와 너무나 다른 문화권에서 온 무수한 사람의 유입 이후에도 여전히 우리가 아는 독일, 강할 뿐 아니라 우리를 강하게 만든 독일이 유지될 수 있을까?"

나는 미래를 바라보며 이 질문들에 답했다.

"독일은 25년 후에도 여전히 나의 독일이자 우리의 독일이어야 합니다. 우리의 훌륭한 품성과 강점을 보존해서 다음 세대에 물려줄 수 있는 나라이자, 빛나는 문화적 전통을 간직하면서도 세계에 개방적이고 다양한 문화적 숨결이 숨 쉬는 나라여야 합니다."

연설 중에 벌써 나는 객석에서 감동의 물결이 일렁이는 것을 느꼈다. 특히 내 마음속 깊이 와닿았던 구절을 이야기할 때는 장내가 조용했고, 옆 사람과 대화를 나누는 사람도 없었다. 모두 내 말에 귀를 기울이고 있었다. 연설이 끝나자 박수가 쏟아졌다. 그 리듬을 통해 알 수 있듯이, 이건 의무적인 박수가 아니라 가슴에서 우러나오는 박수였다. 나는 정말 중요한 상황에서 내 당을 나의 든든한 우군으로 만들었다는 사실에 가슴이 벅차올랐다.

그러나 2016년 새해 전날 쾰른 중앙역 앞에서 발생한 집단 성폭행에 대한 보도가 또다시 온 나라를 충격에 빠뜨렸다. 새해 아침 현지 경찰은 처음엔 전날의 송년 분위기가 대체로 큰 사고 없이 평화롭게 흘러갔다는 총평을 내놓았다. 그러나 주로 여성들의 신고가 경찰에 다수 접수되었다는 사실이 며칠 뒤에야 드러났다. 절도, 폭행, 성폭행 신고였다. 그제야 북아프리카나 아랍 출신의 18세에서 35세 사이의 남성 수백 명이 전국적으로 저지른 일이 수면 위로 떠올랐다. 당시의 흥분된 분위기에 더욱 분노를 부추긴 것은 당국의 늑장 발표였다. 국가기관이 무언가를 은폐하려 한다는 인상을 주었기 때문이다.

2016년 1월 초, 호르스트 제호퍼는 이런 분위기를 틈타 한 인터뷰에서 자신의 요구를 밝혔다. 연간 최대 20만 명의 난민 수용이 독일을 위한 상한선이라는 것이다. 1월 26일 오전 11시 48분, 바이에른 주지사 명의의 서한이 팩스로 총리실에 도착했다. 내용 일부는 당일에 공개되었고, 1월 29일에는 바이에른 주정부 웹사이트에 전문이 실렸다. 첫머리에는 "바이에른의 요구. 난민 유입을 제한하는 주정부"라는 제목이 굵게 인쇄되어 있었다. 이 서한에는 전 연방헌법재판관 우도

디파비오 교수가 쓴 "헌법적 문제로서의 이민 위기"라는 제목의 전문가 의견도 첨부되어 있었는데, 이건 우편으로 도착했다. 바이에른 주지사는 연방정부가 '지체 없이' 필요한 조치를 취하지 않을 경우 연방헌법재판소에 제소하겠다는 뜻을 분명히 밝혔다. 특별한 일은 아니었다. 연방정부는 항상 자신의 결정이 헌법재판소에 제소될 상황을 준비하고 있었기 때문이다. 오히려 주목할 부분은 행간의 뜻이 담겨 있을 법한 다음 구절이었다.

"따라서 연방정부는 법치를 회복할 책임이 있습니다."

법치를 얘기하면서도 11월부터 발효된 유럽연합-튀르키예 행동 계획이나 당시 결정적인 단계에 접어들고 있던 유럽연합-튀르키예 협정의 협상에 관한 구체적인 언급은 없었다. 그렇다면 나는 유럽연합-튀르키예 협정이 마무리될 때까지 답장을 보내지 않기로 마음먹었다.

2월 10일 기사당 대표는 『파사우어 노이에 프레세』와의 인터뷰에서 좀더 강하게 압박하고 나섰다.

"우리는 현재 법과 질서가 없는 상태입니다. 이건 불법 통치입니다."

언론은 이미 전날 이 말을 두고 제호퍼가 나를 불법 국가의 독재자 수준으로 몰아붙였다고 논평했다. 사실 이 지점에서부터 불법 국가인 동독 출신으로 통일 독일의 수장에 오른 여성을 믿을 수 없다는 주장까지는 그리 멀지 않아 보였다. 이런 상황에서 전 연방재무부 장관이자 기사당 명예 당대표인 테오 바이겔이 나를 바이에른으로 초청함으로써 다른 형태의 협력도 가능함을 보여준 것은 나로선 반가운 일이었다.

2016년 4월 나는 마침내 호르스트 제호퍼에게 답장을 보냈다. 서신의 골격은 난민 담당 부서 책임자인 얀 헤커가 작성했는데, 여기엔 그의 법률적 전문성이 유감없이 발휘되었다. 나는 2016년 4월 19일 자로 이렇게 썼다.

"총리청과 관련 연방 부처는 귀하의 진술과 바이에른 주정부의 전문가 의견을 법적·사실적 측면에서 면밀하게 검토했습니다. 그 결과 연방정부가 난민 정책과 관련하여 유럽연합법 및 국내법에 따른 법적 의무를 무시했다거나, 독일로 오는 난민 수를 줄이기 위해 어떤 조치도 취하지 않았다고 비난받을 만한 여지는 없다고 판단됩니다. 난민 정책의 목표를 달성함에 있어 어떤 단계에서 어떤 수단이 가장 적합할지의 문제와 관련해서는 유럽연합법이든 국내법이든 정치적 행위 여지를 남겨두고 있습니다. 연방정부는 특정 수단의 사용과 관련해서 법적 제한을 받지 않습니다. 그리고 철저한 사실 조사와 다른 영역에 미칠 파장을 충분히 고려한 뒤에 정치적 책임을 행사합니다."

다시 출마해야 할까?

난민 정책은 내 총리 임기에서 중요한 전환점으로 느껴졌다. 과제의 규모뿐 아니라 그와 연결된 극단적인 사회적 충돌 때문에라도 그랬다. 이런 상황에서 나는 2017년에 다시 출마를 해야 할지 고민에 빠졌다. 물론 이건 난민 문제 이후에 시작된 고민이 아니라 2013년 세 번째 임기 초에 벌써 시작된 고민이었다. 독일 선거제도는 연방총리직에 임기 제한을 두지 않았다. 따라서 낙선하지 않고 스스로 사임해야 할지 결정하기가 애매했다.

아무튼 늦어도 2016년 가을 차기 기민당 전당대회 전에는 결정을 내려야 했다. 나는 이 문제를 두고 베아테 바우만과 자주 상의했다. 그녀는 12년이면 충분하다고 생각했다. 그녀의 의견은 무게가 있었다. 하지만 마지막 결정은 내가 내려야 한다면서, 가급적이면 호엔발데의 집에서 내가 다시 출마해야 할 이유와 출마하지 말아야 할 이유를 종이에다 차분히 적어보라고 했다. 정신의 명료함을 얻기 위한 탁월한 제안이었다. 2016년 10월 말, 나는 양쪽 입장의 이유를 적어 서로 비교해보았다.

정계 은퇴를 해야 할 이유는 이랬다. 첫째, 세계경제 위기와 유로화 위기, 난민 유입 문제, 그리고 곧 언급하게 될 후쿠시마 원전 사고 등 비상 상황에서 비상한 결정들을 내리면서 나는 에너지가 모두 소진되었다. 둘째, 유로화 위기 후 2013년 총선에서는 의회 진입이 실패했지만, 난민 정책과 관련해 기민당과 기사당의 내부 알력을 틈타 다시 힘을 얻은 '독일을 위한 대안당'(AfD)은 내가 출마하지 않으면 주요 공격 대상을 잃을 게 분명했다. 셋째, 난민 정책과 관련해서 기민당과 기사당 내에서 나온 온갖 험한 말이 선거전에서 상대 정당들에 훌륭한 먹잇감이 될 수 있었다.

반면에 다시 출마해야 할 이유는 이랬다. 첫째, 새 총리 후보를 찾는 과정에서 기민당과 기사당 사이에 불협화음이 생길 수 있었다. 둘째, "메르켈은 기민/기사 연합의 몰락"이라고 공공연히 말하는 일부 기사당 내 세력과 대안당이 선거에서 승리할 가능성이 있었다. 셋째, 나는 중도층의 지지를 얻을 수 있었다. 넷째, 나의 재선은 난민 정책에 대한 국민의 지지일 수 있었다. 다섯째, 독일에는 안정이 필요했다. 마지막으로 나를 항상 지지해왔고, 특히 2015년 8월 31일 여름 기자회견 이후 나를 지지하고 신뢰해온 많은 사람을 실망시킬 수 없었다.

이 대목을 쓰던 중에 문득 전 헤센주 기민당 의원 발터 뤼프케가 생각난다. 항상 극우에 맞서 용감하게 싸운 사람이었다. 그러다 보니 늘 적대감과 위협의 표적이 되었고, 마침내 증오의 말이 행동으로 표출되어 2019년 6월 1일 자택 테라스에서 극우 테러범의 총에 맞아 사망했다. 발터 뤼프케는 인간의 존엄성과 관용이라는 가치의 상징이자, 예나 지금이나 그에 대한 훌륭한 본보기였다.

2016년 10월 26일부터 28일까지 나는 베아테 바우만과 함께 발트해 연안의 디어하겐으로 떠나 고민에 고민을 거듭했다. 결정의 순간이 점점 가까워졌다. 나는 2016년 11월 20일 일요일에 예정된 전국

상임위원회 비공개 회의를 디데이로 잡았다. 기민당 선거 전당대회 준비 모임이었다. 늦어도 이 자리에서는 기민당 당대표직에 또다시 출마할지 발표해야 했다. 내가 아는 한, 당대표직은 2017년 총선에 총리로 다시 출마하기 위한 전제 조건이기도 했다.

2016년 11월 나는 이 문제를 버락 오바마와도 상의했다. 미국 대통령으로서 베를린을 마지막으로 방문한 자리였다. 우리는 11월 16일 수요일 호텔 아들론에서 둘이서만 만나 저녁 식사를 함께했다. 오바마는 내 이야기를 차분하게 들었고, 내 결정에 도움이 될 만한 이런저런 질문을 던졌다. 하지만 그외에는 이러쿵저러쿵 자기 의견을 내놓지 않았다. 바로 그게 도움이 되었다. 나는 그가 나의 책임감에 공감하고, 공감하고 싶어 한다는 느낌이 들었다. 이건 내 삶을 위한 개인적인 결정일 뿐 아니라 일국의 지도자로서 모든 정치적 결과를 고려하는 결정이어야 했다. 오바마는 유럽에 여전히 내가 무척 필요한 사람이라고 말하면서도 결국은 나의 감정에 따라 결정해야 한다고 덧붙였다.

2016년 11월 18일, 나는 볼프강 쇼이블레에게도 조언을 구하기로 마음먹었다. 11월 19일 토요일 12시 우리는 내 사무실에서 만났다. 휠체어를 타고 들어온 그는 내가 인사를 하며 자리에서 일어나 다가가자 이렇게 말했다.

"무슨 말을 하고 싶은지 알겠는데, 그러지 말아요."

"일단 내 말부터 들어보세요."

내가 대답했다.

내가 대화에서 나의 고민과 갈등을 얘기하자 쇼이블레는 다시 출마하라고 용기를 주었다.

이튿날 내가 의장단과 전국상임위원회에서 재출마 의사를 밝혔을 때 별도의 발언권을 얻어 내 결정의 의미를 강조하고 선거전에 수반될 어려움을 지적한 것도 바로 쇼이블레였다. 아무튼 의장단은 물론이고 전국상임위원회도 나의 재출마 결정을 큰 박수로 환영했다. 내가 다른 결정을 내리지 않은 데 대한 안도감의 표시 같았다. 다른 결정이 내려졌다면 그 파장은 가늠하기 어려웠기 때문이다.

2016년 12월 5~7일에 열린 기민당 전당대회는 순조롭게 흘러갔다. 나는 2015~2016년의 혼란스러운 상황을 딛고 89.5퍼센트라는 매우 좋은 득표율로 기민당 대표에 재선되었다. 하지만 예상대로 본격적인 선거전은 어려웠다. 2017년 9월 24일 연방의회 선거에서 기민/기사 연합은 32.9퍼센트의 저조한 득표율을 기록했다. 통일 이후 가장 나쁜 성적표였다. 이는 2013년의 환상적인 결과보다 8.6퍼센트포인트나 낮았다. 그런데 당시와 한 가지 차이가 있다면, 기민/기사 연합을 빼고는 정치적으로 실행 가능한 연립정부를 구성할 수 없다는 점이었다. 사민당은 20.5퍼센트, 좌파당은 9.2퍼센트, 녹색당은 8.9퍼센트, 자민당은 10.7퍼센트, 대안당은 12.6퍼센트를 얻었다.
정부 구성은 쉽지 않았다. 산술적으로 과반이 가능한 자메이카 연정, 즉 기민/기사 연합과 자민당, 녹색당으로 연합 정부를 꾸리려는 내 시도는 성공하지 못했다. 무척 아쉬운 일이었다. 2013년에는 녹색당의 반대로 흑녹 연정이 실현되지 못했다면 이번에는 자민당의 반대로 정부 구성이 무산되었다. 2013년 자민당의 원내 입성 실패 후 탁월한 능력을 보여 첫 도전에서 벌써 자당의 원내 복귀를 성사시킨 당대표 크리스티안 린드너는 내가 이끄는 정부에는 참여하지 않겠다고 결론을 내렸다. 이제 연방대통령까지 나서서, 그전에 대연정에 단호하게 선을 그은 사민당을 설득함으로써 간신히 새 정부가 구성되었다. 2018년 3월 14일, 독일연방공화국 역사상 가장 긴 시간이 걸린 정부 구성 끝에 나는 마침내 연방의회에서 연방총리로 선출되었다. 이번이 네 번째였다.
난민 상한선과 관련해서 기민당과 기사당, 사민당은 연정 협정문에 이렇게 명기했다.

"평균 이주민 수, 지난 20년간의 경험, 기존의 합의된 조치, 직접적으로 통제 가능한 부분들을 고려할 때 망명에 대한 기본권 및 난민 지위에 관한 제네바 협약에 저촉되지 않는 범위 내에서 우리는 이주민 수가 연간 18만에서 22만을 넘지 않도록 할 것이다."

현실적 상황과 정치적 요구가 조합된 이 문구는 연정 파트너 모두의 불만을 어느 정도 잠재울 수 있었다. 그렇다고 2018년 여름, 독일 국경에서 입국하려는 난민을 강제 송환하는 문제에서 서로의 견해차가 정점으로 치닫는 일까지 막지는 못했다. 이는 2015~2016년과 같은 1차 이주, 즉 출신국에서 탈출한 사람들의 문제가 아니라 이미 유럽연합 내(예를 들어 이탈리아)에서 망명 신청자로 등록했지만 다른 나라로 가려는 사람들의 2차 이주에 관한 문제였다. 더블린 III 규약에 따르면 이들이 출발국에서 망명 심사를 계속 밟을 수 있도록 돌려보낼 수 있었지만, 기한이 촉박해서 제대로 인계되지 않는 경우가 많았다. 그 때문에 기사당 내의 많은 사람, 특히 마르쿠스 죄더 신임 바이에른 주지사와 지역연합회 회장 알렉산더 도브린트, 그리고 새 정부 구성 후 내무부 장관에 임명된 호르스트 제호퍼는 국경에서 이런 사람들을 강제로 돌려보내 2차 이주를 막아야 한다고 촉구했다.

이로 인해 2018년 6월 중순 기민당과 기사당은 또다시 충돌했다. 나는 유럽 차원에서 문제를 해결해야 한다고 주장했다. 6월 28~29일 브뤼셀 유럽연합 이사회에서 내 동료들은 유럽연합 회원국들이 2차 이주를 막는 데 필요한 모든 국내 입법 및 행정 조치를 서둘러 마련하고 그 과정에서 서로 긴밀히 협력한다고 합의함으로써 나를 도왔다. 특히 알렉시스 치프라스 그리스 총리와 새로 취임한 페드로 산체스 스페인 총리는 내게 실질적인 도움을 주었다. 더블린 III 규약을 토대로 독일과 행정 협정을 체결하고 독일 국경에 도착한 자국 등록 난민 신청자들을 다시 데려가겠다고 약속한 것이다. 이탈리아 같은 다른 나라들도 독일과 이러한 협정을 체결할 의향을 보였다. 7월 1일, 기민당 전국상임위원회는 유럽연합 이사회의 이 결과들을 지지했고, 다음 날 기사당도 결국 양보했다. 독일 국경에서 망명을 요청하는 사람들을 강제로 돌려보내지 않기로 한 것이다.

나는 지금까지도 이 국면에서 인내와 지원을 아끼지 않은 사민당에, 특히 당시 당대표이던 마르틴 슐츠와 안드레아 날레스에게 감사한 마음을 품고 있다. 제삼자 입장에서는 부담스러웠을 기민당과 기사당의 내부 분쟁을 별말 없이 묵묵히 견뎌내는 것은 결코 쉬운 일이 아니었다.

2. 네트워크로 연결된 세상-맞매듭

지구본, 지도 그리고 관용

2016년 12월 1일부터 독일이 1년간 G20 의장국을 맡았다. 나는 지난 11년 동안 총리직을 수행하면서 쌓은 국제적 경험을 이번 의장 직에서 기쁜 마음으로 발휘할 생각이었다. 19개 국가와 유럽연합으로 이루어진 G20은 2017년에 구매력 평가 기준 국내총생산이 세계 경제 생산량의 약 80퍼센트를 차지했고, 세계 무역의 4분의 3을 담당했으며, 세계 인구의 3분의 2에 해당하는 50억 명 가까운 사람이 살고 있었다.

총리실 책상 위에는 첫 취임 때부터 검은색의 바다와 각국의 정치적 성격이 다양한 색깔로 표시된, 조명이 들어오는 지구본이 있었다. 덕분에 책상에 앉아 전화 통화를 할 때면 대화 상대의 위치를 시각적으로 바로 확인할 수 있었다. 나는 가끔 지구본을 보며 지구상에 살고 있는 수십억 명의 사람을 떠올렸다. 처음 취임할 당시에는 66억 명이었는데, 2017년에는 10억 명이 더 붙었다. 독일에 사는 8,000만 명이 넘는 사람의 생각을 헤아리는 것도 쉽지 않은데, 전 세계 사람들을 파악하는 것은 불가능했다. 나는 유럽연합 정상들의 생활환경에 대해서는 대체로 잘 알고 있었지만, 다른 대륙의 대화 상대에 대해서는 그렇지 못할 때가 많았다. 물론 해외 순방을 갈 때면 방문국에 대해 미리 공부를 했다. 각국 상황에 대한 독일 대사관의 보고가 도움이 되었다. 그걸 읽고 나면 대화할 때 무엇을 물어봐야 할지 더 잘 알 수 있었다. 한 나라에 대해 아는 것이 너무 없어 대화를 이어갈 적절한 질문조차 할 수 없을 때보다 난처한 상황은 없었다.

해외 방문 중에 나는 그 나라의 삶을 조금이라도 들여다볼 기회가 있으면 놓치지 않았다. 저녁 산책, 예술가와 대학생 또는 연수생과의 만남, 현지 독일인들과의 대화는 그곳의 삶을 이해하는 데 도움이 되었다. 그 나라의 정상과 대화를 나눌 때면 그들의 일상을 물어보기도 했다. 가끔 집에서 가족을 위해 아침 식사를 준비하시나요? 슈퍼마켓에서 직접 장을 보시나요? 휴가는 어디로 가나요? 어떤 생각으로 잠들고 어떤 걱정으로 깨어나나요? 이런 질문을 받으면 상대는 솔직하게 답할 때도 있었고, 아니면 놀란 표정으로 그냥 바라보기만 할 때도 있었다.

임기 내내 나는 나 자신의 세계관이 어떻게 형성되었고, 남들의 세계관과 어떻게 다른지 줄곧 알고 싶었다. 또한 지구본과 지도의 차이점에 대해서도 생각해보았다. 지구본에는 다른 곳들보다 부각되는 지점이 없었다. 모든 지점은 지구의 중심에서 같은 거리에 있었다. 하지만 세계지도는 달랐다. 하나의 중심과 나머지 주변부가 있었다. 중심에 대한 결정은 자의적이었다. 1884년 워싱턴에서 열린 국제 자오선 회의 참석자들은 영국 그리니치 마을의 자오선(적도와 수직이 되게 북극에서 남극으로 자른 가상의 선)을 국제 본초자오선으로 지정하고, 이 선을 기준으로 그리니치시를 세계 표준시로 삼았다. 이 장소가 선택된 이유는 당시 영국이 자국 시간의 표준화에서 다른 나라들에 비해 훨씬 앞서 있었기 때문이다. 이렇게 해서 오늘날 우리가 일반적으로 사용하는 세계지도가 탄생했고, 그리니치를 지나가는 본초자오선이 그 중심에 배치되었다. 그를 통해 나 역시 다른 수백만 명의 독일인 및 유럽인과 마찬가지로 세계에서 두 번째로 면적이 작은 유럽 대륙을 중심에 배치한 지도를 보면서 자랐다.

오래전 스튜어트 맥아더의 수정된 세계지도가 나왔을 때 전 세계 사람들은 이를 받아들이려 하지 않았다. 이 호주인은 자신의 대륙이 세계의 변두리에 위치해 있다는 농담을 사람들이 하도 많이 하는 것에 짜증이 나서 1979년에 새로운 세계지도를 만들었다. 여기서는 북쪽과 남쪽, 즉 위아래가 뒤바뀌었다. 본초자오선은 그리니치가 아니라 호주 도시 캔버라를 통과했다. 이로써 호주는 지도의 상단 중앙으로 이동했고, 유럽은 오른쪽 구석으로 밀려났다. 그 결과 우리의 지구를 완전히 다른 식으로 보는, 특이하면서도 일면 타당한 관점이 생겨났다. 여기서 유럽인은 갑자기 구석 자리로 쫓겨났다. 더 이상 세계의 중심이 아니라는 말이다.

유럽인은 예나 지금이나 전 세계 인구의 극히 일부에 지나지 않았다. 그럼에도 국제 관계에서 우리 유럽인에게 세계의 번영과 평화로운 공존에 기여할 어떤 특별함이 있는지 나는 일찍부터 자문하곤 했다. 2007년 1월 17일, 독일의 유럽연합 이사회 의장국 초창기 시절에 슈트라스부르크의 유럽의회에서 연설하면서 나는 자크 들로르 전 유럽연합 집행위원장의 말과 연계해서 그 특별함에 대해 이렇게 말했다. 우리는 유럽에 하나의 영혼을 불어넣어야 하고, 그 영혼을 찾아야 한다고. 아울러 프라하 출신 작가 카렐 차페크의 말도 인용했다.

"유럽의 창조주는 유럽을 작게 만들었고, 심지어 아주 작은 조각으로 나눔으로써 우리의 심장은 그 크기가 아니라 그 다양성으로 기뻐합니다."

나는 유럽의 이런 다양성을 가능하게 하는 것이 무엇인지에 대해 스스로 묻고 스스로 답했다.

"우리의 다양성을 가능케 하는 것은 자유입니다. 자유야말로 다양성을 위한 전제 조건입니다. 그것도 저마다의 색깔을 가진 자유지요. 우리 유럽인은 역사에서 다양성을 통해 아주 많은 것을 이루어내는 법을 배웠습니다."

이어 나는 우리를 그 방향으로 이끈 특성이 관용이라고 결론 내리고는 다음과 같이 말했다.

"유럽의 영혼은 관용입니다. 유럽의 영혼, 즉 관용에 이르는 간단한 길이 있습니다. 상대방의 눈으로도 보아야 합니다."

그러려면 상대방에 대해 뭔가를 알아야 하고, 상대방을 이해하고자 하는 마음이 있어야 했다.

세상을 보는 나의 관점도 중립적이지 않았다. 내가 동독에 있을 때부터 정치를 하지 않고 자유롭고 민주적인 통일 독일에서야 정치인이 된 데는 이유가 없지 않았다. 내 정치 활동의 의미와 목표는 각 개인에게 만족스러운 삶을 가능케 하는 데 있었다. 나를 이끈 가치는 기본법 제1조 "누구도 침해할 수 없는 인간의 존엄성"에 뿌리를 두고 있었다. 세계 보편적인 가치였다. 나는 독일 국민의 안녕을 위해 헌신하겠다고 맹세했다. 이는 내 나라 독일의 평화와 자유, 안전, 경제적 번영을 위해 일하겠다는 의미였다.

그러나 나는 유럽연합에서 가장 인구가 많고 경제적으로 가장 번영한 회원국이자 세계에서 다섯 번째로 강한 경제를 가진 나라의 정부 수반으로서 진공 상태의 우주에서 살고 있지 않았다. 우리 독일인은 우리만의 이해관계를 갖고 있었고, 그중 최대한 많은 이익을 관철하는 것이 내 임무였다. 우리의 이해관계는 우리가 속해 있고 우리의 가치 동맹인 유럽연합과 나토 내에서도 다른 회원국들의 이해관계와 달랐다. 한 나라가 어떤 목표를 우선순위에 두느냐는 지리적 위치, 역사, 문화, 경제 상황, 각국의 정치 지도자에 따라 결정되었다. 우리와 정치 질서가 근본적으로 다른 국가와 협력할 때는 몇 배 더 힘들었다.

독일은 원자재가 부족했기에 천연자원이 많은 국가와의 무역 관계에 의존할 수밖에 없었다. 우리는 상품 수출과 타국에 대한 투자를 통해 우리의 번영을 증진하고 국내 일자리를 확보할 수 있었다. 예를 들어 독일의 자동차 산업, 기계공학, 화학 산업이 그랬다. 반대로 정치적 지향점이 다른 국가들까지 포함한 모든 상대국도 당연히 이런 무역 관계로 경제적인 이익을 얻었다.

독일의 이익이 걸린 문제에서는 단순히 법치와 인권에 대한 나의 생각과 일치하느냐에 따라 대화 상대를 고를 수 없었다. 타국과 전쟁을 하거나 자국 내에서 무력 충돌이 벌어지고 있는 국가의 지도자들과도 대화를 나누었다. 심지어 독일 국민의 생명을 구하기 위해서라면 인권 침해를 일삼는 국가의 정치인들도 만났다. 물론 나는 기회가 있을 때마다 사상의 자유와 법치주의를 부르짖었고, 박해받고 수감된 사람들을 돕고자 나섰다. 이런 상황에서 나 자신의 가치와 국가의 이익을 저울 위에 놓고 끊임없이 잴 수밖에 없었다. 그게 바로 진정한 현실 정치였다. 그건 내게 더러운 거래가 아니라 실용적 지혜였다. 무언가 결과를 얻으려면 타협, 즉 두덴 사전에 정의되어 있듯이 "상호 양보를 통한 합의"가 필요했다. 나는 이를 단점보다 장점이 더 많은 합의라고 불렀다. 타협점 찾기는 공원 산책처럼 한가한 일이 아니라 신경이 곤두서고 종종 고통이 함께하는 과정이었다.

큰 틀에서 보면 독일의 이익은 다른 나라와의 양자 간 관계에만 국한되지 않았다. 나는 경제·사회·생태 문제에서는 긴밀한 다자간 협력만이 전 세계의 번영과 안정, 평화를 강화할 수 있다고 확신했다. 평화로운 공존, 빈곤과 기아 퇴치, 지속가능한 천연자원 사용, 기후변화 중지, 팬데믹 확산 방지, 이 모든 것은 우리가 힘을 합쳐야만 이룰 수 있었다.

이런 신념에 따라 나는 1995년 제1차 기후회의를 비롯해 2007년 하일리겐담의 G8 정상회의, 2015년 엘마우의 G7 정상회의를 이끌었다. 그건 2017년 독일이 G20 의장국일 때 "네트워크로 연결된 세상 만들기"라는 모토를 내건 G20 정상회의도 마찬가지였다. 2017년 7월 7일과 8일, 국제적으로 중요한 부두가 있는 자유 한자 도시 함부르크에서 열린 G20 정상회의는 개최지의 특색에 맞게 항해에서 사용되는 맞매듭을 로고로 선택했다. 짐이 클수록 더 단단히 조이는 매듭이었다. 하지만 세월이 보여주듯 연대를 통해 힘이 더욱 강해진다는 나의 신념에 모두가 함께하지는 않았다.

브렉시트

2016년 6월 23일, 영국 유권자의 52퍼센트가 국민투표에서 유럽연합 탈퇴에 찬성했다. 이는 유럽연합의 다른 회원국들에게는 수모이자 모욕이었다. 영국은 그냥 우리를 떠나버림으로써 우리를 앉은 자리에서 바보로 만들었다. 이로 인해 유럽연합에 대한 세계의 시선은 바뀌었고 우리는 약해졌다.

1973년 1월 1일, 영국은 당시 아일랜드, 덴마크와 동시에 유럽경제공동체(EEC)에 가입했다. 이로써 유럽경제공동체는 총 9개국으로 늘어났다. 유럽경제공동체는 1993년 마스트리히트 조약에 의해 유럽공동체(EC)로 전환되었고, 유럽공동체는 2007년 비준과 함께 2009년에 발효된 리스본 조약에 따라 유럽연합으로 바뀌었다. 영국 국민투표 당시 유럽연합의 회원국은 총 28개국이었고, 가입 후보국도 다섯 나라나 있었다. 유럽연합이 축소될 수도 있다는 사실은 그때까지 내 상상 밖의 일이었다.

한 국가의 탈퇴 가능성은 2002~2003년 유럽연합 헌법 준비 모임에서 처음 가결되었다. 당시 대부분의 회원국은 그런 제도가 필요 없을 거라고 생각했음에도 말이다. 바츨라프 클라우스 체코 대통령만 유럽연합에 관한 조약, 즉 리스본 조약의 초안을 작성할 때 탈퇴 옵션도 새 조약에 들어가야 한다고 강력히 주장한 바 있었다. 이렇게 해서 리스본 조약 제50조 첫 단락에 이렇게 명시되었다.

"모든 회원국은 자국의 헌법상 절차에 따라 유럽연합 탈퇴를 결정할 수 있다."

나는 이 조항이 실행되는 일만은 없기를 바랐다.

내가 볼 때, 영국은 두 차례 세계대전의 재앙 후에 생겨난 유럽 통합이라는 평화 프로젝트에서 없어서는 안 될 존재였다. 1946년 9월 19일 취리히 연설을 통해 이 프로젝트의 출현에 중요한 기여를 한 사람도 윈스턴 처칠 전 영국 총리였다. 영국은 유엔안보리에서 거부권을 가진 나라이자, 영연방과 해양 국가로서 세계에 개방적이고 경쟁을 지향하고 다자 협력을 지지하는 나라였다. 영국의 경제적 무게감은 유럽 내수 시장을 더욱 강력하게 만들었다. 나는 우리의 민주주의 신념을 개별적으로 실천하는 것보다 전 세계적으로 함께 실천해나가는 것이 훨씬 더 효과적이라고 확신했다. 비록 영국이 유럽연합 내에서 종종 특수한 지위를 요구했음에도 나는 유럽연합의 회원국으로서 영국을 잃느니 계속 함께 가는 게 낫다고 판단했다.

따라서 나는 2010년 5월 이후 영국 총리 데이비드 캐머런을 돕기 위해 최선을 다했다. 특히 2014년부터 2021년까지 유럽연합의 미래 예산 문제에 대한 협상이 진행 중이던 2013년 2월에는 더욱 그랬다. 캐머런은 자국의 유럽연합 잔류에 찬성하는 입장이었지만, 당내에서 강한 압박에 시달리고 있었다. 향후 7년간의 유럽연합 예산에 대한 그의 입장은 분명했다. 이전 예산에 비해 전체적인 증액은 절대 허용하지 않으면서도 연구와 혁신 분야에 대한 지출은 늘리자는 것이다. 이는 유럽연합 예산에서 내는 돈보다 더 많은 돈을 받아 경제 발전에 사용하던 모든 수혜국에 대한 공격이었다. 공동의 농업 정책도 캐머런의 입장 때문에 어려움에 빠졌다.

나는 그를 지지했다는 이유로 다른 정상들 사이에서 아웃사이더가 되었다. 평소 긴밀하게 협력하던 프랑수아 올랑드 프랑스 대통령, 마리아노 라호이 스페인 총리, 호세 마누엘 바호주 유럽연합 집행위원장조차 나와 거리를 두었다. 내가 내내 너무 인색하게 군다고 거듭 비난받았던 유로화 위기의 여파는 여전히 가시지 않은 상태였다. 사회주의 계열에 속하는 유럽의회 이사회 구성원들은 이 문제를 당파적 이념 대결로 몰아가려고 했다. 게다가 예산안을 승인할 유럽의회

의장 마르틴 슐츠는 사회당 측의 의견에 힘을 실어주고 있었다. 이쪽
엔 소위 친유럽파 사회주의자들이, 저쪽에는 반유럽파 구두쇠 보수
주의자들이 진을 치고 있었다. 나에게는 별로 좋지 못한 상황이었다.
불과 몇 달 뒤가 연방의회 선거였다.

그럼에도 나는 정상회의 기간 내내 데이비드 캐머런의 곁을 지켰
고, 그로써 그가 이사회에서 완전히 고립되는 것을 막고 결국 다른
정상들도 움직일 수 있었다. 내가 이렇게 행동한 데에는 캐머런과의
많은 대화를 통해 그가 국내 정치적으로 협상의 여지가 없음을 누구
보다 잘 알고 있었기 때문이다.

1년 후 그는 나를 런던으로 초대했다. 나는 2014년 2월 27일 웨스
트민스터궁의 로얄 갤러리에서 상하원 합동 연설을 했다. 특별한 영
광이었다. 이어 엘리자베스 2세가 비공식 접견의 형태로 나를 버킹엄
궁으로 초대했다. 2008년 10월의 첫 방문 때와 마찬가지로 나는 여왕
의 대화술에 매료되었다. 여왕은 일련의 질문과 짧은 논평을 통해 자
신이 세상에서 일어나는 일을 면밀히 주시하고 있음을 보여주었다.
우리는 영어로 대화했는데, 그녀는 대화 중에 내 실수도 너그러이 넘
겨주었다.

이번 런던 방문은 여러모로 내게 특별했음에도 나는 유럽연합에서
영국의 특수성과 관련한 데이비드 캐머런의 소망을 모두 들어줄 수
는 없었다. 예를 들어, 영국은 독일과 달리 2004년 유럽연합의 동진
후 신규 회원국의 노동자들에게 수년간의 유예 기간 없이 바로 이동
의 자유를 보장하자는 입장이었다. 영국 노동자들과 동일한 권리를
즉각 부여함으로써 값싼 노동력을 신속하게 사용하려는 의도였다.
그러나 10년이 지난 지금, 영국 정부는 중부 및 동유럽 국가 출신의
노동자와 그 가족들 때문에 교육과 의료, 복지 분야에서 상당한 비용
이 발생하고 있다고 하소연했다. 그러면서 그사이 전 유럽에서 적용
되고 있는 동유럽 노동자들에 대한 이동의 자유를 일부 제한하고 싶

어 했다. 이는 유럽연합의 초석에 대한 공격으로서 나는 도저히 받아들일 수 없었다.

영국의 유럽연합 탈퇴와 관련한 국민투표 실시 결정은 오래전, 그러니까 2005년 가을의 사건들에 그 뿌리가 닿아 있었다. 당시 데이비드 캐머런은 보수당 대표직에 출마하면서 자당 의원들에게 유럽국민당을 탈퇴하겠다고 약속했다. 이 당이 너무 친유럽적이라는 이유에서였다. 이로써 그는 시작부터 유로존 회의론자들의 손에 운명을 맡긴 꼴이 되었고, 이후 이 의존성에서 결코 벗어나지 못했다.

그로부터 7년이 지난 2013년 1월이었다. 그는 한 연설에서 차기 하원 선거에서 승리해 총리에 재선되면 다음 의회 회기 상반기에 영국의 유럽연합 탈퇴를 묻는 국민투표를 실시하겠다고 예고했다. 영국의 유럽연합 잔류 찬성파였던 그는 이를 통해 자당 내 유럽연합 회의론자들의 마음을 얻고자 했다. 이 공약으로 2015년 5월 7일 선거에서 승리할 수 있었지만, 당내 경쟁자들의 반발은 잠재울 수 없었다. 아니, 오히려 보수당 권력을 둘러싼 싸움에서 가장 경쟁력이 높은 라이벌 중 한 명인 보리스 존슨은 2016년 국민투표 선거전에서 캐머런의 희망에 반해 영국의 유럽연합 탈퇴를 지지하는 결정을 내렸다. 이로 인해 유럽연합 반대파들에게 결정적인 힘이 실렸다. 결국 그들은 승리했고 데이비드 캐머런은 사임했다. 2005년 가을 당대표 선거에 처음 나서면서 유럽국민당을 탈퇴하겠다고 약속한 이후 그가 걸어간 길은 처음부터 잘못된 계산이 어떤 결과를 초래하는지를 보여주는 교과서적인 예였다.

이제 유럽연합과 영국에는 상호 존중의 자세로 평화롭게 결별하는 수순만 남았다. 그래야 미래의 협력을 더욱 어렵게 만들 상처가 추가로 발생하는 일을 막을 수 있었다. 이 협상은 성공리에 마무리되었다. 우리는 탈퇴 협정뿐 아니라 미래를 위한 유럽연합과 영국 간의 무역 및 협력 협정도 체결했다. 여기에는 캐머런의 후임자인 테리사 메이 총리의 역할이 컸다.

국민투표 결과가 나왔을 때 나는 영국이 유럽연합에 잔류할 수 있도록 더 많은 양보를 했어야 하지 않았을까 잠깐 후회했다. 그러나 당시 영국 내 정치적 상황을 고려하면 외부에서 영국의 유럽연합 탈퇴를 막을 방법은 없었다는 결론에 도달했다. 아무리 정치적 의도가 훌륭해도 과거의 실수를 되돌릴 수는 없다는 쓸쓸한 경험이었다. 결국 나로선 영국과 유럽연합이 앞으로도 서로의 공통점을 인식하고 모든 중요한 사안에서 긴밀히 협력할 수 있는 길과 대화 형식을 찾기를 희망할 뿐이었다.

새로운 동맹

점점 가속화하는 글로벌 네트워킹 덕분에 늦어도 새천년 시작 이후에는 일부 개발도상국에서 급속한 경제성장이 이루어졌다. 그들은 여전히 스스로를 개발도상국이라 여겼지만 선진국들은 이미 그들을 신흥국이라 불렀다. 2001년 골드만삭스의 수석 이코노미스트 짐 오닐은 브라질, 러시아, 인도, 중국처럼 GDP 대비 5~10퍼센트의 높은 경제성장률을 보이는 국가들을 이니셜을 따서 '브리크'(BRIC)라고 통칭했다. 이들 국가는 글로벌 경제 강국으로 성장했다. G8은 더 이상 세계경제의 운명을 혼자 결정할 수 없게 되었다. 따라서 2003년 이후에는 브라질, 인도, 중국, 남아프리카공화국, 멕시코를 G5 국가로서 G8 정상회의에 정례적으로 초청했다. 그건 내가 주최한 2007년 6월 8일 하일리겐담 정상회의에서도 마찬가지였다. 2007년 5월 24일 G8 정상회의 전에 나는 연방의회에서 정부 성명서를 발표하면서 G8과 G5의 협력에 대해 이렇게 언급했다.

"우리는 G8을 G13 그룹으로 확대하지는 않을 것입니다. 다만 신흥 경제국의 협력 없이는 오늘날 기후 보호나 세계무역 질서, 지적재산권 같은 분야에서 진전을 생각할 수 없습니다. 우리는 이런 문제들에서 최저 공통분모를 훌쩍 뛰어넘어 공통의 인식을 발전시켜나가고자 합니다."

G5 국가들은 공동 입장문을 통해 다자 기구의 의사 결정 기관에 개발도상국을 포함시킴으로써 글로벌 거버넌스 구조에 더욱 민주적이고 합법적인 대표성을 갖추게 하자고 요구했다. 하일리겐담에서 우리는 이른바 '하일리겐담 프로세스'라고 불리게 될 G8과 G5 간의 상시적인 협력 체제를 구축했다. 이는 글로벌 질서를 위한 새로운 주춧돌이 될 수 있었다. 그러나 결과는 달랐다.

하일리겐담 회담 두 달 뒤, 국제 금융 및 경제 위기가 닥쳤다. 2008년 11월 중순, 위기가 절정에 달했을 때 조지 W. 부시 미국 대통령은 주요 20개국(G20) 정상들을 워싱턴으로 초대했다. 위기 극복 방안과 해결책을 논의하기 위해서였다. 여기엔 G8뿐 아니라 G5 국가도 모두 포함되었다. 게다가 이들 G5 국가는 더 이상 단순히 초대만 받은 것이 아니라 문제 해결의 실행자로 나섰다. 예를 들어, 중국은 2008년 11월에 이미 4,600억 유로 상당의 경기 부양 프로그램을 채택했다. 3개월 후 부시의 후임자인 오바마가 6,000억 유로를 조금 넘는 액수로 시작한 미국의 경기 부양 프로그램과 큰 차이가 나지 않는 규모였다. 이런 식으로 중국은 자신뿐 아니라 세계경제에도 도움을 주었다. 이때부터 하일리겐담 프로세스는 사실상 G20으로 대체되었다.

새로운 G20 체제는 글로벌 금융 위기로 인해 시장경제 중심의 글로벌 질서에 대한 신뢰가 근본적으로 약화되었음을 숨기지 않았다. 선진국들이 이 위기를 초래했다는 사실은 브리크 국가들의 자신감을 더욱 강화시켰다. 이들 국가의 정상들, 즉 루이스 이나시우 룰라 다시우바 브라질 대통령, 드미트리 메드베데프 러시아 대통령, 만모한 싱 인도 총리, 후진타오 주석은 2009년 6월 16일 러시아 예카테린부르크에서 모여 이제부터 매년 회동하기로 결정했다. 2010년에는 남아프리카공화국이 추가되었는데, 그때부터 '브릭스'(BRICS)라고 불렸다. 이로써 새로운 동맹이 등장했다. 이 동맹은 더 많은 영향력을 요구했고, 그 점에서 개발도상국의 지지를 받았다.

미국은 권력을 쉽게 내주지 않았다. 2009년 피츠버그 G20 회의에서 이미 합의한 바 있던, 국제통화기금(IMF)의 투표권 배분과 관련한 개혁을 2015년 말까지 막아버렸다. 그러자 브릭스 국가들은 이 틈을 타서 2014년 국제통화기금과 세계은행의 대안으로 자체 개발은행인 신개발은행을 설립했다. 또한 2015년에는 중국의 주도로 50여 개국이 참여한 또 다른 개발은행인 아시아인프라투자은행(AIIB)이 출범했다. 미국과 일본은 이 은행에 참여하지 않았지만 독일, 영국, 프랑스, 이탈리아는 중국에만 맡길 수 없다는 이유로 참여를 결정했다.

미국은 세계무역기구(WTO)에서도 상소심 재판부의 일부 결정에 동의할 수 없다는 이유로 2013년부터 이 재판부의 신규 임용을 막았다. 이로 인해 세계무역기구의 재판권은 약화되었다. 내가 볼 때 이제 양자 선택밖에 없었다. 지금까지 우두머리 수사슴 역할을 하던 선진국들이 다자 기구들에서 신흥국과 권력을 나누든지, 아니면 하나의 통합된 글로벌 질서 대신 여러 국가 그룹과 조직이 서로 경쟁하는 분열된 질서가 생겨나든지 둘 중 하나였다. 브릭스 그룹은 갈등을 피할 마음이 없었다.

자유무역협정

모두가 합의한 규칙에 기반한 국제무역은 전 세계 번영의 중요한 원천임이 입증되었다. 이를 담당하는 세계무역기구는 1947년 이후 존속해온 '관세 및 무역에 관한 일반 협정'(GATT)을 초석 삼아 1995년 1월 1일부터 업무를 개시해, 세계무역기구와 세계은행에 이어 경제 및 금융 분야에서 세 번째로 큰 다자 기구로 발전했다. 2017년 초

164개국이 가입한 이 기구는 전 세계 무역의 98퍼센트를 차지했다.

무역은 그 자체로 좋다고만 할 수는 없고 공정해야 한다. 따라서 1990년대 말부터 관세 외에 사회적·생태적 기준이 점점 더 중요한 역할을 했다. 특히 농업 부분에서 그랬는데, 나는 환경부 장관 시절부터 이런 흐름을 지지했다. 2001년 카타르의 수도 도하에서 이른바 '도하 라운드' 협상이 시작되었다. 주로 농업 부문의 무역을 한층 친사회적·친환경적으로 개선하고, 최빈 개도국에 관세와 할당제 없이 세계시장에 접근할 기회를 주기 위한 협상이었다.

2008년 워싱턴에서 열린 제1차 G20 정상회의 때까지만 해도 참가국들은 금융 위기 이후 경제 침체의 분위기 속에서 이 협상의 신속하고 성공적인 종결을 촉구했다. 이후 급속하게 동력이 떨어졌다. 나는 계속 타결을 희망했다. 하지만 2013년 초쯤으로 기억하는데 오바마 대통령이 나에게 더는 이 프로젝트의 성공을 믿지 않는다고 솔직하게 털어놓음으로써 내 희망을 깨버렸다. 그로서는 미국 유권자들의 표를 고려할 때 타국 농산물의 미국 시장 접근을 용이하게 만드는 이 타협을 받아들이기가 어려운 듯했다. 다자간 협정을 통한 추가 이득은 분명 적었다. 게다가 만장일치로 결정해야 했기에 도하 라운드의 끝은 이미 정해진 것이나 다름없었다. 실제로 이 협상은 늦어도 2016년에는 실패로 여겨졌다. 당시 나는 이런 속담이 떠올랐다.

"말이 죽으면 말에서 내려라."

성공 가능성이 없는 아이디어에 너무 집착하지 말라는 뜻이었다. 결국 나는 무거운 마음으로 하차했다. 다자간 협상이 실패하자 논의의 중심은 양자 간 또는 지역별 협정 체결로 넘어갔다. 나로서는 차선책이었다.

유럽연합 자체가 하나의 공통 내수 시장이 되었기에 이제 무역 문제도 유럽연합 집행위원회의 소관이 되었다. 집행위원회는 도하 라운드 협상과 별도로 양자 간 협상도 함께 진행했다. 예를 들어, 2010년 한국과 기존 관세의 거의 99퍼센트를 철폐하는 자유무역협정을 체결했다. 이 협정은 2011년 7월부터 잠정적으로 시행되다가 2015년 말에 공식 발효되었다. 이러한 협정에 대한 온갖 우려, 특히 유럽 자동차 업계의 우려는 5년 만에 불식되었다. 유럽의 수출은 감소하지 않고 오히려 55퍼센트 증가했다. 독일 자동차 산업도 이 협정의 혜택을 받았다. 독일과 한국은 분단이라는 특수한 경험으로 서로 연결되어 있었기에 나는 이 협정 체결이 특히 기뻤다.

나는 2010년 11월 G20 정상회의를 계기로 한국을 한 번 방문했는데, 한국 국민들이 평화로운 독일 통일을 얼마나 부러워하는지 경험했다. 그들 역시 민주주의에 기반한 통일 한국을 고대하고 있었다. 당시 나는 이명박 대통령과 독일 통일에 대해 이야기를 나누었다. 그는 동독 출신인 나에게 독재 정권에서 살았던 특별한 경험을 이야기해주길 청했다. 물론 내가 살았던 동독이 북한에 비해 상당히 자유로운 나라라는 사실을 그 역시 잘 알고 있었음에도 말이다. 우리는 그에 대해 이야기했다. 또한 나는 독일 통일을 실현하는 과정에서 우리를 힘들게 한 난관들도 지적했다. 가령 새로 편입된 연방주들의 높은 실업률, 동독인들의 삶에 대한 많은 서독인의 이해 부족 같은 것들이었다. 나는 한국인들도 언젠가 평화와 자유 속에서 통일을 이루길 진심으로 소망한다.

2015년 11월부터 스티븐 하퍼에 이어 캐나다 총리직에 오른 쥐스탱 트뤼도는 유럽연합과 캐나다 간의 포괄적 경제무역협정(CETA) 타결에 특별한 공헌을 했다. 이 협정에는 환경기준까지 포함되어 있었다. 관련 협상은 2014년 8월 그의 취임 전에 이미 종료되었음에도 트뤼도는 일부 유럽 국가가 캐나다 시장에 대한 농산물 접근성 개선을 추가로 요구함으로써 생겨난 장애물을 극복하려는 강력한 타협

의지를 보였다. 내가 볼 때, 민주적 가치를 공유하는 파트너와의 무역 협정은 장점이 단점보다 훨씬 많았다. 특히 농업 같은 몇몇 분야에서는 말이다. 독일에서는 사민당 대표이자 연방경제에너지부 장관인 지크마르 가브리엘이 자당 내에서 협정 승인을 받기 위해 힘겨운 싸움을 벌였다. 2016년 10월, 캐나다와 유럽연합 회원국들은 마침내 협정에 서명했고, 이 협정은 2017년 2월에 잠정적으로 발효되었다.

2017년 7월 초, 유럽연합과 일본은 CETA와 비슷하게 높은 수준의 자유무역협정인 JEFTA에 원칙적으로 합의했다. 2007년 건강상의 이유로 사임했다가 2012년부터 총리직에 복귀한 아베 신조의 타협 의지가 없었다면 타결되지 못했을 것이다. 이 협정은 2019년 2월에 발효되었다. 이어 2019년 11월에는 싱가포르와, 2020년 8월에는 베트남과 자유무역협정이 체결되었다.

2013년에 시작된 유럽연합과 미국 간의 자유무역 협상은 그다지 성공적이지 못했다. 이른바 '이산화염소 닭'이 협정 반대의 상징이 되었다. 미국에서는 도살하고 내장을 제거한 닭을 이산화염소로 소독하는 것이 일반적이었다면 유럽연합에서는 그 과정에 주로 얼음물이나 차가운 기체 혼합물을 사용했다. 유럽 식품 안전 당국은 미국의 방식이 건강에 위험을 초래하지 않는다고 확인했지만, 이 협정에 반대하는 유럽인들은 이산화염소 사용을 비판했고, 이산화염소로 처리된 닭고기를 식품 및 소비자 기준이 점점 낮아지고 있다는 증거로 보았다.

나는 유럽 내 많은 비정부기구의 이런 감정적인 저항이 이해되지 않았고, 이런 난관은 얼마든지 극복할 수 있다고 생각했다. 여기서 내게 가장 큰 힘이 된 것은 미국과 유럽이 정치적 신념과 나토의 안보 협력을 통해 긴밀하게 연결되어 있다는 사실이었다. 2016년 11월 퇴임 직전의 오바마 대통령과 나는 공동 명의의 기고문을 통해 우리의 입장을 밝혔다.

"우리는 협력할 때 더 강해집니다. 세계경제가 그 어느 때보다 빠르게 발전하고, 전 세계적인 도전이 그 어느 때보다 큰 지금이야말로 이러한 협력은 어느 때보다 절실합니다. 우리는 무역과 투자가 생활수준을 높인다는 공동의 신념을 바탕으로 범대서양무역투자동반자협정(TTIP)의 체결에 힘쓰고 있습니다. 우리 경제를 더욱 긴밀하게 연결할 뿐 아니라 공통의 가치에서 비롯된 규칙에 기반한 협정은 향후 수십 년간 우리의 성장과 글로벌 경쟁력 유지에 도움이 될 것입니다."

그런 다음 이런 말로 끝맺었다.

"독일과 미국은 우리의 가치와 이념에 따라 세계화를 구축할 기회를 잡아야 합니다."

그러나 안타깝게도 이 협정은 성사되지 못했다. 몇 주 후 오바마에 이어 도널드 트럼프가 미국의 새 대통령이 되었다.

유럽연합이 호주와 체결한 자유무역협정뿐 아니라 메르코수르(MERCOSUR. 아르헨티나, 브라질, 우루과이, 파라과이의 남미 경제공동체. 총 인구 2억 5,000만 명)와 체결한 자유무역협정도 TTIP와 비슷한 운명을 겪었다. 두 협정 모두 내 임기 중에 타결되지 못했다. 도하 라운드와 마찬가지로 주된 이유는 농업 문제였다. 가끔은 브라질 아마존 열대우림의 벌채와 관련한 기후 보호 문제도 영향을 미쳤다. 그럼에도 나는 최대한 많은 국가와의 자유무역협정 체결이 유럽연합의 이익에 부합한다고 확신했다. 세계의 나머지 국가들도 손 놓고 있지는 않았기 때문이다.

2020년 11월 15일, 동남아시아국가연합(ASEAN)의 10개국과 호주, 중국, 일본, 뉴질랜드, 한국이 RCEP 자유무역협정에 서명했다. RCEP는 역내포괄적경제동반자협정의 약자다. 협정은 향후 20년간 모든 관세의 90퍼센트 철폐를 목표로 삼고 있었다. 이 15개국은 세계 경제 생산량과 세계무역, 그리고 전 세계 인구에서 약 30퍼센트를 차지하고 있었다. 협정은 2022년 1월 1일에 발효되었다. 나는 우리 유럽연합 국가들이 협상 파트너에게 끊임없이 새로운 요구를 함으로써 자기 살을 깎아먹고, 그로 인해 경제적 측면에서 다른 지역보다 뒤처지는 상황을 우려했다.

파리 협약

지구온난화에 맞서 싸우는 일만큼 전 세계적인 협력이 중요한 분야는 없다. 기억을 되살리자면, 교토 협정은 1997년 12월 11일 기후변화협약의 추가 의정서로 채택되었다. 2008년부터 2012년까지 1차 시기에는 이산화탄소 배출량을 1990년 대비 평균 5.2퍼센트 줄여야 한다는 법적 구속력은 선진국에만 부여되었다. 유럽연합은 8퍼센트, 독일은 21퍼센트를 감축하기로 약속했다. 미국은 2001년에 이미 교토 의정서에서 탈퇴했다. 2차 시기, 즉 2013년부터 2020년까지의 의무 사항에 대한 협상은 2007년에 시작해서 5년 뒤인 2012년에야 끝났다. 참여국들은 1990년 대비 평균 18퍼센트 감축에 합의했고, 유럽연합은 20퍼센트, 독일은 40퍼센트 감축을 약속했다. 캐나다는 2011년에 이미 탈퇴했고, 러시아와 일본, 뉴질랜드는 그 이후에 캐나다의 전철을 밟았다.

이렇게 해서 나머지 국가들, 그러니까 유럽연합 27개 회원국과 호주, 그리고 기타 9개국이 전 세계 이산화탄소 배출량에서 책임지는 비중은 15퍼센트에 불과했다. 이로써 법적 구속력이 있는 감축 목표를 통해 전 세계 이산화탄소 배출량을 제한하고자 했던 접근 방식은 분명히 실패했다. 동시에 2001년과 2007년의 기후변화 관련 정부 간 패널 보고서에 따르면 모든 국가의 공동 행동은 점점 시급해지고 있었다.

사실 교토 의정서 2차 시기의 의무 사항에 대한 협상은 3년 전인 2009년 12월 코펜하겐 기후회의에서 끝났어야 했다. 나는 회의 마지막 이틀인 12월 17일과 18일에 참석했다. 나 말고도 유럽연합의 많은 동료와 드미트리 메드베데프, 만모한 싱, 원자바오 중국 총리가 참석했고, 마지막 날에는 버락 오바마도 합류했다. 기민/기사 연합과 자민당 연정에서 새로 임명된 노르베르트 뢰트겐 환경부 장관은 내가 회의장에 도착했을 때, 참가자들 사이에 많은 논쟁이 있었고 이대로 가면 합의 가능성은 없어 보인다고 보고했다. 결국 정상들이 움직이는 수밖에 없었다. 우리는 30시간 넘게 협상했다. 덴마크 여왕 마르그레테 2세가 주최한 만찬 중에도 틈나는 대로 대화를 이어갔다. 잠은 세 시간밖에 자지 못했다.

2006년 중국은 이산화탄소 배출량에서 미국을 추월했다. 선진국에만 법적 구속력이 있는 감축 목표를 부여한 교토 의정서의 원칙은 이제 신흥 경제국의 역동적인 경제 발전을 감안하면 더는 맞지 않았다. 그러나 신흥 경제국들은 법적 구속력이 있는 감축 목표를 전면 거부했다. 만모한 싱 총리는 인도 의회에서 법적 구속력이 있는 감축 목표에 과반수 의원이 반대표를 던진 사실을 언급했다. 기후 보호도 중요하지만, 자국의 경제 발전을 포기할 수 없다는 것이다. 나와 마찬가지로 버락 오바마도 지구온난화의 위험을 인류의 가장 큰 위협 중 하나라고 생각했기에 합의 도출을 위해 안간힘을 썼다. 그런데 유럽과 미국의 조율 과정에서 오바마 행정부도 법적 구속력이 있는 목표는 원치 않는다는 사실이 확인되었다. 실망스러웠다.

더 심각한 것은 오바마를 비롯해 우리 중 누구도 신흥 경제국들이 장차 더 많은 책임을 지도록 설득하지 못했다는 사실이다. 그들은 오히려 지금껏 전 세계 배출량의 80퍼센트가 선진국 책임이라고 지적하면서 개발도상국들이 기후변화의 결과를 완화하고 새로운 테크놀로지로의 전환을 이루어낼 수 있도록 재정을 지원해야 한다고 요구했다. 이렇게 해서 연간 1,000억 달러 이야기가 나왔다. 모두의 의견이 일치하는 부분은 어떻게든 산업화 이전보다 2도 이상 기온 상승을 막아야 한다는 사실뿐이었다. 신흥국들 역시 이를 달성하려면 2050년까지 전 세계 배출량을 50퍼센트 줄여야 한다는 사실을 잘 알고 있었지만, 자신들의 기여 없이는 절반 감축을 이루어낼 수 없다는 사실을 인정하고 싶지 않았기에 이 목표 설정을 거부했다. 우리는 계속 제자리만 맴돌았다.

오바마는 오후에 떠나야 했다. 그전에 우리 유럽인들은 선진국과 신흥국에 대한 구속력 있는 감축 목표에 합의할 수 없다면 아예 어떤 합의도 도출하지 말아야 할지, 아니면 지붕 위의 비둘기를 잡을 수 없다면 손 안의 작은 참새에 만족할 수밖에 없듯 미흡한 합의라도 끌어내야 할지 결정해야 했다. 결국 사르코지와 나는 무거운 마음으로 오바마의 제안에 동의했다. 회의 사무국에 요청해서 일단 합의된 내용만이라도 간추려서 공동 선언문을 작성하게 하자는 것이었다. 이른바 코펜하겐 협정이었다. 다른 유럽 국가들도 우리와 뜻을 같이했다.

이렇게 해서 사무국은 2도 목표를 명시하고, 선진국들에 2020년까지 자발적인 감축 목표를 기후변화협약 사무국에 제출할 것을 요구하는 문건을 작성했다. 2020년부터는 기후변화의 결과에 대처하기 위해 개발도상국들에 매년 1,000억 달러를 지원하기로 약속했다. 이 합의의 결과는 2도 목표 달성과 관련해서 2015년에 다시 심사하기로 했다. 시간적 압박으로 인해 여기서는 1995년의 베를린 선언처럼 이 문건을 공식 채택하지 않고 단순히 '유의'하기로 했다. 총회의 승인을 받지는 못했지만 합의문으로 인정하고 관심을 갖겠다는 뜻이었다.

한 신문과의 인터뷰에서 나는 이번 결과를 속마음보다 더 좋게 평가했다.

"코펜하겐은 새로운 세계 기후 질서로 나아가는 첫걸음입니다. 그 이상도 아니고 그 이하도 아닙니다."

나는 만일 2015년까지 모든 선진국과 신흥국이 2도 목표 달성에 기여할 감축안을 자발적으로 제출하도록 설득할 수 있다면 교토 협약이 실질적으로 좌절된 후의 교착 상태를 극복할 기회는 언젠가 있으리라고 생각했다.

그로부터 6년 후인 2015년 11월 30일부터 12월 12일까지 파리에서 유엔기후변화협약 당사국총회(COP21)가 열렸다. 여기서 처음으로 선진국, 신흥국, 개발도상국 등 170여 개국이 2도 목표 달성을 위한 국가별 감축 목표치를 등록했는데, 이는 전 세계 이산화탄소 배출량의 95퍼센트에 해당했다. 나는 연설에서 이를 좋은 소식이라 부르면서도, 2도 목표를 달성하기에는 국가별 감축 목표치가 아직 충분하지 않다는 나쁜 소식도 함께 전했다. 그렇다면 우리는 파리에서 장차 이 목표를 어떻게 달성할 수 있을지 믿을 만한 신호를 보내야 했다. 나는 우리의 세계경제에 광범한 탈탄소화가 필요하다는 점을 분명히 했다. 그와 함께 독일의 경우 2020년까지 이산화탄소 배출량을 40퍼센트 줄이겠다고 약속했고, 2050년까지는 80~95퍼센트까지 감축하고 싶다고 덧붙였다.

신흥국들도 이제 원칙적으로 국가별 감축 목표를 제시하게 된 것은 그 자체로 큰 성공이었다. 이는 주최국 프랑스의 세심한 회의 준비와 미·중 간의 지속적인 협력 덕이었지만, 2010년부터 독일 환경부가 매년 개최한 페터스베르크 기후회담도 한몫했다. 기후 협상에 중요한 35개국을 초청해 연말의 기후회의에 대비하는 연례행사였는데, 나는 주최국 총리 자격으로 이 행사에 항상 참석해서 참가자들에게 이 문제의 중요성을 강조했다.

2015년 12월 12일, 로랑 파비우스 프랑스 외교부 장관이 의장을 맡은 제21차 유엔기후변화협약 당사국총회에서 마침내 파리 협약이 채택되었다. 이로써 전 세계가 함께 달성해야 할 목표가 정해졌다.

"지구의 평균 기온 상승을 산업화 이전 대비 2도 이하로 뚜렷이 유지하고, 산업화 이전 대비 1.5도로 제한하기 위해 모두가 함께 노력한다."

당사국들은 배출량 감축을 위한 국가별 목표치를 설정하고 5년마다 갱신하기로 합의했다. 국가별 목표치는 공공 등록부에 등재되었다. 선진국들은 금세기 말까지 전 세계 온실가스 순배출량을 0으로 줄이기로 약속했다. 파리 협약은 개별 국가가 감축 목표를 스스로 알아서 정하는 한계가 있기는 했지만, 법적 구속력이 있는 최초의 포괄적 글로벌 기후 보호 협약이 되었다. 발효는 2016년 11월 4일로 정해졌다. 내 임기가 끝나기 직전인 2021년 가을까지 197개 당사국 가운데 191개국이 비준 절차를 끝냈다. 그러나 각국이 제출한 감축 목표치로는 1.5도는커녕 2도 목표도 달성하기 어려워 보였다.

아프리카와의 협력 관계

2000년 9월 뉴욕에서 이른바 밀레니엄 회의가 열렸다. 189개 유엔 회원국 정상들이 모여 2015년까지 달성해야 할 밀레니엄 발전 목표에 합의했다. 예를 들어 극심한 빈곤과 기아에 시달리는 인구의 비율을 절반으로 줄이자는 것이다. G8은 아프리카 국가들이 이러한 목표를 실현할 수 있도록 지원하기로 결정했다. 2000년부터는 선별된 아프리카 국가 정상들이, 2005년 이후에는 아프리카 55개국 연합체인 아프리카연합 의장도 G8 정상회의에 정기적으로 초대되었다. 2007년 6월 독일 하일리겐담 정상회의 때도 그랬다. G8은 아프리카를 위한 행동 계획을 채택했고, 최빈국 부채 탕감 프로그램에 합의했으며, 세계백신면역연합과 에이즈, 결핵, 말라리아 퇴치를 위한 글로벌 기금을 지원했다.

8년 후인 2015년, 전 세계적으로 굶주리고 극심한 빈곤에 처한 사람들의 비율은 실제로 절반으로 줄었지만 사하라 사막 이남의 아프리카 국가들에서는 그렇지 않았다. 이 지역의 극빈층 비율은 1990~2015년까지 28퍼센트 감소하는 데 그쳤고, 영양실조 인구 비율도 33퍼센트에서 23퍼센트로 줄기는 했으나 높은 인구 증가로 인해 영양실조에 시달리는 사람의 수는 4,400만 명 더 늘었다.

그럼에도 이들 국가에서는 빈곤 퇴치뿐 아니라 교육, 양성 평등, 어린이 사망률 감소, 여성 양육자 건강 개선, HIV/에이즈와 말라리아, 기타 질병 퇴치 분야에서도 일부 진전이 있었다. 여기엔 G8의 지원이 도움이 되었다.

2015년 9월 25일, 나는 2030 의제 채택과 함께 앞선 밀레니엄 발전 목표의 다음 단계를 알리는 유엔 지속가능발전 세계 정상회의에 참석했다. 이제 193개국으로 늘어난 회원국은 2030년까지 전 세계적으로 달성해야 할 17가지 지속가능성 목표에 합의했다. 예를 들면 15년 후에는 지구상에 극심한 빈곤에 시달리거나 굶주리는 사람이 없게 하자는 것이다.

이중 많은 목표가 내겐 추상적으로 느껴졌다. 가령 건강에 관한 세 번째 목표가 그랬다.

"모든 연령대의 건강한 삶을 보장하고 복지를 증진한다."

그런데 2014년부터 서아프리카에서 유행한 에볼라 전염병으로 인해 이 목표는 갑자기 구체적인 당면 과제가 되었다. 2014년 에볼라 발생 직후, 나는 의사 출신인 김용 세계은행 총재와 이 문제를 논의했다. 100여 년 전에는 스페인 독감으로 2,000만~5,000만 명이 사망했지만, 당시보다 지금은 전 세계가 훨씬 더 밀접하게 연결되어 있기에 우리는 에볼라가 걷잡을 수 없이 확산되어 팬데믹으로 발전할 가능성을 우려했다.

그 때문에 2015년 초, 나는 아프리카 국가들에서 상당히 높은 평가를 받던 발터 린트너 대사를 독일 정부의 에볼라 확산 방지 대책을 위한 특사로 임명했다. 그는 아프리카 국가들의 의료 시스템 개선을 지원하면 독일 국민을 에볼라로부터 보호하는 데 도움이 될 거라고 내게 조언했다.

2015년 G7 독일 의장국 시절 엘마우에서 열린 G7 회의에서 정상들은 향후 5년 동안 서아프리카 국가를 포함해 최소 60개국과 보건 협력 관계를 맺기로 합의했다. 나는 존 드라마니 마하마 가나 대통령, 에르나 솔베르그 노르웨이 총리와 함께 반기문 유엔 사무총장에게 유엔이 앞으로 전염병 발생에 좀더 효율적으로 대처해서 팬데믹으로 번지지 않도록 유엔 내의 시스템을 바꿔달라고 요청했다.

우리는 세계 지속가능발전 정상회의에서 자체 행사를 통해 전염병 발발 시 보건 목표를 어떻게 달성할 수 있는지를 보여주고자 했다. 세계 각지에서 발생한 질병 정보를 수집해서 세계보건기구(WHO)에 즉각 전달할 수 있는 보건 시스템을 전 세계에 구축하자는 것이다. 그러려면 이 정보를 전 세계에 제공할 시스템이 WHO 내에 갖추어져야 하고, 질병 발생 국가에 대해 국제사회가 신속하게 대응할 수 있는 역량과 절차가 구축되어야 했다. 나는 유엔 블루헬멧(평화유지군)에서 힌트를 얻어 화이트헬멧에 대해 이야기했다. 내 임기 말까지 국제 보건 정책과 WHO 강화라는 주제는 나를 비롯해 헤르만 그뢰에와 옌스 슈판 보건부 장관의 중점 사업으로 남았다. 불과 몇 년 후 이 주제가 얼마나 중요해질지는 당시로선 전혀 예상하지 못했다.

나는 네트워크로 연결된 세상에서 산다는 것이 어떤 의미인지 계속 고민했다. 특히 아프리카를 보면 더욱 그런 생각이 들었다. 지중해를 건너 우리에게로 온 수많은 난민과 마찬가지로 에볼라와의 싸움도 여기 유럽인과 저기 지중해 건너편에 아프리카인이 따로 떨어져 사는 것이 아니라 두 대륙이 결국 운명적으로 연결되어 있음을 명시적으로 보여주었다. 유럽의 안정과 번영은 장기적으로 아프리카도 안정과 번영을 이룰 때만 가능했다. 문을 닫아걸고, 외면하고, 쫓아내는 정책은 근본적인 해결책이 아니라 미봉책에 불과했다. 아프리카와 유럽은 함께 손잡고 가야 했다. 2030 의제의 개발 목표가 아무리 올바르다고 해도 밀레니엄 발전 목표와 마찬가지로 기존의 개발 협력 방식으로는 이룰 수 있는 것이 많지 않을 것 같았다. 목표 달성을 위해선 아프리카 국가들의 자립적인 경제 발전이 선행되어야 했다. 2017년 독일 G20 의장국 시절, 나는 이를 위한 발판을 마련하고 싶었다. 이런 점에서 볼프강 쇼이블레 재무부 장관과 게르트 뮐러 개발부 장관은 나와 생각이 같았다. 우리는 아프리카 국가들을 위해 뭔가를 해주는 대신 그들과 함께 뭔가를 일구어내야 한다는 데 동의했다.

2013년 아프리카연합 회원국들은 미래를 위한 공동 비전인 '의제 2063: 우리가 원하는 아프리카'를 채택했다. 아프리카인들이 원하는 아프리카, 이것이 내 성찰의 출발점이었다. 자립적인 경제 부흥은 민간 투자자들이 '굿 거버넌스'*에 의해 뒷받침될 때만 가능했다. 따라서 나는 특히 거버넌스가 개선되고 있는 국가에 민간 투자를 장려하고자 했다. 개혁 방식은 개별 국가의 결정에 맡길 생각이었다. 이를 토대로 국제통화기금과 세계은행, 아프리카개발은행은 개인 투자자에 대한 안전장치를 마련하거나 민간 대출 이자율을 낮추는 등의 조처를 통해 민간투자 여건을 개선할 협약을 아프리카 국가들과 체결할 예정이었다. 이 프로젝트는 '아프리카 협약'이라 부르기로 했는데, 그에 대한 참여는 모든 아프리카 국가에 열려 있었다.

2017년 6월 12일, 재무부 주최로 베를린에서 제1차 G20-아프리카

---

* 정부의 효율적인 공공 정책과 서비스 제공이 시민 사회의 적극적인 참여와 결합된 국가 운영 체제.

파트너십 회의가 열렸다. 코트디부아르, 모로코, 르완다, 세네갈, 튀니지가 우리의 프로젝트에 동참했고, 가나와 에티오피아는 회의 기간 중에 합류했다. 나는 연설에서 회의의 배경을 이루는 우리의 철학을 이렇게 설명했다. 우리는 선진국들의 전통적인 개발 원조 방식이 과연 옳았는지 깊이 고민해봐야 한다고 말이다

"나는 기존의 방식이 항상 옳았다고는 생각하지 않습니다. 오히려 이제는 각국의 자립적인 경제 발전에 더 초점을 맞추어야 합니다."

이번 회의에는 독일 기업들도 참여했다. 2016년 독일의 아프리카 55개국에 대한 수출은 전체 수출의 2퍼센트에 불과했고, 수입은 1.7퍼센트에 그쳤으며, 직접 투자도 낮은 수준이었다.

전통적으로 아프리카 국가와의 경제협력을 담당해온 기관은 독일경제아프리카협회였다. 1934년에 설립된 함부르크-브레멘 아프리카 산업협회의 후신이었다. 독일경제아프리카협회는 2014년 "사하라 이남의 아프리카 전략: 기회의 대륙으로서 아프리카"라는 제목으로 포괄적인 아프리카 전략을 처음 수립했다. 경제협력은 주로 이집트, 알제리, 모로코, 튀니지 같은 북아프리카 국가들과 남아프리카공화국, 그리고 석유가 매장된 나이지리아에 집중되어 있었다. 아프리카 순방길에 오를 때 나는 독일 대기업 수장들을 함께 데려가는 일이 쉽지 않았다. 그들 대다수는 아프리카 시장에서 얻을 게 없다고 생각했다.

반면 중국은 우리보다 훨씬 많은, 정말 엄청난 금액을 아프리카에 투자했다. 압둘라예 와데 세네갈 대통령은 내게 언젠가 넌지시 이런 말을 했다.

"나는 뭔가 급히 필요한 게 있으면, 예를 들어 경기장이나 교량 건설처럼 급한 게 있으면 중국을 찾습니다. 그러면 1~2년 안에 원하는 걸 얻을 수 있지요. 시간 여유가 있다면 유럽인들에게 물어볼 수도 있지만, 그러면 항상 입찰이네 뭐네 하면서 시간이 오래 걸리고 일부 프

로젝트는 아예 실행조차 되지 않는 상황을 염두에 둬야 하지요."

그러더니 이렇게 덧붙였다.

"게다가 중국은 자금을 항상 자신들이 조달해요. 하지만 당신들한테 부탁하면 늘 우리가 직접 해결해야 하지요."

당시 나는 우울한 기분으로 그 자리를 떠났다. 나중에 압둘라예 와데의 말이 일부 옳다는 사실이 밝혀졌지만, 아울러 중국 원조의 어두운 이면도 드러났다. 아프리카 국가들은 점점 중국에 의존하게 되었고, 그 여파는 훨씬 나중에야 뚜렷해졌다. 아프리카 국가와 중국의 협력은 아프리카의 경제적 자립에 기여하기보다 중국의 일방적인 이익을 위한 것일 때가 많았다. G20이 아프리카와 새롭고 공정한 파트너십을 구축해야 할 이유가 바로 여기에 있었다. 나는 함부르크 G20 정상회의에서 이 일을 성사시키기로 마음먹었다.

4년 후인 2021년, 12개 국가가 아프리카 협약에 서명했다. 이집트, 에티오피아, 베냉, 부르키나파소, 코트디부아르, 가나, 기니, 모로코, 르완다, 세네갈, 토고, 튀니지였다. 나는 G20 의장국 시절 이후에도 국제통화기금과 세계은행, 아프리카개발은행과 함께 매년 베를린에서 아프리카 협약 국가들을 만났다. 이후 많은 아프리카 국가에서 외국인 투자가 증가했다. 물론 속도는 일부 아프리카 국가와 내가 기대한 만큼 빠르지 않았다. 나는 이제 첫걸음을 뗐고, 이후 또 다른 걸음이 이어질 거라고 생각했다. 아프리카 국가들의 다양성을 더 잘 이해하기 위해 나는 2016년부터 매년 몇몇 국가를 방문했다. 2020년 3월 이후에는 코로나 바이러스 팬데믹 때문에 몇 달 동안 아프리카를 찾지 못한 것은 퍽 유감스러운 일이었다.

세계 강국 인도와 중국

G20 19개 회원국의 인구 50억 명 가운데 절반 이상이 두 나라에 집중되어 있었다. 13억 9,000만 명의 중국과 13억 5,000만 명의 인도

였다. 2007년 하일리겐담 정상회의 이후 10년 동안 중국의 1인당 국내총생산은 3배 넘게, 인도는 2배 증가했다. 반면에 미국은 같은 기간 동안 고작 25퍼센트 증가에 그쳤지만, 여전히 중국보다 거의 7배, 인도보다는 30배 이상 높았다.

나는 오래전부터 중국과 인도의 경제적 성공이 전 세계 힘의 균형을 중국과 인도 쪽으로 당길 거라고 확신해왔다. 그런 만큼 두 나라와의 긴밀한 관계 구축이 필요했다. 2010년 나는 후진타오 주석은 물론이고 만모한 싱 총리에게도 양자 간 정부 회담의 정례화를 제안했다. 두 사람 모두 동의했다. 2011년 6월 초 뉴델리에서 제1차 독일-인도 간 정부 회담이 열렸고, 2011년 6월 말에는 베를린에서 제1차 독일-중국 간 회담이 열렸다. 이후 중국과는 다섯 차례, 인도와는 네 차례 회담이 더 열렸다.

인도는 민주주의 국가 중에서 가장 인구가 많다. 2011년과 2013년에 열린 두 차례의 독일-인도 정부 회담은 만모한 싱 총리가 주최했다. 나는 2006년 4월 인도가 주빈국으로 참가한 하노버 산업박람회 개막식 때 그를 처음 만났다. 1932년생인 그는 영국 케임브리지와 옥스퍼드에서 경제학을 공부한 뒤 유엔무역개발회의에서 근무하다가 2004년에 총리로 선출되었다. 소속 정당은 의회당이었다.

시크교 신자인 그는 힌두교도 출신이 아닌 최초의 총리였는데, 무엇보다 당시 12억 인구 가운데 3분의 2에 해당하는 농촌 인구의 생활수준을 개선하고자 애썼다. 인도의 농촌 빈곤층은 약 8억 명으로 독일 인구의 10배에 달했다. 나는 싱과 대화를 나누면서 신흥국들이 우리 부자 나라들에 대해 갖고 있는 불신감을 한결 이해할 수 있게 되었다. 그가 볼 때, 우리 선진국은 신흥국들이 우리의 문제에 큰 관심을 보여주길 기대하면서도 정작 신흥국의 문제에는 비슷한 관심을 기울이지 않는다고 했다. 나는 그의 말이 옳다고 생각하면서 앞으로 신흥국들의 문제를 좀더 관심 있게 지켜보겠다고 마음먹었다.

싱은 5,000년의 유구한 역사를 자랑하는 인도 아대륙의 문화적 다양
성에 대해 이야기했다. 인도 헌법에서만 22개의 공식어를 인정하고
있었다. 이 나라의 통일성은 다양성을 통해 더욱 빛을 발했다. 이런
점에서 인도는 많은 회원국의 조합으로 이루어진 유럽연합과 비슷
했다.

2014년 5월 나렌드라 모디가 싱의 뒤를 이어 인도 총리에 올랐다.
힌두 민족주의 정당인 인도인민당 소속의 그는 영어에 이어 인도의
두 번째 공용어인 힌디어로 말하는 걸 선호했다. 나는 이번에도 싱 총
리 때와 마찬가지로 2015년 4월 하노버 산업박람회 개막식에서 그
를 처음 만났다. 인도가 두 번째로 주빈국으로 참석한 박람회였다. 인
도는 제조업 육성 정책인 '메이크 인 인디아'(Make in India)라는 모
토 아래 자국의 400개 기업 제품들을 전시했다.

개막 행사에서 모디 총리는 투자처로서 인도의 매력을 강력히 어
필했고, 예외적으로 탁월한 영어로 연설했으며, 증강 현실 요소가 가
미된 문화 프로그램으로 참석자들에게 깊은 인상을 남겼다. 나는 놀
랍도록 진짜처럼 보이는 인도 사자가 큰 포효와 함께 뒷벽에서 나오
더니 무대 밑 관객석으로 달려가 하노버 전시장 중앙 통로를 지나갈
때 숨이 멎는 줄 알았다. 모디는 시각 효과를 좋아했다. 자국의 선거
운동 기간 중에 스튜디오에서 연설하는 자신의 모습을 홀로그램으로
50곳 이상의 현장에 투사한 이야기도 했다. 나는 그런 가상의 기법을
활용한 선거운동에 청중들이 어떤 반응을 보였느냐고 물었다. 그의
말에 따르면, 많은 사람이 그의 연설이 끝난 뒤에도 그와 악수하려고
기다렸다고 했다. 그가 현장에 없다는 사실을 알면서도 말이다.

모디 역시 인도인, 특히 농촌 인구의 생활 여건을 개선하는 데 주력
했다. 또한 곳곳에 도사리고 있는 무수한 관료주의적 장애물을 깨부
수면서 경제성장을 촉진했다. 그는 총리실에 기업들의 연락 창구를
두었다. 기업들이 프로젝트에 문제가 생겼을 때 즉시 정부와 소통할

수 있는 직통 창구였다. 이렇게 해서 이른바 투자를 위한 패스트 트랙이 만들어졌다. 인도 경제는 수년에 걸쳐 매년 6~7퍼센트씩 성장했다.

2015년 10월, 제3차 독일-인도 정부 간 협의가 뉴델리에서 열렸다. 내가 클래식 음악을 좋아한다는 이야기를 들은 모디 총리는 점심 식사 후 모든 참석자를 위한 작은 음악회를 준비했다. 게다가 여기서 처음 선보일 특별한 곡까지 작곡하게 했다. 이렇게 해서 인도 악기뿐 아니라 유럽 악기까지 동원된 오케스트라에 의해 이 곡이 초연되었다. 양국의 문화적 유대감을 상징하는 곡이었다. 나는 공식 일정 중 이런 순간을 좋아했다. 상대방과 그들의 신념을 더 잘 이해할 수 있는 기회가 되었을 뿐 아니라 내게 새로운 문화적 세계도 열어주었기 때문이다. 또한 친근한 분위기가 조성되어 정치적 타협점을 찾기가 더 수월해지기도 했다.

체류 이틀째 되던 날에는 170개 독일 기업이 진출해 있는 벵갈루루를 방문했다. 여기서 독일-인도 비즈니스 포럼이 개최되었다. 이어 우리는 독일 기업 보쉬가 운영하는 혁신 센터도 방문해 인도 교육생들과 이야기를 나누었다. 모디 총리는 '스킬 인디아'라는 모토 아래 교육을 통해 인도 젊은이들에게 더 나은 기회를 제공하는 정책을 추진했기에 우리와의 협력에 관심이 많았다.

우리는 회의 중에 기후 보호에 대한 이야기도 자주 나누었다. 모디 총리는 독일을 비롯한 선진국들이 인도가 지금까지의 지구온난화에 별 책임이 없고, 반면에 현 시점에선 경제개발이 시급하다는 점을 외면하고 있다고 비난했다. 나는 두 주장을 모두 받아들이면서도 지구온난화에 대한 인도의 책임을 더는 무시할 수 없다고 말했다. 2017년 인도의 1인당 이산화탄소 배출량은 1.8톤으로 중국(7.1톤)이나 미국(15.8톤)보다는 현저히 적었지만, 그사이 인도는 전 세계 배출량의 7퍼센트 이상을 차지하는 두 나라에 이어 세 번째 배출국이 되었다.

따라서 기후 중립으로 나아가는 인도의 노력은 매우 중요해졌다. 우리는 재생에너지, 특히 태양광 에너지 영역에서 긴밀히 협력하기로 합의했다. 4년 후인 2021년 11월, 글래스고 기후회의에서 모디 총리는 인도가 2070년까지 완전한 기후 중립을 달성하겠다고 발표하기로 했다. 그리고 2030년까지는 국가 전력의 절반을 재생에너지로 전환하겠다고 약속했다.

함부르크 G20 정상회의를 몇 주 앞둔 2017년 5월 말이었다. 제4차 독일-인도 정부 간 협의 전날 모디 총리와 나는 메제베르크성의 연방정부 영빈관에서 유럽연합-인도 간 자유무역협정에 대해 긴 대화를 나누었다. 2007년에 시작된 이 협상은 2013년에 중단된 상태였다. 내 임기 중에는 협상 재개가 어려울 전망이었다. 여기서도 발목을 잡은 것은 농업 분야에서의 의견 차이였다.

나는 모디 총리 취임 이후 다른 종교인들, 특히 무슬림과 기독교인들이 힌두 민족주의자들에 의해 공격 받는 횟수가 점점 늘고 있다는 보도를 접하고 우려를 금치 못했다. 모디에게 이에 대해 물었더니 그는 강력히 부인하면서, 인도는 종교적 관용의 국가이고 앞으로도 그럴 거라고 단언했다. 유감스럽게도 현실은 다른 이야기를 하고 있었다. 우리는 이 점에서 의견이 일치하지 않았다. 우려는 여전히 남았다. 종교의 자유는 모든 민주주의의 필수 요소였다.

2005년 나의 취임 당시 중국은 세계에서 가장 인구가 많았을 뿐 아니라 2001년 세계무역기구에 가입한 이후에는 가파른 경제성장을 구가했다. 나는 전임자인 게르하르트 슈뢰더의 전통을 이어받아 가능하면 1년에 한 번은 경제 사절단과 함께 중국을 방문하려고 노력했다. 독일 대외무역에서 중국이 차지하는 비중은 2006년 4.8퍼센트였지만 내 임기 말에는 9.5퍼센트에 이르렀다. 나는 베이징에서 열린 정치 회담 외에 항상 다른 도시를 한 곳 더 방문했다. 이를 통해 중국 역사와 문화의 풍성함을 조금이라도 맛볼 수 있었다. 2010년 7월, 1,000년 넘게 중국의 수도였던 시안에서의 체류는 결코 잊을 수 없다. 원자바오 총리와 함께 나는 기원전 246년에 건설되기 시작한 진시황제의 무덤인 진시황릉을 찾았다. 여기서는 황제 군대의 병사와 장비를 실물보다 더 크고 세밀하게 묘사한 수천 개의 점토 모형이 발견되었는데, 어느 것 하나 똑같은 것이 없었다. 나는 감탄이 절로 터져 나왔다. 어디서도 볼 수 없는 시설이었다.

중국 도시들을 방문하면서 나는 불과 10년 만에 일구어낸 1인당 국민소득 세 배 증가의 결과를 눈으로 직접 확인할 수 있었다. 도시의 성장 속도는 정말 놀라웠다. 2015년 10월 리커창 총리와 함께 그의 고향 허페이를 방문했을 때 나는 차로 이동하는 동안 아직 건설 중인 30층이 넘는 고층 건물의 수를 세어보다가 120에서 그만두었다. 경제 발전과 함께 나타날 수밖에 없는 환경 문제도 뚜렷했다. 베이징의 스모그는 하나의 예에 지나지 않았다. 그럼에도 나는 중국이 단기간에 이룩한 성과에 깊은 인상을 받았다. 1990년부터 2015년까지 전 세계적으로 기아와 극빈층이 절반으로 감소한 것도 중국 덕이었다. 1990년에는 중국 인구의 61퍼센트가 극빈층이었지만 2015년에는 그 비율이 4퍼센트로 급감했다.

시진핑은 2013년 3월부터 중화인민공화국 주석이었다. 우리는 그가 부주석이던 시절에 이미 만난 적이 있었다. 2010년 7월 나는 그가 교장으로 있던 중국 공산당 중앙당교에서 학생들을 만나 대화하고 그들의 질문에 답했다. 학생들은 내가 동독에서 자랐고 독일 통일을 큰 행운으로 여긴다는 사실을 알고 있었다. 그 때문인지 내가 그들의 질문에서 느낀 바로는, 그들은 중국의 인권 존중과 지적재산권 보호에 대한 나의 비판적 발언을 내가 중국에 대해 정말 제대로 알려는 마음이 없고 그저 중국을 거대한 동독처럼 여기고 있다는 증거로 판단

하는 듯했다. 나는 중국에 대한 나의 판단이 동독 경험과 무관하다고
강조했지만, 그들이 이 말을 수긍했는지는 알 수 없었다. 어쨌든 나
는 마르크스-레닌주의에 대한 지식 덕분에 시 주석에게 중국 공산당
의 정치체제와 역할에 대해 정확한 질문을 던질 수 있었다. 시진핑의
대답을 통해 그의 생각을 엿볼 수 있었고, 특히 그가 중국 헌법 제1조
1항을 어떻게 해석하고 있는지도 더 잘 이해할 수 있었다. 중국 헌법
에는 이렇게 적혀 있었다.

"중화인민공화국은 노동자 계급이 영도하고 노동자 농민 동맹에
기초한 인민민주주의 독재 사회주의 국가다."

결국 관건은 한 사회에서 개인이 어떤 권리를 갖고 있고, 누가 공
동선을 앞세워 그 권리를 제한할 수 있느냐는 문제였다. 내 생각은
분명했다. 한 사회에서 모두를 위한 최선의 길을 알고 결정하는 유일
한 집단은 존재할 수 없다. 이는 궁극적으로 개인의 부자유로 이어진
다. 바로 이런 확신이 시진핑 주석과 나 사이의 근본적인 차이를 이
끈 배경이었다. 그로 인해 특히 인권에 관한 문제에서 우리의 의견
은 확연하게 나뉘었다. 나는 베이징 주재 독일 대사관을 방문할 때면
상당한 위험을 감수하면서까지 나와의 만남을 시도하는 중국 반체
제 인사들을 정기적으로 만났다. 물론 나로선 개개인을 도울 수는 있
었지만, 반체제 인사에 대한 중국 당국의 체계적인 탄압을 막을 수는
없었다.

이런 국가와의 협력이야말로 현실 정치의 실례였다. 그 바탕에는
서로의 이견을 숨김없이 인정하고, 각자의 정치체제를 현실로 존중
하고, 공통의 이익에서 협력 분야를 도출하자는 인식이 깔려 있었다.
중국과의 협력과 관련해서는 독일의 명백한 이익이 존재했고, 경제
협력을 통해 독일의 일자리가 실제로 확보되었으며, 유럽연합의 다
른 회원국들도 중국에 대한 안정적인 투자 조건에 관심을 갖고 있었
다. 그 때문에 2014년 이른바 포괄적 투자 협정(CAI) 체결을 위한 협

상이 시작되었다. 2020년 12월 독일의 유럽연합 이사회 의장국 임기가 끝날 무렵, 집행위원회는 이사회의 지원을 받아 협정의 핵심 사항에 합의했다. 그러나 2021년 3월 유럽연합 외교부 장관들이 위구르소수민족에 대한 탄압과 관련하여 중국에 제재를 가하고, 마찬가지로 중국이 유럽의회 회원국들에 대해 상응하는 조치를 내렸을 때 협정 비준은 중단되었다. 이 협정이 현 상황보다 한결 믿을 만한 투자의틀을 제공해주리라는 나의 믿음은 여전히 변함없다.

그밖에 전 세계 공통의 문제에서 중국과 손잡고 일하는 것도 독일의 이익에 맞았다. 특히 기후 보호 분야에서 그랬다. 중국의 경제발전에는 당연히 대가가 따랐다. 중국의 이산화탄소 배출량은 몇 년 사이에 급격히 증가하여 2017년에는 미국의 약 두 배에 이르렀다. 심지어 내 임기 말에는 전 세계 이산화탄소 배출에서 중국이 차지하는 비중은 31퍼센트 가까이 되었고, 그에 비하면 두 번째 배출국인 미국은 13.5퍼센트, 독일은 1.8퍼센트였다. 시진핑 주석은 2020년 유엔 총회에서 중국이 2060년 이전에 탄소 중립을 달성하고, 2030년 이전에 배출량의 변곡점에 이르게 하겠다고 약속했다. 중국이 내세운 이목표의 달성 또는 초과 달성은 독일뿐 아니라 전 세계의 이익에 부합했다.

주석 취임 후 권력은 점점 더 시진핑 개인에게 집중되었다. 전임 후진타오 주석과는 기본적으로 형식적인 대화를 나눈 뒤 모든 중요한양자 간 현안은 원자바오 총리와 논의했다면 시 주석 취임 후에는 거의 모든 문제를 그와 논의했다. 그의 꿈은 중국 위상의 재조정이었다. 우리의 만남에서 그는 지난 2,000년 동안의 인류 역사에 대해 자주 이야기했는데, 20번의 세기 중에서 18번의 세기 동안 중국이 세계의 경제 및 문화 중심지였다는 사실을 강조했다. 중국이 뒤처진 것은 19세기 초부터라는 것이다. 이 말을 듣고 나는 경제금융 정책 보좌관 라르스헨드릭 룀러에게 이 발언을 경제적 자료에 의거해 확인해 보라고 부탁했다. 그 결과 시진핑 주석의 말은 사실이었다. 시진핑 주석은 이제 중국을 과거의 정상적인 상태로 돌려놓으려 했다. '아메리칸 드림'에서 차용한 '중국몽'이라는 용어까지 사용해가면서 말이다. 1970년대 말부터 중국의 개혁 개방 정책을 이끈 덩샤오핑이 "힘을 숨기고 때를 기다린다"는 구호를 중국 외교 정책의 대원칙으로 내세웠다면 시진핑 주석은 바로 지금이 중국의 힘을 보여줄 때라고 생각하는 듯했다.

2013년 그의 취임 직후 중국은 '일대일로'라는 이름으로 알려진 신실크로드 프로젝트를 추진했다. 여기엔 현재 100개 이상의 국가가 참여해서 인프라 구축에 박차를 가하고 있다. 재원은 주로 새로 설립된 개발은행들 중 한 곳에서 조달했다. 중국 정부는 실크로드 프로젝트를 다자주의에 대한 지지로 이해했다. 한편으로 이 프로젝트는 네트워크로 연결된 하나의 세계에 실질적인 도움이 될 수 있었지만, 다른 한편으로는 주로 아시아와 아프리카 국가들이 투자에 따른 비용 때문에 중국에 재정적으로 의존하게 되면서 자국의 주권적 행동에 제약이 생기는 현실로 나타나기도 했다.

중국은 이른바 '9단선'을 통해 남중국해의 영유권을 주장했다. 9단선은 제2차 세계대전이 끝난 뒤 중국 국민당 정부가 이 지역의 재편 과정에서 자국의 영유권을 분명히 하려고 작성한 해도(海圖)에 뿌리를 두고 있었다. 그러나 남중국해에 인접한 모든 국가는 중국의 이 주장을 받아들이지 않았고, 중국 역시 필리핀, 말레이시아, 브루나이, 대만, 인도네시아, 베트남과의 타협을 거부했다. 2013년 필리핀은 분쟁 해결을 위해 헤이그 상설중재재판소에 중재를 요청했다. 2016년 7월, 법원은 9단선이 중국의 영유권 주장에 대한 합당한 근거가 되지 못한다고 판시했다. 중국은 이 판결을 인정하지 않았다. 이 사례만 보더라도 중국 정치인들이 그렇게 자주 입에 올리던 다자주의 원칙도 결국 립서비스에 지나지 않았다.

도널드 트럼프

2017년 1월 20일 도널드 트럼프가 미국 대통령에 취임했다. 나는 힐러리 클린턴과 트럼프의 선거전을 관심 있게 지켜보았다. 아마 클린턴이 당선되었다면 무척 기뻤을 테지만 결과는 달랐다. 도널드 트럼프는 '아메리카 우선주의'와 "미국을 다시 위대하게"라는 선거 구호로 국수주의적 분위기를 조성했을 뿐 아니라 선거기간 중에 독일과 나를 거듭 비판했다. 예를 들어 내가 2015년과 2016년에 너무 많은 난민을 받아들여 독일을 망쳤다고 주장했고, 독일이 국방비를 너무 적게 지출한다고 트집 잡았으며, 미국에 대한 독일의 무역 흑자로 공정한 무역이 파괴되었다고 비난했다. 몇 년 전부터 뉴욕 거리를 굴러다니는 수많은 독일 자동차는 그에게 눈엣가시였다. 그는 미국인들이 독일 자동차를 많이 구입하는 이유가 덤핑 가격과 유로화 환율 조작 때문이라고 몰아붙이면서 독일 자동차에 관세를 부과함으로써 구매 매력을 없애버리자고 반복해서 이야기했다.

나는 미합중국의 대통령 후보라는 사람이 선거전에 독일 총리를 끌어들이는 것이 놀라웠다. 물론 "적이 많으면 명예도 많다"라는 모토에 따라 그냥 내 역할에 만족할 수도 있었지만, 이런 억지 유머에만 안주하는 것도 현실적인 도움이 되지는 않았다. 독일 총리로서 나의 임무는 어떤 식의 도발에도 반응하지 않고 그저 양국 간의 만족스러운 관계 유지를 위해 최선을 다하는 일뿐이었다.

2016년 11월 9일 트럼프가 당선되던 날, 나는 총리청 성명을 통해 한편으론 그의 당선을 축하하면서도 다른 한편으론 양국이 출신과 피부색, 종교, 성별, 성적 지향, 정치적 견해에 상관없이 만인의 인간 존엄성을 지키는 일과 민주주의, 자유, 법치 같은 가치로 연결되어 있음을 강조했다. 그러면서 "이런 가치를 토대로" 양국 간의 긴밀한 협

력을 제안했다. 4개월 후인 2017년 3월 17일, 나는 워싱턴으로 날아
갔다. 독일은 물론 미국 일부에서도 큰 관심을 모은 방문이었기에 꼼
꼼한 준비는 필수였다.

백악관에 도착했을 때 도널드 트럼프 대통령은 취재진 앞에서 악
수로 나를 맞았다. 집무실에서의 일대일 면담 전에 우리는 미디어에
두 번째로 모습을 드러냈다. 기자들이 한 번 더 악수를 요청했지만 그
는 무시했다. 나는 이 상황을 꿋꿋이 견디는 대신 그에게 다시 한번
악수하자고 속삭였다. 아베 신조 일본 총리가 방문했을 때는 19초 동
안이나 악수를 해서 상대를 당황케 한 사람이었다. 아무튼 그 말을 하
는 순간 나는 속으로 나 자신에게 고개를 절레절레 흔들었다. 트럼프
는 자신의 행동이 사람들에게 어떤 인상을 주고 어떤 효과를 낼지 정
확히 아는 사람이었다. 나의 은근한 말에도 그는 전혀 반응을 보이지
않았다. 트럼프는 자신의 행동으로 이야깃거리를 만들어내고자 했
고, 반면에 나는 마치 내가 정상적으로 행동하는 사람을 상대하고 있
는 척했다.

우리는 천천히 일대일 대화를 진행했다. 나는 주로 영어로 말했고,
통역사 도로테 칼텐바흐가 중간중간 조금 복잡한 구절을 통역했다.
도널드 트럼프는 내게 일련의 질문을 던졌다. 그중에는 나의 동독 출
신과 푸틴과의 관계에 대한 질문도 있었다. 그는 푸틴에게 푹 빠진 듯
했다. 이후 몇 해 동안 나는 트럼프가 독재적이고 권위적인 성향의 정
치인들에게 매료된다는 인상을 받았다.

일대일 면담이 끝나고 양국 대표단이 집무실에 들어오자마자 트럼
프는 독일에 대해 익숙한 비난을 퍼붓기 시작했다. 나는 통계상의 수
치와 사실로 반박했다. 우리의 대화 전개 방식은 각각 달랐다. 트럼프
는 감정적인 차원에서, 나는 객관적인 차원에서 이야기했다. 트럼프
가 내 논거에 주의를 기울인다면 대개 뭔가 새로운 비난거리를 찾기
위한 목적밖에 없었다. 내가 제기한 문제의 해결은 그의 목표가 아닌

듯했다. 만일 해결이 목표라면 내가 제기한 문제에 대해 새로운 항변 거리를 찾아내야 했을 것이다. 그러나 내가 볼 때, 그는 어떻게든 상대 방이 자기 탓이라고 느끼게 만드는 게 목표인 듯했다. 내가 그에 대해 격렬히 반박하면 즉각 장광설을 끝내고 화제를 바꾸었다. 그러면서 도 대화 상대방의 마음에 들고 싶어 한다는 인상을 받았다.

그는 독일이 자신과 미국에 빚이 있다는 점을 거듭 강조했다. 이런 직설적인 표현은 그의 지지자들에게 잘 먹혔다. 그들 중에는 자신이 지금껏 미국 사회에서 불이익을 받으며 살았고, 이전 정치인들의 잘 못된 정치로 자신이 그런 나쁜 대우를 받고 있다고 느끼는 사람이 많 았기 때문이다. 그의 지지자들은 어떤 문제도 그냥 넘어가지 않고 상 대에게 거침없이 불만을 쏟아내면서 자신들의 이익을 위해 싸우는 트럼프에게 환호를 보냈다.

나의 워싱턴 방문에는 BMW 회장 하랄트 크뤼거, 셰플러 회장 클 라우스 로젠펠트, 지멘스 회장 조 케저가 동행했다. 라르스헨드릭 뢸 러 경제금융 정책 보좌관과 그의 미국 동료는 대통령 집무실에서의 회담이 끝나면 트럼프와 내가 경제계 대표 및 미국 공장 교육생들과 함께 미국 내 전문 인력 양성 교육과정에 대해 토론하는 시간을 갖기 로 합의했다. 나는 독일 기업들이 미국 내 일자리 창출에도 기여하고 있다는 사실을 알리고 싶었다. 이는 부분적으로만 성공했다. 트럼프 는 미국 내 독일 기업의 투자를 칭찬했지만, 이웃 국가인 멕시코에도 독일 생산 공장이 있다는 사실을 비판했다. 다 가지지 않으면 성에 차 지 않는 사람 같았다.

나는 트럼프와의 대화에서 대부분 좋은 근거를 갖고 주장을 펼쳤 다. 그런데 딱 한 가지 문제에서만 약점이 있었다. 바로 국방비 지출이 었다. 2014년 나토 정상회의에서 우리는 2024년까지 국방비를 GDP 의 2퍼센트까지 늘리기로 합의했는데, 내가 기자회견에서 밝혔듯이 독일은 2017년도 국방 예산을 8퍼센트 늘렸음에도 그해까지 목표를 달성하는 건 어려워 보였다. 오바마 전 대통령도 이 문제를 반복해서 지적하곤 했다. 그런데 트럼프가 대통령이 되자 이 문제는 점점 곤란한 상황으로 치닫는 듯했다. 그는 이 문제를 공동의 안보 동맹으로서 나토 자체에 대한 불신과 연결시켰기 때문이다. 나는 독일이 안보를 나토에 의존하고 있음을 누구보다 잘 알고 있었다. 그 때문에 아프가니스탄 작전에 투입된 우리 연방군의 기여를 강조했다. 트럼프도 이어진 기자회견에서 이 사실만큼은 인정했다.

돌아오는 비행기 안에서 나는 내내 기분이 좋지 않았다. 트럼프와의 대화에서 내린 결론은 분명했다. 전 세계 공통의 문제를 그와는 함께 해결해나갈 수 없다는 것이었다. 그는 정치에 뛰어들기 전 부동산 사업을 했는데, 이후에도 모든 것을 부동산 사업가의 눈으로 판단했다. 모든 부동산은 단 한 사람에게만 양도될 수 있다. 누군가 그걸 얻지 못하면 남이 그걸 얻는다. 그는 세계도 이런 식으로 보았다. 그에게 모든 국가는 경쟁 관계였고, 한 나라의 성공은 다른 나라의 실패를 의미했다. 그는 협력을 통해 모두의 번영이 증진될 수 있다고 믿지 않았다. 나는 유럽연합과 한국의 자유무역협정을 예로 들며 협력으로 얻을 수 있는 상호 이익을 이야기했지만, 그는 꿈쩍도 안 했다. 자신이 협상에 나서지 않은 모든 협정에 대해 회의적인 사람이었다. 특히 독일에 대한 불신이 심했다. 그가 미국 대통령으로 있는 한 범대서양 무역투자동반자협정은 불가능해 보였다.

그뿐만이 아니었다. G20 정상회의 6주 전인 2017년 6월 1일이었다. 트럼프가 전화 통화를 요청했다. 우리는 밤 10시경에 통화했는데, 그는 미국이 파리 기후 협정에서 탈퇴하겠다고 말했다. 함부르크 정상회의에서 이 문제를 중심 과제로 다루려 했던 나로서는 뜻밖의 봉변이었다.

함부르크 G20 정상회의

2017년 6월 17일, 나는 프란치스코 교황을 비공식 알현했다. 이전 세 번의 만남을 통해 교황이 전 세계 차원의 협력, 특히 가난한 사람들을 구제하는 문제에서의 협력에 관심이 많다는 사실을 알고 있었기에, 나는 함부르크 G20 회의를 앞두고 나의 의제에 대해 교황과 이야기를 나누고 싶었다. 우리는 교황청 주재 독일 대사 아네테 샤반, 나의 외교안보 보좌관 크리스토프 호이스겐, 그 부서의 다른 직원 한 명, 총리실 부실장 베른하르트 코치, 이탈리아어 통역사, 독일어 통역사와 함께 성 베드로 광장을 지나 바티칸 시국으로 차를 타고 들어갔다. 우리는 왼쪽으로 캄포 산토 테우토니코를 지나 베드로 대성당을 한 바퀴 돌고, 시스티나 성당, 보르지아 뜰, 앵무새 뜰을 지나 마침내 사도 궁 앞에 멈추어 섰다. 차에서 내리자 교황청 장관 게오르크 갠스바인 대주교가 나를 반갑게 맞아주었다. '성하의 신사들'인 젠틸루오미니 디 수아 산티타가 대기하고 있다가 나를 궁전 3층으로 안내했다.

프란치스코 교황은 교황청 도서관에서 나를 다정한 미소로 맞이했다. 출입문 오른쪽에 책상 하나와 의자 두 개가 놓여 있었다. 교황과 나는 자리를 잡았고, 통역사는 내 뒤에 앉았다. 교황은 독일인 고위 성직자의 통역을 받아 내게 G20 의장으로서 계획하고 있는 바를 말해달라고 요청했다. 나는 우리의 로고인 맞매듭에 대해 이야기했고, 무엇보다 시민사회와의 많은 협력으로 이루어진 우리의 준비 작업에 대해 설명했다. 예를 들어, 나는 G20 국가의 경제계 및 노동계 대표들을 만나 G20 회의의 전통적인 주안점인 '성장과 고용'에 대해 대화를 나누었고, 여성 단체, 과학계, 싱크탱크, 청년, 비정부기구 대표들도 만났다. 게다가 지금까지 늘 그래왔듯 외교부, 재무부, 디지털부, 노동부, 농업부 장관들도 모여 현안을 논의했는데, 이번에는 특히 G20 국가의 보건부 장관들도 만남을 가졌다. 팬데믹 사태를 대비하기 위해서였다. 헤르만 그뢰에 보건부 장관과 G20의 동료들은 서아프리카의 에볼라 발병을 계기로 호흡기를 통해 전염되는 치명적인 바이러스의 전 세계적 확산을 어떻게 막을 수 있을지 시뮬레이션했다. 그밖에 나는 아프리카 국가들과의 파트너십과 협약에 대해서도 이야기했다. 교황은 내 이야기를 주의 깊게 들어주었다.

이어 나의 진짜 걱정거리인 미국의 파리 기후 협약 탈퇴 문제에 이르렀다. 나는 구체적인 이름은 밝히지 않은 채 중요 인물들이 모인 그룹에서 근본적으로 의견이 다를 경우 어떻게 대처하는지 물었다. 교황은 내 말을 바로 알아듣고 단도직입적으로 대답했다.

"굽히고, 굽히고, 또 굽히되 부러지지 않도록 조심하세요."

나는 이 비유가 마음에 들었다. 그래서 그 앞에서 같은 말을 되뇌었다.

"굽히고, 굽히고, 또 굽히되 부러지지 않도록 조심하라."

나는 이런 마음가짐으로 함부르크에서 파리 협약과 트럼프 문제를 풀어보기로 마음먹었다. 아직 이게 무엇을 의미하는지 구체적으로 알지는 못했지만.

순식간에 시간이 지나갔다. 교황이 테이블 벨을 누르자 갠스바인과 우리 대표단이 들어왔고, 우리는 다 함께 일어나 단체 사진을 찍었다. 이어 별도 테이블에 준비해놓은 선물을 교환했다. 나는 아네테 샤반 덕분에 프란치스코 교황이 특히 좋아하는 고향 특산품을 알고 있었던지라 며칠 전 부에노스아이레스에 들렀을 때 선물을 미리 사갖고 왔다. 빵에 발라 먹는 달콤한 둘세 데 레체 세 병과 초콜릿 옷을 입힌 쿠키 알파호레스였다. 교황은 만면에 웃음을 지으며 선물을 받았다. 나 역시 그가 건넨 한 가지 선물에 특히 감동을 받았다. 청동으로 만든 작은 올리브 가지였는데, 노아의 방주에서 보낸 비둘기가 부리로 물고 와 대홍수의 끝을 알린 올리브 가지가 떠올랐다. 이후 올리브 가지는 평화의 상징이 되었다. 이 조각품은 내 퇴임 후 전임 총리 사무실에 자리를 잡았다.

정상회의 전날인 2017년 7월 6일 오후 나는 함부르크로 출발했다. G20 정상회의는 참가자가 무척 많아 독일 내에서 이 행사를 개최할 수 있는 도시는 몇 군데밖에 없었는데, 이번에는 함부르크가 선정되었다. 올라프 숄츠 함부르크 제1시장은 정상회의 개최를 영광으로 여겼고, 나 역시 내가 태어난 곳을 전 세계에 알릴 수 있게 되어 무척 기뻤다.

그러나 정상회의는 내 기대와는 딴판으로 흘러갔다. 몇 년이 지난 지금, 사람들에게 G20 정상회의에 대한 기억을 물어보면 반세계화 시위대의 폭력적인 시위밖에 기억나는 게 없다고 대답할 가능성이 크다. 정치에 관심이 많은 사람이라면 기후 보호 문제에서 트럼프와 우리의 의견 차이를 떠올릴지 모른다. 7월 7일 저녁 함부르크 거리에서 불타는 자동차와 약탈당한 상점들, 돌을 던지는 시위대의 끔찍한 영상이 전 세계에 타전되었다. 나도 저녁에 텔레비전으로 이 장면을 보았다. 일부 채널은 계속 이 영상만 내보내기도 했다. 나는 우울한 마음으로 잠자리에 들었다. 다음 날 우리가 무엇을 결정하든 오늘의 이 이미지가 사람들의 의식을 지배할 것 같았다. 나는 주최자로서 이런 정상회의에서는 정상들의 개인적인 만남도 가능해야 한다고 굳게 믿고 있었기에 이런 분위기는 더욱 끔찍했다.

G20 정상회의 후 함부르크 경찰이 내놓은 추산에 따르면, 이 행사에 2만 3,000명의 경찰이 투입되었고 그중 592명이 부상을 입었다고 했다. 함부르크 경찰의 대응 방식에 대한 비판이 들끓었다. 나 역시 대응 방식에 의문이 들었음에도 논쟁에 직접 뛰어들지 않고 올라프 숄츠와 연대하기로 마음먹었다. 정상회의 후 우리는 독일 전역에서 파견된 경찰들을 만나 그들의 노고에 감사를 표했다.

정치적으로 우리는 우리 스스로 '19:1'이라고 불렀던 기후 결정문을 이끌어냈다. 18개국과 유럽연합은 성명서에서 "파리 협정에서 탈퇴하기로 한 미국의 결정에 유의한다"고 밝혔다. 그러고는 미국의 입장을 설명한 뒤 이렇게 명시했다.

"나머지 G20 회원국의 국가원수와 정부 수반은 파리 협약이 되돌릴 수 없음을 선언한다."

이로써 우리는 미국과 나머지 국가들 사이의 이견을 감추지 않고 공개적으로 언급한 선언문을 만장일치로 채택하는 데 성공했다. 지금까지 이런 최종 문서가 나온 적은 없었다. 이전에는 공동 결의안에서 보통 최소 공통분모만 제시했다. 나는 이 결과를 최악의 해결책 가운데 최선이라고 생각했다. 우리는 굽히고 또 굽히다가 모든 것이 깨져 어떤 결과물도 만들어내지 못하기 전에 굽히기를 중단했다. 압도적인 다수가 기후 보호의 중요성을 인식하고 있었던 것이다.

다른 결의안은 모두 내가 예상한 결과와 일치했다. 다만 무역 부문에서 사소해 보이는 한 가지 쟁점만 긴 파장을 남겼다. 철강 수출 덤핑 문제였다. 이건 중국이 G20 의장국 시절이던 2016년 항저우 정상회의에서 이미 불거진 문제였다. 중국은 몇 년 전부터 매우 저렴한 가격으로 철강을 수출하기 시작했고, 그로 인해 유럽과 미국의 철강 생산업체들은 심각한 타격을 받았다. 선진국들은 불공정 덤핑을 지적했지만 중국은 이를 단호히 부인했다. 이에 따라 항저우에서는 정확한 자료를 바탕으로 덤핑 문제를 면밀히 조사하기 위해 경제협력개발기구의 지원을 받는 '철강 공급 과잉 해소를 위한 G20 글로벌 포럼'이 설립되었다.

그러나 그로부터 1년여 지난 이때까지 아무런 성과가 없었다. 때문에 일부에서는 포럼을 폐지하고 즉시 중국산 철강에 관세를 부과하자고 했고, 일부에서는 포럼에 한 번 더 기회를 주자고 했다. 독일의 입장은 후자였다. G20 정상회의 마지막 날 밤 셰르파들은 8월까지 필수적인 정보를 수집하기로 합의했고, 11월에는 정치적 조치를 신속하게 취할 수 있도록 해결 방안이 담긴 보고서를 제출해줄 것을 포럼에 요청했다. 우리 정상들은 이를 원만한 타협으로 여겼지만, 라르스헨드릭 뢸러는 시간이 너무 촉박해서 일치된 해결책의 마련은 불가능에 가까울 거라고 나에게 말했고, 결과도 그리되었다.

2018년 6월, 도널드 트럼프는 바로 이 사례를 새로운 정책의 본보기로 집어 들었다. 트럼프 행정부가 철강 및 알루미늄 수입품에 대해 광범한 관세를 부과한 것이다. 그런데 부과 대상은 중국에만 국한된 게 아니라 유럽연합을 포함한 대부분의 국가에서 수입한 제품에도 해당되었다. 트럼프 대통령은 미국의 국가 안보 이익을 명분으로 내세워 이 조치를 정당화했다. 중국, 노르웨이, 스위스, 튀르키예는 이 문제를 세계무역기구에 제소했다. 4년 후인 2022년 12월, 세계무역기구 산하의 중재재판소는 미국의 조치가 세계무역기구 규정을 위반했다고 판결했다. 하지만 그때는 이미 조 바이든이 미국 대통령이 된 뒤였다. 미국을 포함한 다자간 협력에 대한 희망이 다시 생겨났다. 그러나 내가 퇴임한 지 2년이 넘게 지난 지금, 이 대목을 쓰는 순간에도 관세는 여전히 폐지되지 않고 있다.

3. 기후 및 에너지

악몽과 그 결과

2011년 3월 12일 토요일, 나는 노르베르트 뢰트겐 환경부 장관, 한스페터 프리드리히 내무부 장관, 로날트 포팔라 총리청 장관, 기도 베스터벨레 외교부 장관 겸 부총리와 늦은 오후에 비상 회의를 열기로 약속했다. 나는 율리아 클뢰크너를 기민당 간판 후보로 내세운 라인란트팔츠 지방선거 출범식이 끝나자마자 곧장 바트 크로이츠나흐에서 출발했다. 2주 후인 2011년 3월 27일에 이곳과 바덴뷔르템베르크에서 지방선거가 예정되어 있었다. 총리청 비상 회의는 독일 시간으로 전날 아침 7시 직전에 일본 연안의 태평양에서 발생한 강력한 해진 후의 상황을 논의하는 자리였다. 지진으로 15미터 높이의 쓰나미가 밀어닥쳐 해안 지대를 초토화했고, 후쿠시마 제1원자력발전소도 직격탄을 맞았다.

전날 금요일, 나는 유럽 이사회 특별 회의와 유로존 회원국 회의로 브뤼셀에 머무는 내내 틈만 나면 일본에서 들려오는 소식에 귀를 기울였다. 도쿄전력이 운영하는 후쿠시마 제1원자력발전소의 냉각 시스템이 고장 나 일본 정부는 원자력 비상사태를 선포했다. 비상 냉각 시스템도 배터리 방전으로 작동을 멈추었고, 결국 방사능 위험 때문에 반경 3킬로미터 이내의 주민들에게 대피령이 내려졌다. 저녁에 나는 잠시 회의장을 떠나 이사회 건물의 우리 대표단 사무실로 갔다. 슈테펜 자이베르트가 나에게 뉴스에 보도된 사실들을 보고하면서 태블릿으로 처참하게 파괴된 해안가 도시들의 영상을 보여주었다. 회의실로 돌아와서 나는 처음으로 원자로 용해 가능성에 대한 보고서를 읽었다. 강력한 여진이 그 지역을 뒤흔들었고, 원자력발전소 제어실의 방사능 수치는 정상의 1,000배, 바깥은 8배로 치솟았다. 결국 대피 구역은 10킬로미터로 확대되었다.

브뤼셀에서의 저녁은 초현실적이었다. 나는 협상에 집중해야 했다. 유로존 회의에서는 우리의 연정 안에서도 논쟁이 치열했던 유럽 안정 메커니즘에 대해 논의 중이었다. 그런데 세계의 저편에서는 전혀 다른 상황이 벌어지고 있었다. 후쿠시마의 상황은 통제 불능으로 치닫는 듯했다. 심의는 자정이 넘도록 계속되었고, 나는 새벽 2시에야 베를린으로 돌아왔다.

아침에 일어나자 후쿠시마 제1원자력발전소에서 폭발이 있었다는 소식이 들려왔다. 원자로 건물의 지붕이 무너지고 하얀 연기구름이 피어올랐으며, 건물 외부의 방사능 수치는 정상치의 20배로 치솟았다. 이런 와중에도 라인란트팔츠 선거운동 발대식에 참석하겠다는 약속은 지켰다. 베를린으로 돌아오니 토요일 늦은 오후였다. 그 시각 후쿠시마 제1원자력발전소에서 원자로 용해가 발생했다는 소식이 사실로 확인되었다.

우리는 총리청 7층의 내각회의실에서 소규모 비상 회의를 열었다. 노르베르트 뢰트겐은 자신이 알고 있는 일본 상황에 대해 브리핑했고, 일본 사태가 독일의 원전 가동 논의에도 영향을 미칠 것이라는 점을 분명히 했다. 기도 베스터벨레의 견해는 달랐다. 독일과 일본 사이의 거리가 멀다는 점을 강조하며 후쿠시마 사고가 독일의 에너지 정책에 직접적인 영향은 미치지 않을 거라고 보았다. 좌중에 긴장감이 흘렀다. 나는 일단 듣기만 했다. 하지만 뢰트겐의 말이 옳다는 느낌이 들었다. 우리는 일본에서 발생한 사건에 비추어 환경부가 독일 원자력발전소의 안전기준을 철저하게 재점검하기로 합의했다.

저녁 7시, 나는 총리청 기자회견실에서 성명을 발표하기로 했다.

참사의 규모와 중대성을 고려하면 부총리와 함께 언론 앞에 서는 것이 적절해 보였다. 게다가 베스터벨레는 독일의 대일 지원을 책임지고 있는 외교부 장관이기도 했다. 회견 전에 우리 둘은 잠시나마 의견을 조율하려고 내 사무실로 올라갔다. 나는 총리실에 희미한 조명만 켰다. 선거 행사와 각료들과의 위기 회의에 에너지를 쏟느라 완전히 지쳐 있어서 밝은 불빛을 견디기 어려웠다. 우리 둘만 남자 한순간에 긴장이 풀려버렸다. 우리는 둘 다 침울해져서 앉지도 않고 창문 너머로 의사당 건물만 바라보았다. 그러고는 방 안을 서성거리기 시작했다. 마치 검은 회의 테이블과 최대한 거리를 두려는 듯했다. 불과 6개월 전인 2010년 9월 5일 일요일, 독일 원자력발전소의 연장 가동에 대한 세부 사항을 결정했던 곳이 바로 이 테이블이었다.

우리는 게르하르트 슈뢰더와 그의 적녹 연정이 2001년 6월에 전력 공급 회사와 합의를 마친 탈원전 정책을 다시 느슨하게 풀었다. 기민/기사 연합과 자민당은 선거 때마다 원자력발전소의 수명 연장을 공약으로 내걸었고, 2009년에는 이를 연정 협정문에 명시하기도 했다. 다만 노르베르트 뢰트겐은 원자력 사업에 매우 회의적이었다. 나는 원전의 연장 가동에 찬성하는 입장이었다. 그건 선거운동 기간에도 그랬다. 하지만 다른 한편으로는 환경부 장관 시절부터 알고 있던 원전 반대자들과의 충돌을 반복하고 싶지 않았다. 왜냐하면 슈뢰더 정부가 그들의 결정으로 이미 사회적 평화를 만들어낸 상태였기 때문이다.

돌이켜보면 에너지 정책적 차원에서 원자력에 찬성하면서도 동시에 사회적 평화를 지키려던 나의 시도는 처음부터 실패할 운명이었다. 어쨌거나 풀 수 없는 과제였다는 말이다. 그로써 나는 원자력 에너지의 열렬한 지지자도 반대자도 설득할 수 없었다. 게다가 2009년 총선 결과는 기민/기사 연합이 33.8퍼센트로 2005년보다 훨씬 저조했던 데 반해 자민당은 14.6퍼센트로 경이로운 성적을 기록했다. 이런 상황에서 그전부터 내가 너무 타협할 준비만 한다고 나를 비난하던 일부 사람은 이제야말로 내 눈치를 볼 필요 없이 기민당 본연의 '순수' 정치(어쨌든 그들은 이렇게 불렀다)를 할 수 있게 되었다고 생각했다. 자민당은 선거 결과에 한껏 고무되어 이전 정부, 즉 사민당과의 대연정이 펼친 정치와는 완전히 다른 정치를 하겠다는 의지가 분명했다. 이런 상황이다 보니 협상 과정에서 나의 위치는 불리할 수밖에 없었다.

2010년 9월 5일의 그 회의에서 나머지 참석자들은 원전 수명의 최장 연장을 강력히 밀어붙였다. 평소 나를 한결같이 지지해주던 폴커 카우더는 물론이고 한스페터 프리드리히 기사당 지역연합회 회장, 볼프강 쇼이블레 재무부 장관, 토마스 드메지에르 내무부 장관, 호르스트 제호퍼 바이에른 주지사 겸 기사당 대표, 그리고 자민당의 기도 베스터벨레, 라이너 브뤼덜레 경제부 장관, 비르기트 홈부르거 자민당 원내대표까지 모두 그랬다. 이런 상황에서 나는 현실적인 내 힘의 한계를 인정하고 연정을 불필요하게 위기에 빠뜨리지 않기로 마음먹었다. 이렇게 해서 결국 노후 원전 일곱 기의 수명은 8년, 나머지 열기는 14년 연장하기로 합의가 이루어졌다. 이 정도 규모라면 탈원전 연기가 아니라 탈원전 철회로 이해될 수 있다는 나의 반대 의견은 호응을 얻지 못했다.

그때의 대화는 6개월이 지난 지금에도 여전히 이 방에 둥둥 떠 있는 듯했다. 비록 우리에게는 아니지만 악몽이 현실이 되었다. 나는 그날 원전 수명 연장에 반대하는 시위를 하려고 슈투트가르트에서 네카르베스트하임 원자력발전소까지 45킬로미터에 걸쳐 인간띠를 형성한 사람들에 대해 이야기했다. 예상보다 2만 명이 더 많은 6만 명이 모였다. 내 머릿속에선 한 가지 생각만 맴돌았다. 일본처럼 고도로 발전한 나라에서도 모든 예상을 뛰어넘는 저런 원자력 참사가 발생했다면 원자력 에너지의 안정성에 대한 지금까지의 주장을 그대로 유지할 수 있을까?

내가 걸음을 멈추자 기도 베스터벨레도 멈추어 섰다. 우리는 서로를 바라보았다. 나는 여전히 구체적인 계획 없이 이렇게만 말했다.

"기도, 이대로는 안 돼요. 모든 가능성을 열어놓고 원자력 문제를 원점에서부터 다시 검토해야 해요."

잠깐의 침묵 끝에 그가 물었다.

"진심이에요?"

"네."

"나도 그게 맞다고 생각해요."

그가 차분하게 대답했다.

우리는 이 문제를 하룻밤 묵혀둔 뒤 일요일에 통화를 하고, 저녁 9시에 연정위원회에서 다시 만나자고 약속했다. 그러고는 총리실을 나와 언론 성명서를 발표하기 위해 엘리베이터를 타고 2층으로 내려갔다.

기자회견장에서 나는 국민이 무엇을 걱정하는지 이해한다고 말하면서도 이성적으로 따졌을 때 일본의 사고 같은 재난이 독일에 닥칠 가능성은 없다고 말했다. 아울러 독일 원자력발전소의 안전기준을 재검토하겠다면서 그 이유를 이렇게 밝혔다.

"일본처럼 안전 요건이 매우 까다롭고 기준이 높은 나라에서 지진과 해일로 인한 원자력 사고를 막을 수 없다면 마찬가지로 안전 요건과 기준이 높은 독일 같은 나라에서도 단순히 지금까지 해오던 대로만 해나갈 수는 없습니다."

그날 저녁 일본에서는 후쿠시마 제1원자력발전소 반경 20킬로미터 이내의 모든 주민에게 대피령이 내려졌다.

다음 날 2011년 3월 13일 일요일에는 바덴뷔르템베르크 주지사 슈테판 마푸스와 당시 바이에른 환경부 장관이던 마르쿠스 죄더도 내 우려와 일맥상통하는 차원에서 원자로 참사에 대한 의견을 공식적으로 밝혔다. 놀라웠다. 두 사람 다 이전에는 원자로 수명 연장의 적극 지지파였기 때문이다. 기도 베스터벨레와 나는 전날 약속한 대로 전화 통화를 한 후 저녁의 연정위원회에서 원전 모라토리엄(중지)을 제안하기로 합의했다. 즉 원전 수명 연장을 중단하고, 가장 오래된 원전 일곱 기를 일단 3개월 간 가동 중지하자는 것이다. 그전에 슈테판 마푸스와 호르스트 제호퍼는 자신들의 연방주에 위치한 네카르베스트하임 원전과 이자르 1 원전의 가동을 중지하겠다는 신호를 이미 내게 보냈다. 연정위원회는 원자력발전소를 운영하는 연방주들의 주지사 회합이 끝난 뒤 화요일 오전에 이 결정을 발표하기로 뜻을 모았다.

그런데 월요일 오전 기민당 의장단 회의를 주재하던 중에 기도 베스터벨레의 발언이 담긴 통신사 보도가 알려졌다. 그가 현 시점에서 새로운 위험 분석이 필요하고, 이를 토대로 우리 정부가 원전 모라토리엄을 결정할 수도 있다고 말했다는 것이다. 이는 화요일까지 비밀을 유지하기로 한 전날 저녁의 합의 위반이었다. 나는 회의장을 나와 베스터벨레에게 전화를 걸어 따져 물었다. 그랬더니 이 사안은 어차피 화요일까지 비밀이 유지될 수 없고 어떤 식으로든 새어나갈 거라고 판단해서 먼저 공세에 나섰다는 대답이 돌아왔다. 나는 화가 났지만 그를 이해하기로 했다. 현 상황에서 가장 빨리 뒤로 노를 저어가는 사람이 왕이었다. 우리는 일요일 저녁의 연정위원회 결과를 오후 4시에 함께 언론에 발표하기로 합의했다. 폴커 카우더와 헤센 주지사 폴커 부피어는 너무 성급한 반응이라고 말했지만 기민당 의장단 내에서 모라토리엄에 대한 다른 반대 의견은 거의 없었다.

2011년 3월 15일 화요일, 나는 원자력발전소가 있는 연방주 주지사들을 만났다. 슈테판 마푸스, 호르스트 제호퍼, 폴커 부피어, 니더작센의 데이비드 맥앨리스터, 슐레스비히홀슈타인의 페터 하리 카르스텐젠 주지사였다. 여기서 우리는 원자력법에 명시된 연방주 감독 당국의 법적 명령에 따라 1980년에 가동을 시작한 원전을 포함해 원자력발전소 일곱 군데에 대해 3개월간 운행을 중지하기로 합의했다. 일주일 후인 2011년 3월 22일, 나는 원자력 연방주 주지사들을 한 차례 더 만난 뒤 '안전한 에너지 공급 윤리위원회' 설치를 발표했다. 이 위원회는 5월 말까지 원자력의 위험성을 재평가하고, 재생 가능 에너지를 통한 전력 생산 방안을 실질적인 차원에서 제시함으로써 사회적 합의를 이끌어내기로 했다.

2011년 3월 27일 지방선거의 승리자는 녹색당이었다. 바덴뷔르템베르크에서 녹색당은 이전 선거에 비해 12.5퍼센트포인트를 더 얻은 반면에 기민당은 5.2퍼센트포인트를 잃었다. 2011년 5월 12일, 녹색당의 간판 후보 빈프리트 크레치만이 녹색당과 사민당 연정의 주지사로 선출되었다. 이로써 기민당은 1953년 이후 이 주에서 처음으로 주지사를 배출하지 못했다. 라인란트팔츠에서도 비슷한 상황이 벌어졌다. 녹색당은 이전 선거보다 10.8퍼센트포인트를 더 얻은 데 비해 기민당은 2.4퍼센트포인트, 사민당은 9.9퍼센트포인트를 잃었고, 그로써 절대다수당의 지위를 상실했다. 심지어 자민당은 의회 입성 기준인 5퍼센트에도 미치지 못했다. 녹색당은 연정 파트너로 기민당보다 사민당을 선호했기에 사민당의 쿠르트 베크는 주지사직을 유지할 수 있었다.

앞서 언급한 에너지 공급 윤리위원회에는 두 명의 위원장이 있었다. 나의 환경부 장관직 전임자이자 1998년부터 2006년까지 유엔환경계획(UNEP) 사무총장을 지낸 클라우스 퇴퍼와 마티아스 클라이너 독일연구재단 이사장이었다. 그밖에 과학계, 경제계, 정계, 노동조합, 교회 대표로 이루어진 15명의 위원이 있었다. 2011년 5월 30일, 이 위원회는 나에게 "독일의 에너지 전환: 미래를 위한 공동의 노력"이라는 제목의, 만장일치로 가결된 보고서를 제출했다. 보고서에는

10년 이내에 탈원전을 완료할 수 있고, 가장 오래된 원자력발전소 일곱 기를 비롯해 슐레스비히홀슈타인의 크뤼멜 원자력발전소를 전력망에서 영구 제외해야 한다는 의견이 담겨 있었다. 나는 위원회의 두 가지 논거가 특히 인상적이었다. 그들은 일본의 쓰나미와 그 참담한 결과를 토대로 이런 결론을 내렸다. 첫째는 다음과 같았다.

"관건은 우리가 상상할 수 있는 일이 아니라 무엇보다 상상할 수 없는 일이다."

그러면서 해진의 위력과 그 파장에 대한 부분을 정확히 지적했다. 둘째, 그들은 위험성 평가를 건강과 환경적 요소로만 국한시켜서는 안 된다는 점을 강조했다.

"윤리적 판단은 독일에서 명확하게 드러난 사회적 갈등으로 인한 결과도 대상으로 삼아야 한다."

이런 갈등은 내가 환경부 장관 시절 에너지 부문에서 사회적 합의를 시도할 때 이미 충분히 경험한 바 있었다.

쓰나미 발생 90일 후인 2011년 6월 9일, 그사이 후쿠시마 제1 원자력발전소의 3개 원자로 노심이 녹아내린 것이 확인된 시점에서 나는 연방의회에서 정부 성명서를 통해 2022년까지 독일이 원자력 에너지 사용을 중단하겠다고 발표했다. 다만 2010년 가을 우리가 에너지 구상과 연계해서 설정한 기후 정책적 목표는 상대적으로 이산화탄소 배출량이 적은 원자력발전소의 순차적인 중단에도 불구하고 여전히 유효하다고 밝혔다. 2010년 당시 우리는 온실가스 배출량을 1990년 대비 2020년까지 40퍼센트, 2030년까지 55퍼센트, 2050년까지 최소 80퍼센트를 줄이기로 결정한 바 있었다. 2011년 6월 30일 연방의회에서 기민당, 기사당, 자민당, 사민당, 동맹 90/녹색당은 원자력 에너지법 개정안에 찬성표를 던졌다. 1995년 6월 제1차 에너지 합의 실패 이후 16년 만에 마침내 독일에서 탈원전에 대한 합의가 이루어졌다.

독일은 후쿠시마 사고에서 이런 결론을 내린 세계 유일의 선진국이었다. 나는 임박한 라인란트팔츠 및 바덴뷔르템베르크 지방선거 때문에 유턴을 선택한 게 아니냐는 비난을 받기도 했다. 그건 사실이 아니다. 결정적인 이유는 후쿠시마 사고로 인해 원자력 에너지 사용에 대한 나의 위험성 평가가 바뀌었고, 원자력이 아니더라도 기후 목표를 달성할 합리적 대안이 있다는 사실이었다. 선거용이라는 비난을 피하려고 이런 깨달음을 실천에 옮기지 않는 것이야말로 어리석은 짓이었다. 애초에 2010년 9월 우리가 원전 수명 연장에 어느 정도 온건한 태도를 취했다면 기민/기사 연합과 자민당은 그렇게까지 비난을 받지는 않았을 것이다.

나는 앞으로도 원자력 에너지 정책의 회귀를 원하지 않는다. 우리는 원자력 없이도 기후 목표를 달성할 수 있고, 기술적으로도 성공할 수 있으며, 그를 통해 세계의 다른 국가들에게 용기를 줄 수 있다.

천연가스

2022년 2월 24일 러시아가 우크라이나를 침공하자 서방 국가들은 포괄적인 경제제재로 대응했다. 그에 대한 반응으로 러시아 국영기업 가즈프롬이 대주주로 있는 노르트스트림사는 2022년 7월 11일 유지 보수에 필요한 터빈이 없다는, 너무나 속이 뻔히 들여다보이는 이유를 들어 노르트스트림 1 파이프라인을 통한 천연가스 공급을 중단했다. 이후 며칠 동안 신문에는 11년 전에 찍은 내 사진이 반복해서 실렸다. 2011년 11월 8일, 내가 활짝 웃으며 드미트리 메드베데프 러시아 대통령과 프랑수아 피용 프랑스 총리, 마르크 뤼터 네덜란드 총리, 유럽연합 에너지 담당 집행위원 귄터 외팅거, 경제계 대표들과 함께 그라이프스발트 인근의 루프민에 설치된 축제용 천막에서 천연가스 수송을 위해 노르트스트림 1 파이프라인 밸브를 여는 사진이었다.

러시아의 우크라이나 침략 전쟁이 시작된 이후 나는 독일을 러시아 가스에 너무 무책임하게 의존하게 만들었다는 비난을 그 어느 때보다 강하게 받았다. 폴란드, 발트해 연안 국가들, 우크라이나는 이전부터 러시아와의 가스 사업을 경고해왔다. 우리가 수년 전부터 논의해온 액화천연가스(LNG) 터미널을 건설하지 않는 이유를 이해하지 못하겠다는 것이다. 게다가 2016년부터는 미국까지 나서서 우리에게 LNG를 공급하겠다고 거듭 제안하지 않았던가?

이 일을 설명하려면 나의 총리직 인수 당시로 거슬러 올라가야 한다. 2005년 9월 총선을 불과 며칠 앞두고 게르하르트 슈뢰더 총리와 블라디미르 푸틴 대통령이 참석한 가운데 노르트스트림 1 운영사 설립 계약이 체결되었다. 퇴임 직후 슈뢰더는 노르트스트림사의 감독 기관에 해당하는 주주위원회 의장이 되었다. 6년 후 노르트스트림 1 파이프라인이 개통되었고, 바로 이때 문제의 사진이 촬영되었다. 어쨌든 그 이후 연간 275억 세제곱미터의 가스가 러시아 핀란드만의 비보르크에서 독일 북동부 말단의 리프만까지 발트해 해저에 매설된 파이프라인으로 수송되었다. 총 길이 1,224킬로미터였다. 2012년에는 같은 크기의 두 번째 파이프라인이 건설되었다. 가즈프롬, 바스프/빈터샬, E.ON 루르가스, 가스니, GDF SUEZ 같은 기업들이 노르트스트림사의 소유주였는데, 그중 가즈프롬이 51퍼센트의 지분을 보유하고 있었다. 이 프로젝트는 2006년 유럽연합 집행위원회에 의해 '유럽 관심 프로젝트'로 분류되었다. 반면에 폴란드와 발트해 연안 국가들, 우크라이나는 이 프로젝트에 비판적이었다.

독일은 소량의 자체 채굴을 제외하면 네덜란드와 노르웨이, 러시아에서 천연가스를 구매했다. 러시아 가스의 수송을 위해 1970년대부터는 우크라이나를 통과하는 파이프라인과 1990년대 말부터는 벨라루스와 폴란드를 통과하는 파이프라인이 있었는데, 이제 노르트스트림 1의 개통으로 공급로가 하나 더 생겼다. 탈원전 정책이 확정되면서 천연가스는 모든 에너지 공급을 재생에너지로 대체할 때까지 기후 목표를 달성해줄 과도기 에너지로서 그 어느 때보다 중요해졌다. 천연가스는 화석연료 가운데 기후에 가장 부담이 적은 연료에 속했다. 또한 파이프라인을 통해 운송되는 가스는 LNG보다 저렴했다. 사실 독일 전기는 재생에너지법(EEG)에 따라 재생에너지 보조금이 지급되었기에 상당히 비쌌다. 즉, 재생에너지 생산자에게는 1킬로와트시당 법적으로 정해진 가격이 지급되었다. 이 가격과 전력 거래소의 킬로와트시당 가격 사이의 차액은 원칙적으로 전기 고객에게 청구되었다. 독일의 산업 기반은 튼튼했다. 이는 반드시 지켜야 했고, 그래야 일자리와 사회 안전망도 보장할 수 있었다. 그러려면 산업 생산의 토대가 되는 에너지 가격을 낮춰야 했다.

서독은 냉전 당시에도 소련에서 석유와 가스를 공급받았다. 미국은 인상을 찡그렸지만, 독일은 지난 경험을 통해 소련을 신뢰할 수 있는 무역 파트너로 여겼다. 게다가 노르트스트림 1은 발트해를 통과하기 때문에 우크라이나와 폴란드를 지나가는 기존의 육상 파이프라인과 달리 통과비를 따로 지불할 필요가 없었다. 그뿐 아니라 유럽연합의 가스 고객들은 2000년대에 우크라이나와 러시아 사이에서 발생한 가스관 통과 협정의 연장을 둘러싼 분쟁에서 자유로울 수 있었다. 실제로 2009년 1월에는 이런 분쟁으로 인해 러시아 가스가 동유럽에 도착하지 않은 적도 있었다. 폴란드와 우크라이나도 원칙적으로 러시아 가스의 서유럽 공급을 거부하지는 않았고, 대신 통과 요금을 받아 경제적 이득을 취하려 했다. 2005년 내 취임 당시 독일 가스 수입에서 러시아 가스가 차지하는 비중은 40.6퍼센트였고, 2019년에는 48.8퍼센트였다.

2015년 9월, 가즈프롬, 독일의 E.ON(현 유니퍼)과 빈터샬, 네덜란드의 로열 더치 셸, 오스트리아의 OMV, 프랑스의 엔지(옛 GDF SUEZ)는 노르트스트림 1과 나란히 발트해를 통과하게 될, 두 개의 관으로 이루어진 파이프라인인 노르트스트림 2를 건설하기로 주주 간 계약을 체결했다. 푸틴은 내가 2015년 5월 10일 제2차 세계대전 종전 70주년을 맞아 모스크바를 방문했을 때 이미 이 계획을 이야기 했다.

2014년 3월 크림반도 병합 및 우크라이나 돈바스 일부 지역에서 분리주의자들의 집권으로 러시아와의 관계는 경색되었고, 내 입장에서도 러시아와의 접촉을 최소한으로 제한했다. 유럽연합은 이미 2014년 3월부터 러시아에 대한 제재를 시작했다. 처음에는 주로 개인에 대한 제재였다가 여름부터는 경제협력 분야로 확대되었다. 2014년 9월 12일, 은행과 군수산업체들 외에 석유 생산업체 로즈네프트, 가스 그룹 가즈프롬의 일부, 송유관 운영업체 트란스네프트를 대상으로 한 제재 패키지가 발효되었다. 이들의 채권은 더 이상 유럽연합 금융시장에서 거래되지 않았고, 이들 기업의 유럽 자본시장 접근도 어려워졌다. 미국도 비슷한 조치를 취했다. 그럼에도 천연가스와 석유 공급은 러시아 측이 제재에 대한 분노로 잠시 물량을 줄인 것을 제외하면 제재의 영향을 받지 않았다.

그러나 러시아 측의 이런 태도에도 불구하고 가스 공급의 다변화라는 주제는 자연스럽게 다시 주목을 받았다. 발트해 연안 국가들, 폴란드, 특히 우크라이나는 노르트스트림 2에 격하게 반대했다. 우크라이나의 우려는 분명했다. 파이프라인 경유지로서 자국의 역할이 사라지지 않을까 걱정했다. 노르트스트림 2는 그전의 노르트스트림 1보다 훨씬 더 강력한 정치적 이슈로 부상했다. 2005년에는 노르트스트림 1에 대한 의구심이 별로 없었지만, 노르트스트림 2와 관련해서는 저렴한 러시아 가스를 대량으로 계속 수입해야 한다는 경제계와 그 프로젝트에 참여한 기업들의 경제적 논리보다 고려할 것이 예전보다 더 많아졌다. 네덜란드의 파이프라인에서 들어오는 가스량은 현지 감산으로 점점 감소하는 추세였고, 그렇다고 노르웨이 공급선으로 네덜란드의 감소분을 충당할 수는 없는 상황이었다. 가스 공급원의 다변화를 위한 시도는 이미 그전부터 있어왔다. 하지만 2013년부터 유럽연합 집행위원회 주도로 추진된 '남부 가스 회랑', 즉 아제르바이잔에서 이탈리아로 연결되는 루트로 수입하는 가스만으로는 독일의 수요를 충당할 수 없었다. 아랍권에서 LNG를 수입하는 것도 천연가스 수입사와 고객의 입장에서는 비용상의 이유로 합리적인 대안이 아니었다. 그리되면 독일 내 에너지 가격은 계속 비싸질 수 있었다. 나도 그건 원치 않았다. 게다가 당시 시점에선 미국으로부터의 LNG 수입도 2016년까지로 정해져 있던 미국의 수출 금지 조치로 인해 불가능했다.

우크라이나는 파이프라인 통과비 수입에 의존하고 있었다. 그렇기에 나는 노르트스트림 2와 관련한 푸틴 대통령과의 첫 대화에서, 2019년 가스관 통과 계약이 만료된 뒤에도 우크라이나와 가즈프롬 간의 후속 계약이 체결될 때만 노르트스트림 2의 가동을 허용하겠다는 뜻을 분명히 밝혔다. 2018년에 건설이 시작된 노르트스트림 2 프로젝트를 저지하려면 유럽연합 차원에서의 특별한 법적 규제가 필요했다. 만일 우크라이나와 러시아 사이에 새로운 가스관 통과 계약이 체결되지 않으면 나는 그런 규제를 마련할 생각이었다. 그러나 2019년 가즈프롬과 우크라이나의 나프토가즈사는 2024년 말에 만료되는 가스관 통과 계약을 체결했다. 유럽연합 집행위원회가 페터 알트마이어 경제부 장관의 적극적인 도움을 받아 이루어낸 성과였다.

2017년 1월 도널드 트럼프가 미국 대통령에 취임한 후, 미국 정부는 노르트스트림 2 건설에 참여한 기업들에 대한 이른바 역외 제재의 법적 근거를 마련했다. 이 파이프라인 건설로 동맹국인 독일이 러시아에 지나치게 의존하게 됨으로써 자국의 안보 이익이 침해받는다는 논리였다. 하지만 내가 느끼기에 진짜 이유는 다른 데 있었다. 미국은 자국의 경제적 이익을 위해서라면 우월한 경제력과 재정력을 이용해서 우방국의 경제 프로젝트까지 얼마든지 저지할 수 있는 나라였다. 미국의 핵심 이익은 경제였다. 그들은 프래킹(수압 파쇄 공법)으로 시추한 셰일가스를 LNG의 형태로 유럽에 수출하고 싶어 했다.

LNG는 파이프라인 가스보다 비쌌지만 기민/기사 연합과 사민당은 2018년 연정 협정문에서 가스 수입의 다변화를 위해 독일 내 LNG 인프라를 구축하기로 합의했다. 여기에는 미국으로부터의 수입 외에 아랍권, 특히 카타르의 LNG 공급도 포함되었다. 그사이 브룬스뷔텔, 슈타데, 빌헬름스하펜에 터미널을 건설하기 위한 민간 컨소시엄이 구성되었다. 2019년 2월 독일-미국 투자자 컨퍼런스에서 페터 알트마이어 경제부 장관은 앞으로 가스망 사업자들에게 장거리 가스관 네트워크를 반드시 LNG 터미널에 연결시켜야 할 법적 의무를 부여하겠다고 발표했다. 이렇게 하면 1억 3,400만 유로의 건설비 절감이 예상되었다. 연방정부와 주정부도 최소 두 곳의 터미널 건설에 경기 부양 자금을 투입할 용의가 있었다. 그러나 독일에는 LNG 수입업체와 장기간 계약을 체결할 만한 기업이 없었기에 민간 투자자들은 정부의 자금 지원에도 불구하고 터미널 건설을 시작하기엔 재정적 불확실성이 너무 크다고 판단하는 듯했다. 그 때문에 내 재임 중에는 독일에 민간 LNG 터미널 건설이 이루어지지 못했다.

2021년 1월에 취임한 트럼프의 후임자 조 바이든은 내가 볼 때 협력 파트너와 우방국들 사이에서 올바른 행동으로 여겨질 만한 조치들을 빠르게 취해나갔다. 즉, 우리에게 새로운 제재를 가하는 대신 2021년 7월 21일 '우크라이나, 유럽 에너지 안보, 기후 목표의 지원을 위한 공동 성명'에 합의했다. 그사이 노르트스트림 2 파이프라인 건설은 온갖 걸림돌에도 불구하고 거의 완료된 상태였다. 우리는 러시아가 에너지를 무기로 사용할 경우 독일뿐 아니라 유럽연합 차원에서 가스 공급 제한을 포함해 러시아에 추가 제재를 가하기로 뜻을 모았다. 공동 선언문 발표 직전 나는 푸틴 대통령에게 전화를 걸어 이 내용을 알렸다. 그는 독일이 미국과 합의에 도달했다는 사실에 깜짝 놀라는 듯했다. 이 사실이 영 마음에 들지 않는 게 분명했다. 이것만 봐도 바이든이 우리를 다시 동맹국 간의 올바른 태도로 대하는 것이 얼마나 옳은 일인지 알 수 있었다.

이 공동 선언문을 토대로 내 후임자 올라프 숄츠는 푸틴이 2022년 2월 21일 스스로 독립국이라 칭하는 루한스크 및 도네츠크 공화국을 공식 인정하자 노르트스트림 2의 가동을 중지시켰다. 이로써 이 파이프라인은 투자자들에게 애물단지가 되었다. 사람들은 지금껏 노르트스트림 2가 독일을 러시아에 의존하게 만들 거라며 나를 비판해왔지만, 정작 의존성은 이 파이프라인을 통해 가스가 얼마 공급되지 않은 상태에서 발생했다.

새 독일 정부는 노르트스트림사가 2022년 7월 유지 보수에 필요한 터빈이 없다는 이유로 노르트스트림 1의 가동을 중단한 후에도 각고의 노력 끝에 에너지 공급을 안정화하는 데 성공했다. 그러나 이로 인해 그렇지 않아도 높던 독일의 에너지 비용 문제는 더욱 악화되었다. 이제는 더 비싼 LNG 수입에 의존해야 했기 때문이다. 그런데 이 문제는 우리가 2014년 이후 러시아산 가스의 수입을 줄이기 시작했더라도 발생했을 것이다. 하지만 당시에는 독일뿐 아니라 유럽연합 내 많은 회원국의 천연가스 고객 및 기업들은 2022년 우크라이나 침공 때보다 러시아산 가스의 수입 축소 결정을 정치적으로 받아들이기가 한층 어려웠을 것이다. 2014년 유럽연합 이사회에서 가결된, 러시아에 대해 6개월씩 자동 연장되는 경제제재만 해도 유럽연합의 몇몇 회원국을 설득하는 데 애를 먹었다.

사전 예방 원칙

2016년 3월 8일, 나는 『슈투트가르터 나흐리히텐』지가 주최한 패널 토론회 '트레프푼크트 포아예'에 참석했다. 여기서 이 신문의 편집장 크리스토프 라이징거는 아프리카 국가들의 상황을 고려할 때 수많은 아프리카인이 유럽으로 몰려드는 걸 보고 딱히 놀랄 정치인은 없을 거라며 나를 돌려서 비난했다. 청중은 박수를 보냈다. 나는 이렇게 답했다.

"맞아요. 박수를 치시는 분들의 생각이 맞습니다. 누구도 놀랄 일이 아니지요. 1990년에 「행진」(The March)이라는 영화가 있었어요. 기후변화로 수십만 명이 아프리카에서 건너왔지요. 그렇다면 1990년부터는 다들 그걸 알고 있었다고 할 수 있어요. 놀랄 일이 아니라는 말이지요."

나는 나의 정치 일상에서 끊임없이 반복되는 경쟁 이슈들에 대해 이야기했다. 독일 통일의 완성, 기후 보호 조치들과 관련한 사회적 갈등, 개발원조 비용을 둘러싼 논란, 고령화, 세대 간 정의, 예산 분배 등에 관한 문제들이었다. 나는 불같이 치솟았던 감정을 다음 말로 마무리했다.

"이런 이슈들은 우리가 이미 거의 다 알고 있는 것들입니다. 다만 문제는 항상 매 시기에 똑같은 힘으로 모든 문제에 대응할 수 있느냐는 겁니다."

그러고는 나중에 이렇게 덧붙였다.

"그래서 내가 하고 싶은 말은, 우리가 항상 눈을 크게 뜨고 있어야 하지만 그럼에도 나중에 돌이켜보면 왜 이런저런 문제에 좀더 주의를 기울이지 못했을까, 하고 묻게 되는 문제들이 많다는 겁니다."

라이징거는 반격했다.

"그럼 광의의 예방적 국가 안보라는 측면에서 보자면 나는 당신이 현재 취하고 있는 조치들이 국민에게 안심을 주지 못하고 있다고 생각하는데, 이 말에 동의하십니까?"

내가 대답했다.

"모든 정책이 모든 사람을 만족시킬 수는 없습니다. 그건 어쩔 수가 없습니다. 그렇기에 우리에겐 해야 할 일이 아직 많이 남아 있습니다."

솔직히, 아니 냉정하게 말해서 나는 사전 예방적 원칙의 의미에서, 그러니까 미래의 위험을 내다보며 사전에 예방하는 일에서 항상 성공을 거두지는 못했다.

더 적극적으로 예방적 결정을 내릴 권한이 내게 있었을까? 예를 들어 기후 보호라는 인류의 생존이 걸린 문제에서? 나는 2020년 8월 20일 총리청에서 기후 보호 청년 운동가들을 만나 그에 관해 이야기를 나누었다. 스웨덴의 그레타 툰베리, 독일의 루이자 노이바우어, 그리고 툰베리의 '기후를 위한 학교 파업'에서 영감을 받은 기후 보호 운동인 '미래를 위한 금요일'의 벨기에 대표 두 명이었다. 이들의 요청에 따라 이루어진 만남이었다.

네 사람은 기후변화에 좀더 단호한 입장을 취해달라고 내 양심에 호소했다. 우리는 1990년 이후 평균 6년마다 기후변화에 관한 정부간 협의체 보고서에 요약 형태로 실리는 전 세계 과학계의 공통된 인식에 따르면 지구 온도 상승은 인위적인 것이며 인간의 행동으로만 막을 수 있다는 데 의견을 같이했다. 또한 파리 협정 회원국들이 지금까지 한 약속으로는 기온 상승을 1.5도는커녕 2도로 제한하는 것도 불가능하다는 점에 동의했다. 그러면서도 청년 운동가들은 기후 보호에 대한 나의 노력이 결코 충분하지 않다는 점을 분명히 했다. 그러려면 의회에서 과반수를 확보해야 한다는 나의 설명도 그들을 납득시키지 못했다. 그들은 내가 제대로 노력만 하면 필요한 것을 달성할 수 있다고 생각하는 듯했다. 급진성의 부족이 나를 향한 그들의 공통된 질책이었다. 이 점에서 우리는 의견이 갈렸다.

나에게 급진주의는 결코 정치적 목표를 달성하기 위한 왕도가 아니었다. 비정부기구나 기후 보호 활동가들은 민주주의가 보장하는 자유의 틀 안에서 목표를 위해 급진적으로 싸울 수 있다. 반면에 나는 목표를 달성하려면 내 뜻에 동의하는 다수를 확보해야 하고, 그러려면 타협도 마다하지 않아야 했다. 대개 위기와 프로젝트가 동시다발적으로 진행되는 점을 고려하면 어떤 문제의 해결책을 어느 시점에 마련해야 할지는 늘 고민의 대상일 수밖에 없었다. 이런 고민 속에서 나는 기후 보호 문제를 충분한 우선순위에 두었을까?

물론 총리로 재임하는 동안 기후 문제에서 나름의 성과도 있었다. 2005년에는 전력 공급에서 재생에너지의 비중이 10퍼센트 정도였다면 그사이 40퍼센트 이상으로 풀쩍 뛰었다. 이산화탄소 배출량도 1990년부터 2010년까지 20년 동안뿐 아니라 2010년부터 2020년까지 10년 동안에도 각각 20퍼센트씩 줄었다. 2019년에는 기후보호법 내에 최초로 2050년 기후 중립을 향한 온실가스 감축으로 나아가는 기반을 마련했다. 우리는 2010년 정부의 에너지 구상에서 2020년까지 온실가스 40퍼센트 감축에 합의했다. 그러나 이 목표는 달성하기 어려울 것으로 예상했기에 2030년까지 55퍼센트 감축 계획만을 기후보호법에 명시했다. 2030년 이후의 추가 목표는 2025년에 세우기로 했다. 이 결정이 뜻하는 바는 이랬다. 1990년부터 2030년까지, 즉 40년간의 배출량은 55퍼센트 줄이고, 나머지 45퍼센트 감축은 이후 20년 동안 미래를 책임질 사람들에게 맡기자는 것이다.

이 법을 두고 헌법재판소에 다양한 소송이 제기되었고, 법원은 젊은 세대의 손을 들어주었다. 2021년 4월 29일 헌법재판소는 이렇게 판결했다.

"2019년 12월 12일의 기후보호법 규정은 2031년부터의 배출량 감축을 위한 추가 조치가 부족하다는 점에서 기본권과 합치하지 않는다."

이 결정으로 정부는 법을 개정해야 했다. 이제 우리는 2030년 감축 목표를 65퍼센트로 올려야 했고, 2045년까지 기후 중립을 달성할 수 있다는 기민당 총리 후보 아르민 라셰트의 견해에 합류했다. 이렇게 해서 2035년에는 최소 감축 목표가 77퍼센트, 2040년에는 88퍼센트로 설정되었다.

기후 보호를 위해 대내외적으로 이미 취해진 모든 조치도 당연히 중요하지만, 또 다른 진실을 얘기하자면 그것만으로는 지구온난화의 재앙으로부터 세계를 실제로 지키기엔 부족하다. 극지방의 얼음이 녹고, 해수면이 상승하고, 작은 섬들이 사라지고, 수백만 명이 고향을 잃고, 많은 동식물종이 기온 상승으로 사라지고 있다. 우리가 지금처럼 계속해나간다면 미래는 위기를 향해 일직선으로 치닫지는 않겠지만, 한순간에 변화가 가속화되는 티핑 포인트가 반드시 찾아올 것이다. 우리는 이 사실을 알고 있음에도 이런 인식은 독일에서든 다른 많은 나라에서든 충분한 행동으로 이어지지 않고 있다. 내가 지금껏 기후 보호를 위해 아무리 애를 썼더라도 이 사실만큼은 부인할 수 없다. 과거에는 재난이 발생해야만 정치인과 시민들이 움직였다. 하지만 최악의 피해가 복구되자마자 장기적인 예방 정책 대신 또다시 어떻게든 잘되겠지 하는 희망의 원칙이 작동하기 시작했다.

우리 인간에게 과연 기후변화 정부 간 패널이나 기타 권위 있는 전문가들의 경고에 사전 예방의 정신으로 귀를 기울이고, 우리의 생존을 위해 정말 필요한 결정을 적시에 내릴 의지와 능력이 있을까? 이건 퇴임 후에도 여전히 풀리지 않는 질문이다. 지금까지 독일에서든 국제사회에서든 그런 의지와 능력은 어디서도 보이지 않는다. 이러한 현실이 나를 포함한 우리 모두를 무겁게 짓누르고 있다.

4. 국제 임무에 투입된 연방군

아프가니스탄

퇴임한 지 1년 반이 지난 2023년 8월 2일, 나는 보리스 피스토리우스 국방부 장관이 바덴뷔르템베르크의 칼프에서 열린 한 비공식 행사에서 독일 특수부대 소속의 군인 두 명에게 연방군 명예무공십자 훈장을 수여했다는 기사를 인터넷에서 읽었다. 아프가니스탄 수도 카불 공항으로부터 독일 대사관 직원과 독일 비정부기구 인원, 그리고 보호가 필요한 현지 조력자들을 대피시키는 특수작전에서 큰 공을 세운 병사들을 치하하는 자리였다. 이들은 제1공수여단 옌스 알트 사령관의 지휘 아래 8월 16일부터 26일까지 카불에서 우즈베키스탄의 타슈켄트로 사람들을 대피시키는 공수작전에 투입된 500여 명 독일군 가운데 두 명이었다. 이 작전으로 45개국 약 5,400명이 아프간을 떠날 수 있었다.

이 기사를 읽으면서 2년 전인 2021년 8월 22일 알트 준장과 나눈 전화 통화가 떠올랐다. 일요일 저녁이었다. 나는 총리청 9층에서 올라프 숄츠 부총리, 아네그레트 크람프카렌바워 국방부 장관, 하이코 마스 외교부 장관, 호르스트 제호퍼 내무부 장관, 헬게 브라운 총리청 장관, 에버하르트 초른 합참의장과 함께 아프가니스탄 상황에 대해 이야기를 나누고 있었다. 회의 중에 총리청 상황실이 카불 공항에 있는 알트 장군과 전화 연결을 해주었다. 그는 긴박하고 때로는 혼란스러운 현장 상황을 일목요연하게 상세히 설명해주었다. 우리는 넋을 잃고 경청했다. 나는 참석자들을 대표해서 그와 장병들의 노고에 진심으로 감사를 표했고, 모두 무사히 돌아오기를 기원했다. 그들이 현지에서 하는 일은 우리로선 상상만 가능했다.

9일 전인 2021년 8월 13일 금요일 내 여름휴가의 마지막 날이었다. 헬게 브라운과 아네그레트 크람프카렌바워가 차례로 카불의 상황이 점점 악화되고 있음을 전화로 알려주었다. 다음 날 아침 나는 다른 관련 장관들과 화상회의를 하면서 크람프카렌바워 국방부 장관에게 대피 작전의 세부 사항을 준비하라고 지시했다. 2021년 8월 15일 일요일, 2014년 9월부터 재임 중이던 아슈라프 가니 아프가니스탄 대통령이 카불을 탈출했고, 이어 탈레반이 수도를 수중에 넣었다. 절망에 빠진 수천 명의 사람들이 필사적으로 카불을 떠나려고 공항에서 장사진을 치고 있었다.

일요일 저녁, 나는 화상회의에서 연방의회 소속의 정당 대표 및 원내대표들에게 아프가니스탄에서 정부의 대피 작전 계획을 알렸다. 다음 날인 2021년 8월 16일 월요일 오후 6시에는 또 한 차례 회의를 더 가져 작전 개시를 전달했다. 오후 6시 45분, 나는 총리청 기자회견실에 섰다. 국제사회가 탈레반을 피해 아프가니스탄을 탈출하고 있었다. 나는 민주주의와 여성의 권리, 교육을 위해 싸워온 수백만 명의 아프가니스탄인뿐 아니라 2001년의 9·11 테러 이후 20년 동안 미국과 나토의 주도로 테러에 맞서 싸우고, 보다 자유로운 아프가니스탄 사회 건설을 위해 분투해온 독일과 다른 동맹국 모두에 참담하기 그지없는 이 사태에 대해 이야기했다. 총 9만 3,000명의 독일 연방군이 수년 동안 이 땅에서 헌신적으로 임무를 수행했다. 그중 59명이 목숨을 잃었고, 많은 사람이 몸과 마음에 깊은 상처를 입었다.

따라서 이들에게 최고의 무공훈장인 연방군 명예무공십자훈장을 수여한 것은 꼭 필요한 일이었다. 이 훈장은 2001년 12월 아프가니스탄 안정과 재건을 위해 결성된 국제안보지원군(ISAF)의 일원으로 아프가니스탄에 파견된 독일군의 상황이 2005년 이후 점점 더 위험해지자 프란츠 요제프 융 국방부 장관이 2008년에 제정했다. 융과 나는 2009년 7월 6일 총리청에서 처음으로 네 개의 훈장을 수여했다.

나는 수도 카불, 마자르에샤리프 인근의 마르말 캠프, 아프가니스탄 북부의 쿤두즈 야영지에 주둔한 우리 부대를 방문했다. 여기서 군인 및 경찰들과 대화하면서 이들의 생활과 근무 여건이 얼마나 열악한지 알 수 있었다. 심지어 위험하기까지 했다. 그건 한때 나의 경호팀에서 일하던 외르크 링겔이 2007년 8월 15일 아프가니스탄에서 목숨을 잃었다는 소식을 들었을 때 누구보다 생생하게 깨달았다. 그는 연방형사청 소속의 경찰 간부로서 카불 주재 독일 대사 한스울리히 자이트의 신변 보호 부대를 이끌기 위해 잠시 외교부로 파견 나간 상태였는데, 동료 마리오 켈러, 알렉산더 슈토펠스와 함께 사격 훈련장으로 이동하던 중에 자신의 차 옆에서 폭발물이 터지면서 사망했다고 한다. 나는 외르크 링겔과 수년 전부터 아는 사이였고, 그의 업무 능력을 무척 높이 평가했다. 그는 침착하고 집중력이 뛰어나고 항상 친절한 사람이었다. 2006년 말에는 자신의 외교부 파견 근무를 내게 자랑스럽게 이야기하기도 했다. 나는 그의 새롭고 막중한 도전을 축하하며 1년 후 내 경호팀으로 다시 돌아오기를 바란다고 말했다. 그의 사망 사흘 후 나는 베를린 대성당에서 열린 그와 그의 동료 두 명을 위한 장례식에 참석했다. 볼프강 쇼이블레 내무부 장관 외에 자이트 대사도 내게 이런 말을 했다.

"총리님, 나는 그가 총리님을 위해 일하는 것을 얼마나 좋아했는지 알고 있습니다."

나는 등골을 타고 흐르는 전율을 느꼈다. 스스로 너무 무력했다. 다만 외르크 링겔처럼 타인을 보호하고 위급한 상황에서 자신의 목숨을 내놓으면서까지 남의 목숨을 구할 준비가 된 사람이 우리나라에 얼마나 큰 보물인지 새삼 깨달았다.

총리로서 나는 매일 이런 종류의 경호를 받았다. 처음에는 상시적인 밀착 동행에 익숙해져야 했고, 때로는 전방위적인 경호에서 벗어나고 싶은 충동도 느꼈다. 하지만 그럴 수는 없었다. 그건 나와 경호원들을 위험에 빠뜨리는 일에 그치지 않고, 경호팀의 업무에 대한 예의도 아니고, 그들과 내가 봉직하는 국가에 대한 존중도 아니기 때문이다. 나의 신변 경호팀과 선발대에서 일하는 모든 사람은 내 특성에 최대한 맞추려고 노력했다. 덕분에 나는 16년 동안 안전한 상태에서 임무에 집중할 수 있었다. 그런 그들의 노고에 감사한다. 특히 아프가니스탄처럼 위험한 지역을 다섯 번이나 방문했을 때는 더더욱 그랬다.

2009년 1월 20일, 버락 오바마가 조지 부시 뒤를 이어 미국 대통령에 취임했다. 외교 정책과 관련해서 그가 내린 첫 결정들 중 하나는 이라크 및 아프가니스탄에서의 미군 활동에 대한 재평가 작업이었다.

이라크에는 15만 명에 가까운 미군이 주둔하고 있었다. 2003년 이라크 독재자 사담 후세인의 실각 후 미국은 이 정권의 국가 구조를 빠르게 해체했다. 그러나 안정적인 국가 재건은 해체보다 몇 배는 더 어려웠다. 오바마는 2011년 말까지 이라크에서 미군을 완전히 철수하기로 결정했다. 그는 이라크 전쟁을 늘 실수라고 생각했는데, 그의 생각은 옳았다.

2003년 3월 이라크 전쟁 개시 후 아프가니스탄에서 미군의 역량은 일시적으로 축소되었다. 그 틈을 타 2001년 말 미군에 의해 쫓겨났던 탈레반이 2003년 여름부터 다시 영향력을 확대했다. 이에 따라 오바마는 주둔 중인 미군 수를 일단 늘렸다. 이로써 2008년 약 3만 명이던 미군 병력은 2011년 11만 명으로 늘었다. 미군의 임무도 차츰 아프간 군대 및 경찰 훈련에 집중되었다. 오바마 대통령은 2011년터 아프간 각 지역의 치안을 단계적으로 아프간 보안군에 넘길 구상을 하고 있었다. 또한 2014년 말에 종료될 국제안보지원군의 안정화 임무는 2015년부터 나토가 훈련과 자문에 집중하는 '확고한 지원'(Resolute Support) 임무로 대체될 예정이었다. 미국은 아프간 주둔 미군을 1만 명 미만으로, 지금껏 5,000여 명을 주둔시키던 독일은 1,000명 미만으로 줄이기로 했다. 게다가 미국 정부는 파키스탄 책임자들과의 회담에서 탈레반에 대한 파키스탄의 지원을 중단하라고 요구했다.

2001년부터 재임 중이던 하미드 카르자이 아프간 대통령은 정부 구조를 보다 효율적으로 재편하고, 그 힘으로 부패와 마약류 재배에 강력히 맞서 싸움으로써 국민의 신뢰를 얻겠다고 했다. 파슈툰족 출신의 카르자이(1957년생)는 인도에서 정치학을 공부했고, 다양한 정치 경력을 갖고 있었다. 게다가 머리부터 발끝까지 철저한 아프간인이었다. 그와의 대화는 항상 우호적이었고, 그는 우리의 헌신에 감사하며 아프간 내 뿌리 깊은 부패와 족벌주의 척결을 위해 모든 노력을 다하겠다고 약속했다. 우리가 어떤 말을 듣고 싶어 하는지 정확히 아는 사람이었다. 하지만 실질적인 변화는 거의 없었다. 2009년 그의 재선 과정에서도 부정선거 논란으로 온 나라가 시끄러웠다. 대화할 때 나는 그의 태도와 접근 방식을 완전히 이해하기 어려웠다. 도저히 속을 알 수 없는 인물이라는 생각이 들 때가 많았다.

그건 아프간 동료들과 관계하는 우리의 군인들도 마찬가지였다. 현지 방문 시 그들은 내게 이런 말을 자주 들려주었다. 아프간 병사가 자신들에게 우호적인지 적대적인지 도저히 속내를 알 수 없다는 것이다. 그 때문에 독일 교관들은 아프간 동료들에게 불안감을 느꼈다. 우리 군인과 그 가족들에게 이 임무가 힘들 수밖에 없는 또 다른 이유였다.

버락 오바마 대통령은 아프간 임무의 새 시작을 알리려고 2009년 6월 미 특수부대 사령관이던 스탠리 매크리스털 장군을 국제안보지원군 사령관이자 아프가니스탄 주둔 미군 사령관에 임명했다. 매크리스털은 외국군의 군사작전 중에 발생할 수 있는 민간인 사상자 수를 최대한 줄이고자 노력했고, 그로써 외국군 주둔에 대한 아프간 주민들의 반감을 줄이고자 애썼다. 그런 만큼 3개월 후인 2009년 9월 4일 금요일 밤, 쿤두즈 인근에서 국제안보지원군 작전으로 최소 90명의 민간인이 사망한 사건은 더더욱 비극적이었다. 독일 캠프 사령관이 탈레반이 탈취한 벤진 탱크로리 두 대에 공중 폭격 명령을 내림으로써 발생한 사고였다. 이들은 독일 캠프에서 불과 몇 킬로미터밖에 떨어지지 않은 곳에서 쿤두즈강을 건너다 모래톱에 걸려 오도 가도 못하는 상태였다. 사령관은 탱크로리가 캠프에 대한 차량 폭탄으로 사용될 수 있다고 우려했고, 트럭 주변에 서 있는 사람들이 모두 탈레반이라고 생각했다. 보고를 받은 프란츠 요제프 융 국방부 장관도 이런 판단에 대체로 동의했다.

사건 이틀 후인 2009년 9월 6일 일요일, 기민당은 뒤셀도르프에서 2009년 9월 27일로 예정된 연방의회 선거전의 본격적인 막을 올렸다. 행사 전 나는 융 국방부 장관을 따로 불러 민간인 사상자의 발생 가능성에 대해 이야기를 나누었다.『워싱턴 포스트』보도에 따르면, 탱크로리 폭격으로 최소 40여 명 이상의 민간인이 사망했을 가능성이 높다고 했다. 우리는 현실을 직시해야 했다. 따라서 이틀 후인 2009년 9월 8일 연방의회에서 정부 성명을 발표했다. 나는 민간인 사상자에 대한 일치되지 않은 보도가 쏟아지는 상황에서 일단 사실관계부터 명확히 밝히는 것이 중요하다고 말하면서도 그와 별개로 무고한 사망자가 너무 많다는 점을 강조하며 독일의 행동에 깊은 유감을 표했다.

2009년 10월 28일 새 정부 구성과 함께 나는 국방부에 변화를 주었다. 이 부처는 기민당에서 기사당 몫으로 넘어갔고, 그들의 제안에 따라 지금껏 경제부 장관직을 맡았던 카를테오도르 추 구텐베르크가 새 국방부 장관에 임명되었다. 달변에다 어떤 갈등도 피하지 않는 혈기왕성한 남자였다. 그런 면모는 불과 취임 며칠 만에 증명되었다. 그는 아프가니스탄에서 벌어지고 있는 전쟁과 유사한 상황을 언급하면서, 이를 전쟁이라고 부른 장병들에게 공감을 표한 것이다. 처음 있는 일이었다. 프란츠 요제프 융과 나는 지금껏 전투 임무에 대해서는 얘기했지만 '전쟁'이라는 단어를 직접 사용한 적은 없었다. 한편으로 구텐베르크는 수많은 사상자와 전투 행위, 폭탄 테러를 고려할 때 부인하기 어려운 아픈 지점을 건드렸다. 다른 한편으로는 전쟁을 전쟁이라고 부른 최초의 사람이라는 자부심도 있는 듯했다. 내 기억으로, 그는 이 용어를 선택하기 전에 나와 미리 상의하지 않았다. 하지만 전쟁이라는 말이 이미 그의 입에서 나온 이상, 어차피 이기지도 못할 논쟁을 이어가는 대신 나 역시 2009년 11월 중순 『프랑크푸르터 알게마이네 차이퉁』과의 인터뷰에서 이렇게 말했다.

"전통적인 국제법적 관점에서 보면 아프가니스탄 일부 지역에서 벌어지고 있는 지금의 상황을 '전쟁'으로 표현하는 게 부적절해 보이지만, 우리 군인들의 관점에서 보면 전쟁과 유사한 상황이 벌어지고 있는 건 사실입니다."

2010년 1월 28일 런던에서 '아프가니스탄 회의'가 열렸다. 독일에서는 기도 베스터벨레 외교부 장관이 대표로 참석했다. 오바마 대통령의 구상대로 회의 참석자들은 2011년 여름부터 2014년 말까지 아프가니스탄의 재건과 안보에 대한 책임을 아프간 각 기관에 점진적으로 넘기기로 합의했다. 첫 이양은 2011년 여름에 마자르에샤리프시에서 이루어졌고, 2년 후인 2013년 10월에는 독일군의 쿤두즈 야전 캠프도 아프간 당국에 인계되었다. 2013년 10월 당시 쿤두즈의 안보가 위태롭다는 사실은 공공연한 비밀이었다. 그럼에도 캠프 인계가 이루어진 것은 이양 절차가 이미 정해져 있었기 때문이다. 그로써 약점이 드러났다. 국제사회는 아프간에서의 임무 종료 시점을 2014년으로 못 박아버림으로써 이후 시간에 대한 영향력을 잃어버렸다. 자체 안보를 넘겨받은 아프간 당국이 장기적으로 탈레반을 격퇴할 수 있을지는 누구도 장담할 수 없었다. 결국 우려했던 일이 벌어졌다. 2년 후인 2015년 9월 탈레반은 쿤두즈를 탈환했다. 대도시 중 처음이었다. 아프간 군대는 미국의 공중 지원으로 탈레반을 다시 몰아내는 데 성공했지만, 이 사건은 아프간에 미군 전력이 여전히 얼마나 절실한지를 극명하게 보여주었다.

이런 상황은 2017년 초 임기 종료 시점까지 8,400여 명의 미군 병력을 다시 대폭 줄이겠다는 오바마의 구상과 맞지 않았다. 2016년 4월 24~25일, 나는 하노버 산업박람회 개막식에 참석한 오바마 대통령에게 쿤두즈 지역에 대한 나의 인상을 이야기하면서 아프가니스탄의 어려운 상황을 고려할 때 향후 병력 감축에 대한 결정을 재고해달라고 요청했다. 몇 주 후, 그러니까 바르샤바 나토 정상회의 하루 전인 2016년 7월 6일, 오바마가 정부 내의 집중적인 논의 끝에 다음과 같은 결정을 내렸을 때 나는 안도했다. 아프가니스탄의 불안정한 상황을 감안해서 8,400명의 미군을 아프가니스탄에 남겨두기로 한 것이다. 바르샤바에서 우리는 2016년 이후에도 '확고한 지원' 임무를 계속 수행해나가기로 결정했다.

2014년 9월부터 아슈라프 가니가 대통령직에 올랐지만, 부패와의 전쟁에서 이렇다 할 만한 성과는 없었고 아프간 정부와 탈레반 간의 평화 협상도 별 진척을 이루지 못했으며 그런 가운데 탈레반에 대한 파키스탄의 지원은 계속되고 있었다. 이로 인해 많은 아프간인이 자신과 가족의 삶을 개선하기 위해 안간힘을 쓰고 독일 대표단과 긴밀히 협력했음에도 우리 사이의 개발 협력은 쉽지 않았다.

그사이 아프가니스탄은 개발 지원금 규모로 따졌을 때 독일의 대외 개발 협력 부문에서 가장 중요한 파트너 국가가 되었다. 2007년 7,700만 유로이던 양자 간 원조 규모는 2016년 4억 5,000만 유로 이상으로 증가했다. 개발 없이는 안보도 없고, 안보 없이는 개발도 없다는 우리의 신념에 따른 결과였다. 국방부와 외교부, 내무부, 개발협력부 같은 관계 부처들 사이에서는 점점 긴밀한 조율이 이루어졌다. 인프라 확대를 포함해 연방군을 통한 군사 지원 및 효율적인 경찰 구조 개편 외에 우리의 원조는 물과 전기 공급, 교육, 법치 분야에 집중되었다. 2011년에는 아프간 인구의 20퍼센트만 식수와 전기를 공급받았다면 10년 후 그 비율은 각각 70퍼센트와 90퍼센트로 증가했다. 또한 지난 20년 사이 아동 사망률은 절반으로 줄었고, 수백만 명의 여자아이들도 이제 학교에 다닐 수 있게 되었다.

2017년 1월 20일에 취임한 도널드 트럼프는 아프가니스탄 주둔 미군 병력을 또다시 최대 1만 5,000명까지 늘리기로 결정했다. 동시에 미국은 2019년 탈레반과 국제군 철수 문제를 협상하기 시작했다. 2020년 2월 29일 도하에서, 트럼프가 임명한 미국 아프가니스탄 특사 잘마이 칼릴자드와 탈레반 정치국 대표 압둘 가니 바라다르는 2021년 5월 1일까지 아프가니스탄에서 국제군을 철수하기로 합의하고 협정문에 서명했다. 민주적인 절차로 선출된 아프간 정부와 다른 국가들은 이 회담에 참여하지 않았다. 이로써 국제적인 권력 관계가 모두에게 뚜렷이 확인되었다. 첫째, 미국은 모든 측면에서 나토 임무의 결정적인 주역이었고, 나머지 동맹국들은 미국의 결정에 의존했다. 둘째, 트럼프에게는 선출된 아프간 정부조차 더 이상 진지한 고려 대상이 아니었다. 이로써 이 나라의 운명은 이미 결정되었다. 이제 탈레반은 국제군의 철수만 기다리면 되었다.

2021년 1월 20일에 취임한 트럼프의 후임자 조 바이든 대통령은 나토 이사회가 미군 철수 기한을 2021년 9월 11일까지 연장하는 조처만 승인했을 뿐 이 문제를 원점으로 돌리는 다른 조치를 취하지 않음으로써 20년간 지속된 이 임무를 끝내고자 했다. 많은 전문가가 탈레반의 집권 위험성을 지적했음에도 말이다. 미군 철수는 사실상 나토 임무의 종료를 의미했다. 2021년 6월 29일, 마지막 남은 독일군도 마자르에샤리프 인근의 캠프 마르말을 떠났다.

2021년 8월 16일 카불에서 타슈켄트로 공수작전이 개시되었을 때 나는 기자회견에서 다소 도전적으로 말했다.

"이제 우리는 아프가니스탄에서의 나토 임무 수행에서 독일이나 다른 유럽국의 독자적인 역할이 불가능하다는 사실을 인정해야 합니다. 지금까지 늘 말해왔듯이 우리는 기본적으로 미국 정부의 결정에 의존할 수밖에 없습니다."

진실이 그랬다. 그리고 미국이 이 임무의 주된 부담을 지고 있는 것도 사실이었다. 그렇다면 그들이 주된 결정을 내리는 것도 수긍할 만했다.

나토 임무가 남긴 결과는 무엇일까? 2001년 9월 11일 이후 나토 규약 5조에 따라 첫 번째 나토 임무로 미국을 지원한 건 옳았다. 왜냐하면 임무가 끝나고 나면 9·11 같은 테러가 더 이상 아프가니스탄에서 출발하지 않으리라는 근거 있는 희망이 있었기 때문이다. 그러나 다른 모든 목표는 실패했음을 인정해야 한다. 우리는 이 나라에 지속가능한 자유민주주의 시스템을 구축하고, 법치와 민주주의, 인권, 특히 여성과 소녀들의 인권을 강화하고, 언론인과 예술가, 기업가의 자유로운 활동을 보장하고자 했다. 하지만 국제사회는 이중 어느 것도 이루지 못했다.

이유는 무엇일까? 왜 아프간에서 평화협정이 체결되지 못했을까? 우리는 정치적 평화와 포용적인 정치를 위해 충분히 노력했을까? 문화적 차이를 더 진지하게 받아들이고, 역사적 경험에 더 주의를 기울였어야 했을까? 사회에 만연한 부패의 규모나 영향을 과소평가하지는 않았을까? 애초에 철수 날짜를 못 박은 건 너무 위험천만한 일이 아니었을까? 이런 질문들이 남았다. 나는 2021년 8월 25일 연방의회에서 정부 성명을 발표할 때도 이 질문들을 공식화했다.

답은 기본적으로 분명했다. 아프가니스탄 북쪽에는 투르크메니스탄, 우즈베키스탄, 타지키스탄 같은 중앙아시아 국가들이 있었고, 서쪽에는 이란이, 동쪽과 남쪽에는 파키스탄이 버티고 있었다. 지리적·민족적 연관성과 역사적 경험, 우리와의 문화적 차이는 내 상상 이상으로 크고 복잡했다. 2001년 탈레반의 축출 이후 아프간 사회는 부패와 족벌주의, 마약류 재배와의 고리를 끊고 스스로 일어설 만한 충분한 힘이 없었다. 그렇다고 외부에서 그런 발전을 강요할 수도 없었다. 아프간 당국의 실정을 고려할 때 아프간 사람들이 국가기관의 대표들을 믿지 못하는 분위기는 충분히 이해할 만했다. 게다가 탈레반은 파키스탄 일부 세력의 지원을 받고 있었다. 이것만으로도 아프간 내부의 평화협정이 성공할 가능성은 전혀 없었다. 탈레반은 이웃에 막강한 동맹이 있었기에 민주적 절차로 선출된 카불 정부와 타협할 필요가 없었다. 게다가 국제군이 스스로 철수 날짜까지 못 박아버렸으니 그들로서는 더할 나위가 없었다. 국제사회는 목표를 너무 높게 설정했다. 이제 남은 건 인도적 지원으로 아프간 주민들을 돕는 일뿐이었다. 이건 어떤 일이 있어도 성공해야 했다.

리비아

2020년 1월 19일 일요일이었다. 이른 오후, 나는 안토니우 구테흐스 유엔 사무총장과 함께 총리청 1층 영예의 뜰에 서 있었다. 11개국 정상 및 유럽연합과 아프리카연합, 아랍연맹에서 온 손님들을 맞이하기 위해서였다. 손님들이 도착하자 우리는 기념사진을 찍었다. 그 중에는 프랑스 에마뉘엘 마크롱, 러시아 블라디미르 푸틴, 튀르키예 레제프 타이이프 에르도안, 이집트 압둘팟타흐 시시, 알제리 압델마

지드 테분, 콩고 공화국 드니 사수응게소 대통령도 포함되어 있었다. 그밖에 영국의 보리스 존슨, 이탈리아의 주세페 콘테 총리, 마이크 폼페이오 미 국무장관, 셰이크 무함마드 빈 자이드 알 나하얀 아랍에미리트 왕세자 겸 외무장관(전날 나를 방문했다), 양제츠 중국 공산당 정치국 외교부장도 자리를 함께했다.

이 회의는 구테흐스 사무총장과 독일 외교부 장관 하이코 마스, 그리고 내가 리비아 사태 해결을 위해 주요국 정치인들을 베를린으로 초대한 자리였다. 왜냐하면 2011년 9월 유엔 안보리가 설립한 유엔 리비아지원단(UNSMIL)을 통해 리비아를 정치적으로 안정시키려는 그간의 모든 시도가 실패했기 때문이다. 이 나라에는 모든 리비아 정치 주체가 인정하는 의회도 제대로 작동하는 정부도 없었다. 국가에 의한 독점적 공권력이 무너진 상태에서 치안은 수많은 민병대에 의해 개별적으로 통제되고 있었다.

리비아는 이 지역 정치적 이해관계의 놀이터가 되었다. 튀르키예는 국제적으로 공인된 파예즈 알사라지 총리의 트리폴리 과도정부를 지지했고, 이 정부의 지원을 위해 자국 군대를 파병했다. 반면에 이집트와 아랍에미리트는 리비아의 미래가 동부 투브루크 의회에 있다고 보고 의회와 동맹을 맺은 칼리파 하프타르 장군의 군대에 무기를 공급했고, 러시아도 하프타르 부대 지원을 위해 바그너 용병 부대를 파견했다. 여러 리비아 정파 사이에서는 결국 무력 충돌이 발생했다.

아프리카연합은 국제사회가 리비아 내 분쟁을 해결하기 위한 자신들의 노력을 무시하거나 무산시켰다고 불평했다. 아프리카 국가의 대통령들은 나토가 서아프리카의 불안정에 공동 책임이 있다고 거듭 비난했다. 2011년 이후 리비아의 방대한 무기 비축량의 일부가 서아프리카에서 활동하는 이슬람 테러 단체의 손에 넘어가 말리, 니제르, 부르키나파소 같은 국가들을 혼란에 빠뜨렸기 때문이다. 리비아는 상상할 수 없을 만큼 열악한 조건과 위험 속에서도 목숨을 걸고 유럽으로 가려는 수많은 아프리카 출신 이주민과 난민들의 기항지가 되었다.

베를린에서 열린 리비아 회의 9년 전인 2011년 1월 중순부터 리비아에서는 혁명 지도자를 자처하는 국가원수 무아마르 알 카다피와 수십 년간 지속된 그의 공포정치에 반대하는 시위와 소요 사태가 발생했다. 같은 시기, 다른 아랍 국가들에서도 자국의 독재 통치자에 저항하는 시위가 일어났다. 2010년 말 튀니지에서 시작된 아랍의 봄이었다. 리비아의 카다피는 2011년 2월 중순부터 시위대를 잔인한 폭력으로 진압하려 했지만, 얼마 안 가 나라의 통제권을 잃고 말았다. 이어 내전과 같은 상황이 펼쳐졌다.

프랑스와 영국, 나중에는 미국도 민간인 보호를 위해 유엔에 긴급 군사개입을 요청했다. 2011년 3월 17일, 유엔 안전보장이사회는 비행금지 구역 설정을 골자로 하는 결의안 1973호를 통과시켰다. 2011년 3월 19일, 결의안 이행을 위해 나토 주도하에 국제 군사작전이 개시되었다. 리비아 무장 반군은 나토와 동맹국의 군사 지원으로 2011년 8월 23일 카다피의 관저를 점령했다. 2011년 10월 20일, 호위 차량과 함께 고향 도시 시르테를 탈출하려던 카다피는 나토 항공기의 공격을 받았다. 이어 반군에게 체포되어 사살되었다. 2011년 10월 31일 나토는 임무를 종료했다.

당시 안보리 비상임이사국이던 독일은 결의안 1973호 표결에서 기권했다. 기도 베스터벨레 외교부 장관과 나는 2003년 봄 사담 후세인의 몰락 이후 이라크가 얼마나 큰 혼란에 빠졌는지를 똑똑히 목격했고, 리비아 상황도 같은 맥락에서 바라보았다. 우리는 반군의 정치적 목표가 무엇인지 알지 못했고, 외부에서 카다피 정권을 폭력적으로 전복하기에는 이후의 시간에 대한 불확실성과 위험이 너무 크다고 판단했다. 따라서 기권을 통해 동맹국인 프랑스, 영국, 미국이 선택한 길에 회의적인 입장을 표하면서도 그들의 뒤통수를 노골적으로 치고 싶지는 않았다.

이 결정을 두고 우리에게 매서운 비판이 쏟아졌다. 군사적 수단의 사용에 대한 두려움 때문에 나토는 물론이고 대서양 양안 관계까지 약화시켰다는 비난이었다. 나는 이런 비난에 나름의 대응책을 내놓고 싶었다. 그래서 2011년 9월 9일 베를린에서 열린 국제 고위급 정치인 및 전문가 회의인 베르게도르퍼 원탁회의 50주년 기념 연설에서 다음과 같이 제안했다. 나토가 세계의 모든 분쟁을 해결할 수는 없기에 앞으로는 신흥국과 각 지역 연합체에 더 많은 책임을 부여해야 한다. 우리는 그들에게 조언을 제공하고, 민간인과 군인을 훈련시키고, 탄약과 무기를 포함한 인프라와 장비를 공급함으로써 그들이 그런 책임을 다할 수 있도록 도울 생각이다. 이런 방침 아래 독일 정부는 새로운 외교 및 안보 정책 수단으로서 이른바 '자체 능력 지원 프로젝트'를 개발했고, 이 프로젝트를 위해 2016년부터 총 1억 유로를, 2020년에는 1억 9,500만 유로를 책정했다. 이 기금은 주로 말리, 니제르, 가나, 세네갈, 나이지리아 같은 나라의 치안 구조를 개선하는 데 투입되었다. 그러나 무엇보다 리비아의 안정화 없이 이 프로젝트만으로는 서아프리카 안보 상황의 악화를 막을 수 없었다.

리비아 군사 개입이 시작된 지 근 9년이 지난 후의 상황은 당시 나의 회의론이 옳았음을 확인시켜주었다. 그렇다고 이대로 손 놓고 있을 수만은 없었다. 리비아뿐 아니라 니제르 같은 경유국의 정치적 안정 없이는 불법 이주와의 싸움에서 승리를 거두는 건 불가능했다. 지금도 난민들이 보트를 타고 출발하는 리비아 해안에서 이탈리아 람페두사섬까지는 300킬로미터가 채 되지 않았다. 이런 이유에서라도 하이코 마스 외교부 장관과 나는 유엔 및 리비아 특임대사 가산 살라메를 지원하기로 마음먹고 베를린 회의에 초대했다. 회의에 앞서 광범한 준비가 이루어졌다. 회의 시작 전 나는 리비아의 두 적대 세력인 알사라지 총리와 하프타르 장군을 차례로 총리청에서 만났다. 두 사람은 본회의에는 참석하지 않았다. 회의는 총리청 대회의실에서 열렸다. 우리는 휴전, 무기 금수, 리비아의 정치 일정에 합의했다. 이는 무력 분쟁 종식을 위한 첫걸음이었다.

이후 리비아의 상황은 다소 진정되었지만, 안정적인 국가조직의 구축을 위한 돌파구는 여전히 열리지 않았다. 2021년 6월에 열린 베를린 후속 회담과 내가 퇴임 전 마지막으로 참석한 국제회의인 2021년 11월의 파리 회담도 마찬가지로 성과를 거두지 못했다. 2022년 2월 24일 러시아의 우크라이나 침공 이후에는 리비아 사태 해결을 위한 국제사회의 노력이 더욱 아득히 멀어졌다. 국제사회가 이 협상을 위해 푸틴 대통령을 다시 만나는 건 지금으로선 상상할 수 없는 일이었기 때문이다.

병역의무

기민당과 기사당, 자민당은 2009년 10월 26일 연정 협정문에서 다음과 같이 명시했다. 국방부 장관은 2010년 말까지 지휘 및 행정 조직의 간소화를 포함한 연방군 조직 개편의 핵심 사항을 작성할 위원회를 구성한다. 또한 병역의무의 원칙은 그대로 유지하되 2011년 1월 1일까지 복무 기간을 9개월에서 6개월로 단축하기로 합의했다. 한편으로는 냉전 종식 이후 안보 상황이 근본적으로 바뀌었고, 다른 한편으로는 병역의무의 미래와 관련해서 기민당과 기사당, 자민당의 입장이 각각 달랐다. 기민/기사 연합은 병역의무 제도를 그대로 유지하자는 입장이었다. 그건 나도 개인적으로 마찬가지였다. 콘라트 아데나워 이후 병역의무와 군복을 입은 국민에 대한 지지는 우리의 기본 자산이자 국방을 책임지는 국가의 상징이었다. 반면 자유주의자들은 병역의무의 폐지를 원했다. 그들에게는 설득력 있는 논거도 있었다. 복무 기간의 점진적인 축소와 해외 파병을 통한 변화된 복무 상황으로 인해 한 해에 태어난 이들 가운데 의무 복무를 할 수 있는 사람은 20퍼센트 한참 미만이라는 것이다.

2009년 말과 2010년 초, 우리는 글로벌 금융 위기의 여파로 여전히 어려움을 겪고 있었다. 게다가 2009년에는 기본법에 부채 상한선이 도입되어 2016년에 발효되었다. 이후 신규 부채는 명목 국내총생산의 0.35퍼센트를 넘을 수 없었다. 2010년 6월, 정부의 2011년도 예산편성 과정에서 볼프강 쇼이블레 재무부 장관은 2011년부터 2014년까지 800억 유로를 절감해야 한다고 주장했다. 타당한 주장이었다.

2010년 6월 6일과 7일에 열린 내각회의 및 다른 자잘한 회의에서 16시간의 마라톤 심의 끝에 연정은 사회복지 부문의 절감, 원자력발전소의 핵연료세 도입, 항공교통세 도입, 철도 수익 일부의 연방 예산 이전 외에 연방군 규모의 축소를 담은 절감 조치 목록을 작성했다. 쇼이블레는 이를 통해 국방 예산에서 연간 20억 유로를 절감하기를 바랐다. 구텐베르크 국방부 장관은 분노했다. 회의가 길어지면서 그사이 날이 밝았다. 국가적 차원에서 예산 절감이 필요하다는 사실을 알고 있던 나는 구텐베르크에게 국방부 직원들과 차분히 상의하고 다시 한번 숙고한 뒤 두 시간 후 내 사무실에서 만나자고 요청했다.

그가 돌아와서 펼친 주장은 명확하면서도 충분히 공감이 되었다. 자신의 부처에서 연간 20억 유로를 절감해야 한다면 연방정부도 그에 상응해서 병역의무 제도 유예 같은 정말 필요한 결정을 내려야 하고, 그러지 않으면 자신은 국방부 장관직을 내려놓겠다고 했다. 진심이었다. 그건 의심할 여지가 없었다. 이 문제에서 그의 주장은 충분히 납득할 수 있었다. 만일 같은 해에 태어난 남성들 가운데 5분의 1만 군 복무를 한다면 모든 독일 남성에게 동등하게 병역의무가 부과되어야 한다는 국가 방위 차원의 정의는 무너질 수밖에 없었다. 거기다 복무 기간까지 재차 축소된다면 연방군의 전력 약화는 불을 보듯 뻔했다.

나는 잠시 생각하다가 그에게 이례적인 제안을 했다. 일단 국방부 장관 자격으로 기민당 지역연합회를 하나하나 찾아가 그의 계획을 설명하고, 그의 소속 정당인 기사당까지 설득해달라고 했다. 만일 설득 작업이 성공한다면 나는 병역의무 유예에 필요한 조치들을 취해나가겠다고 약속했다. 구텐베르크는 내 말에 즉시 동의하고는 국방부 예산 절감에 찬성을 표한 뒤 곧바로 전국을 돌았다. 그의 설득은 효과가 있었다. 지역연합회의 지도부는 대개 그의 말에 넘어갔다. 원래 인기가 많고 호감을 주는 사람이었다. 특히 병역의무를 폐지하지 않고 법으로 단순히 유예만 하겠다는 논리가 먹혔다. 이로써 안보 상황이 바뀌면 유예를 폐지하고 병역의무로 돌아갈 수 있는 길이 열렸다. 병역의무를 규정한 기본법 제12조 a항은 여전히 존속하고 있었다. 이는 종종 간과되는 중요한 지점이었다.

2010년 9월 12일과 13일 기민당 의장단 비공개 회의가 열렸다. 여기서는 연방군의 미래에 관한 논의도 이루어졌는데, 우리는 2010년 11월 14~16일 카를스루에서 열릴 전당대회에 병역의무 유예안을 제출하기로 뜻을 모았다.

2010년 10월 22일, 연정 협정문에 명시된 조항에 따라 지난 4월에 설치된 국방구조위원회는 "작전 수행 차원에서 생각하기: 집중, 유연성, 효율성"이라는 제목의 보고서를 발표했다. 위원장은 연방고용청장이자 예비역 대령인 프랑크위르겐 바이제였다. 보고서의 핵심 내용은 다음과 같았다. 독일은 그사이 평화와 자유를 구가하고 있다. 특히 대서양 양안 간에 구축된 안보 및 협력 체제에 굳건하게 편입되어 있음을 전제로 하고, 거기다 우리 이웃 바깥에서 발생하는 새로운 위협과 안보 위험을 고려하면 가까운 미래에는 더 이상 보편적 국방 의무가 필요 없을 것으로 판단된다. 징병검사와 징집은 중단되어야 한다.

기사당은 2010년 10월 29일 전당대회에서 병역의무 유예를 가결했다. 2016년 11월 14일 기민당 전당대회에서도 구텐베르크는 대의원들의 환호를 받으며 연설했고, 이어 우리는 '연방군의 미래' 동의안을 논의한 뒤 공개투표를 실시했다. 전당대회 의장 페터 힌체가 장내를 훑어보더니 말했다.

"반대표가 꽤 있고, 기권표가 일부 보입니다만 연방군의 미래에 관한 동의안 E1이 채택되었음을 선포합니다."

찬성이 뚜렷이 많았다. 2010년 12월 15일, 내각은 2011년 7월 1일부터 병역의무를 유예하기로 결정했고, 2011년 3월 24일 연방의회는 이를 승인했다. 기민/기사 연합과 자민당, 동맹 90/녹색당의 찬성으로 병역법 개정안이 통과되었고, 이 법의 일환으로 모병제 및 사회복무요원을 대체할 자원봉사 제도가 도입되었다. 모든 독일 남성에게 "만 18세부터 군대, 연방국경수비대, 혹은 민방위대에서 복무할 의무를 지울 수 있다"고 규정한 기본법 제12조 a항은 그대로 유지되었다. 즉, 병역의무는 폐지되지 않고 유예되었다.

서발칸반도

2014년 1월 30일 이른 오후, 나는 지크마르 가브리엘 부총리 겸 경제부 장관, 프랑크발터 슈타인마이어 외교부 장관, 토마스 드메지에르 내무부 장관, 모니카 그뤼터스 문화부 장관, 페터 알트마이어 총리청 장관과 함께 회의를 가졌다. 중요한 기념일이 많은 2014년을 어떻게 조직할지 상의하는 자리였다. 베를린 장벽은 25년 전에 무너졌고, 독일연방공화국은 65년 전에 설립되었으며, 제2차 세계대전은 75년 전에, 제1차 세계대전은 100년 전에 발발했다. 우리는 행사 계획을 세웠다. 대부분 과거의 기억에 관한 이야기가 주를 이루었다. 그러던 중에 지크마르 가브리엘이 문득 우리의 논의를 가로막더니 이렇게 말했다.

"모두 과거에 관한 이야기뿐입니다. 오늘날 우리가 어떤 문제를 안고 있고, 역사에서 무엇을 배웠는지도 생각해봐야 하지 않을까요?"

내가 대답했다.

"부총리님 말씀이 맞습니다. 특히 제1차 세계대전과 관련해서는 더더욱요. 1990년대 유고슬라비아 전쟁 이후 우리는 서발칸의 평화로운 공존을 장기적으로 보장할 수 있도록 애써왔지만, 아직 할일이 태산입니다."

슬로베니아와 크로아티아는 이미 유럽연합 회원국이었고, 세르비아와 몬테네그로, 구유고슬라비아 공화국 마케도니아(당시는 명칭 문제가 아직 정리되지 않은 상태였다)는 가입 후보국이었으며, 알바니아와 코소보, 보스니아헤르체고비나는 잠재적 가입 후보국이었다. 그럼에도 우리는 이 회의에서 무엇보다 세르비아와 코소보 간의 지속되는 긴장과 여러 나라 내부의 긴장된 분위기를 우려했다. 특히 보스니아헤르체고비나의 내부 사정이 그랬다. 제1차 세계대전이 발발한 지 100년이 지난 2014년에도 이 지역의 평화는 여전히 취약하기 그지없었다. 세르비아는 코소보의 독립을 인정하지 않았다. 이곳에 주둔한 코소보다국적군(KFOR)은 구유고슬라비아 붕괴로 인한 유혈 사태와 폭력을 종식시키고, 알바니아와 함께 서발칸반도의 평화로운 발전을 이루려는 다양한 국제적 노력의 상징이었다. 특히 나토와 유럽연합, 미국이 많은 노력을 기울였다. 독일군도 700명가량 여전히 코소보에 주둔하고 있는데, 벌써 15년째 지속되어온 임무였다.

1999년 3월, 독일 연방군은 공군을 동원해 이 지역의 전투 임무에 참여했다. 연방군 창설 후 처음이었다. 독일 공군은 나토 연합군의 일원으로서 슬로보단 밀로셰비치 대통령이 이끄는 세르비아 및 유고슬라비아 군대에 맞서 싸웠다. 이들은 코소보의 독립을 막기 위해 코소보 지방의 알바니아 주민들을 잔인하게 학살함으로써 도주를 강요했다. 연합군 작전이 성공리에 끝나자 유엔 안보리는 1999년 6월 10일 결의안 1244호를 통과시켰고, 이를 근거로 코소보에 나토가 지휘하는 다국적군이 주둔했다. 독일군 6,000명을 포함한 40개국 5만 명의 군인으로 이루어진 다국적군은 세르비아군의 철수 및 코소보의 단계적인 비무장화를 감독했고, 이를 통해 피난을 떠난 사람들도 고향으로 돌아올 수 있었다. 그러나 군사 개입만으로는 안정적인 발전을 담보할 수 없었다. 이 지역의 모든 국가가 유럽연합에 가입하기까지는 앞으로 수년이 더 걸릴 것이다.

"아직 유럽연합 회원국이 아닌 국가들과의 협력을 강화하려면 서발칸 국가들을 회의에 초대해야 하지 않을까요?"

내가 좌중을 보고 물었다.

가브리엘은 고개를 끄덕였다.

프랑크발터 슈타인마이어는 의문을 제기했다.

"우리 독일인들이 유럽의 다른 국가들과 조율하지 않고 그런 프로젝트를 추진하는 건 좀 독단적으로 비치지 않을까요?"

나는 그가 어떤 지점을 걱정하는지 알아들었다. 하지만 그의 말대로 하면 우리 계획이 무산될 염려가 있었다. 우리가 이 계획을 27개 회원국과 사전에 조율하려면 무언가 결정을 내리기도 전에 올해가 후딱 지나갈 가능성이 컸기 때문이다. 그때 한 가지 아이디어가 떠올랐다.

"올해는 우리가 먼저 회의를 개최하고, 내년에는 그 바통을 이어받을 다른 국가를 찾으면 되지 않을까요? 이렇게 하면 모든 이해 당사자가 한 번씩 행사를 주최할 기회를 갖게 됩니다. 물론 유럽연합 집행위원회에는 미리 알리고 참여를 요청해야겠지요. 그런 다음 서발칸 국가들과의 모든 협력 프로젝트를 그 회의에서 논의하는 거예요."

내 제안은 승인을 받았다. 우리는 2014년 8월 28일 제1차 서발칸 회의에 관련국 정상들을 총리청으로 초대하기로 합의했다. 슈타인마이어는 이듬해 개최지로 오스트리아를 제안했다. 며칠 후 내가 베르너 파이만 오스트리아 총리와 통화하면서 의견을 물어보자 그는 즉시 동의했다.

'베를린 프로세스'라고도 불리는 서발칸 회의는 상당 기간 큰 성공을 거두었다. 무엇보다 유럽연합 집행위원회와 서발칸 개별 국가들 사이에 구체적인 프로젝트가 성사되고 신속하게 실행된 점이 가장 큰 성과였다. 가령 국가 간 인프라 프로젝트, 청소년 공동 프로그램, 과학 분야의 협력이 그랬다. 이를 넘어 서발칸 지역의 정상들은 '베를린 프로세스'와 별도로 만남을 가졌고, 지속적인 긴장에도 불구하고 긴밀한 접촉을 유지했다. 다들 전례가 없던 일이라고 내게 거듭 이야기했다. 이 모든 나라가 유럽연합에 가입해서 긴밀한 협력의 형식을 찾기까지 기다리지 않기를 잘했다는 생각이 들었다. 물론 우리 나름으로는 많은 시간과 공을 들였음에도 내 임기 중에 모든 장애물을 극복할 수는 없었다. 나는 모든 서발칸 국가가 유럽연합에 가입해야만 이 지역의 지속적인 평화 공존이 가능하다고 확신했고, 지금도 그렇게 믿고 있다. 아무리 험난해도 반드시 가야 할 길이다.

5. 이스라엘

아데나워의 발자취를 찾아서

여성청소년부 장관 시절 나의 첫 해외 방문지는 1991년 3월 5일 파리였고, 두 번째 방문지는 1991년 4월 7일부터 9일까지 이스라엘이었다. 취임한 지 3개월도 채 안 된 시점이었다. 나는 내 전공이기도 한 과학 분야에서 명성이 높은 이 중동 국가가 무척 궁금했다. 독일 통일 전까지만 해도 이스라엘은 내게 접근할 수 없는 나라였다. 동독과 이스라엘은 외교 관계가 없었기에 방문은 상상할 수 없었고, 우편물 교환도 불가능했다. 앞서 설명했듯이, 박사학위 논문을 쓸 때 이스라엘 연구자들의 논문이 필요하면 나는 다른 나라 연구자들에게 따로 프린트를 부탁해 논문을 받아 봤을 정도였다.

이와는 대조적으로 옛 서독과 이스라엘의 연구 협력은 상당히 빠른 진전을 보였다. 양국 수교 6년 전, 이스라엘 초대 대통령 차임 바이츠만의 이름을 따 텔아비브에서 남쪽으로 20킬로미터 떨어진 소도시 레호보트에 설립된 바이츠만 과학연구소는 1959년 12월에 독일 막스플랑크협회의 과학자들을 이스라엘로 초청했다. 그로부터 얼마 지나지 않아 막스플랑크협회는 1964년부터 독일-이스라엘 연구 협력에 전념할 미네르바 재단을 설립했다.

1991년 4월의 내 방문은 하인츠 리젠후버 연구부 장관의 이스라엘 방문과 동시에 이루어졌다. 우리는 같은 비행기를 탔지만 현지 방문은 각각 따로 진행했다. 리젠후버의 방문이 나보다 훨씬 더 큰 주목을 받았다. 처음에는 속상했지만 나중에는 이해했다. 독일-이스라엘 관계에서 연구와 과학이 차지하는 역할은 막중했기 때문이다. 나를 맞은 이스라엘 측 상대는 제불론 하머 교육부 장관이었다. 그런데 다비드 레비 이스라엘 외교부 장관도 의전에 없던 만남을 요청해왔다. 우리는 주로 양국의 청소년 교류 프로그램에 대해 논의했다. 나는 내 부처가 계획하고 있던 '만남의 여름'에 대해 이야기했다. 이 프로그램의 목표는 구연방주와 신연방주 젊은이들의 만남을 주선하는 것이었다. 나는 이 프로그램을 확장해 이스라엘 청소년 100명도 '만남의 여름'에 초대할 의사를 밝혔다. 무엇보다 신연방주 젊은이들에게 이스라엘에 대한 관심을 불러일으키기 위해서였다.

그로부터 30년이 지나, 나는 현역 정치인으로서 마지막으로 이스라엘을 방문했다. 2021년 8월 말, 막 취임한 나프탈리 베네트 이스라엘 총리가 전화로 나를 초청했다. 내가 꼭 다시 이스라엘에 방문해야 한다면서 말이다. 나는 2021년 9월 26일 연방의회 선거 직전에 이스라엘을 방문하는 게 합당한지 의구심을 표했다. 베네트 총리는 분명 방문할 가치가 있을 거라고 대답했다. 그는 내 우려를 불식시켰고, 곧 2021년 8월 28일부터 30일까지의 이스라엘 방문 준비가 시작되었다. 하지만 아프가니스탄 철수라는 긴급 사태가 발생하면서 방문은 10월로 연기되었다. 이렇게 해서 내 고별 방문은 총선 전에는 이루어지지 못했지만, 어쨌든 퇴임을 앞둔 현직 총리의 신분으로는 실현되었다.

2021년 10월 9일 토요일 저녁, 비행기가 텔아비브 벤구리온 공항에 착륙하자 나는 곧바로 예루살렘으로 이동해 여느 때와 마찬가지로 전설적인 킹 데이비드 호텔에 묵었다. 1931년에 문을 연 이 호텔의 일부는 1948년 5월 이스라엘이 독립할 때까지 팔레스타인 주재 총독부로 사용되었다. 공식 일정은 일요일에 시작되었다. 오전에 나는 나프탈리 베네트 총리와 일대일 대화를 나누었고, 이어 이스라엘 내각회의에 참석해 독일-이스라엘 관계 전반에 관해 논의했다. 청소년 교류 프로그램에서부터 경제, 과학, 기후 보호, 그리고 이스라엘 안보와 관련된 사안에 이르기까지. 정오에는 이츠하크 헤르초그 이스라엘 대통령이 나를 맞았다. 그는 바이츠만 연구소 소장인 알론 첸과 함께 생각지도 못한 선물을 내게 주었다. 내 이름을 따서, 바이츠만 과학연구소 화학물리학 분야의 우수한 여성 과학자에게 수여할 '앙겔라 메르켈 박사후 장학금'을 제정한 것이다.

오후에는 1991년의 첫 방문 때와 마찬가지로 야드 바셈 홀로코스트 기념관을 찾았다. 나프탈리 베네트 총리도 동행했다. 야드 바셈은 직역하면 '이름을 기억하다'라는 뜻인데, 독일이 국가사회주의 시절에 저지른 홀로코스트로 살해된 600만 명의 유대인을 기억하고 추모하기 위해 세워진 박물관이었다. 저녁에는 이스라엘 공과대학(줄여서 테크니온)에서 열린 한 행사에 참석해 명예박사학위를 받았다. 이 대학은 이스라엘이 건국되기 36년 전인 1912년에 독일계 유대인들이 중심이 되어 설립한 기관으로, 처음에는 기술전문대학이라 불렸다. 1930년대에는 독일에서 나치의 박해와 살해 위협을 받던 많은 유대인이 이곳에 입학했다.

월요일 오전에는 외교 및 안보 정책 문제를 다루는 싱크탱크인 텔아비브 국가안보문제연구소 대표들을 만났다. 시몬 슈타인 전 독일 주재 이스라엘 대사도 회원으로 있는 연구소였다. 나는 이 일정을 끝으로 베를린으로 돌아왔다. 내가 현역 정치인으로서 마지막으로 이스라엘을 방문하면서 소화한 일정과 만남은 독일-이스라엘 관계의 특수하고도 독특한 성격을 반영하고 있었다. 독일과 이스라엘은 홀로코스트의 기억을 통해 특별한 방식으로 서로 영원히 연결되어 있다는 사실을 잊지 않는다면 다양하고 긴밀하면서도 미래 지향적인 관계를 유지할 수 있을 것이다. 독일이 과거의 도덕적 재앙에서 비롯된 책임을 지속적으로 인식한다면 우리는 선하고 인간적인 미래를 만들 수 있다. 나는 모든 방문과 만남, 결정에서 이 사실을 확신했고 지금도 확신하고 있다.

2008년 3월 16일 일요일 아침 9시 반경, 내가 베를린 테겔 공항에서 출발할 때만큼 이스라엘 방문의 의미가 깊었던 날은 없었다. 달리아 이치크 이스라엘 의회 의장이 이스라엘 건국 60주년을 맞아 외국 정부 수반으로는 처음으로 내게 이스라엘 의회에서 연설하도록 초청한 것이다. 이전에는 오직 국가원수에게만 주어지는 영예였다. 2000년에는 요하네스 라우 독일 대통령이 최초로 이 영예를 안았다.

나는 이 방문으로 독일-이스라엘 관계의 새 장을 열었다. 양국 정부 수반뿐 아니라 장관도 여러 명 참석하는 정부 간 협의체를 구성한 것이다.

네 시간의 비행 끝에 나는 텔아비브에 현지 시각으로 오후 2시 반경 도착했다. 기내에는 샤를로테 크노블로흐도 함께 타고 있었다. 유럽유대인의회 및 세계유대인의회 부의장이자, 2006년부터는 독일유대인중앙위원회 회장까지 맡고 있던 사람이었다. 그녀는 1932년 뮌헨에서 태어났다. 1938년 11월 9일 나치의 유대 민족 박해가 절정으로 치달은 '수정의 밤'이 시작되었다. 나치 친위대와 돌격대 무리가 뮌헨 시내를 휩쓸며 유대인들을 사냥했고 오헬야코프 유대교 중앙 회당에 불까지 질렀다. 당시 여섯 살 소녀는 어떻게든 안전한 곳으로 피신하기 위해 아버지 프리츠 노이란트의 손을 잡고 집을 떠나야 했다. 아버지와 결혼하려고 유대교로 개종까지 한 어머니는 1936년 가족을 떠났고, 1939년 친할머니 알베르티네 노이란트가 아들과 손녀의 집으로 들어왔다.

크노블로흐가 홀로코스트에서 살아남을 수 있었던 것은 삼촌 집에서 가정부로 일하던 독일 여성이 그녀를 시골집으로 데려가 자신의 사생아라고 속여서 키웠기 때문이다. 크노블로흐의 아버지도 살아남았다. 처음에는 군수공장에서 강제 노동자로 일하다가 마지막에는 친구들이 숨겨주었다. 반면 크노블로흐의 할머니는 1942년 테레지엔슈타트 수용소로 추방되었고, 거기서 1944년에 굶어 죽었다.

'수정의 밤'이 발생한 지 68년 후, 1985년부터 뮌헨 및 바이에른 유대인공동체(IKG) 회장을 맡고 있고 2005년에는 고향 도시의 명예시민이 된 샤를로테 크노블로흐의 평생 꿈이 마침내 실현되었다. 2006년 11월 9일, 뮌헨 중심부에 IKG의 새로운 오헬야코프 중앙 회당이 준공되었고, 새로운 커뮤니티 센터까지 문을 연 것이다. 호르스트 쾰러 연방대통령이 이 자리에 참석해 축하 연설을 했다. 2008년 2월 28일에는 나도 유대교 회당과 커뮤니티 센터를 방문했고, 홀로코스트 희생자들을 추모하기 위해 만들어진 '기억의 통로'를 지나갔다.

2주 후, 샤를로테 크노블로흐는 텔아비브 벤구리온 공항에서 독일과 이스라엘 대표단의 영접 대열에 함께 서서 에후드 올메르트 총리가 우리를 위해 마련한 의장대 사열을 지켜보았다. 이 자리엔 달리아 이치크 의회 의장도 함께했다.

공항 환영식이 끝나자 우리 대표단은 일단 둘로 나뉘었다. 일부는 예루살렘으로 향했고, 나머지는 나와 함께 대기 중인 이스라엘 공군 헬리콥터로 이동했다. 우리는 이스라엘 남부 네게브 사막의 라몬 공군기지로 날아갔다. 이곳에는 시몬 페레스 대통령이 나를 기다리고 있었다. 우리는 함께 이스라엘 초대 총리 다비드 벤구리온과 그의 부인 폴라 벤구리온의 묘지를 방문했다. 우리는 그 앞에 화환을 놓았고, 묵념과 함께 그들을 추모했다.

1960년 3월 14일 뉴욕의 월도프 아스토리아 호텔에서 콘라트 아데나워 독일 총리와 함께 양국 관계의 초석을 놓은 사람이 바로 다비드 벤구리온이었다. 두 사람은 제2차 세계대전과 홀로코스트가 끝난 지 15년 만에 중립지대인 이곳에서 처음 만나 대화를 나누었다. 여기서 생겨난 신뢰는 점점 커져나갔다. 1965년, 두 정치인이 더 이상 재임하지 않는 상황에서 독일과 이스라엘은 외교 관계를 수립했다. 1년 후 아흔 살의 콘라트 아데나워는 네게브 사막의 키부츠 스데 보커에 있던, 당시 여든 살에 가까운 다비드 벤구리온의 자택을 방문했다.

시몬 페레스와 나는 묘지 방문이 끝나자 곧장 벤구리온의 자택으로 향했다. 몇 분 후 우리는 키부츠 가장자리에 위치한 작은 박물관에 도착했다. 예전에는 벤구리온의 경호팀이 숙소로 사용하던 건물이었다. 이곳에는 이스라엘 초대 총리의 생애와 행적을 담은 사진과 문서가 전시되어 있었다. 콘라트 아데나워와 함께 찍은 사진도 있었다. 박물관 옆에 벤구리온의 집이 있었다. 소박하고 아담한 방갈로였다. 우리는 경외심을 품고 집으로 들어갔다. 자그마한 대기실, 거실, 서재, 그리고 엄청나게 많은 책이 지금도 내 기억에 남아 있다. 42년 전 아데나워와 벤구리온이 머물렀던 방에 서 있다고 생각하니 소름이 돋을 정도로 생생하게 두 사람의 숨결이 느껴졌다. 두 사람이 서로 어떻게 바라보고, 어떤 대화를 나누었을지 상상해보았다. 벤구리온의 목소리는 몇 분 전 옆의 박물관에서, 1948년 이스라엘 독립을 선언하는 순간을 녹음해놓은 오디오를 통해 들은 바 있었다. 라인란트 지방의 악센트가 밴 아데나워의 목소리는 라디오와 텔레비전을 통해 이미 잘 알고 있었다. 문득 이런 생각이 들었다.

'넌 지금 용기와 지혜로 현실을 좋은 쪽으로 바꾸는 데 성공한 두 정치인의 발자취를 좇아 시몬 페레스와 함께 사막의 이 소박한 집에 들어와 있어. 처음엔 불가능해 보이던 일을 두 사람은 해냈어.'

페레스와 나는 키부츠의 중앙 광장으로 걸어가, 거기서 놀고 있던 아이들과 잠시 이야기를 나누었다. 도중에 작은 와인 양조장에도 잠깐 들렀는데, 과거 이스라엘의 토대가 된 키부츠에서 삶의 기반이 농업이었음을 떠올리게 하는 곳이었다. 히브리어 '키부츠'는 '집단'이라는 뜻인데, 내가 방문한 키부츠 '스데 보커'는 '양치기의 밭'이라는 의미였다.

마지막으로 시몬 페레스와 나는 키부츠의 휴게실에서 주민 몇 명과 함께 이런저런 대화를 나누었다. 아이들은 밖에서 뛰놀고 있었고, 안에서는 무척 자연스러운 삶의 방식이 그러하듯 평화롭고 쾌활한 분위기가 흘렀다.

"다시 오실 건가요? 오신다면 먼 훗날이라도 언제든 환영합니다."

한 참석자가 말했다. 다른 참석자들은 기대하는 표정으로 나를 바라보았다.

나는 잠시 고민하다가 답했다.

"총리를 그만둔 뒤에나 다시 오지 않을까 싶어요. 이곳의 생활방식이 마음에 들어요."

모두가 박수를 쳤다. 내가 이 말을 나중에 지킬 수 있을지는 알 수 없었지만, 어쨌든 당시엔 진심이었다.

우리는 작별 인사를 나누었다. 페레스와 나는 언론 성명을 발표하고 헬리콥터로 돌아갔다.

텔아비브로 가려고 라몬 공군기지에서 헬기가 이륙했을 때는 이미 초저녁이었다. 시몬 페레스와 나는 같은 헬리콥터에 탔고, 나머지 일행은 다른 헬기 두 대에 나누어 탔다. 시몬 페레스는 헬기 날개의 소음에도 불구하고 황혼이 지는 밖을 내다보며, 사해에서 홍해까지 이르는 담수화 시설에 대한 계획을 내게 설명했다. 그는 이스라엘과 이집트, 요르단의 물 공급에 오래전부터 관심이 많았다. 이 지역에서 물은 희소 자원이었다. 따라서 물을 공유하면 모두가 평화롭게 살 수 있다는 것이 그의 비전이었다. 방문 셋째 날, 우리는 그의 관저에서 열린 양자 회담에서도 이 이야기를 나누었다.

예루살렘에 착륙한 후 우리는 작별 인사를 나누었다. 나는 호텔에 잠시 들렀다가 곧장 에후드 올메르트 이스라엘 총리의 관저로 가서 만찬을 함께했다. 우리는 2006년 1월 내가 취임 인사차 이스라엘을 방문했을 때 이미 만난 적이 있었다. 당시 아리엘 샤론 총리가 뇌졸

중으로 혼수상태에 빠지는 바람에 부총리였던 그가 나의 회담 파트너가 되었다. 나는 올메르트가 마음에 들었다. 솔직하고 직설적인 사람이었다. 그래서 서로 의견이 다른 문제에 대해서도 이것저것 복잡하게 머리를 굴리지 않고 터놓고 이야기할 수 있었다. 2006년 여름, 테러 민병대 조직 헤즈볼라의 이스라엘 공격으로 시작된 레바논 전쟁 후 올메르트는 유엔레바논임시군(UNIFIL)에 독일 해군의 참여를 요청했다. 임시군의 임무는 휴전을 감시하고, 레바논 정부의 국경 보호 및 불법 무기 반출 차단을 지원하는 일이었다. 독일 연방의회는 2006년 9월 20일 이 임무에 대한 연방군 참여를 승인했다.

또한 에후드 올메르트는 중동 분쟁의 근본적 해결 방안으로 '두 국가 해법론'을 진지하게 추구하는 정치인이었다. 이스라엘과 팔레스타인을 각각의 독립국가로 인정하자는 것이다. 나는 2006년 방문 때 라말라에서 팔레스타인 자치 정부 대통령 마흐무드 압바스도 만나 이 문제에 대해 의견을 나누었다. 2008년 3월 재차 이스라엘을 찾았을 때는 라말라 방문을 포기했다. 이스라엘 건국 60주년 기념행사에만 전념하고 싶었기 때문이다. 물론 사전에 압바스에게 전화를 걸어 양해를 구했다.

2008년 3월 17일 월요일, 이스라엘 방문 이틀째 되는 날 제1차 독일-이스라엘 정부 간 협의가 열렸다. 우리는 청소년, 과학, 경제 정책 분야의 공동 프로젝트 외에 페레스 대통령의 핵심 관심 사항인 물과 상수도 공급 문제도 논의했다. 여기서 독일, 이스라엘, 아프리카 국가들 간의 3자 협력 구상이 나왔다. 이스라엘이 관개 시스템에 관한 모든 지식을 아프리카 국가들에 전수하는 구상이었다. 나는 이스라엘을 방문할 때마다 이 나라가 점적(點滴) 관개 같은 방식을 통해 적은 물로도 사막을 비옥한 땅으로 개간하는 모습에 감탄을 금치 못했다. 그러면서 이스라엘이 아프리카 국가들에게도 이러한 기술을 제공해줄 수 있지 않을까 생각했다. 그리되면 아프리카 농부들과 그 가족들에게 직접적인 혜택이 돌아갈 뿐 아니라 이스라엘의 탁월한 혁신성도 알릴 수 있었다. 아프리카 국가들이 이스라엘에 대해 갖고 있는 이미지는 팔레스타인과의 분쟁으로 인한 부정적인 인식이 대부분이었다. 나는 이를 바꾸고 싶었다. 우리의 3자 협력 구상에서 첫 번째 파트너 국가로는 에티오피아가 선정되었고, 이 나라 12곳에 점적 관개 방식이 도입되었다.

이날의 일정은 정부 간 협의 전에 야드 바셈 홀로코스트 박물관 방문으로 시작했다. 추모식은 박물관 내 추모관에서 열렸다. 우리 대표단 전원과 모든 연방장관, 그리고 이번 방문에 동행한 연방의원들도 참석했다. 에후드 올메르트도 자리를 함께했다. 우리는 각자 위치에 섰고, 바닥 돌에 새겨진 독일 강제 수용소 및 절멸 수용소의 이름을 읽었다. 나는 내 앞 오른쪽 대각선으로 영원한 추모의 불꽃을 바라보았다. 어린이 합창단이 노래를 불렀다. 추모식 진행자가 내게 새로 불꽃을 일으켜달라고 부탁했다. 나는 몇 걸음 앞으로 나가 추모의 불꽃 용기 레버를 잡고 천천히 오른쪽으로 돌렸다. 그러고는 제자리로 돌아왔다. 평화 운동 단체인 '악치온 쥐네차이헨'의 한 자원봉사자가 내 화환을 석판 위에 올려놓았고, 나는 다시 앞으로 나가 화환의 리본을 정돈했다. 한 성직자가 기도문을 읊조렸다.

추모식이 끝난 후 우리는 추모관을 떠났다. 나 혼자만 희생된 아이들을 위한 기념관으로 걸음을 계속 옮겼다. 좁은 복도가 나타났다. 나는 더듬더듬 걸었다. 어두웠다. 밤하늘의 별처럼 작은 불빛들만 반짝거렸다. 그 속으로 하나의 목소리가 들려왔다. 살해된 아이들의 이름을 낭송하는 목소리였다. 끝이 없었다. 이름과 나이, 출신지 순이었다. 이렇게 이름을 부름으로써 살해된 150만 명의 아이들 하나하나는 자기 정체성을 되찾았고, 개인으로서 인간으로서의 존엄성을 회복했다. 나는 이곳 방문이 처음이 아니었다. 이곳에서의 추모식에는 벌써 여러 번 참석한 바 있었다. 그런데 그때마다 한결같이 목이 메었다. 독일 국가사회주의에 의해 저질러진, 600만 유대인에 대한 대량 학살은 유대 민족뿐 아니라 유럽과 전 세계에 얼마나 큰 고통을 안겨주었던가!

그런 가해국의 총리가 이튿날 외국 정부 수반으로는 처음으로 피해국 이스라엘의 의회에서 연설을 한다니 실감이 나지 않았다.

국가 이성

2008년 3월 18일 화요일, 달리아 이치크 이스라엘 의회 의장이 의장대와 함께 나를 맞았다. 오전에 나는 몇 차례 정치 관련 회담을 가졌다. 국가 연주 후 우리는 의회 안뜰에서 이스라엘군 의장대를 사열했다. 그러고는 이스라엘 전사자 추모탑 앞에 화환을 바쳤다. 오후 3시쯤 의회 의장이 마련한 늦은 점심을 먹었고, 10분간 휴식을 취했다. 내 스타일리스트 페트라 켈러가 재빨리 내 머리를 매만지고 화장을 해주는 동안 나는 몇 분 후 낭독하게 될 연설문을 파일에서 꺼내 마지막으로 한 번 더 훑어보았다.

내가 중점적으로 전달하고 싶은 메시지는 총 다섯 가지였다. 첫째, 인간성은 과거에 대한 책임에서 생겨난다. 둘째, 독일과 이스라엘은 자유와 민주주의, 인간 존엄성의 가치를 공유한다. 셋째, 공정한 부의 분배부터 기후 보호, 테러리즘과 대량살상무기의 위협에 대한 대응까지 전 세계 주요 과제는 독일과 이스라엘, 유럽과 이스라엘처럼 공통의 가치와 이해관계로 연결된 국가들이 함께 협력해야만 풀 수 있다. 넷째, 독일은 유대 민족의 이스라엘과 팔레스타인 민족의 팔레스타인 국가가 각각 안정된 국경과 평화 속에서 공존하는 두 국가론을 지지한다. 다섯째, 독일에 이스라엘 국가 안보는 결코 타협 대상이 아니다. 이 다섯 가지 핵심 메시지가 연설문에 담겨 있었다. 나는 편안함을 느끼며 연설문을 다시 파일에 넣고 방을 나섰다.

오후 4시 30분, 나는 본회의장 연단에 올랐다. 달리아 이치크의 개

회사에 이어 에후드 올메르트 총리와 당시 야당 지도자였던 베냐민 네타냐후가 짧은 연설을 했다. 연단에 오른 나는 우선 히브리어로 말문을 열었다.

"의장님, 아니 모다 라헴 셰-니탄 리 레-다베르 엘레헴 칸 베-바이트 메후바드 제. 제 카와드 가돌 아우리"(여기서 연설을 할 수 있게 해주셔서 감사합니다. 나로서는 크나큰 영광입니다).

사전에 나는 히브리어 발음을 알파벳으로 적게 한 뒤 연설 직전에 통역사와 함께 다시 한번 연습한 바 있었다. 이어 내가 독일어로 바꾸자 뒤쪽에 앉아 있던 일부 의원들이 일어나더니 항의의 뜻으로 회의장을 나갔다. 안타까운 일이었지만 놀라지는 않았다. 그런 일이 생길 수 있다고 미리 통보를 받았기 때문이다. 나는 연설에 집중했다. 연설에서는 양국의 공통된 가치와 이익을 강조했고, 두 국가 해법론을 지지했다. 또한 이스라엘에는 "상명하달 식으로 전달되거나 청하지 않은 외부 조언"은 필요 없고, 문제 해결은 "오로지 여기 있는 여러분과 팔레스타인인들 스스로의 힘으로만" 가능하고, 그러려면 "모두가 받아들일 수 있는 타협이 필요하고, 고통스러운 양보도 기꺼이 감수해야" 한다는 점을 분명히 지적했다.

이스라엘 측과 관련해서 이런 양보는 일례로 정착촌 건설 중단이 될 수 있었다. 이 문제와 관련해서는 에후드 올메르트와 나 사이에도 이미 이견이 있었다. 그런데 2009년 베냐민 네타냐후가 집권한 뒤로 이 이견은 도저히 합치될 수 없을 것처럼 완전히 멀어졌다. 공동 성명서를 발표할 때도 우리는 오직 "서로 동의하지 않는다"라는 표현에만 동의할 수 있었다. 네타냐후도 가끔 두 국가 해법론을 입에 올리기는 했지만, 실제로 그 해법으로 나아가는 행동은 전혀 보이지 않았다. 오히려 정착촌 건설을 강행함으로써 두 국가 해법론의 토대를 무너뜨렸다.

이러한 갈등은 해소되어야 했지만, 그 때문에 양국 관계가 근본적으로 위기에 빠지는 상황으로 치닫지는 않으리라고 나는 확신했다. 독일과 이스라엘 사이에는 차이점보다 공통점이 훨씬 많았기 때문이다. 따라서 가자 지구를 통치하는 하마스의 로켓과 이란의 핵 프로그램으로 인한 이스라엘의 안보 위협을 직시하며 나는 이렇게 강조했다.

"역대 모든 연방정부와 연방총리는 이스라엘 안보에 대해 특별한 역사적 책임감을 갖고 있습니다. 독일의 이러한 역사적 책임이야말로 내 조국의 국가 이성입니다."

나는 6개월 전인 2007년 9월 25일 뉴욕의 유엔총회에서도 거의 똑같은 내용의 연설을 했지만, 당시엔 거의 주목을 받지 못했다. 어쨌든 그와 관련해서 심도 있는 토론이 벌어지지는 않았다. 하지만 이스라엘 의회에서 연설한 뒤에는 상황이 바뀌었다. 누가 언제 무엇을 어디서 말하느냐에 따라 말의 무게가 확 달라진다는 사실을 새삼 확인할 수 있는 자리였다. 그러니까 다른 곳에서 했던 말이라도 지금이 자리 이런 상황에서 하는 말은 비할 바 없이 강력한 효과를 발휘했다.

25분 뒤 연설이 끝났다. 청중의 반응은 무척 호의적이었다. 나는 감사하고 즐거운 마음으로 5시 30분경 의사당을 떠났다. 이어 다시 한번 잠시 호텔에 들른 뒤 텔아비브 벤구리온 공항으로 이동했다. 비행기는 오후 7시 15분 이륙해서 베를린으로 날아갔다.

메르켈은 "국가 이성"이라는 말을 무슨 뜻으로 사용했을까? 이후이 질문은 나를 줄곧 따라다녔고, 특히 15년 후인 2023년 10월 7일 오전 이스라엘이 하마스의 끔찍한 테러 공격을 받았을 때 재차 부각되었다. "국가 이성"이라는 말은 나의 정치적 어휘였고, 어떤 의미에서는 기민당의 언어이기도 했다. 1997년 라이프치히 기민당 전당대회에서 나는 당부대표로서 짧은 연설을 할 때 동독과 관련해서는 이 단어를 부정적으로 사용했다.

"구동독의 수백만 부모들이 국가 이성에 굴복하지 않고 인간의 기본 원칙에 따라 자녀를 키우고자 했다는 사실은 우리가 그 시기에서 보존해야 할 최고의 경험 중 하나라고 생각합니다."

2004년 12월 뒤셀도르프 기민당 전당대회에서는 사회적 시장경제와 서방과의 밀착, 재무장, 사회적 통합을 '독일 국가 이성의 일부'라고 설명했다.

2005년 4월, 이스라엘 주재 독일 대사 루돌프 드레슬러는 한 에세이에서 "이스라엘의 안전보장은 우리 국가 이성의 일부"라고 썼다. 당시 아리엘 샤론 총리가 가자 지구에서 이스라엘의 완전 철수를 결정하자 이스라엘 내부에서는 이 계획이 불러올 파장에 대해 격렬한 논쟁이 벌어졌다. 몇 달 후인 2006년 1월, 하마스는 가자 지구에서 실시된 마지막 자유선거에서 승리했다. 그들이 선포한 목표는 이스라엘의 절멸이었다. 이러한 배경하에서 나는 2005년 6월 16일 베를린에서 열린 기민당 60주년 기념식에서 이렇게 말했다.

"콘라트 아데나워는 온갖 의구심과 강고한 저항에도 불구하고 독일연방공화국을 서방의 가치 공동체에 편입시키는 작업을 추진했습니다. 오늘날 우리는 분명히 말할 수 있습니다. 유럽 통일, 범대서양 동반자 관계, 이스라엘의 안전, 이 모든 일에 대한 독일의 책임이야말로 우리 국가 이성의 핵심이자 우리 당의 존재 이유입니다."

나는 2005년에 이 행사를 준비했다. 그해에 초기 총선이 치러질 줄은 전혀 예상하지 못한 채 말이다. 그사이 나는 총리가 되었다. 하지만 당시 나의 축하 연설에 관심을 보인 사람은 거의 없었고, 국가 이성에 대한 나의 언급도 큰 관심을 끌지 못했다.

나는 2007년 9월의 유엔총회 연설과 마찬가지로 2008년 이스라엘 의회 연설에서도 두 문장만 더 추가했을 뿐 나머지는 거의 비슷하게 말했다.

"그건 곧 독일 총리인 나에게 이스라엘의 안보는 결코 타협의 대상이 아니라는 뜻입니다. 그렇다면 검증의 시간이 찾아왔을 때 그게 공허한 말이 아니었다는 사실을 증명할 필요가 있습니다."

이로써 나토 조약 제5조에 규정된 나토 동맹국들 간의 지원 의무는 없지만, 그럼에도 다른 많은 국가와의 보다 긴밀한 연결점들이 생겨났다. 이를 바탕으로 독일은 외교적 차원에서 두 국가 해법을 위한 노력을 지지했고, 유럽연합의 프랑스와 영국을 비롯해 러시아, 중국, 미국과도 힘을 합쳐(이른바 E3+3 협상) 이란의 핵 프로그램 중지를 위해 애썼으며, 그러면서도 협상 타결 이전에는 팔레스타인을 국가로 인정하지 않겠다는 뜻을 유럽연합 및 유엔 표결에서 기권으로 표시했다. 또한 군사적 차원에서는 대외무역법 규정에 따라 긴장 지역에 대한 무기 공급이 문제가 될 수 있음에도 1950년대부터 이스라엘에 무기를 제공했고, 2006년부터는 유엔레바논임시군 임무에 연방군의 참여를 결정했다.

중동 지역의 유일한 민주국가로서 강력한 시민사회가 떠받치는 이스라엘은 끊임없는 위협에 시달리고 있었다. 2023년 10월 7일 하마스 테러 공격이 이 나라를 강타했다. 이런 상황에서 이스라엘과 유대인들은 세계적인 차원의 연대가 아니라 많은 나라의 인터넷과 공공장소에서 무분별한 증오의 형태로 표출된 반유대주의를 경험했다.

지속가능한 팔레스타인 국가에 대한 열망이 아무리 정당하더라도, 독일 또는 이스라엘의 행동에 대한 비판이 아무리 타당하더라도, 이 두 가지를 이스라엘과 유대인에 대한 증오를 마음껏 표출하기 위한 구실로 삼는 것은 의견의 자유와 집회의 자유를 옹호한 기본권의 명백한 남용이었다. 이런 행위는 우리 법치국가가 보장하는 모든 수단을 동원해서 중단시키고 처벌해야 했다. 독일에 사는 모든 사람은 독일 기본법의 가치를 존중해야 했다. 그렇기에 반유대주의에 대한 투쟁, 그리고 우파건 좌파건 이슬람주의건 할 것 없이 모든 형태의 집단적 인간 혐오에 대한 투쟁은 국가와 시민의 변함없는 의무였다.

다른 사람들이 궁금해하는 부분이지만, 이스라엘의 안보는 타협 대상이 아니라는 말만 하면 되지 굳이 '국가 이성'이라는 말까지 썼던 이유는 무엇일까?

"국가 이성이라는 말은 헌법적 전문 용어로 설명하는 것보다 훨씬 많은 것을 더 집약적으로 표현해줍니다. 우리가 지지하는 자유 헌정 질서의 기본 가치, 우리가 살고 있는 경제적·사회적 질서, 우리에게 필요한 안보가 바로 그 말과 연결되어 있습니다."

1984년 5월 2일 옥스퍼드 대학교 세인트 안토니우스 칼리지에서 헬무트 콜이 "독일의 외교 정책: 콘라트 아데나워의 유산"이라는 제목의 기조연설에서 했던 말이었다. 콜은 이와 관련해서 이스라엘을 거론하지는 않았지만, 국가 이성이라는 단어에 대한 그의 해석은 시공간을 떠나 내게 중요했다.

6. 카이로스

"자리에서 내려오기"

총리실 책상 뒤편 벽에는 책상과 마찬가지로 짙은 색에다 나무 무늬까지 같은, 휘고 낮은 서가가 하나 있었다. 그 위에는 코코슈카의 아데나워 초상화가 걸려 있었고, 그 앞에는 독일 국기와 유럽연합 국기가 나란히 놓여 있었다. 서가는 사무실 왼쪽 끝까지 이어져 있어서 사무실에 들어오는 사람에게는 보이지 않았다. 2019년 초, 나는 뽁뽁이로 싼 작은 조각상 하나를 서가 위에 올려놓았다. 베아테 바우만과 나 말고는 그 안에 무엇이 있는지 아무도 몰랐다. 우리는 가끔 농담 삼아, 퇴임 후 전임 총리 사무실에 들어가면 이 조각상의 '제막식'을 열자고 했다. 그러니까 임기를 마친 뒤에나 조각상을 모두에게 전시하고, 그전까지는 이렇게 포장한 채로 서가 위 한구석에 놓아두기로 했다.

나는 이 조각상을 2019년 1월 9일에 구입했다. 1959년 로스토크에서 태어나 지금은 함부르크에 살고 있는 조각가 토마스 야스트람의 전시회 때였다. 장소는 화상(畫商) 빌프리트 카르거가 베를린에서 운영하는 한 화랑이었다. 뤼겐의 조경 건축가 디르크 에베르트는 2018년 말 내 지역구 사무실의 직원 카트린 마이어에게 이 전시회를 소개했고, 나에게도 방문을 권유했다. 이렇게 해서 들르게 된 전시는 실망스럽지 않았다. 전시장을 둘러보던 중에 다양한 포즈의 여성 조각상들 사이에서 다른 조각상들과 확연히 구분되는 인물상이 문득 눈에 띄었다. 등과 발에 날개가 달려 있었고, 뒤통수는 대머리 같았으며, 앞쪽 머리만 덥수룩했다. 틀림없었다. 이건 카이로스였다. 고르게 흘러가는 시간의 신 크로노스와 달리 카이로스는 공중을 날아다니는 시간의 신으로서 그의 앞머리를 잡으려면 적절한 순간을 노려야 했다.

혹시 몰라 나는 이 조각상의 설명문을 다시 한번 확인했다. '카이로스'가 맞았다. 적절한 기회의 신이자 결단의 순간을 상징하는 신이었다. 이건 2017년 토마스 야스트람이 조각한 42센티미터 높이의 청동상이었다. 나는 곧바로 갖고 싶다는 생각이 들었다. 그러나 일단 전시회 관람부터 마쳤다. 그러고는 다시 '카이로스'로 돌아왔다. 야스트람이 동행했다. 나는 조심스럽게 이 조각품을 아직 구입할 수 있는지 물었다. 그는 그렇다고 대답했다. 나는 가격을 물었다. 평생 조각품을 사본 적이 없어 이런 조각상이 얼마나 하는지 전혀 감이 잡히지 않았다. 내게는 적당한 가격이었다.

"이게 왜 끌렸습니까?"

야스트람이 물었다.

"내 인생에서도 적절한 타이밍을 찾기 위해 무수히 고민해왔기 때문이지요. 정치에서는 정말 중요한 부분이에요."

내가 대답했다.

"정치인은 올바른 순간에 결단을 내려야 합니다. 그게 성공과 실패를 가르거든요."

때로는 적절한 결정의 순간을 놓칠 위험도 있었다. 하지만 돌아보면, 내가 오랫동안 총리에 재임할 수 있었던 이유 중 하나는 어릴 적 수영 수업에서 마지막 순간을 놓치지 않고 3미터 스프링보드에서 뛰어내렸던 것처럼 적절한 순간을 직관적으로 감지해내는 능력인 듯했다.

물론 가끔 늦을 때도 있었지만, 중요한 순간에는 늘 너무 늦지 않았고 너무 빠르지도 않았다. 그런 순간이 얼마 전에도 있었다. 정확히 말하면 두 달 반 전이었다. 2018년 10월 29일 월요일, 나는 기민당 의장단과 전국상임위원회에 12월의 전당대회에서 지금껏 18년 동안 재임해온 당대표직 선거에 더는 출마하지 않고 2021년 연방의회 선거를 끝으로 현역에서 은퇴하겠다는 뜻을 전달했다. 전날 헤센의 지방선거에서 기민당은 제1당 자리를 지켰고, 흑녹 연정의 주정부도 과반 득표로 집권을 이어갈 수 있었지만, 직전 선거에 비해 기민당의 지지율 하락은 뚜렷했다. 이 선거는 일련의 부정적 흐름 속에서 맞은 또 하나의 정치적 저점이었다. 2주 전 바이에른 지방선거에서 기사당도 마찬가지로 큰 득표율 하락을 기록했다. 지난여름 난민 정책을 둘러싸고 기민당과 기사당의 충돌은 극에 달했다. 기본적으로 2015년 9월 4일 헝가리에서 난민들의 입국을 허용하기로 결정한 이후 줄곧 이어져온 갈등이었다. 그밖에 2017년 총선 이후 자메이카 연정을 위한 탐색이 실패로 돌아가면서 우리는 정말 고통스러울 만큼 기나긴 연정 협상 끝에 간신히 정부를 구성할 수 있었다. 이런 일련의 일을 겪고 나자 나는 더 이상 아무 일 없었다는 듯이 예전의 일상으로 돌아갈 수도 돌아가고 싶지도 않았다.

물론 그렇다고 무작정 정계 은퇴를 선언한 것은 아니었다. 나도 나름 계산이 있었다. 2013년 연방의회 선거에서는 사민당과 동맹 90/녹색당, 좌파당이 기민/기사 연합에 비해 근소하지만 산술적으로는 과반을 넘었다면 2017년 총선에서는 상황이 달라졌다. 기민/기사 연합을 빼고는 원내 과반이 불가능했다. 이 이유만으로도 내가 총리 임기를 3년이나 앞둔 상태에서 차기 당대표직에 출마하지 않고, 그로써 연방 선거에도 나가지 않겠다고 선언하더라도 나의 당과 궁극적으로는 내가 책임지고 있는 이 나라를 빠져나오기 어려운 미궁으로 몰아넣지는 않으리라고 생각했다.

2년 전인 2016년 11월 20일 일요일, 내가 몇 달간의 고민 끝에 기민당 전국상임위원회에 2017년 연방의회 선거에 '한 번 더' 도전하겠다고 알렸을 때 볼프강 쇼이블레는 즉시 내 말을 정정해주었다. '한 번 더'라고 말해서는 안 되고 '다시'라고 말해야 한다는 것이다. 그의 말이 맞았다. 선거전에서는 말 한마디 한마디가 중요했다. 한 번 더 출마하고 더는 출마하지 않겠다는 뜻을 내비치는 후보에게 누가 표를 주겠는가? 당시 내 말은 프로이트적 실언이었다. 그러니까 2017년 총선을 끝으로 더는 출마하지 않겠다는 무의식의 표출이었다. 나는 당시 한 번 더 4년의 임기를 채움으로써 국민에게 한 약속을 지키겠다고 마음먹었지만, 내심 총리로든 연방하원의원으로든 2021년을 마지막으로 정해두고 있었던 듯했다.

나는 2018년 10월 29일에 이 방향으로 첫발을 내디뎠다. 원래는 일주일 뒤에 이 사실을 통보할 생각이었다. 12월 전당대회 준비를 위한 기민당 비공개 회의에서 말이다. 하지만 2018년 가을 나는 여러 가지 일로 압박을 받고 있었다. 총리와 당대표라고 해서 모든 일을 책임져야 하는 것은 아니었지만, 직책상 나는 무한 책임을 져야 했다. 심지어 다음 전당대회에서 나에게 맞설 상대 후보의 이름까지 흘러나오자 나는 비공개 회의까지 일주일을 더 기다리지 않고 월요일에 내 결심을 발표하기로 마음먹었다. 만일 내가 2021년 총선 이후에도 계속 총리를 하고자 하는 마음이 있었거나 그에 대한 결정을 내리지 못하고 미적거렸다면 상대 후보와의 충돌로 인해 다시 한번 거센 당내 분쟁에 휘말렸을 것이다.

물론 1989년 9월의 브레멘 전당대회에서 헬무트 콜이 상대 후보를 큰 격차는 아니지만 충분한 격차로 따돌리고 당대표에 재선된 것처럼 나도 당선되리라는 확신은 있었다. 독일 기민당은 현직 총리를 끌어내린 적이 한 번도 없는 정당이었다. 헬무트 콜도 그랬지만 나도 당대표와 총리를 한 사람이 맡아야 한다고 굳게 믿었다. 이것이야말로 어떤 방향으로 나아가든 현실 정치에서 필요한 최종 권한을 보장하는 유일한 방법이었다. 만일 내가 총선을 3년 앞두고 당대표직을 내려놓음으로써 이 관행에서 벗어난다면 그건 정계 은퇴를 시사하는 것뿐이었다. 그게 아니라면 당대표직과 총리직의 분리는 결코 선택 사항이 아니었다.

나의 결심은 베아테 바우만 말고는 월요일 아침까지 누구에게도 알리지 않았다. 전날 저녁까지도 함께 있었던 주변 사람들로서는 섭섭할 수도 있었다. 하지만 어쩔 수 없었다. 적절한 장소에서 공개적으로 밝히기 전에는 결정이 새어 나가지 않아야 했다. 나는 월요일이 적절한 기회라고 생각했다. 이렇게 해서 처음에는 의장단 회의에서, 다음엔 전국상임위원회에서, 그다음엔 기자회견에서 내 결심을 공식화했다. 나는 콘라트 아데나워 하우스의 기자회견장에 서서 개인적인 사유를 이렇게 한 문장으로 요약했다.

"나는 항상 국가와 당에서 맡은 공직을 품위 있게 수행하고 싶었고, 언젠가 떠날 때도 품위 있게 떠나고 싶다는 생각을 했습니다."

이어 기자들의 질문을 받았다.

불출마 이유는 2016년에 내가 이미 차기 선거를 앞두고 종이에 적어보았던 불출마 사유와 동일했다. 민주주의는 정권 교체를 통해 발전하고, 총리로 재직한 16년은 매우 긴 시간이고, 2017년 연방의회 선거운동 기간 중에 드러났던 선동 가능성은 여전히 사라지지 않고 있었기 때문이다. 2015년의 난민 정책은 내 총리 임기의 전환점이었다. '독일을 위한 봉사'가 내 전체 임기를 하나로 묶는 대괄호였다면, 그 안에서 2015년 9월 4~5일의 결정은 그전과 그후를 나누는 기점이었다.

독일을 위한 대안당(AfD)은 2013년 나의 유로존 구제금융 정책에 대한 반발로 창당되었지만, 당시에는 5퍼센트 진입 장벽에 걸려 연방의회에 진출하지 못했다. 그런데 2년 후 점점 증가하는 난민 수와 그에 따른 난민 정책으로 인해 새로운 힘을 얻었다. 2016년 5월 나는 『프랑크푸르터 알게마이네 존탁스차이퉁』지와 인터뷰를 했다. 몇 주

전에 발효된 유럽연합-튀르키예 협정으로 독일로 들어오는 난민 수가 현격하게 줄어들기 시작하던 시점이었다. 인터뷰 중에 기자가 물었다. 이념적으로 기민/기사 연합의 오른편에는 선거로 합법화된 정치 세력이 생겨나서는 안 된다던 프란츠 요제프 슈트라우스(1980년대의 기사당 대표)의 발언이 지금 내게 무슨 의미로 다가오느냐는 것이다. 나는 이렇게 답했다. 그 발언은 기민/기사 연합이 한편으론 항상 중도 쪽으로 나아가야 하고, 그로써 문제를 위한 구체적인 해결을 강구해야 한다는 점에서는 옳다.

"반면에 우리 연합이 국민에게 외면받지 않기 위해서라면 우리의 본질을 이루고, 우리 신념의 핵을 차지하는 원칙들까지 상대화하거나 심지어 포기해야 한다는 의미로도 이해될 수 있다면 그 발언은 내게 해당되지 않습니다. 공통의 통화와 이동의 자유를 통한 유럽 통합, 나토라는 가치 공동체, 곤궁에 처한 이들을 비롯한 모든 인간의 존엄성 존중 같은 원칙들은 어떤 일이 있어도 포기해서는 안 됩니다. 게다가 기민/기사 연합은 해법을 함께 찾아나갈 때 최선의 통합을 이룰 수 있습니다."

극우 정당 AfD가 실제로 얼마나 강해질지는 민주 정당들의 역할에 달려 있다. 만일 민주 정당들이 AfD가 제기하는 문제들만 줄기차게 이야기하면서 문제에 대한 실질적인 해결책을 제시하지 못한 채 말로만 AfD를 누르려고 한다면 이들 세력은 억제할 수 없다. 반면에 민주 정당들이 우리 시대의 도전들에 대해 현실적인 대응책을 개발해 실천에 옮길 능력을 갖춘다면, 그것도 당파적인 책략을 떠나 문제의 본질에 맞는 올곧고 절제 있는 정책을 추진해나간다면 유권자들도 분명히 알아줄 것이다. 이는 특히 난민 정책에서 그렇다.

대다수 시민은 정치인이 얄팍한 계산에 따라 움직이는지, 아니면 AfD에 질질 끌려다니는지, 혹은 진정으로 문제 해결에 관심을 갖고 행동하는지 판단할 감각을 갖고 있다. 민주 정당들에 대한 평가는 바로 그에 따라 측정되어야 한다. 또한 민주 정당은 의견이 다르다는 이유로 자당 내 동지들을 폄훼하거나 공격하는지, 아니면 다른 의견을 가진 사람들과도 함께 살아갈 수 있는지에 따라 평가되기도 한다. 절제와 중용은 민주 정당의 성공을 위한 토대이자 전제다.

어려운 결정 뒤에는 자주 그렇듯, 2018년 10월 29일 모든 것을 말해버리고 나니 마음이 홀가분했다. 그로부터 두 달 반 후, 나는 베를린의 한 화랑에 전시된 '카이로스' 앞에 서 있었다. 꼭 나를 위해 만든 조각품 같았다. 나는 적절한 타이밍에 모든 것을 내려놓았다.

그런데 이 내려놓음은 몇 달 뒤 처음엔 상당히 당혹스런 방식으로 내게 인지되었다. 2019년 6월 18일 화요일, 베를린을 방문한 볼로디미르 젤렌스키 신임 우크라이나 대통령과 의장대 사열을 받을 때였다. 행사가 끝나기 직전에 허벅지가 살짝 떨리기 시작했다. 국가가 연주되는 동안 경련이 온몸으로 퍼져나갔다. 나는 일순 휘청했고, 다리보다 통제가 쉬운 두 팔을 몸 앞으로 모으며 안정을 찾으려 했다. 허사였다. 얼마나 더 꼿꼿이 서 있을 수 있을지 알 수 없었다. 국가 연주에 이어 사열까지 마칠 수 있을지도 의문이었다. 그런데 첫걸음을 떼는 순간 몸이 다시 정상으로 돌아오는 것을 느끼며 깜짝 놀라면서도 안도했다. 식이 끝나자 일단 물부터 한 잔 마셨다. 더운 여름날 정오였다. 게다가 그전에 커피 서너 잔 말고는 아무것도 마시지 않은 상태였다. 어쩌면 그 때문일지도 모른다고 생각했다. 이때만큼 심하지는 않았지만, 몇 년 전 해외에서도 비슷한 일을 겪었기 때문이다.

그런데 며칠 뒤 연방대통령이 벨뷔궁에서 카타리나 발리의 후임으로 크리스티네 람브레히트를 법무부 장관에 임명할 때도 같은 상황이 반복되었다. 대통령이 연설하는 동안 그 옆에 서 있던 나는 정면 벽 쪽의 카메라들을 똑바로 바라볼 수밖에 없었다. 카메라를 피하는 건 불가능했다. 그때 다시 떨리기 시작했다. 몸이 뇌의 명령을 따르지 않고 혼자 따로 움직이는 듯했다. 슈타인마이어 대통령의 말이 끝나고 내가 다시 움직일 수 있게 되었을 때야 모든 것이 다시 정상으로 돌아왔다.

2019년 7월 10일 안티 린네 핀란드 총리가 취임 인사차 방문했을 때도 똑같은 일이 되풀이되었다. 벌써 세 번째였다. 결국 이튿날 메테 프레데릭센 덴마크 총리가 방문했을 때는 의자에 앉아 국가를 듣기로 결정했다. 그때부터 퇴임 때까지 국내에서든 해외에서든 그렇게 했다. 이 돌발 사건 이후 나는 면밀하게 건강검진을 받았다. 신경학적으로든 내과적으로든 이상 소견은 없었다. 그렇다면 내 자율신경계의 반응은 분명히 다른 식으로 해석되어야 했다.

한 카이로프랙틱 전문가는 이렇게 설명했다. 봄에 어머니가 돌아가신 뒤 충분히 슬퍼할 겨를이 없었던 것도 그렇고, 모든 공직을 내려놓기로 결정하는 과정에서도 오랜 세월 누적되기만 해온 마음의 긴장을 몸이 알아서 푸는 중이라는 것이다. 그렇다면 나쁜 소식이 아니었다. 내 몸이 이런 이완 과정을 기자들의 카메라 앞에서 드러내지만 않았더라면 말이다.

이 책을 쓰던 중에 『쥐트도이체 차이퉁』의 2019년 1월 12일자 기사를 다시 찾아보게 되었다. 무슨 우연인지, 내가 전시회에서 카이로스 조각상을 구입한 지 3일 뒤의 기사였다. 당시 그 글이 무척 마음에 들어 간직해두었다. 작가 라이너 에를링거는 「자리에서 내려오기」라는 제목의 에세이에서 그만둠의 적절한 타이밍을 찾는 것이 왜 예술인지를 설명하면서, 카이로스를 언급하며 이렇게 물었다.

"정치인들은 왜 그만두는 것을 어려워하는가?"

에를링거의 설명은 이랬다. 한나 아렌트는 1960년에 출간된 자신의 대표적 철학서『인간의 조건』에서 노동과 생산, 행위를 인간의 세 가지 기본 활동으로 설명한다. 노동은 생계유지를 위해 필요하고, 생산은 무언가를 만드는 것이고, 행위는 '사람들 간의 상호작용'을 포괄한다.

"그 때문에 행위는 정치 활동의 본질이다."

여기서 에를링거는 이런 결론을 끄집어낸다.

"그렇기에 그만둠 자체가 행위이기도 하다는 사실을 깨닫는 것이 더더욱 중요하다. 정치 영역에서뿐만이 아니라 말이다. 그만둠은 우리 삶의 일부이자 동시에 끝나가는 우리 과제의 일부다."

당시 내가 느낀 것이 바로 이것이었다.

기민당 대표직과의 작별

2018년 12월 7일 금요일, 나는 함부르크 컨벤션센터에서 독일 기독교민주당 대표로서 마지막 연설을 했다. 무대 뒷벽에는 이번 전당대회의 구호가 LED 조명으로 빛나고 있었다.

"함께 모여 함께 이끌자"(Zusammenführen. Und zusamme führen).

기민당의 태도와 열망을 표현한 귀여운 언어유희였다. 나는 현안에 대해서는 길게 말하지 않기로 마음먹었다. 그건 몇 시간 뒤에 선출될 후임자에게 맡길 생각이었다. 대신 다섯 가지 질문에 집중했다. 그중 네 가지는 과거로 향해 있었다. 첫째, 2000년 첫 선거에서 기민당과 나를 하나로 묶어준 것은 무엇인가? 기부금 스캔들 이후 우리 당을 다시 회생시키고자 하는 열망이었다. 둘째, 기민당과 내가 서로에게 신세 진 것은 무엇인가? 지극히 어려운 문제에 대해 최선의 답을 찾으려고 함께 고민한 무수한 시간이었다. 셋째, 우리가 서로에게 자제한 것은 무엇인가? 당내 정치적 반대파에 대한 날카로운 공격이었다. 넷째, 이제 우리가 헤어지는 이유는 무엇인가? 겉으론 헤어지는 것처럼 보여도 실제론 헤어지는 것이 아니다. 기민당과 나의 관계는 내가 공직을 모두 내려놓는다고 해서 결코 끊어지지 않기 때문이다. 이제 당의 미래는 새로운 지도부와 함께 설정해야 한다.

다섯 번째 질문만 유일하게 미래를 향해 있었다. 내가 기민당에 바라는 것은 무엇인가? 나는 이렇게 답했다.

"아무리 어려운 시기에도, 아무리 과제가 복잡해도, 아무리 외부의 도전이 강력해도 우리는 기독교민주당의 기본자세를 잊지 말아야 합니다. 우리 기독교민주주의자들은 스스로를 남들과 경계 짓지만 남들을 차별하거나 배제하지 않습니다."

나 자신은 이런 태도를 항상 설득력 있게 유지하고 실천해왔을까? 뜻은 좋았을지 몰라도 항상 그러지는 못했다. 예를 들어, 2017년 6월 30일 연방의회에서 '모두를 위한 결혼' 도입에 반대표를 던졌을 때 나는 온갖 조롱과 항의를 받았다. 당시 나는 기본법에 따라 결혼이 오직 남성과 여성에게만 해당된다는 전통적인 견해를 대변했다. 하지만 며칠 전, 이 법안에 대한 표결에서 당론 투표 대신 양심에 따른 자유투표를 옹호함으로써 결과적으로 이 법안 통과에 길을 열어준 사람은 나였다. 자유투표를 실시하면 통과될 가능성이 높았기 때문이다. 그럼에도 나 자신은 반대표를 던짐으로써 누군가를 차별하는 결과를 낳았다.

'모두를 위한 결혼'으로 우리 사회에 오랜 세월 쌓여온 차별과 소외에 맞서 싸워온 동성애자들은 나에게 실망감을 넘어 배신에 가까운 감정까지 느꼈다. 나 또한 장시간 불거져온 이 문제에 대한 사회적 갈등을 해결하기에는 역부족이었다는 사실에 괴로워했을 뿐 아니라 양심에 따른 결정이라는 측면에서 내 속의 모순을 정당화해야 한다는 압박감에 시달렸다.

나의 연설은 다음과 같이 이어졌다.

"우리 기독교민주주의자들은 부족하지 않을 만큼 충분히 싸우지만, 결코 다른 사람들을 일방적으로 몰아붙이거나 짓밟지 않습니다. 우리 기독교민주주의자들은 인간 존엄성 문제에서는 어떤 차별도 하지 않고, 어떤 대결도 부추기지 않습니다. 우리 기독교민주주의자들은 자기중심주의와 자아도취에 빠지지 않습니다. 우리 기독교민주주의자들은 국민을 위해 봉사합니다."

나는 이런 말도 덧붙일 수 있었을 것이다. 우리가 아무리 선거에서 큰 승리를 거둔 순간에도 모든 국민이 우리를 뽑지는 않았고, 선거에 패배하고 선거 결과에 실망한 사람들도 있다는 사실을 잊어서는 안 된다. 내가 2013년 총선 승리를 축하하는 자리에서 헤르만 그뢰에 사무총장의 손에서 독일 국기를 빼앗아 단상에서 내려놓게 한 것도 바로 이런 인식에서 비롯되었다. 이 일로 나는 많은 비난을 받았다. 나로서도 하필이면 정말 겸손하고 예민한 성격의 헤르만 그뢰에에게 그랬다는 사실이 미안했다. 그럼에도 그가 국기를 들고 단상에서 흔드는 행동은 부적절하다고 생각했다. 사민당은 참패했고, 자민당은 처음으로 연방의회 진입에 실패했다. 우리 기민당이 빼어난 성적표를 받아들기는 했지만, 100퍼센트 국민의 지지를 받은 것은 아니었다. 기뻐할 이유는 충분했지만, 그렇다고 이런 승리의 순간에도 독일 국기를 독점할 권리는 없었다.

나는 다음 말로 내 생각을 마무리했다.

"우리는 어떤 일이든 불만과 분노, 비관적 태도가 아니라 항상 즐거운 마음으로 접근해야만 원하는 미래를 만들 수 있습니다. 나는 그런 마음으로 일해왔다고 자부합니다. 동독에서 살 때도 그랬고, 나중에 자유로운 이 땅에서 살 때는 더더욱 그랬습니다. 내가 우리 당의 미래를 위해 바라는 것이 있다면 바로 이 즐거운 마음입니다."

나는 지금도 이런 마음가짐이 있어야만 기민당이 '함께 모여 함께 이끌자'는 전당대회의 구호로 말하고자 했던 바를 미래에도 이룰 수 있으리라고 확신한다. 즉, 그런 마음이 있어야만 기민당은 우리나라의 통합을 위해 봉사하고, 우리 시대의 도전을 극복하는 데 결정적인 기여를 할 수 있을 것이다.

7. 팬데믹

민주주의의 짐

내 임기의 마지막 3년이 시작되었다. 혹자는 내가 남은 임기를 설렁설렁 보내면서 2019년 하반기 유럽연합 의장국 수장으로서 고별 파티나 즐기고 한가하게 해외 순방이나 다닐 거라고 말하기도 했다. 2020년도 총리 신년사는 2019년 새해 전야에 방송되었다. 나로서는 끝에서 두 번째 신년사였다. 만일 이날 누군가 나한테, 내년에는 내가 타인과 인사하거나 작별할 때 악수를 해서는 안 되고, 남들과 최소한 1.5미터 거리를 유지해야 하고, 입과 코를 보호하기 위해 마스크를 쓰고, 어린이집과 학교, 영화관, 극장, 오페라하우스, 콘서트홀, 호텔, 식당, 상점, 헬스장, 미용실 및 기타 신체 밀착 서비스 업체들의 문을 닫게 하고, 병원과 양로원, 요양원에서 가족을 비롯해 일절 면회를 금지하고, 예배와 장례식을 포함해 밀폐된 공간에서의 집합 인원을 최소한으로 제한하고, 전시회와 무역 박람회, 스포츠 경기를 취소하게 할 거라고 말했다면 나는 분명 그를 미쳤다고 생각했을 것이다. 가당치도 않은 일이었다. 하지만 나는 실제로 그 말대로 했다. 육안으로 보이지 않는 0.1마이크로미터 크기의 바이러스 때문이었다.

바이러스는 증식을 위해 우리 인간이 필요했고, 인간의 필수적인 존재 방식인 타인과의 만남을 통해 급속도로 퍼져나갔다. 바이러스를 저지하려면 우리가 인간의 본성에 맞지 않는 방식으로 행동하고 타인과의 접촉을 포기해야 했다. 대안은 모든 사람이 단기간에 바이러스가 야기한 질병에 걸리고 그 과정에서 우리의 의료 시스템이 붕괴하는 것을 손 놓고 지켜보는 것뿐이었다. 그랬다면 우리가 조장하지는 않더라도 많은 사람의 죽음, 특히 노약자와 병자들의 죽음을 감수해야 했을 것이다. 나는 이 길을 거부했다. 그건 나의 가치와 신념에 위배되었을 뿐 아니라, 인간 존엄성을 불가침의 영역으로 존중하면서 그 보호를 모든 공권력의 의무로 규정한 기본법 제1조의 위반이었다.

신년사에서 나는 새로 시작되는 2020년대에 거는 우리의 기대와 자신감을 피력했다.

"중국 중부 대도시 우한에서 정체불명의 폐질환이 발생했다"는 dpa 통신의 2019년 12월 31일자 오전 기사는 아직 눈에 띄지 않은 상태였다. 그렇지 않았다면 아마 좀더 주의 깊게 살펴보았을지도 모른다. 나는 3개월 전인 2019년 9월 6일부터 8일까지 우한을 방문했고, 그곳의 중-독 퉁지 우호 병원에도 들렀기 때문이다. 퉁지 병원은 중국에서 가장 현대적인 병원 중 하나로 뒤스부르크-에센 대학병원 및 베를린의 샤리테 병원과 협력 관계를 유지하고 있었다. 당시만 해도 얼마 뒤 이 도시뿐 아니라 중국 전역과 아시아, 전 세계에 엄청난 재앙이 닥칠 거라고 예견할 만한 조짐은 아직 어디에도 없었다.

연초에는 호주 산불, 오스트리아와 스페인의 정부 구성, 하반기 독일의 유럽연합 의장국 준비 같은 문제들이 주요 관심사였다. 그런데 2020년 1월 중순경부터 나를 포함한 우리의 관심이 다른 쪽으로 옮겨가기 시작했다.

"어제 저녁 『뉴잉글랜드 의학 저널』에서 우한에서 발생한 신종 코로나 바이러스에 관한 기사를 읽었는데, 걱정스럽습니다."

2018년부터 총리청 장관을 맡고 있던 헬게 브라운이 아침 회의에서 했던 말인데, 지금도 귀에 쟁쟁하다.

"의료진조차 감염된 환자를 치료하던 중에 전염되었다고 합니다. 전염성이 무척 높은 바이러스라는 말이지요. 전 세계로 퍼질 수도 있

694

습니다."

의학을 전공한 헬게 브라운은 과장하는 경향이 없고 극단적으로 표현하는 일도 없는 사람이었다. 그가 아침 회의에서 일상적인 주제들을 제쳐두고 이 문제를 거론했다면 심각하게 받아들여야 했다.

"최대한 빨리 로베르트 코흐 연구소에 연락해보세요."

내가 그에게 부탁했다.

며칠 후 2020년 1월 27일, 바이에른 슈타른베르크에 위치한 기업 베바스토의 한 직원이 독일에서 처음으로 신종 바이러스에 감염되었다는 사실이 뮌헨의 '감염 의학 및 열대 의학 연구소'에 의해 확인되었다. 믿기지 않았다. 삶에는 인간의 머리로는 지어낼 수 없는 우연이 있었다. 나는 2019년 9월 중국 방문 중에 우한만 방문한 것이 아니라 베바스토 CEO 홀거 엥겔만과 함께 그곳 현지 공장의 준공식에도 참석했기 때문이다. 이 회사의 한 직원이 상하이에서 온 중국인 여성이 진행한 교육과정에 참가했다. 중국으로 돌아간 후 그녀에게서 바이러스가 검출되었다. 베바스토사에서 감염의 진원지는 의심할 여지 없이 그녀였다. 곧이어 다른 직원들도 감염되었다. 감염 여부는 샤리테 병원의 크리스티안 드로스텐 바이러스 연구팀이 개발해서 1월 중순부터 사용하고 있던 검사법에 의해 확인되었다. 이로써 바이러스는 독일에 도착했다. 그러나 바이러스의 확산은 여전히 통제 가능해 보였고, 모든 감염 경로는 추적할 수 있었다.

2주 후인 2020년 2월 11일, 세계보건기구는 새로운 질병의 이름을 발표했다. COVID-19였다. 여기서 CO는 코로나, VI는 바이러스, D는 질병(Disease), 19는 발병 연도인 2019년을 뜻했다.

2020년 2월 24일 로젠몬탁이었다. 베아테 바우만과 나는 거의 매년 그러하듯 이 카니발 기간 중에 사흘간 발트해의 디어하겐으로 칩거해 올해 나머지 계획을 구상할 예정이었다. 신종 질병의 상황은 여행을 취소할 정도는 아니었고, 식당 방문도 바이러스 감염과 바로 연결 지을 만큼 걱정스런 상황은 아니었다. 하지만 최근 며칠간 한 카니발 회의와 관련된 것으로 보이는 코로나 바이러스 확진 사례들이 알려지면서 이후에 계속 이어질 카니발 행사들을 고려하면 불안감이 드는 게 사실이었다.

2020년 2월 28일 금요일, 나는 내 지역구에서 열린 관례적인 신년 리셉션에서 처음으로 신종 코로나 바이러스에 대한 입장을 공개적으로 밝혔다. 슈트랄준트의 슈퇴르테베커 양조장에 모인 400여 명의 손님 앞이었다. 독일 정부는 국민을 보호하기 위해 최선을 다하고 있으며, 국민 모두가 바이러스 퇴치에 기여할 수 있다고 말했다. 그러면서 내가 할 수 있는 기여를 지금 생각하면 정말 민망할 정도로 순진하게 이렇게 덧붙였다.

"오늘은 누구와도 악수하지 않겠습니다."

그밖에 나는 총리실 직원들도 전염병 예방 차원에서 현장 근무와 재택근무를 병행하게 했다.

코로나 바이러스와 관련해서 첫 딜레마는 닷새 후에 발생했다. 2020년 3월 4일 수요일, 헤센의 하나우에서 2주 전에 사망한 아홉 명의 이주 배경을 가진 사람을 추모하는 추도식이 열릴 예정이었다. 이들은 2월 19일 저녁에 살해당했다. 범인은 이들을 먼저 총으로 쏘고, 이어 자기 어머니와 자신도 쏘았다. 모든 정황이 인종주의적 동기에 의한 살해임을 시사하고 있었다. 끔찍한 일이었다. 나는 지금도 이 사건이 이주 배경을 가진 사람들과 그 가족, 그리고 우리 사회 전체에 어떤 의미였는지 깊이 고민한다.

우리가 할 수 있는 건, 이 테러와 관련된 모든 사실과 배경을 엄정하게 규명하고 필요한 경우 당국의 잘못을 비롯해 법규에 위배된 모든 요인을 명명백백하게 밝히기 위해 최선을 다하겠다고 다시 한번 약속하는 것뿐이었다. 나는 8년 전 테러 단체 국가사회주의지하당 (NSU)의 희생자를 기리는 추도식 때와 달리 이번에는 연설을 하지 않더라도 추도식에는 참석해야 할 필요성을 느꼈다. 하지만 새로운 유형의 전염병을 고려할 때 수백 명이 모이는 행사에 참석해야 할지 고민이 되었다. 내가 코로나19에 감염되면 정부의 행위능력은 어떻게 될까? 많은 사람이 모이는 자리를 피함으로써 국민에게 모범을 보여야 하지 않을까? 프랑크발터 슈타인마이어 대통령과 폴커 부피어 헤센 주지사의 참석만으로 충분하지 않을까? 아니었다. 그것만으로는 부족했다. 나는 하나우 추도식에 참석하기로 결정했다.

일주일 후인 2020년 3월 11일, 세계보건기구는 코로나19를 팬데믹, 즉 전 세계적으로 확산된 전염병으로 선언했다. 같은 날 나는 옌스 슈판 보건부 장관, 로베르트 코흐 연구소 소장인 로타르 빌러와 함께 기자회견장에 섰다. 여기서 나는 무엇보다 사흘 전 연정위원회가 경제를 위해 결정한 첫 번째 코로나 지원 조치에 대해 이야기했고, 코로나 바이러스로 인한 의료 시스템의 위기를 강조하면서 우리나라가 가진 연방 구조의 장점을 강조했다. 연방 구조 덕분에 문제 해결에 적합한 분산적 조치가 가능하다는 것이다. 그러면서도 경고의 뜻으로 이렇게 덧붙였다.

"연방제는 책임을 미루는 것이 아니라 모두가 각자의 위치에서 책임을 다하는 것입니다."

이 말 뒤에 깔린 진실은 이랬다. 감염 통제는 기본적으로 주정부의 소관이기에 연방정부와 내가 할 수 있는 일은 지극히 제한적이라는 말이었다. 이후 몇 달 동안 나는 정말 그걸 얼마나 자주 깨달았는지 모른다. 또한 그와 별개로 개인적으로나 정치적으로 나의 모든 것이 팬데믹과의 싸움과 연결되어 있다는 느낌을 받았다. 일단 인간이자 시민으로서 나 역시 남들과 마찬가지로 나 자신과 가족의 건강을 염려

했고, 다른 모든 사람처럼 해당 규칙을 준수해야 했다. 또한 총리로서는 주지사들과 함께 바이러스 퇴치를 위해 여러 결정을 내렸고, 자연 과학자로서는 바이러스 감염자 수가 1~2주 만에 배로 증가하는 지수적 증가의 역학에 사람들이 너무 둔감하다는 사실로 괴로워했다. 초기에 감염자 수가 적다고 아무 대책을 세우지 않으면 불과 몇 주 만에 급증할 수 있었다. 그러나 물이 목까지 차오른 뒤에야 행동에 나서는 경우가 너무 많았다.

2020년 3월, 우리는 극단으로 치닫는 유럽의 상황을 아득한 심정으로 지켜보았다. 북부 이탈리아 의료 체계는 이미 처참하게 붕괴되었다. 환자로 넘쳐나는 병원과 화장터로 향하는 관 행렬의 우울한 영상이 이 모든 상황의 생생한 증거였다. 나는 독일에선 절대 이런 상황이 벌어지지 않도록 만전을 기하고 싶었다. 대면 접촉의 회피만이 최선책이었기에 나는 2020년 3월 12일과 16일, 22일 주지사들과의 협의하에 공공 영역에서의 접촉을 광범하게 중단하기로 합의했다. 다만 식품 소매점, 시장, 약국, 잡화점, 주유소, 은행 같은 일상생활에 필수적인 분야만 예외로 두었다. 그밖에 네덜란드를 제외한 이웃 국가들과의 이동도 제한했다.

과감한 조치였다. 하지만 이것이 성공하려면 대다수 사람의 마음을 움직여 자발적으로 따르게 해야 했다. 그렇다면 사람들이 좀더 큰 맥락에서 내 생각을 알아야 했다. 나는 베아테 바우만, 에바 크리스티안젠, 슈테펜 자이베르트와 함께 내 생각을 어떻게 가장 잘 전달할 수 있을지 고민에 고민을 거듭했다. 내가 가동할 수 있는 수단은 제한적이었다. 우선 기자회견에서 모두발언을 할 수 있었지만, 그게 끝나면 기자들이 중요하게 여기는 질문에 답하는 것이 전부였다. 의회에서 연설을 하게 되면 나의 요점이 저녁 뉴스에 편집된 상태로라도 국민에게 전달되기만 바랐다. 그런데 내게 연설할 기회가 주어지는 그밖의 행사들이 코로나로 인해 모두 취소되었다. 그렇다면 남은 것은 내가 신년사를 제외하고는 재임 기간 내내 한 번도 해본 적이 없는 대국민 텔레비전 담화였다. 이 형식은 그 자체로 사태의 심각성을 알릴 수 있는 좋은 수단이었을 뿐 아니라 내 메시지를 몇 분 동안 가감 없이 국민에게 알릴 수 있는 유일한 방법이었다.

"하셔야 합니다. 그야말로 꼭 필요한 일입니다."

에바 크리스티안젠이 말했다.

"ARD와 ZDF 방송국도 분명 협조할 겁니다. 당파적인 내용의 담화가 아니라 실제 비상 상황에 관한 내용이니까요."

슈테펜 자이베르트가 덧붙였다.

"정확한 날짜는 당분간 열어두기로 해요. 정말 딱 필요한 시점에 해야 하니까. 그전에 초안은 잡아두기로 해요."

베아테 바우만이 제안했다.

"그렇게 합시다. 그리고 정치권 밖의 우리 친구들에게도 물어봐요. 우리를 도와줄 수 있는지. 밖에서 도와주면 힘이 더 실리겠지요."

나는 이렇게 마무리 지었다.

얼마 지나지 않아 날짜도 잡혔다. 주지사 회의에서 중요한 조치들을 확정 지은 지 하루가 지난 2020년 3월 17일이었다. 슈테펜 자이베르트는 ARD와 ZDF에 다음 날 메인 뉴스에 이어 총리 담화를 송출해줄 수 있는지 물었다. 제한 조치들이 시행되기 나흘 전이었다. 방송사들은 동의했다.

2020년 3월 18일 수요일 오후 4시 30분, 나는 연설 녹화를 위해 집무실에서 7층 내각회의실로 이동했다. 세팅은 끝나 있었다. 신년사 녹화로 이미 익숙한 세팅이었다. 나는 에두르지 않고 전달하고자 하는 내용으로 바로 들어갔다.

"심각한 상황입니다. 여러분도 심각하게 받아들이셔야 합니다. 독일 통일 이후, 아니 제2차 세계대전 이후 우리나라에 이렇게 우리 모두의 연대가 절실했던 도전은 없었습니다."

나는 상황의 긴박함을 온 마음으로 알리고 싶었다. 우리의 친구들은 내가 단순히 호소만 하거나 해당 규칙을 설명하는 데만 그치지 말고 내 개인적인 이야기도 덧붙이라고 조언했다.

"나처럼 여행 및 이동의 자유를 정말 힘겹게 얻은 사람에게, 이런 제한 조치들은 절대적인 필요성이 있어야만 정당화될 수 있습니다. 민주주의 국가에서 그건 결코 가볍게 결정될 수 없고 장기화되어서도 안 되지만, 지금 우리는 그것을 포기할 수 없습니다. 사람을 구하는 일이기 때문입니다."

나는 말미에 이렇게 힘주어 말했다.

"우리는 민주주의 국가에 살고 있습니다. 민주주의는 강요가 아니라 공동의 인식과 참여를 통해 유지됩니다."

9분짜리 연설의 반응은 압도적이었다. 사람들의 마음을 건드린 게 분명했다. 이제 내게 든든한 응원군이 생겼다.

그로부터 닷새가 지난 2020년 3월 23일 월요일이었다. 내각은 '국가적 차원의 전염병 발발 상황 시 국민 보호를 위한 법안'(일명 국민보호법)을 신속 처리 대상 안건으로 채택했다. 이런 안건으로 채택되었다는 것은 연정 소속의 원내 교섭단체가 바로 연방의회에 제출하고, 연방하원과 상원이 주중에도 이 법안을 신속하게 통과시킬 수 있다는 뜻이었다. 국가적 차원의 전염병 발발 상황에 대한 판단은 연방정부와 주정부의 책임을 확대할 수 있는 전제 조건이었다.

같은 날 내각은 코로나 바이러스로 인한 경제적 위기를 완화하기 위해 연방 전체 예산의 거의 절반에 해당하는 1,560억 유로 규모의 추가경정예산도 통과시켰다. 이를 위해 연방의회는 2020년 기본법에 추가된 부채 상한선 제도를 일시 중단하는 조치를 내렸다. 연방정부, 연방하원, 연방상원이 일주일 만에 이 모든 결정을 내릴 수 있었던 데는 모든 해당 부처의 노력 외에 총리청의 국내법정책실과 사회 정책실의 책임자인 바베테 키벨레와 게자 미에노르트마이어의 도움이 없었더라면 불가능했을 것이다. 특히 내가 3월 22일 일요일 저녁부터 의심 접촉자로 격리되는 바람에 정부 내의 총체적 협력이 어려운 상태였기에 이들과 다른 모든 직원의 노고는 더욱 귀했다. 나는 지금도 감사하는 마음이다.

전염병 보호 장비의 조달은 지방정부 소관이었음에도 연방보건부는 해외에서 마스크를 신속하게 공급받기 위해 장비 조달 전담팀을 꾸렸다. 병원에서 보호 장비가 부족할 위험에 처했다는 보고가 하루가 멀다 하고 올라왔다. 의사와 간호사들이 적절한 마스크가 없어 스스로도 보호하지 못한다는 소식은 정말 견디기 어려웠다. 마스크는 아시아, 특히 중국에서 거의 독점적으로 생산되었다. 유럽 전역에서 이 제품을 두고 경쟁이 벌어졌다. 마스크는 어느 날 갑자기 국가 전략 상품이 되었다. 특히 수술용 마스크로도 알려진 의료용 마스크와 보호 등급 FFP2의 입자 필터링 하프 마스크가 그랬다. 시간이 지나면서 이 두 종류의 마스크를 해외에서 충분히 조달하고 국내에서 생산하는 능력도 차츰 확대되었다. FFP2 마스크 생산에는 4,000만 유로의 보조금이 지원되었다.

내가 텔레비전 담화를 발표하고 강력한 제한 조치를 시행한 지 한 달쯤 지나자 감염 속도가 둔화되었고, 신규 감염자 수도 눈에 띄게 줄었다. 하지만 이게 바이러스의 소멸을 의미하지는 않았다. 우리는 팬데믹의 마지막 단계가 아니라 여전히 시작 단계에 머물러 있었다. 그건 확실했다. 하지만 사람들은 점점 이런 사실에 귀를 기울이려 하지 않았다. 물론 그 심정은 충분히 이해가 갔다. 2020년 4월 23일 부활절 연휴 후 내가 연방의회 정부 성명에서 말했듯이, 팬데믹은 "어른에게든 아동에게든 인간으로서의 실존적 권리와 욕구를 제한하는 민주주의의 짐"이었기 때문이다. 나는 특히 요양원, 양로원, 장애인 시설에서 생활하는 노약자와 병자들이 견뎌야 하는 지금의 상황이 무척 가슴 아팠다.

"원래부터 외로움이 문제가 될 수 있는 그런 곳들은 팬데믹 시대엔 방문객이 없어 더더욱 외로울 수밖에 없습니다. 최선을 다하는 간병인 말고는 아무도 없는 상황에서 시나브로 삶의 끝으로 나아가는 것은 잔인한 일입니다. 우리는 이 사람들을 잊지 말아야 합니다. 일시적이지만 그렇게 고립된 상태로 살아갈 수밖에 없는 사람들을 잊어선 안 됩니다."

이런 식으로 나는 그 사이 사람들이 잊고 있던 사실을 언급함으로써 여론의 주의를 환기시키고자 했다. 당시엔 코로나 제한 조치의 완화와 개방을 두고 다들 앞지르기 경쟁이 한창이었다. 2020년 4월 20일 월요일에 열린 기민당 의장단 화상회의에서 "무분별한 개방 경쟁"이라는 말이 내 입에서 무심결에 흘러나올 정도였다. 나는 우리가 너무 성급하게 너무 많이 완화하고 개방하면, 그게 병균에 가장 취약한 사람들과 의료 인력에게 막대한 부담으로 작용하는 것은 말할 것도 없고, 지금껏 그렇게 많은 희생으로 일구어낸 성공을 잃게 되지 않을까 염려했다. 어쨌든 2020년 4월 29일부터 독일 전역에서 대중교통과 마트에서의 마스크 착용이 의무화되었다.

봄에 날씨가 따뜻해지면서 감염자 수는 계속 감소했다. 나는 지난 몇 달 동안 많은 사람들, 특히 의사와 간호 인력들의 놀라운 희생정신에 감사했다. 우리는 연대의 정신으로 서로를 도왔다. 고용주와 직원들은 위기에 처한 인프라 운영을 위해 애썼고, 정부는 2020년과 2021년을 위해 1,300억 유로 규모의 경기 부양책으로 시민과 기업, 자치단체들을 지원했으며, 행정기관 종사자들은 밤낮없이 일했고, 군인들은 보건소와 요양원에 지원 근무를 나갔고, 가족들, 특히 어린이집과 학교에서 친구들과 헤어지는 것이 힘들었을 아이들까지도 서로를 보듬어주었다. 자랑스러워해도 되는 나라였다.

그럼에도 팬데믹이 어린이와 부모, 조부모 할 것 없이 모든 세대에 엄청난 부담을 준 것은 분명했다. 학교와 어린이집 휴교만큼 논란이 많았고 지금도 가끔 열띤 논쟁을 벌이는 사안은 드물었다. 사람들은 정부가 2012년 연방국민보호청이 작성한 '사스 바이러스로 인한 팬데믹' 위험 분석 보고서에 적절한 주의를 기울이지 않는 바람에 마스크를 충분히 비축하지 못했다고 비난하면서도 학교 및 어린이집과 관련한 이 보고서의 내용에 대해서는 의도적으로 외면할 때가 많았다. 즉, 이 보고서에는 팬데믹을 억제하기 위한 수단으로 대규모 행사 취소 외에 휴교령도 명확히 언급되어 있었다.

물론 이 사실을 기억한다고 해서 우리가 몇 년 후 이론적인 위험 분석이 아닌 실제적인 팬데믹을 다루고 있다는 사실이 바뀌지는 않았다. 실제 팬데믹 상황에서 바이러스와 그로부터 비롯된 위험은 모두가 처음 경험하는 일이었다. 결국 우리는 매일 새로 배워야 했다. 내 행동의 전제와 목표는 우리의 의료 체계에 너무 과도한 부담을 지우지 않는 것이었다. 그래야만 병력이 있든 없든, 나이가 많든 적든 모든 환자에게 필요한 의료 서비스를 제공할 수 있었다. 나는 이런 원칙 아래 움직였다. 이를 위해 나이가 많든 적든, 현재 병을 앓고 있든 있지 않든 모든 사람의 바이러스 전파 경로와 관련된 위험을 매일 반복적으로 검토했고, 정부의 조치와 결과도 거듭 분석했다.

이런 상황에서 정치인들이 과학자들을 향해 끊임없이 말 바꾸기를 한다고 비난하고, 그로써 과학과 연구의 본질에 대한 몰이해를 드러낼 때면 나는 과학자 출신으로서 가끔 견디기 힘들었다. 과학과 연구는 단순히 하나의 의견을 가진 채 경우에 따라 의견을 바꾸는 영역이 아니다. 오히려 과학적 분석을 통해 새로운 깨달음을 얻고 거기서 결론을 끄집어내고, 또 진전된 연구 결과에 따라 이 과정을 새롭게 반복해나가는 것이 과학과 연구의 본질이다. 아동과 청소년의 감염 위험 및 그들로 인한 전파 위험성을 평가할 때도 나는 희망의 원칙이 아닌 예방의 원칙을 따르면서 그때그때 가장 최신 연구 결과에 의존했다. 휴교는 제1차 팬데믹 확산 때는 물론이고 제2차 확산이 몰아치던 2020년 크리스마스 직전에도 내가 강력히 주장한 조치들 중 하나였다.

2020년 12월, 연방정부와 주정부는 2차 확산을 막기 위해 마지막으로 휴교령을 내리기로 합의했다. 그런데 2021년 초 학교 문을 다시 열 때는 통일된 입장을 마련하지 못했다. 나는 2021년 3월 1일까지 신규 감염자 수가 감소하기를 기다리자는 입장이었고, 주정부들은 더 빨리 문을 열자는 입장이었다. 그 때문에 나는 2021년 2월 10일 주지사 회의 후 이어진 기자회견에서 이렇게 강조했다. 우리는 연방국가에 살고 있고, 연방제가 다소 번거로울 때도 있지만 종합적으로 보면 중앙집권제보다 더 나은 체제다. 이런 연방제에서 학교와 어린이집은 전통적으로든 법적으로든 지방정부의 확고한 소관 사항이다.

"여기는 만장일치로 결정되는 유럽연합이 아닙니다. 그렇기에 마치 총리에게 거부권이 있는 것처럼 내가 그것을 행사해서 내 뜻을 관철하는 일은 가능하지 않습니다. 우리는 다음과 같이 뜻을 모았습니다. 여기서 중요한 건 문화 주권이고, 연방주들은 자기 책임하에 스스로 결정한다고 말입니다."

이후 지방정부들은 각 주에서 자체적으로 결정을 내렸다. 다만 교실에 공기청정기를 설치하기 위해 돈이 필요할 때만 연방정부에 손을 벌렸다.

2020년 여름, 사람들은 광범한 제한 조치의 완화로 다시 찾은 자유를 만끽했다. 코로나는 이제 주춤했다. 그러나 얼마 안 가 처음에는 낮은 수준이었지만 신규 감염자 수가 꾸준히 증가하기 시작했다. 헬게 브라운과 나는 5월부터 각각 다른 관점에서 코로나19 상황을 바라보던 전문가 집단에 조언을 구했다. 자연과학자로서 나는 정치인들이 희망의 원칙에 따라 팬데믹에 접근하는 것을 보면 정말 미치고 환장할 노릇이었다. 모든 게 잘될 거라는 그 근거 없는 희망 말이다. 특히 가을이 다가오면서 날씨가 선선해지고 습해지는 점을 고려하면 우리의 걱정은 더욱 커졌다. 바이러스가 확산될 최적의 조건이었다.

9월 말, 나는 기민당 의장단 회의에서 내 우려를 수치로 표현하고자 했고, 크리스마스 시즌 중에 매일 1만 9,200건의 신규 감염이 발생할 거라고 예측했다. 이 수치는 즉시 언론에 알려졌다. 혹자는 내가 너무 과한 공포 시나리오를 쓰고 있다고 비난했다. 2020년 9월 29일 주지사들과의 화상회의 후 이어진 기자회견에서 나는 이 수치에 대한 질문을 받았다. 지수적 증가 추세를 설명할 수 있는 기회였다. 물론 속으로는 총리가 이런 설명까지 해야 한다는 게 답답했다. 아무튼 그럼에도 나는 가급적 차분하게 설명했다.

"6월 말과 7월 초에는 신규 감염자 수가 하루 300건이었습니다. 그러던 것이 지금은 어떤 날엔 2,400건이 발생하고 있습니다. 이는 곧 지난 3개월 동안, 그러니까 7월, 8월, 9월 동안 감염자 수가 1개월마다 계속 배로 늘었다는 것을 의미합니다. 300명에서 600명, 600명에서 1,200명, 1,200명에서 2,400명으로 말입니다. 만일 이런 추세가 앞으로 3개월 동안, 그러니까 10월, 11월, 12월 동안 지속된다면 2,400명에서 4,800명, 9,600명, 마지막에는 1만 9,200명으로 늘어날 수 있습니다."

따라서 나는 지금 행동에 나서야 한다고 강조했다. 이처럼 감염률이 높으면 의료 체계가 붕괴될 수도 있었기 때문이다.

그러나 내 설득은 실패로 돌아갔다. 대다수 주지사들은 그사이 충분하게 설치된 코로나 신속 항원 검사를 믿었다. 이 시스템으로 학생들을 비롯해 요양원과 병원 종사자, 병원 방문객, 행사 참가자들을 빠르게 검사할 수 있다는 것이다. 추가 조치는 감염률이 매우 높은 지역, 즉 핫스팟으로만 제한되었다. 핫스팟은 7일 동안 매일 확인된 신규 감염자 수가 인구 10만 명당 50명 이상에 이르는 대도시와 농촌 지역을 가리켰다. 이 기준치 이상부터는 보건 당국이 감염자와 접촉한 사람들을 추적하는 것이 거의 불가능해져 감염자 수는 기하급수적으로 증가할 가능성이 높았다.

10월 중순, 로베르트 코흐 연구소는 신규 감염자 수를 6,638건으로 발표했다. 그전에 내가 10월 말 기준으로 예상한 4,800건보다 훨씬 많은 수치였다. 나는 2020년 10월 15일 주지사 회의에 미하엘 마이어헤르만을 초대했다. 브라운슈바이크에 있는 헬름홀츠 감염연구센터의 시스템면역학 부서장이자 내 자문 그룹 멤버였다. 그는 사람들 간의 접촉 횟수에 따라 감염 발생률을 예측하는 수학 모델을 개발했다. 그의 발표에 따르면 팬데믹을 다시 통제하려면 봉쇄와 접촉 제한에 대한 우리의 합의가 시급히 필요했다. 우리는 그럴 수 있는 최적의 시기를 9월에 이미 놓쳐버렸다. 지금으로서는 그저 크리스마스 시즌엔 단호한 조처를 취하지 않게 되기만 바랄 뿐이었다. 기하급수적인 증가세를 멈추려면 대략 한 달 동안의 강력한 제한 조치가 필요하다는 사실은 이미 봄부터 알고 있었다. 당시에는 계절 덕분에 그런 조치가 필요 없었지만, 지금은 상황이 달랐다.

마이어헤르만의 발표가 끝나자 질의응답이 시작되었다. 나는 몇몇 사람이 자꾸 꼬투리를 잡으려고 한다는 느낌을 받았다. 그들은 새로운 제한 조치를 두려워하거나, 아니면 실제로는 그렇게 나빠지지 않을 거라고 믿고 싶은 듯했다. 따라서 마이어헤르만의 모델에 토대를 이루는 전제에 의문을 제기했고, 그의 추론이 너무 비관적이라고 비판했으며, 그의 예측이 코로나 검사 효과와 마스크 착용의 효과를 충분히 반영하지 않고 있다고 질책했다. 있어서는 안 될 일이 일어나고 있었다. 우리를 위해 가을 휴가까지 중단하고 찾아온 전문가를 순진한 아이 취급하는 건 있을 수 없는 일이었다.

한 시간 후 나는 그를 떠나보내면서 속이 부글부글 끓었다. 이어진 토론에서는 다들 개별 조치를 두고 흥정만 벌였다. 그러다 누군가 식당에서 완벽한 위생 조치가 시행되고 있다고 말하는 순간 나는 속된 말로 뚜껑이 열렸다.

"이건 이래서 안 되고, 저건 저래서 안 된다면 대체 어쩌자는 거지요? 모든 조치가 완벽하게 시행되고 있지만 새로운 감염이 어디서 그렇게 많이 발생하는지는 아무도 모르잖아요! 그래서 누군가 와서 그걸 설명해주면 또 딴죽을 걸어요. 우리는 지금 눈을 버젓이 뜬 채 불길로 뛰어들고 있다고요!"

마침내 내가 폭발해버렸다.

"우리가 지금 여기서 얘기하는 대책들은 재앙을 막기엔 결코 충분하지 않아요! 오늘 충분한 조치를 합의하지 못하면 2주 후에 또다시 모여 필요한 조치를 결정하겠지요. 하지만 그때쯤이면 강림절이 벌써 코앞이에요!"

모두가 침묵했다.

"카산드라의 예언이 맞았어요."

바덴뷔르템베르크 주지사 빈프리트 크레치만이 침묵을 뚫고 말했다. 그러더니 잠시 후 덧붙였다.

"트로이의 함락을 예언한 카산드라의 말이 맞았다고요."

크레치만 외에 마르쿠스 죄더 바이에른 주지사와 페터 첸처 함부르크 제1시장도 나를 지지했다. 하지만 그들만으로는 충분하지 않았다. 결국 우리는 이 회의에서 반쪽짜리 조치만 몇 가지 합의하고 말았다. 그럼에도 나는 이어진 기자회견에서 이 조치들을 열심히 옹호했다. 연방정부와 주정부 간의 단결이 무엇보다 중요했기 때문이다.

2주 후인 2020년 10월 28일 우리가 다시 만났을 때는 우려했던 대로 신규 감염자 수가 두 배 넘게 증가했다. 집중 치료가 필요한 사람의 수도 마찬가지였다. 의료 시스템의 붕괴를 막으려면 행동에 나서야 했고, 우리는 그렇게 했다. 팬데믹 초기와 달리 어린이집과 학교는 계속 문을 열었지만, 그외에는 11월 한 달 동안 사적인 접촉을 광범하게 제한했다. 앞으로는 두 가구만 모이는 것이 허용되었고, 관광·숙박 시설은 금지되었으며, 레저·문화·오락 시설은 물론이고 요식업과 특정 서비스 업체도 문을 닫아야 했다. 이 모든 조치에서는 법적으로 중요한 비례성의 원칙이 준수되어야 했다. 첫째, 사적 접촉의 제한이나 마스크 착용 같은 제한 조치는 감염자 수를 줄여 병원의 과부하를 막으려는 원래의 목표에 적합해야 한다. 둘째, 제한 조치는 이것 외에 다른 온건한 수단으로는 원하는 결과를 달성할 수 없을 정도로 꼭 필요한 것이어야 한다. 셋째, 제한과 규제로 얻는 공공의 이익이 그로 인해 침해받는 사적 이익보다 커야 한다. 이는 법익의 합리적 비례성을 말하는 것이었다.

이를 토대로 나는 2020년 10월 29일 연방의회의 정부 성명에서 우리의 협의 결과를 홍보하며 이렇게 말했다.

"이 팬데믹의 중심에는 우리 사회의 기본 어휘에 속하는 한 개념이 있습니다. 바로 자유입니다. 우리는 이 자유를 이제 무척 구체적으로 느낍니다. 연방정부와 주정부가 지난봄과 어제 취한 조치들은 우리의 자유를 제한하는 것들이기 때문입니다. 그와 동시에 우리는 자유가 '각자 마음대로 하는 것'이 아니라, 특히 지금과 같은 때에는 자신과 가족, 직장 동료, 더 나아가 우리 모두에 대한 책임이라고 느끼고 있습니다."

나는 이번 한 번만이라도 카산드라의 예언이 맞지 않고, 우리가 결정한 것만으로 충분하기를 속으로 간절히 바랐지만, 일어날 일은 일어나고야 말았다. 신규 감염자 수와 중환자실에서 집중 치료를 받는 환자의 수는 감소하지 않고 계속 증가하고 또 증가했다. 정치인들의 바람과는 달리 기하급수적인 증가세였다. 연방정부와 주정부는 또다시 제한을 강화했다. 2020년 12월 16일부로 소매점과 미용실은 문을 닫았다. 사적인 모임은 두 가구 최대 다섯 명으로 제한되었다. 크리스마스와 새해 전야에만 약간 느슨하게 풀어주었다. 요양원의 상황은 암울했다. 코로나 검사 시스템이 제대로 작동하지 않을 때도 많았다. 연방군 군인들이 도와주지 않았다면 더 많은 사람이 목숨을 잃었을 것이다.

나는 독일의 연방제가 원칙적으로 옳다고 생각했음에도 지금은 그 시스템에 절망했다. 또한 로베르트 코흐 연구소가 매일 약 1,000명의 사망자 수를 보고할 때마다 괴로워했다. 어떤 사람이 코로나로 죽은 것이 아니라 그 사람과 함께 코로나도 죽어서 다행이라고 말하는 사람들을 보면 정말 견디기 어려웠다. 어차피 늙고 병들어서 코로나에 걸렸든 걸리지 않았든 곧 죽었을 거라고 말하고 싶었던 것일까? 스스로 젊고 건강하다고 여기는 사람들은 제한 조치를 더 받아들이기 힘들어하는 듯했다. 내 부모님은 팬데믹 이전에 고령으로 돌아가셨다. 어쩌면 1년, 2년, 혹은 더 오래 살 수 있었을지도 모른다. 그런데 갑자기 코로나로 죽은 사람을 보고 원래 나이가 많거나 병력이 있어서 코로나와 함께 죽었다고? 인간으로서 할 말이 아니었다. 또한 '롱코비드'라고도 불리는 코로나 후유증으로 고통 받는 사람들에 대한 언급도 거의 없었다. 코로나 환자의 몇 퍼센트에만 해당되는 이야기였지만, 그들이 언제 다시 건강해질지는 아무도 장담할 수 없었다. 더구나 아직 공인된 치료제도 나오지 않은 시점이었다. 이 역시 신규 감염자 수를 최대한 낮춰야 할 또 다른 이유였다.

2021년 1월 중순 어린이집과 학교가 다시 문을 닫고, 직장인들이 가급적 재택근무를 하고, 공공장소와 대중교통에서 의료용 마스크 착용을 의무화하면서 상황은 좀 나아졌다. 그럼에도 제2차 코로나 확산은 1차 때보다 제어하기가 훨씬 힘들었다. 게다가 숨 돌릴 틈도 없이 연초부터 영국에서 변종 바이러스 오미크론이 퍼지기 시작했다. 이 바이러스는 전염성이 무척 강해 기존의 바이러스를 서서히 몰아내는 중이었다. 이런 상황을 고려해 연방정부와 주정부는 2021년 3월 1일부터 미용실 영업 재개와 별도로 2021년 2월 10일, 신규 감염자 수가 인구 10만 명당 35명을 넘지 않는 지역에서만 추가 완화 조치를 취하기로 결정했다. 이 정도 수준이면 감염자와 접촉한 사람들에 대한 보건 당국의 추적이 가능했다. 그런데 서류상으로만 이렇게 합의했을 뿐 실제로는 연방주마다 제한과 완화의 기준이 각각 달랐다. 게다가 바이러스는 이미 이런 제한 조치들로는 꿈쩍도 안 했다. 2021년 3월 중순부터 오미크론 변종이 코로나 확산 속도를 결정했다. 다시 한번 확진자 수와 집중 치료를 받아야 하는 코로나 환자 수는 기하급수적으로 증가했다.

나는 이 3차 확산 때만큼은 어떤 일이 있어도 추가 조치를 너무 오래 미루지 않겠다고 확고하게 마음먹었다. 그건 나 혼자만의 생각이 아니었다. 2021년 3월 22일 월요일, 주지사들과의 화상회의에서 우리는 무엇을 할 수 있는지 장시간 논의했다. 크리스마스 시즌 내내 엄격한 규제로 시달렸던 혹독한 지난겨울이 여전히 우리의 기억 속에 선명하게 남아 있었다. 이제 팬데믹 기간 중에 두 번째 부활절이 코앞으로 다가왔다. 우리는 다음 날 새벽 2시 반까지 회의한 결과 4월 1일부터 5일까지 이른바 '부활절 셧다운'을 결정했다. 성목요일과 부활절 월요일까지 거의 모든 공적인 삶과 외부 활동을 중단시키는 완전 봉쇄였다. 우리는 이 닷새 동안에 바이러스의 기하급수적인 확산에 제동을 걸고 싶었다.

그러나 회의실에서는 실현 가능해 보이던 계획이 현실에서는 실현 불가능한 것으로 드러났다. 그 결과 화요일에 내 전화통에 불이 났다. 연방하원의원들이 나와 헬게 브라운에게 전화를 걸어 우리가 실생활을 너무 모른다고 지적했다. 장을 보는 건 어떡할 생각이고 약국은 어떡할 것이냐? 이미 계획되어 있던 물품 배송은? 또 성목요일의 임금 결손은 누구보고 메꾸라고 할 생각이냐는 것이다. 나는 그날 밤

거의 잠을 이루지 못했다. 머릿속에서 자책하는 목소리가 들려왔다.

'그 사람들 말이 맞아. 이건 앞뒤가 맞지 않아. 현실과 너무 동떨어져 있어. 텔레비전 담화 이후 쌓아온 신뢰가 한순간에 무너질 수 있어. 멈춰야 해. 신뢰가 없으면 아무것도 할 수 없어.'

나는 아침 일찍 총리청으로 출근했다. 수요일엔 늘 그렇듯 아침 회의는 오전 7시 45분에 예정되어 있었다. 나는 제일 먼저, 오늘은 재택근무를 하는 베아테 바우만에게 전화를 걸어 말했다.

"끝내야겠어요."

"뭘요?"

바우만이 물었다.

"부활절 셧다운 말이에요."

내가 대답했다.

"공개적으로 설명하고 사과해야겠어요."

"오케이, 무슨 말인지 알아들었어요."

그녀는 이렇게만 말했다. 부활절 봉쇄가 불러올 끔찍한 혼란을 이미 짐작하고 있는 듯했다.

아침 회의에서 나는 모두에게 내 결정을 알렸고, 이어 올라프 숄츠 부총리와 호르스트 제호퍼 내무부 장관에게도 전화를 걸어 이 사실을 전했다. 또한 내각회의에 이어 11시에는 화상회의에서 주지사들에게 이 결정을 통보했고, 한 시간 뒤에는 연방의회의 원내대표들에게도 알렸다. 12시 30분에는 총리청 기자회견실의 파란색 벽 앞에 서서 현재의 3차 확산세를 막을 최선의 수단으로 부활절 셧다운을 기획했지만 이 계획을 실행하지 않겠다는 정부 성명을 발표했다. 또한 부활절 셧다운을 실수라고 지칭하면서 이렇게 설명했다.

"이 실수는 오직 나의 실수입니다. 모든 일에 대한 최종 책임은 결국 연방총리에게 있기 때문입니다. 그럼에도 나는 이 모든 과정이 불안과 혼란을 야기하고 있음을 당연히 잘 알고 있습니다. 이 점을 무척 유감스럽게 생각하며 국민 여러분께 용서를 구합니다."

기자회견 후 나는 연방의회로 가서 오래전부터 예정되어 있던 대정부질문을 받았고, 그전에 여기서도 성명을 발표했다.

연방총리는 너무 자주 사과해서도 안 되지만, 불가피할 경우에는 망설임 없이 사과할 줄도 알아야 한다. 사과하면 약점이 노출되어 공격의 빌미를 줄 수 있다는 염려 때문에 피할 문제가 아니다. 어쨌든 모든 사태를 원점으로 돌리고 나니 마음이 한결 가벼워졌고, 3차 확산을 어떻게 막을 수 있을지 새롭게 생각할 여유도 생겼다. 마침 헬게 브라운이 한 가지 아이디어를 냈다.

"연방 차원의 해결책이 필요해요. 예를 들면 '연방 비상브레이크' 같은 조치 말입니다."

"백 프로 맞는 말이에요. 더 이상 얼기설기 누더기 같은 조치로는 안 돼요."

내가 즉각 동의했다.

연방정부 차원에서 가결된 이런 법규도 주정부들과 논의를 거쳐야 했다. 연방하원뿐 아니라 연방상원의 동의도 필요한 일이었기 때문이다. 결국 우리는 합의에 성공했다. 부활절 셧다운을 둘러싼 논란이 오히려 모두에게 충격으로 작용한 듯했다. 연방 차원의 비상브레이크 조치는 일단 2021년 6월 30일까지로 기한을 잡았다. 이 조치를 위해 내각은 2021년 4월 13일 전국적인 규모의 전염병 발생 시 국민을 보호하기 위한 네 번째 법안을 통과시켰다. 이후 상황은 한결 누그러졌다. 물론 날씨 도움도 받았다. 이 법에 대해 헌법소원이 제기되었지만 2021년 11월 기각되었다.

희망과 실망

사실 연방정부의 비상브레이크보다 훨씬 더 중요한 것이 있었다. 2021년 초부터 사용이 가능해진 코로나 백신이었다. 이로써 1년 안에 팬데믹이 종식될 거라는 희망이 생겼다. 2020년 12월 26일 독일 마인츠의 생명공학 회사 바이오엔테크가 미국 제약회사 화이자와 공동 연구로 개발한 백신이 유럽연합의 모든 회원국에 처음으로 제공되었다. 이 백신은 유럽의약품청의 잠정 승인을 받았고, 2021년 초에는 두 가지 백신이 더 추가되었다.

2021년 4월 16일, 나는 예방접종상임위원회의 권고에 따라 내 또래 사람들과 함께 처음으로 코비드19 백신을 맞았다. 옥스퍼드 대학 연구팀이 개발한 영국-스웨덴 제약회사 아스트라제네카의 백신이었다. 두 번째 접종은 2021년 6월 22일에 받았다. 이번에는 예방접종상임위원회의 권고가 바뀌어 바이오엔테크의 백신을 맞았다. 나는 나이로 인해 위험군에 속했기 때문에 이제는 코로나 바이러스가 야기하는 질병에 무방비 상태로 노출되지 않게 되었다는 사실에 큰 안도감을 느꼈다.

백신은 머지않은 시기에 접촉 제한을 풀 수도 있으리라는 한 줄기 희망과도 같았다. 나는 개발에 참여한 모든 사람에게 감사했고, 특히 독일 기업도 백신 개발에 성공했다는 사실에 기뻐했다. 바이오엔테크의 창립자 우구르 샤힌과 그의 아내 외즐렘 튀레키가 이런 성과를 거둘 수 있었던 건 우구르 샤힌이 신종 바이러스 발발 소식을 처음 접한 직후인 2020년 1월 25일 다른 모든 일을 중단하고 오직 코로나 백신 개발에만 집중했기 때문만은 아니었다. 오히려 2008년 회사를 설립한 이래 꾸준히 연구 개발에만 매진해온 덕이 컸다. 연방연구부는 몇 년 전부터 이들을 지원했다. 두 사람은 운 좋게 필요한 시기에 항상 투자자를 찾을 수 있었고, 그 덕분에 연구를 계속해나갈 수 있었다.

이들이 mRNA 백신을 개발할 수 있었던 데에는 두 사람 외에 생물학자이자 생화학자인 카탈린 카리코의 끈기도 큰 영향을 미쳤다. 1955년 헝가리에서 태어난 그녀는 연구 자금을 마련하고자 평생을 힘겹게 싸워야 했지만 결코 좌절하지 않았다. 그러다 2013년 우구르 샤힌의 제안을 받아들여 바이오엔테크에 합류했다. 이 책을 쓰던 중에 카탈린 카리코가 미국인 연구 파트너 드루 와이스먼과 함께 2023년 노벨의학상 수상자로 결정되었다는 소식을 들었을 때 나는 정말 기뻤다.

당연히 백신의 첫 공급에 대한 기대는 컸다. 그런데 단기간에 상당수 국민에게 백신을 접종하기에는 공급 면에서 어려움이 많았다. 일단 주정부들은 연방보건부와 협의하에 대규모 백신접종센터를 설립했다. 처음에는 백신 공급량이 무척 적었다. 관련자들은 그 사실을 사전에 모두 알고 있었지만, 접종센터의 휑한 모습은 국민들에게 큰 실망감을 안겨주었다. 정치에서 잘못된 기대치 관리보다 더 나쁜 것이 없다는 사실을 다시 한번 확인하는 순간이었다. 나의 연정 파트너 사민당은 이 기회를 놓치지 않고 옌스 슈판 보건부 장관(기민당)을 몰아붙였다. 장관이 백신을 충분히 주문하지 않은 것은 잘못이다, 어떻게든 유럽연합 집행위원회의 백신 조정을 받아들이지 말았어야 했다, 우리가 다른 나라보다 백신을 더 많이 확보하지 못한다면 독일에 백신 생산 기업이 있는 게 무슨 소용인가? 어떻게 독일보다 이스라엘에서 더 많은 사람이 백신을 접종받을 수 있는가? 사민당은 보건부 장관에게 이런 식의 장황한 질문지를 전달하고는 공개적으로 그의 답변을 재촉했다. 사실 사민당도 여당이었기에 백신과 관련된 내부 사정을 모르진 않았을 텐데도 시치미를 뚝 뗐다.

이로써 다가오는 9월 총선에 먹구름이 끼었다. 사민당 의장단과 전국상임위원회는 이미 작년 8월에 올라프 숄츠를 총리 후보로 지명했다. 추후 전당대회에서의 공식 선출은 요식 절차에 지나지 않았다. 백신 조달 문제와 관련해서 옌스 슈판은 모든 질문에 답하고 모든 비난을 일축할 수 있었다. 그럼에도 다가오는 총선에서 선호 정당을 묻는 여론조사에서 기민당과 기사당의 지지도는 급락했다.

연초의 백신 부족 사태가 끝나자 몇 달 후에는 정반대 문제가 찾아왔다. 백신이 너무 많이 공급되는 바람에 백신접종센터에서만 접종할 수가 없어 일반 병원의 도움을 받아야 했다. 여름이 되자 우리는 또 다른 도전에 직면했다. 사람들에게 백신을 맞도록 설득하는 일이었다. 2021년 12월 30일, 독일 국민 가운데 한 번 접종을 받은 비율은 74.1퍼센트, 두 번은 71.1퍼센트에 그쳤다. 그 무렵 중환자실에 다시 코로나19 환자가 가득했는데, 그중 90퍼센트가 백신을 맞지 않은 사람들이었다. 희망과 실망이 교차했다.

유럽공동체를 위한 시험대

2020년 초 신종 바이러스가 전 세계로 확산되었을 때 대부분의 유럽연합 회원국 정부는 자국과 자국의 국민을 먼저 생각하며 개별적으로 행동했다. 우리 독일도 유럽연합 내에서 상품의 분업적 생산과 자유로운 상품 교역에 어떤 영향을 미칠지 고려하지 않고, 유럽연합과의 조율 없이 수출 및 입국 제한 조치를 취했다.

이런 상황은 2020년 3월 10일, 17일, 26일 세 번에 걸친 유럽연합 이사회 화상회의와 유럽연합 집행위원장 우르줄라 폰 데어 라이엔의 용단으로 바뀌었다. 라이엔은 2019년 12월 1일 장클로드 융커의 뒤를 이어 유럽연합 집행위원장에 취임했고, 샤를 미셸 전 벨기에 총리는 도날트 투스크의 후임으로 유럽연합 이사회 의장직에 올랐다. 두 사람 다 신종 바이러스와의 싸움에서 유럽의 공동 대응을 촉구했다.

그들의 주장은 옳았다. 그에 따라 집행위원회는 2020년 1월 31일에 유럽연합을 탈퇴한 영국과 유럽자유무역연합 회원국인 아이슬란드, 리히텐슈타인, 노르웨이, 스위스를 제외한 모든 국가에 대해 유럽연합 입국 제한 조치를 취했다. 또한 의료용 보호 장비의 수출 제한을 결정함으로써 회원국들의 국내 규정에 반영하도록 했을 뿐 아니라

보호복과 의료용품의 공동 조달 프로젝트도 추진했다. 이는 국가 규모가 작은 회원국들에는 특히 중요했다.

유럽연합 이사회에서 우리는 백신이 확보되는 대로 나라별 백신 공급을 집행위원회의 조정에 맡기기로 합의했다. 그밖에 항공편 연결이 취소되어 전 세계에 발이 묶인 유럽연합 시민들을 집으로 데려오는 일을 서로 도왔고, 통근자들이 일터에 갈 수 있도록 이웃 나라들과 조율했으며, 상품의 자유로운 이동을 위해 협력했다. 이 모든 일은 즉각 해결되지는 않았지만, 우리는 한 걸음 한 걸음 다시 하나의 유럽 공동체로 돌아갔다.

이제 우리는 팬데믹의 경제적 피해도 함께 극복하고자 했다. 이를 위해 에마뉘엘 마크롱 프랑스 대통령과 나는 총 5,000억 유로 규모의 재건 기금 조성을 제안했다. 이 기금으로 팬데믹으로 가장 큰 타격을 입은 회원국들을 지원할 생각이었다. 마크롱과 나는 재무부 장관들과 긴밀히 조율하고 라이엔 집행위원장과 협의한 끝에 재건 기금의 재원을 마련할 계획을 수립했다. 기금은 유럽연합의 한시적인 추가경정예산으로 편성하기로 했다. 각 회원국이 기금에 납부할 액수는 각국의 경제력에 따라 정해졌다. 그런데 유럽연합의 7년간 중장기 예산과는 달리 재건 기금의 재원은 매년 국가별 예산에서 집행위원회로 이체하지 않기로 했다. 대신 자본시장에서 자금을 차입할 권한을 처음으로 집행위원회에 부여했다. 차입금은 나중에 상환하기로 했는데, 플라스틱세나 금융거래세 같은 유럽연합의 수입으로 상환하는 게 가장 이상적인 방법이었다. 전액 상환까지는 각국 의회가 자기들 몫의 금액을 보증하기로 했다.

이런 내용으로 에마뉘엘 마크롱과 나는 2020년 5월 18일 화상 기자회견에서 재건 기금에 대한 독일-프랑스 공동 제안을 기쁜 마음으로 발표했다. 마크롱은 파리에서, 나는 베를린에서 화상으로 연결했다. 이 공동 제안까지 가는 길에서 나는 마크롱보다 훨씬 험난한 과정을 겪어야 했다. 독일은 항상 유럽연합 집행위원회가 빚을 지는 것을 극구 거부해왔기 때문이다. 물론 그럴 만한 이유가 있었지만, 지금은 그런 관행을 깰 적절한 시점이었다.

우르줄라 폰 데어 라이엔은 독일-프랑스 공동 제안을 바탕으로, 집행위원회 명목으로 "차세대 유럽연합"(NGEU)이라는 제목의 제안서를 작성했다. 여기서 조성된 기금은 주로 기후 보호나 디지털화 같은 유럽연합의 미래를 위해 쓰일 예정이었다. 기금은 총 5,000억 유로의 보조금과 2,500억 유로의 차입금으로 이루어져 있었다. 2020년 5월 27일, 라이엔 집행위장이 유럽의회에 제출한 이 제안서는 곧 폭넓은 지지를 받았다.

샤를 미셸 유럽연합 이사회 의장은 2020년 7월 17일과 18일로 예정된 브뤼셀 유럽연합 이사회 특별 회의에 회원국 정상들을 초대했다. 코로나19 팬데믹 발발 이후 처음으로 직접 대면하는 자리였다. 다들 마스크를 쓴 채 악수 대신 서로의 팔꿈치를 마주치며 인사를 나누었다. 2020년 7월 1일부터 독일은 향후 6개월 동안 유럽연합 순번제 의장국을 맡았다. 따라서 샤를 미셸과 함께 나는 이 회의에서 합의를 이끌어낼 특별한 책임이 있었다.

합의 도달까지는 꼬박 나흘 낮밤이 걸렸다. 에마뉘엘 마크롱과 나는 긴밀히 협력했다. 2020년 7월 21일 아침 6시, 우리는 마침내 기자회견장에 함께 서서 이사회 회의 결과를 알렸다. 유럽연합 이사회는 1조 743억 유로 규모의 7년간 중장기 예산과 7,500억 유로 규모의 '차세대 유럽연합' 재건 기금에 합의했고, 이 기금 중 3,900억 유로는 보조금으로, 3,600억 유로는 차입금으로 조성하기로 했다. 또한 회원국들은 유로화 위기 이후에 마련된 집행위원회의 국가별 권고안에 따라 각자 개혁을 이행하고, 그 결과에 따라 코로나 기금에서 자금을 지원하기로 합의했다. 여기엔 긍정적인 부수 효과가 있었다. 집행위원회에 회원국들을 향해 권고된 개혁을 이행하도록 요구할 권한이 생겼기 때문이다. 지금까지는 그런 권한이 없다보니 해당 국가들이 아무것도 하지 않을 때가 많았다. 그밖에 우리는 12월 유럽연합 이사회 회의 전까지 예산 집행에 있어서 법률적 문제도 명확히 할 필요가 있었는데, 이 또한 마지막 순간에 해결되었다. 이로써 유럽연합은 자기 검증 시험대를 통과했다.

3개월 후인 2021년 3월 25일, 연방의회는 이른바 '자기자본가결인준법'과 함께 '유럽연합 재건 기금' 법안을 통과시켰고, 하루 뒤에는 연방상원도 동의했다. 헌법재판소는 이 기금에 대한 헌법소원을 기각했다.

미지의 영역

독일 정부는 디지털 기능을 빠르게 활용하는 면에선 남들보다 앞서지 않았음에도 2020년 몇 개월 만에 민간 기업들과 협력해서 코로나 바이러스에 감염된 사람과 접촉한 경우 사용자에게 바로 경고할 수 있는 앱을 개발하는 데 성공했다. 앱의 개발엔 연방보건부 디지털 혁신실의 고트프리트 루데비히 실장과 2018년 3월 정부 출범 이후 신설된 총리청 기획혁신디지털정책실의 에바 크리스티안젠 실장이 큰 역할을 했다. 로베르트 코흐 연구소가 공개한 이 앱은 오픈 소스로서 소비자 보호 단체와 데이터 보호 단체의 의견을 두루 반영했다. 앱은 데이터를 중앙에 저장하지 않고 익명화 및 암호화했으며, 사용은 강제성이 아니라 자발성을 띠고 있었다. 출시는 2020년 6월 16일에 이루어졌다. 2020년 7월 초부터 많은 유럽 국가가 이 앱을 기반으로 코로나 바이러스 경고 앱을 개발했다.

2020년 6월 20일, 나는 주간 비디오 팟캐스트에서 코로나 경고 앱을 홍보했다. 더 많은 사람이 앱을 사용할수록 보건 당국은 접촉자 추적의 부담을 덜 수 있었다. 그런데 내가 이런 디지털 프로젝트의 홍보에 적합한 사람인지에 대해 의문이 들었다. 물론 나는 디지털화 주제에 관심이 많았고 특히 인공지능의 놀라운 발전에는 놀라움을 금치 못했다. 또한 2006년부터는 독일 정부의 모든 디지털 수뇌부 회의에 경제계 대표들과 함께 참석했고, 연방공보청에서도 슈테펜 자이베르트가 소셜 미디어를 다양하게 활용하고 있었다.

그럼에도 나는 이미 7년 전에 디지털 분야에서 톡톡히 망신을 당한 적이 있었다. 2013년 초여름이었다. 미국의 내부 고발자 에드워드 스노든이 미국 국가안보국(NSA)의 PRISM('자원 통합, 동기화 및 관리를 위한 기획 도구'의 약자) 프로그램을 공개했다. 미국 내뿐 아니라 밖에서도 전자 방식으로 오가는 모든 통신을 광범하게 감청하고 감시하는 프로그램이었다. 나는 2013년 6월 19일 오바마 대통령이 베를린을 방문했을 때도 이 감청 프로그램에 대해 이야기를 나누었다. 이어진 기자회견에서 나는 기자들의 질문을 기다리지 않고 바로 이 문제를 언급했다.

"인터넷은 우리 모두에게 미지의 영역입니다. 당연히 우리의 민주적 기본 질서에 반하는 적대 세력들도 인터넷을 이용해서 기존에 없던 새로운 가능성과 방식으로 우리 삶을 위태롭게 할 수 있습니다."

여기서 문제가 된 것은 "인터넷은 우리 모두에게 미지의 영역"이라는 말이었다. 이를 두고 악의적인 해석이 끝없이 쏟아졌다.* 이로써 나는 의도치 않게 여론의 관심을 NSA 스캔들에서 나 자신으로 돌리고 말았다. 지금 이 대목을 쓰면서 생각해보니, 그건 어쩌면 버락 오바마와의 공개적인 충돌을 피하려는 나의 직관적인 판단이었을지 모른다. 왜냐하면 나는 한편으론 독일과 유럽이 대(對)테러 전쟁에서 미국의 첩보 능력에 의존할 수밖에 없다는 사실을 잘 알고 있으면

---

* 당시 미국은 오래전부터 메르켈의 핸드폰을 비롯해 우방국의 통신까지 광범하게 도청한 것으로 확인되었다. 이런 상황에서 이 발언은 미국의 감청을 옹호하는 발언으로 비쳤을 뿐 아니라 인터넷이 나온 지 얼마인데 아직도 미지의 영역이라고 말하느냐며 메르켈의 디지털 인식 수준에 의문을 품는 비판들이 쏟아졌다.

서도 다른 한편으론 NSA의 감청과 감시 범위가 비례성의 원칙을 노골적으로 위반하고 있다고 판단했기 때문이다.

나는 첩보 자원이란 합리적으로 쓰는 것이 중요하다고 생각했다. 우방국과 동맹국을 감시하는 게 아니라 실제적인 위협에 초점을 맞춰 사용해야 한다는 말이었다. 스노든의 폭로 이후 총리청 장관으로서 당시 독일의 대외 정보 담당 기관인 연방정보국(BND)의 수장을 맡고 있던 로날트 포팔라는 총선을 몇 주 앞둔 2013년 여름 내내 긴장을 늦추지 못했다. 이후 우리는 NSA가 내 핸드폰까지 도청했다는 사실이 밝혀지면서 NSA의 활동에 불쾌감을 감추지 못했다. 나는 2013년 10월 24일 유럽연합 이사회 회의에 앞서, 친구 사이의 스파이 행위는 용납할 수 없으며 미국과 독일 간의 신뢰를 회복해야 한다고 공개적으로 선언했다. 이 사실은 전날 저녁 오바마 대통령에게도 전화로 알렸다. 그는 안보국의 그런 스파이 행위를 전혀 알지 못했고 앞으로는 절대 그런 일이 없을 거라고 약속했다.

인터넷이 등장한 지 수십 년이 지났다는 사실은 나도 당연히 잘 알고 있었다. 그렇다면 인터넷이 미지의 영역이라는 내 말에 대한 일부 비판은 인구 밀도가 낮은 지역은 물론이고 독일 전역에서 디지털 인프라의 구축 속도가 느리다는 점과 관련이 있었다. 그럼에도 내 뜻을 정확히 전달하지 못한 건 내 잘못이었다. 인터넷 자체가 미지의 영역이 아니라, 글로벌한 네트워크에서 국가가 자유와 보안 사이에서 어떻게 적절한 균형을 찾을 수 있을지가 미지의 영역이었다. 왜냐하면 형사소추와 법원 판결은 디지털 기술의 발전 속도를 쫓아갈 수 없기 때문이다.

세계의 디지털화는 인쇄기나 증기기관의 발명에 비견할 만한 혁명으로서 우리 사회를 정치적으로나 경제적으로 뿌리부터 급격하게 변화시키고 있다. 이런 상황에서 어떻게 법적으로 안전하게 개인 데이터의 사용을 가능케 하고 촉진할 수 있을지는 미래의 큰 숙제다. 이와 관련해서 연방정부는 2021년 1월 처음으로 데이터 전략을 수립했다.

　모든 혁신이 그러하듯 디지털화에도 국가가 시민을 보호할 수 있는 정책적 울타리가 필요했다. 이런 맥락에서 우리는 새로운 형태의 경제활동에 대해 법적 규제를 마련했고, 디지털 플랫폼 종사자들의 새로운 노동 모델에 대한 평가를 실시했다. 주요 대상은 웹사이트나 앱 같은 디지털 플랫폼으로 제공되는 유료 서비스 영역이었다. 예를 들면 배달 및 운송 서비스, 텍스트 작성, 제품 테스트, 인공지능 교육 같은 서비스 분야였다. 이는 한편으로 자영업의 형태였다. 하지만 다른 측면에서 보면 종사자들은 플랫폼 운영자의 지시에 의존할 수밖에 없었고, 그들에 대한 서비스 평가도 불투명한 알고리즘을 기반으로 이루어졌다. 2021년 유럽연합은 이 부문에서 보다 안정적인 근로 조건 마련을 위한 제안서를 작성했다.

　노동 행정 및 사회보장 시스템은 연방정부와 주정부는 물론이고 자치단체 차원의 모든 영역에서 디지털화되어야 했다. 2017년 연방 정부와 주정부의 재정 균형 제도 개정 시 나는 당시 총리청 정무차관이던 헬게 브라운과 총리청 장관 페터 알트마이어와 힘을 합쳐 대폭적인 재정 양보를 통해 주정부들이 기본법 91c 5항의 보완에 동의하도록 만들었다. 이를 토대로 그해 8월 온라인접근법이 통과되었다. 이 법에 따르면, 모든 행정기관은 2022년 말까지 575가지의 행정 서비스를 행정 포털을 통해 디지털로 제공해야 했다. 예를 들면 전출입 신고, 출생증명서, 아동 수당, 폐기물 처리 신고, 대학 입학 증명서, 실업 급여 같은 서비스 들이었다.

　일선에서 많은 행정 서비스를 담당하는 자치단체들로선 부담이 큰 작업이었다. 연방정부는 이 작업의 가속화를 위해 2020년 6월 코로나 바이러스 경기 부양책에서 30억 유로를 빼 연방주들에 제공했다. 그와 함께 우리는 '모두를 위한 하나'의 원칙에 합의를 보았다. 이는 한 주가 연방정부와 함께 특정 서비스를 위한 디지털 해결책을 개발하면 다른 모든 주에도 제공한다는 뜻이었다. 저항은 거셌고, 실행은 더뎠다. 지금까지 별 문제 없이 잘 돌아갔는데 굳이 새로운 것을 시도할 필요가 있을까, 하는 식이었다. 연방제는 디지털 시스템화 영역에서도 걸림돌로 입증되었다.

코로나 시대에는 경고 앱을 넘어 디지털 기술의 다양한 활용이 생존에 필수적이었다. 출장과 대면 회의는 화상회의로 대체되었다. 코로나는 독일의 굼뜬 디지털화의 약점을 적나라하게 노출시킨 동시에 디지털화를 촉진하는 역할도 했다.

팬데믹의 그늘에 가려진 세계 정치

온라인상의 회의는 기술적으로 곧 완벽해졌다. 그럼에도 직접 얼굴을 보고 하는 회의와는 달랐다. 오래전부터 아는 사람이라면 화상회의에서 상대가 하는 말을 그 저의까지 정확히 알아들을 수 있었다. 하지만 처음 만나는 사람이면 화면으로 보는 것만으로는 상대가 어떤 사람인지 제대로 파악하기 어려웠다. 화상회의 참석자들 사이에 뚜렷한 이견이 존재할 경우 나는 이 대화와 병행해서 따로 전화를 걸거나 다른 방법으로 연락을 취해야 했다. 또한 마이크는 물론이고 영상도 언제든 꺼질 수 있었기 때문에 다른 참석자에게 무슨 일이 일어나고 있는지 파악할 수 없을 때도 많았다.

이런 이유로 총리청에서는 팬데믹 시작 후에도 일부 회의는 계속 대면 형태로 진행했다. 무엇보다 아침 회의가 그랬다. 우리는 8층 작은 회의실에서 2층 대회의실로 자리를 옮겼다. 여기서는 충분한 거리를 두고 앉을 수 있었다. 말을 하거나 커피를 홀짝거릴 때만 빼고는 모두 마스크를 썼다. 내각회의 때도 마찬가지였다. 연방의회도 대면회의를 할 수 있는 규칙들을 만들었다. 하지만 국제적인 회의는 쉽지 않았고, 그로 인한 결과도 있었다.

만일 코로나 팬데믹이 없었다면, 그래서 화상회의 대신 양자 회담이든 아니면 독일, 프랑스, 우크라이나, 러시아가 참여하는 노르망디 형식의 4자 회담이든 대면 회의가 열렸다면 2022년 2월 24일 블라디미르 푸틴의 우크라이나 공격을 막을 수 있었을지는 아무도 모른다. 다만 확실한 것은 코로나가 2015년 2월에 체결된 민스크 협정의 관뚜껑에 못질을 했다는 사실이다. 내가 퇴임 때까지 노르망디 형식의 회의는 2019년 12월 9일 파리에서 딱 한 번 더 열렸다. 팬데믹이 발발하기 불과 몇 주 전이었다. 파리 회의는 7개월 전에 취임한 볼로디미르 젤렌스키 우크라이나 대통령이 참석한 유일한 회의였다. 그는 배우이자 코미디언으로서의 인기를 등에 업고 뛰어난 소통 능력을 바탕으로 당시 현직 대통령이던 페트로 포로셴코를 상대로 승리를 거두었다. 젤렌스키는 돈바스 분쟁은 물론이고 2014년 러시아가 병합한 크림반도 문제도 해결되지 않고 있다며 민스크 협정의 협상가 포로셴코를 비난하며 조국의 평화를 위해 일하겠다고 약속했다.

사실 민스크 협정은 2015년 이후 기초적으로만 이행되었다. 접경선을 따라 안정적인 휴전이 이루어진 적은 한 번도 없었다. 휴전은 합의되었다가도 곧 다시 깨졌다. 여기엔 러시아 지원으로 우크라이나 동부 도네츠크와 루한스크 일대를 점령한 분리주의자들의 책임이 컸다. 우크라이나 정부와 의회 내에는 지방선거 이후 분리주의자들의 지역에 높은 수준의 자치권을 부여하기로 한 민스크 협정에 강하게 반발하는 세력이 있었다. 그럼에도 이 협정이 그 이전과 비교해서 상황을 어느 정도 진정시킨 것은 사실이었다. 민간인 사망자 수는 2014년과 2015년에 비해 현저히 줄었고, 그건 군인 전사자 수도 마찬가지였다. 이런 비교적 안정된 상황 속에서 우크라이나는 국가 재정을 개신하고, 국가 구조의 분권화 같은 정치 개혁을 추진하고, 유럽연합과 맺은 협정을 이행하고, 부정부패와 싸울 시간을 얻을 수 있었다.

젤렌스키의 전임자 페트로 포로셴코가 독일 및 프랑스와 노르망디 형식으로 러시아와 대화를 계속 진행하고, 유럽안보협력기구(OSCE)의 틀 안에서 3자 접촉 그룹에 참여한 것도 바로 그 때문이었다. 프랑수아 올랑드 프랑스 대통령, 이후의 에마뉘엘 마크롱 대통령, 그리고 나는 유럽연합 이사회 동료들에게 이 형식의 회담 진행 상황을 적어도 1년에 두 번 이상은 알렸다. 그때마다 유럽연합의 대러시아 제재는 만장일치로 연장되었다. 제재 해제는 민스크 협정의 이행과 연계되어 있었기 때문이다.

우크라이나는 노르망디 형식의 대화와 병행해서 또 다른 접근법을 시도했다. 서방 국가들과 나토에 무기와 군사 장비 지원을 포함해서 우크라이나 군인들을 위한 훈련 프로그램을 요청했다. 2016년 7월 8~9일 바르샤바 나토 정상회의에서 우리는 우크라이나에 대한 포괄적 지원 패키지에 합의했다. 이런 나토 지원과 몇몇 국가의 양자 협력 및 무기 제공 덕분에(독일은 양자 지원에 나서지 않았다) 우크라이나는 분리주의자들의 공격으로부터 더욱 성공적으로 나라를 지킬 수 있었다. 2017년 6월 8일 우크라이나 의회는 나토 가입을 외교 정책 목표로 설정했을 뿐 아니라 2019년 2월 7일 대통령 선거 직전에는 "유럽연합 및 나토 정회원 가입을 향한 전략적 지향"을 헌법에 명시했다.

2019년 12월 9일 파리에서 열린 노르망디 형식 회의에서는 젤렌스키에게 많은 압박이 가해졌다. 지난 10월 초 그는 돈바스 분쟁 지역에 대한 자치권 확대를 약속했고, 이른바 '슈타인마이어 공식'에 대한 지지 의사를 밝힌 바 있었다. 슈타인마이어 공식은 2015년 10월 노르망디 형식으로 열린 파리 회의에서 프랑크발터 슈타인마이어가 다른 외교부 장관들과 함께 합의한 결과물이었다. 이 공식에는 도네츠크와 루한스크 지역에 대한 특별지위법이 어떤 순서로 발효되고,

유럽안보협력기구가 지방선거를 어떤 순서로 인정할지가 기술되어 있었다. 한마디로 민스크 협정 패키지의 보완이었다. 젤렌스키의 전임자인 포로셴코는 이 공식에 명시적으로 동의한 바 있었다. 그런 사람이 이제는 키이우에서 '항복 반대'와 '사면 반대'를 외치는 1만여 명의 시위대 틈에 섞여 있었다. 젤렌스키에 대한 시위였지만, 본질적으로는 민스크 협정에 반대하는 시위였다. 시위대는 정부 및 의회 대표들과 마찬가지로 민스크 협정에서 합의한 내용과는 달리 분리주의자들이 점령한 지역에 대한 자치권이나 그와 관련된 책임자들에 대한 사면을 원치 않았다.

파리에서 마크롱과 젤렌스키, 푸틴과 나는 슈타인마이어 공식을 우크라이나 법에 반영하는 조치를 포함해 민스크 합의의 완전한 이행을 공동 문건에 담았다. 러시아와 맞닿은 국경의 통제 문제에는 합의를 이루지 못했다. 젤렌스키 대통령은 지방선거 전에 우크라이나 측의 통제를 원했지만, 민스크 합의안에서는 선거 이후에만 이를 보장하고 있었다. 그때까지는 유럽안보협력기구 참관단만 국경에 접근할 수 있었다. 푸틴은 민스크 협정에 명시된 문구대로 하자고 고집했다.

나는 젤렌스키에게 합의된 내용을 다른 이유들로 위태롭게 하지 말자고 조언했다. 왜냐하면 우리는 2015년 민스크 조치 패키지에서 유럽안보협력기구, 특히 민주제도인권사무소(ODIHR)를 통해 선거를 인정하기로 이미 신중하게 합의했기 때문이다. 만일 우리가 자유롭고 민주적인 지방선거 조건에 대해 최대한 빨리 민주제도인권사무소와 논의할 수 있다면, 합의를 위태롭게 하지 않으면서 국경 접근 문제를 해결할 기회가 올 거라고 나는 확신했다. 계약은 반드시 지켜져야 한다는 원칙은 항상 쉽지만은 않았지만 오랜 세월 그 효능이 입증된 정치적 철칙이었다. 그건 나 자신의 경험으로도 알고 있었다. 나는 2005년 튀르키예의 유럽연합 가입 협상을 수용한 내 전임자의 결정을 실수라고 생각했지만, 그럼에도 국가 간의 약속인지라 받아들일 수밖에 없었다. 젤렌스키 대통령은 자기 의견을 고수했다. 어쩌면 민스크 합의안을 전적으로 수용하지 못하는 국내 정치적 이유가 있는 듯했다. 무엇보다 그의 전임자도 현재 민스크 협정과 거리를 두는 상황이었기 때문이다. 우리는 노르망디 형식의 파리 회의 막바지 무렵에 우리의 외교부 장관과 자문관들에게 우리가 합의한 내용들의 이행을 위임했다. 그러고는 4개월 뒤 같은 형식으로 다시 만나기로 약속했다.

하지만 2020년 4월, 세상은 완전히 다른 세상으로 바뀌어 있었다. 사람들은 바이러스와 싸우느라 정신이 없었다. 노르망디 형식으로 다시 만나는 건 생각할 수 없었다. 이로써 민스크 조치 패키지를 상호 협의하에 변경하자는 젤렌스키의 요구는 완전히 물 건너가버렸다. 그런 일은 직접적인 대화를 통해서만 성사시킬 수 있었다. 나는 민스크 합의의 명맥을 살리고 어떻게든 접촉을 유지하려고 젤렌스키뿐 아니라 푸틴과도 2020년 동안 2~3개월에 한 번씩 꼭 전화 통화를 했다.

노르망디 형식의 파리 회담 후 1년 4개월이 지난 2021년 4월 16일, 볼로디미르 젤렌스키가 파리로 에마뉘엘 마크롱을 방문했다. 나는 화상으로 연결했다. 이 회담의 사전 정지 작업으로 마크롱과 나는 2021년 3월 30일에 푸틴과 화상 통화를 했다. 그런데 평소 같았으면 대화 시작부터 우크라이나가 협정을 지키지 않는다고 욕을 퍼부은 뒤, 그럼에도 우리가 갖고 있는 유일한 합의안이 민스크 협정이라고 강조하던 사람이 이번에는 그런 말을 쏙 빼먹어버렸다. 나는 푸틴이 민스크 합의에 관심을 잃었다는 느낌을 처음으로 받았다. 민스크 합의 이행의 완전한 중단은 위험했다. 게다가 젤렌스키는 그날 마크롱과 나에게 우크라이나 국경 근처에 버티고 있는, 10만여 명이 넘는 러시아군에 대해 이야기했다. 그는 푸틴에게 파리에서 노르망디 형식의 회담을 다시 열자고 공개적으로 제안했다. 성사될 가능성은 없어 보였다. 푸틴은 코로나 바이러스 감염에 대한 우려만으로도 접촉을 피했다. 그를 만나려는 사람은 사전에 일정 기간 격리해야 했는데, 우리로서는 불가능한 일이었다.

그러나 푸틴은 팬데믹에도 불구하고 다른 초청에는 응했다. 2021년 1월 20일 트럼프의 후임으로 미국 대통령에 오른 조 바이든이 2021년 6월 16일 그를 제네바로 초청한 것이다. 1년 넘게 우리 유럽인들과의 대면 만남에 눈길 한 번 주지 않던 사람이 미국 대통령만큼은 예외를 둔 건 시사하는 바가 컸다. 민스크 협정이 죽었다는 확신이 들었다. 푸틴과의 새로운 연결점이 필요했다. 따라서 나는 2021년 6월 24~25일에 열린 브뤼셀 유럽연합 이사회에서(내 임기 중 마지막 회의였다) 푸틴과 유럽연합 수반들의 조속한 정상회담을 제안했다. 러시아와 우리 사이의 수많은 갈등을 직접 논의하기 위해서였는데, 에마뉘엘 마크롱과 사전에 조율한 제안이었다. 내 제안에 대해서는 찬성도 있었지만 반대도 있었다. 특히 마테우시 모라비에츠키 폴란드 총리, 카야 칼라스 에스토니아 총리, 기타나스 나우세다 리투아니아 대통령의 반대가 심했다. 그들의 논거 중 하나는 유럽연합의 대러시아 정책에서 우리의 의견이 일치하지 않는다는 점이었다. 나는 푸틴과의 공동 회담이 우리에게 합의 도출에 필요한 압력이 되어줄 거라고 대답했다. 또한 미국 대통령도 푸틴을 만나는데, 우리가 그러지 못할 이유가 어디 있느냐고 말했다. 그러나 나의 주장은 관철되지 못했다.

2021년 8월 20일 나의 모스크바 고별 방문 때도 더 이상 내가 할 수 있는 일은 없었다. 분위기부터 달랐다. 우리는 일단 실무 회담을 위해 크렘린의 그린 살롱에서 만났다. 이어 2층 카타리나 홀에서 더 많은 사람과 함께 오찬 행사에 참석했다. 형식은 여느 때와 마찬가지로 완벽했음에도 나는 푸틴 대통령이 나와는 심도 있는 이야기를 나누지 않고 차기 독일 정부와 대화를 나누고 싶어 한다는 느낌을 받았다. 그를 탓할 일이 아니었다.

마침내 우리는 작별 인사를 나누었다. 함께한 지난 20년의 시간이 머릿속에서 스쳐지나갔다. 푸틴과 러시아가 서방에 개방적이던 초창기 모습에서 우리와 차츰 멀어지다가 마지막엔 완전히 냉담해지기까지의 시간이었다. 돌이켜보면 모든 역경에도 불구하고 내 임기 마지막까지 러시아와 접촉을 이어가고, 푸틴과 대화의 끈을 놓지 않고, 경제적 이익을 넘어 상호 교역을 통해 연결 고리를 계속 유지한 것은 옳은 결정이었다고 생각한다. 러시아는 미국과 함께 세계 양대 핵강국일 뿐 아니라 지리적으로 유럽연합과 떼려야 뗄 수 없는 이웃이기 때문이다.

베를린으로 돌아오는 비행기 안에서 나는 미하일 호도르콥스키와의 만남이 떠올랐다. 그는 2014년 3월 11일 아내 마리나 필리포브나와 함께 총리청으로 나를 처음 방문했다. 러시아 석유 기업 유코스의 전 CEO였던 그는 10년 넘게 수감되어 있다가 방문 3개월 전, 그러니까 2013년 크리스마스 직전에 사면을 받고 풀려났다.

2024년 3월, 나는 베를린에서 그를 다시 만났다. 출소 후 그는 러시아에 수감 중인 다른 정치범들의 석방을 돕는 일을 평생의 업으로 삼고 있었다. 우리는 러시아 야당 인사 알렉세이 나발니에 대해서도 이야기했다. 나의 모스크바 고별 방문 11개월 전이었다. 나는 2020년 8월 톰스크에서 독극물 공격을 당한 뒤 치료를 위해 베를린 샤리테 병원으로 옮겨온 나발니와 그의 아내 율리아를 방문한 적이 있었다. 나발니는 2021년 1월 러시아로 돌아갔고, 공항에서 체포되었다. 이후 수감 상태에서 3년 동안 순교의 길을 걷다가 2024년 2월 16일에 사망했다. 폭압적인 국가권력의 희생자였다.

2021년 10월 30일과 31일, 나는 임기 내 마지막 G20 회의에 참석하기 위해 로마로 갔다. 관례에 따라 올라프 숄츠 재무부 장관도 동행했다. 당시 사민당과 녹색당, 자민당 사이에 새 정부 구성을 위한 연정 협상이 한창 진행 중이었다. 바이든 대통령은 미래의 독일 총리인 올라프 숄츠와 나에게 우크라이나-러시아 국경에 러시아 병력이 재차 집결하고 있다고 알려주었다. 푸틴은 팬데믹을 이유로 로마에 직접 오지 않고 화상으로만 참여했기에 이번 정상회의 기간 중에 푸틴과 대면할 기회는 없었다. 또한 푸틴에게 일정한 영향력이 있는 시진핑 중국 국가주석과도 대화를 나눌 수 없었다. 시 주석 역시 화상으로만 회의에 참여했다.

민주적으로 통치되지 않는 나라의 정치인들과 대화를 나눌 때는 직접 대면한 상태에서 의견을 주고받는 것이 필수적이었다. 왜냐하면 서로 생각하는 것이 너무 달랐기 때문이다. 최소한의 공통점이라도 찾기 위해서는 상시적인 의견 교환이 필요했다. 그러지 않으면 각자의 관점은 영원히 평행선을 그릴 위험이 있었다. 이번에는 바이러스가 그런 흐름을 부채질했다. 팬데믹 여파로 대화의 끈은 끊겼고, 그로 인해 대외 정책이 바뀌었다. 만남이 없다 보니 우리의 관계는 소원해졌고, 어떤 타협도 물밑에서 이루어지지 못했다. 이는 중국뿐 아니라 러시아와의 관계에서도 마찬가지였다.

2022년 2월 24일 푸틴의 우크라이나 침공은 우크라이나뿐 아니라 나토 회원국, 특히 그중에서도 유럽 국가들의 상황을 근본적으로 변화시켰다. 러시아가 이 전쟁에서 승리를 거두지 못하는 것이 우크라이나뿐 아니라 우리의 이익에도 부합한다. 하지만 그건 우리에게 상상 이상의 큰 도전이다. 우리는 우크라이나를 지원하는 동시에 유럽 내 나토의 영토 방위를 위해 믿을 만한 억지력을 갖추어야 한다. 러시아의 핵 능력 하나만 고려하더라도 이런 억지력은 냉전 시대와 마찬가지로 나토 전체가 힘을 모으지 않는 한, 즉 미국이 함께하지 않는 한 구축할 수 없다. 독일은 2014년부터 러시아의 우크라이나 공격 때까지 필요한 만큼 늘리지 못한 국방 예산을 향후 몇 년 동안 대폭 늘림으로써 부족분을 메꿔야 한다.

만일 2014년 웨일스에서 열린 나토 정상회의에서 합의한 2퍼센트 목표에 관한 논쟁을 지금 시점에서 돌아보면 목표 달성이 나 때문에, 혹은 전체적으로 기민당과 기사당 때문에 실패했다는 느낌을 간혹 받을지 모르겠다. 물론 나는 국방비 증액을 위해 매일같이 열변을 토하지는 않았다. 하지만 솔직히 말해 국방 예산 증가를 어렵게 만든 주체는 기민당과 기사당이 아니라 사민당이라는 사실을 기억해야 한다. 그들은 심지어 우리나라에 배치된 미국 핵탄두 운반에 필요한 항공기 구입과 무장 드론 조달에도 동의하지 않았다. 국방장관 우르줄라 폰 데어 라이엔과 아네그레트 크람프카렌바워 두 사람의 노력은 실패로 돌아갔다. 그런데 오늘날 2022년 러시아의 우크라이나 공격 이후에는 이와 관련해서도 많은 변화가 일어나고 있다.

하지만 우리는 높은 수준의 국방비 지출이 다른 정치 영역과의 갈등으로 이어질 수 있다는 사실도 명심해야 한다. 국방 예산이 국내 총생산의 2퍼센트에 그치는 건 분명 부족하다. 미국의 국방 예산은 3퍼센트를 넘는다. 아울러 우리의 번영을 유지하려면 연구 개발에도 GDP의 3.5퍼센트 이상을 투자해야 하고, 전 세계의 인도주의적 재난을 완화하려면 개발 원조에도 GDP의 0.7퍼센트를 반드시 지출해야 한다. 또한 2045년까지 기후 중립적인 삶과 경제로 전환하기 위해서는 대규모 추가 자금이 필요하다. 미래 세대를 위한 부채 상한선 아이디어는 여전히 옳다. 하지만 예산 책정 면에서 사회적 분배 갈등을 피하고 인구 연령 분포의 구조적 변화에 제대로 대처하려면 미래 투자를 위해 더 많은 부채를 감당할 수 있도록 부채 상한선 제도의 개혁이 필요해 보인다.

푸틴을 과소평가하는 건 실수다. 우리 나토 회원국 자신과 우크라이나를 너무 믿지 못하는 것도 실수다. 물론 우리의 힘은 크지만 무한하지는 않다. 누구도 다른 나라 뒤에 숨어서는 안 된다. 오히려 공통의 정치적 과제는 현실적으로 가능한 것들을 결정한 뒤 올바르다고 생각되는 일을 하는 것이다. 이는 진정성과 상호 신뢰를 통해서만 달성할 수 있다.

억지력은 당연히 필요하다. 하지만 억지력의 구축은 외교적 대화 노력과 함께 진행되어야 하고, 외교적 대화 형식은 적절한 순간에 사용될 수 있도록 미리 준비해둬야 한다. 그 순간이 언제 올지는 우크라이나 혼자 결정할 수 없고, 그들을 지원하는 국제 세력과 함께 결정해야 한다. 공통의 관심사를 가진 사람들은 공통의 길을 찾기 위해 쉼 없이 노력해야 한다. 그래야만 우리가 원하는 것을 얻을 수 있다. 러시아가 전쟁에서 승리하지 못하고 우크라이나가 평화와 자유 속에서 주권국가로서의 미래를 확보하는 일 말이다.

유럽에서의 이 전쟁에는 또 다른 마뜩잖은 결과가 있다. 러시아와 유럽 및 미국의 관계가 악화될수록 러시아는 중국과 더욱더 밀착한다. 1971년과 1972년 닉슨 미국 대통령과 헨리 키신저 국가안보보좌관이 미국과 중국의 화해를 통해 냉전 시대 미국의 최대 적대국이던 소련을 약화시키고자 했다면 지금은 반대 상황이 나타나고 있다. 러시아는 점점 강력해지는 이웃 국가에 점점 의지하고 있다. 이는 글로벌 세력 판도를 변화시키고 중국의 영향력을 강화한다.

중국이 시진핑의 지도력 아래 미국과 나란히 세계 최강국의 지위를 누리고자 한다는 데는 의심할 여지가 없다. 그 자체로 불법적인 욕망도 아니다. 세계 최강국 지위에 대한 독점권은 어느 나라에도 없다. 문제는 중국의 방식이다. 중국은 중화인민공화국 건국 100주년인 2049년까지 대만과의 통일을 국가적 목표로 설정함으로써 세계 대부분 국가가 인정하는 '하나의 중국'이라는 정책적 틀 안에서 지금까지 취약했지만 그나마 유지되어온 대만과의 세력 균형을 깨뜨리려고 한다. 또한 동중국해와 남중국해에서는 일방적인 영유권 주장으로 이웃 국가들과 극심한 갈등을 겪고 있다. 이런 상황에서 중국의 공격적 행동을 억제하려는 유엔의 노력은 지지를 받을 수밖에 없다.

하지만 우리 유럽인들은 스스로 규칙을 어긴 우울한 경험에도 불구하고 냉전 종식 30년이 지난 지금, 정치든 경제든 모든 영역에서 전 세계적으로 규칙에 기반한 다자간 협력을 강화하기 위해 할 수 있는 것은 모두 시도해봐야 한다. 여기에는 중국과의 협력도 포함된다. 교역에서 특정 제품을 오직 한 국가에만 의존해서는 안 된다는 '디리스킹'(De-risking)과 경제 관계를 아예 끊는 '디커플링'(Decoupling) 사이의 경계는 생각보다 그리 멀지 않다. 후자는 우리의 이익에 부합하지 않으므로 이를 피하려면 노련한 협상 기술이 필요하다. 이때 우리 모두가 명심해야 할 부분이 있다. 전 세계 어떤 나라도 인류의 문제를 혼자서는 해결할 수 없다는 인식이다. 팬데믹 이후에는 그 어느 때보다 대화가 절실하다.

퇴임식

2021년 12월 2일 목요일 오후 7시 30분 직전, 기온이 영상을 살짝 웃도는 건조한 겨울 저녁이었다. 나는 연방군 의장대 소속의 여군에게 안내받아 아네그레트 크람프카렌바워 국방부 장관, 에버하르트 초른 합참의장과 함께 벤들러블록의 동쪽 계단을 내려갔다. 베를린의 국방부 청사이자 1944년 7월 20일 나치에 맞서 싸운 군인들의 추모비가 있는 곳이었다. 아래에 도착하자 크람프카렌바워와 초른은 오른쪽으로 돌아 계단 좌우에 설치된 관객석 두 곳 중 하나에 자리를 잡았다. 초대받은 손님들은 이미 지정된 좌석에 앉아 있었다. 다들 마스크를 쓰고 있었는데, 그전에 신속 항원 검사를 통해 음성 판정서를 제출한 상태였다. 여군이 관객석 앞 평평한 단상 위에 있는 연설대로 나를 안내했다. 단상 좌우에 줄기가 긴 붉은 장미를 꽂아놓은 회색 꽃병이 두 개 놓여 있었다. 보는 것만으로도 눈이 즐거웠다. 이어 나는 연설대 앞에 서서 내빈들을 바라보았다. 마스크 때문에 얼굴을 알아보기는 어려웠다.

오전에는 주지사들과의 화상회의에서 4차 팬데믹 확산을 어떻게 막을지 논의했고, 이른 오후에 이어진 기자회견에서는 병원 업무가 일부 한계에 도달하고 있음을 지적했다. 며칠 전부터 나는 다시 긴장된 코로나 상황을 고려할 때 국방부에서 치러질 퇴임식을 그대로 진행하는 게 과연 합당한지 베아테 바우만, 에바 크리스티안젠, 슈테펜 자이베르트와 함께 계속 고민했다. 한계까지 내몰린 채 일하고 있는 사람들을 생각하면 이런 식으로 퇴임을 축하하는 게 적절할까? 이런 의문이 들었다. 하지만 다른 한편으로 나는 16년 동안 독일 총리직을 수행했다. 그 때문에 슈테펜 자이베르트는 이렇게 강조했다.

"퇴임식은 한 개인을 넘어 국가를 위해 봉직한 사람을 기품 있게 떠나보내는 전통적인 행사입니다."

설득력이 있었다. 결국 나는 이 행사를 현 상황에 맞게 조직하기로 결정했다. 내빈과의 사전 리셉션은 생략했고, 참석자 수도 평소 400명에서 200명으로 줄였다. 프랑크발터 슈타인마이어 연방대통령, 새로 선출된 배르벨 바스 연방의회 의장, 슈테판 하르바르트 헌법재판소장 외에 나와 함께 일한 모든 연방장관을 초대했다. 그밖에 연정의 원내 지도부, 주지사, 총리청의 최측근 및 조력자들, 내 지역구 측근들, 그리고 항상 나를 지지해준 가까운 친구와 가족도 초대했다.

퇴임사에서 나는 지난 2년 동안의 팬데믹이 정치와 과학, 사회적 담론에서 신뢰가 얼마나 중요하고, 또 그게 얼마나 쉽게 무너질 수 있는지를 똑똑히 보여주었다고 다시 한번 강조했다. 끝으로 여기 있는 모든 사람뿐 아니라 우리나라의 "마음속 행복"을 기원했다. 그런 다음 연단을 내려왔다. 아네그레트 크람프카렌바워와 에버하르트 초른이 나에게 다가왔고, 연설대가 치워졌으며, 의자 세 개가 우리를 위해 놓였고, 우리는 자리에 앉았고, 나는 이 행사를 위해 특별히 구입한 가죽 장갑을 끼었다.

퇴임식을 장식할 본격적인 군악제는 군악대가 루트비히 판 베토벤의 「요르크 행진곡」을 연주하는 가운데 의장대 행진으로 시작했다. 횃불을 든 사람들이 자리를 잡았다. 내가 일어나자 경비대대장 카이 바인케 중령이 연방총리 고별 군악제가 시작되었음을 보고하면서 내게 경비대대 증서를 수여했다. 이어 이 행사의 일부로서 내가 사전에 선택한 세레나데가 흘러나왔다. 나는 몇 주 전에 내 요청에 따라 연주될 노래들을 미리 생각해두었다. 마지막 곡은 반드시 성가곡이어야 했다. 나는 루터의 성가 「내 주는 강한 성이요」와 「주 천주의 권능과」 두 곡을 놓고 고민하다가 후자를 택했다. 원래는 가톨릭 찬송가였지만 지금은 보편적 찬송가로 불리는 이 노래는 신의 창조에 대한 겸허함을 아름답게 표현하고 있었다.

두 번째 곡으로는 힐데가르트 크네프의 「나를 위해 붉은 장미 비가 내릴 거야」가 결정되었다. 에바 크리스티안젠의 제안이었는데, 삶의 기쁨과 자신감을 표현한 가사를 다시 읽는 순간 나는 바로 빠져버렸다. 이 노래는 동독에서 보낸 어린 시절과 청소년기에 대한 오마주였다. 나는 여동생 이레네와 이 곡에 대해 이야기했고, 함께 동독에서 유행하던 노래들을 찾아 들었다. 그러던 중에 문득 니나 하겐이 떠올라 우리는 니나의 노래 「넌 컬러 필름을 잊었어」를 들었다. 순간 청소년기에 히덴제 호수를 방문한 기억, 컬러가 부족하던 동독의 삭막함, 결핍 그 자체, 그리고 히덴제가 속한 내 지역구가 떠오르면서 내 청춘기의 분위기에 잘 맞는 반항적인 음악이 머릿속에서 함께 흘렀다. 이로써 곡 선정은 완료되었다.

나는 코로나로 인해 고별 군악제가 열릴지 확신이 서지 않아 계속 미적거리는 바람에 퇴임식 일주일 전에야 군악대에 신청곡을 전달할 수 있었다. 짧은 시간 안에 이 노래들을 군악대용으로 편곡해야 하는 음악가와 연주자들에게는 힘든 도전이었다. 하지만 나는 군악대장 라인하르트 마르틴 키아우카 중령을 믿었다. 외국 국가원수와 정부 수반들을 위해 우리가 함께 마련한 수많은 군악대 공연에서 그가 보여준 열정과 꼼꼼함을 잘 알고 있었기 때문이다. 나는 가슴 벅찬 행복감으로 이 노래들을 들었다.

본래의 군악제는 네 부분으로 구성되어 있었다. 유인, 행진, 귀영 신호, 그리고 기도였다. 기도 전에 병사들은 모두 헬멧을 벗었다. 바인케 대대장이 자신의 헬멧을 옆구리에 끼고 내게 다가왔다. 나는 군악대가 「사랑의 힘으로 기도합니다」를 연주하는 동안 맞은편에 서서 그를 바라보았다. 이제부터 솟구치는 감정과의 싸움이 시작되었다. 그가 헬멧을 다시 썼을 때 나는 자리에 앉았다. 국가가 이어졌다. 나는 다시 일어났다. 국가가 끝나자 고별 군악제는 종료되었고, 병사들은 「요르크 행진곡」에 맞춰 연병장 밖으로 나갔다. 관객석에 앉아 있던 요아힘이 내게로 다가왔다. 박수갈채가 쏟아졌다.

차에 타기 전 나는 꽃병에서 장미 한 송이를 나 자신을 위해 챙겼고, 두 번째 장미는 아네그레트 크람프카렌바워에게 건넸다. 영원히 잊지 못할 이 행사를 마련해준 그녀와 연방군 전체에 대한 감사의 뜻이었다. 요아힘과 나는 총리청으로 향했다. 거기서 몇몇 친구와 함께 마지막 식사를 했다. 메뉴는 16년 전과 마찬가지로 소시지, 고기 완자, 감자 샐러드였다. 총리청 주방장 울리히 케르츠와 가브리엘라 프르치빌스키 서비스팀장이 마지막으로 모든 음식을 준비하고 서빙해 주었다. 이로써 시작한 곳에서 모든 것이 다시 끝났다.

엿새 후 나는 총리청을 떠나 운터 덴 린덴의 전임 총리 사무실로 들어갔다. 이 사무실은 내 이전에 헬무트 콜 총리만 사용한 것이 아니라 건물 리모델링 이전의 동독 시절에는 호네커 서기장의 부인이자 인

민교육부 장관이던 마르고트 호네커도 사용했다. 동독의 교육 정책
도 자유를 향한 나의 길을 막을 수는 없었다.

에필로그

나에게 자유는 무엇일까? 개인적으로든 정치적으로든 내가 평생을 천착한 문제다. 나에게 자유란 나의 한계가 어디인지 알아내고, 그 한계까지 나아감을 의미한다. 또한 정계 은퇴 뒤에도 배움을 중단하지 않고 멈춤 없이 계속 나아감을 의미한다. 다시 말해 나에게 자유란 내 인생의 새 장을 연다는 뜻이다.

이 책을 쓰기까지 걸린 2년의 시간 또한 나를 새로운 한계로 몰고 갔다는 점에서 그런 자유의 시간이었다. 불과 5년 전 혹은 10년 전의 일을 떠올려본 사람이라면, 그것도 그냥 피상적으로 떠올리지 않고 기억과 사실을 진지하게 비교하고 검토해본 사람이라면 인간의 기억이 얼마나 허술하고, 실제 있었던 일보다 자신의 기대와 소망을 얼마나 쉽게 따르려고 하는지 잘 알 것이다. 이 책의 집필은 이것만으로 이미 힘든 과제였다. 하지만 다른 한편으로 5년 또는 10년을 넘어 수십 년 전으로 돌아가는 일, 그러니까 어린 시절과 청소년기를 비롯해 동독에서 보낸 35년의 삶에 다시 한번 푹 빠졌던 경험은 참으로 흥미로웠다. 아울러 1990년까지는 독재와 부자유, 불의의 국가에서 살다가 1990년부터 민주주의와 자유 속에서 살아가는 것이 나에게 어떤 의미였는지 적절하게 표현하는 작업도 내게는 꼭 필요한 일이었다.

나는 글을 쓰면서 나 자신의 새로운 면도 알게 되었다. 예를 들어, 원래 사교적인 인간이라고 생각한 나에게도 무엇으로부터도 방해받지 않으려는 면이 있었다. 게다가 조용히 혼자 있을 때만 책을 쓸 수 있었다. 그 과정에서 자유에는 용기와 진정성이 필요하다는 사실도 새삼 깨닫게 되었다. 지금까지 접하지 못한 세계로 들어갈 용기와 타인뿐 아니라 무엇보다 나 자신에 대한 진실한 마음 말이다. 이런 생각을 나는 2019년 하버드대학에서 명예박사학위를 받을 때도 미래로 나아가는 학생들에게 이야기한 바 있는데, 그걸 이제 새로운 형태로 나 자신에게서 경험했다.

내 속의 나를 솔직하게 드러내는 것도 자유에 속한다. 이 책의 집필도 그런 과정의 일부였다. 내가 지금 막 경험하는 것처럼 과거로 다시 돌아가 과거의 일을 오늘의 관점에서 정리하고 평가하는 것이 무척 힘든 국면이 있었다. 그러다 글쓰기가 정말 성취감으로 느껴지는 국면도 있었다. 그럴 때면 내 속의 나를 완전히 풀어놓고 새롭게 시작한다는 느낌이 들었다. 내가 퇴임식 두 번째 곡으로 신청한 「나를 위해 붉은 장미 비가 내릴 거야」의 첫대목처럼 말이다.

"나는 완전히 새로운 기적을 만나 옛것에서 벗어나 새롭게 펼쳐나갈 거야."

나는 이 책을 쓰면서 언어에 대해, 특히 나를 포함한 정치인들의 언어에 대해 새삼 성찰해보았다. 우리는 질문을 회피함으로써 다음에 이어질 비판의 싹을 자르고, 분명하게 말하는 대신 틀에 박힌 말만 늘어놓는 경향이 있다. 물론 정치도 그렇지만 모든 직업에는 그들만의 고유한 어법이 있다. 이는 불가피하고 딱히 탓할 수도 없다. 그럼에도 요즘 일부 정치인이 인터뷰나 다른 공개적인 자리에서 하는 말을 듣고 있자면 힘들 때가 더러 있다. 말은 많은데 알맹이가 별로 없기 때문이다. 다시 한번 말하자면 나도 전에는 별반 다르지 않았다. 하지만 현역에서 물러나 지금 이 책을 쓰면서 그동안 내가 했던 말을 되새겨보니, 특히 젊은 정치인들에게 해주고 싶은 말이 생겼다. 구체적인 질문에 구체적으로 답하는 것을 두려워하지 마라. 그러면 전달하고자 하는 메시지에 진정성과 힘이 생긴다.

이는 우리가 살아가는 이 시대에는 더더욱 중요한 덕목이다. 소셜 미디어 같은 디지털 수단을 통해 일찍이 없었던 규모로 진실이 거짓으로, 거짓이 진실로 포장되는 경우가 허다하고, 민주주의 국가의 지도적 위치에 있는 사람들도 그걸 악용하는 사례가 늘고 있다. 진정한 자유란 자신의 이익만 따르는 게 아니라 도덕적 망설임과 양심의 가책을 안다. 독재와 불의로부터의 자유만이 진정한 자유는 아니다. 진정한 자유는 이웃과 공동체, 우리 사회에 대한 책임 속에서 나타난다.

자유에는 민주주의라는 전제 조건이 필요하다. 민주주의 없이는 자유도 법치도 인권도 없다. 자유 속에서 살고 싶다면 안으로든 밖으로든 민주주의를 위협하는 이들로부터 우리의 민주주의를 지켜내야 한다. 이는 우리 모두 힘을 합치고 참여해야만 성공할 수 있다. 각자는 각자를 위해, 공동체는 공동체를 위해. 혼자만을 위한 자유는 존재할 수 없다. 자유란 우리 모두의 것이다.

감사의 말

베아테 바우만과 나는 2년여의 집필 시간 동안 우리를 도와준 사람들에게 감사의 인사를 전하지 않고는 이 책을 끝낼 수 없다.

일단 키펜호이어 & 비치 출판사에 고마움을 전한다. 발행인 케르스틴 글레바와 두 편집자 마르틴 브라이트펠트 및 일카 하이네만은 풍부한 경험과 탁월한 식견, 냉철한 시선, 각고의 헌신, 놀라운 인내심으로 원고의 모든 문장을 시험대에 올려놓고 때로는 단호하게, 때로는 고집스럽게 표현을 검토하면서 좀더 정확하고 쉽게 다듬어주었다. 이들 외에 자료 조사를 담당한 카트리나 리츠카와 게자 슈타인브링크를 비롯한 출판사의 모든 직원에게도 크나큰 감사를 표한다.

에바 크리스티안젠에게도 빚을 졌다. 원고 시작부터 인쇄 직전까지 늘 우리의 첫 번째 독자였다. 그녀는 사실에 맞지 않는 부분을 족집게처럼 짚어냈을 뿐 아니라 일부 문제에서 우리가 좀더 깊이 들어갈 수 있도록 칭찬과 격려를 아끼지 않았다.

총리청의 전직 보좌관, 정부와 기민당, 기민/기사 연합, 내 지역구의 동료 정치인들, 그리고 동독 시절의 친구와 지인들에게도 감사의 인사를 전한다. 내가 사실 확인을 위해 꼬치꼬치 물을 때 귀찮아하지 않고 성실하게 답변해준 이들이다.

다르스에 위치한 피슐란트 호텔과 뒤넨메어 호텔의 지배인 이졸데 하인츠에게도 특별한 감사를 전한다. 그녀는 우리가 발트해 변에 칩거해 이 글을 쓰는 동안 최적의 환경을 갖춰주려고 호텔 직원들과 함께 물심양면으로 지원해주었다.

마지막으로 어린 시절과 청소년기의 기억을 생생하게 떠올리게 해준 여동생 이레네 카스너, 우리 가족의 내력을 빈틈없이 재구성해 준 남동생 마르쿠스 카스너에게도 각별한 고마움을 전한다. 마르쿠스의 도움이 없었다면 가능하지 못했을 일이다.

이 모든 프로젝트를 처음부터 끝까지 지원해준 내 삶의 반려 요아힘 자우어에게 감사한다.

사진 출처

개인 소장 1-11

독일연방정부 언론정보청 사진부
　　　　　Bergmann, Guido 17 22 24 25
　　　　　Kühler, Bernd 18
　　　　　Kugler, Steffen 21 23
　　　　　Steins, Sandra 26

기독교민주당
　　　　　Jung von Mat 16

Laurence Chaperon 13 15 20

Picture Alliance
　　　　　dpa 14
　　　　　Caro 19

Ullstein Bild 12

약어 목록

AfD 독일을 위한 대안당
AGDW 독일산림소유자연합회
AIIB 아시아인프라투자은행
AKP 정의개발당
A-CFE 미국과 러시아 간에 맺은 유
  럽재래식무기감축조약
ANEL 그리스독립당
ARD 제1독일공영방송
ASEAN 동남아시아국가연합
BAGSO 연방노인단체연합회
BAMF 연방이민난민청
BDA 독일고용주연합회
BDI 독일산업연맹
BFD 자유민주주의연맹
BGA 연방도매업·대외무역·서비스업
  연맹
BGL 기업노동조합 지도부
BGS 연방국경수비대
BKA 연방형사청
BND 연방정보국
BPK 연방언론협회
BRIC 브라질, 러시아, 인도, 중국
BRICS 브라질, 러시아, 인도, 중국, 남

아프리카공화국
BUND 독일환경자연보호연맹
BvS 연방 통합조건부 특수과제청
BVVG 농지 매각 및 관리 회사
CDU 기독교민주당
CeBIT 정보기술박람회
CETA 유럽연합과 캐나다 간의 포괄
  적 경제무역협정
CFE 유럽재래식무기감축조약
CSCE 유럽안보협력회의
CIS 독립국가연합
COP 기후변화협약 당사국 총회
CSU 기독교사회당
DA 민주주의 각성
DAX 독일 주가 지수
DBD 독일민주농민당
DBR 독일장애인협의회
DBV 독일농민협회
DDR 독일민주공화국
DEKT 독일개신교회의
DFB 독일축구협회
DFV 독일가족연합회
DGB 독일노동조합연맹

DIHK 독일상공회의소

DLT 독일지방의회

dlv 독일시골지역여성협회

DNR 독일자연보호연합회

DOSB 독일올림픽연맹

dpa 독일통신사

DSU 독일사회연합

EAK 기민/기사 연합 내 개신교 워킹 그룹

ECOFIN 유럽 경제 및 재무장관 이사회

EEG 재생에너지법

EFSF 유럽재정안정화기금

EG 유럽공동체

EKD 독일개신교협의회

EOS 심화 상급학교

ERT 유럽산업원탁회의

ESM 유로안정화기구

ESP 사회주의적 생산 입문

EU 유럽연합

EPP 유럽국민당

EEC 유럽경제공동체

ECB 유럽중앙은행

FAZ 프랑크푸르터 알게마이네 차이퉁

FDGB 독일자유노동조합연맹

FDJ 독일자유청년단

FDP 자유민주당

FRELIMO 모잠비크해방전선

G5 주요 5개국

G7 주요 7개국

G8 주요 8개국

G20 주요 20개국

GATT 관세 및 무역에 관한 일반 협정

GDP 국내총생산

GRS 원자력시설및안전협회

GST 스포츠·기술협회

HRE 하이포 리얼 이스테이트 홀딩

IAA 국제 모터쇼

IKB 독일산업은행

IKG 뮌헨 및 바이에른 유대인공동체

ILO 국제노동기구

IPCC 기후변화에 관한 정부 간 협의체

IS 이슬람국가

ISAF 국제안보지원군

ISS 국제우주정거장

IMF 국제통화기금

JEFTA 일본-EU 자유무역협정

KFOR 코소보 다국적군

KfW 독일재건은행

LDPD 독일자유민주당

LNG 액화천연 가스

LPG 농업생산협동조합

MAP 회원국 행동 계획

ML 마르크스-레닌주의

MPK 주지사 회의

MSC 뮌헨안보회의

NABU 독일자연보호연맹

NATO 북대서양조약기구

NGEU 차세대 유럽연합

NGO 비정부기구

NKR 국가규제심의위원회

NMD 국가미사일방어체제
NMK 전국해양컨퍼런스
NSA 미국 국가안보국
NSU 국가사회주의지하당
NSW 비사회주의 경제권
ODIHR 민주제도와 인권 사무소
OECD 경제협력개발기구
OMV 오스트리아석유관리주식회사
OSCE 유럽안보협력기구
PA 생산 노동
PDS 민주사회주의당
PiS 법과정의당
PO 시민플랫폼
PRISM 자원 통합, 동기화 및 관리를 위
    한 기획 도구
RAF 적군파
RCEP 역내포괄적경제동반자협정
RIAS 미국 점령 지구 라디오 방송
RTL 라디오 텔레비전 룩셈부르크
SA 나치돌격대
SDI 전략방위구상
SDP 사회민주당
SED 독일사회주의통일당
SFB 자유베를린방송
SMM 특별 감시단
SoFFin 금융시장 안정화 특별 기금
SPD 독일사회민주당
SS 나치친위대
Syriza 시리자(급진 좌파 연합)
TFEU 유럽연합의 기능에 관한 조약

TTIP 범대서양무역투자동반자협정
UDAR 우크라이나민주개혁연합
UFV 독립여성연합
UMP 대중운동연합
UN 유엔
UNCTAD 유엔무역개발회의
UNEP 유엔환경프로그램
UNESCO 유엔교육과학문화기구
UNHCR 유엔난민고등판무관실
UNIFIL 유엔레바논임시군
UNSMIL 유엔리비아지원단
UTP 사회주의적 생산 수업일
VEAB 국영 수집 및 구매 상사
VEB 국영기업
VENRO 개발인도주의원조를 위한 독
    일 비정부기구연합
VJTF 극초신속대응군
WB 세계은행
WEF 세계경제포럼
WHO 세계보건기구
WTO 세계무역기구
WWF 세계자연기금
ZDF 제2독일공영방송
ZDH 독일공예연맹
ZIPC 중앙물리화학연구소
ZVG 중앙원예협회

인명 찾기

지은이

앙겔라 메르켈 Angela Merkel

2005년부터 2021년까지 독일연방공화국 총리를 역임한
앙겔라 메르켈은 독일 최초의 여성 총리다.
1954년 함부르크에서 태어나 동독에서 성장했고,
물리학 박사학위를 취득한 후
1990년 독일연방 하원의원에 당선되었다.
1991년부터 1994년까지 여성청소년부 장관,
1994년부터 1998년까지 환경부 장관,
2000년부터 2018년까지 기독교민주당 의장을
역임했다. 2021년 정계에서 은퇴했다.

베아테 바우만 Beate Baumann

1963년 서독 오스나브뤼크에서 태어났다.
뮌스터와 케임브리지에서 영문학과 독문학을 공부했다.
1992년 여성청소년부에서 앙겔라 메르켈의
보좌관으로 활동했다. 1995년부터 환경부에서 근무했고,
2002년부터 기독교민주당에서 일했다. 2005년부터 2021년까지
연방총리실에서 메르켈의 수석보좌관으로 근무했다.

옮긴이

박종대

성균관대학교 독어독문학과와 동 대학원을 졸업하고
독일 쾰른에서 문학과 철학을 공부했다.
사람이든 사건이든 표층보다 이면에 관심이 많고,
환경을 위해 어디까지 현실적인 욕망을 포기할 수 있는지,
그리고 어떻게 사는 것이 진정 자신을 위하는 길인지
고민하는 제대로 된 이기주의자가 꿈이다.
『너 자신이 되어라』『경제학 천재들의 자본주의 워크숍』
『특성 없는 남자』『데미안』『수레바퀴 아래서』
『미친 세상과 사랑에 빠지기』『어느 독일인의 삶』『변신/시골 의사』
『바르톨로메는 개가 아니다』등 200여 권을 번역했다.
2024년 제21회 한독문학번역상(시몬느 번역상)을 받았다.

자유: 1954-2021년을 회상하다

지은이 앙겔라 메르켈 · 베아테 바우만
옮긴이 박종대
펴낸이 김언호

펴낸곳 (주)도서출판 한길사
등록 1976년 12월 24일 제74호
주소 10881 경기도 파주시 광인사길 37
홈페이지 www.hangilsa.co.kr
전자우편 hangilsa@hangilsa.co.kr
전화 031-955-2000~3 **팩스** 031-955-2005

부사장 박관순 **총괄이사** 김서영 **관리이사** 곽명호
경영이사 김관영 **편집주간** 백은숙
편집 박홍민 노유연 배소현 임진영
관리 이주환 문주상 이희문 원선아 이진아 **마케팅** 이영은
디자인 창포 031-955-2097
인쇄 예림 **제책** 경일제책사

제1판 제1쇄 2024년 11월 26일
제1판 제2쇄 2024년 12월 27일

값 38,000원
ISBN 978-89-356-7886-0 03340